风光绮丽的金秀莲花山

环境保护部副部长李干杰考察临桂县农村环境连片整治示范项目

2013年9月4日，环境保护部副部长李干杰一行在自治区副主席蓝天立的陪同下，考察临桂县四塘镇江岸村生活污水处理站和四塘镇垃圾转运站等农村环境连片整治示范项目。李干杰指出，当前广西正在积极开展的“美丽广西·清洁乡村”活动，有效地推动了农村环境连片整治示范项目的进程，广西环保部门要紧紧抓住这一机遇，争取政府更多的支持，开展好示范项目工作，环境保护部也将继续予以大力支持。

①

③

②

① 环境保护部副部长李干杰（左二）与自治区副主席蓝天立（左三）一同视察农村环境连片整治项目

② 环境保护部副部长李干杰一行现场查看垃圾中转站运行情况

③ 乡村壁画展农村环境整治风貌

④ 临桂县污水处理设施

④

风光绮丽的金秀莲花山

环境保护部副部长李干杰考察临桂县农村环境连片整治示范项目

2013年9月4日，环境保护部副部长李干杰一行在自治区副主席蓝天立的陪同下，考察临桂县四塘镇江岸村生活污水处理站和四塘镇垃圾转运站等农村环境连片整治示范项目。李干杰指出，当前广西正在积极开展的“美丽广西·清洁乡村”活动，有效地推动了农村环境连片整治示范项目的进程，广西环保部门要紧紧抓住这一机遇，争取政府更多的支持，开展好示范项目工作，环境保护部也将继续予以大力支持。

①

③

②

① 环境保护部副部长李干杰（左二）与自治区副主席蓝天立（左三）一同视察农村环境连片整治项目

② 环境保护部副部长李干杰一行现场查看垃圾中转站运行情况

③ 乡村壁画展农村环境整治风貌

④ 临桂县污水处理设施

④

环境保护部副部长翟青到广西考察污染减排工作

2013年10月17日，自治区副主席林念修在南宁会见环境保护部副部长翟青一行，就进一步推进广西污染减排工作交换意见。翟青对广西污染减排工作取得的成效予以肯定，并指出根据2013年上半年的核查结果，广西的污染减排工作还面临较大压力，广西各级人民政府、各有关部门必须予以高度重视，进一步加大减排工作力度，进一步完善部门协作机制，强化组织保障，加快完成责任书项目工作进度，确保“十二五”规划目标如期实现。

会议由自治区环境保护厅厅长檀庆瑞主持，自治区发展改革委、工业和信息化委、监察厅、住房城乡建设厅等有关厅局负责人参加会议。

① 会议现场

② 环境保护部副部长翟青对广西污染减排工作取得的成效予以肯定

③ 自治区副主席林念修代表自治区党委、自治区人民政府对环境保护部副部长翟青一行的到来表示热烈欢迎

④ 环境保护部检查组一行

⑤ 参加会见的自治区有关厅局负责人

自治区党委书记彭清华到自治区环境保护厅调研

自治区党委书记彭清华在自治区环境保护厅调研座谈会上作重要讲话

自治区党委常委、副主席林念修在调研座谈会上

自治区党委常委、秘书长范晓莉在调研座谈会上

自治区环境保护厅党组书记、厅长檀庆瑞向彭清华书记汇报工作

2013年10月17日，自治区党委书记、自治区人大常委会主任彭清华到自治区环境保护厅调研，自治区党委常委、自治区副主席林念修，自治区党委常委、秘书长范晓莉参加调研。

彭清华听取了广西环境保护工作情况汇报，充分肯定了广西环保工作取得的成绩，深刻分析了广西环保工作面临的严峻形势。强调各级环保部门要深刻认识加强环境保护工作的极端重要性和现实紧迫性，以开展党的群众路线教育实践活动为契机，抓好环境污染整治，加大生态建设和环境保护力度，努力创造安全、整洁、优美、宜居宜业的生产生活环境，为加快实现“两个建成”目标作出新贡献。

① 调研座谈会会场
② 彭清华书记到自治区环境保护厅调研
③ 彭清华书记听取环境监测情况介绍
④ 彭清华书记与自治区环境保护厅干部亲切握手

自治区主席陈武在贺州市检查环境清查整治工作

2013年10月8日，自治区主席陈武到贺州市检查贺江水污染事件整治情况。陈武到贺江水污染事件主要污染源——原贺州市汇威选矿厂，实地了解污染事件查处经过，详细询问环境安全整治进展情况，前往贺江马尾河段了解非法采选矿集中整治和生态修复情况，并连夜主持召开专题会议，对广西环境安全隐患大清查大整治工作进行再部署。

陈武强调，环境安全是广西推进科学发展、跨越发展过程中不可忽视的重大问题。广西各级各部门要吸取贺江水污染事件的深刻教训，进一步提高对环境安全的重视程度，要以铁的决心、铁的手腕、铁的纪律整治各类环境违法违规行为，坚决杜绝类似事件再次发生。要深入开展环境安全隐患大清查大整治工作，要完善环境保护和环境安全规划，加强环保能力建设，要加快转方式、调结构，把加快发展和保护环境有机统一起来，做到“两不误、两促进”。

自治区主席陈武（前排右二）观看贺江镉污染事件警示板报

自治区主席陈武（右二）在贺江镉污染事件现场听取整治查处情况汇报

自治区主席陈武（前排右二）前往贺江马尾河段了解非法采选矿集中整治和生态修复情况

自治区主席陈武（前排右二）到贺江水污染事件主要污染源——原贺州市汇威选矿厂实地了解污染事件查处经过

贺江镉污染事件警示碑

贺江镉污染事件警示板报

2013中国—东盟环境合作论坛

2013年9月4~5日，环境保护部、广西壮族自治区人民政府以及东盟秘书处在桂林市共同主办2013年中国—东盟环境合作论坛。论坛由中国—东盟环境保护合作中心与广西壮族自治区环境保护厅承办。来自东盟秘书处和东盟各成员国有关部门的高级官员、联合国环境规划署、亚洲开发银行等国际机构代表，以及我国环境保护部、商务部等有关部委、广西壮族自治区人民政府及环保部门、地方环境保护机构、国内外专家学者和企业界代表共200余人出席论坛。环境保护部副部长李干杰和广西壮族自治区副主席蓝天立出席论坛并发表讲话。中国—东盟环境保护合作中心与广西壮族自治区环境保护厅签署共同推进中国—东盟环保合作框架工作协议。

中国—东盟环境合作论坛是中国与东盟成员国在环境领域开展对话、促进交流、推动务实合作的重要平台，自2011年启动以来已成功举办两届。

环境保护部副部长李干杰在论坛上作主旨演讲

自治区副主席蓝天立发表致辞

出席论坛的中国及东盟各成员国有关部门代表

中国—东盟环境合作论坛现场

协议签字仪式

中国—东盟环境保护合作中心与广西壮族自治区环境保护厅共同推进中国—东盟环保合作框架工作协议签署活动

广西各市环境保护局领导及部分环保企业负责人出席论坛

广西组团参加澳门国际环保合作发展论坛及展览

2013年3月21~23日，2013年澳门国际环保合作发展论坛及展览在澳门举行，自治区副主席陈刚率领广西代表团参加。澳门行政长官崔世安专门视察了广西展位，并会见广西代表团，他对广西展厅的设计布置给予充分肯定，认为展厅很好地展示了广西生态环境优势和污染减排成果、环境保护工作成就以及环保产业的发展状况。

广西展厅重点突出广西元素，展示了广西生态文明建设成就及城市可持续发展宣传，参展的14家企业展示了循环经济、烟尘治理、新型热能科技等方面的环保技术。简约美观、新颖独特的广西展厅荣获“环保展台嘉许奖”。

澳门行政长官崔世安专门视察广西展厅

澳门行政长官崔世安（右）会见广西代表团并与自治区副主席陈刚（左）交谈

2013年澳门国际环保合作发展论坛及展览（MIECF）开幕典礼现场

自治区副主席陈刚（右三）视察广西展厅

自治区代表团成员参观考察澳门生态保护区

环境保护部华南环境科学研究所副所长许振成（中）参观广西展厅

设计精美的广西展厅受到国内外宾客青睐

自治区核应急委员会第一次全体（扩大）会议

自治区党委常委、副主席，自治区核应急委员会主任林念修在会上作重要讲话

自治区环境保护厅厅长、自治区核应急委员会副主任檀庆瑞在会上作专题汇报

2013年4月3日，自治区核应急委员会第一次全体（扩大）会议在南宁召开。自治区党委常委、副主席，自治区核应急委员会主任林念修出席会议，指出要始终把核安全放在首位，按照国务院关于应急管理体系建设的要求，抓住防城港核电厂核应急系统建设的契机，加快构建全面覆盖民用核技术领域、有效处置各类核事故的应急预案和应急体制、机制、法制，全方位提高防范和处置核突发事件的能力与水平。林念修强调，各地各部门要牢固树立大局意识，切实转变作风，主动配合，相互支持，形成合力；要按照国家核电建设规范要求，加快核应急监测系统、指挥系统和相关设施建设，把广西核应急工作提高到新的水平。

自治区副主席林念修（左二）一行到自治区核应急指挥中心检查指导

会议现场

全区环保系统预防职务犯罪工作联席电视电话会议

2013年6月25日，自治区环境保护厅与自治区人民检察院召开全区环境保护系统预防职务犯罪工作联席会议电视电话会议，会议共同部署环保系统的职务犯罪预防和反腐倡廉工作，并签署《关于在全区环境保护系统共同开展预防职务犯罪工作的意见》，进一步健全权力运行制约和监督体系。

自治区环境保护厅党组书记、厅长檀庆瑞在会上讲话

自治区人民检察院检察长崔智友在会上讲话

自治区环境保护厅党组书记、厅长檀庆瑞与自治区人民检察院党组副书记、副检察长邓海华共同签署《关于在全区环境保护系统共同开展预防职务犯罪工作的意见》

自治区环境保护厅与自治区人民检察院建立联防联控机制会议现场

广西环境保护新闻发布会

2013年6月4日，自治区环境保护厅召开新闻发布会，自治区环境保护厅副厅长钟兵在会上通报广西环境状况和环保工作情况，并回答媒体记者的提问。自治区环境保护宣传教育中心负责人宋红军主持新闻发布会。新华社广西分社、《中国环境报》、《广西日报》、广西电视台等媒体记者，自治区环境保护厅机关及驻邕直属单位负责人参加新闻发布会。

① 自治区环境保护厅副厅长钟兵通报广西环境状况和环保工作情况
② 自治区环境保护宣传教育中心负责人宋红军主持新闻发布会
③ 出席新闻发布会的媒体记者
④ 新闻发布会现场

2013年9月26日，自治区环境保护厅召开新闻发布会，钟兵副厅长向全自治区通报2013年开展环境安全隐患大清查大整治的阶段性成效，并曝光7家环境违法企业，通报批评9家存在问题的环评机构。新华社广西分社、《人民日报》、中新社、《中国环境报》、《广西日报》、广西人民广播电台、广西电视台、《南国早报》、广西新闻网等9家媒体记者，以及自治区环境保护厅机关及驻邕直属单位负责人参加新闻发布会。

① 钟兵副厅长通报近期环保工作成效
② 新闻发布会现场
③ 参加新闻发布会的媒体记者
④ 媒体记者现场提问

自治区环境保护厅开展“从严治厅”活动

自治区环境保护厅厅长檀庆瑞在会上作动员讲话

自治区环境保护厅召开“从严治厅”活动动员大会

为更好服务广西经济发展大局，把自治区环境保护厅打造成“党委政府信任、人民群众喜爱、污染企业惧怕”的为民务实清廉部门，自治区环境保护厅结合党的群众路线教育实践活动，从2013年6月份起，在全厅开展“从严治厅”活动，要求全厅做到“四个严”。一是严党性，提高领导班子决策的科学化水平；二是严学习，提高干部队伍素质的多能化水平；三是严管理，提高机关建设的规范化水平；四是严责任，提高业务监管的精准化水平。通过抓学习教育、抓问题查摆、抓集中整治、抓建章立制四个环节，努力营造想干事、能干事、会干事、干成事的良好氛围，进一步增强环境保护工作优化经济发展的作用。

自治区环境保护厅全体干部职工参加动员会

自治区环境保护厅办公室召开“从严治厅”活动学习会议

自治区环境监测中心站召开“从严治厅”活动学习座谈会

自治区环境保护科学研究院召开贯彻落实“从严治厅”活动动员大会

自治区海洋环境监测中心站召开“从严治站”活动动员大会

自治区环境保护厅公务人员职业道德教育讲座现场

广西环保“10个首次”

参加首次开放项目环评文件评审会议的群众代表

自治区环境保护厅工作人员在项目联合审批活动现场

2013年，自治区环境保护厅多次开展基层大调研活动，共召开座谈会37次，1036人参加，收集意见建议177条，总行程11600公里。在大调研基础上，积极改革创新，形成大开放、大参与、大宣传格局，实现广西环保“10个首次”。

首次开放项目环评文件评审，邀请人大代表、政协委员、记者和群众代表共20多人参加旁听；首次成立广西环保专家咨询委员会，科学决策重大环境事项；首次利用环境信息化建设成果，区、市、县联动开展5次“环境安全年”行动，突击检查污染企业；首次与自治区人民检察院签订环保系统预防职务犯罪工作意见，建立联防工作机制；首次推行“绿色信贷”政策，促进企业守法经营；首次实施环境举报奖励制度，鼓励社会各界监督环境违法行为；首次举办环保公众开放宣传日，数千名市民到自治区环境保护厅亲身体验环保工作；首次向新闻媒体公开曝光存在问题的9家环评机构，接受公众和舆论监督；首次举办广西环境文化节，展示环境文化建设发展历程和重要成果；发布实施广西首个地方环保标准《甘蔗制糖工业水污染物排放标准》，实现地方环保标准零的突破。

2013年3月31日，广西首次公开建设项目环境影响评价文件评审会议现场

在公众开放宣传日活动中，各界群众在自治区环境监测中心站参观

在公众开放宣传日活动中，自治区辐射环境监督管理站工作人员为来自南宁市第四职业技术学校的学生讲解辐射知识

在公众开放宣传日活动中，栩栩动人的绘画作品受到小朋友青睐

在环境文化节中，市民参观环保摄影展

广西开展“环境安全年”专项行动

2013年，广西环保系统举全系统之力，保持环境监管高压态势，开展5次“环境安全年”专项行动和环境安全隐患大清查大整治行动，共派出417支检查组4200多名执法人员，突击检查703家企业，发现243处环境隐患，并落实整改。开展同时应对两起突发环境事件应急演练，锻炼队伍、积累经验、提升能力。在大清查大整治行动中，全自治区共检查工业企业15000多家，查出隐患企业近2000家，已取缔关停或限期整改。2013年全自治区发生突发环境事件总数下降25%，发生较大以上环境事件总数下降50%。

自治区环境保护厅厅长檀庆瑞（左二）率调研组到贵港市调研环境安全情况

1 号行动中，指挥部领导通过信息化屏幕指导前方检查工作开展

自治区环境保护厅召开环境安全形势分析会

2号行动中，媒体记者现场采访拍摄检查组突击检查情况

3号行动中，监测人员在马岭铜矿选矿厂尾矿库渗滤液回收池采集水样

4号行动中，贵港市指挥组研究应急处置方案

5号行动中，来宾市检查组对制糖企业排放的污水抽样检验

4号行动中，百色市演练指挥部现场

广西环保系统开展“美丽广西·清洁乡村”活动

2013年5月3日，广西环保系统在宾阳县召开“美丽广西·清洁乡村”活动现场会，明确提出结合生态文明示范区建设和环保各项重点工作，以“六步法”解决农村突出环境问题。5月20日，自治区环境保护厅举行自治区“美丽广西·清洁乡村”活动驻合浦工作队暨环境保护厅赴各市服务队授旗仪式，以实际行动贯彻落实自治区党委、自治区人民政府的部署要求。

为推进“美丽广西·清洁乡村”工作，自治区环境保护厅组织机关、直属单位成立14个调研组深入14个市开展“美丽广西·清洁乡村”活动调研，全面掌握清洁乡村基本情况。2013年6月5日，自治区环境保护厅带领技术工作队前往合浦县举行纪念“六五”世界环境日暨服务“美丽广西·清洁乡村”活动，充分发挥环保部门的专业优势，开展环保技术培训活动、清洁乡村劳动、农村环保科普宣传和饮用水源现场监测等活动。此外还编印通俗易懂、指导性强的农村环境保护工作宣传手册，普及环保知识。

①

②

③

① 自治区环境保护厅厅长檀庆瑞接受媒体记者采访
② 自治区环境保护厅厅长檀庆瑞一行在宾阳县武陵镇垃圾中转站检查指导
③ 广西环保系统"美丽广西·清洁乡村"活动现场会在宾阳县召开
④ 自治区"美丽广西·清洁乡村"活动驻合浦工作队暨环境保护厅赴各市服务队授旗仪式
⑤ 合浦工作队授旗
⑥ "美丽广西·清洁乡村"环保技术培训现场
⑦ 自治区环境保护宣传教育中心积极开展农村环保科普宣传活动，图为工作人员向群众发放环保宣传资料

自治区环境保护厅开展党的群众路线教育实践活动

2013年，自治区环境保护厅率先开展环保为民实践活动，为全面开展党的群众路线教育实践活动奠定坚实的基础。教育实践活动中，自治区环境保护厅勇于揭短亮丑、动真碰硬、高质量开好专题民主生活会，得到自治区党委书记彭清华“远学河北，近学环保厅”的高度肯定，并在全自治区宣传推广。通过开展教育实践活动，自治区环境保护厅强化党建工作，锻炼出环保系统“咬着牙干、握着拳干、硬着头皮干、顶着压力干”的“四干精神”，形成了“三重一大”决策制度等一系列制度成果。

自治区副主席林念修出席自治区环境保护厅专题民主生活会并讲话

自治区环境保护厅厅长檀庆瑞在党的群众路线教育实践活动动员大会作动员报告

自治区环境保护厅召开党的群众路线教育实践活动动员大会

自治区副主席林念修和自治区党的群众路线教育实践活动第十一督导组成员指导自治区环境保护厅召开民主生活会

自治区环境保护厅厅长檀庆瑞接受媒体采访

自治区环境保护厅机关党员干部对开展党的群众路线教育实践活动进行民主测评

自治区环境保护厅召开离退休干部座谈会征求意见

自治区环境保护厅举办绿色梦·环保情·颂党恩“七·一”纪念活动

2013年6月28日，为迎接中国共产党建党92周年，自治区环境保护厅举办绿色梦·环保情·颂党恩“七·一”纪念活动。自治区环境保护厅副厅长黎敏、纪检组组长梁远略，以及自治区环境保护厅机关、驻邕直属单位全体党员参加了此次活动。

活动表彰了2011~2012年自治区环境保护厅优秀共产党员，自治区环境保护厅副厅长黎敏、纪检组组长梁远略为获奖人员颁发证书。文艺汇演深情讴歌党的丰功伟绩，抒发环保职工的绿色梦和环保情。文艺汇演后，全体党员起立，重温入党誓词。

自治区环境保护厅绿色梦·环保情·颂党恩“七·一”纪念活动现场

自治区环境保护厅纪检组组长梁远略致辞

自治区环境保护厅副厅长黎敏（右五）、纪检组组长梁远略（左六）与获奖人员合影

自治区环境保护科学研究院支部表演的独舞《弦子的传说》

自治区环境保护宣传教育中心支部小组唱《唱支山歌给党听》

自治区环境监察总队支部诗朗诵《走在路上的环境监察人》

自治区环境监测中心站支部表演的芦笙伴舞《军港之夜》

广西环境年鉴

2014

广西壮族自治区环境保护厅　编

广西人民出版社

图书在版编目(CIP)数据

广西环境年鉴·2014/广西壮族自治区环境保护厅编.—南宁:广西人民出版社,2015.9

ISBN 978-7-219-09565-2

Ⅰ.①广… Ⅱ.①广… Ⅲ.①区域环境—环境保护—广西—2014—年鉴 Ⅳ.①X321.267—54

中国版本图书馆 CIP 数据核字(2015)第 217196 号

广西环境年鉴·2014

责任编辑:李带舅
责任校对:韦洁琳
封面设计:黄小纯
出版发行:广西人民出版社
社 址:广西南宁市桂春路 6 号
邮 编:530028
印 刷:广西民族印刷包装集团有限公司
开 本:890mm×1240mm 1/16
印 张:22.75
字 数:787 千字
版 次:2015 年 9 月第 1 版
印 次:2015 年 9 月第 1 次印刷
书 号:ISBN 978-7-219-09565-2/X·13

定 价:200.00 元

编写说明

一、《广西环境年鉴》是广西壮族自治区环境保护厅（以下简称“环境保护厅”）主办的地方专业年鉴。它是一部资料性工具书，是广西环境保护事业年度资料、信息和经验的总汇。

二、《广西环境年鉴·2014》（以下简称“本年鉴”）主要反映2013年的广西环境保护工作；同时，对2014年的一些重要工作也有所反映。本年鉴收录有关环境保护方面的信息、资料和数据，为各级领导、各条战线和环保系统各个岗位的工作人员，以及企事业单位、学校等各阶层人员，研究广西经济、社会与环境协调发展的经验和规律，提供重要的参考依据。

三、本年鉴按前几卷格式排版，设23个基本栏目，各栏目设书眉。全卷按内容分自治区、市排序，以条目为基础（条目以【 】为标志）撰写。

四、环境保护厅各处室、各直属单位、各市环境保护局和自治区人大环资委、自治区发展改革委、国土资源厅、住房城乡建设厅、水利厅、农业厅、林业厅、自治区海洋局、自治区气象局、南宁铁路局的特约编辑，负责有关基本栏目、条目稿件的编辑工作，成稿后经所在部门和编委会成员及有关领导审查定稿，最后由编辑部汇总编纂。因此，年鉴中的各种资料、信息、数据都力求全面、准确、翔实、可靠。

五、欢迎广大读者对本年鉴的编辑、出版工作提出宝贵意见，使《广西环境年鉴》收录的内容更丰富，编排更科学、更规范化。

《广西环境年鉴·2014》编辑委员会成员名单

协办单位

自治区人大环境与资源保护委员会

自治区发展和改革委员会

自治区国土资源厅

自治区住房和城乡建设厅

自治区水利厅

自治区农业厅

自治区林业厅

自治区海洋局

自治区气象局

南宁铁路局

目　录

特　辑

规划与投资

政策与法规

机构改革与人事

环境科研与管理

环境质量

污染物减排

环境影响评价

环境监测

污染防治

生态保护和建设

核与辐射安全管理

环境监察

环境应急与事故调查

环境宣传教育

对外合作与交流

信息公开与环境信访

党的建设与纪检监察

部门与行业环境保护

自治区人大环资委环境保护

自治区发展改革委环境保护

国土资源厅环境保护

住房城乡建设厅环境保护

水利厅环境保护

农业厅环境保护

林业厅环境保护

海洋局环境保护

气象局环境保护

南宁铁路局环境保护

各市环境保护

环保大事记

附 录

索 引

特　辑

深入贯彻党的十八大精神
大力推进生态文明建设
努力开创环保工作新局面

——环境保护部部长周生贤在2013年全国环境保护工作会议上的讲话

（2013年1月24日）

同志们：

这次会议的主要任务是，认真学习贯彻党的十八大和中央经济工作会议精神，总结第七次全国环境保护大会精神落实情况，以生态文明建设为统领，以建设美丽中国为目标指向，以解决影响科学发展和损害群众健康的突出环境问题为重点，总结2012年工作，部署2013年任务。

下面，我讲四个问题。

一、认真学习贯彻落实党的十八大精神

党的十八大是在我国进入全面建成小康社会决定性阶段召开的一次十分重要的大会，是一次高举旗帜、继往开来、团结奋进的大会。十八大的一个历史性决策和贡献，就是把科学发展观同马克思列宁主义、毛泽东思想、邓小平理论、“三个代表”重要思想一道，确立为我们党必须长期坚持的指导思想，实现了党的指导思想的又一次与时俱进。十八大的一个突出亮点，就是把生态文明建设提升到与经济建设、政治建设、文化建设、社会建设并列的战略高度，纳入中国特色社会主义事业五位一体的总体布局，第一次单列一个部分加以论述，实现了党的执政兴国理念和实践的又一次重大创新。

建设生态文明，是我们党创造性地回答经济发展与资源环境关系问题所取得的重大成果，为统筹人与自然和谐发展指明了前进方向；是我们党积极主动顺应广大人民群众新期待，进一步丰富和完善中国特色社会主义事业总体布局的战略部署；是我们党充分吸纳中华传统文化智慧并反思工业文明与现有发展模式不足，积极推进人类文明进程的重大贡献；是我们党深刻把握当今世界发展绿色、循环、低碳新趋向，对可持续发展理论的拓展和升华。

生态文明是人类为保护和建设美好生态环境而取得的物质成果、精神成果和制度成果的总和，是人与自然、环境与经济、人与社会和谐共生的社会形态。建设生态文明，以把握自然规律、尊重自然为前提，以人与自然、环境与经济、人与社会和谐共生为宗旨，以资源环境承载力为基础，以建立节约环保的空间格局、产业结构、生产方式、生活方式以及增强永续发展能力为着眼点，以建设资源节约型、环境友好型社会为本质要求，贯穿于经济建设、政治建设、文化建设、社会建设各方面和全过程。建设生态文明，先进的生态伦理观念是价值取向，发达的生态经济是物质基础，完善的生态文明制度是激励约束机制，可靠的生态安全是必保底线，良好的生态环境是根本目的。生态文明理念及建设实践具有鲜明特征：在价值观念上，强调尊重自然、顺应自然、保护自然；在指导方针上，坚持节约优先、保护优先、自然恢复为主；在实现路径上，着力推进绿色发展、循环发展、低碳发展；在目标追求上，努力建设美丽中国；在时间跨度上，需要长期艰巨的建设过程。

环境保护是生态文明建设的主阵地，是建设美丽中国的主干线、大舞台和着力点。环保工作取得的任何成效任何突破，都是对推进生态文明、建设美丽中国的积极贡献。全国环保系统要做好推进生态文明、建设美丽中国的引领者、实践者和推动者。

学习贯彻党的十八大精神，是全国环保系统的首要政治任务。部党组制订下发实施方案，拿出一个月时间集中学习，通过做专题辅导报告，召开学习交流大会，安排机关各司局、直属单位主要负责同志作学习体会发言，激发了环保系统广大干部职工学习贯彻十八大精神的积极性和主动性，思想认识得到高度统一，学习水平得到明显提升，精神状态得到极大振奋，环保工

作得到有力推动。

通过学习,我们认识到,用生态文明建设的观念和要求来看环境保护,要从"五个高度"上来认识和把握。一是放在践行科学发展观自觉行动的高度。把科学发展观作为政治信仰来追求,作为科学真理来坚持,作为行动指南来践行。二是放在整个国民经济发展全局的高度。环境问题究其本质是经济结构、生产方式、消费模式和发展道路问题。必须正确处理环境与经济关系,不能走先污染后治理、以牺牲环境换取经济增长的老路。三是放在2020年如期实现全面建成小康社会的高度。全面建成惠及十几亿人口的更高水平的小康社会,最重要的标志之一、也是最大的制约因素之一就是生态环境。四是放在生产流通分配消费全过程的高度。社会再生产的全过程都消耗资源并产生环境污染,必须从再生产全过程来加强环境保护。五是放在经济全球化深入发展的高度。随着生产要素、产业分工和资源配置的跨区域流动,环境问题日益全球化。

我们进一步认识到,积极探索环境保护新道路是通向和推进生态文明建设的现实路径。要努力做到"五个新":一是用新的理念进一步深化对环境问题的认识,二是用新的视野把握环境保护事业发展的机遇,三是用新的实践推动环保事业取得更大成效,四是用新的体制保障环保事业持续推进,五是用新的思路指导当前谋划未来。

积极探索环保新道路,大力推进生态文明,建设美丽中国,是一场涉及思想认识、观念行为、体制机制的广泛而深刻的变革,必须科学地审视当前我国环境保护所处的历史方位,认清环境保护事业发展的阶段性特征。主要是:在人与自然方面,进入了从源头上扭转生态环境恶化趋势,不断提升人与自然和谐相处水平的新阶段;在环境与经济方面,进入了坚持在发展中保护、在保护中发展,以环境保护优化经济发展的新阶段;在环境与政治方面,进入了生态文明建设纳入中国特色社会主义事业总体布局,提高执政党领导生态文明建设能力的新阶段;在环境与文化方面,进入了大力弘扬生态文明理念,增强生态环境意识推动文化建设大发展大繁荣的新阶段;在环境与社会方面,进入了优先解决损害群众健康的突出环境问题,保障和改善民生的新阶段。

站在新的历史起点上,我们必须用改革创新的精神和思路,加大探索力度,抓紧制订推进环保事业改革发展的总体方案,确定优先领域,明确路线图和时间表。

(一)加快环境管理转型。

以环境质量改善为目标导向,实施更加严格的环境质量标准,使环境管理从被动应对向主动防控转变,从控制局地污染向区域联防联控转变,从单纯防治一次污染物向既防治一次污染物又防治二次污染物转变,从单独控制个别污染物向多种污染物协同控制转变,全面提升环保工作的精细化、信息化和专业化水平。

(二)深化审批改革。

经国务院六次清理,环保部门现有审批事项40项,其中环境保护部直接承担的30项。要深入推进行政审批制度改革:一是进一步清理和调整审批项目。科学把握推进行政审批制度改革与加强环境保护工作的关系,凡是地方环保部门能够管理好的,就大胆下放,不再由环境保护部审批;凡是市场机制能够有效调节、行业组织能够自律管理的,不设定行政审批。二是进一步规范行政审批行为。设定环保行政审批事项,严格进行合法性、必要性、合理性审查论证。三是进一步创新审批服务方式。优化流程,简化程序,加强电子政务建设。四是进一步强化对权力运行的监督制约。强化行政审批的全过程监控,形成反腐倡廉制度体系。

当前,环境影响评价工作面临不少新情况新问题,需要进一步创新和完善。必须依法依规强化环境影响评价工作,提高环境影响评价的独立性、客观性、公正性和透明性;修订建设项目环评分类管理名录和分级审批目录,下放审批权限,简化程序、缩短时限、提高效率;重大建设项目必须开展社会风险评估,环保部门要积极配合做好;严格问责,健全责任追究和环境损害赔偿制度。

(三)强化信息公开。

随着人民群众的环保意识普遍觉醒,参与社会管理的诉求越来越强。要加强环境核查审批信息公开,全面推进涉及民生、社会关注度高的环境监测信息公开,把信息发布情况作为突发环境事件应急处置工作的重要考核指标,为群众申请公开政府信息提供更加便利的条件,推进信息公开工作的法制化规范化。

(四)扩大群众参与。

开展环保工作的好办法,归根结底来自人民群众的丰富实践。要善于"接地气",学会与人民群众打交道,认真回应人民群众的关切和期待,走群策群力、群防群控的群众路线。眼往下看,脚往下走,到人民群众对生态环境质量意见多的地方去,到环境保护工作难开展的地方去,把问题解决在基层一线,解决在萌芽状态。

(五)改进工作作风。

以习近平同志为总书记的党中央对转变作风问题高度重视。党的十八届中央政治局作出关于改进工作作风、密切联系群众的八项规定,为全党同志带了好头,充分体现了党中央落实党要管党、从严治党方针的坚定决心。作风就是形象,就是战斗力,就是宝贵资源。环保系统要把加强作风建设摆在更加突出的位置,对照查找在作风建设方面存在的不足和差距，抓紧制订改进措施和办法，尽快建立健全或修改完善相关制度规定，以振奋的精神状态和良好的工作作风抓好各项任务的贯彻落实。

二、2012 年环保工作成效明显

过去的一年，全国环保系统坚决贯彻中央关于环境保护的决策部署，认真落实第七次全国环境保护大会和环保工作会议精神，各项重点工作取得积极进展。

（一）贯彻落实第七次全国环境保护大会精神。

2011 年，国务院召开第七次全国环境保护大会，中共中央政治局常委、国务院副总理李克强出席大会并发表重要讲话。第七次全国环境保护大会的标志性成果是提出积极探索在发展中保护、在保护中发展的环境保护新道路。大会精神集中体现在六个方面：一是进一步明确指导新时期环保工作的战略思想，就是要坚持在发展中保护、在保护中发展。二是进一步明确环境保护的基本定位，就是以环境保护优化经济发展。三是进一步明确探索环境保护新道路的历史地位，这是做好新形势下环保工作的根本路径。四是进一步明确环境保护的重中之重，就是要着力解决影响科学发展和损害群众健康的突出环境问题。五是进一步明确环保人的核心价值取向，就是要继续弘扬“忠于职守、造福人民，科学严谨、求实创新，不畏艰难、无私奉献，团结协作、众志成城”的中国环保精神。六是进一步明确环境保护在生态文明建设中的基础地位，就是要充分发挥环境保护的主阵地和根本措施作用。

各省（区、市）积极贯彻落实，已有 28 个省（区、市）召开环境保护大会，26 个省（区、市）以党委或政府的名义出台进一步加强环境保护的文件。

（二）主要污染物减排年度任务全面完成。

明确任务严格考核。及时指导各地和中央企业制订减排计划，向社会公告 2012 年需要完成的重点项目和 2011 年实施减排措施的规模化畜禽养殖场（小区）。推进污染减排绩效管理试点工作，督促存在问题的地方和企业认真整改，我部对有关省级政府领导和中央企业负责人进行约谈，对 8 个市（州）污水处理厂实施挂牌督办。天津、陕西、甘肃等省（市）通过督查预警等方式，加快落实重点项目和减排措施。

抓住重点强力实施。将重点减排工程项目和保障措施落实到“六厂（场）一车”（火电厂、钢铁厂、水泥厂、造纸厂、城镇污水处理厂、畜禽养殖场和机动车）。目标责任书要求 2012 年完成的 1276 个项目基本建成投运，新增脱硝改造燃煤机组装机容量超过 4000 万千瓦。

建立和完善减排长效机制。加强对环境保护和污染减排政策措施落实情况监督检查，起草《脱硝电价和脱硝设施运行监督管理办法》，全国脱硝电价政策即将出台。拟定《“十二五”主要污染物总量减排统计监测及考核办法》，制定《建设项目主要污染物排放总量指标管理办法（试行）》。

经核查核算，2012 年全国化学需氧量、二氧化硫、氨氮、氮氧化物排放量均比上年减少 2% 以上，全面完成年度减排任务。

（三）环境保护优化经济发展作用进一步显现。

继续推进战略环评、规划环评和项目环评。西部大开发战略环评稳步推进，金沙江水电基地分段实现全流域规划环评，七大流域各主要支流全面实施综合规划环评。坚决遏制“两高一资”、低水平重复建设和产能过剩建设项目。2012 年，我部共批复项目环评文件 240 个，涉及总投资近 1.4 万亿元，其中基础设施和民生工程项目 79 个，约占总投资的一半。对不符合要求的 24 个项目退回报告书、不予审批或暂缓审批，涉及总投资 1000 多亿元。

加强和深化环评制度改革。坚持依法依规开展环评，扩大公众参与，实行环评受理、审批和验收全过程“三公开”。下放部分环评审批权，配合做好社会风险评估工作。事业单位环评机构体制改革加快，两批 97 家试点单位中 22 家完成改制，47 家基本完成。完善环境标准体系和深入开展清洁生产审核。新发布环境保护标准 68 项，对纺织染整、钢铁和焦化等工业行业进一步收严排放限值。现行国家环境保护标准达 1374 项，为推进产业结构调整发挥了积极作用。全面推进重点企业清洁生产审核，向社会公告 8775 家完成评估验收的企业名单。

（四）解决民生环境问题取得新进展。

出台实施环境空气质量新标准。经国务院同意，发布新修订的《环境空气质量标准》和《环境空气质量指数（AQI）技术规定（试行）》，出台新标准实施“三步走”的总体方案。2012 年在京津冀、长三角、珠三角等重点区域以及直辖市和省会城市开展 $PM_{2.5}$ 与 O_3 等项目监测，2013 年在 113 个环境保护重点城市和国家环境保护模范城市开展监测，2015 年在所有地级以上城市开展监测。自 2016 年 1 月 1 日起该标准在全国实施。我部印发《空气质量新标准第一阶段监测实施方案》和《关于加强环境空气质量监测能力建设的意见》，明确开展第一阶段监测的范围、内容和要求。积极协调财政部等相关部委，争取专项资金。2012 年中央下拨地方补助资金 5.19 亿元，地方共投资约 4.3 亿元。京津冀、长三角、珠三角等重点区域以及直辖市和省会城市共 74 个城市 496 个监测点位已按新标准开展监测，并于 2013 年 1 月 1 日正式对外发布监测数据。

强化饮用水源保护和地下水污染防治。国务院批复《全国农村饮水安全工程“十二五”规划》。我部组织全国地级以上城市集中式饮用水水源环境状况评估,基本摸清321个城市833个水源地的基本情况。积极落实《全国地下水污染防治规划》,编制华北平原地下水污染防治工作方案。

推进重金属、危险废物和化学品污染防治。中央安排重金属专项治理资金54亿元。我部印发《重金属污染防治"十二五"规划》实施考核办法及相关细则,首次组织开展规划实施情况考核。强力推进历史遗留铬渣治理,累计治理铬渣230万吨,是前6年年均处理量的3倍,全国堆存长达数十年甚至半个世纪的670万吨铬渣基本处置完毕。编制《化学品环境风险防控"十二五"规划》,印发《全国主要行业持久性有机污染物污染防治"十二五"规划》。

加强环境执法和应急管理。继续深入开展环保专项行动,全国共出动执法人员255余万人(次),检查企业100余万家(次),查处环境违法问题8779件,挂牌督办环境违法案件1770件。对1216家生产、停产或停产整治的铅蓄电池企业加大监管力度,又取缔关闭289家。圆满完成环境安全百日大检查,共检查企业4.3万家,发现重大环境风险隐患2296个,整改2245个,挂牌督办企业105家。我部直接调度处置的突发环境事件33起,同比下降55%。

(五)重点流域海域区域污染防治有较大突破。

持续推进重点流域海域污染防治。国务院批复《重点流域水污染防治规划(2011~2015年)》。完善重点流域水污染防治专项规划实施情况考核指标体系,开展长江中下游流域规划实施情况考核。扎实推进"三湖"污染防治工作,太湖等重点湖泊流域水质初步改善。

优先保护生态良好湖泊。全年累计安排专项资金25亿元,新增试点湖泊19个,全国湖泊生态环境保护试点累计达27个。湖北省出台湖泊保护地方法规,依法对梁子湖等湖泊实施湖泊管理。云南洱海、安徽太平湖等通过环境整治,环境质量得到进一步提高。

全力防治大气污染。国务院批复《重点区域大气污染防治"十二五"规划》,要求采取综合治理、协同控制、联防联控等措施。"十二五"以来,北京市累计淘汰老旧机动车55万多辆,提前三年完成40万辆的淘汰任务。山西省实施空气质量改善攻坚行动,11个设区市城区减少原煤消耗674万吨。

(六)生态保护和农村环境保护不断强化。

生物多样性保护上升为国家战略。李克强副总理主持召开中国生物多样性保护国家委员会第一次会议,审议通过《联合国生物多样性十年中国行动方案》。对累计建成的363处国家级自然保护区,完成人类活动卫星遥感监测和实地核查工作。全面启动全国生态环境十年变化(2000~2010年)遥感调查与评估。全国已有15个省(区、市)开展生态省建设,1000多个县(市、区)开展生态县建设,53个地区开展生态文明建设试点工作。

农村"以奖促治"增资扩面。中央财政安排55亿元农村环保专项资金,支持各地开展农村环境综合整治。截至2012年底,全国共有23个省(区、市)纳入连片整治示范范围,中央财政累计投入135亿元,2.6万个村庄、5700多万农村人口受益。印发《全国农村环境综合整治"十二五"规划》、《全国畜禽养殖污染防治"十二五"规划》。完成全国土壤污染状况调查,会同有关部门编制《土壤环境保护"十二五"规划》。

(七)生态补偿机制初步建立。

积极配合财政部开展新安江流域等生态补偿试点,国家正在探索流域上下游之间、自然保护区内外和不同主体功能区之间生态补偿的有效办法。重点生态功能区生态补偿机制的建立与实施取得较好效果。自2008年起,中央财政对国家重点生态功能区范围内的部分县(市、区)实施资金转移支付,涉及20多个省(区、市)。5年支持资金总额达1100亿元,年度资金由2008年的60.5亿元增加到2012年的371亿元,支持的县(市、区)由221个增加到466个。对其中452个县域生态环境质量全面监测与评估结果显示,2009~2011年58个县域生态环境质量得到改善,占比例12.8%;380个县域保持基本稳定,占84.1%。

(八)核与辐射安全保障更加有力。

国务院批复《核安全与放射性污染防治"十二五"规划及2020年远景目标》,规划项目涉及投资798亿元。我国15台运行核电机组处于安全状态,29台在建核电机组建造质量处于受控状态,19座民用研究堆总体情况良好。开展全国辐射安全综合检查,动员监管人员19万多人次,检查核技术利用单位近6万家。加大放射性废物和铀矿冶污染治理力度,推进电磁辐射环境全过程监管。

(九)政策法制、环保规划、科技监测、宣传教育和国际合作扎实推进。

《环境保护法》修正案草案提请全国人大常委会初次审议,《清洁生产促进法》修订颁布。发布《环境保护综合名录(2012年版)》,在15个省份开展环境污染强制责任保险试点。由我部牵头编制、报国务院审批的11项规划全部编制完成,其中9项已印发执行。国务院办公厅首次将环保规划任务分解落实到有关部门。制定《全国环境功能区划纲要》,在吉林、浙江、新疆开展省级环境功能区划编制试点。全面启动《地表水环境质量标准》修订。积极推进环境监测天地一体化进程,"环境一号"C卫星发射成功。水体污染控制与治理科技重大专项实施取得新进展。组织孟祥民同志先进事迹系列报告会,稳妥推进环境文化体制改革。成功举办联合国可持续发展大会国合会20周年主题边会，圆满召开国合会2012年年会，环保国际合作取得积极进展。

（十）环保能力和队伍建设进一步加强。

环保投入大幅增加。我部参与分配的中央环保投资超过260亿元，比2011年增加50%以上。环保监测执法业务用房项目顺利推进，565个项目开工率97%，完工率65%。支持24个省（区、市）164个县（区）级开展环境监测站标准化建设，为170个监察执法机构配备移动执法系统和挥发性气体检测设备。

机构人才队伍建设继续加强。机构编制能力建设不断增强。加大竞争性选拔领导干部的力度，机关和部属单位干部队伍得到进一步加强。落实《生态环境保护人才发展中长期规划(2010~2020年)》，组建环境保护部人才工作领导小组。坚持分级分类培训，全年培训干部和各类人才4万余人次，计划完成率为115%。

创先争优活动和党风廉政建设不断深化。巩固创先争优成果，全面落实“基层组织建设年”部署，完善部属单位党组织设置。贯彻落实党风廉政建设责任制，部领导带队进行惩防体系建设重点抽查，推进权力运行监控机制建设，开展党风廉政教育月活动，严肃查处违纪违法案件，教育引导党员干部筑牢拒腐防变思想防线。

我们也清醒地看到，我国环境形势依然严峻，既要有打攻坚战的紧迫意识，又要有打持久战的思想准备。一是主要污染物排放总量大，减排任务艰巨。“两高一资”行业投资增幅虽有下降，但现有产能释放带来的污染物增量压力很大。机动车每年增长1500万辆左右，机动车氮氧化物排放量仍呈增长趋势。二是环境污染仍然十分严重。70%左右的城市不能达到新的环境空气质量标准。近日出现的长时间大范围雾霾天气，影响17个省（区、市），约占国土面积1/4，受影响人口达6亿。20%左右的国控断面水质依然为劣V类，基本丧失水体功能。一半城市市区地下水污染严重，57%的地下水监测点位水质较差甚至极差。三是环境风险继续增加，损害群众健康的环境问题比较突出。我国正处于社会转型和环境敏感、环境风险高发与环境意识升级共存叠加的时期，长期积累的环境矛盾正集中显现，$PM_{2.5}$、饮用水安全、血铅事件和化学品污染问题，引起群众广泛关注。四是环境管理体制不顺，生态环境保护职能分散交叉现象依然存在。能力建设滞后，监管力度不够，人才队伍建设亟待加强。五是工作作风亟待进一步转变，服务能力有待继续提高。我们必须高度重视，采取有效措施加以解决。

三、全力做好2013年重点工作

今年环保工作的总体要求是：深入贯彻党的十八大精神，大力推进生态文明建设，着力解决影响科学发展和损害群众健康的突出环境问题，积极探索在发展中保护、在保护中发展的环保新道路，加快推进环境管理战略转型，勇担生态文明建设的引领者推动者实践者。

2013年要重点做好以下工作：

（一）深入学习贯彻党的十八大精神。

按照《中共中央关于认真学习宣传贯彻党的十八大精神的通知》要求和《环境保护部学习贯彻党的十八大精神的安排》，创新活动载体，采取多种形式，着力提高效果，其中要重点抓好司局级和处级干部学习培训活动。开展为民务实清廉为主要内容的党的群众路线教育实践活动。坚持学以致用、用以促学，努力把党的十八大精神转化成推进生态文明建设，积极探索环保新道路，建设素质过硬、作风优良、精神状态良好的干部队伍和全面完成今年环保各项任务的力量源泉。

（二）全力完成主要污染物减排任务。

2013年确定的减排任务是：与2012年相比，化学需氧量、二氧化硫排放量分别减少2%，氨氮排放量减少2.5%，氮氧化物排放量减少3%。要认真落实《国务院节能减排综合性工作方案》和《节能减排“十二五”规划》。严格考核各地年度总量减排目标完成情况，结果向社会公布。推行主要污染物总量指标预算管理制度，严控污染物新增量。着力抓好“六厂（场）一车”减排措施落实，确保今年1545个重点减排项目按期保质建成投运。完善部门协同推进减排机制。

（三）充分发挥环境保护优化经济发展的作用。

加快编制环境功能区划。推进省级环境功能区划试点，指导推动首批12个城市编制城市环境总体规划，争取《全国环境功能区划纲要》早日报国务院审批。制定不同区域的环境目标、政策和标准，实行分类指导、分区管理。

继续强化和完善建设项目环评。从严从紧控制“两高一资”、低水平重复建设和产能过剩项目建设，加快淘汰落后产能，支持新兴战略性产业、基础设施和民生工程建设。对化工石化、涉重金属、钢铁、交通基础设施等项目，落实好环评管理要求。组织开展重大项目后评价。

进一步深化环评制度改革。扩大公众参与和信息公开，合理调整项目审批权限，推进环评报告编制单位与审批单位脱钩，强化环评机构动态管理和淘汰机制，积极配合做好社会风险评估工作。

（四）加强$PM_{2.5}$监测、信息发布与综合治理。

李克强副总理针对近日多地出现雾霾天气专门作出重要批示，要求环保部及时进行空气污染预警，以利群众防范。部党组及时研究部署，下发了紧急通知，从加强空气质量监测、及时发布监测信息、落实重污染天气条件下的应急预案、以防治 $PM_{2.5}$ 为重点抓好大气污染防治工作、进一步明确责任等方面提出明确要求。各级环保部门快速行动，积极应对，引导人民群众主动参与、共同行动。做好 $PM_{2.5}$ 的监测、信息发布及其污染防治，任务仍然十分艰巨，这要作为今年工作的重中之重。

认真总结空气质量新标准第一阶段监测实施工作，确保第一阶段 74 个城市 496 个监测点位稳定运行。进一步推动京津冀、长三角、珠三角等重点区域空气质量联动监测。2013 年，在 113 个环保重点城市和环保模范城市开展包括 $PM_{2.5}$ 在内的 6 项指标监测。制订空气质量新标准第二阶段监测实施方案，在 12 月底前对外发布监测数据。地方各级环保部门不得干预本行政区的监测结果，发现伪造、篡改监测数据的行为，我部将依据有关规定严肃处理。

深入推进实施《重点区域大气污染防治“十二五”规划》，采取综合措施治理 $PM_{2.5}$，确保 2015 年重点区域空气中 $PM_{2.5}$ 年均浓度下降 5%，京津冀、珠三角、长三角区域年均浓度下降 6%。北京等城市要率先立法，率先达标，率先与国际接轨。一是推动 $PM_{2.5}$ 纳入污染物减排统计、监测和考核体系。通过调整经济结构、优化生产方式、改变生活和消费模式，从源头上减少 $PM_{2.5}$ 排放。二是实施城市空气质量达标管理。我们考虑，首要大气污染物超标不超过 15% 的城市，力争 2015 年达标；首要大气污染物超标 15% 以上、30% 以下的城市，力争 2020 年达标；首要大气污染物超标 30% 以上的城市，要制定中长期达标计划，力争到 2030 年全国所有城市达到空气质量二级标准。三是完善区域大气污染联防联控机制。京津冀、长三角等跨省区域，我们考虑成立由环境保护部牵头、相关部门与区域内各省级政府参加的大气污染联防联控工作领导小组；对于珠三角等省内城市的区域大气污染防治工作，由省政府统筹协调。四是推进多污染物协同防治。开展煤炭消费总量控制试点，严格控制污染物新增排放量，对大气污染严重的城市，新建项目实行区域内“倍量替代”。五是深化机动车污染防治。全面推行机动车环保标志管理，加速“黄标车”淘汰进程，基本淘汰 2005 年以前注册运营的“黄标车”。推进提高车用燃油品质。实施重型柴油车国四标准。六是做好大气污染应急处置工作。指导督促地方政府制定空气污染应急预案并适时实施，分别采取停工、限产、限排、限行等措施，及时准确发布大气污染信息，提出针对不同人群的健康保护和出行建议，保障群众的环境知情权和身体健康。

（五）深化重点流域污染综合防治。

对重点流域优先控制单元分类制定综合治理方案，优先保护水质较好的控制单元。制定《国家良好湖泊生态环境保护规划(2011~2020 年)》，采取“集中支持”、“一湖一策”等政策措施。

落实《全国城市集中式饮用水水源地环境保护规划》，加强饮用水环境安全保障。推动地级以上城市定期发布饮用水水源地水质状况。做好《重金属污染综合防治“十二五”规划》实施考核和中期评估工作，严控重金属污染物排放总量。实施《化学品环境风险防控“十二五”规划》，严格化学品环境管理，加强主要行业持久性有机污染物污染防治。强化铬渣等危险废物重点源管理，推进电子废物污染防治，实行全过程监管。

（六）加大生态和农村环境保护力度。

全面落实生物多样性保护战略行动计划，尽快启动生物多样性保护工程。完成全国自然保护区基础调查和评价，推进国家重点生态功能区保护和监管。建立和完善生态补偿机制，中央财政转移支付资金将继续增加，扩大实施范围。推进生态文明建设试点，进一步开展生态示范创建。认真落实《国务院办公厅关于印发近期土壤环境保护和综合治理工作安排的通知》，深化“以奖促治”、“以奖代补”政策，扩大农村环境连片整治范围。全面推行农村环境综合整治目标责任制。

（七）强化核与辐射安全监管。

完善核安全监管和核事故应急响应机制，加快国家核与辐射安全监管技术研发基地和辐射环境自动监测站点建设。以运行和在建核电厂为重点，加强各类核设施安全监管。加大放射性废物治理力度，开展核技术利用简化审批试点，探索铀矿冶辐射环境安全监管模式，加强输变电、通信和广电类建设项目全过程辐射环境管理。

（八）制订实施生态文明建设目标体系和推进办法。

我部对生态文明建设目标体系已经开展两年多研究，制定出生态文明建设目标体系（征求意见稿），正征求中央、国务院有关部门和省级地方政府意见。生态文明建设推进办法也正在研究制定。要争取早日出台。还要在优化国土空间格局、推进资源全面节约、加强生态文明制度建设等方面发挥更加积极的作用。

（九）全面加强保障措施。

深入开展生态文明法制建设研究，全力做好《环境保护法》修改工作。完善环境政策法规，研究建立最严格的环境保护制度。全面推进“十二五”环保规划实施，在做好中期评估的基础上及早谋划“十三五”。谋划重大专项，组织实施《国家环境保护“十二五”规划》和《节能减排“十二五”规划》确定的环境保护重点工程。发布国家环境监管能力建设“十二五”规划。强化环境科技标准工作，增强科技支撑。深化干部人事制度改革，推动生态环境保护人才发展，谋划环保体制改革。

组织好世界环境日等重大宣传活动，开展全民环境教育行动。筹备召开国合会2013年年会，继续推进双边及区域环保合作。

（十）抓好廉政转变作风。

根据中央《关于改进工作作风、密切联系群众的八项规定》，部党组专门制定了实施办法，我们要不折不扣贯彻执行。各部门各单位要把改进工作作风、密切联系群众作为环保系统加强党的作风建设、机关政风建设、反腐倡廉建设的一项重要任务来抓。

总之，做好2013年的环保工作，必须在创造亮点、抓住重点、突破难点、应对热点上狠下功夫。

一是创造亮点。污染减排是2012年环保工作的亮点。发布实施新的环境空气质量标准也是亮点，是撬动环保事业发展的支点。今后要在继续加大减排力度、做好环境空气质量标准实施工作的同时，改革创新，在环保各个领域不断创造新的亮点。

二是抓住重点。解决影响科学发展和损害群众健康的突出环境问题始终是环保工作的重点。要发挥环境保护宏观调控职能，在遏制两高一资、低水平重复建设和产能过剩项目建设上发挥积极作用，集中力量解决饮用水、重金属、化学品、危险废物和持久性有机污染物等关系民生的环境问题。

三是突破难点。正确处理经济发展与环境保护的关系是环保工作的难点。环境出现问题应当在经济政策方面找原因。正确的经济政策就是正确的环境政策。离开经济发展抓环境保护是"缘木求鱼"，脱离环境保护搞经济发展是"竭泽而渔"。必须坚持在发展中保护，在保护中发展，以环境保护优化经济发展，努力推进环境保护与经济发展协调融合。

四是应对热点。$PM_{2.5}$污染防治是当前环保工作的热点。要坚持"公开透明、有所作为"，既打好攻坚战，又打好持久战。打好攻坚战，就是按照"三步走"的要求，做好$PM_{2.5}$的监测和信息发布。打好持久战，就是以$PM_{2.5}$为重点，推进大气污染防治，切实改善环境质量。$PM_{2.5}$治理是系统工程，需要有关部门的协调配合，需要全社会的共同行动，要结成广泛的"环保统一战线"。

四、用改革精神和优良作风抓好落实

环境保护工作目标、任务和措施已经明确，现在的关键在于抓好落实，努力实现"三个突破"，一是在深化改革上有所突破，二是在推进重点工作上有所突破，三是在改进工作作风上有所突破。

我就抓落实的问题，再提四点要求。

（一）在学习贯彻党的十八大精神上抓落实。

学习党的十八大精神是当前和今后一个时期环保系统的首要政治任务，要做到在思想上同心同德，在目标上同心同向，在行动上同心同行。

一是把党的十八大精神学习成果转化为指导环保工作的世界观和方法论。党的十八大确立了科学发展观的历史地位，回答了新时期我们党举什么旗帜、走什么道路、保持什么样的精神状态、朝着什么样的目标继续前进等重大问题。全国环保系统要深刻领会科学发展观的历史地位、科学内涵和指导意义，深刻领会中国特色社会主义道路、理论体系、制度和基本要求，深刻领会全面建成小康社会和全面深化改革开放的目标，深刻领会中国特色社会主义事业总体布局和战略部署，深刻领会全面提高党的建设科学化水平的新要求，用党的十八大精神指导实践，谋划工作，见到实效。

二是把党中央推进生态文明建设的决策部署转化为推动环保工作的力量源泉。党的十八大报告的一个突出亮点，就是把生态文明建设纳入五位一体的中国特色社会主义事业总体布局。全国环保系统要加深对生态文明和美丽中国的认识，用生态文明建设统一思想、凝心聚力、攻坚克难，更加积极、更加自觉地投身到生态文明和美丽中国建设中去，做好推进生态文明、建设美丽中国的引领者推动者实践者。

三是把学到的理论和方法转化为做好环保工作的智慧和能力。进一步开阔视野，获取新知识，增长新智慧，加深对环境保护全局性、长远性、根本性的战略思考，不断提高理性思考能力、统筹谋划能力、组织管理能力、解决问题能力，每个人都为环境保护事业的大厦添砖加瓦，贡献新的更大力量。

（二）在深化改革上抓落实。

改革是最大的红利。我国改革进入攻坚期，必须以更大的政治勇气和智慧推动下一步改革。推进生态文明、建设美丽中国，环境保护必须不断改革创新。

制定环保改革创新路线图和时间表。环保改革的核心问题是正确处理环境与经济的关系，综合运用法律、市场、技术和必要的行政手段。目前，零星改革存在的碎片化问题较为突出，增加了改革的难度。必须做好顶层设计和总体规划，制定总体方案、路线图和时间表，增强改革的系统性、整体性和协调性，统筹规划、协同推进。今年改革的任务就是要在加快环境管理转型、下放审批权限、强化信息公开、扩大群众参与、改进工作作风等方面实现新突破。讲究方式方法创新。近年来，环保系统在创新工作方式方法上进行了不断探索和实践。善于"接地气"，以大工程带动大发展，科技标准先行，联防联控，以奖促治，等等，打开了工作新局面。要不断地提出新思路、研究新办法、制定新措施。

（三）在完成重点工作任务上抓落实。

今年10项重点工作已经部署，任务非常艰巨。既然定了，就必须想方设法加以完成。完成重点工作任务，需要思路的转换、方法的跟进和坚持不懈的毅力。在这些方面，有不少成功做法。近年来，环保投入很大，工程很多。怎样让资金发挥更大效益？我曾经提出，严管源、慎用钱、质为先。这对于推进环保能力建设，为污染减排提供支撑，发挥了明显作用。

近日部分地区出现的重污染天气，再次警醒我们必须狠抓污染防治这个根本不动摇。要把污染治理摆上更加突出的位置。信息发布是第一步，难在治理。如果信息发布了，而治理跟不上，会更加被动。取信于民，最终还是要靠治理，在改善环境质量上取得成效。

（四）在改进工作作风上抓落实。

工作思路明确以后，工作作风至关重要。作风正，才能形象好、事业旺。工作抓得不实、做得不好，主要是作风问题。全国环保系统作风建设取得了一定成绩，但也存在一些问题和不足，突出表现在会议、文件多，调研、解剖麻雀少；检查多，改进分析少。同时，门难进、脸难看、事难办的现象仍然存在。缺乏改革创新意识和拼搏进取精神，是造成作风问题的重要原因。

我部贯彻落实中央改进作风八项规定的实施办法，共10个方面24条要求，主要就是要改进调查研究和督查工作，注重实际效果，减少基层负担；精简会议和活动，严格控制规模和时间，不断提高效率和质量；严格文件简报管理，控制种类和数量，提高质量和实效；加强因公出国出境管理，改进新闻报道工作。部党组的规定十分明确具体，可操作性强。要组织党员干部深入学习贯彻，对照检查作风方面存在的差距和不足，深入剖析原因和症结；建立健全规章制度，结合实际更加细化，更便于操作；坚持真抓实干，一个一个问题去解决，一件一件事情去落实，一项一项任务去完成；加强督促检查，建立长效机制，切实防止“前紧后松”、反弹现象的发生。

反对腐败、建设廉洁政治，是我们党一贯坚持的鲜明政治立场，是人民关注的重大政治问题。近年来，环保工作承担的责任越来越重，掌管的资金越来越多，随之而来的廉政风险也越来越突出。反腐倡廉工作必须常抓不懈，拒腐防变必须警钟长鸣。我们要认真贯彻落实十八届中央纪委第二次全会精神，全面推进全国环保系统惩治和预防腐败体系建设，深入开展以为民务实清廉为主要内容的党的群众路线教育实践活动，建立健全权力运行监控机制，抓好防控措施的落实，坚决惩治各种违法违纪行为。各级党员领导干部要时刻不忘《廉政准则》，必须牢记“四常四戒四珍惜”（常修为政之德，力戒权力滥用，珍惜政治生命；常怀律己之心，力戒放纵自我，珍惜荣誉名声；常思贪欲之害，力戒见利忘义，珍惜家庭亲情；常弃非分之念，力戒浮华攀比，珍惜平凡生活）。

各级领导干部要以身作则、率先垂范，勇于自带“紧箍咒”。要求别人做到的自己先要做到，要求别人不做的自己坚决不做。我多次郑重承诺，部党组主动接受全国环保系统的监督，要求大家做到的党组首先做到，要求部党组做到的我自己首先做到，请大家监督。我们一定要时刻牢记党的宗旨，始终保持昂扬向上的精神状态，从现在做起，从自身做起，从日常的事情做起，认认真真、干干净净为国家和人民工作。

同志们！党的十八大为环保事业发展描绘了美好前景。让我们高举中国特色社会主义伟大旗帜，在以习近平同志为总书记的党中央坚强领导下，开拓创新、求真务实，继续探索环保新道路，为建设生态文明的现代化中国做出新的更大贡献。

环境保护部部长周生贤在2013年全国环保厅局长会议上的讲话

（2013年8月16日）

同志们：

这次会议的特点是务虚为主、虚实结合。主要是学习领会党中央、国务院对环保工作的新部署和新要求，听取各省（区、市）环保部门对部教育实践活动的意见，达到统一思想、提高认识、凝心聚力、推进工作的目的。昨天，我们集中传达学习了习近平总书记、李克强总理、张高丽副总理关于生态文明建设和环境保护的一系列重要讲话。分组进行学习讨论，大家很振奋很受鼓舞，同时又感到压力很大任务很重。大家普遍反映，会议开得很及时很必要，经过认真学习领会中央领导同志的重要指示精神和重大决策部署，进一步明确了环保部门的努力方向和工作着力点，增强了做好当前和今后一个时期环保工作的信心和决心。我也谈些学习体会，并简要总结上半年的环保工作，对下半年的重点任务作出安排部署。讲话稿报经张高丽副总理、丁向阳副秘书长审定，并征求了中央督导组的意见。

我讲三个方面的意见。

一、学习讲话的几点体会

习近平总书记、李克强总理、张高丽副总理的一系列重要讲话，集中展现党中央、国务院关于进一步加强环境保护的部署和要求，在原来工作基础上加大力度，把环境保护放在更加重要的战略位置，字里行间都体现了党和国家保护生态环境的坚定意志和坚强决心。讲话内容丰富，具有很强的思想性、针对性和指导性，每学一次都有新收获新体会。这是最强大的思想武器。全国环保系统要认真学习领会，统一思想认识，抓住精神实质，领会实践要求，并将其贯穿到环保工作的全过程。

一是深刻认识生态文明建设和环境保护的重大意义。习近平总书记指出，要清醒认识保护生态环境、治理环境污染的紧迫性和艰巨性，清醒认识加强生态文明建设的重要性和必要性，以对人民群众、对子孙后代高度负责的态度和责任，真正下决心把环境污染治理好、把生态环境建设好。

生态文明建设是经济持续健康发展的关键保障。良好生态环境是人和社会持续发展的根本基础。蓝天白云青山绿水是长远发展的最大本钱。良好的生态环境本身就是生产力，就是发展后劲，也是一个地区的核心竞争力。

生态文明建设是民意所在民心所向。良好的生态环境是最公平的公共产品，是最普惠的民生福祉。头顶着蓝天白云、河道里畅快游泳、田地间盛产安全的瓜果蔬菜，是人民群众对生态文明最朴素的理解和对环境保护最起码的诉求。

生态文明建设是党提高执政能力的重要体现。大力推进生态文明建设，是新时期我们党必须肩负的重大使命，为提高党的执政能力和水平提供了新的强大动力。

当前，贯彻落实讲话精神，我们既要从容淡定、科学理性，又要敢于担当、有所作为，既要打好攻坚战，也要打好持久战，不断取得成果，逐步改善环境质量，让人民群众看到党和政府的决心，看到环境问题解决的希望。

二是科学把握生态文明建设的总体部署。习近平总书记在中央政治局第六次集体学习时指出，推进生态文明建设，必须树立尊重自然、顺应自然、保护自然的生态文明理念，坚持节约资源和保护环境的基本国策，坚持保护优先、节约优先、自然恢复为主的方针，着力树立生态观念、完善生态制度、维护生态安全、优化生态环境，形成节约资源和保护环境的空间格局、产业结构、生产方式、生活方式。

习近平总书记的重要指示，进一步明确了推进生态文明建设的总方向、总要求和总措施。环境保护是生态文明建设的主阵地，没有良好的生态环境，全面建成小康社会、建设一个生态文明的美丽中国、实现中华民族复兴就无从谈起。全国环保系统必须坚定不移地朝着这个总方向努力，严格按照这个总要求进行部署，抓紧细化实化这个总措施，勇担生态文明建设的引领者、推动者和实践者，树立先进的生态观念，培育发达的生态经济，建立完善的生态制度，确保可靠的生态安全，打造良好的生态环境。

三是更加明确探索环境保护新路的目标方向。习近平总书记强调，决不以牺牲环境为代价去换取一时的经济增长，决不走先污染后治理、牺牲环境换取经济增长的老路。用生态文明观念来看环境保护，环境问题究其本质是经济结构、生产方式和消费模式问题。从根本上解决环境问题，必须从宏观战略层面切入，从生产、流通、分配、消费的再生产全过程入手，制定和完善环境经济政策，探索走出一条环境保护新路。

探索环境保护新路，关键在于充分发挥环境保护优化经济发展的综合作用。要利用好环境保护对经济结构调整和发展方式转变的倒逼机制，把调整优化结构、强化创新驱动和保护生态环境结合起来，实行最严格的环境政策，培育和发展节能环保等战略性新兴产业，改造和提升传统产业，促进产业升级和生态化，实现绿色发展、循环发展、低碳发展。

探索环境保护新路，目标在于加快推进环境管理战略转型。环境保护的根本目的是以人为本，明显改善环境质量。以改善环境质量为目标导向，从单纯防治一次污染物向既防治一次污染物又防治二次污染物转变，从单独控制个别污染物向多种污染物协同控制转变。$PM_{2.5}$，不是环保工作的全部，要对 $S0_2$、NO_X、O_3、VOC_S 等污染控制进行综合考虑、统筹安排。

四是正确处理保护与发展的关系。习近平总书记指出，保护生态环境就是保护生产力，改善生态环境就是发展生产力。脱离环境保护搞经济发展是“竭泽而渔”，离开经济发展抓环境保护是“缘木求鱼”。目前，我国总体上进入了以环境保护优化经济发展的新阶段，必须坚持保护优先方针，做到在保护中发展、在发展中保护。

在保护中发展、在发展中保护，这是用生态文明观念指导环境保护的最新认识，体现了中国特色社会主义事业五位一体总布局的内在要求。强调在保护中发展，是对环境保护优先方针的拓展，更加突出了资源环境在发展中的基础性、前提性和约束性作用，再一次提升了环境保护在经济社会持续健康发展中的战略地位。

在保护中发展、在发展中保护，生动地反映了环境保护与经济发展关系的动态调整过程。一部环境保护史就是一部环境保护与经济发展关系不断变化的历史。正确的经济政策就是正确的环境政策，正确的环境政策也是正确的经济政策。

牢固树立生态红线观念。习近平总书记强调，划定并严守生态红线。在生态环境保护问题上，就是要不能越雷池一步，否则就应该受到惩罚。牢固树立生态红线的观念，是党对生态环境保护提出的新的更高要求。必须结合贯彻落实《全国主体功能区规划》、《国务院关于加强环境保护重点工作的意见》，在现有工作基础上，开展研究论证，尽快形成划定并严守生态红线的完整方案，抓好组织实施。要尊重自然规律，尽可能把良好的生态系统保护起来，让不堪重负的生态系统休养生息，推进经济社会发展与人口资源环境相协调。

五是统筹运用突出重点与分区指导的工作方法。习近平总书记指出，要以解决损害群众健康突出环境问题为重点，坚持预防为主、综合治理，强化水、大气、土壤等污染防治，着力推进重点流域和区域水污染防治，着力推进重点行业和重点区域大气污染治理。针对错综复杂的环境问题，必须采取稳、准、狠的举措，聚焦关键、科学施策。经国务院同意，我部确定了今后五年环境保护三项重点工作：以 $PM_{2.5}$ 防控为重点，深化大气污染防治；以饮用水安全保障为重点，强化重点流域和地下水污染防治；以解决农村生态环境问题为重点，深入推进村镇环境连片整治和土壤污染治理。

在大气污染防治方面，当前和今后一个时期，要突出抓好京津冀及周边地区大气环境整治，使这些地区环境质量率先改善。京津冀、长三角、珠三角地区大气污染的突出问题是 $PM_{2.5}$，其他地区大气污染物主要是 PM_{10}，治理大气污染需要区别对待，分区域采取行之有效的针对性措施。这一方法不仅适用大气污染治理，而且适用各项环保工作。我们要立足基本国情，因地制宜，对不同地区实行分类指导，制定实施差别化的环境政策，鼓励有条件的地区采取更加积极更加严格的措施。

六是抓紧完善生态文明建设制度体系。习近平总书记强调，只有实行最严格的制度、最严密的法治，才能为生态文明建设提供可靠保障。当前，环境保护领域超标排放、偷排、漏排等违法行为屡禁不止，与环保法制保障、能力支撑不足密切相关，也与一些环保部门执法不严、不敢碰硬有关。

严格落实地方党委政府的责任。完善经济社会发展评价体系，增加环境保护在党政领导干部和领导班子考核中的权重，再也不能简单地以国内生产总值增长率来论英雄，实行严格问责。我们要主动配合组织、监察等部门，充分发挥考核问责的指挥棒作用，扭转一些地方仍以 GDP 挂帅、在发展中片面追求经济增长、环境保护为经济发展让路的现象。

着力构建全社会参与环境保护的工作格局。环境保护人人有责，人人共享。既然大家有着共同的诉求，就要为之共同奋斗。这决定了环保工作要善于“接地气”，坚持走群策群力、群防群控的群众路线，广泛宣传环境保护形势、环境容量不足、人均资源短缺等基本国情和新特征，普及环境保护科学知识，形成最广泛的环保统一战线。各级环保部门要有敢于担当的精神和承受能力，督促指导做好环境信息公开，主动及时公开工作情况，把环境保护方面的成绩和问题讲清楚，把已经做的、正在做的和打算做的说明白。积极畅通公众参与渠道，让全社会参与环境保护工作。

二、上半年环保工作进展

今年上半年，环保系统深入贯彻落实党的十八大精神，以生态文明建设为统领，按照全国环保工作会议提出的目标任务，求真务实、开拓创新，各项工作取得积极进展。

一是制订大气污染防治行动计划。根据党中央、国务院领导同志的指示，我部会同发展改革委、财政部、工业和信息化部、住房城乡建设部、能源局等部门和单位共同编制了《大气污染防治行动计划》（以下称《大气十条》）。张高丽副总理多次听取大气污染防治行动计划的汇报，并到地方调研听取意见，亲自协调解决重大问题，及时给予重要指导，提出明确要求。经过充分论证，反复协调，几十易其稿，国务院常务会议已审议通过，中央政治局常委会专门听取汇报，将于近期以国务院文件正式印发。国务院还将召开会议进行部署。

《大气十条》通篇贯穿党中央、国务院领导同志重要讲话精神，立足推进科学发展、建设生态文明的战略高度，注重改革创新，坚持污染治旧与控新、能源减煤与增气、政策激励与约束并举，着眼于建立健全政府统领、企业施治、市场驱动、公众参与的环境保护新机制，从生产、流通、分配和消费的再生产全过程入手，综合运用经济、科技、法律和必要的行政手段，提出了 10 条 35 项具体措施，是探索环境保护新路的重大举措，扣响了向 $PM_{2.5}$ 污染宣战的“发令枪”，掀起了以防治大气污染为目标的全社会行动。

我就其中六个方面的主要措施，做些介绍：

第一，推进产业结构优化升级，压缩过剩产能。严格控制高耗能、高污染行业新增产能，实行钢铁等行业产能总量控制。提前一年完成 21 个重点行业“十二五”淘汰任务。认真清理产能严重过剩行业违规在建项目，尚未开工的，一律不准开工建设；正在建设的，一律停止建设。

第二，加快调整能源结构，控制煤炭消费总量。增加天然气、煤制甲烷、煤层气供应，发展核电、水电、风能和生物质能，提高清洁能源比重。强化煤炭消费总量控制，优化天然气使用方式，逐步淘汰分散燃煤锅炉，推进煤炭高效清洁利用。

第三，严格治理机动车污染，提升燃油品质。科学调控城市机动车保有量，实施机动车国五标准，加快淘汰黄标车。加快车用燃油低硫化步伐，2017 年底全国供应国五车用燃油，实施优先发展公共交通战略，加强步行、自行车交通系统建设，缓解城市交通拥堵。

第四，强化综合治理，实施多污染物协同控制。采取燃煤电厂脱硫脱硝除尘、工业锅炉窑炉污染治理、挥发性有机物综合整治、扬尘环境管理、餐饮油烟污染治理、北方采暖季节污染控制等综合措施。

第五，建立监测预警应急体系，妥善应对重污染天气。建立重污染天气监测预警体系，及时发布监测预警信息。各地要抓紧制订和完善应急预案并向社会公布。根据预警等级，迅速启动应急预案，采取重污染企业限产限排停产等应对措施。这作为下半年的一项关键任务，要抓紧行动起来，采取过硬措施，制定细致方案。在这方面必须有所作为，否则就是失职、不称职，就难以向民众交代。

第六，加强组织领导，切实落实保障措施。运用价格税收杠杆，加大财政资金投入，激励和引导社会资金治理大气污染。修改环境保护法和大气污染防治法，严格监管，严厉打击环境违法行为。广泛动员全社会参与，强化企业主体责任。建立区域协调机制，落实地方政府责任，未完成年度任务的地区，由环保部门会同组织部门、监察机关约谈省级人民政府负责同志，督促整改。

当前，我部正在抓紧协调配合有关部门，推进制定贯彻落实《大气十条》的配套政策和环保标准。需要制定实施的配套政策有20余项，涉及产业结构调整、能源结构优化、价格税收、环境执法监督、责任考核和重污染天气应对等方面。需要出台的环保标准包括25项污染物排放标准、9项污染防治技术政策、19项环保技术规范（指南），其中16项排放标准已经发布，火电等10项排放标准规定了特别排放限值，水泥、锅炉、砖瓦、轻型汽车第五阶段等排放标准以及《细颗粒物污染防治技术政策》即将陆续发布。

二是生态文明建设的研究和宣传取得新进展。中央政治局今年5月份就大力推进生态文明建设进行第六次集体学习，习近平总书记发表重要讲话，深刻回答了生态文明建设的若干重大理论和实践问题。部党组将习近平总书记的重要讲话分解细化成16项任务，落实到分管部领导和相关司局，明确完成时限。这16项任务涉及重点区域流域领域污染防治，划定并严守生态红线，建立体现生态文明要求的经济社会发展评价体系、考核办法等迫切需要解决的重大问题。

在生态文明建设目标体系方面，我部有关司局和部属单位已经开展了两年多研究，正在充分征求意见的基础上修改完善，争取早日上报国务院审议后发布执行。按照中财办的统一安排，我部承担加强生态文明建设、我国水安全战略、环境保护和污染治理等三个重大课题研究，目前进展良好。我国生态文明理念引起国际社会关注，在今年2月召开的联合国环境规划署第27次理事会上，被正式写入决定案文。

三是扎实推进主要污染物减排。国务院办公厅印发《“十二五”主要污染物总量减排考核办法》，我部会同统计局等部门印发“十二五”主要污染物总量减排统计和监测办法。严格处理存在突出问题的地方和企业，对内蒙古、河南、贵州等3个省（区），襄阳等6个城市以及中国华电集团公司实施环评限批，对32家企业实施挂牌督办、责令限期整改。

强力推进“六厂（场）一车”落实减排措施。指导各地和中央企业编制2013年度减排计划，明确减排目标，细化减排领域、重点减排工程及保障措施。印发《关于加快燃煤电厂脱硝设施验收及落实脱硝电价政策有关工作的通知》，将脱硝电价试点范围扩大到全国。印发《关于进一步加强畜禽养殖主要污染物总量减排工作的通知》，强化农业源减排措施。稳妥推进排污权有偿使用和交易试点。截至6月底，全国火电脱硝机组装机容量达到2.78亿千瓦，平均脱硝效率66%，同比提高26个百分点。

经核查核算，今年上半年，全国化学需氧量排放总量1199.3万吨，同比下降2.37%；氨氮排放总量125.9万吨，同比下降2.15%；二氧化硫排放总量1056.9万吨，同比下降2.48%；氮氧化物排放总量1167.5万吨，同比下降3.02%。

四是进一步发挥环境保护优化经济发展的作用。加快编制环境功能区划和划定生态红线。完善全国环境功能区划纲要，新增河北等10省（市、区）作为第二批环境功能区划编制试点。积极推进城市环境总体规划编制试点，确定第二批12个城市开展试点。江苏省政府常务会议审议通过《江苏省生态红线区域保护规划》，率先在全国将全省面积的22.8%确定为生态红线区域。

强化环评管理。西部大开发战略环评顺利完成，水电、矿区、航道等重点领域规划环评稳步推进。严格建设项目环评审批，批复项目环评文件94个，总投资6980多亿元。对不符合要求的14个项目退回报告书、不予批复或暂缓审批，涉及总投资近640亿元。推进环评审批体制改革，研究进一步下放审批权限、调整建设项目环境影响评价分类管理名录。编制《环境影响评价政府信息公开工作指南》，实行环境影响评价文件受理、审批和竣工环境保护验收“三公开”。

完善环境标准体系。发布《电子玻璃工业大气污染物排放标准》等国家环保标准88项，对重点控制区的火电、钢铁、石化、水泥、有色、化工等六大行业以及燃煤锅炉项目执行大气污染物特别排放限值。

引导环保产业发展。印发《环境保护部水体污染控制与治理产业技术创新战略联盟工作管理暂行办法（试行）》、《关于发展环保服务业的指导意见》，在湖南、江西和广东分别启动3家环保服务业试点。发布《水泥工业污染防治技术政策》等4项技术政策。

五是加强民生环境问题综合整治。强化饮用水安全保障和地下水污染防治。加大《全国城市饮用水水源地环境保护规划(2008~2020年)》实施力度,组织开展地级以下城市集中式饮用水水源环境状况评估。发布《华北平原地下水污染防治工作方案》,“十二五”投入100多亿元启动一批防治项目。

环境质量监测工作不断深化。制订实施《空气质量新标准第二阶段监测实施方案》,实施范围包括环境保护重点城市、国家环保模范城市在内的116个城市449个监测点位。启动区域空气质量自动监测站和京津冀、长三角、珠三角共3个区域空气质量预警中心建设。会同财政部完成466个国家重点生态功能区县域生态环境质量的监测、评价与考核工作。

加强环境执法和应急管理。继续开展整治违法排污企业保障群众健康环保专项行动,组织全国城市河流型集中式饮用水水源地专项执法检查。开展华北地区地下水污染专项检查,出动执法人员7.56万人次,检查涉水排污企业近2.59万家,查处各类环境违法行为558件。印发《城市大气重污染应急预案编制指南》。我部调度处置突发环境事件16起,妥善应对山西天脊煤化工集团苯胺泄漏事故引发的重大突发环境事件。

六是深化重点领域污染防治。实施《重点流域水污染防治规划(2011~2015年)》,截至2012年底,治污工程项目完成26.9%。上半年全国地表水国控断面好于Ⅲ类水质断面比例同比提高3.4个百分点,劣Ⅴ类水质断面比例同比降低1.9个百分点。编制良好湖泊生态环境保护规划和工程技术指南,推进良好湖泊生态保护试点。印发《机动车环保检验管理规定》,督促各地开展储油库、加油站、油罐车油气污染治理。

七是强化生态保护和农村环境保护。实施生物多样性保护战略与行动计划。修订《国家级自然保护区范围调整、功能区调整及更改名称的规定》,新建国家级自然保护区21处,开展9省(区、市)72个国家级自然保护区管理评估。印发《加强国家重点生态功能区环境保护工作的意见》,加强重要生态功能区监管。全面开展流域生态健康评估试点。经中央批准,我部组织开展的“生态建设示范区”正式更名为“生态文明建设示范区”。发布《生态文明建设试点示范区指标》,批准第五批18个生态文明建设试点,公告新一批629个国家级生态乡镇。

研究编制《全国农村生态环境保护行动计划》,系统谋划今后五年的目标、重点任务和政策措施。开展农村环境连片整治示范工作督查,积极推进“以考促治”。落实国务院办公厅《近期土壤环境保护和综合治理工作安排》,印发《土壤环境保护和综合治理方案编制指南》,研究公布全国土壤污染状况调查结果。

八是环境法制工作有序推进。经过我部与全国人大法工委的反复沟通协调,今年6月底全国人大常委会对《环境保护法》修正案草案进行第二次审议,二审稿与一审稿相比,取得重大进步。6月17日,最高人民法院和最高人民检察院联合发布《关于办理环境污染刑事案件适用法律若干问题的解释》,自6月19日起施行。我部积极配合两高为司法解释的出台做了大量工作,为严厉打击环境污染犯罪,提供了强有力的法律武器。

九是核与辐射安全可控。圆满完成东北边境朝核试验和四川雅安7.0级地震辐射应急响应任务。认真落实《核安全与放射性污染防治“十二五”规划及2020年远景目标》,全国运行的17台核电机组、19座研究堆安全状况良好,28台在建核电机组建造质量处于可控状态。推进交流输变电和核技术利用审批权限下放,强化核燃料循环设施与放射性物品运输监管,核基地与核设施辐射环境现状调查与评价项目进展顺利。

十是切实加强党风廉政建设。制定实施环境保护部贯彻落实中央八项规定实施办法,部机关2013年会议计划减为50个,同比减少34%;活动减为17项,同比减少54%;发文指标减为113项,同比减少34%;上半年因公出国(境)团组同比减少14.5%,人次减少27%;公车配备减为25辆,减少45.7%。贯彻落实党风廉政建设责任制,深入推进权力运行监控机制建设,开展“学党章、守纪律、作表率”党风廉政教育月活动,组织会员卡专项清退。

在规划和环境监管能力建设方面,全面筹备《国家环境保护“十二五”规划》中期评估,及早谋划“十三五”环保规划编制研究思路与三年工作方案,选定19个前期重点研究课题;联合发展改革委、财政部印发《国家环境监管能力建设“十二五”规划》,实施基础、保障、人才三大工程,全面推进省、市、县环境监测和监察机构标准化建设,总投资将达400亿元。宣传教育、国际合作、干部队伍建设等各项工作有序推进,尤其是人才培养和机构建设有积极进展。出台专业技术领军人才和青年拔尖人才选拔培养办法、引进高层次专业技术人才实施办法。印发固废化学品中心、政研中心“三定”规定,批复信息中心等5家单位机构调整事项。

在总结上半年工作成绩的同时,我们也要清醒地看到问题和矛盾,充分认识我们面临的严峻环境形势,充分认识污染治理的长期性、复杂性和艰巨性,充分认识环境管理战略转型的重要性、必要性和紧迫性。这里,我就几个问题谈些看法。

第一,关于环境形势问题。我们既要充分肯定环保工作取得的积极进展和明显成效,又要清醒把握环境保护的严峻形势和重大挑战;既要抓紧行动,有所作为,又要冷静客观,做好长期作战的准备。成绩是在党中央、国务院的领导下,全国环保系统20万干部职工辛勤努力、奋力拼搏取得的,非常艰辛、很不容易,必须充分肯定。当然与中央的要求和人民群众的期盼相比，我们差距还不小，更要加倍工作。对成绩不否认，对问题不回避，只讲成绩不看问题，或者只谈问题不讲成绩，都不是客观的态度。查找问题，看到问题之所在，不是丧失信心，而是要敢于直面应对，善于攻坚克难。对环境形势要全面观察、科学分析、准确判断。一是环境污染依然严重。2012年，全国十大流域的694个国控监测断面中，劣V类水质比例占10.2%，基本丧失水体功能；全国二氧化硫、氮氧化物排放总量分别为2117.6万吨、2337.8万吨，远超出环境承载力。二是环境质量改善与人民群众期待仍有较大差距。2012年监测表明，57.3%的地下水监测点水质较差和极差，今年上半年，第一批实施空气质量新标准的74个城市仅4城市达标。今年初，我国中东部地区长时间反复出现雾霾天气，许多城市空气质量急剧下降，部分时段达到严重污染级别，直接损害群众身体健康，严重影响日常生产生活。三是突发环境事件处于高发时期。一些突发环境事件如果处置不当，直接威胁群众饮水安全，甚至损害群众身体健康。今年1~6月，突发环境事件虽然同比下降38.5%，但重大突发环境事件比重上升，占突发环境事件总数的18.75%，生产安全事故次生的环境事件占62.50%，我国突发环境事件高发态势仍未得到根本遏制。四是经济发展和城镇化进程中的环境压力不断加大。结构调整进展缓慢，产能过剩的矛盾在短期内难以化解，环境保护滞后于工业化和城镇化发展进程。五是国际环境挑战进一步加剧。我国二氧化碳、二氧化硫排放量居世界前列，国际社会特别是发达国家要求我国承担更多环境责任的压力日益加大。这也为国外敌对势力唱衰中国环保提供了口实。

第二，关于污染减排问题。近年来，随着国内外经济环境错综复杂的变化，环保工作既经历了经济高增长、财政高收入、企业高效益的发展局面，也正在经受着产能过剩问题突出、财政收入增长缓慢、企业经营困难加剧带来的严峻挑战。做好今年下半年经济工作，中央强调要坚持统筹稳增长、调结构、促改革，实现经济持续健康发展。加强环境保护是提高经济发展质量和效益的内在要求，强化污染减排是转方式调结构惠民生的重要抓手。从这几年情况看，经济形势好，环保工作就好做，反之亦然。无论面对什么样的经济环境，污染减排都不能有一丝一毫的放松。总量控制是全世界通用的环境管理手段，我国环境保护正处于既要防治一次污染又要防治二次污染的阶段，其中一次污染防治是基础和关键，只要把二氧化硫、氮氧化物、烟粉尘、挥发性有机物等一次污染物排放总量降下来，空气中二次形成的$PM_{2.5}$自然会减少。要把污染物减排作为生态文明建设的基本制度确定下来，既肯定减排工作的作用，又不断研究解决实施过程中出现的新问题。近期，一些同志对污染减排思想上有所懈怠、认识上模糊不清，这是十分有害的。必须清醒地看到，污染减排是推动环保各项工作的重要平台，可以调动各方面参与环境保护的积极性。"十一五"以来，污染减排已经成为环保工作的硬抓手，其意义和效能已超过减少污染物排放量本身。在减排实践过程中，确实也出现了这样或那样的问题，现在是认真总结、提高、完善的时候，要根据新情况新形势新要求对减排政策进行调整，改进工作方式和方法。

当前污染减排形势不容乐观，减排任务十分艰巨。一是工程减排打折扣。主要耗能产品产量增幅虽有下降，客观上减缓了新增量压力，但企业效益普遍较差，难以确保治污设施正常运行，不能足额发挥减排作用。除电力外，其他行业氮氧化物减排明显滞后。今年上半年电力行业氮氧化物排放量下降9.1%，而水泥行业排放量上升2.7%，机动车排放量增长2.1%，抵消了部分电力行业削减量。二是结构减排不给力。从2013年减排计划项目看，淘汰落后产能不足减排潜力的15%，一些地方淘汰落后产能缺乏鼓励措施，没有实质性进展。畜禽养殖减排进度明显滞后于工业和生活，与50%规模化养殖场配套建设废弃物处理设施的目标相比还有很大差距。三是相关政策不配套。脱硝电价政策从今年开始在全国实施，但标准低，影响了火电企业减排积极性。钢铁、水泥等非电行业脱硫、脱硝激励政策尚未出台。排污权有偿使用和交易制度虽已在多个省市开展试点，但仍存在法律地位不明确、交易体系不够规范、配套政策不够健全、区域性交易难以开展等问题。

第三，关于环境治理问题。拿大气污染治理来讲，这是一项复杂的系统工程，是一个长期过程。欧美发达国家工业化进程中，曾发生严重的大气污染问题，一些发达国家投入大量人力物力财力进行治理，花了20~30年甚至更长的时间，才基本解决大气污染问题。1943年，洛杉矶发生光化学烟雾事件，经过多年污染治理，空气质量至今尚未达到美国国家标准，其大气污染治理仍将持续下去。

我国正处于工业化和城镇化快速发展的过程中，发达国家一两百年工业化过程中分阶段出现的大气污染问题，在我国近30多年的快速发展中集中出现，传统的煤烟型大气污染问题尚未得到控制，以$PM_{2.5}$为特征的复合型污染又接踵而至，呈现结构型、复合型、压缩型特点，解决我国的大气污染问题情况更加复杂、任务更加艰巨，既要打好攻坚战，又要打好持久战。打好攻坚战，要求我们面对当前突出的复合型区域性大气污染问题，通过大力推进污染减排、强化区域污染联防联控机制、妥善应对重污染天气等措施，争取在3~5年内使得大气污染特别是重污染天气有所缓解。打好持久战,要求我们从长计议,采取治本之策,通过调整经济结构、优化能源结构、转变生产方式和消费模式等措施,从根本上解决大气环境问题,改善环境空气质量。

第四,关于环保改革问题。现行生态环保体制存在职责分散交叉、权责脱节等问题,环境法制不健全,"守法成本高、违法成本低"的问题长期没有得到解决,环保队伍薄弱的状况尚未根本改变,基层环保部门人员严重不足。按照国务院转变政府职能的要求,迫切需要深入推进环保改革。一是研究深化生态体制改革。按照生态系统管理方式,研究推进水污染防治、生态保护、核安全监管及应急等领域职能整合,健全环保部门职责体系,建立和完善职能科学、协调高效的生态环境管理体制,尤其要突出加强基层环保干部队伍建设,切实提高环保部门依法行政、严格执法的效能和水平。二是做好环评审批制度改革。修订《建设项目环境影响评价文件分级审批目录》,下放环境影响相对较小的项目和民生工程、基础设施项目的审批权限;修订《建设项目环境影响评价分类管理名录》,合理界定编制环境影响报告书、报告表和填报环境影响登记表的项目类别,减轻企业和社会负担。三是加强全过程环境监管和信息公开。加强电子政务建设,全面推进涉及民生、社会关注度高的环境质量监测信息、建设项目环评审批信息、企业污染物排放等信息公开,及时发布突发环境事件及其应急处置信息,为群众申请公开政府信息提供更加便利的条件,推进信息公开法制化规范化。

第五,关于"四风"整治问题。按照中央的统一部署,我部机关和部属单位正在开展党的群众路线教育实践活动。从聚焦"四风"查摆问题来看,各级领导班子和干部中形式主义、官僚主义、享乐主义、奢靡之风等方面还存在不少问题。有的工作针对性、及时性、有效性不强,以会议落实会议、以文件落实文件;有的执法监管不到位,存在人情执法、协商执法,甚至执法犯法、渎职犯罪的现象;有的深入实际、深入基层、深入群众调查研究不够,走马观花多、解剖麻雀少,存在政策制定"一刀切"、落地难;有的检查多、考核多,发现问题少,整改落实少,建立长效机制少;有的缺乏创新精神,在解决环保热点难点重点问题上满足于按部就班、墨守成规;有的组织引导群众不够,信息公开不及时不到位,解决群众普遍反映的突出环境问题措施办法不多、力度不够;有的办事推诿扯皮、消极应付、效率低下,门难进、脸难看、话难听、事难办,甚至不给好处不干事,给了好处乱干事;有的缺乏艰苦奋斗精神,铺张浪费,接受超标准招待。部党组和党组成员自身也存在不少问题,今天下午专门听取各省(区、市)环保厅局长的意见和建议。总之,环保队伍的工作作风、精神状态和凝聚力战斗力亟待提升。

三、下半年重点工作任务

年初工作会议已对今年十项工作进行部署,要确保完成。有几项任务,我再强调下:

一是深入贯彻落实中央领导同志重要讲话精神。中央领导同志关于生态文明建设和环境保护的一系列重要讲话,是指引我国生态环境保护的纲领性文件。各级环保部门要把深入学习贯彻系列讲话精神,作为开展党的群众路线教育实践活动的重要内容,作为接受党中央、国务院和人民群众考验的具体体现,抓紧抓好抓出成效。组织各种形式学习讨论会、积极撰写心得体会文章、广泛宣传好经验好做法,在全系统进一步掀起大学习大讨论的热潮。

二是全力推进三项重点工作。抓好《大气十条》的贯彻落实。配合国办把配套政策措施分解到有关部门,与各省(区、市)政府和中央企业签订大气污染防治目标责任书,制定考核办法。建立京津冀及其周边地区大气污染防治协作机制,成立领导小组,出台工作规则。加快建立重污染天气监测预警应急体系,制订和完善应急预案,完成空气质量新标准第二阶段监测任务。深入宣传《大气十条》的总体要求、奋斗目标和政策措施,在全社会树立"同呼吸 共奋斗"的行为准则。加快编制清洁水行动计划和农村生态环境保护行动计划,按照"成熟一个,上报一个"的原则,按程序报经国务院审议通过后,发布实施。抓紧研究修订地下水环境质量标准,抓紧公布土壤污染调查结果。

三是积极抓好四件大事。我曾提出"十二五"期间要抓好四件大事:一是以积极探索环境保护新路为实践主体,丰富完善环境保护的理论体系;二是以修改环境保护法为龙头,全面构建环境法律法规框架;三是以大力推进生态文明建设为契机,理顺健全环境保护职能和组织系统;四是以完成节能减排为主要任务,着力推进环境质量改善。这四件大事都有进展,需要继续予以推进。

在环境保护理论体系建设方面,要按照《深入贯彻落实习近平总书记重要讲话精神的任务分工》,系统分析研究事关环保事业发展根本性、战略性、基础性的重大理论和实践问题,包括坚持保护优先方针,在保护中发展、在发展中保护,积极探索环境保护新路,划定并严守生态红线等,以新认识新举措推动环保工作取得新成效。

在构建环境法律法规框架方面,以党的十八大关于生态文明建设的理念为指导,全力配合做好《环境保护法》的修改工作,真正将其修改成促进生态文明建设和环境保护的基本法律。抓紧《大气污染防治法》修订以及畜禽养殖污染防治、土壤污染治理、核安全等法律法规的制定。在理顺健全环境保护职能和组织系统方面，深入研究生态体制改革问题。认真梳理总结环保职能运行情况，科学合理配置职能，推动形成权界清晰、分工合理、权责一致、运转高效的职能体系。

在主要污染物减排方面，公布2013年上半年总量减排核查结果，对存在问题予以督促指导。做好主要污染物总量指标前置审核把关，出台《建设项目主要污染物排放总量指标管理办法》。全力抓好“六厂（场）一车”减排措施的落实，推进目标责任书要求2013年完成的1545个重点减排项目按期保质建成投运。

四是强化环境执法监督和应急管理。研究制定加强环境监管工作的意见，强化环境监察队伍建设和管理，规范执法程序和行为。加强日常监管和执法检查，强化建设项目全过程监管，对环境违法行为查处到位、整改到位、责任追究到位。进一步做好环境污染犯罪司法解释宣传及相关配套工作，加强与各级公安、检察机关协作配合。继续开展整治违法排污企业保障群众健康环保专项行动，严查群众反映强烈的大气污染、废水污染地下水等环境违法行为。加强污染源环境信息公开，加大对恶意违法排污行为和典型违法案件曝光力度，鼓励群众举报环境违法行为。确保核与辐射安全，按照安全第一、质量第一的方针，从严、慎、细、实的态度，兢兢业业、尽职尽责地做好核与辐射安全监管工作。开展好环境安全大检查，做好汛期环境安全保障工作和重污染天气应急指导，妥善处置各类突发环境事件。

五是深入开展党的群众路线教育实践活动。作为与民生联系紧密的部门，环保系统应在教育实践活动中走在前列、有所作为。要紧紧把握“照镜子、正衣冠、洗洗澡、治治病”这一总要求，紧紧把握反对形式主义、官僚主义、享乐主义和奢靡之风这一聚焦的突出问题，紧紧把握贯彻整风精神这一显著特征，紧紧把握领导带头这一重要方法，紧紧把握制度建设这一关键环节，切实加强马克思主义群众观点和党的群众路线教育。

近期，部教育实践活动办公室对部属单位教育实践活动进展情况进行了督导。总的看，部属单位教育实践活动开局良好、进展顺利，督导工作扎实有力、富有成效。但是，也存在一些值得注意的问题。一是思想认识不完全到位。一些单位领导干部和党员还存在不以为然的思想、等待观望的态度、消极被动的情绪，有的认为单位小，或作为技术支持单位，没有审批权，“四风”方面问题不突出，没必要兴师动众。二是聚焦“四风”不集中。许多单位查找问题多从体制机制、职工福利待遇入手，注意力放在解决职工住房、职务职称晋升、子女入学等问题上，没有集中到教育实践活动主题上；一些单位领导班子和领导干部没有主动把自己摆进去，没有把重点放在自己身上。三是学习教育不够深入。有的单位学习教育存在重形式、轻实效现象，没有联系思想和工作实际，浮在表面，以自学、辅导报告代替集中学习讨论。对此我们要高度重视，认真加以解决。当前的重中之重，是广泛深入地查找问题，找准问题，不怕疼、不回避、不护短。关键在于各级领导班子的一把手和班子成员要把自己摆进去，首先勇于查找自身存在的问题，自己分管工作中的问题，再查找领导班子存在的问题。尤其要紧紧围绕落实《大气十条》，加强环境执法监管来查找问题，找出贯彻落实不深入、监督管理不到位、信息发布不及时等突出问题，抓紧制定实施《关于加强环境保护监督管理的意见》，及时细化落实《大气十条》的具体安排，把各项工作做实做细做到位，用实际行动给全社会一个明确的信号，让人民群众看到希望。党组成员结合分工，查找分管工作和本人存在的问题，然后集中查找党组存在的问题，在此基础上，召开高质量民主生活会，制订整改落实措施，着力解决突出问题。要坚持边整边改，对于能解决的问题抓紧解决，不等不推。格林美（武汉）城市矿产循环产业园区在变废为宝、发展循环经济方面有成功的做法，但该企业尚未纳入废弃电器电子产品拆解处理规划，不能享受国家基金补贴等扶持政策。我部派相关司局领导带队于7月底进行现场调研，研究提出支持该公司发展的政策措施。这一做法得到地方环保部门、企业好评和认可。

通过教育实践活动，使我们在思想认识上更进一步，在转变作风、振奋精神上更进一步，在解决损害群众健康的突出环境问题上更进一步，在建章立制、完善长效机制上更进一步，以教育实践活动成效推动环境保护各项目标任务落实，树立环保队伍在人民群众中的良好形象。

环境保护工作肩负着国家的重托、人民的期待和历史的责任。让我们在以习近平同志为总书记的党中央领导下，用改革创新的睿智、攻坚克难的气魄、坚持不懈的韧劲，努力在创造亮点、抓住重点、突破难点、应对热点上下功夫，积极探索环境保护新路，切实改善环境质量，为推进生态文明建设、增进人民福祉作出应有的贡献。

环境保护部副部长潘岳在2013年全国宣教工作研讨会上的讲话

（2013年10月29日）

同志们：

很高兴与大家相聚在成都共同研讨生态文明宣传教育工作。这次会议旨在贯彻落实习近平总书记近期关于加强环境保护一系列重要讲话要求，学习中央宣传思想工作会议精神，研讨今后环境宣教工作的总体思路和目标。

2012年全国环境宣传教育工作会召开以来，全国环境宣教系统围绕中心工作取得了明显的成效。一是新闻舆论引导取得新进展。依托“两会”、“六五”和“十八大”等三个重要时段，借助国新办、“十八大”新闻中心等权威发布平台，认真组织“环境空气质量标准”新闻发布会、“六五”新闻发布会、“十八大”记者招待会，面向社会大力宣传环保工作的进展、成效以及面临的困难，主动回应了媒体和网民的关切。二是主题宣传、成就宣传和典型宣传取得新突破。我部与发展改革委、科技部、共青团中央、全国妇联及北京市政府共同举办了“以环境保护优化经济增长暨纪念‘六五’世界环境日”论坛。联合共青团中央、全国妇联、联合国环境署共同举办了“绿色消费你我同行”专场文艺晚会，取得了良好的社会宣传效果。我们精心筹办喜迎十八大“科学发展成就辉煌”大型图片展览工作，为展区提供了大量生态文明建设和环境保护方面的图片和文字。还主动协调《人民日报》发表文章、中央电视台采访专家，积极宣传生态文明理念和实践。环境报开设了专栏，集中报道部机关及各地学习十八大精神的动态。我们积极协调中宣部、山东省委将孟祥民作为全国重大典型推出，在人民大会堂联合举行孟祥民同志先进事迹报告会，会前，李克强同志亲切接见报告团成员。组织孟祥民先进事迹报告团到黑龙江等五省（区）作巡回报告，极大地鼓舞了全系统做好环保工作的士气。三是全民环境教育上了新台阶。我们选取北京、内蒙古等六个省（区、市）进行环境友好型学校试点，开展中小学环境教育；加强环境教育基地建设工作，联合教育部授予首批80家全国中小学环境教育社会实践基地；加强环保职业教育人才培养。举办了2012年西北、西南等10省（区、市）重点污染治理企业负责人参加的企业环境责任培训班；开展农村环境宣传教育试点。召开了首次环保社会组织工作座谈会，中国政法大学污染受害者法律帮助中心、自然之友、公众与环境研究中心等20余家环保社会组织，围绕如何推动公众及环保社会组织有效参与环境保护进行了深入交流。四是环境文化体制改革积极稳步推进。认真落实中央关于非时政类报刊体制改革精神，指导《中国环境报》、《中国环境年鉴》杂志、《环境经济》杂志、《中国环保产业》杂志制订转制方案，协调解决转制中的政策支持及制度安排等问题，确保了“一报三刊”的顺利转制。五是各地结合本地实际，勇于创新，大胆实践，在新闻舆论引导方面，尤其是在使用网络微博等新媒体传播生态文明理念，回应网民关切方面探索了一些好经验。

以上是成绩的总结。与此同时，我们一定要清醒看到中国环保正面临严峻的挑战。如环境健康问题进入集中爆发期，公众对此已“零容忍”；如城市居民正组织起来，通过网络、法律等平台向环保部门进行强烈的利益诉求；如世界经济持续低速，促使中国仍以重化工投资拉动为主，而使严格的环保政策难以强力执行；如环境污染产业正从东部向中西部全面转移而破坏西部生态平衡；如世界对中国环境现状的关注和压力持续增强；如我们环境保护部内部决策上的种种失误；如环保统一协调体制至今仍未改革到位等等，前些天，雾霾又一次侵袭东北，$PM_{2.5}$居高不下。这足够我们反思。面对这些重大挑战，全体环保宣教工作者们必须静下心来认真研讨一番。

刚才讲成绩时说我们有一点点探索的经验。例如：面对日本地震引发福岛核电站核泄漏的环境突发事件，宣教部门全力配合有关业务司局，与电视、报刊、网络等媒体保持紧密联络，充分利用各类新闻资源，及时发布权威信息，正确引导社会舆论，稳定公众情绪。下一步，对全国人民普及核电的常识要成为重要任务。

再例如：从厦门到大连，从什邡到启东，再到这次的宁波PX项目，引发民间的集体性抗议。宣教部门会同有关单位组织专家、媒体开展了把PX项目向老百姓讲清楚、说明白的活动，为老百姓解疑释惑，缓解了公众的恐慌心理。宣教司还会同政法司等单位围绕垃圾焚烧等未来更加敏感的问题，开展邀请第三方专家和媒体进行讲清楚、说明白的宣传活动。

再例如：宣教司已主动和环保NGO、媒体、企业保持良性互动。召开了首次环保NGO交流座谈会，组织环保NGO培训，推动环保NGO有效参与环境保护。建立了与新闻媒体沟通机制，每年年初组织相关新闻媒体召开通气会，逢重大活动、出台重大政策，组织召开新闻发布会，年底就环境热点、难点问题组织召开研讨会，争取新闻媒体支持。举办了3期企业环境责任培训，加大对环境政策、形势、法律法规的培训，增强企业环境社会责任感。以上这些经验还需要我们进一步去总结和思考。但是我们应该清醒地认识到，整个环保宣教工作与党中央、国务院的要求相差甚远，与公众对环境的期待相差甚远，与应对未来挑战的能力要求相差甚远。没有抑制环境进一步恶化的趋势，也没有阻止环保公信力的进一步下滑。在新形势、新挑战面前，环境宣传教育工作的重要性更加凸显，宣教工作手段方式更加需要求真务实与开拓创新。广大宣教工作者要切实增强忧患意识、责任意识、进取意识，勇于担当，奋发有为。

一是在围绕中心、服务大局上积极作为。宣传工作要胸怀大局，围绕党中央、国务院关于环境保护做出的战略部署，广泛宣传尊重自然、顺应自然、保护自然的生态文明理念和保护环境的基本国策，广泛宣传牢固树立保护生态环境就是保护生产力、改善生态环境就是发展生产力的理念，广泛宣传建设美丽中国和推进绿色发展、循环发展、低碳发展战略举措，特别是习近平同志关于环保工作的一系列重要讲话。进一步增强全社会的节约意识、环保意识、生态意识，营造爱护生态环境的良好风气。

二是在把握新闻宣传主动权上积极作为。我们必须主动适应国内外舆论环境变化，遵循新形势下新闻传播规律，要进一步加强新闻发言人制度建设，主动做好重要环境政策法规解读、权威发布重大突发事件信息，回应公众关切。认真做好环境舆情监测、预警工作，加强舆情分析、研判，积极回应社会热点，针对与人体健康相关的环境问题集中显现、人体健康相关污染指数欠缺、日益扩大的城镇居民群体环境污染零容忍度、具有网络微博化特征的公众参与趋势等问题引起的对政府公信力的挑战，积极组织专家、学者、媒体和社会组织，向公众讲清楚说明白，主动公开环境信息，着力解疑释惑，疏导情绪，推动环境问题的解决。

三是在增强正面宣传和推动全民教育上积极作为。坚持正面宣传为主是宣传工作必须遵循的重要方针。习近平总书记指出，我们正在进行具有许多新的历史特点的伟大斗争，面临的挑战和困难前所未有，必须坚持巩固壮大主流思想舆论，弘扬主旋律，传播正能量，激发全社会团结奋进的强大力量。环保宣传报道上要形成正面舆论强势，把握好时、度、效，增强吸引力和感染力。另一方面，要系统宣传生态文明建设的实践。要大力宣传报道生态文明观念指导下的成功实践，如一系列环境经济新政策，如环保法修改成果，如生态文明建设，如环境生态规划等新经验。引导学校、社区、企业、NGO 环保社会组织，自觉践行适度消费、绿色生活。要大力宣传大气污染防治行动计划的总体要求，在全社会树立“同呼吸　共奋斗”的行为准则。

四是在运用新媒体上积极作为。互联网正在重塑媒体格局和舆论生态。在重视传统媒体的基础上，我们必须积极适应现代传媒技术的发展趋势，充分利用网络媒体、手机媒体、流动媒体等新媒体的宣传优势，不断提高运用新媒体开展环境宣教工作的本领和能力。特别是在重大环境突发事件等报道中，善于运用手机、微博、微信等新媒体终端和信息传播平台，提高反应速度和报道时效，及时回应网民和社会关切。

五是在注重实效上积极作为。环境宣教工作要创新环境宣教工作的形式与内容。要开门办宣教，调动社会上一切积极因素，整合资源，形成环境宣教工作的大格局。宣教工作要讲究实效。反对以文件落实文件，以会议落实会议，为宣传而宣传，缺乏宣传效果的形式主义；反对假、大、空，居高临下，脱离群众、脱离实践的官僚主义。要引导广大党员干部深入实际、深入基层、深入群众，接地气、通下情，加强调查研究，探索推进生态文明宣传教育。

六是在加强能力建设上积极作为。加强生态文明宣传教育，加快打造环境宣教升级版，需要不断加强环境宣教能力建设。要健全宣教机构，尽快建立与新的传播格局和舆论引导相适应的机制体制。要加大经费支持力度，使经费投入与宣教事业发展的实际需求相匹配。借鉴省级宣教能力建设经验，推进地市级宣教能力建设，为全面提升环保系统的宣教水平创造条件。

同志们，十八大提出了建设美丽中国的奋斗目标，环保宣教工作者应承担起推进生态文明、建设美丽中国的使命与任务，认真审视和应对经济社会发展中面临的资源、环境的严峻挑战，开拓创新、求真务实、积极进取，为建设美丽中国作无私奉献。

深入贯彻落实党的十八大精神
推动环境监测工作再上新台阶

——环境保护部副部长吴晓青在 2013 年全国环境监测工作现场会上的讲话

（2013 年 3 月 28 日）

同志们：

这次会议的主要任务是，认真学习贯彻党的十八大、全国“两会”和 2013 年全国环境保护工作会议精神，总结 2012 年环境监测工作，部署 2013 年重点任务。周生贤部长专门对近期环境监测工作作出重要批示，这是一次很重要的会议，是一次务实的会议，是一次现场观摩会议。刚才，我们给通过省级监测站标准化建设验收的 11 个单位颁发了奖牌，监测总站介绍了 2012 年度全国环境质量状况，江西省、北京市、河北省、内蒙古自治区分别做了很好的交流发言，下午还要去江西省环境监测中心站现场观摩，希望大家认真学习，在今后的工作中加以借鉴。

下面，我讲三个方面的意见。

一、2012 年监测工作进展

过去的一年，全国环境监测系统认真贯彻落实党的十八大和环保“两会”精神，圆满完成了空气质量新标准监测这一中心任务，展示了监测系统的战斗力；在县域生态考核、环境一号 C 星发射、监测信息发布三项工作方面实现了突破，提升了监测系统的影响力；在例行监测、应急监测、跨国界河流监测、监测能力建设、监测队伍建设等五个方面有了长足进步，不断增强了对环境管理与决策的支撑力。

（一）紧紧扭住空气质量新标准监测这项中心工作不放松，充分展示了监测系统的战斗力。

2012年开展空气质量新标准监测是党中央、国务院交给环保部门的重点工作，是监测系统必须完成的硬任务。在这一重大任务面前，全国各级监测部门统一思想，积极行动，克服各种困难，按时高效完成了新标准监测第一阶段任务。

一是周密部署实施空气质量新标准监测。我部发布了新修订的《环境空气质量标准》和《环境空气质量指数(AQI)技术规定(试行)》，出台新标准实施“三步走”总体方案，印发了《关于实施〈环境空气质量标准〉的通知》和《空气质量新标准第一阶段监测实施方案》，对新标准监测第一阶段工作进行了周密部署。在去年4月召开全国监测工作现场会进行动员部署的基础上，10月份又专门召开了环境空气质量新标准监测现场会，对该项工作进行再动员再部署。会后，我和本太同志分别带队赴各省（区、市）现场督查新标准监测工作进展。监测司也建立了通报制度，定期通报各地工作进展、存在的困难和问题，有力推动了这项工作的顺利完成。监测总站和相关省市监测站主动应对，及时开展了$PM_{2.5}$监测设备比对测试。组织制定了空气质量新标准涉及的监测方法和技术规范，健全监测技术体系。国家层面举办8期$PM_{2.5}$监测管理与技术培训班，共培训专业人员800多名，满足了新标准监测的需要，确保测得准、报得快。事实证明，去年以来我们在这项工作上的一系列部署是及时的、正确的。

二是各地克服一切困难，千方百计开展好空气质量新标准监测。按照党中央、国务院和部党组的要求，2012年承担新标准监测第一阶段任务的地方环保部门，不等不靠，积极行动，在较短的时间内完成仪器设备招标采购和安装调试，快速掌握新标准监测技术手段，确保了如期开展监测并发布数据。北京、上海，广东、江苏、浙江等省（市），先行先试，率先开展监测、率先发布信息，为这项工作的开展带了好头，起了榜样和示范作用。河北省第一阶段监测工作面广量大，但仍然克服困难，如期完成了监测任务。浙江省发扬全国一盘棋精神，主动将自动监测备用仪器支援给哈尔滨，帮助黑龙江省如期完成了任务。新疆、西藏等地区，虽然困难重重，也是千方百计完成了任务。其他承担第一阶段监测任务的地区，也都按时开展监测并发布数据。

三是全面完成第一阶段监测任务意义重大、反响良好。经过大家的共同努力，我们圆满完成了新标准监测的第一阶段任务。2012年12月28日，我部专门召开新闻通气会，向全社会通报新标准监测第一阶段任务完成情况。今年1月1日起，开展新标准监测的74个城市496个监测点位，已经按照新标准监测并向社会公开发布数据，实现了空气质量监测数据的全国统一联网发布，为我们今年应对重污染天气奠定了坚实的基础。我们的监测队伍又一次经受住了重大考验，或可以说是一次大考，全国监测系统以高度的责任感、事业心，不争论、不懈怠、不动摇，充分体现了监测系统全国一盘棋、上下一条龙的凝聚力和战斗力，可以说是2012年全国环保工作最大的亮点之一，也为完成今后的任务开了一个好头，起了一个好步，打下了坚实基础。全国监测系统完成的这次大考，必将在中国环保事业发展史上写下浓墨重彩的一笔！在此，我要向付出辛勤劳动的同志们，表示衷心的感谢！

（二）三项重点工作实现突破，不断提升了监测系统的影响力。

1. 全面推进国家重点生态功能区县域生态环境质量监测、评价与考核工作，助推环境管理战略转型。

2012年，我部会同财政部首次对国家重点生态功能区所在的452个县域生态环境质量全面进行了综合考核评价，并初步形成了一套行之有效的县域生态环境质量考核工作体系。经过积极沟通、协调，财政部依据考核结果，对生态环境质量“变好”的58个县给予其转移支付额度的5%~10%的奖励，对“变差”的14个县分不同情况对转移支付资金进行了金额扣减或当年支付增量扣减。湖南省为加强该项工作，由省环保厅会同财政厅联合出台了《湖南省国家重点生态功能区县域生态环境质量考核评优暂行办法》。四川、河南、吉林等地也多措并举，通过县域生态考核工作引导基层政府进一步改善生态环境质量。

国家重点生态功能区所属的县域大多地处老少边穷地区，经济基础薄弱，生态环境相对脆弱，但是作为国家生态屏障的地位又非常突出。这项工作综合利用日常监测、技术审核、现场核查、卫星遥感和无人机遥感抽查等手段，是环境监测“天地一体化”应用的典型范例；这项工作充分发挥监测数据作用，以环境质量变化作为环保绩效的衡量标准，以生态环境质量考核结果调节中央财政转移支付资金额度，对推动地方政府改善环境质量具有巨大推动作用。这项工作是环境管理战略转型的生动实践，也是推动生态文明建设的具体措施。

2. 成功发射环境一号C星，不断推进环境监测“天地一体化”进程。

为进一步夯实环境遥感监测能力，我部积极与总装备部、国防科工局等部门进行沟通协调，经多方共同努力，2012年11月19日，环境一号C星在太原卫星发射中心成功发射。12月9日，C星有效载荷首次开机成像，成功获取首幅高质量的合成孔径雷达影像图。

环境一号C星的发射，填补了我国星载雷达卫星行业应用的空白。C星发射后与环境一号A、B星组网运行，进一步提高了我国环境与灾害监测的能力和水平，标志着环境卫星星座第一期工程“2+1”星座全面完成，我国先进的环境监测预警体系建设又迈出了坚实的一步。

去年，我部还积极利用环境一号A、B星等多源遥感数据，在环境监测、执法、应急、生态保护、核安全、环评等领域开展了一系列富有成效的环境遥感监测应用。尤其是在应对去年6月华中地区的秸秆焚烧以及今年年初全国大范围的重污染天气过程中，部卫星中心充分发挥遥感技术宏观、快速、动态、客观的特长，及时编报信息，为环境管理决策提供了有力的支撑。另外，江苏省环境监测中心配合部卫星中心建立了太湖遥感应用基地，在太湖蓝藻水华、水质监测等方面开展“天地一体化”监测应用示范，值得推广。青海省专门成立了生态环境遥感监测中心，在重要饮用水水源地、自然保护区、三江源生态变化等方面开展了一系列遥感监测应用，成效明显。

3. 进一步加大环境监测信息公开力度，努力践行“监测为民”的理念。

信息公开是建设服务型政府的必然要求，监测信息公开是环保政务信息公开的重要内容。一年来，全国监测系统以$PM_{2.5}$等新指标监测信息公开为重点，大力推进监测信息公开工作，现有的水、气、声以及污染源监督监测结果能公开的已经全部公开。对重点流域水环境质量和城市空气环境质量分别以日报、周报、月报的形式公开，对重点污染源监督性监测结果按季度公开。对人民群众申请公开的信息，及时给予答复。云南省首次将重点企业超标排放的情况在网站上公布，接受社会各界的监督，引起了各方的普遍关注。陕西省专门召开四次新闻发布会，向社会公布环境质量监测信息。据统计，2012年，境外涉华环境报道总量62188篇，其中关于空气质量与监测的报道达到15541篇，报道量位居第一，成为最受关注的议题。结果表明，国内外主要媒体和绝大多数公众对空气质量监测信息发布和应对给予了正面评价，认为中国政府环境信息发布及时、坦诚、透明。这项工作进一步满足了公众的环境知情权，提高了环境监测的影响力，成为环保政务信息公开工作的一个亮点。

（三）五个专项工作全面完成，不断增强对环境管理与决策的支撑力。

1. 进一步加强环境质量和污染源等例行监测工作，支撑环境监督管理和污染减排。

2012年，全国环境监测系统以“三个说清”为根本目标，继续开展空气、酸沉降、地表水、集中式饮用水水源地、近岸海域、城市噪声、生态等各环境要素监测。仅国家环境监测网就获取数据上亿个，编制完成《中国环境状况公报》、《中国环境质量报告》等综合性报告近2000份。科学、准确的监测数据和及时、翔实的监测报告，有力地支撑了环境预警、环境管理和决策。

全年累计对4123家废水国控企业、3219家废气国控企业、2885家污水处理厂按季度开展了监督性监测，对1857家重金属国控企业开展废水重金属排放监督性监测，对825家重金属国控企业开展废气重金属排放监督性监测。按季度编制了《国控重点污染源监督性监测季报》等报告，为总量减排及监督执法提供了支持，为排污收费、环境影响评价、“三同时”竣工验收等工作提供了可靠依据。

各地在开展环境质量和污染源监督性监测的过程中，创新机制，克服困难，出色完成了监测任务。内蒙古自治区结合当地经济发展的实际情况，高度重视监测体系建设，成效显著。江苏省充分发挥水质自动监测系统的监控预警作用，通过太湖流域水环境自动监控系统，获取数据350万个，捕获水质异常现象47起。黑龙江省开展松花江流域水生生物试点监测工作，用监测结果来评价“让松花江休养生息”政策措施所取得的成效。

2. 圆满完成各类突发环境事件应急监测，有力支撑环境应急管理。

当前，我国突发环境事件仍处于高发期，及时响应突发环境事件是监测系统肩负的重大责任。在广西龙江河镉污染事件处置过程中，广西各级环境监测部门迅速行动，湖南、四川等地环境监测系统紧急支援，共抽调515名监测人员、89辆监测用车和240台（套）监测设备，在300多公里的河段布设31个固定断面和20余个临时增设断面，每天24小时连续采样分析，接连奋战40余天，共获取监测数据近2万个，编制应急快报60期，为应急管理决策提供了及时、准确、有力的支撑。为落实中共中央办公厅要求，监测总站、河北省站、天津市站和秦皇岛市站认真开展北戴河海域环境应急监测工作，及时报送相关监测信息，得到了中办的表扬。此外，在云南彝良地震、贵州与湖南锰污染、江苏镇江饮用水污染及山西长治苯胺污染等重大突发环境事件发生后，各级环境监测部门都加班加点，积极应对，第一时间开展监测，第一时间报出结果，顺利完成应急监测任务。

3. 顺利开展跨界河流水质监测工作，支撑环保国际交流与合作。

跨国界河流大多位于偏远地区，交通条件差，工作难度大，但这项工作直接服务于环保国际交流与合作，是开展跨国界环境问题谈判的基础，关注度高，意义重大。2012年，我部统一部署，组织开展41条国界河流（湖泊）、78个断面的水质监测工作，不断深化中俄跨界水体水质联合监测，及时启动中哈跨界河流水质监测合作。中哈双方在跨界的特克斯河、伊犁河和额尔齐斯河开展了6次共同监测工作。中俄双方在跨界的额尔古纳河、黑龙江、乌苏里江、绥芬河和兴凯湖开展了4次联合监测，获取监测数据5000余个，圆满完成2012年度中俄界河联合监测工作任务。

4. 持续加强监测能力建设，支撑监测工作的物质条件更为扎实。

2012年，中央减排专项资金中用于环境监测能力建设的总额达到9.5亿元，约占中央减排专项资金的80%。我部印发了《关于加强环境空气质量监测能力建设的意见》，协调下达中央补助资金约5.2亿元，带动地方配套投资4.3亿元，有力推动了第一阶段496个点位形成新增指标监测能力。落实中央减排专项资金约4.3亿元，带动地方配套3.5亿元，以中西部地区、县域生态考核县（市）、边境地区等为重点，支持130个县级监测站标准化建设、23个监测站实验室条件改造和6个示范站建设。组织修订了《全国环境监测站标准化建设达标验收办法》，对2011年通过达标验收的4个省级站分别给予中央财政奖励100万元，湖南、江苏、宁夏、广东、河南、安徽、江西等7家省级环境监测站通过标准化建设达标验收，全国环境监测能力得到明显提升。

各地在推进监测能力建设方面也做了大量工作。四川省环保厅联合省编办出台了《关于加强全省环境监测体系建设的意见》，分类分区域提出具体要求，建立健全各级环境监测机构，监测人员编制大幅增加，并明确了所核编制中专业技术人员的比例（地市级环境监测机构不低于85%、县级环境监测机构不低于80%），环境监测机构主要负责人可按同级环保主管部门副职职级配备，这是个了不起的突破。江西省紧紧抓住基础能力建设不放松，全省111个市、县两级环境监测执法业务用房，已竣工投入使用和正在建设的有107个，监测用房建设率达96.3%，实验室用房面积增幅达到246%，省监测中心站仪器设备投入近5000万元，办公及实验条件得到大幅改善。湖南省把环境监测能力建设和达标工作列入全省“环保十大工程”，省财政配套安排8000多万元用于环境监测站能力建设，整体工作能力得到明显提高。

5. 全面启动环境监测大培训等活动，支撑监测事业更好更快发展。

当前，社会公众对环境监测信息的关注度不断提高，对真实准确的监测数据和科学客观的评价结果诉求不断增强，这对监测工作提出了更高的要求。“打铁还需自身硬”为主动适应新形势、新任务的需要，提高监测人员自身素质，2012年，我们启动了大培训工作，制定了《国家环境监测培训三年规划(2013~2015年)》，建立了监测培训的国家师资库。去年，国家层面直接举办46期培训班，共培训人员5000余人次，特别加大了对中西部地区环境监测培训工作的支持力度。河南省全年举办14期培训班，培训人员900余人次。宁夏回族自治区连续三年组织全区环境监测技术大比武，极大地调动了环境监测技术人员学业务、比技术的积极性，监测人员的综合素质得到有效提高。同时，为保证监测数据准确可靠，提高监测工作公信力，我部部署了以环境空气、地表水和污染源自动监测为重点的环境监测工作质量专业检查，各地积极开展了自查。甘肃、吉林等地专门制定实施方案在全省范围内开展专业检查。安徽省研发了持证上岗考核管理系统和环境监测质量管理信息系统，进一步规范环境监测质量管理工作。

二、贯彻落实党的十八大、全国“两会”及环境保护工作会议要求，以改革创新的精神推进环境监测事业大发展

党的十八大把生态文明建设提升到总体布局的战略高度，明确提出建设美丽中国的奋斗目标。环境保护是生态文明建设的主阵地和根本措施，是建设美丽中国的主干线、大舞台和着力点。全国环境监测系统要紧紧围绕党的十八大对生态文明和美丽中国的战略部署，认真做好各项规定动作，精心做好自选动作，凝心聚力、攻坚克难，努力当好推进生态文明、建设美丽中国的“侦察兵”和“先锋队”。

今年全国“两会”期间，环保问题引起各级领导及代表、委员们的广泛关注。习近平总书记在谈及雾霾天气的时候说：“在问题面前也急不得，要用生活的淡定去面对这些问题”。李克强总理强调，我们不能以牺牲环境来换取人民不满意的增长，不论是污染的状况、食品问题，还是治理和处置的效果，都要公开、透明，让公众、媒体能够充分、有效地加以监督。最近，李克强总理又再次强调要公开污染物监测信息。今年政府工作报告中提出，要下决心解决好关系群众切身利益的大气、水、土壤等突出环境污染问题，改善环境质量，维护人民健康，用实际行动和成效让人民看到希望。这些都充分显示了党和国家对环境保护事业的高度重视，也为环境监测工作指明了方向。

今年1月以来，我国中东部地区反复出现重污染天气，给人民群众生产生活带来严重影响。此次重污染天气受影响的面积约占国土面积的1/4，受影响人口约6亿人，一些城市重污染天气持续时间较长，个别监测点位的最高小时浓度值超过1000微克／立方米。在应对重污染天气过程中，环境监测首当其冲，全国环境监测系统及时、准确地发布$PM_{2.5}$等监测数据，经受住了严峻考验。按照国务院领导的要求，我们结合前一阶段的工作进行了认真思考，有一些初步认识：一是监测工作必须顺应公众关切，强化环保部门公信力，通

过 $PM_{2.5}$ 监测及信息发布，满足人民群众的知情权，也使其成为群众了解环保部门工作的窗口之一；二是加快管理转型，各级监测部门强化了服务民生的意识，人民群众的关注就是监测系统的关切；三是利用倒逼机制，强化了环境质量的约束力，人民群众最关心的是环境质量是否改善，因此环境监测数据得到各级党委、政府的高度重视，地方领导纷纷到监测站调研，果断采取应急措施，防治大气污染；四是奠定了工作基础，强化了监测系统“说得清”能力，提高了监测部门的地位。

实践证明，按人民群众的期待做好监测工作，就一定能得到人民群众的理解和信任；加快建设先进的环境监测预警体系，是探索环保新道路应有之义，是建设生态文明的客观要求。我们一定要把思想和行动统一到党中央、国务院的要求和部党组的决策部署上来，切实解决环境监测工作中面临的困难和问题，不断推进环境监测事业大发展。

（一）坚持科学监测，加强监测质量管理。

当前，建设生态文明和美丽中国对监测工作提出了更高要求。我们必须坚定走监测现代化之路，大力弘扬“敬业、规范、精准、透明、奉献”的科学监测精神，朝着加快建成先进的环境监测预警体系的宏伟目标迈进。目前，人民群众和新闻媒体都在盯着空气质量实时监测数据，一旦有行政干预或者作假，肯定会被质疑，会对政府公信力和全国监测形象造成重大损害。因此，我们一定要继续以科学监测为主题，提高环境监测质量，确保出真数不出假数，绝不能在数据质量上出问题。

（二）坚持把老百姓关心的事作为监测工作重点，进一步践行“监测为民”的工作理念。

习近平总书记在中央政治局常委与记者见面会上指出：“人民对美好生活的向往就是我们的奋斗目标”。当前，公众对环境质量信息关注度高、需求量大，监测信息公开是“监测为民”的重要实践，也是应对突发环境事件的有效举措。我们不仅不怕公开，而且要主动公开有关环境监测信息，积极回应公众诉求，让人民群众走近监测、体验监测、理解监测、信任监测，努力践行“监测为民”。

（三）按照建设生态文明和美丽中国的新要求，不断完善监测管理体制机制。

当前，监测整体能力不足、队伍发展不平衡、体制机制不顺畅、技术体系不健全等仍是环境监测面临的困难和问题。我们一定要围绕建设生态文明和美丽中国的要求，加强监测管理顶层设计，创新监测管理体制，在建立环境监测管理全国一盘棋、监测队伍上下一条龙、监测网络“天地一体化”的现代化监测格局上下功夫，努力当好发现美丽中国的“千里眼”、倾听美丽中国的“顺风耳”。

三、2013 年监测重点任务

今年是党的十八大精神贯彻落实年，也是新一届政府的开局之年，做好环境监测工作十分重要。全国环境监测系统要认真学习党的十八大和全国“两会”精神，贯彻落实全国环保工作会议决策部署，以改革创新的精神，全面完成各项监测任务。2013 年全国环境监测工作要点及国家环境监测方案已经印发，对各项工作任务作出了具体、明确的安排，各地要认真制订实施方案和辖区内环境监测计划，确保各项环境监测任务的完成。下面，我就今年的监测重点工作，再提几点要求。

（一）突出重点，继续把推进空气质量新标准监测作为重中之重的任务。

针对年初多地出现的重污染天气，李克强总理强调，空气污染治理要“公开透明、有所作为”，环境保护部要及时进行空气污染预警，以利群众防范。在今年的全国环境保护工作会议上，周生贤部长对加强空气质量新标准监测和信息发布工作作了重点部署。全国监测系统要清醒判断当前形势，正确看待 $PM_{2.5}$ 监测，坚持“不争论、不懈怠、不动摇”，继续将实施新标准监测作为今年工作的重中之重。一是要坚决完成第二阶段监测任务。今年将在 87 个地级城市和 29 个县级环保模范城市的 449 个监测点位开展包括 $PM_{2.5}$ 在内的 6 项指标监测。相关地区要在 9 月份前完成仪器设备安装调试并开始试运行，10 月底前对外发布监测数据。这是一项硬任务，必须完成，不能动摇。监测司 7 月份开始调度全国进展情况。11 月中下旬，还是由我和万总带队赴全国督查。二是要进一步提高认识，把思想统一到中央和环境保护部对实施空气质量新标准的决策部署上来。承担新标准监测第二阶段任务的地方，要充分认识到新标准监测任务的重要性和艰巨性，提前谋划、及早动手，在能力建设和技术储备上做到未雨绸缪，全力以赴打好新标准监测攻坚战。三是要巩固已有成果，确保第一阶段 74 个城市 496 个监测点位的设备稳定运行，严格按新标准开展 6 项指标的监测。要严格执行重污染天气条件下空气质量监测值班制度，加强对空气质量监测设备的维护和巡检，及时解决出现的各类技术问题。四是要高度重视数据质量和信息发布工作。要严格执行空气质量监测的质量管理制度，做好监测数据从获取到传输全过程的质量控制，保证监测数据客观准确。这里还要特别强调，不排除今年再次发生大范围的重污染天气的可能性，去年夏季湖北武汉等地曾因秸秆焚烧出现了大面积的雾霾。我们要加强与气象等相关部门的沟通与联系，做好污染过程的趋势分析与研判，通过广播、电视、网络和报纸等媒介及时发布空气质量信息，提出针对不同人群的健康保护和出行建议，为各级政府快速有效地制定应急预案提供科学依据。必要时要主动召开新闻发布会，引导舆论和公众理解这项工作，努力营造良好的舆论环境。五是要充分利用好监测数据。我们投入这么多的精力开展空气质量新标准监测，所获得的监测数据是宝贵资源，不充分利用就是最大的浪费。因此，各省级监测站从今年开始，要把源解析作为大气监测的一项重要技术工作开展起来，这对我们有效科学治理 $PM_{2.5}$ 具有至关重要的作用。

（二）抓住要点，加快推进企业自行监测和公开排放信息，规范污染源监督性监测。

企业开展自行监测和公开排放信息是说清污染物排放状况的关键，多年来，我们对企业自行监测重视不够，企业开展自行监测主动性不强。今年1月，国务院办公厅转发了《"十二五"主要污染物总量减排考核办法》，将自行监测、监督性监测工作开展情况以及信息发布情况纳入约束性考核内容。环境保护部等四部委联合印发了配套的减排监测办法，也对自行监测、信息公开等内容做出了明确规定，要求自行监测结果公布率80%、监督性监测结果公布率95%，对考核结果未通过的，实行"一票否决"制。这"两个办法"的出台，对理顺自行监测和监督性监测的关系，建立和完善污染源监测体系具有非常重要的意义。这"两个办法"与当地政府节能减排考核挂钩，各地要以贯彻落实"两个办法"为契机，督促企业履行职责开展自行监测，进一步规范环保部门监督性监测。同时，要高度重视污染源监测信息发布工作，加大重点污染源监督性监测信息公开力度，推动企业自行监测信息公开，让企业接受公众监督。"公开是最好的监督"，通过公布这些信息，才能倒逼企业更加注重环境保护工作。目前，我部制订完成了《"十二五"主要污染物总量减排监测体系考核实施细则》、《企业自行监测及信息发布办法》、《污染源监督性监测及信息发布办法》等相关配套文件的征求意见稿，会后将充分征求大家的意见。

（三）突破难点，努力完成集中式生活饮用水水源地水质监测任务。

饮用水安全事关民生大计、事关社会和谐。国务院领导对此十分重视，要求多策并举，加强监测与监管，着力解决饮水安全中的突出问题。去年，我部已经印发《全国集中式生活饮用水水源地水质监测实施方案》，各地要按照方案狠抓落实，做到测够频次、测全项目、测对方法、测准数据。与往年相比，今年的工作任务更重、难度更大。首先，监测范围大大扩展，从目前的113个环保重点城市扩展至全国338个地级以上城市、2862个县级行政单位及乡镇集中式生活饮用水水源地；其次，地级以上城市每年、县级行政单位所在城镇每两年要进行1次109项水质监测项目全分析监测，但很多地区仪器尚未配套，人员尚未掌握分析技能；再次，在监测指标、点位设置、监测频次等方面也有所变化。今年的饮用水源地水质监测任务将成倍增加，开展这项工作困难不小，各级监测站的压力很大。但这项工作中央领导高度重视，人民群众十分关心，我们一定要克服一切困难，认真完成好这项艰巨的任务。

（四）抓出亮点，做好国家重点生态功能区县域生态环境质量监测、评价与考核工作。

开展国家重点生态功能区县域生态环境质量监测、评价与考核，是实施国家主体功能区战略的重要组成部分，也是推进生态文明、建设美丽中国的有力抓手。今年1月份，环境保护部、发展改革委、财政部联合出台了《关于加强国家重点生态功能区环境保护和管理的意见》，对国家重点生态功能区县域生态环境质量考核提出明确要求。目前，考核结果已经成为中央财政转移支付资金分配的重要依据。我们还要继续完善县域生态环境质量考核工作体系，强化"天地一体化"的县域生态环境质量考核技术体系，进一步强化考核结果的应用，推动中央财政转移支付资金在引导地方政府加强生态环境保护、改善环境质量、提高生态文明水平等方面发挥更大的作用。有关地区环保部门要主动牵头，积极与财政部门沟通，让这项工作成为部门合作的典范，推动国家重点生态功能区县域生态环境成为美丽中国的优先之美。今年，我部还将会同财政部适时召开县域生态环境质量考核现场会，对该项工作作出进一步的部署和安排。

（五）应对热点，加大环境监测信息公开力度，开展监测质量专业检查。

近年来，与人民群众生产生活密切相关的环境空气质量、水环境质量成为关注的热点，我们要积极应对，进一步加大信息公开力度，能公开的要主动公开，更好地满足公众的环境知情权。要把人民群众的关注转化为推动工作的动力，全面推进涉及民生、社会关注度高的监测信息公开。特别是 $PM_{2.5}$ 等指标的监测数据，一定要如实、及时地向社会公开发布。要以自动监测质量为检查重点，认真制定好国家检查方案，进一步完善监督检查和综合考评体系，全面开展环境空气和地表水自动监测质量专业检查。我特别强调，这次检查将采取网络检查、交叉检查、飞行检查等形式，不预先通知被抽查的城市及站点名称，希望各地做好充分准备并主动配合检查。我部将根据综合考评情况，通报检查结果。地方环保部门不得干预本行政区的监测结果，发现伪造、篡改监测数据的行为，我部将依据有关规定严肃处理。

（六）夯实基础，实施大工程促进环境监测事业大发展。

"工欲善其事，必先利其器。"面对繁重的环境监测工作任务，只有持续加强监测能力建设，提高监测的现代化水平,才能适应环境管理的要求。今年,我们还要在监测能力建设上有所作为。一是要统筹谋划环境监测跨越式发展工程。围绕"以环保大工程带动环保事业大发展"的要求,制订环境监测跨越式发展工程计划,搞好环境监测能力建设项目的储备。各地要突出重点,积极争取配套资金,加快实施环境监测基础能力、运行保障和人才建设三大工程,推进空气质量新标准监测能力建设、环境监测站标准化建设、国家环境监测能力建设等重点项目,以项目实施带动能力建设,提升环境监测整体综合能力水平。二是要强化监测站标准化建设和达标验收工作。各地要积极争取地方政府对环境监测工作的重视和支持,争取机构编制,优化人员结构,保障业务用房和业务经费,进一步强化监测基础能力建设。要积极组织好辖区内地市级和县级监测站的标准化建设达标验收工作,争取尽早达到整体验收标准。国家将继续支持市、县级环境监测站建设,重点加强县级市与承担国家监测任务的重点区域、流域、近岸海域和主要入海河口的环境监测站能力建设。三是要做好环境遥感监测的应用工作。积极推进环境C星在轨测试与应用,推动全国无人机遥感监测网络建设,深化环境遥感技术在自然保护区人类活动监督核查、内陆水体水华与近海赤潮监测、秸秆焚烧、区域环境空气污染监测、沙尘暴监测等方面的应用。四是要加强环境监测人才工程建设。认真制订环境监测"三五"人才工程实施方案。做好第一批"三五"人才遴选工作,培养一批环境监测领军人才,充分发挥人才的引领和示范作用,带动环境监测队伍整体素质的提升。

最后,我再强调一下改进工作作风和廉政建设问题。去年12月,中央印发了关于改进工作作风、密切联系群众的八项规定,充分体现了党中央求真务实、狠抓作风转变的坚定决心。环境保护部也出台了贯彻落实"八项规定"的实施办法。全国监测系统要认真贯彻落实"八项规定",切实改进作风。做到"接地气",为民惠民,努力使环境监测数据与人民群众的切身感受更加接近。坚持求真务实,视质量为生命,做到"出真数、不出假数,说真话、不说假话,干实事、不图虚名"。近几年,随着国家对监测能力投入的不断增加,监测系统违纪违法案件时有发生,少数地方在监测仪器设备招标上出现了问题,实在令人痛心。中纪委驻部纪检组将环境监测列为廉政风险点。大家一定要认真贯彻落实党风廉政建设的各项工作部署,对容易产生腐败的重点部位、重点环节、权力运行加强监督,努力从源头上预防不正之风和腐败现象的发生。中央财政资金的使用绝不能出问题,要经得起检查和审计,坚决杜绝不廉政行为的发生。

同志们,新的征程已经开启,新的任务催人奋进。让我们在党的十八大精神指引下,乘势而上,开拓创新,努力开创环境监测工作新局面,为建设美丽中国作出应有的贡献!

开创环境保护国际合作新局面 为生态文明建设提供有力保障

——环境保护部副部长李干杰在2013年全国环境保护国际合作工作会议上的讲话

(2013年5月21日)

同志们:

很高兴见到大家并参加今天的会议。时隔14年后再次召开全国环保国际合作工作会议,相信同志们是期盼已久。这次会议是在全国深入学习贯彻党的十八大精神背景下召开的,对于研究环保国际合作如何更好地为大力推进生态文明建设发挥积极作用具有重要意义。

环保国际合作是我国环境保护工作的一个非常重要的组成部分。今年初,为更好地谋划和推进环保国际合作,部里专门制定并印发了《"十二五"环境保护国际合作工作纲要》,以及《环境国际公约履约"十二五"工作方案》、《"十二五"核与辐射安全国际合作工作方案》,明确了今后一段时期环保部门在国际合作领域"定位是什么、干什么和怎么干"的问题,是指导"十二五"后三年环保国际合作的一组纲领性文件。这次会议的主要任务就是围绕落实"一纲要、两方案",回顾总结近年来环保国际合作的工作进展和成效,分析研判当前所面临的形势和存在的问题,安排部署"十二五"后三年以及今后一段时期环保国际合作的重点任务和主要工作。利用今天会议的机会,我着重讲以下三方面意见,与大家进行交流。

一、充分肯定环保国际合作取得的进展和成效

"十一五"以来,环保国际合作以服务国家政治外交大局、服务环保中心工作为目的,不断拓展新空间、提升新层次、开创新局面。各部门、各地方努力探索,勇于实践,扎实开展各项工作,环保国际合作地位不断提升,机制与平台建设取得初步成效,统筹协调发展格局正在形成,各方面工作取得积极进展。

(一)环保国际合作战略地位不断提升。

随着我国综合国力和国际影响力的不断上升,环

保事业经历了从封闭到开放，并逐步融入国际社会的发展历程。国内全面践行可持续发展的良好政治意愿也为环保国际合作提供了重要战略支撑。

2007年，党的十七大首次将环保国际合作作为国家和平发展道路的重要组成部分，提出要“相互帮助、协力推进、共同呵护人类赖以生存的地球家园”，标志着环保国际合作进入了我国环保工作的主干线，成为新时期推动环保国际合作的战略方针，体现了我国参与全球环境保护事务更加积极的态度，表达了我国愿与世界各国合作的主动意愿，展现了我国将在全球和区域环境合作领域采取更加积极务实行动的决心。

按照新的战略定位和要求，近年来，环保国际合作战略积极探索推行三个重要调整，并取得了一定成效：一是由过去在全球环境事务中侧重强调“有区别的责任”原则，向既坚持“有区别责任”，又重视“共同的责任和义务”转变；二是由过去被动应对全球和区域环境压力向积极参与转变，以推动国际环境规则和全球环境治理体系更加公平公正；三是由单纯的环境受援国，向继续接受援助但同时又提倡“相互帮助、协力推进”，为发展中国家提供力所能及的援助转变。

（二）服务政治外交大局，维护国家环境安全和利益。

近年来，我国总体外交战略目标主要体现在“两个服务”上：一是为抓住并用好重要战略机遇期服务；二是为构建社会主义和谐社会和全面建设小康社会服务。

作为国家总体外交工作的重要组成部分，环保国际合作已成为国家领导人机制的重要议题。目前，纳入国家领导人重大外交和国务活动的环境合作机制已达12项，包括中美战略与经济对话机制、中俄总理定期会晤机制下的中俄环保分委会、中欧环境政策对话、中日韩环境部长会议、中国—东盟环保合作以及大湄公河次区域环境合作机制等。

在实际工作中，我们将国内环境保护和国际环境与发展进程相统筹，分阶段、分步骤地将应对全球和区域环境问题纳入国家环境保护整体战略之中。结合国内环境保护重点工作，加快解决区域性环境问题，如跨界水体污染、大气污染、危险废物越境转移等紧迫的周边及区域环境问题。认真履行国际环境公约，在臭氧层保护、生物多样性保护、持久性有机污染物防治、气候变化等国际环境履约与全球性环境问题上，取得了积极进展。大力推进南南环境合作，不断增进与发展中国家的传统友好关系。自2005年以来，环境保护部已开展31期面向发展中国家的环境官员研修班，共培训了近800位外国环境官员。积极参与全球环境治理，特别是环境与贸易领域的磋商与谈判，有效维护和争取了国家环境权益。

在解决周边跨国界环境问题方面，我们坚持中央与地方紧密合作的原则，为维护我国环境安全和利益发挥了积极作用。发生在2005年的松花江水污染事件，可称为我国跨界环保合作的重要转折点。由于积极妥善地处理了中俄跨界水污染问题，效果显著，不断化解了可能持续升级的国际矛盾。两国领导人将中俄环保合作评价为“中俄合作的典范”，周生贤部长获得了“俄罗斯联邦总统奖”。在对俄合作方面，黑龙江、内蒙古和吉林三省区环保部门作出了积极贡献。在大湄公河次区域环境合作中，云南、广西两省区环保部门通过2005年实施至今的大湄公河次区域生物多样性走廊项目，与越南、老挝、缅甸等湄公河流域国家共建跨界生态保护廊道，为跨界生物多样性保护进行了有益探索，也有效缓解了与湄公河下游国家水资源利用与保护的纷争。

此外，按照中央的统一部署，我们还稳妥推进了与港澳台地区的环保交流与合作，帮助协调解决了港澳地区的一些重要关切。海峡两岸相关机构签署了《海峡两岸核电安全合作协议》，启动了两岸在核电安全领域的交流与合作。

（三）服务环保中心工作，促进环境优化经济发展。

作为实施国家环境保护总体战略的重要支撑，环保国际合作还重点做好以下两个服务：一是为实现环境保护历史性转变以及建设资源节约型和环境友好型社会服务；二是为环境保护重点、难点、热点工作服务。

通过引入先进的环境理念，借鉴国际上特别是发达国家在处理经济增长与环境保护的关系、大气污染防治、江河湖海污染防治的实际经验，着重消化吸收国际先进的污染减排政策与技术，为促进我国“十一五”、“十二五”环保规划目标的实现与任务的落实发挥了积极作用。

一是借鉴发达国家先进的环保理念和管理制度，服务国内环保工作。一直以来，在实际工作中，我们都很注重学习总结国际经验和教训，避免走“先污染，后治理”的道路。我国很多环境法规、标准、制度都研究并借鉴了美国、欧洲、日本等发达国家的经验和教训。比如我国现行的环境影响评价制度、排污权交易制度以及多数环境质量标准，均学自美国的相关经验。我国实施的机动车排放标准，充分借鉴了欧盟的相关排放标准。我国的循环经济理念引自日本的3R(减量化、再循环、再利用)实践。在中美环境合作联委会框架下，双方重点在大气、水、化学品、固体废物、环境监察、环境法规等六个方面开展合作和交流，并在上述领域组织实施了一批卓有成效的示范项目。

今年三月，为解决我国雾霾污染问题，环境保护部专门派出政策制定与科学研究代表团分赴欧盟和美国开展深度交流，为有效制定国家大气污染防治行动计划发挥了重要支撑作用。

二是认真履行国际环境公约，取得积极进展。根据国务院授权，环境保护部牵头负责8项全球性环境与核安全公约的谈判和实施，积极全面参与了相关国际谈判进程，为推动实现公约目标发挥了不可或缺的建设性作用，受到国际社会高度评价。在区域环境合作中，我们积极发展与本区域各国的环境友好合作关系，同时也积极开展跨区域合作，架起了亚欧、中欧、中非、中阿等跨区域环境交流与协作的桥梁。在双边合作领域，我们先后与50个国家签署环境合作文件79份，与12个国家签署核安全合作文件22份，并与一些国家和国际组织开展了形式多样的合作活动。经过多年努力，在各省市环保部门的大力支持与配合下，我国在淘汰消耗臭氧层物质履约工作方面取得突破性进展，提前实现了履约的目标和承诺，至今已累计淘汰消耗臭氧层物质生产量约10万吨、消费量11万吨，并经国务院批准颁布了《消耗臭氧层物质管理条例》。

控制、削减持久性有机污染物工作也取得阶段性进展，建立了由环境保护部牵头、14个部门共同参与的履约工作协调机制，颁布实施了《履约国家实施计划》，完成氯丹、灭蚁灵、滴滴涕、六氯苯等四种杀虫剂类持久性有机污染物淘汰的阶段性履约目标。

保护生物多样性工作稳步推进，建立了由国务院主管领导担任主席的中国生物多样性保护国家委员会，完成了2010年度履约目标，发布了《中国生物多样性保护战略与行动计划(2011~2030年)》。此外，我们还按照联合国生物多样性保护十年行动的要求，制订了《中国生物多样性保护十年行动方案》，并在积极落实之中。

作为重点能力建设项目，在意大利政府以及蒙特利尔多边基金的支持下，环境保护部在“十一五”期间建设了环境国际公约履约大楼，为我国开展环保国际合作以及进一步做好环境履约提供了有力的保障。

国际环境公约履约方面取得的积极进展和成就，不但展示了我负责任的大国形象，也促进了国内产业的转型和升级，提升了企业的国际竞争力。

三是环保技术交流与合作日益深化，能力建设不断加强。通过中欧环境政策对话以及中意、中德、中日、中瑞(典)等双边环境技术合作，在水污染防治、生物多样性保护、资源有效利用、废弃物再生循环利用等领域开展了很多技术交流、合作与示范。据初步统计，“十一五”以来，环境保护部系统共组织派出3481个出国(境)团组，出国(境)人数累计达1.1万人次，环保科技交流与合作达到了前所未有的水平。以中日环境合作为例，自2001年以来，共实施了30个环保技术合作项目，仅通过中日友好环保中心培训的部直属机构与地方环保省厅人数就高达2000余人次。我国和意大利的环保合作堪称双边环境合作的典范，自2004年以来，全国参加意大利环境交流与培训人数达700余人，培训人员涉及除港澳台地区以外的所有省份和计划单列市。这些培训交流项目不但开阔了环保干部的视野，增长了见识，也极大地提升了他们对环保国际合作的认识和理解，推动了国内工作。

四是加强核与辐射安全国际合作，为国家环境与能源安全战略服务。核与辐射安全国际合作具有比较强的特殊性。我国目前开展的核与辐射安全国际合作内容广泛、深入，涉及信息交流、人员培训、设备监督、事故应急等众多领域。大家知道，2011年3月发生了日本福岛核事故，对全球核能发展产生了一定的消极影响。尽管如此，我国发展核电的大方向并没有改变，但在总体规模、布局、技术路线、节奏等方面进行了一些必要的调整。因为对中国而言，发展核电具有很强的必要性和必然性，如果不发展核电，我们的能源安全、环境保护以及应对气候变化都会遇到困难，但发展核电尤为重要的前提和基础就是安全。回顾我国核电发展的历程，核安全业绩还是不错的，其中很重要的一个原因就是完全与国际接轨，所有的法律法规和标准均与国际接轨，我们的监管体制机制也是跟国际接轨的。由此可见，广泛和深入的国际合作为我国核与辐射安全发挥了重要促进作用。

(四)搭建合作平台，加强对外宣传，取得良好效果。

建立具有国际影响与高层次的环保国际合作平台，为国家政治外交大局和环保中心工作提供有力支撑。

一是充分发挥国合会高层政策咨询平台的独特作用。中国环境与发展国际合作委员会(国合会)自1992年成立以来，已经走过了21个年头。作为我国环境与发展领域最高层次的中外交流对话平台，得到了国家领导人的高度重视。经过多年的精心营造，国合会已成为我国环境与发展领域最高层的政策咨询平台，在促进绿色战略转型、城镇化、区域均衡发展、环保机构与体制改革等宏观政策领域和重大问题上为我国政府提出政策建议，很多政策建议都得到了采纳。时任国务院总理温家宝在会见国合会外方委员时就讲到：“国合会影响了我，也影响了中国政府。”可以说，国合会很好地发挥了高层国际化智库的重要作用。

现在的国合会具有“重要平台、重要渠道、重要窗口”三个重要功能。它是中国乃至世界环发领域高层政策研究咨询的重要平台；是我们环保部门以及国际上关心中国环保事业友好人士听取中国政府高层领导关于环境保护与可持续发展工作指示和要求的重要渠道；还是我们向国际社会宣传展示中国在生态环境保护与可持续发展方面取得进展和成效的重要窗口。所以，我们今后要更加充分地发挥好国合会的重要作用。

二是加强与国际组织合作，展示我国负责任的大国形象。我国与联合国环境规划署等国际组织的合作层次不断提高，合作领域不断扩展，合作内容不断深化，在环保国际合作中发挥着越来越重要的作用。联合国环境署作为全球环境合作的重要机构，是我国推动多边环境合作最为重要的基础性平台。党和国家领导人多次访问联合国环境署总部，奠定了我与联合国环境署深入合作的政治基础。2012年6月，在巴西里约联合国可持续发展大会上，我国政府宣布向联合国环境署信托基金捐款600万美元，用于支持发展中国家的环境保护能力建设，推动南南合作。这一举措，不仅使我国赢得了联合国环境署的支持，更在环境署这一多边重要平台上争取到了很多发展中国家对我们的理解与支持，充分展现了我负责任的大国形象。

三是加强环保国际合作机构建设，不断完善区域环境合作平台。2010年，经中编办批准，环境保护部正式组建中国—东盟环境保护合作中心，这是我们环保系统建立的第一个区域环境合作机构，也是我国开展南南环保国际合作的重要窗口和平台，在我国政府大力支持下，与东盟国家广泛开展了政策对话、产业与技术交流、能力建设等领域的合作，并带动周边环境合作、跨区域环境合作，为维护国家区域环境安全与稳定发挥了重要作用，也摸索出开展区域环保国际合作的新模式。目前，我们正在积极推动组建一个新机构，即在中国—东盟环保合作中心的基础上挂牌增编，组建中国—上海合作组织环境保护合作中心。温家宝总理代表中国政府在2012年12月举行的上海合作组织总理会议上已宣布组建该中心，我们期待今年内能落实到位。

“十一五”以来，随着环保国际合作地位的不断提升，环保系统各级领导越来越重视环保国际合作工作，从中央到地方，环保国际合作队伍和机构不断得到加强，很多省区环保厅局设立了专门的环保国际合作机构，并配备了专门人员。环境保护部各直属机构也采取多种形式加强了环保国际合作机构和人员能力建设，并有意识地将环保国际合作与国内各项工作有机结合起来，为环保中心工作提供了有力的支撑。

以上是我讲的第一部分内容。过去几年所取得的积极进展和成效，是大家共同努力的结果，值得认真总结和充分肯定，其中一些好的做法也值得坚持和发扬。

二、深刻认识环保国际合作面临的新形势、新机遇和新挑战

这部分我想用三个“三句话”来阐述。第一个三句话是概括一下我国当前环境保护的总体形势。我认为，利用这个机会先给大家讲一讲大形势还是必要的。只有了解了大形势，才能把握好小形势。

环境保护总体形势可以用三句话概括，第一句话是，我国政府历来高度重视环境保护，采取了一系列政策措施，其中许多已见到成效并发挥了很好作用；第二句话是，我们也清醒地认识到，我国环境保护当前所面临的形势十分严峻，存在的问题很多，发达国家一两百年工业化、城镇化进程中分阶段出现并逐步解决的环境问题，在我国二三十年间集中显现，其结构性、压缩性、复合型的特征突出，老的问题没解决，新的问题接踵而至，压力非常大；第三句话，尽管压力大、形势严峻，但也因此迎来了推动环境问题有效解决的最好时期和最好机遇。

首先是关于进展和成效。我认为，如果只讲问题不讲成绩，就很容易丧失信心，迷失方向。一个人，一个单位，一个国家，如果你不知道过去是怎么走过来的，你的成功在哪里，教训在哪里，你就不知道后面的路怎么走。客观地讲，尽管存在各种问题，但近年来所采取的政策措施，尤其是“十一五”以来所采取的一系列政策措施，成效是十分明显的。污染减排是我们“十一五”乃至今天所有环保政策措施的牛鼻子，这个牛鼻子确实抓住了。通过抓牛鼻子也确实带出了半条牛，整个环保工作取得了积极进展。“十一五”污染减排目标超额完成，化学需氧量下降了12.45%，二氧化硫下降了14.29%。这两个数字是在我国经济高速发展超过预期的情况下获得的，应该说来之十分不易。“十一五”期间年GDP预期增长7.5%，但实际上平均每年11.2%。2005年我国的煤炭消耗量是22亿吨，2010年计划达26亿吨，但实际上却是32亿吨，2011年达35亿吨，2012年是36亿吨。在这样经济发展与资源能源消耗快速增长的情况下，主要污染物的排放总量不但没有上升，反而下降，而且下降的幅度还超过预期。我坚信上述两个数字是真实可信的，因为有两组数据可以为此提供支撑。第一组数据就是工程减排数据。2005年时，全国火电厂脱硫比例仅有12%，到2010年底达到82%，到2012年底更达到90%。在污水处理方面，2005年时，处理率只有52%，但到2010年底就达到77%，2012年底达到85%左右。采取上述工程减排措施后，必然会促使污染排放总量大幅下降，这是毫无疑问的。

另一组数据是有关环境质量。在水质方面，好于三类水的比例从2005年的37.5%提高到2010年的52%，劣五类的比例从27.4%下降到了接近20%。在大气方面，重点环保城市大气中二氧化硫的浓度下降了26.3%。按照老的空气质量标准，达标比例从40%提高了30%多，达到了73.5%。除此之外，我们在其他方面也做了大量工作，例如严格环境准入和监管，推动结构调整和产业升级，解决关系民生的突出环境问题等。

回顾“十一五”以来的成功经验，至少可以归纳八个方面。第一，严格考核问责，落实环保责任；第二，改进统计体系，强化绩效评估；第三，创新管理机制，增强管控力度；第四，加大财政支持，丰富资金渠道；第五，借重经济政策，发挥市场作用；第六，善用环境标准，引领产业升级；第七，健全环保体制，提升行政绩效；第八，鼓励公众参与，发挥社会利益。上述成功经验是符合中国国情以及环境保护实际情况的，也是符合事物内在规律的，因此，未来应该进一步坚持和发扬。

我们在看到这些成绩的同时也一定要看到问题，认识不到问题的严重性，我们很可能会铸成大错，无法交代，这是我要讲的有关总体形势的第二句话。我们当前面临的问题是严峻的，环境压力比世界上任何一个国家都大，解决起来也比任何一个国家都要困难。这些问题主要体现在，一是减排任务仍然非常艰巨，环境质量改善与公众的期待有较大差距，尤其今年初不断出现的雾霾问题，尽管有气候因素，但归根结底还是污染物排放总量大。气候因素只是外因，内因还是污染物的排放总量，外因是通过内因起作用的。按照新发布的空气质量标准，全国近70%的城市达不到二级标准，一些大城市的雾霾天数占全年天数的30%~50%。在今年一季度发生严重雾霾问题期间，部分城市$PM_{2.5}$浓度高达500微克／立方米以上，有的甚至接近1000微克／立方米，对人民群众的身体健康和日常生活造成严重影响。此外，其他一些损害群众健康的问题也比较突出，例如化学品和重金属问题。近几年环境保护部直接参与处理的突发环境事件大约有900多起，其中涉及化学品的突发事件占到62%，重金属问题约占11%，加起来就是70%多，这些问题必须要引起高度重视。如果说大气问题、水问题、土壤问题还算是慢性病，那么重金属和化学品就是大病、急病，风险很大。

生态保护与农村环境方面问题也不少。根据几年前进行的污染源调查获知，当前农村污染源的排放量已占到全国半壁江山，COD占44%，总氮57%，总磷67%。

总而言之，我们一定要清醒地认识当前所面临的环境问题，并深刻分析其根源，这样才会抓住主要矛盾和抓住矛盾的主要方面，才能采取有针对性和可操作性的措施，也才会见到成效。从根源上来讲，造成当前严重环境形势可以讲主要有以下三方面原因。

第一，我国资源环境的禀赋先天不足。例如我们的石油、天然气、铁矿石、淡水这些战略性资源的人均占有量分别只有世界平均水平的7%、7%、17%和28%。即使是号称最富有的煤炭资源，也只有世界人均水平的67%。此外，我们的环境条件，包括水土流失、土地沙化和石漠化的面积也比其他国家大很多。所以说资源环境禀赋不足是一个硬约束。

第二，产业结构偏重，发展方式粗放。近年来，我国一、二、三产业结构有所改善，二产比重有所降低，但仍占到45%左右。而在二产里面，重工业所占比重高达68%，2009年曾超过70%，这是所有国家历史上都没有出现过的情况。再如，2012年，我国国内生产总值约占世界的11.6%，但却消耗了全世界21.3%的能源、45%的钢、54%的水泥。我国当前单位GDP能耗水平是美国的4倍、欧盟的4.6倍、日本的8倍。由此可见我们面临的环境压力和挑战。

第三，监管不到位。应该说我们的环境监管能力还是相当薄弱，不能满足形势和任务的要求。重行政轻法律、重事前审批轻事中事后监管、重末端监管轻全过程监管、重约束轻激励、重立法与考核轻执法与问责等问题还比较突出。监管能力不足、有效手段不多和监管不到位削弱了环境保护的有效性和权威性。

产生这些问题的原因也是多种多样，既有体制机制问题，责权划分问题，也有方式方法问题。面向未来，我们应该从多角度、多层面和各领域进行系统谋划和改革创新。周生贤部长在今年初环保工作会议上强调，2013年及未来的工作要在改革创新上有突破。具体而言，我认为至少应在以下几方面尽快实现改革创新：

第一，综合施策，标本兼治。过去我们多是就事论事，就环保论环保，就污染治理谈污染治理，成效有但没有达到事半功倍的效果，今后应更多地抓治本。生态文明建设就是一个治本之策，只有标本兼治，综合施策才会取得更大成效。

第二，双管齐下，两手并重。也就是激励和约束两手都要硬，不能光约束不激励。实践经验证明，有时采用激励手段解决问题更为有效。

第三，分级管理，责权一致。不能只管审批但不管监督和执法，要责权一致。今后应实行谁审批、谁监督、谁执法、谁负责，避免将监督职责不负责任地层层委托，一委到底。

第四，质量主导，总量辅助。“十一五”总量减排发挥了重要作用，但根据新形势和新任务的要求，今后的工作要考虑适当转方式、转模式，强化以质量管理为基础和导向的管理模式。比如下一步将$PM_{2.5}$作为约束性指标进行管理，总量管理方式就不一定有效，就需要按质量管理的方式来监管。

第五，评审脱钩，确保独立。第六是要完善手段，严密监控。第七是信息公开和公众参与。信息公开和公众参与将是今后环保工作非常重要的一方面，它至少具有三方面的重要意义。一是保障公众权益；第二是借用公众力量形成体制外的推动力和约束力；三是环境保护与生态文明建设需要公众的积极参与和自觉行为。最后是违法重罚，污染入刑。现在的处罚确实是太轻了，根本无法解决守法成本高、违法成本低的问题。以上是我个人对今后工作改革创新的一些认识和体会，借这个机会与大家交流，供大家参考。

总体形势的第三句话是关于机遇和动力。我国当前的环境保护工作处在任务繁重、压力空前的艰难时期，但同时又迎来了解决新老问题的关键时期和有所作为的最好时期。

当前国外流行一种看法，认为中国解决不了自己的环境问题，因为比照西方发达国家的轨迹和道路，他们主要是社会公众环境意识提高和压力促使政府采取措施解决其问题的，认为中国的体制缺乏"自下而上"的方式和机制，而政府又没有自发的内在动力去解决环境问题。其实这是不了解中国的实际情况所致。

应该说，我们完全有决心、有信心、有耐心解决好环境问题，因为我们有两种动力。

一是社会公众的关注动力。近几年来，我国公众的环境意识明显提升，公众开始越来越多地参与到环境保护法规、政策和标准的制定过程中，参与到环境保护的社会监督和管理中，参与到环境信息的披露和重大项目的环境影响评价过程中。这为我们解决环境问题提供了坚实的社会基础和"自下而上"的不竭动力。

二是党的十八大将生态文明建设纳入到"五位一体"的总体战略布局，明确提出要把生态文明放在突出位置，融入经济建设、政治建设、文化建设、社会建设各方面和全过程，加快建设资源节约型、环境友好型社会，努力建设美丽中国，实现中华民族永续发展，并为全球生态安全作出贡献。我们党和国家关于生态文明的战略部署，高瞻远瞩，抓住了统筹解决环境、经济和社会问题的关键，这为我们从根本上解决好环境问题提出了顶层设计和制度安排以及"自上而下"的强大动力。

以上就是我要讲的第一个三句话。希望大家在今后的对外合作工作中，不但要多了解我们的环保大形势，而且还要多对外宣传，当然是要全面、系统、客观、准确地宣传。当今世界的话语权主要还是掌握在西方国家手中，我们必须要认清这一点，必须要利用各种场合去宣传我们的环境保护工作，天长日久就会有人认识，就会有人理解，就会得到认可，就会产生效果。

第二个三句话是有关环境保护国际合作工作的重要地位和作用。这方面的第一句话是，生态文明建设是贯彻落实科学发展观，实现美丽中国这一宏大愿景的桥梁和途径、关键和枢纽、基础和抓手。第二句话是，环境保护是生态文明建设的主阵地和根本措施。这是国务院主要领导阐述的重要观点，不但在十八大前讲过，在十八大后召开的国合会 2012 年年会上也再次强调过。十八大报告关于建设生态文明的论述和部署，更进一步明确了环境保护是生态文明建设的主阵地和根本措施。报告指出，建设生态文明的出发点，是针对当前资源环境约束趋紧、环境污染严重、生态系统退化这一基本情况；落脚点是要扭转生态环境恶化的趋势，为人们创造良好的生产生活环境，建设美丽中国，实现中华民族永续发展，并为全球生态安全做出贡献；着力点更是处处贯穿了环境保护的重要理念和要求，包括推动绿色发展、循环发展、低碳发展，构建节约资源和保护环境的空间布局、产业结构、生产方式、生活方式，以及明确提出的生态文明建设四大任务，均与生态环境保护工作密切相关。因此，提高生态文明水平，关键是要在环境保护上取得突破性进展。换句话说，环境保护工作取得的任何成效都是对生态文明建设的积极贡献。

第三句话是环保国际合作是推进生态文明建设的重要措施。关于如何发挥好环境保护主阵地的作用，大力推进生态文明建设，我认为应从以下九个方面着力。一是做好顶层设计，健全生态文明制度；二是立足生态功能，优化国土空间的开发格局；三是严格环境准入，推动发展方式转变；四是深化污染减排，持续改善环境质量；五是加强污染防治，努力降低环境风险；六是扩大连片整治，促进城乡均衡发展；七是创新工作机制，加大示范力度；八是调动社会力量，推动全民广泛行动；九是统筹两个大局，深化环保国际合作。我认为其中第九项是很重要的，如何在生态文明建设中发挥好环境保护主阵地作用，环保国际合作扮演着非常重要的角色。解决中国的生态环境保护需要技术支持，建设生态文明需要技术支撑；同时，建设生态文明还需要空间支持，中国企业需要走出去，建设生态文明需要国际社会的理解与支持，以上都充分说明环保国际合作对生态文明建设是十分重要的。

中国提出的生态文明建设理论和实践也是对全球可持续发展事业的一大贡献，是可持续发展理论的深化与升华。为此，中国践行的生态文明理念应该为世界所借鉴，并为全球可持续发展事业产生积极影响并作出贡献。

第三个三句话是概括一下环保国际合作当前面对的新挑战，以及新机遇下环保国际合作存在的不足。

当今全球与区域环境形势严峻，环境问题已成为国家安全与国家利益的重要组成部分，我们需要站在战略高度超前谋划。首先，全球和区域环境问题与国家政治、经济和安全等领域不断相互渗透，一体化和复杂化程度日益增强，环境安全已成为国家非传统安全的基本要素，环境利益也成为国家核心利益的组成部分。其次，我国国际环境责任与义务凸显，面临国际社会更大压力。作为第二大世界经济体和综合国力显著增强的国家，我国不仅是世界格局中的政治大国，而且也是经济大国，国际社会对我国的期待和我国在国际事务中的实际地位与作用已经发生了重要变化。我国与世界发展进程逐步融为一体,经济全球化在给我国环境带来挑战与机遇的同时,我国对世界的环境影响正在明显增加,我国在国际环境事务中的责任问题日渐凸现。近年来,有关"中国环境威胁论"的议论越来越多,我国的国际形象受到严重关注,有关情况已经威胁到我发展的国际空间。以跨国界河流保护为例,我国的国际河流众多,且大多处在上游,周边国家在跨界河流利用与保护方面以各种方式向我施压。如果我们在跨界河流水污染问题上处理不当,不但将严重影响国与国间的政治外交关系,也将干扰国内环保重点工作的有序推进。本着"帮忙不添乱"的原则,做好边境地区跨界河流水质保护工作,不但是国家层面的主要责任和重要工作,也是我们边境省区不可推卸的责任。为此,松花江—黑龙江流域涉及的黑龙江、吉林、内蒙古,伊犁河和额尔齐斯河流域的新疆与建设兵团,澜沧江—湄公河流域的云南等省区人民政府和环保厅局要高度重视跨国界河流的水质保护问题,要树立上下一盘棋的大局意识和责任意识,在做好自身环保工作的同时,努力减缓跨界污染,并积极开展地方层级的国际交流与合作,力争将有关纷争化解在萌芽阶段。

三是国际环境规则趋于机制化、刚性化。在全球化、区域化大背景下,国际环境治理进程明显加快,国际环境规则的机制化、刚性化趋势日渐显现,国际环境制度的约束作用也越来越明显,很多国际环境公约履约机制的磋商谈判已演化为各国发展空间与发展权之争,环境问题政治化趋向已不断呈现,典型的领域就是应对气候变化和跨国界环境污染问题。

四是全球与区域环境形势严峻,对国内环境保护工作带来影响。一些全球与区域环境问题对我国环境与发展的不利影响日益增大,尤其是涉及周边国家切身利益的区域环境问题逐步呈现,形势严峻且前景不容乐观。应对这些问题不仅是我国政府的国际责任和形象问题,也关系到我国可持续发展的问题。我们应该认识到,从现在到21世纪中叶是决定全球和区域重大环境问题走向的一个关键时期,也是我国解决国内环境问题的关键时期,这无疑会增大我国环保工作的压力和难度,但若能统筹兼顾并实现"以外促内、相互促进"的话,将会产生协同增效的双赢局面。

关于环保国际合作目前存在的不足,这里我要讲的第一句话就是我们还缺乏环保国际合作的顶层设计和战略布局。环保国际合作绝不是环境保护部或地方环保厅局单打独斗就可以完成的,它需要具有长期战略思维和大格局部署。这次制订的"一纲要、两方案"就是一个良好的开端,但还需要进一步明确如何加强中央与地方的统筹协调,加强对地方相关工作的指导。各部门和各地方厅局要结合自身工作和特点进一步细化和深化,真正把"一纲要、两方案"落实到位。

第二句话是环保国际合作投入不足。近年来,虽然环保国际合作履约配套资金获得较大增幅,但仍感投入不足,特别是财政经费支持力度依然有限,与我们承担的国际环境责任与义务相比,资金投入规模与实际需求差距较大,这与我国当前的大国地位很不相称。去年我们向联合国环境规划署捐了600万美元,用于开展南南环境合作,应该说力度比较大并得到了国际社会的好评。下一步应争取设立一个专项基金专门用来支持开展更大范围的南南合作。

第三句话就是环保国际合作机构和人员队伍基础比较薄弱。从环境保护部直属机构来看,从事环境保护相关国际问题研究与支持的机构和人员依然少,不能满足环保国际合作与国际环境公约履约的需要。从地方层面来看,很多省区环保国际合作机构不完善,定位不清晰,相关工作处于被边缘化状态。有些同志的责任意识和精神状态也存在问题,包括对环保国际合作工作的重要性、必要性,地位和作用认识不到位,对大局的把握也不是很清楚,工作存在定位不准、得过且过、当一天和尚撞一天钟的现象,这些问题都需要进一步调整和改进。

面对挑战、困难和问题,我们必须进一步增强责任感、使命感和紧迫感,树立大局意识和全局意识,抓住历史机遇,充分发挥环保国际合作对中心工作的支撑与保障作用,不断开创环保国际合作新局面。这是我要讲的第二部分。

三、积极落实环保国际合作总体要求和具体任务,努力开创环保国际合作新局面

关于今后一个时期环保国际合作工作,部里印发的"一纲要、两方案",明确了今后一个时期特别是"十二五"后三年环保国际合作工作的总体思路、主要目标、重点任务和保障措施。我们全系统要脚踏实地,抓好落实,重点做好两个层面的四个服务与支撑,努力取得三个突破并实现四个转变,即在国家政治外交层面,为战略机遇期的维持与延长提供服务和支撑,为两个百年目标的实现提供服务与支撑;在环境保护层面,为发挥好环境保护作为生态文明主阵地和根本措施的作用提供服务和支撑,为环境保护领域重点、难点、热点工作提供服务和支撑。取得三个突破,就是要在拓展合作领域、创新合作方式、提高合作成效方面取得新突破,为促进经济结构调整、转变增长方式、提高国家竞争力做出贡献。实现四个转变,一是在战略目标上,从一般性国际环保合作,向以"一纲要、两方案"为指南、以需求为导向的国际环保合作战略转变;二是在合作主体上,从以政府和科研机构为主,向政府引导、多

方共同参与的国际环保合作战略转变;三是在合作方式上,从注重项目合作向整体推进“项目—人才—基地”相结合的战略转变;四是在合作内容上,从注重一般的学术交流、技术引进向“引进来”与“走出去”相结合的国际环保合作战略转变。这里,我重点强调以下几点:

(一)统一思想,提高认识,准确把握环境保护国际合作的总体思路。

今后一个时期环保国际合作的总体思路是:以科学发展观为指导,深入贯彻落实党的十八大精神和《国家环境保护“十二五”规划》的有关要求,发挥环境保护在生态文明建设中主阵地作用,进一步提高改革开放水平,统筹国际国内两个大局,以服务国家政治外交大局和环境保护中心工作为目标,加强协调指导,夯实工作基础,为推动环境保护历史性转变和探索环保新路提供支撑,为建设生态文明、建设美丽中国、维护全球生态安全发挥积极作用。

(二)齐心协力,扎实推进,确保实现“十二五”环境保护国际合作目标。

按照“服务大局,维护权益;突出重点,互利共赢;协调配合,共同推进;因地制宜,分类指导”的工作原则,确保实现“十二五”环保国际合作目标,到“十二五”末期,基本形成环保国际合作新局面。内容主要包括:开创多边环境合作新格局,有效提升我国在重要国际环境组织中的话语权及参与国际规则制定的能力,深化国际环境公约履约。提升区域环境合作层次,重点推动周边环境合作。稳固双边大国关系,为国内环保“引智”服务。丰富南南环境合作内涵,推动发展中国家合作模式创新。逐步形成区域、核与辐射安全、国际环境公约履约等不同层次、不同形式的国际合作平台。推动战略与政策研究、跨界问题研究、产业与技术、宣传与教育等一批有特色的环保国际合作平台基地建设。围绕国家重大环境专项和重点污染防治计划,特别是影响科学发展和损害群众健康的突出环境问题方面,例如在国家水专项和$PM_{2.5}$大气污染防控问题上发挥重要支撑作用。加强全国环保国际合作资源的统筹协调,初步形成国家与地方间相互协调、互为补充的环保国际合作体系。

(三)抓住重点,创新举措,着力探索环境保护国际合作新路。

一是服务国家政治外交大局,推动环境保护务实合作。

第一,按照“大国是关键”的方针,有重点地开展与大国及重点国家合作,提升层次和水平。巩固与传统大国或大国集团的环境保护战略合作;积极发展具有合作潜力的大国关系,重点开拓与金砖国家的环境合作;服务大局,按照中央统一部署做好与有关国家的环境合作。重点做好中俄、中美、中欧、中日、中印等大国环保合作战略研究工作,发挥好黑龙江、内蒙古两省在中俄环保合作机制中的重要支持作用。

第二,按照“周边是首要”的方针,加强相关区域环境保护合作。以稳固周边、塑造周边、惠及周边、消除隐患等为目的,积极推进周边区域、次区域环境合作的资源优化配置。以中国—东盟环境合作、中国—上海合作组织合作、大湄公河次区域环境合作为核心,打造区域环保国际合作平台。树立“周边合作一盘棋”的战略思想,在区域环境合作平台上,发挥好广西、云南等在面向东盟国家开展合作的“桥头堡”作用,进一步发挥其在大湄公河次区域以及南亚国家开展环境合作的区位优势;推动新疆、宁夏等地积极参与上海合作组织机制下的环境合作;促进吉林、黑龙江、辽宁等地积极参与东北亚次区域环境合作;发挥好广东对港澳、福建对我国台湾地区开展环境合作活动的积极作用。

第三,按照“多边是重要平台”的方针,积极参与多边环境合作,强化我国在国际环境事务中的作用。要以“维护权益、争取利益,扩大影响”为主导,坚持“共同但有区别的责任”以及各自能力、公平原则,努力在国际环境规则制定中发挥建设性的作用,维护我国核心利益,继续加强与联合国环境规划署等重要国际机构的合作,制定合作战略,加强政策对话,推动务实合作,进一步强化我国在重要国际合作平台上的话语权与影响力。

第四,积极履行国际环境公约,承担与我国发展阶段和水平相适应的国际环境责任和义务。要将履约工作有机地融入国内环保工作,纳入各部门的重要工作部署,营造履行国际公约与推进我国环保重点工作双赢的格局。要强化意识转变,加强制度建设,形成国际环境履约与国内环保中心工作统筹兼顾、合力推进、协同共进的良好局面。根据国际环境公约的有关要求,及时研究调整国内相关法律法规,建立健全履约组织机构,加大资金投入,为切实履行国际公约提供保障。

第五,探索南南环境合作新模式,为“走出去”战略提供支撑。结合我国与东南亚、非洲、中西亚、拉丁美洲等有关国家或区域组织的环境合作需求,积极构建与发展中国家和地区的合作伙伴关系。在这方面,要注意发挥江苏、浙江、广东、山东、上海、天津等省市环保产业聚集度高、技术水平先进、“走出去”能力意识强的优势,促进我国环保产业“走出去”。要培育和建立一批环境保护产业国际交流与合作示范基地,并注意发挥企业的自身优势和积极性。此外,我们还要高度重视对外投资引发的资源环境问题,加强与商务部、外交部等有关部门的合作,积极开展对外投资环境风险评估与对策研究，充分发挥相关支持机构的优势，为我国“走出去”战略保驾护航。

第六，大力加强对外宣传，增强环境保护“软实力”。要站在全球化、区域化的视角谋划环保国际合作。利用已有或进一步开发的合作机制和平台，制订和实施生态文明建设和美丽中国对外宣传行动计划，广泛并积极宣传我国的环保工作实践和进展，扩大我国在环发领域的话语权，提升我国的国际影响力，实现环保国际合作的双向交流与共享，为我国提供更广阔的外部发展空间，增强我国环境保护“软实力”。

二是服务环境保护中心工作，为探索环保新路提供服务与支撑。

第一，服务生态文明建设，为制度创新提供支持。充分利用中国环境与发展国际合作委员会等重要平台，积极引入适合我国国情的先进理念，促进我国生态文明理念和建设“美丽中国”的国际理解与互动，进一步丰富与深化生态文明国际化内涵，为生态文明制度建设提供国际经验借鉴与支持。

第二，推动污染减排，促进环境质量改善。围绕环保重点工作，支持完善国内污染减排统计、监测、考核体系建设，为建立综合环境经济核算体系和环境绩效评估体系提供支持；加强以 $PM_{2.5}$ 为切入点的多种大气污染物综合控制的国际合作；加强跨国界水污染防治与海洋生态环境保护工作，以及土壤环保制度和重金属污染防治的国际合作支持。

第三，推动生态保护国际合作，促进生态环境建设。加强生态环境监测与评估体系建设国际合作，以国际合作支持自然保护区基础调查与生态监测、自然保护区成效评估、跨界保护区的建设；加强生物多样性保护；推动跨国界资源开发生态环境监管等。

第四，推动核与辐射安全国际合作，促进环境风险防控。加强《核安全公约》和《乏燃料管理安全与放射性废物管理安全联合公约》的履约工作，探讨并推进核安全国际公约履约平台建设；加强和深化与国际原子能机构、经济合作组织核能署以及欧盟在核安全领域的交流与合作，积极参与国际核安全标准的制定与修订，努力拓展与国际原子能机构的合作渠道，推进与其合作共建核与辐射安全国际交流与合作平台；加强与主要核电发达国家与发展中国家的双边核安全合作。

第五，加强环境科技交流合作，促进环境科技创新。积极支持环保科技人员开展学术交流与合作，推动国内环保科研机构与国外知名机构建立战略合作伙伴关系，引进消化吸收国外先进技术，不断提升我国环保科技创新能力。

第六，加强统筹协调，提升地方环保国际合作能力。要加强对地方环保国际合作的统筹协调与指导，特别要加强边境省区环保国际合作的能力建设，明确各地区参与环保国际合作的目标、重点任务和内容，妥善应对和处置周边地区的环境热点问题，逐步形成和完善国家、部门与地方之间相互协调、互为补充的国际环境合作体系。

（四）加强领导，统筹协调，为做好环境保护国际合作提供有力保障。

一是加强组织领导，创新体制机制。进一步完善环保国际合作管理模式，形成部际协调、部省协作、互为补充的多元化合作方式；建立以环保国际合作基地为载体，以人才培养为核心，形成“机制—项目—人才—基地”相结合的合作模式。强化对我部驻外机构的指导与管理，提高和加强我驻外机构环境保护意识和能力，加大选派高素质人员到国际组织和我驻外机构任职的工作力度。

二是建立合作平台，强化能力建设。推动建立一批各具特色的环保国际合作基地和平台，包括区域环保合作平台建设、核与辐射安全国际合作平台建设、国际环境公约履约平台建设、环保技术与产业国际合作平台建设、国际环境合作战略与政策研究基地建设、跨界环境问题研究基地建设、环境保护对外宣传教育基地建设，不断强化环保国际合作信息、统计等基础工作，同时加快环保国际合作网络信息平台建设和资源整合，力争到“十二五”末实现环保国际合作的管理信息化。此外还要建立多元化国际合作资金机制，进一步加大财政资金的投入力度，更好地发挥财政资金在环保国际合作中的引导作用。

三是加强队伍建设，提升工作能力。加强全国环保国际合作人才队伍建设。培养和引进环保国际合作优秀人才，不断完善人才培养机制，对环保系统国际合作人员定期进行培训，重点强化国际谈判队伍的专业化建设，着力培养一批环保国际合作复合型人才。

同志们，做好环境保护国际合作，责任重大，使命光荣。我们要以十八大精神为指引，振奋精神，用开阔的思路、得力的措施、扎实的行动，在新的历史时期，加快实现指导思想和工作机制的转变，紧紧围绕“一纲要、两方案”，抓住机遇，乘势而上，开拓进取，努力开创环保国际合作的新局面，为探索环保新路和推进生态文明建设提供强有力的支撑与保障，为我国以及全球可持续发展事业做出新的更大贡献！

全区动员　全民参与
清洁乡村环境　建设美丽广西

——自治区党委书记彭清华在全区“美丽广西·清洁乡村”活动电视电话会议上的讲话

（2013年5月2日）

同志们：

根据自治区党委、政府的统一部署，从2013年起，用将近两年时间在全区广泛开展“美丽广西·清洁乡村”活动。今天，我们举行全区电视电话会议，就是对开展这项活动进行全面动员。

或许在有的同志看来，乡村清洁是一件很具体、很平常的事情，为什么还要这样兴师动众？我们认为，清洁乡村看似小事，但它关系到全区五千多万壮乡儿女生存发展环境、关系到广西对外开放形象、关系到人民群众文明素养和健康水平的提高、关系到全面建成小康社会奋斗目标的实现，是一项必须全区动员、全民参与、全社会共同行动的大事。

多年来，由于全区各级党委、政府、社会各界和人民群众的共同努力，我区环境面貌已有明显改善，但整体来看还不平衡。大中城市、较大城镇好一些，小乡镇尤其是农村差一些；城市中心区、主要旅游景区、交通主干线好一些，城乡结合部、露天农贸市场、偏僻区域差一些。有的村庄周围、池塘水沟、田头岸边被随意倾倒的各种生活垃圾和生产废弃物堆积淤塞，污水横流、垃圾遍地、浊气熏天，人民群众赖以生存的家园、水源、田园日益受到污染和侵蚀。这种情况不改变，人民的健康受危害、广西的形象受污损，全面建成小康社会就无从谈起，我们各级党委、政府和领导干部就没有尽到自己的责任。

党的十八大勾画了在新的历史条件下全面建成小康社会的宏伟蓝图，强调要坚持以经济建设为中心，以科学发展为主题，全面推进经济建设、政治建设、文化建设、社会建设、生态文明建设，实现以人为本、全面协调可持续发展；要努力建设美丽中国，实现中华民族永续发展。开展“美丽广西·清洁乡村”活动，就是按照中国特色社会主义五位一体总布局要求，以“美丽广西”为主题，以“清洁乡村”为切入点，把党的十八大确定的“建设美丽中国”的战略任务在我区具体化，使我区秀丽的山水风光与整洁的卫生环境相匹配，为人民群众创造良好的生产生活环境，使广西以更加洁净、更加优美、更加和谐、更加自信的形象展现在世人面前。

为此，自治区党委、政府决定，下大决心，经过两年的集中整治，使我区乡村环境卫生面貌有一个明显的改变，再经过五年多持续不懈努力，使我区在实现全面建成小康社会奋斗目标的同时，乡村的环境面貌有一个根本的改变。

我们要把开展这项活动作为贯彻落实科学发展观的一项重要实践活动。广西良好的生态环境是科学发展和永续发展的基本条件，是广西人民赖以生存并引为自豪的宝贵财富，保护好广西的生态环境是我们共同的责任。一方水土养育一方人，一方人培育一方水土。清洁乡村就是要使美丽广西天长蓝、树长绿、水长清、地长净，用劳动创造我们的美丽家园和幸福生活。

我们要把开展这项活动作为改进干部作风、密切干群关系的一项重要“民生工程”。习近平总书记指出，人民对美好生活的向往，就是我们的奋斗目标。中央已决定，从下半年开始，在全党自上而下分批开展以为民务实清廉为主要内容的党的群众路线教育实践活动。实施“美丽广西·清洁乡村”活动，是开展群众路线教育实践活动的一个重要抓手。各级领导干部深入乡村为群众办好事、办实事、解难事，成千上万机关干部进村入户，与农民群众一起，清洁乡村环境，共商发展大计，这本身就是联系群众、转变作风的实际行动，是群众路线教育的生动实践。

我们要把开展这项活动作为检验各级领导班子、领导干部战斗力、动员力、执行力的一个重要标尺。开展“美丽广西·清洁乡村”活动是一件深受群众欢迎的好事，也是一件不可能毕其功于一役的难事，它需要改变千百年来形成的一些不符合文明卫生要求的生活习惯，需要投入大量的人力、物力和精力，需要极大的韧劲、恒心和耐心，没有对人民群众的深厚感情，没有强烈的事业心、责任感和艰苦奋斗精神，没有踏石留印、抓铁有痕的过硬作风，是办不好这件事情的。看干部的能力、作风和实绩，就要看他在关键时刻和重大任务中能不能抓落实，会不会打硬仗，敢不敢啃“硬骨头”。

我们希望各级党委、政府和各有关部门高度重视、周密部署这一活动。要按照自治区党委、政府制订下发的活动方案要求，党政主要领导亲自抓、负总责，要明确目标、明确任务，落实责任、落实措施，加强领导、加强督查，把开展“美丽广西·清洁乡村”活动与新农村建设、村容村貌改造、环境绿化美化等结合起来，把集中整治与建立长效机制结合起来，做好两年集中整治方案和今后五至八年持续推进计划，保证合理的人员配备和必要的经费投入，从垃圾清理、转运、处理各个环节，一步一步推进，一片一片解决，坚持不懈地抓下去，实现机制化、常态化。

我们希望全区广大干部群众积极行动、广泛参与这一活动。人民群众是良好环境的享有者，也是创造者，是开展“美丽广西·清洁乡村”活动的主体。各级党政机关派出的工作队，最主要的任务就是宣传群众、引导群众、组织群众、发动群众，做到全民参与。要紧紧依靠基层组织，紧紧依靠农民群众，深入了解群众的生活期盼，照顾群众的合理关切，解决群众的实际困难，尊重群众的创造精神。各地对规定动作要认真完成，还可以从实际出发做一些自选动作，各有侧重，各显其能。前段时间，有一些市、县、乡已经行动起来了，这次会后要在前段工作基础上，对照自治区党委、政府的要求，进行一次再动员、再部署，在开展活动的深度和广度上力争有新的提高。

我们希望社会各界共同关心、全力支持这一活动。各级党政机关、人民团体，企事业单位、学校，驻桂解放军部队和武警部队指战员都要行动起来，在搞好自身环境整治的同时，积极支持清洁乡村活动，有钱出钱，有力出力，积极倡导对口支援、就近支援，积极倡导机关干部节假日回乡参加义务劳动，为改变家乡面貌多做一些事、多出一份力。共青团、妇联和工会组织要积极动员团员青年、妇女和工人参加清洁乡村活动，充分发挥生力军作用。各方面在参加有关活动时，要严格遵守有关纪律规定，做实事、讲实效、不扰民，不要做表面文章，不要增加群众负担。

我们希望各有关方面加强监督，为这一活动的顺利开展营造良好氛围。各级纪检监察机关要对开展活动的全过程进行监督检查，确保党委的决定落到实处。各级组织人事部门要把领导班子贯彻执行党委决定的情况和成效，以及各级领导干部在开展活动中的实际表现作为干部考核的重要内容，对作风漂浮、敷衍塞责、对上应付检查、对下糊弄群众的，要促其改正，必要时要进行组织调整。各级宣传文化部门要大力宣传开展活动的重要意义，积极反映人民群众的呼声和要求，对开展活动中涌现出的模范人物和先进事迹进行宣传和表彰，对人民群众反映强烈的问题及消极应付、无所作为的人和事，要予以批评和曝光。要加强群众监督，把群众对生活环境的满意度和对干部作风的满意度作为评判活动成效的重要依据。

同志们，广西的好山好水和优美风光是大自然的恩赐，广西深厚绵延的历史文化和多姿多彩的民族风情是老祖宗的遗产，我们要倍加珍惜，小心呵护。美好家园和幸福生活要靠我们自己来创造，让我们万众一心、共同努力，以我们对建设美丽广西的崇高责任和对家乡的深情挚爱，用自己的双手去建设我们的美好家园，创造我们的幸福生活！

自治区主席陈武在全区“美丽广西·清洁乡村”活动电视电话动员大会上的讲话

（2013 年 5 月 2 日）

同志们：

刚才，彭清华书记就我区开展“美丽广西·清洁乡村”活动作了重要讲话，对活动提出了明确的要求，我们要抓好贯彻落实。下面，我就如何开展这项活动的具体问题讲几点意见。

一、关于开展“清洁乡村”活动的目标和内容

近几年来，广大农民群众生活水平普遍提高，但农村里乱倒垃圾、村屯周边脏乱差、田间地头白色污染等现象比较严重，一些地方种植过量使用农药等环境问题越来越多，不仅严重影响了农村生态环境，也影响了广大农民群众身体健康。我们这次开展“清洁乡村”活动，目标就是要清洁环境、美化乡村、培育新风、造福群众，就是要改善农村的生产生活环境，使大家生活得更舒适、更安全、更开心。主要内容有几个方面：

（一）开展清洁家园活动。

家家户户动手，开展清扫垃圾、清除杂物、清洁房屋工作，对农村垃圾集中整治，做好分类、收集、转运和处理工作，整治农村环境卫生，改善村庄面貌。选择部分基础条件较好的村庄开展生活污水处理、循环利用和垃圾综合处理示范村建设，使农村生活环境更清洁、更整齐、更干净。

（二）开展清洁水源活动。

要对乡村小河流、小溪流、池塘、水井、沟渠等堆积和水面漂浮的生活垃圾进行全面、彻底清理，统一收运处理；对乡镇、村庄内污染严重的池塘、沟渠的沉积污泥开展清淤治理，疏通排水；加强饮用水源的保护，防止施肥、农药、畜禽及水产养殖和农村生活污水进入山塘、水库、水池，使农村的水更清澈、更干净、更安全。

（三）开展清洁田园活动。

全面清捡田间地头农药瓶、化肥包装袋、废弃农用薄膜等农业生产垃圾；建设田间生产垃圾收集池，做到田间生产垃圾定点收集、定期清运。大力推广农业清洁生产实用技术，控制农药、化肥等过量使用，使农村田野更整洁、更环保。

（四）开展农村垃圾收集、运输、处理设施建设。

我区已在 75 个县（市）开展了垃圾“农村收集、乡

镇运输、县城处理”的试点。下一步,要大力推广这个办法,加快建设垃圾处理场(厂)、乡镇垃圾中转站、村屯垃圾收集转运设施,今年底要基本完成75个县(市)“村收镇运县处理”试点区域内乡镇中转站建设,在1000个村屯开展垃圾综合处理示范村建设试点;到明年底,合计完成2000个村屯的垃圾综合处理示范村建设,逐步实现农村垃圾收集处理的全覆盖,使农村的垃圾有地方集中存放、有办法运走、有设施处理。

(五)开展乡村设施和美化建设。

结合新农村建设和农村工作,加强村庄的规划和建设,开展乡村道路、饮水等基础设施建设,开展植树造林、村屯风貌改造、田园村落绿化美化亮化等,建成一批特色名镇名村,充分展现新农村的美景。

(六)开展培育乡村新行为、新习惯、新风尚活动。

在活动中,要广泛开展宣传教育,引导群众移风易俗,开展文明创建评比活动,培育形成讲文明、讲清洁、讲卫生的良好风尚。要建立农村环境卫生管理的村规民约,建立村屯保洁员与“门前三包”相结合的保洁制度。

二、关于怎样开展“清洁乡村”活动

第一,坚持领导亲自抓,分级负责,人人参与。从自治区到各市、县、乡、村的主要领导要亲自抓“清洁乡村”活动,做到明确责任,分片包干,一级抓一级,层层抓落实。自治区、市、县、乡要选派干部组成工作组下乡,进村入户,与农民群众一起商量,紧紧依靠村党组织和村民委员会,广泛组织群众参与,带领群众开展“清洁乡村”活动。要充分发挥农村基层党组织、村民自治组织和群团组织的作用,广泛动员社会力量支持参与,形成干部引导、人人参与、上下联动、综合治理的良好氛围。

第二,广大农民群众要积极主动参与,发挥主力军作用。“清洁乡村”活动是农民群众自己动手、自己得益的事情。农民朋友们要把这项活动当成自己的事情,充分发挥积极性、主动性,自觉打扫自家屋内屋外、门前庭后,自觉清理自家田园道路,自觉形成科学卫生健康的生活方式,自觉改善生活生产条件,共同建设美好家园。

第三,多渠道筹措资金,形成工作合力。开展这次活动,资金投入是必不可少的。我们要采取“自治区财政筹措一点、涉农项目资金整合一点、受益农民出资一点、企业和社会捐助一点、各级工作组帮扶一点、通过政策制度改革筹集一点”的办法,多渠道筹措建设资金,把各方资金统筹起来、集中投入。特别要强调的是,各级财政资金、基础设施建设资金要优先用于积极性高、工作效果好的村屯,积极性不高、效果不好的村屯后安排或者不安排。

第四,加强指导,统筹推进。各级干部要深入村屯农户调查研究,与农民群众共同商量制定清洁整治规划,把清洁乡村活动与基础设施建设、生态建设、产业发展紧密结合起来,与新农村建设紧密结合起来,制订工作方案,分步实施。要加强督促检查,及时解决清洁乡村活动中遇到的困难和问题。要注意总结推广各地的好做法好经验,对做得好的村屯,要在电视、报纸等媒体上进行通报表扬;对做得不好、村容村貌没有变化的村屯,要进行通报批评。

第五,建立长效机制,把干净清洁卫生的农村环境长期保持下去。“清洁乡村”活动不能只抓一两天、一两个月,也不能只抓一两年,而是要抓五年十年,长期抓下去。各地要从长远考虑,建立村规民约,建立乡村保洁队伍,落实人员和经费,完善各级清洁环境经费投入保障制度,建立公共财政投入环境卫生设施建设与维护管理的长效机制,确保垃圾长期有人收集、保洁长期有人管、农村环境长期保持干净清洁。

三、关于具体时间和工作的安排

这次活动时间从现在开始,分成几个阶段:

第一阶段:宣传发动。从现在开始到6月,各地各村屯要广泛宣传、研究制订方案、明确整治内容、积极筹措资金。要组织工作队进村入户宣传政策、了解民情,与群众一起研究方案、制定措施、全面启动。

第二阶段:全面整治。从2013年6月到2014年3月。组织全区村屯全面清洁家园、清洁水源、清洁田园,集中各种资源、项目、资金改善基础设施,建立健全村规民约、整治项目的管护制度和村屯保洁员队伍。

第三阶段:巩固提高。从2014年3月至2014年10月。继续实施工期较长、尚未完成的整治项目,对活动实施的项目和内容进行总结,好的经验要发扬,不足的地方要改进,完善长效运行机制,巩固提升整治成效。

第四阶段:验收评价。从2014年10月至12月。自治区组织验收考评组,对活动进行验收考评,总结经验。验收考评结果作为党政领导班子绩效考评和干部选拔任用的重要依据。对活动开展好、成效显著的,给予表彰奖励;对活动开展不力、验收不达标的,要追究责任。

同志们,“清洁乡村”活动关系到我们的环境、关系到我们的生活、关系到我们的健康,既是各级党委、政府的事情,也是各个部门、社会组织的事情,更是广大农民朋友自己的事情。让我们迅速行动起来,积极投入到这项活动中去,共同把我们自己的家园建设得更加整洁、更加漂亮、更加美丽!

自治区副主席林念修在全区主要污染物总量减排工作电视电话会议上的讲话

（2013 年 9 月 17 日）

同志们：

今天，自治区人民政府召开全区主要污染物总量减排工作电视电话会议，目的是总结“十二五”以来主要污染物总量减排（以下简称污染减排）工作情况，分析当前存在的突出问题，围绕确保完成“十二五”减排目标任务，再次部署强化污染减排的工作措施。刚才，自治区环境保护厅通报了“十二五”以来全区污染减排工作情况，对做好下一步工作提出了具体要求，自治区统计局和自治区水产畜牧兽医局做了发言，讲得都很好，我完全同意。下面，我讲几点意见。

一、认清形势，增强做好污染减排工作的责任感和紧迫感

自治区党委、政府对污染减排工作一直十分重视。“十二五”以来，通过制订减排综合性实施方案和烟气脱硝减排工程建设计划、城镇污水生活垃圾处理设施建设工作计划，出台自治区节能减排工作行政过错问责暂行办法、机动车排气污染防治办法，以及与各市签订目标责任书等一系列工作措施，多管齐下，综合施策，一方面严格控制污染物增量，另一方面着力削减污染物存量，全区污染减排工作成效明显，较好地完成了 2011 和 2012 年年度目标任务，为我区完成“十二五”减排目标任务奠定了良好的基础。但是我们也要清醒地看到，当前我区污染减排工作仍然存在不少困难和问题，如不及时采取措施，将难以完成国家下达的“十二五”污染减排任务。

（一）我区“十二五”污染减排形势十分严峻。

一是污染减排的任务越来越重。国家下达“十二五”的污染减排指标由“十一五”时期的化学需氧量、二氧化硫两项，扩大到了四项，增加了氨氮、氮氧化物；减排领域由原来的工业与城镇，扩大到交通和农村。最近，国家发展改革委专门下发了《关于加大工作力度确保实现 2013 年节能减排目标的通知》（以下简称《通知》）明确指出，要实现“十二五”目标任务，后三年年均单位国内生产总值能耗需降低 3.84%，比前两年平均降幅提高了 1.03 个百分点，氮氧化物平均降幅需达到 4% 以上。《通知》强调，各地要以更大决心，下更大力气，采取更加有力的政策措施，确保 2013 年全国二氧化硫、化学需氧量、氨氮、氮氧化物排放总量分别下降 2%、2%、2.5%、3%。由此可见，今后的污染减排工作要求更高，工作量更大，任务也更重。

二是污染物排放增量越来越多。在减排总量上，国家要求在消化增量的前提下，实现对“十一五”排放总量的进一步削减。“十二五”时期是我区跨越发展的关键时期，工业化城镇化步伐都将进一步加快，产业规模不断扩大和城镇化进程的加快推进，必将产生更多的污染物排放量。以 2012 年为例，全区造纸和水泥产量分别比 2010 年增加了 50% 和 31.2%，导致化学需氧量和氮氧化物排放量比 2010 年分别增加 2.4 万吨和 2.6 万吨；2012 年全区因新增城镇人口使得化学需氧量和氨氮排放量比 2010 年分别增加了 4.18 万吨和 0.52 万吨。可以说，“十二五”时期是我区经济社会发展与资源环境保护的“矛盾凸显期”，面临着控制增量、消减存量的双重压力，减排工作压力非常大。

三是污染物类型越来越复杂。根据自治区气象部门的酸雨监测资料，虽然我区酸雨（pH 值小于 5.6）呈减缓趋势，但仍未完全消失并且依然覆盖全区范围，特别是冬季强酸雨（pH 值小于 4.5）在我区百色、河池、柳州、梧州一带时有发生，酸雨频率达到 78%~93%。同时，酸雨成分也在发生明显变化，逐渐由“硫酸型”转变为“硫酸硝酸混合型”，说明既有二氧化硫排放污染，同时氮氧化物排放也在不断增加。

（二）污染减排工作中的薄弱环节十分突出。

一是指标完成情况不平衡。截至今年上半年，我区二氧化硫排放量已基本控制在“十二五”目标范围内，化学需氧量减排也实现了时间过半任务过半，但氨氮减排仅完成了五分之一，氮氧化物排放不降反升 9.6%。按照国家要求到 2015 年，我区化学需氧量、二氧化硫、氨氮、氮氧化物排放总量要比 2010 年分别下降 7.6%、7.9%、8.7%、8.8%。在“十二五”后两年半的时间里，要完成氨氮减排 80% 的任务和氮氧化物全部减排任务，难度非常大。

二是相关行业和领域进展不平衡。一些重点工业行业如制糖业污染减排成效总体较好，但涉及生活、农业和机动车领域减排工作进展则不太理想，部分城镇污水处理设施运营负荷率仍低于 60%，进水化学需氧量浓度仍低于 100 毫克 / 升；规模化畜禽养殖减排项目仅完成了目标责任书要求的 25%；在机动车减排方面，只有 5 个城市成立了机动车排气污染管理中心，大部分市还没有启动这项工作。

三是各市减排工作进展不平衡。目前，仅南宁市实现了化学需氧量、二氧化硫、氨氮等 3 项减排指标时间过半任务过半。柳州市的化学需氧量和氨氮排放、钦州市和来宾市的氨氮排放不降反升；桂林市的二氧化硫排放量、梧州市的化学需氧量和氨氮排放量已明显超出“十二五”允许的控制目标。

从以上分析可以看出,尽管“十二五”以来全区污染减排工作取得了明显成效,但要全面完成国家下达的“十二五”减排目标,任务十分繁重而艰巨。对此,各级各部门一定要把思想统一到中央的决策部署上来,按照自治区党委、政府的要求,准确把握污染减排工作面临的新形势和新挑战,切实提高对污染减排工作重要性和紧迫性的认识,不断增强责任感和使命感。

二、明确任务,全力推进污染减排重点工作

今年还剩下3个月的时间,“十二五”也已时间过半。面对严峻的形势和艰巨的任务,各地、各部门、各有关单位务必要立即行动起来,围绕污染减排工作重点,按照“强化工程减排、细化管理减排、深化结构减排”的工作要求,着力抓好污水处理厂、造纸厂、畜禽养殖场、火电厂、钢铁厂、水泥厂和机动车“六厂(场)一车”减排措施落实,确保减排工作取得实实在在的成效。

(一)加强城镇污水处理设施及配套管网建设。

一要按照“十二五”规划确定的污水垃圾处理设施建设目标及各年度计划确定的任务,继续强力推进城镇污水垃圾处理设施建设,同时,开展在工业生产过程中协同处理城市生活垃圾和污泥的试点工作。二要加快配套管网建设。为加快解决雨污不分、污水收集率低和污水进水浓度低等突出问题,各市县要把污水处理设施建设的重点放在管网建设上,特别是老城区的管网改造要放到优先的位置上,要作为一项硬任务、硬要求,必须限期完成。在这方面,南宁、柳州和桂林等重点城市要先行一步,尽快实现老城区污水全部收集汇入污水管网。三要督促问题企业加快整改。对检查发现的24家进水浓度低和17家处理负荷低的污水处理厂,各地要抓好督促整改。如在今年年底前未能如期完成整改实现达标的,自治区将对相关市县给予通报、约谈甚至实施区域限批。四要切实加强污水处理设施的运营管理。自治区污水垃圾处理办公室要加大检查督查力度,对运行负荷低、违法排污等突出问题,要发现一起,查处一起,决不姑息迁就。

(二)大力实施规模化畜禽养殖减排工程。

规模化畜禽养殖减排工程是削减化学需氧量和氨氮排放的重点减排工程,也是“十二五”污染减排的新领域新任务。这方面,各地还存在重视不够、经验不足的问题,对此务必要引起高度重视,加快推进。一要健全完善管理体制。各市、县水产畜牧部门要履行规模化畜禽养殖减排管理职能,全面承担起养殖减排的管理职责。二要强力推动“清洁养殖”专项行动。尽快制订和实施养殖污染防治规划,强化养殖企业和专业户的污染防治主体责任,落实污染防治和减排治理资金,确保今年年底全面完成938项规模化畜禽养殖减排计划项目,2015年年底实现全区60%以上的规模化畜禽养殖场(小区)建成固体废物和废水贮存处理设施。玉林、南宁、贵港、桂林、柳州等养殖业较为发达的地区,要作为一项重点任务着力推进。三要加快推进畜禽养殖业转型升级。要按照污染防治与减排的有关要求,完善畜禽养殖规划,大力提高畜禽养殖规模化、标准化和产业化水平,积极推广生态养殖技术和农业循环经济,推动我区畜禽养殖业转型升级,实现畜禽养殖业可持续发展。

(三)积极推进机动车污染减排工作。

机动车污染减排是针对氮氧化物减排要求所采取的一项新的管理减排措施。目前,这项工作普遍存在进展缓慢问题。对此,各地各相关部门要认真学习借鉴其他省区的好经验、好做法,采取有效措施,加快推进。一要明确管理责任。按照“十二五”节能减排综合性实施方案的分工要求,各市要切实担负起机动车污染减排责任,区直有关部门也要各司其职,各负其责。商务、公安等部门负责老旧机动车强制报废及注销工作,环保部门负责核发环保分类标志,交通运输部门负责营运证发放管理,质监部门负责机动车用油品质升级工作。二要严格执行减排法规。各地要抓紧实施新颁布的《自治区机动车排气污染防治管理办法》,尽快按规定成立机动车排气污染管理中心,完善机动车环保检验机构,全面推行机动车环保标志管理。要严格执行《机动车强制报废标准规定》,制定强有力的报废管制措施,确保到2015年全区强制淘汰14.6万辆注册运营机动车,实现氮氧化物减排1.3万吨目标。三要创新机动车减排工作思路。机动车污染减排工作与人民群众的生产、生活息息相关,不能只采用单一的行政强制手段,要积极探索运用市场的办法和经济手段来调动车主淘汰老旧车辆的积极性。在这方面,我们要学习北京、上海等先进地区的好经验,尽快制定完善机动车减排的综合措施。

(四)继续深化工业企业污染减排。

各地要严格按照“十二五”主要污染物总量减排目标责任书要求,督促企业按期完成目标责任书确定的治理项目,决不能因一时的困难而产生动摇。一是重点实施火电、水泥和铝产业脱硝设施建设。今年必须完成10家火电企业的15台燃煤机组和18家水泥企业的30条生产线烟气脱硝工程;明年必须完成5家火电企业5台燃煤机组、7家水泥企业9条水泥生产线,以及百色市的3家重点铝业公司燃煤锅炉的脱硝设施建设,燃煤机组要同步取消脱硫设施烟气旁路。二是加快酒精、氮肥、皮革、造纸企业的废水深度治理工程,这项工作务必在2014年年底前完成。三是严格落实奖惩政策。物价部门要会同工业和信息化、环境保护部门全面落实国家脱硫脱硝电价政策,对脱硫脱硝设

施投运率不达标的燃煤发电企业，要从上网电价中扣减脱硫脱硝电价。电力、工业和信息化部门要尽快落实火电“绿色调度”制度，按火电机组排污绩效来分配发电指标，通过实施“绿色调度”来控制排放增量。

三、标本兼治，从源头上筑牢污染减排基础

尽管我区已经进入了工业化、城镇化中期发展的新阶段，但发展方式仍然粗放，资源能源利用效率仍然较低，落后产能还不少，“两高”产能扩张势头尚未得到有效遏制，对此，必须进一步加强源头控制工作力度，真正从源头上把好污染减排关口。

（一）实行严格的环境准入。

要强化环境准入管理，加强产业政策引导，大力发展循环经济，全力推动产业转型升级。发展改革、工业和信息化部门要严格按照国家和自治区有关产业发展规划和产业布局要求审批建设项目，严格执行国家最新颁布实施的行业技术标准，严格技术准入；环境保护部门要坚持将规划环评作为受理审批高耗能、高污染、高排放项目环评文件的前置条件，把主要污染物排放总量指标作为环评审批的前置条件，严格控制高耗能高污染和产能过剩行业新上项目；要加强对各地新建项目总量指标核定，严格控制新增排放量，坚决扭转“两高”行业比重过高、增长过快的不利局面，实现“增产不增污”或“增产减污”。

（二）提高清洁生产水平。

随着“十一五”工程减排项目的实施，“十二五”期间工程减排的空间已经大大缩小，对此，各市各部门必须在管理减排上狠下功夫，认真贯彻好《清洁生产促进法》，充分挖掘管理减排潜力。要按照国家要求，加快编制清洁生产推行规划，制定清洁生产评价指标体系，有重点、有计划地推进清洁生产；要实施科技减排工程，加快共性和关键技术开发和示范，加快重大清洁生产技术应用，全面提升我区制糖、造纸、酒精、淀粉和化工（化肥生产）等行业清洁生产水平；要加大清洁生产管理服务，建设一批清洁生产技术服务中心；要加强对小微企业的管理和引导，积极推动整合重组，组织企业入园进区，强化企业“三废”集中处理和集中监管。

（三）加大淘汰落后产能力度。

加快淘汰落后产能是打造中国经济升级版的应有之义和必然要求。据环境保护、工业和信息化部门统计，目前我区造纸、淀粉、酒精行业中仍有过半数的企业属于落后产能企业，结构减排空间很大。各地必须按照国家产业结构调整指导目录的要求，坚决关停规模小、能耗高、污染重、治理无望的造纸、淀粉、酒精和化工企业。其中，属于淘汰类小造纸生产线必须在今年年底前完成淘汰工作；南宁市要按照环境保护部挂牌督办的要求，在今年10月底前完成造纸行业整治任务。各市要结合目前开展的全区环境安全隐患大清查大整治行动，全面清查、坚决取缔无证无照生产的非法企业。同时要健全完善淘汰落后产能的扶持机制和社会保障制度，指导督促淘汰落后产能企业做好职工安置工作。

（四）认真核实污染物排放新增量。

国家核定污染减排量是依据统计部门提供的主要工业产品新增产量和城镇人口新增数量来核算新增污染物排放量的。在加强工程减排、管理减排、结构减排的同时，必须进一步完善污染物排放核算管理制度。各市和统计部门要加强对“两高”特别是造纸及水泥行业产品产量的数据核查，防止出现因虚报产量造成污染物排放量大幅增加的情况。此外，各市还要针对国家污染减排核定的新增排放量进一步细化研究，提出实现目标任务的具体方案。

四、加强领导，切实强化对污染减排工作的组织和管理

（一）落实责任，将污染减排纳入重要议事日程。

国家已经明确将节能减排任务完成情况作为对政府领导班子和领导干部综合评价考核的重要内容，对考核目标未达标的地区将进行约谈提醒并限期整改。自治区也已将污染减排纳入对各级政府绩效考核和领导干部综合考核评价的重要内容和干部选拔任用、管理监督的重要依据。各地要认真落实属地管理责任，落实“一把手”污染减排第一责任人的责任，真正把污染减排列入重要议事日程，精心组织实施年度减排责任书确定的各项减排项目，细化工程减排、管理减排和结构减排的各项具体措施，确保减排目标任务的全面完成。自治区节能减排工作领导小组办公室要按照全区及各市“十二五”减排工作进度要求，实行动态管理，定期发布各市减排目标完成情况，加强预警和政策调控；对减排进度滞后的地方，要加强指导，做好督促整改。各部门要严格按照自治区关于“十二五”污染减排职责分工，切实履行好各自的职责，加强协调配合，相互支持，形成齐抓共管的工作格局。

（二）强化监管，加强污染减排“三大体系”建设。

要抓紧建立健全污染减排统计、监测和考核“三大体系”，筑牢污染减排的管理基础。一要完善主要污染物减排监测体系，推广企业自行监测，规范监督性监测，加大污染源监测信息发布力度。二要推进环境监测能力标准化建设，提高污染源监测、机动车污染监测、农业源污染监测能力。三要加强督查检查。对重点城市减排政策执行情况、减排制度落实情况以及减排项目实施情况开展综合督查，对责任书确定的项目进展情况开展专项督查；加强对在线监测系统、减排档案台账、减排能力建设等基础工作的督查；加强对减排

工作滞后地区和企业的预警与指导。四要实行年度减排计划项目进展情况月报制度，及时跟踪企业治污设施建设运行情况，确保减排项目按时完成并发挥效益。

（三）严格执法，始终保持对环境违法行为的高压严管态势。

各地各部门要按照自治区党委、政府的统一部署，深入开展环境安全隐患大清查大整治行动，加强环境监察执法，严格执行环境保护法律法规，严厉打击各种环境违法违规行为。要认真落实《广西壮族自治区党政领导干部环境保护过错问责暂行办法》、《环境保护违法违纪行为处分暂行规定》，严肃惩处党政领导干部及有关工作人员环境保护违法违纪行为。

（四）加强宣传，引导社会公众积极参与污染减排工作。

要认真落实节能减排全民行动实施方案，开展经常性的污染减排主题宣传活动，充分调动全社会参与污染减排的积极性，大力倡导文明、节约、绿色、低碳的消费观念。要积极宣传污染减排的重要性、紧迫性以及政府采取的污染减排政策措施和取得的成效，宣传先进典型，普及节能减排知识和方法，加强舆论监督，为污染减排营造良好的社会氛围。

我区“十二五”污染减排任务繁重而艰巨，容不得丝毫的松懈和麻痹。希望大家以高度的责任心和使命感，真抓实干，扎实推进污染减排各项工作，确保全面完成“十二五”污染减排目标任务！

以“五项承诺”开启新局面
确保全年环境安全及各项任务的完成

——自治区环境保护厅厅长檀庆瑞在2013年全区环保工作视频会议上的讲话

（2013年1月30日）

同志们：

这次会议的主要任务是，认真学习贯彻党的十八大和全国环保工作会议精神，以生态文明建设为统领，以“建设美丽广西”为目标指向，以“环境安全年”为主题，以“五项承诺”为履职诺言，总结2012年工作，部署2013年任务。

过去的一年，全区环保系统坚决贯彻自治区党委政府关于环境保护的决策部署，认真落实第七次全国环保大会精神，各项重点工作取得积极进展。一是主要污染物减排成效显著。化学需氧量、氨氮、二氧化硫、氮氧化物和规模化畜禽养殖减排项目分别完成564项、549项、90项、82项和432项。预计全区化学需氧量、氨氮和二氧化硫排放量较2011年分别下降1%、0.6%和1%，可完成国家下达的污染减排目标任务。氮氧化物排放量控制在国家要求的范围内。二是农村环境连片整治任务完成。共安排资金4.5亿元，在18个县区、85个乡镇、500个村（屯）实施农村生活污水处理和生活垃圾处理项目，农村受益人口近180万，较好地完成了自治区党委、自治区人民政府为民办实事工程。三是建设项目环评审批富有成效。审批完成自治区新开工重大项目111项，对应投资2788.6亿元；统筹推进重大项目55项，对应投资980.8亿元。防城港60万吨铜冶炼等一批项目获环保部批复或支持，有力服务了我区经济社会发展。四是重金属污染防治积极开展。共投入1.9亿元，支持52个重金属污染防治项目，依法关闭取缔违法企业143家，责令限期整改140家，挂牌督办突出环境问题68个，自治区印发实施了《广西河池生态环保型有色金属产业示范基地规划》。五是生态文明建设进一步加强。安排3000万元生态广西建设引导资金，支持55个生态农业类项目，推动生态产业发展。积极推进生态村镇示范建设，90个村、1个镇获自治区级生态村、生态镇命名。启动广西生物多样性保护战略与行动计划编制，完成了广西自然保护区基础调查、北部湾沿海外来入侵物种普查和生态安全调查。六是突发环境污染事件妥善处置。2012年全区共发生20起环境污染事件，均得到快速、有效的处置。尤其龙江河镉污染事件的成功处置，得到环保部的充分肯定。七是环境风险隐患大排查大整治扎实推进。牵头会同有关部门对重点行业企业环境风险隐患开展全面排查和整治，共出动排查人员1.2万人次，排查企业2681家，督促1785家存在环境风险隐患问题的企业整改，建立了企业基本信息和环境安全风险隐患数据库。八是环保系统能力建设有新进展。环境信息化建设实现跨越式发展，得到环保部的肯定并在全国推广我区的做法。建成23个监测执法业务用房和34个水质自动站。自治区成立了环境应急与事故调查中心，河池市成立了环境应急和危废管理中心，南宁、柳州、桂林、北海成立了机动车污染监管中心，南宁、柳州、河池、北海的市、县环保局共增编207个。

此外，核与辐射安全监管、$PM_{2.5}$监测工作、清洁生产、政策法规、规划财务、环保科研、宣传教育、机关党建、人事后勤、反腐倡廉等各项工作也取得较好成绩。这里特别提出表扬的是各级环境监察、监测队伍在有效处置多起突发环境事件中发挥了主力军、突击队和基础性、关键性作用。在此，对全区环保系统广大干部职工一年来付出的辛勤劳动、做出的积极贡献，表示崇高的敬意和衷心的感谢！

2013年，我区环保工作站在了新的历史起点上。

在这个新的历史起点上，我们看到党的十八大把科学发展观确定为我们党必须长期坚持的指导思想，随着社会发展和时代变化，我们会愈加感到这是一个历史性决策和贡献；在这个新的历史起点上，我们看到生态文明建设纳入中国特色社会主义事业五位一体的总体布局，党的执政兴国理念和实践又一次重大创新，美丽中国的美好愿景在向我们招手；在这个新的历史起点上，我们听到广西快速发展的脚步声，去年地区生产总值1.3万亿元，增长11.3%，经济保持了平稳较快的发展势头；在这个新的历史起点上，我们听到广西与全国同步全面建成小康社会的号角声，人均GDP与城乡居民收入与城乡居民收入到2020年要同步达到全国平均水平，实现美好的“广西梦”。

为此，我们必须科学地审视当前我区环境保护所处的历史方位，认准环保事业发展的阶段性特征。我区环保工作进入了在发展中保护、在保护中发展的新阶段；进入了以生态文明建设为路径，建设美丽广西的新阶段；同时也进入了环境污染风险新老并存、种类增多、相互叠加的新阶段；进入了环境安全形势严峻、污染事件高发频发的新阶段。

在这个新的历史阶段，我们要坚决贯彻落实党的十八大精神和今年全国环保工作会议精神，以崭新的工作作风，以为民务实清廉环保新形象，以环境安全年为主题，强化法制思维和红线思维，各市、县环保局要依法承担对所辖区域环境质量负责的重任，依法对环境保护进行统一监管，企业要严格依法执行和落实各种环保标准和要求。

关于今年的工作，厅里已下发要点，请各市县认真落实。下面，我讲三点意见。

一、“五项承诺”是我们的履职诺言，必须坚决践行

以今天为标志，我们已以崭新的作风向全社会公开承诺：环保审批依法快捷，主动服务发展大局；环境监测公开透明，保障公众环境知情权；环境执法严格公正，维护群众环境权益；环境质量保持优良，努力建设美丽广西；环保队伍阳光履职，坚决做到务实清廉。“五项承诺”是厅党组谨慎研究后决定的，充分表达了坚决贯彻中央八项规定和自治区党委政府有关规定的政治态度，充分顺应了人民群众对环保工作的关切期盼，充分展示了环保系统立足本职、改进作风、树立新形象的坚定决心。然而，诺言不兑现就是谎言。全区环保系统干部职工务必以高度的政治自觉把“五项承诺”注入依法行政的每一个细节，贯穿依法监管的每一个举动，做到自我加压，敢于担当，不辱使命。把“五项承诺”作为履职诺言，首先要认真学习贯彻党的十八大精神，用理论武装头脑，认清环境保护是生态文明建设的主阵地，是建设美丽广西的主干线、大舞台和着力点。环保工作取得的任何成效、任何突破，都是对推进生态文明、建设美丽广西的积极贡献。只有思想认识得到高度统一，精神状态才能保持极大振奋，履职尽责的积极性和主动性才能得到极大的增强，履职诺言就能变成政治自觉和具体行动。把“五项承诺”作为履职诺言，关键在于敢于面对和接受组织的监督、服务对象的监督、人民群众的监督，我们把“五项承诺”向全社会公开，这就要求各级领导干部要在这五个方面带头树立榜样，立好导向，认真落实好党风廉政责任制，严格遵守《领导干部廉洁从政若干准则》，增强廉洁意识、监督意识，一级一级带动，一层一层养成。所有同志都要忠守环保职业道德，强化法制思维和纪律观念。信任不能代替监督。要学会在各方监督下开展工作，不能对组织的监督怀有抵触情绪，不能对服务对象的监督怀有反感情绪，更不能对人民群众的监督怀有戒备心理。大家都要在自觉接受监督上讲政治、讲党性、讲纪律。把“五项承诺”作为履职诺言，从严治厅，整风肃纪，坚持用整风的精神正人正己、匡正风气，用严明的纪律约束党员、管理干部，探索建立岗位风险预警防控机制，努力把环保部门建设成党委、政府信任、人民群众满意、污染企业惧怕的部门。同时，还要做到建立健全奖惩激励机制，把“五项承诺”列为环保绩效考评体系的重要内容，考核结果要向社会公布，并作为评优评先表彰奖励和干部提拔使用的重要依据，强化责任追究，推动承诺落实。把“五项承诺”作为履职诺言，还有重要一点是加强学习。环境保护是自然科学与社会科学的结合部，微观环境是自然科学，宏观层面又是社会科学，涉及政治、经济、管理、法律等多个方面，所以我们要注重学经济、学管理、学政策、学法律、学业务，做明白人，不当糊涂官。

二、环境安全是工作重点，必须全力确保

环境安全之所以成为重中之重，因为这不是一个单纯的环保问题，而是一个政治问题，它关系到人民群众的切身利益、关系到广西的形象以及环保部门的威信；这不是一个战术问题，而是一个战略问题，我们既要立足于眼前，有打一场攻坚仗的紧迫感和责任感，又要立足长远有打一场持久仗的思想准备和长远设计。我到环境保护厅上任前一个多小时，马飚主席还在嘱咐我一定要确保环境安全。我上任召开第一次厅党组会，除了研究班子自身建设，还重点研究环境安全问题。党组成员高度一致地认为今年工作的主题应该是“环境安全年”。召开第一次机关处室会议，也是环境安全分析会，厅机关对确保环境安全达成了强烈共识。自治区党委常委、副主席林念修同志专程来厅里，并亲自宣布“2013年环境安全年”正式启动。这也充分体

现了自治区领导对环保工作的高度重视和环境安全的高度关切。今天上午,在主会场的同志观看了《广西环境安全警示录》,目的也是为了增强忧患意识,吸取教训,防患于未然。

去年,我区连续发生龙江河镉污染、华银铝排泥库泄漏等多起环境污染事件,几乎每月一起,引起中央领导的关注,环境保护部几次派出督查组督促整改并提出严重警告,对河池市实行区域限批,对广西铝业提出了行业限批。华南督查中心对我区重金属污染防治形势深表担忧,河池市遗弃废渣量庞大,尾矿库风险严重,水体重金属污染严重。一些流域重金属超标时有发生,土壤重金属污染问题日益突出,而企业污染治理水平又低下,风险防范能力依然不足。北部湾重化产业集中布局,地区产业布局雷同,产业园区多达 29 个,缺乏整合,给节能减排和环境风险带来严重挑战。南宁市龙象谷项目涉及城市备用水源的问题亟待解决,1 月 10 日开始连续三天空气质量指标很差,11 日首次出现重度污染天气,$PM_{2.5}$ 等空气质量新指标和饮用水 109 项指标的监测任务艰巨,隐患企业整改不到位的问题突出。贺州市因八步水源地问题突出被环保部约谈,贺江仅监测 31 项指标就有 5 项超标,水质为劣Ⅴ类,如果 1 年内逾期不完成整改,环保部将采取进一步措施。这里特别对贵港红旗纸业有限公司私设暗管违法排污、崇左市左江水污染事件提出严厉批评,当地政府负有重要责任,环保、工信等部门负有重要监管责任,在全区开展环境倒逼攻坚战、环境风险隐患大排查大整治和环境安全百日大检查期间,这两个企业顶风作案,故意偷排,行为恶劣,属严重违法犯罪行为,一定要依法从严、从重、从快查处,决不能遮遮掩掩、姑息迁就。厅里将依照《广西壮族自治区党政领导干部环境保护过错问责暂行办法》,启动相关问责程序。

综上所述,各市及环保部门一定要从对党忠诚、对人民负责、对法律敬畏的高度真正重视而不是敷衍了事;亲自去抓而不是推诿不管。当前,抓环境安全,决心要更加坚定,落实要更加有力,措施要更加到位。一要根据自治区要求理思路,统一思想,提高认识,明确任务目标和要求,再不能稀里糊涂、打折扣;二要针对隐患出实招,以铁的面孔、铁的纪律、铁的手段抓整改,再不能失职亵渎、不在乎;三要按照责任抓领导,环保安全是"一把手"工程,环保局长对隐患风险要亲知、深知,要亲抓、实抓;四要落实奖惩抓典型,尤其是违法排污反面典型,我们不会顾及情面、丧失原则,一定将严格依照制度法规惩治失职、渎职的领导干部。现在在我们环保队伍包括一些领导干部工作中有畏难情绪,埋怨情绪,认为经常受"冤枉气"、"夹板气",大家有一些委屈、憋屈的感受,这些都是可以理解的,但绝不能因此可以不作为、少作为。正因为环保工作困难、压力大,才需要我们提升能力、才检验我们的智慧,西方谚语讲上帝不会给任何一个人无法承受的考验,所以我们就欣然地担当起来,勇敢地面对困局!

三、管理转型是我们的改革要求,必须积极探索

这次全国环保工作会议上,周生贤部长讲话要求:我们必须用改革创新的精神和思路,加大探索力度,抓紧制订推进环保事业改革发展的总体方案,确定优先领域,明确线路图和时间表,加快环境管理转型,要做到"四个转变",即环境管理从被动应对向主动防控转变,从控制局地污染向区域联防联控转变,从单纯防治污染物向既防治一次污染物又防治二次污染物转变,从单独控制个别污染物向多种污染物协同控制转变,全面提升环保工作的精细化、信息化和专业化水平。这四个转变,都需要我们认真思考,结合工作实际把它具体化,转化成制度力量,转化成工作方法,转化成实践成果。古人讲"小智理事、大智用人、睿智立法",管理转型和制度创新,在当前环境形势严峻情况下显得尤为重要和迫切。一是搞好顶层设计。就是带有根本性、全局性的制度安排。这个顶层不仅指的是最高层的机关,也包括行政辖区内的最高机构。所以各市县政府和环保部门都有责任加强宏观思考,深入调查研究,探索新时期新阶段我区环保工作的特点和规律,用各种手段、各种方法、各种方案来共同解决复杂的环境问题,发挥改革的整体性和协调性效能。二是引导基层探索。基层是环保工作沸腾的实验室和科学的试验田,基层的同志在一线监管最有发言权,也最具有创造性。我国的改革历程告诉我们,经过基层大胆并予以完善之后的顶层设计,基本是符合实际的;未经实践"拍脑袋"决策,大多漏洞较大,甚至流弊丛生。所以要鼓励基层发扬首创精神。习近平同志在浙江省工作时说:好措施、好办法哪里来?答案是从群众中来。群众的实践是最丰富最生动的实践,群众中蕴藏着巨大的智慧和力量。所以改变环境管理不适用形势需要的状况,基层要率先大胆探索,寻求突破,用新思路新办法新作风探索新道路,闯出新天地。三是坚持群众路线。善于"接地气",走群策群力、群防群控的群众路线,扩大群众参与,争取社会监督。眼往下看,脚往下走,到人民群众对生态环境质量意见多的地方去,到环保工作难开展的地方去,到环境隐患和风险集中的地方去,紧紧依靠群众、相信群众、为了群众。我们现在发生环境污染事件,往往是群众最先举报,而不是我们的信息化手段,这个问题要深思。

最近,厅党组研究决定并已实施"五项制度",起到抛砖引玉的作用,一是环境区域负责制。依据全区战

略布局、产业布局、流域特点和区域环境特征，将全区划分为四个环境监管区（第一区：南宁、北海、钦州、防城港；第二区：河池、百色、崇左；第三区：柳州、桂林、来宾；第四区：玉林、梧州、贵港、贺州），每个区各落实一名厅领导作为监管责任人，履行“一岗双责”，既管好各区分工的业务，又对监管区负责，做到分工不分家，下去一把抓，回来再分家。各市县也要参照执行。二是环保监管员制度。按照环保属地管理原则，从现在不定期运动式的监察转变为常态化、制度化监管，市、县环保局向所在地企业派出一名环保监督员，每个监管员负责若干家企业，对该企业的环保执行情况进行监管，履行监管职责，以消除盲区盲点，实行网格化、扁平化管理，全覆盖、精细化管理，监管人员一级向一级备案，建立和形成定责、履责、问责的工作机制。三是环境举报奖励制度。为激发公众关注环境、参与环保、监督企业排污行为的积极性，实行环境举报奖励制度。四是定期研判环境安全形势制度。厅里每月召开一次全区环境安全形势分析会议，每月邀请两个环境风险隐患比较突出的市环保局主要负责人参加。分析当月形势，提出对策，抓好整改落实。五是环境风险基础课题研究制度。大力开展环境风险基础研究，增强环保工作的前瞻性、科学性和主动性，并为党委、政府提供决策参考。今年主要对《广西饮用水水源地环境现状调查及保护对策研究》、《广西近岸海域水环境质量变化及保护对策研究》和《南宁市饮用水水源地安全保障对策研究》等三个问题展开研究。以上这些制度各市县要结合实际，创造性地执行。落实中肯定会有这样那样的问题，每一个制度也不可能消除百病，甚至会产生新的摩擦，但我们必须在实践中不断完善改进。希望大家抛弃怕担风险、怕负责任、怕遭非议的保守思想，克服求稳怕乱、患得患失、畏首畏尾的消极心态，勇于探索，锐意创新。厅党组制定的“五项制度”，只是开始，严格讲也不是首创，希望大家为环保事业的发展积极献计献策，厅党组有广开言路的胆识、从谏如流的气度、海纳百川的谦恭，对合理的意见和建议，我们将认真倾听、积极采纳并坚决执行。

同志们，旧岁已展千重锦，新年再进百尺竿。环保工作责任重大，使命光荣。只要我们把嘴上说的、纸上写的、会上定的，变为具体的行动、实际的效果，我们的工作就能做到位、做到家、做到点子上，我们就能创造亮点、抓住重点、突破难点、应对热点。让我们以党的十八大精神为动力，团结起来，坚定信心，转变作风，树立环保形象，为全面开创环保工作新局面，为加快富民强桂新跨越，为建设美丽广西而努力奋斗！

最后，春节即将来临，借此机会，向同志们并通过你们向全区环保系统全体干部职工致以新年问候，祝大家新年快乐，身体健康，工作顺利，家庭幸福！

自治区环境保护厅厅长檀庆瑞在全区环保系统“美丽广西·清洁乡村”活动现场会上的讲话

（2013年5月3日）

（根据录音整理）

同志们：

在今年已经过去的四个多月里，全区环保系统干部职工，特别是我们基层的环保局长们，为广西的环境质量付出了辛勤的劳动，认真践行“五项承诺”，积极探索管理转型，全力确保环境安全。到目前为止，全区没有发生一起上等级的环境安全事故。对大家付出的辛勤劳动和努力，我谨代表自治区环境保护厅党组，向同志们表示衷心的感谢！

这次会议，本来钟副厅长是分管农村环境连片整治工作的，但是其他厅领导、机关各处的处长、有关直属单位负责人都参加，而且把各市、县（市、区）的环保局长都请来，可见厅党组对此次会议的重视。大家清楚，5月2日自治区党委、政府召开了近几年来非常少有的规格很高的动员会，部署“美丽广西·清洁乡村”活动，力度前所未有，举措前所未有，资金支持前所未有。我们今天在宾阳县召开全区环保系统“美丽广西·清洁乡村”活动现场会，刚才钟副厅长为大家讲了具体的工作目标、任务、方法、措施、保障等，我完全赞同。下面，我主要提几点意见：

一、全区环保系统应该如何看待“美丽广西·清洁乡村”活动

其实很简单，可用三句话概括。第一句话：“美丽广西·清洁乡村”活动对于全区环保系统，是一个重大的历史机遇，必须牢牢把握，使广西的农村环境质量有所改善。回顾2008年，自治区党委、政府在柳州市召开城镇污水和垃圾处理厂建设的动员大会，正是因为自治区党委、政府高度重视，自治区党委书记、政府主席亲自部署动员，我们仅用了三年的时间，就率先在各市（县）建成了污水处理厂，一跃成为全国第九个、西部第二个全部建成污水处理厂的省（区）。为此，国家在广西召开了现场会，推广了我们的经验，使我们的环境质量特别是污染减排工作取得了明显成效。时过五年，自治区党委、政府再次把农村环境问题纳入党委、政府的工作重点。昨天的动员部署，我觉得是我们环保系统的一个重大的历史机遇，如果我们错失了这次良机，我们农村环境问题的治理将拖后几年；如果我们抓住

了这次良机，可能我们的农村环境治理将实现跨越式发展。像自治区党委、政府这么大的力度，全国也不多见。我们必须抓住这个机遇，通过我们的努力，使农村环境质量有所改善。自治区开展“美丽广西·清洁乡村”活动实施方案分两个阶段，今年和明年共是一个阶段，之后五至六年又是一个阶段。其实，我们只能立足于今年的半年和明年的一年，进入2015年后就是活动的常态化阶段，就是巩固成果、扩大战果的阶段，不会再有这么大的力度，我们突击抓、重点抓的最好时期就是今年半年和明年一年。所以，对于这个重大的历史机遇，我们必须用前瞻性和战略性的思维提高认识、正确看待，机不可失，失不再来。

第二句话：“美丽广西·清洁乡村”活动对于全区环保系统，是一个重大的历史检验。我们是英雄还是狗熊，全区人民群众和各级党委政府都在看，我们必须让自治区党委、政府放心。机会给你了，政策给你了，财力给你了，我们若是做不出一个样子来，我们愧对党委、政府，愧对广大农村的兄弟姐妹，也愧对我们所承担的神圣职责。更何况这次活动还有住房城乡建设部门和农业部门，应该说三个厅局从昨天甚至更早就开始竞争。厅党组为什么决定今天召开这次会议？住房城乡建设厅也在召开工作会，农业厅召开系统电视电话会议，时间都在今天下午，如果我们慢一拍，我们就落后，就是这么一个现实。前几天厅党组专门召开会议统一了思想，并就如何看待这次活动，如何部署工作，召开了厅办公会，所有厅领导和处长都参加，就如何搞好活动，人人表态，献计献策，群策群力，集思广益。所以，这个活动就是一场竞争，我们绝不能在这次竞争中打败仗，各市、县(市、区)环保部门都务求必胜。

第三句话：“美丽广西·清洁乡村”活动本身就是环保系统所应该完成的重大的历史使命。我们必须有所作为，让人民群众有所期盼；我们应该感谢党委、政府提供了这样一个历史机遇，为我们提供了这样一个重要的平台。我们本身是这个活动的主力军，大家都是在为广西的农村环境问题工作，我们怎么办，这个问题非常历史地、又非常现实地摆在我们面前。所以，我们今天召开现场会，既是动员会，也是誓师会、培训会。当党委、政府重大决策摆在我们环保人面前时，我们怎么办，该以怎样的精神面貌、怎样的工作作风、怎样的精神状态、怎样的工作能力来应对，这需要全区环保系统的干部职工，特别是在座的各级环保局长来回答这个问题、思考这个问题，更重要的是实践这个问题。今年，我们提出了“五项承诺”，提出了“环境安全年”，提出了管理转型。我觉得，自治区党委、政府开展这个重大活动，就是对我们践行“五项承诺”的一次检验，也帮助我们确保环境安全，至少在农村环境治理上全社会都在行动，环境安全系数就会大大提高。什么是管理转型？这就是最大的管理转型，昨天召开动员会，自治区党委书记、政府主席亲自动员部署，全区召开如此规模巨大的电视电话会，全民行动，这就是管理转型。所以，我讲三个重大意义，即“美丽广西·清洁乡村”活动是我们环保系统重大的历史机遇，是重大的历史检验，是应该完成的重大的历史使命，这三点务必请同志们深深地掂量、躬身地实践。

二、搞好这次活动是一项科学、系统、整体性的工作

就环保系统如何开展好“美丽广西·清洁乡村”活动，在钟副厅长部署的基础上，我再给大家提示十个方面的工作方法和步骤，简称“十步法”。

一是摸清底数。前段时间，我陪自治区党委常委、组织部部长周新建到南宁、钦州、北海、防城港4个城市调研，给我最大的感受就是，我们对农村的环境形势和环境问题必须做到心中有数。北海这方面做得比较好，各地可以和北海市环保局的同志交流意见，他们对农村的问题底数非常清楚。只有底数清，我们才能有的放矢地做好工作，这是基础。从自治区层面讲，全区农村的环境问题我们也必须清楚，为自治区领导提供决策参考。当前，我区的农村环境问题有几个关键数据，即农村地区每年产生的生活垃圾达500多万吨、生活污水排放达4.4亿吨、畜禽养殖排放量(主要是废水)达6亿吨，全区土壤受污染面积达600平方公里。我们要治理，对辖区内的农村环境问题就必须能讲清楚，详细掌握。因此，摸清底数是我们开展工作的第一步，必须把本辖区内的农村环境污染重点问题、难点问题和热点问题先搞清楚。

二是明确目标。刚才钟副厅长在方案中已经讲过，我再讲四句话：抓住清洁乡村的机遇，扩大农村环境整治的成果，推动污染减排工作，提升农村环境质量。对我们环保系统来讲，这是我们本次活动最大的目标。

三是突出重点。清洁水源工作方案的“一保、两治、三清理、一机制”，我觉得也并不是框死了，各地可以根据本地实际，该增加内容的增加，因地制宜。

四是通盘考虑。本次活动，宣传、力度等各方面都前所未有，但是从真正解决问题的深度讲，从目前的情况看还不够。我们解决农村环境问题不仅仅是把卫生搞干净、把垃圾运走这么简单，如果这么简单，也无须这么大的力度。对此，我们要通盘考虑，要有大局观念和全局意识，对辖区内的农村环境问题要打包考虑，究竟问题都有哪些，甚至我们不能局限于农村，应把城市也捎带考虑，因为这个机遇实在难得，现实情况也要求我们必须通盘考虑。现在流行两句话，“城市污染了农村的水和地，农村污染了城市的饭和菜”，城市和农村的环境问题分不开。这次去防城港市和钦州市调研，

他们已经把城市纳入进来，饮用水水源地有些不完全设在城市，也不完全设在农村，甚至是相互交叉。为此，有许多市已经扩大了工作面，包括城市的一些问题，只要是和群众环境健康有关系的，都需要整治。全区各级环保部门要好好理清思路，统筹考虑，深刻认识到此次活动不是简单的清理垃圾、河沟清理。待活动开展一个月以后，我计划向自治区党委、政府主要领导提这个建议。我们环保系统从活动一开始就要深化这个认识，决不能让大家误解为活动就是拿起扫把扫扫地，推个车运垃圾，绝不是这么简单。比如说"十五小"企业的治理和畜禽养殖，这是给农村环境造成极大危害的两个因素，这不是靠清扫卫生、运垃圾能够解决的，希望大家高度重视这个问题。

五是协调力量。这次活动是全党动员，全民参与，三个厅局打头阵。环保系统作为主力军，这么好的机遇摆在面前，需要有好的工作方法和技巧，我们一定要学会借力。各级党委、政府非常重视和支持活动开展，北海市今明两年计划投入9000万元，桂林市计划投入上亿元。各级环保局长要主动争取，不能等、靠，要协调力量，借助水利、住房城乡建设、农业、水产畜牧等部门，借力发挥，趁势而上，做好这篇大文章，而不是孤军作战，不是建个垃圾中转站、污水处理设施那么简单。所以，提醒同志们一定要注意工作方法和技巧。

六是典型引路。我们调研发现，不同层面，不同地市都有不同的典型，包括宾阳县，他们做得比较好，给全区提供了有益的借鉴和可行的经验。其实，各地市的典型是遍地开花，不深入基层了解不到，各地一定要注意把上级的精神地方化、把他人的经验本地化、把群众的创造制度化，它山之石可以攻玉，一定要注意典型引路。

七是创新方法。这次活动没有统一的模式，也没有统一的方法，方法在群众中、方法在我们的智慧里，这是一场人民战争，我们一定要发动群众、依靠群众，依靠群众的智慧、基层的源泉开展好工作。如果方法得当，我们可能举重若轻，事半功倍；如果方法失当，可能陷入困境，甚至一筹莫展。因此，方法问题请大家开动脑筋。

八是完善机制。我们的环保力量到县以下就断了，农村没有机构、没有编制、没有人员。现在有些地方做了探索，这是我们管理转型的具体体现。我们一定要抓住这次机遇，把环境监管向农村延伸，包括建立像宾阳县的保洁员制度等。基层有许多经验可以总结，如南宁、北海、钦州、防城港有不同层面、不同类型的经验，需要利用好这个机会，把农村环境监管工作向农村延伸，其他地市也一样。自治区层面可能会有统一的布置，但是各市、县（市、区）的环保局长一定要主动找当地党委、政府的主要领导解决农村的监管机制问题。目前，我区农村基本上是"四无"，即无环境规划、无环境监测、无环境管理、无环境治理。我们一定要充分利用这次机会把"四无"变成"四有"。

九是指导服务。为开展好此次活动，自治区环境保护厅制定有"八个一"，即开一个现场会、组织一批专家技术服务队到各市（哪里需要我们就去哪里服务）、策划一批活动、推广一批典型、编一本农村环境保护手册、总结一套经验、组织开展一系列培训、搞好一系列服务（政策服务，技术服务，宣传服务，推广服务等），还推出了几个优先，即凡是和这次活动相关的项目，办理优先、评审优先、验收优先、资金优先。全区环保系统一定要好好理清思路，创造性地开展好这项工作。

十是抓好督导。我们计划在适当的时候，所有厅领导带领机关和专家服务队去基层指导，而且不仅要指导，我们还要抓典型，抓反面的典型，进一步强化督查。可能大家已经感受到，环保系统今年的督查力度、媒体曝光的力度，"环境安全年1、2号行动"等，都在突出"从严"这么一个理念，我们下一步要到全区各地加强督查督导。总而言之，我们将把这次活动作为提升环保队伍素质和环境监管水平的大考场，开展大练兵、大检验，我们不能被动应付，要主动地投入和积极地参与，起到引领作用，务必要走在全社会的前列。全社会都在为我们的农村环境保护行动起来了，我们环保系统干部职工更没有理由不走在前面。因此，在这次活动当中我们必须走在前列，这是对全区所有环保人的要求。不走在前列就要打败仗，好的经验我们将推广，不好的行为我们将坚决查处，下一步我们将有一系列的举措。

由于时间关系，刚才只是把活动的重要性和方法跟大家讲。最后，利用这个机会向大家通报几个具体事项。会前印发给各地市的几个材料和文件，第一个是《2013年第一季度我区环境质量分析》（《环境专报》2013年第14期），请各地市针对存在的问题，结合活动开展加以解决；第二个是《2013年广西环境保护第二季度工作要点》，供大家参考执行，今后每个季度我们都会印发工作要点。对每季度比较刚性的任务，特别是与这次活动有关的，一定要结合活动要求认真整改；第三个是《我区各市区集中式饮用水水源环境问题及建议》（《环境专报》2013年第16期），除桂林市做得比较好外，各地市集中式饮用水水源地存在的环境问题都已经列出，非常具有操作性，各地市要立即整改。目前，《环境专报》只报送自治区领导和环境保护部，彭清华书记等自治区领导已经多次在《环境专报》上批示，提出了工作要求，以后将会适当地印发给各地市环保局，逐步将《环境专报》打造成环境保护厅的品牌。大家要根据《环境专报》所提示的问题和导向，抓好工作。最后一点，关于5月份的环境安全，甚至今年二季度的整个环境安全工作，请各市、县（市、区）环保局注意重点防控沿江、沿河的化工企业、有色采选冶炼企业，以及储存有高浓度废液的酒精淀粉企业，要有针对性地采取措施，确保辖区环境安全。

坚持从严治厅　加强机关建设

——自治区环境保护厅厅长檀庆瑞在“从严治厅”活动动员会上的讲话

（2013年6月13日）

同志们：

今年，厅党组制定了“五项承诺、环境安全、管理转型、从严治厅”的工作指导方针。按照厅党组的工作安排，从今年6月份起在全厅开展“从严治厅”活动。当前，中央已正式印发了关于深入开展党的群众路线教育实践活动的通知，这是新形势下坚持党要管党、从严治党的重大决策。“从严治厅”是党的十八大明确提出的党要管党、从严治党在我区环保系统的具体体现，开展“从严治厅”正逢其时。自治区环境保护厅作为全区环境保护工作的最高管理机构和指挥部，作为自治区人民政府的组成部门，地位重要，职能特殊。主要体现在：一是对全区环境保护工作统筹指导，起牵头抓总作用；二是围绕中心服务大局，为党委政府起决策参谋作用；三是承上启下协调各方，为政府企业社会起枢纽桥梁作用。我们的目标就是将自治区环境保护厅打造成为“党委政府信任、人民群众喜爱、污染企业惧怕”的为民务实清廉部门。今天是“从严治厅”活动动员会，也是一次政风行风民主评议动员会，一次党课教育培训会。下面我讲几点意见：

一、严党性，提高领导班子决策的科学化水平

决策是各级领导班子的基本职能，也是领导干部的基本功。决策正确与否事关环境保护事业的兴衰成败，事关干部职工的切身利益。要通过领导班子的民主决策、科学决策、依法决策，带动机关形成既有民主又有集中，既有自由又有纪律，既有统一意志又有个人舒畅心情的“六有”局面，确保各项工作落实。

第一，要依靠严党性提高领导班子决策的科学化水平。严党性是对党员领导干部的政治要求。要增强政治敏感性，始终把握正确的政治方向，保持清醒的头脑，在关键时刻和重大事件中经得起考验。在思想、政治、行动上始终与党中央和自治区党委、政府保持高度一致，坚决贯彻执行党关于环境保护工作的路线方针政策，创造性地落实自治区的各项重大决策部署，坚定地做党的忠实战士、做环境保护的忠诚卫士。无数经验教训证明：只有班子严党性，班子内部才有凝聚力，才有执行力，才能形成坚强的领导核心；领导核心坚强，外面不健康的东西才插不进来，班子才步调一致、才富有战斗力、才能提高领导班子的决策水平。要不断加强党性锻炼，经常进行党性分析，积极开展批评与自我批评，少数服从多数、个人服从组织，这是提高领导班子决策科学化水平的思想保障。

第二，要依靠抓制度提高领导班子决策的科学化水平。党的民主集中制原则是提高领导班子科学化决策水平的制度保证。民主集中制搞得好不好，关键在领导；党组执行得好不好，关键在班长。重大事项决策、干部任免、重大项目安排、大额资金使用须经集体讨论作出决定。要完善党组议事决策制度和厅机关工作规则。执行好民主集中制，落实好“集体领导、民主集中、个别酝酿、会议决定”的要求，班长需要在工作中驾驭全局但不包揽一切，敢于拍板而又避免武断。俗语讲，一把手不放手，副手难动手；一把手能放手，副手成高手。在切实明确每个党组成员职责的基础上，应充分信任、支持、鼓励大家去大胆处理自己职责范围内的事情，放手支持大家工作，放手而不撒手。班长要以平等的姿态，虚心听取各方面的意见和建议，做到科学决策、民主决策和敢于决策。党组的工作，要议而有决，决即有行，行即有效。作为班长，对每位同志都要真诚相待，真心实意。让大家全身心地工作，而没有任何顾虑。要充分认识环境保护的发展变化规律，切忌提出不切实际、违背规律的目标、任务和措施，始终坚持科学决策、民主决策、依法决策，做到三个“不决策”：未经调查研究的不决策，未经专家论证的不决策，未经集体讨论的不决策。

第三，要依靠讲团结提高领导班子决策的科学化水平。领导班子是一个命运共同体，大家为了一个共同的目标，走到一起。这既是组织的信任和安排，也是我们大家的责任和缘分。马克思说过，人类只能用爱来交换爱，只能用信任来交换信任。这就要求每一位党组成员，都要珍惜一起工作的时间，打好共同战斗的感情基础。要像爱护自己眼睛一样，倍加珍惜党组的团结，这是我们党的优良传统，必须认真坚持并不断发扬光大。要经常开展谈心、交心活动，做到加强了解、促进谅解、增强信任；做到赤诚相见、精诚合作、同舟共济；做到有话当面说，有事共同干，有忧大家分。在重大原则问题上绝不含糊，坚决服从，修正错误；在细枝末节问题上宽宏大量，善于容人、容事、容言、容过，做到互辅、互通、互敬、互信。我们除了要有松树的原则性，还要有柳树的灵活性。因此，要把讲原则与讲友谊统一起来。每个同志都要像邓小平同志所倡导的那样，眼界和心胸非常宽阔，相互之间不仅要保持亲密的工

作关系，而且要建立牢固的战友情谊，学会不光依靠权力来推行工作，还要学会用威信和影响力来推进工作。

二、严学习，提高干部队伍素质的多能化水平

习近平总书记在3月1日中央党校建校80周年暨2013年春季学期开学典礼上的讲话指出，“好学才能上进。中国共产党人依靠学习走到今天，也必须要依靠学习走向未来。我们的干部要上进，我们的党要上进，我们的国家要上进，我们的民族要上进，就必须大兴学习之风，坚持学习、学习、再学习，坚持实践、实践、再实践。”

应当看到，社会越发展、知识更新周期就越短。联合国教科文组织的研究表明，在18世纪时，这个周期为80至90年；19世纪到20世纪初，缩短为30年；20世纪六七十年代，一般学科的知识更新周期为5至10年。而到了20世纪八九十年代，许多学科的知识更新周期缩短为5年；进入新世纪，更缩短到2至3年。置身知识更新如此迅疾的时代，面对加快发展变化的国内外形势，只有强化学习和实践能力，善于学习、长于实践，我们才能不断提高领导水平和工作水平，担负起环境保护监督管理的使命。现在我们的干部办文、办会、办事经验欠缺，特别是不会写材料或写不好材料，严重影响机关工作效率和质量；有的干部不善于调查研究，工作方法简单，点子比较少，分析能力弱，往往单向思维多、多向思维少，封闭思维多、开放思维少，机械思维多、辩证思维少；还有的工作效率低下，满足于一般化，得过且过，满足于上传下达、照搬照抄、敷衍塞责，甚至推诿扯皮、不去作为。对此，我们应该经常想一想自己的能力和水平能否适应履职重托，常怀知识恐慌，常找能力差距，常思本领不足。实践告诉我们，事有所成，必是学有所成；业有所精，必是学有所得。好的思路、好的办法、好的决策，必须靠深厚的理论根底和渊博的知识作基础。凡是工作有创新、有业绩的同志，也是热爱学习、善于学习的同志。环境保护工作是一项复杂的系统工程，从事环境保护事业需要丰富的知识，而新的形势任务又向我们提出了更高更新的要求。不断提高每个同志的素质和能力，是提高整个集体凝聚力和战斗力的重要内容，是我们机关工作的头等大事。

一是多读书。书籍包含了种种科学成果，书籍可以回答种种现实问题。一个合格的环境保护干部，首先要做一个读书人，一个对环境保护领域业务工作有一定研究的人，同时要把术业专攻与博学多才结合起来，把深度和广度结合起来，不断学习相关的自然科学知识和社会科学知识，学习新理论、了解新知识、开拓新视野、拓展新领域，为胜任工作打下坚实基础。学历是学识的重要基础，要重视学历但不能唯学历，学历并不等同真才实学，因此不能满足于吃学历的老本。增长学识的根本途径在于多读书、终身学习，既要向书本学习，也要向群众学习、向实践学习。特别是担任一个处室或单位“一把手”的领导干部，在公务缠身、工作繁忙的情况下，更要多读书、读好书，坚持学习、善于学习，惜时如金、广纳博收，真正做一个学习型的领导干部，使读书学习成为一种良好的个人习惯。

二是多思考。学贵思。孔子曰：“学而不思则罔，思而不学则殆。”当前，环境保护的新情况、新问题层出不穷，环境保护工作面临的压力和挑战前所未有。自治区党委、政府提出要与全国同步全面建成小康社会，到2020年生产总值要达到全国平均水平，今后8年我区生产总值年均增长要达到12%。如果说全国年增7%就可以实现全面建成小康社会目标，那么我们的增速至少要比全国平均水平高5个百分点，这还是静态的，因为全国年均增速不可能只有7%。我区2011年生产总值超过万亿元，如果从新中国成立后算起，用了62年时间，按照“翻两番”的要求，全区生产总值2020年必须达到4万亿元，这就要求到2015年实现第二个万亿元只能用4年时间，到2018年实现第三个万亿元只能用3年时间，到2020年实现第四个万亿元只能用2年时间，发展速度压力巨大。但是，我们厅的干部战略思维能力欠缺，深入思考问题的主动性不强，深入分析现阶段环境特征的积极性不高，提出解决复杂环境问题的能力有限，不少干部习惯于凭经验、按老方法办事，墨守成规、满足于现状，不敢突破“惯例”的问题突出。因此，我们脑子里要经常装着问题，开动脑筋，反复思考，力求把零散的、孤立的、感性的认识上升为系统的、联系的、理性的认识。努力把握环境保护工作的规律，抓住问题的本质，有针对性地提出解决复杂环境问题的措施和办法。

三是多运用。学习的目的全在于运用。有人讲“论文写在大地上，成果用在千万家”，形象说明了理论联系实际的问题。一个干部水平高不高，关键是要看他运用所学的理论和知识解决实际问题的能力，用理论来指导工作实践，找到科学、管用的方法。这就涉及干部学习能力中的“转化力”问题，就是学以致用、用以促学、学用相长的能力。增强环境保护干部，尤其是处级以上领导干部学习能力中的“转化力”，就是要把学习成果转变为实践本领，把所学知识运用于实践，对一些重大问题进行前瞻性思考，对一些重大环境问题产生的原因和发展趋势进行深入分析研究，提高工作的前瞻性和预见性，例如，前几天我们安排研究“当前若干重大项目对我区环境生态的影响”、“北部湾规划实施以来环境问题的反思”。年初我还安排环科院对广西加快城镇化发展中的环境问题进行研究预测，提出应对措施。我们要为厅党组和自治区党委、政府决策

当好参谋,不断推动环境保护各项工作深入开展。

四是多调研。深入调研,有助于我们了解实际情况、听取群众意见、发现和解决问题、密切党群关系,提高各项工作的预见性、针对性和实效性,更好地推进环境保护事业发展。一要做到坚持深入实际,求得实情。这需要从机关走出去,从主观臆想中跳出来,掌握第一手资料;需要抓住关键信息、重要苗头、主要矛盾不放,从上面沉下去、从表面钻进去,深入了解真实情况,找到解决问题的办法。二要做到坚持深入基层,解剖麻雀。调研既要“身入”又要“心入”,要“下马看花”、“解剖麻雀”,才能发现基层工作的新情况新问题、偏差与盲点,掌握在机关难以得到、不易看到,甚至想象不到的新情况,才能获得观察问题的新视角、解决问题的新思路。三要做到坚持从群众中来、到群众中去,广泛听取群众意见。群众的实践是获得正确认识的源泉,也是检验和深化我们认识的根本所在。我们要建立和完善服务窗口实时评价设施,召开座谈会,参与政风行风热线,走出去、请进来,发放调查问卷,广泛征求社会各界特别是服务对象的意见和建议,认真查找政风行风方面存在的问题和不足,向社会作出提升服务质量、改正突出问题的公开承诺,将查摆出来的问题进行公示并整改。深入群众调研,有助于我们直接把握群众最急、最忧、最盼的问题,有助于站在群众的角度思考和解决问题,有助于总结群众实践经验、汲取群众智慧,尽快打开工作局面。今年3月份和5月份,我们分别组织开展了“全区环境安全检查调研”和“‘美丽广西·清洁乡村’活动实地调研服务活动”,深入各市、县(市、区)、乡镇和农村,掌握了基层的环境保护实情,接了“地气”,磨炼了队伍,大家感受很深、效果较好。危朝安副书记讲:“我认真看了你们的调研报告,你们是真调研。”彭清华书记在我们的调研报告上作出重要批示。这是对我们的鼓舞和鞭策。厅党组将把深入基层开展调研活动作为“从严治厅”和为民务实清廉群众路线教育实践活动的重要内容,制度化、常态化,也为今后工作打牢基础。

五是多创新。创新,就是运用学习成果创新性地开展工作。我们的干部在学习和工作中要善于感悟、善于创新,不仅要做到兼收并蓄,从学习中获取真知,而且要能够联系实际进行拓展创新,把知识转变为认识和能力,形成独到的见解和思路,不断开创环境保护工作的新局面。要创新,就要有开拓进取的精神,有敢为人先的勇气,有锲而不舍的劲头,有无私无畏的修养。实践证明,勇于创新、善于创新的干部,就敢于先行先试,就能推动工作走在前列。反之,工作就流于一般化,打不开局面,甚至停滞不前。当前环境保护工作面临重大挑战和考验,挑战面前需要不断探索、大胆突破,考验面前需要运用创新思维研究问题,提出新思路、新办法,着力用新作风打开新局面。

三、严管理,提高机关建设的规范化水平

现实工作中,我们依然存在着服从意识淡薄、工作效率低下、执行力比较差、相互配合不默契的问题。单个看,风风火火;整体看,松松散散;一时看,轰轰烈烈;长时看,撞撞跌跌。常常在工作中,同事不同力,同舟不共济,甚至局部私利作祟,造成步调不一致、孤军奋战、相互推诿;工作环节经常掉链子,工作步子经常跟不上,一些工作抓不到要害,解不了症结;工作抓得不具体、不细致、不扎实,机关建设的规范化水平不高。“从严治厅”要求我们必须做到制度严密、程序规范、责任明确、奖罚分明,努力形成用制度管权、用制度管事、用制度管人的良好机制,行必责实、章必严循、事必明责。

第一,严格要求自己。从狭义上讲,“从严治厅”的主体是厅党组和各级领导班子。厅党组和各级领导班子成员能否严格要求自己、管住自己、管好自己,是“从严治厅”成败的关键。“己不正,焉能正人?”各级领导干部只有做到“口能言之,身能行之”,才能做到“人能服之”。因此,环保系统各级领导干部都要突出抓好自身作风建设,加强修养,严格自律,看好自己的门,办好自己的事,管好自己的人,自觉抵制各种诱惑,全面履行好各自的工作职责。领导干部自己做好了,“从严治厅”才有希望。要求别人做到的,自己必须首先做到;要求下级做到的,上级领导必须首先做到;要求领导干部做到的,领导班子必须首先做到;要求领导班子做到的,班长必须首先做到。领导干部的权力运行到哪里,纪检监察机关和群众就可以监督到哪里。各级领导干部都要按照这一原则严格要求自己,真正在全厅形成从我做起、向我看齐、对我监督的清风正气。每个干部都要始终心存敬畏,如履薄冰、如临深渊、不敢懈怠,工作全力以赴、尽心尽力、尽职尽责。今后,我们将实行干部常态化轮岗,加强干部监督管理,改进对直属单位领导班子成员的监督管理办法,改变以往年终一次考核的唯一考核方式,实行领导班子常态化考核。在“从严治厅”活动期间,厅党组将带领考核组对部分单位领导班子进行考核,促进干部勤政廉政。

第二,严格管理队伍。这是“从严治厅”的主要内容,要通过思想教育、制度规范、纪律约束、组织使用等手段,使干部保持良好的精神状态和敬业精神,树立强烈的责任感和使命感,远离贪污腐败等违法违纪问题。随着生态文明建设和科学发展的不断深入,环境保护系统地位明显提升、部门权力明显增大、项目和专用资金日益增多,环境保护系统惩治和预防职务犯罪工作的形势也日益严峻。据有关部门统计,全国环境保护系统人员2010年处分607人,2011年处分567人,总

数有下降趋势,其中广西2010年处分3人,2011年处分13人,2012年处分14人,上升趋势明显。目前,有的同志奉行“好人主义”,对身边工作人员和下属放松管理,出了问题还睁一眼、闭一眼,甚至袒护纵容;有的机关干部思想松懈、作风松散、纪律松弛;有的责任心不强,履职不尽责,工作不努力,落实领导的要求迟缓,自己处理不了也不报告,捂着瞒着;有的服务意识淡薄,工作态度粗暴,办事无故拖延,等等。古人云,“慈不掌兵”。凡是有“管人”权力的领导干部,都应该以对党、对事业、对干部高度负责的精神,尽到“管住”的责任,对下属严格要求、严格教育、严格管理、严格监督,发现问题及时批评教育,以免任其泛滥,否则“小洞不去补,大洞一尺五”,悔之晚矣。每个机关干部都要在改造客观世界的同时改造主观世界,克服浮躁情绪,坚持做到工作高效率、服务高质量、对自己高标准的“三高要求”。我们下一步要强化部门联动机制工作创新,继续实施纪检监察部门与环境监察机构联动工作机制,建立环保系统与人民检察院沟通协作机制,共同预防职务犯罪。

第三,严格执行制度。管子曰:“是以有道之君,行法修制,先民服也。”就是说,善于治国理政的人,通过制定有效制度来管理国家,以达到民众皆服的目的。严密的制度是“从严治厅”的根本保证。我们要继续完善、细化机关管理的规章制度,使规章制度更加缜密、更加全面,尽量避免制度上的欠缺或漏洞。切实用好述职述廉、民主评议等监督方式,强化组织监督;通过召开听证会、社会公示、公开征求意见等方式,欢迎群众监督;还要把党内监督与人大监督、政协监督、司法监督、社会监督等结合起来,发挥民主党派、社会团体和新闻舆论的监督作用,确保权力在制度化、规范化、法制化、透明化的轨道上运行。特别是要大力践行“五项承诺”,推行环境信息公开和政务公开,让权力在阳光下运行。这次活动中我们将组织开展巡查,由厅纪检、规财、人事等部门组成巡查工作小组,对部分单位的固定资产、经营性收入、项目经费、“三公支出”等情况进行调查了解,研究提出加强厅直属事业单位资产管理、经费使用的工作意见。制定和完善重大事项报告制度,制定和完善重大项目立项及招投标、重大经费支出、对外合作经营及干部人事调整等重大事项报告、审查制度,加强对重大决策的管理。

第四,严格权力监督。坚决落实好《领导干部廉洁从政若干准则》。制定和完善环境行政审批权、环境执法权、环境保护资金(项目)分配权、物资(设备)采购权、干部人事权等“环境保护权力”的廉政风险防控与监督措施,建立决策权、执行权、监督权相互制约、相互协调的权力结构和运行机制。对一些同志可能出现的问题,要早打招呼,早做工作,发现苗头,及时提醒,防患于未然。党组和纪检监察部门要实施严格的监督,将监督的关口前移,抓好事前防范。我们要增强监督意识,自觉接受来自上级的监督,不能把上级的监督看作是对自己不信任,怀有抵触情绪;要自觉接受班子内部的监督,不能把同级的监督看成是为难自己,怀有戒备心理;要自觉接受下级的监督,不能把下级的监督看成是不尊重自己,怀有反感情绪。尤其要自觉接受纪检监察机关的监督,这既是党章赋予纪检监察机关的职责,也是每个党员干部应遵守的原则。失去监督的权力必然导致腐败。事前监督在防患于未然,事中监督可校正偏差,事后监督能纠正错误。严格监督是对领导干部真正的爱护,防患于未然的监督是对领导干部最好的帮助。各级领导干部特别是“一把手”,一定要强化并牢固树立监督意识,对于组织、群众和社会的监督,虚心接受,自觉做到秉公用权、两袖清风、一尘不染。

四、严责任,提高业务监管的精准化水平

环境保护部门依法履行统一监管的环境职责,责任重于泰山。环境保护工作具有政策性强、技术密集、专业突出、关联度高、公益公共等特点,常言道“在上摇之毫厘、在下摆之千里”。如果我们监督管理失之于“粗”,失之于“虚”,安全就没有保障,更谈不上什么质量了。习近平总书记在中央政治局第六次集体学习时指出,只有实行最严格的制度、最严密的法治,才能为生态文明建设提供可靠保障,对那些不顾生态环境盲目决策、造成严重后果的人,必须追究其责任,而且应该终身追究。这些话虽然是针对领导决策讲的,但对我们监督管理部门同样有深刻的警示。

一是要以强烈的责任意识,在认真学习习近平总书记重要讲话过程中提高业务监管的精准化水平。新一届中央领导班子高度重视生态文明建设和环境保护工作。5月24日,习近平总书记在中央政治局第六次集体学习时发表重要讲话,从中国特色社会主义事业全面发展的战略高度,深刻阐述了加强生态文明建设的重要性和紧迫性,提出一系列新思想、新论断、新要求。其讲话精神主要包括五个方面:一是继续探索环境保护新道路;二是坚持保护优先方针;三是划定并严守生态红线;四是着力解决损害群众健康的突出环境问题;五是加快完善生态文明制度。我们要原原本本地学习讲话,增强敏感性,把主要精神读懂吃透,把思想认识统一到习近平总书记的重要讲话上来,统一到党中央对我国生态环境保护形势的判断上来,以总书记重要讲话指导环境保护事业发展,打牢我们的思想基础和理论基础。

二是要以强烈的责任意识,在扎实推进环境保护部部署的重点工作过程中提高业务监管的精准化水

平。5月28日，环境保护部召开党组扩大会议，传达学习了习近平总书记的重要讲话，重新明确了环境保护的重点工作：一是组织编制好大气污染防治行动计划、水污染防治和农村环境综合整治计划；二是深化环境保护行政审批制度改革，清理行政许可项目，减少和下放行政审批事项；三是着力解决损害群众健康的突出环境问题，集中力量优先解决好细颗粒物($PM_{2.5}$)、饮用水、土壤、重金属、化学品等突出环境问题；四是完善环境法律法规，修改《环境保护法》，推动《大气污染防治法》等法律法规的修订；五是强化监督管理，严肃处理群众反映强烈的环境污染和生态破坏事件。周生贤部长要求全国环境保护系统要以紧张而热烈的情绪、镇定而有秩序的工作，把总书记的重要讲话贯彻落实好，把环境污染治理好，把生态环境建设好。我们要牢牢抓住国家开展大气污染防治、水污染防治、农村环境综合整治和我区开展"美丽广西·清洁乡村"活动的重大历史机遇，多方争取资金支持，拓宽资金投入渠道，务求有所作为，使广西的环境质量有所改善，让人民群众有所期盼。对上述工作，我们要结合我区实际，提出可行方案、应对措施，努力在创造亮点、抓住重点、突破难点、应对热点上下功夫、出成效。特别要加强日常监管和执法检查，对环境违法行为，要重拳出击，加大打击力度。

三是要以强烈的责任意识，在苦练"查督算写帮"五个能力过程中提高业务监管的精准化水平。提高"查"的能力。"查"的能力是指具备现场检查、发现问题的能力，重点是查市县政府对环境保护法律、法规和标准的执行情况。提高"查"的能力需要知识积累和经验积累，就要认真学习环境保护法律法规和标准，了解掌握污染治理技术等知识，注重在督查实践中不断总结提升，积累"查"的经验。提高"督"的能力。"督"的能力是指具备对市县政府现存环境问题整改督促的能力。地方政府对所辖区域环境质量负总责，辖区出现的任何环境问题都可归结为地方政府未能履行好法律赋予的负总责责任。"督"的内容包括督市县政府未依法履行负总责的责任、督环境保护部门对环境保护工作未能依法履行统一监管的责任、督各相关部门未依法履行分工负责的责任。提高"算"的能力。"算"的能力是指具备对突出环境问题、对环境保护重点领域和关键环节进行计算和把控的能力。要具备"算"的能力，需要认真学习掌握环境保护的法律法规、规范和标准，学习掌握污染治理工程、工艺、运行等方面的基本专业知识，并通过监管实践，总结经验，不断提高"算"的能力。提高"写"的能力。"写"的能力是目前机关各处室工作能力的短板，有些干部不会写、不愿写或写不好。"写"的能力是环境保护干部最基本的能力之一，是受益终生的基本技能。今后，各处室的负责人要带头写，每个处室要重点培养2至3名干部"写"的能力，带出一支具有较强写作功底的队伍。要多学习、多积累、多吸收一些好的公文或文章的精髓，多一些写作的实践，写作只有在实践中提高，没有捷径可走。提高"帮"的能力。"帮"的能力是指具备对地方环境保护部门实施统一监督管理提供帮助的能力。通过"帮"，促进地方政府对所辖区域环境质量负责的体制顺起来。我们要帮助地方环境保护部门解决在统一监督管理中遇到的难点问题；将各相关部门的任务列清楚，督促落实；将解决环境问题的机制和方法向政府说清楚。政府有压力、部门有任务、环境保护有地位是我们强化统一监督管理的重要目标。无论是查、督、算、写、帮，说到底是提高监管的精准化水平，提高抓落实的能力。

同志们，今天主要围绕"严党性，提高厅领导班子的决策水平"、"严学习，提高队伍建设的多能化水平"、"严管理，提高机关建设的规范化水平"、"严责任，提高机关监管的精准化水平"来和大家交流思想，希望机关和各直属单位要通过抓学习教育、抓问题查摆、抓集中整治、抓建章立制四项措施来保障各项活动扎实开展。全厅干部职工要积极参与"从严治厅"活动，处级以上领导干部要以身作则、率先垂范、做好表率，以求真务实的作风、实实在在的成效，推动本处室、本单位活动深入开展。宣教中心、信息中心要充分发挥各自的宣传优势，利用报刊、电视、网络、简报等媒体大力宣传，及时反映我厅活动开展情况，宣传好做法好经验，营造良好的活动氛围。

"从严治厅"对我们每一位干部职工都提出了要求，我们一定要结合岗位职责，身体力行、模范遵守，从现在做起，从自己做起，开展"比学赶帮"竞赛，努力在各自的岗位上为开创我区环境保护事业新局面作出更大的贡献。

自治区环境保护厅厅长檀庆瑞在自治区环境保护厅深入开展党的群众路线教育实践活动动员大会上的讲话

（2013年7月5日）

同志们：

6月18日，中央召开了党的群众路线教育实践活动工作会议，习近平总书记发表重要讲话，对全党进行了总动员。7月1日，自治区党委召开了会议进行动员部署。自治区党委书记彭清华在会上作了动员讲话。紧接着，7月2日上午，自治区主席陈武主持会议，就政府如何开展教育实践活动进行再动员、再部署。

今天，我厅召开深入开展党的群众路线教育实践活动动员大会，主要任务是深入学习贯彻习近平总书记和自治区党政主要领导的重要讲话精神，按照中央和自治区的部署要求，对我厅深入开展教育实践活动进行全面动员部署。

自治区党委对我厅教育实践活动高度重视，派出第十一督导组对我厅教育实践活动全程进行指导并出席了今天的会议。昨天，督导组亲临我厅审阅活动方案和指导我厅的工作，对我厅开展教育实践活动给予大力支持，下面我介绍今天出席会议的督导组领导，督导组组长是原自治区直属机关工委专职副书记覃芳平同志，督导组其他领导：自治区纪委战广建处长、自治区粮食局唐双贵处长，让我们以热烈的掌声对督导组的到来表示衷心的感谢和热烈的欢迎。

根据中央和自治区党委的统一部署安排，这次群众路线教育实践活动，从今年下半年开始，自上而下分两批进行，明年7月基本完成。我厅作为区直单位列入了自治区第一批，将安排半年时间开展教育实践活动。对如何开展好这次教育实践活动，等一会，覃芳平组长还要作重要讲话，我们要认真贯彻落实。下面，我先讲三点意见。

一、深刻领会开展党的群众路线教育实践活动的重大意义，切实提高对教育实践活动现实紧迫性的认识

习近平总书记在党的群众路线教育实践活动工作会议上的重要讲话，深刻阐述了开展教育实践活动的重大意义、指导思想、目标要求和重点任务。彭清华书记在自治区教育实践活动动员会上要求，一定要把学习好、领会好、贯彻好习近平总书记一系列重要讲话精神作为搞好教育实践活动的首要任务，切实把思想和行动统一到总书记的讲话精神上来，统一到中央决策部署上来，并对推动我区教育实践活动扎实深入开展提出了六个方面的要求：一是坚持把活动的主要任务聚焦到作风建设上，突出整治形式主义、官僚主义、享乐主义和奢靡之风；二是坚持把“照镜子、正衣冠、洗洗澡、治治病”总要求贯穿始终，以整风精神搞好教育实践活动；三是坚持开门搞活动，广泛深入听取干部群众的意见；四是坚持解决实际问题，确保教育实践活动取得让群众满意的效果；五是坚持领导带头，推动教育实践活动深入开展；六是坚持抓好制度建设，形成改进工作作风、密切联系群众的长效机制。

如何深刻领会开展党的群众路线教育实践活动的重大意义，切实提高对教育实践活动现实紧迫性的认识，需要我们从四个方面深化认识和准确把握：

第一，这是一次马克思主义群众观点的政治教育活动，具有鲜明的时代性。

群众观点是马克思主义的基本观点，是马克思主义历史唯物论的精髓。我们党、我们的党员干部尤其是领导干部一定要真正回答和解决好“依靠谁、为了谁、我是谁”的问题，坚守马克思主义群众观点，坚持群众路线，依靠群众、相信群众、服务群众，获得最广泛、最可靠、最牢固的群众基础和力量源泉。马克思主义的群众观点，保持党同人民群众的血肉联系，决定着党的生死存亡和事业成败。长期以来，我们党坚持将马克思主义群众观与社会发展的现实相结合，先后开展一系列的政治教育活动，比如抗日时期开展的延安整风(学风、党风、文风)，改革开放以来的“三讲”教育、“三个代表”重要思想学习教育、党员先进性教育、科学发展观教育等，在理论与实践的互动过程中不断地坚持和发展马克思主义群众观，始终强调马克思主义执政党的最大危险就是脱离群众，在党的不同发展时期都产生了深远影响，取得了显著成效，赢得了群众的支持和拥护。在新的历史阶段，面对经济社会转型发展出现的新世情、新党情、新国情，及时开展群众路线教育活动，是我们党在新形势下坚持党要管党、从严治党的重大决策，是顺应群众期盼、加强学习型服务型创新型马克思主义执政党建设的重大部署，是与时俱进、践行马克思主义群众观的重大举措，具有鲜明的时代性。联系到我们的工作，当前，环境保护是发展问题，也是重大的民生问题。良好的生态环境是最大的公共产品，是最普惠的民生福祉，是影响人民生活幸福感的重要因素，直接关系人民群众的切身利益。环境保护工作面临着新情况、新问题、新挑战，呈现出政策性强、技术密集、专业突出、关联度高、公益公共等特点，我厅开展教育实践活动，就是要通过学习、掌握和运用马克思主义立场观点方法，不断解决当前影响和制约我区科学发展的突出环境问题，解决党性党风党纪方面群众反映强烈的突出问题，依法履行好环境监管职责，维护好群众的环境权益，这同样具有鲜明的时代性。

第二，这是一次扎实解决“四风”问题的整顿作风活动，具有很强的针对性。

作风建设是党的建设的重要组成部分。作风问题是党群干群关系的天敌，是腐败的温床。作风不正，会疏远群众、脱离群众、失去群众；好的作风，会贴近群众、团结群众、赢得群众。作风不正，会滋生腐败、助长腐败、包庇腐败；好的作风，则有利于预防腐败、遏制腐败、清除腐败。当前，形式主义、官僚主义、享乐主义和奢靡之风这“四风”问题是作风建设中最具普遍性的问题，也是损害党群干群关系的重要根源。64年前，毛泽东同志率领中共中央机关离开西柏坡向北平进发时壮言：“我们去进京赶考。但愿我们能考出好成绩，不要退回来，我们不做李自成。”64年后，这场以解决“四风”问题的整顿作风活动，可谓是新的时代背景下全党上下的一次大考。在这场时代大考中,考生是全体党员,包括在座的你和我,考题是如何保持党与人民群众的血肉联系,考试重点是解决“四风”问题,考官是广大人民群众,考试结果则直接关系到能否保持党的先进性纯洁性、能否巩固党的执政基础执政地位、能否全面建成小康社会。这场时代的大考直指“四风”,决心根除作风之弊、行为之诟,具有很强的针对性。不避讳地讲,现实工作中,我厅一定程度上依然存在着“四风”问题。在形式主义方面,有的干部不认真学习党的理论知识和做好工作所需要的知识,学了也是应付场面,蜻蜓点水,浅尝辄止,不求甚解,无心也无力在工作中认真运用。在官僚主义方面,有的干部对所负责的业务不了解不关注,工作上敷衍塞责、推诿扯皮、得过且过,甚至拒绝批评帮助、容不下他人、听不得意见。在享乐主义方面,有的干部工作拈轻怕重,安于现状,不愿吃苦出力,满足于现有学识和经验,陶醉于曾经取得的成绩,不立新目标,缺乏新动力,“清茶报纸二郎腿,闲谈旁观混光阴”。在奢靡之风方面,有的干部对下要求超规格接待,菜肴不厌其精美,住高档酒店,吃山珍海味,喝美酒佳肴,觥筹交错之后还要“意思意思”。对这些问题,请各位自查、自省、自重,在教育实践活动中,厅党组将结合“从严治厅”活动,对这些作风之弊、行为之诟来一次大排查、大检修、大扫除,对存在上述问题的干部,组织上将帮助他们“洗洗澡”、“治治病”,该吃药的吃药,该打针的打针,该动手术的动手术,狠刹“四风”,达到治病救人的目的。

第三,这是一次促进我区经济社会发展的科学实践活动,具有突出的实践性。

人民群众是实践的主题,是历史的创造者。从我区发展来看,深入开展教育实践活动,是加快富民强桂新跨越,奋力实现与全国同步全面建成小康社会奋斗目标,开创壮乡人民更加幸福美好生活的迫切需要。自治区党委、政府提出要与全国同步全面建成小康社会,这是当前我区最现实、最紧迫的任务,也是人民群众最强烈、最热切的期盼,不仅关系到能否打造广西经济社会发展升级版,提升我区综合实力和在全国发展大格局中的战略地位,而且直接关系到壮乡人民能否过上更加幸福美好的生活。彭清华书记指出,我们要实现与全国同步全面建成小康社会的目标,“不容易、有可能、靠努力”。深入开展群众路线教育实践活动,一方面,就是需要全区上下大力弘扬习近平总书记特别强调的敢于担当的精神,知难而进、迎难而上,共同为实现这一目标付出艰苦努力;另一方面,就是需要教育引导广大党员干部,把加快广西发展作为义不容辞的责任,把为民造福作为工作的最高追求,植根群众、团结群众、带领群众,以不进则退、时不我待的紧迫感,以“人一之我十之,人十之我百之”的劲头,以踏石留印、抓铁有痕的作风,奋发进取,扎实工作,努力创造一个高于全国平均水平的“广西速度”,让壮乡人民的生活一天比一天过得好。我厅作为全区环境保护工作的最高管理机构和指挥部,作为自治区人民政府的组成部门,是我区生态文明建设的重要力量,是与全国同步全面建成小康社会指标体系的重要单元,地位重要,职能特殊。主要体现在:一是对全区环境保护工作统筹指导,起牵头抓总作用;二是围绕中心服务大局,为党委政府起决策参谋作用;三是承上启下协调各方,为政府企业社会起枢纽桥梁作用。我们要通过开展教育实践活动,提升服务重大项目的能力和水平,发挥环境保护倒逼产业转型升级的作用,增强环境保护优化经济发展的功能,主动服务我区经济社会发展大局,着力解决损害群众利益的突出环境问题,为与全国同步全面建成小康社会不断做出新贡献。

第四,这是一次自我净化和完善、自我革新和提高的清正廉洁活动,具有很强的严肃性。

延安整风时,毛泽东同志提出,“要集中整治主观主义、宗派主义、党八股,要重重地给患病者一个刺激,使患者为之一惊,出一身汗,然后好好叫他们治疗”。这次教育实践活动借鉴延安整风经验,明确提出“照镜子、正衣冠、洗洗澡、治治病”的总要求,概括起来就是自我净化、自我完善、自我革新、自我提高。具体分析,就是要做到以党章为镜,对照党的纪律、群众期盼、先进典型,对照改进作风要求,在宗旨意识、工作作风、廉洁自律上摆问题、找差距、明方向。在此基础上,按照为民务实清廉的要求,勇于正视缺点和不足,严明党的纪律特别是政治纪律,敢于触及思想、正视矛盾和问题,从自己做起,从现在做起,端正行为,把党性修养正一正、把党员义务理一理、把党纪国法紧一紧。对照我们的日常工作,有的干部依然存在着服从意识淡薄、工作效率低下、执行力比较差、相互配合不默契的问题,有的干部做事先讲条件、能推就推、没有担当、不敢负责。我们厅的党员干部尤其是领导干部,既是活动的组织者、推进者、监督者,更是活动的参与者,一定要按照中央、自治区和厅党组的要求,以普通党员的身份把自己摆进去,力争认识高一层、学习深一层、实践先一层、解析解决问题好一筹,以高度的政治责任感和使命感开展好教育实践活动,以思想的提升、能力的提高、作风的改进作为检验教育实践活动的成果。我们的领导干部只有做到“口能言之,身能行之”,才能做到“人能服之”。要求别人做到的,自己必须首先做到;要求下级做到的,上级领导必须首先做到;要求领导干部做到的,厅领导班子必须首先做到;要求厅领导班子做到的,班长必须首先做到。我本人作为班长,在此郑重承诺,要求大家做到的,我必定率先垂范、躬身践行、模范遵守,欢迎组织监督,欢迎大家监督。

二、全面贯彻中央和自治区党委的部署要求，结合我区环境保护工作实际推动教育实践活动扎实深入开展

关于这次教育实践活动，中央已经下发了指导性文件，自治区党委也下发了实施意见，要求非常明确。总的来说，这次教育实践活动要解决的根本问题是党和人民群众的关系问题；采取的重要方法是领导带头、自上而下，重点抓好处级以上领导机关、领导班子、领导干部；聚焦的突出问题是形式主义、官僚主义、享乐主义和奢靡之风；总的要求是“照镜子、正衣冠、洗洗澡、治治病”；重要的保障是以整风精神开展批评与自我批评；基本的规定动作是学习教育、听取意见，查摆问题、开展批评，整改落实、建章立制；要达到的目标要求是党员、干部思想进一步提高、作风进一步转变，党群干群关系进一步密切，为民务实清廉形象进一步树立，努力做到“在为民上做好服务，在务实上转变作风，在清廉上树立形象”。整个教育实践活动都要充分体现“从严”和“务实”的要求。

在贯彻中央和自治区党委的部署要求中，我们要准确理解和牢牢把握“照镜子、正衣冠、洗洗澡、治治病”的活动总要求，这4句话、12个字，简洁明了，内涵丰富，是一个相互联系、有机统一的整体，是开展活动必须把握好的重要遵循，是必须抓好的规定动作，必须贯穿活动全过程、各环节。“照镜子”，主要是对照党章党纪、民心民意、先辈先锋“三面镜子”找差距，明确努力方向；“正衣冠”，主要是正视问题，改正缺点，端正行为，把为民务实清廉的要求内化于心、外化于形，做到“正心”、“正身”、“正行”；“洗洗澡”，主要是听取意见、自我批评、相互批评，洗去不良思想的污垢，洗去不良行为的污泥，洗去不良习气的污染；“治治病”，主要是找准“病症”，对症下药，该吃药的吃药，该打针的打针，该动手术的动手术，达到治病救人的目的。

贯彻好这个总要求，一定要有直面问题的勇气，真转真改的态度，敢于抛开面子，动真碰硬，不能文过饰非，讳疾忌医，防止病入膏肓，追悔莫及。具体讲，就是要结合我区环境保护工作实际，在今年我厅率先开展以为民务实清廉为主要内容的环保为民教育实践活动基础上，按照厅党组提出的“深入践行五项承诺，维护群众环境权益”的活动主题，在开展党的群众路线教育实践活动中，认真抓好以下六个方面的工作，做到规定动作不走样，自选动作有创新、求实效。

（一）以学习教育贴近群众。

实践告诉我们，事有所成，必是学有所成；业有所精，必是学有所得。我本人多次强调，环境保护厅的干部职工要常怀知识恐慌，常找能力差距，常思本领不足。为加强学习教育，我厅多次举办知识讲座，开展多项业务培训，厅机关还建立了图书阅览室，倡导做读书人、做学习型的干部，使读书学习成为良好的个人习惯。习近平总书记指出，“好学才能上进。中国共产党人依靠学习走到今天，也必须要依靠学习走向未来。我们的干部要上进，我们的党要上进，我们的国家要上进，我们的民族要上进，就必须大兴学习之风，坚持学习、学习、再学习，坚持实践、实践、再实践。”当前，我们有些干部在剖析自身缺点时常常使用“对理论学习抓得不够紧”、“对理论学习不够深不够透”等字眼，自以为理论学习无关痛痒、可有可无。这实际上是一个大问题、大缺点，暴露出这些干部漠视理论学习，对理论满足于一知半解、囫囵吞枣的严重问题，如果任其发展，极易造成理想动摇、信仰缺失，甚至患上“软骨病”。事实上，好的思路、好的办法、好的决策，必须靠深厚的理论根底和渊博的知识作基础。置身知识更新如此迅疾、多种思潮跌宕冲突的时代，开展教育实践活动，我们就更应该强化学习教育，引导党员、干部特别是处以上领导干部牢固树立宗旨意识、群众观点，在环境监管和决策实践中，从群众利益出发，充分考虑群众的切身利益和承受能力，维护好群众利益，着力解决思想上漠视群众、感情上疏远群众、工作上脱离群众的问题。在此基础上，要经常“照照镜子”，经常想一想自己的能力和水平能否适应履职重托，自觉多读书、多思考、多运用，以书为友、终身学习，既要向书本学习，也要向群众学习、向实践学习，做一个热爱学习、善于学习，贴近群众、掌握群众工作方式方法、情系群众环境权益的环保干部。

（二）以“五项承诺”取信群众。

为自觉接受群众监督，维护群众环境权益，1月份我厅立足于早动员、早部署，抓特色、抓践行，率先开展以为民务实清廉为主要内容的环保为民教育实践活动，活动启动的标志性工作就是通过媒体向社会公开作出五项承诺：环保审批依法快捷，主动服务发展大局；环境监测公开透明，保障公众环境知情权；环境执法严格公正，维护群众环境权益；环境质量保持优良，努力建设美丽广西；环保队伍阳光履职，坚决做到务实清廉。厅党组提出的“五项承诺”，涵盖了所有环境保护工作的重点领域和关键环节，如环保审批、环境监察、环境执法、环境信息公开和公正执法等。“五项承诺”作为履职诺言，顺应了人民群众对环保工作的关切期盼，展示了环保系统立足本职、改进作风、树立新形象的坚定决心。在教育实践活动中，各处室、各直属单位要在上半年活动取得初步成效的基础上，对照“五项承诺”各项内容进行自查和“回头看”，促使广大党员干部自觉把“五项承诺”注入依法行政的每一个细节，贯穿依法监管的每一个举动，加快推进重大项目环评审批、指导全区开展 $PM_{2.5}$ 监测和发布、依法公正严惩环

境污染企业、落实九项措施治理雾霾天气措施等工作，以躬身践诺取信群众。

（三）以调查研究联系群众。

今年3月份和5月份，我厅分别组织开展了“全区环境安全检查调研”和“‘美丽广西·清洁乡村’活动实地调研服务活动”，深入各市县、乡镇和农村，掌握了基层的环境保护实情，接了“地气”，磨炼了队伍，大家感受很深、效果较好。危朝安副书记讲：“我认真看了你们的调研报告，你们是真调研。”彭清华书记在我们的调研报告上作出重要批示。这是对我们的鼓舞和鞭策。深入调查研究，有助于我们了解实际情况、听取群众意见、发现和解决问题、密切党群关系，提高各项工作的预见性、针对性和实效性，更好地推进环境保护事业发展。在教育实践活动中，厅党组将组织党员、干部，特别是领导干部继续到基层开展“问政于民、问需于民、问计于民”的调研活动，引导党员、干部深入实际、深入基层、深入群众开展调查研究，虚心向群众学习，热心为群众服务，诚心接受群众监督，使调研制度化、常态化。做到坚持深入实际，了解真实情况，求得实情，抓住关键信息、重要苗头、主要矛盾不放，找到解决群众关心关注的环境问题的办法；坚持深入基层，解剖麻雀，既要“身入”又要“心入”，要“下马看花”、“解剖麻雀”，发现基层工作的新情况新问题、偏差与盲点，获得观察问题的新视角、解决问题的新思路；做到从群众中来、到群众中去，广泛听取群众意见，自觉到群众反应强烈、环境问题多的地方，到环保工作开展困难的地方，到环境隐患和风险集中的地方，问计于基层，问计于群众，把调查研究作为联系群众的桥梁和纽带。

（四）以环境安全情系群众。

根据我区环境安全形势，厅党组把2013年定为“环境安全年”。今年以来，我厅严格实行“环境区域负责制”、“环保监管员制度”、“环境举报奖励制度”、“定期研判环境安全形势制度”、“环境风险基础课题研究制度”，启动了《广西饮用水水源地环境现状调查及保护对策研究》、《广西近岸海域水环境质量变化及保护对策研究》和《南宁市饮用水水源地安全保障对策研究》等重点课题研究。深入开展了“环境安全年1、2号行动”，共派出241支现场检查组3000多名环保人员，突击检查14个市424家酒精、淀粉、制糖等季节性生产企业，发现127家企业存在不同程度的环境问题，既给违法排污企业以高压态势，也锻炼了环保队伍，提高了环境应急能力和环保信息化建设水平，效果也非常明显，截至目前全区没有发生较大等级以上污染事件。开展了环境与健康领域的研究，公开曝光了挂牌督办企业16家，有效解决了一批损害群众健康和影响科学发展的突出环境问题，消除了一系列环境风险隐患，保障了群众的环境权益。但是，我们也要清醒地认识到，由于种种原因，我区积累了一系列突出的环境问题，环境安全形势严峻，如去年全年共发生20起环境事件，特别是龙江镉污染事件严重影响了群众的切身利益和党委政府的威信。在开展教育实践活动中，我厅要把保障群众的环境权益作为教育实践活动的具体体现，继续深入开展“环境安全年行动”、环境风险隐患大整治“回头看”活动和保障群众环保专项行动，认真履行环保监管职责，坚守生态红线，保住环境安全底线，以环境安全情系群众。

（五）以从严治厅服务群众。

随着生态文明建设和科学发展的不断深入，环境保护系统地位明显提升、部门权力明显增大、项目和专用资金日益增多，环境保护系统惩治和预防职务犯罪工作的形势也日益严峻。据有关部门统计，全国环境保护系统人员2010年处分607人，2011年处分567人，总数有下降趋势，其中广西2010年处分3人，2011年处分13人，2012年处分14人，上升趋势明显。对照我们自身，有的机关干部思想松懈、作风松散、纪律松弛；有的服从意识淡薄，责任心不强，履职不尽责，工作不努力，落实领导的要求迟缓，自己处理不了也不报告，捂着瞒着；有的服务意识淡薄，工作态度粗暴，办事无故拖延；有些干部战略思维能力欠缺，深入思考问题的主动性不强，深入分析现阶段环境特征的积极性不高，提出解决复杂环境问题的能力有限；不少干部习惯于凭经验、按老方法办事，墨守成规、满足于现状，不敢突破“惯例”的问题比较突出。今年，厅党组全面开展了以“严党性、严学习、严管理、严责任”为主要内容的“从严治厅”活动，要求每个环保干部都要始终心存敬畏，如履薄冰、如临深渊、不敢懈怠，工作全力以赴、尽心尽力、尽职尽责。当前，自治区党委、政府提出要与全国同步全面建成小康社会，环境保护的新情况、新问题层出不穷，环境保护工作面临的压力和挑战前所未有。在开展教育实践活动中，我们要着力提高领导班子决策的科学化水平、提高干部队伍素质的多能化水平、提高机关建设的规范化水平、提高业务监管的精准化水平。通过教育实践活动，建立长效机制，形成制度成果，通过将严密制度、规范程序、明确责任、奖罚分明，形成用制度管权、管事、管人的良好机制，做到行必责实、章必严循、事必明责。我们要强化部门联动机制工作创新，落实6月份与自治区人民检察院共同签署的《关于在全区环境保护系统开展预防职务犯罪工作的意见》等各项制度，形成工作长效机制。

（六）以解决问题赢得群众。

为强化环境社会监督管理，严厉打击危害公共安全的环境违法行为，我厅于3月15日起实施了《环境违法行为有奖举报暂行办法》，对举报人提供的有效举报，经核实后给予1000~30000元的奖励。我厅共发放了15万张环保宣传挂图，2万册宣传册，使有奖举报制度进乡入街，努力营造人人参与环境保护，人人监督污染环境行为的社会氛围。实施以来，共接到举报投诉500多件，对群众的投诉和反映的问题，我厅均进行认真核实和分类处理，做到件件有落实，事事有回音。对环保部门而言，开展教育实践活动，归根结底就是要通过教育实践活动为民办实事、办好事，通过解决群众关注的环境重点、热点、难点问题，解决群众看得到、摸得着的实事，让人民群众真真切切感受到党的优良作风，体会到党和人民的血肉联系，赢得群众的支持和拥护。在教育实践活动中，我们要把解决问题作为教育实践活动的出发点和落脚点，深入开展“五个一批”活动，即调处一批环保事故纠纷，查处一批环境案件，推进一批重大建设项目，下放一批审批权限，整治一批农村村庄环境，坚持有什么问题就查摆什么问题、解决什么问题，做到真转真改，说到做到。我们要力争每个环节都有群众参与，让群众监督和评议，不搞“自说自话、自弹自唱”，不搞闭门修炼、体内循环，努力把我厅打造成为“党委政府信任、人民群众喜爱、污染企业惧怕”的为民务实清廉部门。

三、切实加强组织领导，确保教育实践活动取得实效

这次教育实践活动时间紧、任务重、要求高。全厅上下要在结合环保工作上下功夫，在深化活动成果上下功夫，在领导干部带头上下功夫，把开展好教育实践活动作为一项重大政治任务抓紧抓好抓实。

（一）加强组织领导。

厅党组多次召开会议，精心研究教育实践活动开展。明确了由我本人亲自抓，分管厅领导具体抓，厅教育实践活动领导小组及办公室具体抓落实的工作格局。机关各处室、各直属单位要做到思想上高度重视、工作上落实责任、组织上提供保障、实施中不走过场。各直属单位要成立相应的工作机构，主要负责同志要认真履行本单位活动第一责任人的职责，确保教育实践活动顺利开展，取得实效。

（二）领导干部要做好表率。

厅领导班子和处级党员领导干部要以身作则、率先垂范，带头贯彻落实中央“八项规定”，带头开展好教育实践活动，厅领导要严格执行厅领导联系点制度，加强对联系单位教育实践活动的指导。

（三）注重务实创新。

全厅要按照中央、自治区和厅党组的部署要求，坚持从实际出发，创新教育实践活动的组织方式、实践载体，注重发挥典型的示范和警示作用，增强教育实践活动的针对性和实效性，力戒形式主义走过场，要着力解决环保突出问题，紧紧围绕为民务实清廉，按照“深入践行五项承诺，维护群众环境权益”的活动主题，“不虚”、“不空”、“不偏”地开展教育实践活动，确保取得实效。

（四）加强检查指导。

厅教育实践活动领导小组办公室要定期检查指导各单位的教育实践活动情况，防止活动走过场、出偏差。机关各处室、各直属单位要自觉接受厅活动办和上级督导组的监督和指导，重大部署、重大活动、重大问题要主动请示汇报。

（五）营造良好氛围。

厅宣传教育中心、信息中心等要充分发挥各自的宣传优势，利用报刊、电视、网络、简报等加大宣传力度，强化正面宣传和舆论引导，宣传我厅深入开展教育实践活动的重大意义、及时反映我厅教育实践活动的好经验好做法，营造良好的宣传氛围。

（六）坚持统筹兼顾。

要围绕中心、服务大局，把开展活动与全面贯彻落实党的十八大精神结合起来，与“五项承诺、环境安全、管理转型、从严治厅”的工作方针结合起来，与完成环保中心任务结合起来，统筹兼顾、科学安排，安排好时间和精力，使活动每个环节、每项措施都为中心工作服务、为群众服务，做到两手抓、两促进，以开展教育实践活动促进各项工作开展，以工作成效检验教育实践活动成效。

同志们，开展党的群众路线教育实践活动是一项重大的政治任务，全社会充满期待，人民群众寄予厚望。全厅广大党员、干部一定要以高度的政治责任感、饱满的精神状态和良好的作风，全面贯彻落实中央、自治区和厅党组的决策部署和要求，扎实有效地开展好这项活动，为推动我区环保事业新发展、加快实现富民强桂新跨越、与全国同步全面建成小康社会作出新的更大贡献！

规划与投资

【综述】 2013年，自治区环境保护厅开展“十二五”规划实施中期评估，编制环境功能区划和近岸海域污染防治规划等，强化预算资金和专项资金项目管理，促进环保事业发展。

【环境规划】 *环保规划实施中期评估* 2013年，自治区环境保护厅完成广西实施《国家环境保护“十二五”规划》2012年调度工作，形成《调度报告》上报环境保护部。完成《国务院关于进一步促进广西经济社会发展的若干意见》和《广西北部湾经济区发展规划》实施中期评估中的生态环境保护和生态建设相关评估。完成《广西壮族自治区国民经济和社会发展第十二个五年规划纲要》环境保护领域主要任务和主要指标实施情况中期评估。会同自治区林业厅完成《广西壮族自治区环境保护和生态建设“十二五”规划》实施中期评估。

环境功能区划编制 2013年，自治区环境保护厅积极推进环境功能区划编制，环境保护部同意将广西列为第二批全国环境功能区划编制试点地区，组织技术力量开展《广西环境功能区划报告》编制。牵头组成规划编制工作组生态环境专责小组，编制《打造珠江—西江经济带“绿色经济带”问题研究报告》，为编制珠江—西江经济带发展规划提供生态环境方面的素材。

饮用水水源地环保规划 2013年，自治区环境保护厅积极推进全自治区集中式饮用水水源地保护区的划定。督办饮用水水源保护区划定工作滞后的市县，督促滞后市县“限期上报”；开展全自治区乡镇集中式饮用水水源保护区划定工作，不断改进工作方法，请求自治区人民政府向各地市人民政府批转了自治区环境保护厅工作方案（桂环报〔2013〕28号），为提高保护区划定效率奠定基础；强化培训、指导，举办全自治区乡镇集中式饮用水水源保护区划定培训班，邀请国内权威专家对各市县（区）有关人员进行培训。推动《全国城市饮用水源地环境保护规划（2008~2020年）》实施，草拟《全国城市饮用水源地环境保护规划（2008~2020年）广西实施工作方案》，将规划任务明确部门职责并逐项分解落实。印发《关于开展全国城市饮用水水源地环境保护规划（2008~2020年）实施情况评估工作的通知》，组织各地市开展规划中期评估工作，通过评估达到认清形势、梳理问题、抓紧工作的效果。强化饮用水水源环境基础评估，完善评估工作机制，评估工作进入“常态化”；评估工作由市级拓展到县级；组织各地市开展2012年度城市饮用水水源环境基础评估工作，并首次对县级集中式饮用水水源环境状况进行年度评估。

近岸海域污染防治规划 2013年，自治区环境保护厅牵头组织自治区海洋环境监测中心站编制《南海近岸海域污染防治“十二五”规划》，多次征求自治区有关单位及沿海三市人民政府意见，与自治区海洋局、自治区发展改革委、自治区住房和城乡建设厅联合印发实施。制订《广西近岸海域环境保护工作实施方案》，明确工作目标、任务、分工及要求。

广西沿海地区海岸带生态红线划定试点 2013年环境保护部将广西沿海地区海岸带列入生态红线划定试点，自治区环境保护厅积极协助项目单位开展广西沿海地区海岸带生态红线划定资料收集、实地调研及划定工作。

【预算资金管理】 2013年，自治区环境保护厅通过采取制订大额专项资金分配下达工作计划，强化重大专项的项目谋划、项目储备，提前做好需要二次分配的各类环保专项资金的项目申报、项目初审和组织专家评审等措施，使环保专项资金和项目管理工作更加主动。自治区财政厅下达自治区环境保护厅的2013年部门预算大额专项资金共计14780万元，包括生态广西建设引导资金3000万元、重金属治理资金2500万元、火电和水泥企业脱硝减排补助资金5280万元、污染源自动控制设施社会化运行补助资金4000万元。

【环保专项资金】 2013年，自治区环境保护厅获得专项资金共76403万元。其中中央资金43985万元，龙岩滩水库湖泊生态环境保护专项资金补助2200万元，环境空气监测网络建设项目(二期)专项资金965万元,重金属治理专项资金5820万元,中央农村连片整治35000万元;自治区本级财政下达广西各类环保专项资金累计约32418万元,其中能力建设资金5912万元,污染防治资金11901万元,农村环境连片整治专项资金10760万元,生态广西建设引导资金3000万元,基建投资500万元,其他资金345万元。

【专项资金项目管理】 重金属污染防治专项资金项目管理　2013年,国家和自治区分别下达自治区环境保护厅两批共8320万元重金属污染防治专项资金。为使专项资金发挥更好效益,自治区环境保护厅对资金项目进行仔细筛选,会同自治区财政厅组织专家对申报项目进行技术评审,在厅内部组织专题会充分听取有关处室意见,最后由厅领导审定。为规范项目申报、筛选、审定等程序,制定《重金属污染防治专项资金项目管理办法》,会同自治区财政厅印发实施,专项资金管理模式有所突破。

农村环境连片整治示范项目　2013年,自治区环境保护厅会同自治区财政厅组织编制《2013年广西农村环境连片整治示范工作实施方案》,并报自治区人民政府审议,获得自治区人民政府同意。在漓江流域、桂东南西江流域、桂中红水河流域、北部湾沿海地区等4个重点区域内,选择22个示范县564个行政村深入推进实施农村环境连片综合整治,总投资5.448亿元,其中中央财政补助3.5亿元,自治区财政安排1.05亿元,有关县(市、区)配套0.898亿元。同时,加强对2011~2012年农村环境连片整治项目的监督管理,配合审计部门开展农村环境连片整治示范项目审计工作,并及时组织力量对项目进行验收,确保项目取得较好的环境效益和社会效益。

生态广西建设引导资金项目　2013年,自治区环境保护厅根据自治区财政厅《生态广西建设引导资金管理暂行办法》的有关规定,以及《2011~2015年生态广西建设引导资金项目申报指南》确定的支持方向,确定2013年支持项目58个,下达资金总额3000万元。自治区环境保护厅与自治区财政厅联合发文组织各地开展2014年引导资金项目征集和申报工作,共收到项目申报材料190个,涉及种植、养殖、加工等生态农业,特色农林产品示范基地建设,有机产品基地建设、认证,农业废弃物循环利用项目等。

生物多样性保护专项资金项目　2013年,自治区环境保护厅获得国家专项资金50万元,用于开展广西都安县洞穴生物多样性本底调查,年内完成调查项目工作方案,并开展实地调查,完成30个洞穴的调查工作。

贺州市昭平县昭平镇龙坪村生态村建设

政策与法规

【综述】 2013年，自治区环境保护厅承担广西环境保护立法规划、计划，并组织实施；组织环境保护行政处罚、行政复议、行政诉讼应诉等工作；参与有关环境经济政策制定，指导并督促地方推进环境经济政策工作，促进广西环境保护与经济社会健康和谐发展。

【环保经济政策】 *绿色信贷* 2013年，自治区环境保护厅加强与中国人民银行南宁中心支行对接和沟通，进一步畅通省、市、县三个层次的环境保护和金融信息沟通渠道。环境保护部门按时向金融部门通报企业环境行政处罚、行政审批、清洁生产审核等信息，以及环境污染防治、污染减排的新政策、新举措。2013年广西各级环境保护部门共向中国人民银行南宁中心支行和广西银监局移送企业环境信息2936条。

环境污染责任保险试点 2013年，广西积极开展环境污染责任保险试点探索工作。自治区环境保护厅就广西开展环境污染责任保险试点工作中遇到的问题，主动与自治区金融办、保监局沟通，共同研究。会同广西保监局研究试行政府统筹区域环境污染责任保险有关事宜，同时邀请中国人民财产保险公司人保财险广西分公司就办法的草拟进行多次具体磋商。

【环保法制建设】 2013年4月28日，《广西壮族自治区机动车排气污染防治办法》经自治区第十二届第六次常务会议审议通过，并于6月13日发布，自2013年8月1日起施行。该办法的出台对广西机动车排气污染防治，保护和改善大气环境，保障公民身体健康，以及污染物总量减排有着重要的意义。

2013年3月27日，《广西壮族自治区机动车排气污染防治管理办法》立法听证会召开

【行政处罚】 2013年，自治区环境保护厅贯彻落实国务院关于行政审批和行政处罚体制改革的部署，简政放权，确保各辖区环境违法行为得到快速处置，厅本级行政处罚工作得以减轻，将主要精力放在重大疑难及法律法规规定的应由省级环境保护部门处理的案件上。年内共对2家企业的环境违法行为作出行政处罚，共计罚款30万元；对1家企业的环境违法行为责令限期改正。

2013年，自治区环境保护厅继续组织各级环境保护部门开展行政处罚案卷评查工作。抽查单位由2012年的3个设区市环境保护局扩大到5个，抽查案卷相应扩大到10个，各市自查和抽查案卷总数也有所上升，达到487件。

【行政复议】 2013年，自治区环境保护厅进一步规范行政决定文书，落实行政复议权利告知制度，规范行政复议接待工作，成立自治区环境保护厅行政复议办公室并制定《环境保护厅行政复议操作规范》。年内共受理行政复议2起，其中依法作出行政复议决定1起，经调解撤回行政复议申请1起。自治区环境保护厅作为行政复议被申请人3起，其中环境保护部维持2起，当事人撤回行政复议申请1起。

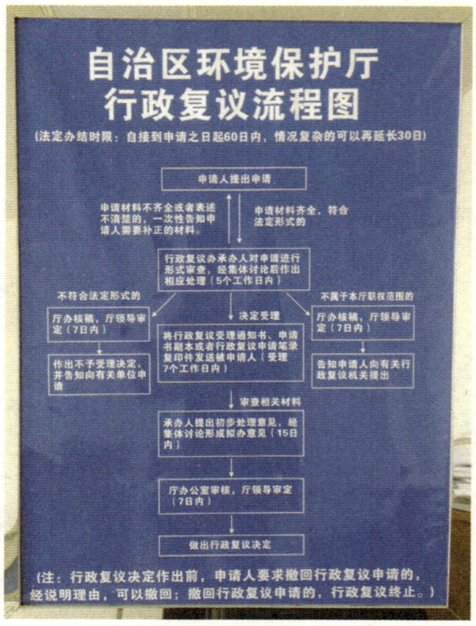

自治区环境保护厅行政复议流程图

机构改革与人事

【综述】 2013年,自治区环境保护厅围绕建设高素质干部队伍的目标,以干部人事制度改革为重点,以“从严治厅”和事业单位改革为抓手,着力加强机构建设和干部队伍建设。全自治区环保机构编制进一步增加,干部队伍整体素质明显提高。

【环境保护机构】 2013年,广西各级环保部门共有环保机构382个,职工总数4824人。自治区环境保护厅在机构设置上有新突破,厅机关增设核设施安全管理处、重金属污染防治处,直属单位增设环境保护信息中心、环境保护对外合作交流中心,增加并配备到位1名副厅长,增设核总工职数和2名副巡视员,实现领导班子人数的历史性突破。各市县的环保能力建设也得到增强,14个市环境保护局新成立机构28个,阳朔县成立9个乡镇环境保护村镇规划建设管理站,填补了乡镇环保机构的空白。

【机构及编制调整】 2013年,广西共有各级环保机构382个(其中行政机关130个,事业单位252个),编制总数4181名。自治区环境保护厅共增设2个内设机构(核设施安全管理处、重金属污染防治处)和1个直属单位(广西壮族自治区环境信息中心),增加行政编制8名、全额拨款事业编制30名,增加处级领导职数7名(含正处长级核安全总工程师1名)。在广西壮族自治区环境保护科学研究院挂牌成立了广西壮族自治区环境保护对外合作交流中心。

【事业单位机构改革】 2013年2月,自治区机构编制委员会《关于自治区环保厅所属事业单位清理规范意见的通知》,对自治区环境保护厅所属事业单位的领导职数、人员结构比例、主要职责进行了明确规范,并同意广西壮族自治区北海海洋环境监测中心站更名为广西壮族自治区海洋环境监测中心站;同意广西壮族自治区辐射环境监督管理站增挂广西壮族自治区核与辐射事故应急技术中心牌子;同意广西壮族自治区固体废物管理中心增挂广西壮族自治区危险废物鉴定管理中心牌子。根据《关于印发广西壮族自治区直属事业单位分类方案的通知》(桂编发〔2013〕2号)精神,自治区环境保护厅向自治区机构编制委员会提出所属12个直属事业单位的分类建议。

【干部选拔和人才培养】 2013年,自治区环境保护厅新提拔任用处级干部20名,其中正处长级领导干部7名,副处长级领导干部7名,处级非领导干部6名,为环保中心工作的圆满完成提供坚强的组织保障。开展领导干部竞争上岗选拔,4名同志走上副处级领导岗位。实施机关、直属单位处级领导干部大轮岗,20名处级领导干部轮换工作岗位,是自治区环境保护厅历史上人数最多、最全面的一次轮岗交流。

【“从严治厅”活动】 2013年,自治区环境保护厅围绕打造“党委政府信任、人民群众满意、污染企业惧怕”部门的目标,在深入调研、广泛征求意见的基础上,制订并下发开展“从严治厅”活动工作方案,并认真按照方案抓落实。坚持严字当头,注重督导检查,着重抓好学习教育、问题查摆、整改提高和建章立制工作,主要解决干部队伍中存在的服从意识差、办事拖拉、责任不严、纪律不强四个突出问题,重点培养干部“查督算写帮”五个能力。干部队伍整体素质明显提高。

2013年10月22日，自治区环境保护厅开展处级领导干部竞争上岗面试工作

环境科研与管理

【综述】 2013 年，广西有 233 家环境保护科研、监测技术单位，科技人员 3455 人。首次成立环境保护专家咨询委员会，首批特聘专家包括 2 名中国工程院院士等 22 人，研究领域涉及污染减排与防治、生态环境保护、环境应急处置、核与辐射安全、环境规划、海洋与信息、清洁生产、环保产业等。广西“大气污染防治”、“环境科学”、“环境科学与近岸海域环境保护”3 个院士工作站落户自治区环境保护厅。《广西壮族自治区大气环境容量研究》和《广西农村生活污染源核算体系研究与综合治理技术集成开发》2 个项目获得广西科技进步三等奖。发布实施广西首个地方环保标准《甘蔗制糖工业水污染物排放标准》，实现广西环保地方标准零的突破。

【环境科技管理】 2013 年，广西壮族自治区环境保护科学研究院大力增强环境科技管理，依托人才小高地搭建自治区院士工作站，加强与中国环科院及其院士团队、复旦大学、广西大学、桂林理工大学等单位的交流合作，吸取各合作单位各项研究的先进前沿技术。投入 450 万元购置 ICP-MAS、液相色谱仪、气质联用仪、TOC 分析仪、全自动汞分析仪等大型实验室仪器设备，加强实验室的能力建设。围绕广西经济社会发展和环境保护的重点难点技术问题开展 50 余项科技研究，领域覆盖生态、大气、水体、土壤、工业园区、污染物、污染源、污染事故、农村等，研究类型包括政策研究、基础研究、重大问题调研、治理技术、标准研究、环境规划等。成功申报 2 项广西科技厅 2014 年广西科学研究与技术开发计划课题。

开展系列科技研发及成果推广应用工作，集成开发广西农村地区生活污染综合治理技术，并发布《广西农村生活污水处理技术指南》(2013 年）和《“美丽广西 · 清洁乡村”“清洁水源”专项活动技术指南(试行)》。开展农村环境连片整治示范工程；组织开展“美丽广西 · 清洁乡村”先进适用技术名录筛选工作，推进集成示范淀粉废水治理和清洁生产新技术集成示范，为广西污染物总量减排、污染防治和环境风险防控等工作提供有力技术支持。

【科技成果获奖】 2013 年，《广西壮族自治区大气环境容量研究》和《广西农村生活污染源核算体系研究与综合治理技术集成开发》2 个项目获得广西科技进步三等奖；《水质油类采样装置》和《一种带循环搅拌器的气压式沼气池》获得国家知识产权局颁发实用新型专利证书。

【地方环境标准制定】

甘蔗制糖行业清洁生产评价指标体系

组织单位：广西壮族自治区质量技术监督局

广西壮族自治区环境保护厅

承担单位：广西壮族自治区环境保护科学研究院

项目组长：张立宏

项目组成员：赵侣璇、曾广庆、覃楠钧、徐以印、罗栋源、张俊、宋晓薇

该课题是自治区质量技术监督局“2013 年第十二批广西地方标准制定(修订)项目”中两个环境保护标准之一。主要通过企业调查、收集行业相关资料、文献检索、专家咨询等方式，掌握广西甘蔗制糖企业的生产和主要污染物产生现状。分析广西甘蔗制糖企业的生产现状和《清洁生产标准　甘蔗制糖业》(HJ/T186—2006) 在执行过程存在问题的基础上，重新制定广西甘蔗制糖行业清洁生产评价指标体系。该标准的制定为广西甘蔗制糖企业开展清洁生产提供技术支持和导

广西壮族自治区地方标准《甘蔗制糖行业清洁生产评价指标体系》在自治区环境保护厅召开开题论证汇报会

向，为环境管理、环境影响评价以及制糖企业清洁生产审核提供重要依据，促进广西制糖工业产品结构调整，向规模化、集约化发展，促进“十二五”减排的实施。

2013 年 12 月，该课题已完成广西壮族自治区地方标准《甘蔗制糖行业清洁生产评价指标体系》标准文本和编制说明的初稿。

木薯淀粉行业清洁生产评价指标体系

组织单位：广西壮族自治区质量技术监督局

广西壮族自治区环境保护厅

承担单位：广西壮族自治区环境保护科学研究院

项目组长：赵侣璇

项目组成员：陈志明、张立宏、林华、曾广庆、徐以印、张俊、罗栋源、覃楠钧、宋晓薇

该课题是自治区质量技术监督局“2013 年第十二批广西地方标准制定（修订）项目”中两个环境保护标准之一。课题通过现场调研，尤其是以广西木薯淀粉行业最高水平的企业作为重点，实地对其生产的全过程进行调查，掌握木薯淀粉生产方法、工艺设备水平、污染物产生及污染防治技术、资源能源利用、废物综合利用等情况。旨在通过调研掌握广西木薯淀粉行业的清洁生产水平现状，制定合理可行的木薯淀粉行业清洁生产评价指标体系，促进广西木薯淀粉行业走清洁生产的道路，为企业开展清洁生产提供技术导向，增强广西木薯淀粉行业环境管理能力，推进广西木薯淀粉产业结构调整和行业转型升级，促进木薯淀粉行业的可持续发展，保障广西环境安全。

2013 年 12 月，该课题已完成标准制定技术大纲的编制。

广西有色金属行业采选业废水排放标准

组织单位：广西壮族自治区环境保护厅

承担单位：广西壮族自治区环境保护科学研究院

项目组长：张立宏

项目组成员：赵侣璇、曾广庆、陈志明、罗栋源、徐以印、覃楠钧、张俊、宋晓薇

该课题是自治区环境保护厅科技标准处为配合推进广西重金属污染治理和“十二五”重金属减排，组织开展有色金属行业采选业废水排放地方标准制定项目研究工作。课题通过现场调研，尤其是以广西有色金属行业采选业最高水平的企业作为重点，实地对其生产的全过程进行调查、监测，掌握有色金属行业采选方法、工艺设备水平、水污染物产生及治理技术、资源能源利用等情况。旨在掌握广西有色金属行业采选业废水产生及排放情况，科学评估有色金属行业采选业废水排放地方标准制定的必要性和可行性，为地方标准制定提供决策依据。

2013年10月22日，《广西有色金属行业采选业废水排放标准》课题组在广西华锡集团股份有限公司车河选矿厂开展调研工作

2013 年 12 月，该课题已完成资料搜集、现场调研和标准制定项目研究技术大纲的编制工作。

【环境科研项目】

广西茧丝绸业（印染）可持续发展调查研究

项目类别：调查研究

组织单位：广西壮族自治区环境保护厅

承担单位：广西壮族自治区环境保护科学研究院

项目负责人：于嵘

项目组成员：步秀芹、叶凡、唐国滔、苏相琴

课题通过对广西茧丝绸业的发展现状、发展方向和发展方式的调查研究，了解和掌握促进广西茧丝绸产业健康可持续发展的产量优势和丝绸印染环节缺失的制约因素，从规划产能、实际产能和经济效益方面进行茧丝绸业发展预测。根据广西桑、蚕、丝现状及发展规划，结合主体功能区、水资源情况、印染企业生产特点及环保要求，重点分析和把握规划建设茧丝绸印染企业的资源环境可行性，并以国家对该产业的环境保护要求与调查结果进行比较分析。从科学发展观、环境保护的角度，针对产业规划和政策、项目规划布局、严格丝绸印染项目审批等方面，提出对广西茧丝绸业（印染）可持续发展工作的对策和建议。

广西饮用水水源地环境现状调查及保护对策研究

项目类别：调查研究

组织单位：广西壮族自治区环境保护厅

承担单位：广西壮族自治区环境保护科学研究院

项目负责：谭良

项目组成员：曾广庆、于嵘、陈志明、庞少静、班美玲、谢华、叶凡、陈秋颖、步秀芹

课题在对广西县级以上集中式饮用水水源地开展基本情况调查的基础上，掌握饮用水水源地基础环境

现状及周边污染源,分析水源地存在的问题及其原因,从政策法规、管理机制、区划选址、点源整治、面源治理、清洁乡村、监测能力、备用水源、隔离防护、风险防范等方面提出了五大对策措施,并提出保护区划分和取水口调整、排污口及违法企业整治、桉树林改造、水源地农村环境综合整治、备用水源地建设、保护区防护设施建设、水源地水质自动监测建设、环境风险防范控制八大工程措施清单。该项成果有利于促进广西水源地环境管理工作的规范化、制度化和科学化;对进一步加大饮用水源地管理力度,提升管理水平,降低水环境风险,保障饮用水安全具有十分重要的意义。

广西饮用水水源地环境现状调查及保护对策研究课题技术评审会

课题组向参会专家汇报研究成果

淀粉废水治理和清洁生产新技术的研发与集成示范

项目类别:科技攻关与新产品试制

组织单位:广西壮族自治区科学技术厅

承担单位:广西壮族自治区环境保护科学研究院

广西武鸣县吉瑞淀粉厂

广西武鸣县苏泰淀粉厂

项目组长:余婉丽

项目组成员:张立宏、朱其虎、赵侣璇、韩彪、曾广庆、潘瑞坚、苏俊杰、陈立胜、冯波、黄付平、张维维、王启明、徐以印、张俊、张萍、李聘、韦英洵、郑广林、张广艳、吴敏、陈森

通过对木薯淀粉废水治理和清洁生产新技术的研究应用,寻求高效的木薯淀粉废水治理和循环利用、木薯渣资源化综合利用的清洁生产新技术。推行源头削减、过程控制以及末端治理相结合的综合防治措施,使广西淀粉企业的主要污染物得到有效削减。同时,在广西开展淀粉行业清洁生产技术和废水治理技术的示范和推广,将有利于广西污染物总量削减任务的完成,实现环境保护与木薯淀粉工业发展的双赢。

研究采用UASB-生物接触氧化法-混凝工艺处理木薯淀粉废水,确定该工艺运行的最佳参数,排放废水水质达到《淀粉工业水污染物排放标准》(GB25461-2010)要求;同时开发木薯淀粉生产工艺废水多级逆流循环利用技术,淀粉生产工艺废水循环利用率达到65%以上;研发木薯渣作为原料生产酒精、瓦楞纸和纱管纸的资源化利用新技术,并在企业中实现规模化生产。

课题在广西武鸣县吉瑞淀粉厂、广西武鸣县苏泰淀粉厂建立了两条木薯淀粉废水处理、循环利用的生产线,在广西农垦明阳生化集团股份有限公司建立了1个淀粉生产工艺废水多级逆流循环利用技术示范点和1个木薯渣资源化综合利用技术示范点,取得良好的社会、环境和经济效益。课题解决传统木薯淀粉工业生产新鲜水耗量和废水产生量大、出水难以稳定达标等问题,可为淀粉行业的节能减排和提高清洁生产水平提供科学依据及技术支持。

2013年9月18日,广西壮族自治区科学技术厅组织相关专家对课题进行验收。根据验收专家评审意见,该课题较好地完成有关部门下达的研究任务,一致同意该课题通过验收。

2013年9月18日,淀粉废水治理和清洁生产新技术的研发与集成示范通过自治区科技厅的项目验收

广西南丹环境与健康试点调查技术报告(2012年度)

项目类别:调查研究

组织单位:广西壮族自治区环境保护厅
广西壮族自治区卫生厅
承担单位:广西壮族自治区环境保护科学研究院
合作单位:广西壮族自治区环境监测中心站
广西壮族自治区职业病防治研究院
广西医科大学
广西壮族自治区南丹县环境保护局
主　编:余婉丽
副主编:陈志明
编写人员:谭良、曾广庆、莫招育、谢鸿、廖平德、秦旭芝、张振明、黄才千、张志勇、邹云锋、毛敬英、魏艳红、唐丽、黄喜寿、梁桂云

在广西开展环境与健康试点专项调查,对于切实掌握广西重点地区主要环境污染对人群健康影响的基本情况,探索环境风险管理模式具有重要意义,是推动环境管理实现"削减总量、改善质量、防范风险"跨越式发展的客观需要。通过实施专项调查,掌握广西试点地区主要环境问题对人群健康影响的基本情况,评估环境污染带来的健康风险,形成环境与健康工作技术支撑框架及跨部门工作长效机制。通过采用分期、分批、分阶段逐步推进的方式,开展广西试点地区环境污染与健康综合调查,掌握广西环境污染影响人群健康基本情况以及高暴露人群和敏感人群(高危人群)分布特点;针对危害人群健康污染特征及人群健康风险,提出切实可行的防控对策及措施建议,提升环境与健康监管能力;大力开展环境与健康宣传教育,提高广西人民环境保护与健康意识。

根据环境与健康试点调查要求,结合地方环境质量、污染源调查等历史数据,以及广西土壤污染状况调查结果,广西河池市南丹县的车河镇、大厂镇有多家有色金属企业,其排放的废水、废气和废渣中含有砷、铅、镉等有害重金属,造成当地农田和水体砷、铅、镉等污染,该区域已被划分为广西重金属污染综合防控区。大厂镇废水外排主要受纳水体——平村河下游经过河池市金城江区长老乡平村,当地农田受到平村河河水的污染。因此该调查选择广西南丹环境与健康专项调查选在车河镇、大厂镇以及金城江区长老乡平村为调查区域。同时在南丹县六寨镇巴定社区设置对照区,六寨镇的自然环境、生活方式、经济条件等方面和污染调查区相似,且巴定社区10公里内无相关工业企业。

通过该调查结果表明,南丹调查区域有色金属工业生产已引起当地明显的环境污染问题,工业企业的砷、铅、镉等主要污染物通过废气、废水、矿尘等载体迁移到环境空气、水体、土壤,最后迁移到农作物中;当地居民主要通过膳食、吸入、皮肤接触等途径摄入砷、铅、镉等,导致调查区居民相应内负荷增高,但尚未观察到显著有害的健康效应。

2013年5月13日,该报告通过环境保护部总体专家技术组验收。

广西环境与健康预调查技术报告(2013年度)
项目类别:调查研究
组织单位:广西壮族自治区环境保护厅
广西壮族自治区卫生厅
承担单位:广西壮族自治区环境保护科学研究院
合作单位:广西壮族自治区环境监测中心站
组长:陈志明
编写人员:莫招育、谢鸿、廖平德、秦旭芝、毛敬英、魏艳红、洪欣、梁桂云、黄月英、凌慧娇、莫智明、陶胜康、周文安、段绍恒、谷雨、覃苑、吴易超、林雨倩、唐丽、林华

2013年环境保护部根据2012年试点调查结果,在全国继续扩大"环境与健康"专项调查,为保证该项工作更具科学性和可行性,环境保护部决定正式调查前先进行预调查,下发《关于开展"全国重点地区环境与健康专项调查"预调查工作的通知》(环办函〔2013〕409号),将广西南丹县有色金属矿采选冶炼再次作为环境与健康预调查点位之一,调查类型为重金属污染,完善并深入挖掘2012年广西环境与健康专项试点调查,弥补试点调查工作开展的不足之处,并结合广西是全国14个重金属污染防治重点省区之一的区情开展以下工作:一是由原来的2012年广西环境与健康专项试点调查三大重金属重点防控区之一的南丹县延伸到两大重点防控区即南丹县和金城江区,两个调查区的调查可以相互佐证或相互比较,增强重金属污染健康影响结果的说服力。二是调查行业全面覆盖广西区重金属污染防治重点行业,即重金属有色金属矿(含伴生矿)采选业和重金属有色金属冶炼业。三是立足于重金属复合效应调查,调查因子适当扩展。由以砷、铅、镉等因子调查为主,拓展到铅、砷、镉、汞、锑等因子全面筛查。为下一阶段的正式调查开展进行必要性和可行性探索。

2013年12月21日,该报告通过环境保护部总体专家技术组验收,验收专家一致认同报告结论,建议将广西南丹县—金城江区环境与健康预调查点位适合纳入"专项调查"正式调查范畴。

【清洁生产】 2013年,广西共发布强制性企业清洁生产审核名单两批,将139家企业纳入强制性清洁生产审核,涉及有色金属采选、冶炼业、皮革鞣制加工、化工、水泥制造、轻工等33个重点行业。

广西2013年完成清洁生产审核评估的企业共有47家,完成清洁生产审核验收的企业31家。企业通过实施清洁生产审核,实现污染物排放的稳定达标;通过

有毒有害原辅材料的替换，减少有毒有害原料的使用量和有毒有害废气物的排放量；提高生产效率和资源能源利用率，减少资源和能源的浪费，为企业带来良好的经济效益和环境效益。

【环保社团】 广西生态学学会 广西生态学学会是由生态科学技术工作者及从事生态学研究技术开发等单位自愿组成的学术性、专业性、科普性、地方性的社会团体，是非营利性的社会组织，是广西科学技术协会的组成部分。2013年，按照广西壮族自治区民政厅《关于开展2013年广西社会组织评估工作的通知》（桂民函〔2013〕236号）的要求，参照自治区民政厅制定的《广西学术类社团评估指标》和《广西学术类社团评估评分细则》，评估得分912分，评估结果为4A级社团。

广西环保产业协会 广西壮族自治区环境保护产业协会简称“广西环保产业协会”，成立于1999年，原名“广西环保技术协会”，原隶属于广西壮族自治区环境保护厅，是由在广西境内登记注册的从事环境保护科研、设计、生产、施工、自然保护与资源利用、开发经营、技术咨询、洁净工程、流通和服务单位自愿组成的经济社会团体，是具有社会团体法人资格的跨地区、跨部门、跨所有制的全区性、行业性、非营利性，依法登记的全自治区环保技术的社会经济技术团体。现有团体会员约100多家。

2013年3月11日，召开第三届会员代表大会，大会根据广西壮族自治区人民政府办公厅《转发自治区发展和改革委员会关于加快我区行业协会商会改革与发展实施意见的通知》（桂政办发〔2007〕151号）和《广西壮族自治区行业协会商会管理办法》（自治区人民政府第79号主席令）的“政会分开、机构分设、人员分离、财务分开、财产分清、自主办会”的要求，将广西环保产业协会从自治区环境保护厅分离，改挂靠广西壮族自治区环境保护科学研究院，并更名为广西壮族自治区环境保护产业协会。协会接受广西壮族自治区环境保护厅、广西壮族自治区环境保护科学研究院、民间组织登记管理机关广西壮族自治区民政厅的业务指导和监督管理。

2013年，广西环保产业协会选举产生新一届理事会，会员单位增加近90家。年内4家企业申报香港“恒生泛珠三角环保大奖”，1家企业申报中国环保产业协会技术进步奖，2家企业申报中国环境保护产业行业企业信用等级评价。广西环保产业在结构、规模、技术和市场化水平等方面都取得可喜发展，初步形成博世科、鸿生源、神州环保、华鸿水务、智鸿等一批环保骨干企业，出现一批科研、设计、生产、施工及管理运营一体化的环保企业。博世科获得“院士专家企业工作站、博士后科研工作站、国家级高新技术企业”，主要参加的《轻工过程高浓度有机废水处理关键设备及工程化技术集成创新》项目，荣获2013年中国轻工业联合会科技进步奖及国家教育部科技进步奖一等奖，同时获专利授权49项，其中发明专利10项。鸿生源公司研发的“多级生态净化治理农村生活污水技术”列入国家重点示范推广项目，酒精废液生产液态生物有机肥项目列入自治区科技厅重大技术项目。神州环保公司成功开发一体化模块化污水处理设备SZ-SBBR，研制成功小城镇垃圾资源化、减量化综合处理新技术，参加科技部立项拨款的“中国西南水乡旅游型村镇生态环境修复技术及环境评估数据系统技术”课题的子课题“西南旅游型乡村环境修复污水处理示范”项目。

【重要学术活动】 2013年1月27日，自治区环境保护科学研究院邀请郝吉明院士在广西壮族自治区环境保护科学研究院开展以“中国$PM_{2.5}$污染特征与控制策略研究”为主题的学术报告讲座。

2013年5月，依托人才小高地，郝吉明院士工作站被自治区科技厅认定为自治区第一批院士工作站。

2013年6月，中国工程院院士孟伟委托中国环境科学研究院夏训峰博士就广西壮族自治区环境保护科学研究院与中国环境科学研究院在农村生活污水处理技术开展合作举行座谈。

2013年6月、10月分别举办两期广西涉重金属污染场地风险评估与生态修复培训班，并于2013年11月20~22日举办广西危险废物污染防治技术与政策高级研修班。

2013年9月，广西壮族自治区环境保护科学研究院与郝吉明院士团队联合申报《2014年广西科学研究与技术开发计划课题——大气颗粒物粒径谱仪研发及其在广西重点城市的应用》。

2013年11月15日，由环境保护部环境规划院、复旦大学、国家环境规划与政策模拟重点实验室和中国环境科学学会环境规划专业委员会联合主办“中国环境规划40年发展学术研讨会”在上海复旦大学举行，自治区环境保护科学研究院叶凡、唐丽、何超超、苏相琴、何雅孜、郭诗琪、廖洁、刘慧琳等人参加研讨会。研讨会对40年来中国环境规划领域的学科发展历程和研究成果进行回顾总结，对今后的发展方向提出展望。

2013年12月，广西壮族自治区环境保护科学研究院承办中国环境科学研究院专家考察组赴广西调研活动，并举办座谈会。会上，广西壮族自治区环境保护厅与中国环境科学研究院签订战略合作协议，并为孟伟院士颁发专家聘书。

环境质量

【综述】 2013年，广西壮族自治区环境质量总体良好，但较2012年略有下降。14个设区市环境空气质量均达到二级标准，全自治区环境空气达标天数比例为95.8%，达标城市比例连续两年达到100%；39条主要河流水质达标率为95.8%，城市集中式饮用水水源地水质达标率为98.0%；近岸海域水质总体良好，一类、二类海水比例为81.8%，海水环境功能区达标率为88.6%；环境电离辐射水平保持稳定，电磁辐射水平总体良好；全自治区城市区域、道路交通、功能区声环境质量良好。

【大气环境质量】 *废气及主要污染物排放量* 2013年，全自治区二氧化硫排放总量47.20万吨，比上年减少6.4%。氮氧化物排放总量50.43万吨，比上年上升1.2%。其中工业和生活排放量35.25万吨，比上年增加0.9%；机动车氮氧化物排放量15.17万吨，比上年增加1.8%。

城市环境空气质量 2013年广西城市环境空气质量整体仍保持在二级水平。14个设区市环境空气质量均达到国家二级标准，占统计城市的100%。与2012年相比，达标城市数量不变。各城市环境空气质量综合污染指数（表示城市受污染程度的综合指标）范围为1.00~1.84，平均值为1.36，比2012年(1.24)上升0.12。见图1。

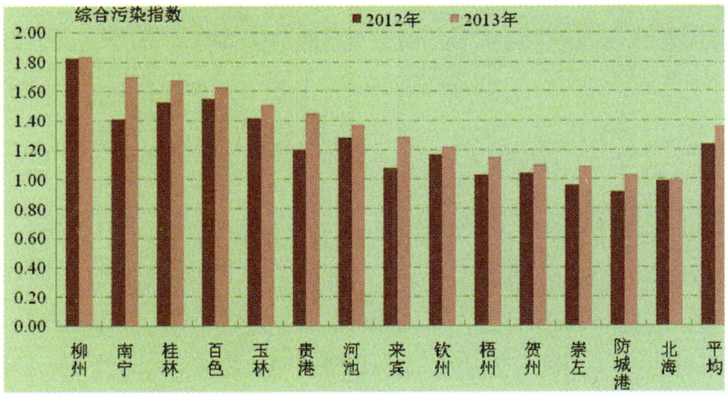

图1 2013年广西14个设区市环境空气综合污染指数排序与上年比较

14个设区市二氧化硫年平均浓度范围为0.010~0.049毫克/立方米，均值为0.025毫克/立方米，与2012年(0.024毫克/立方米)相比有所上升。14个设区市二氧化氮年平均浓度范围为0.013~0.038毫克/立方米，均值为0.024毫克/立方米，与2012年(0.022毫克/立方米)相比有所上升。14个设区市可吸入颗粒物年平均浓度范围为0.043~0.090毫克/立方米，均值为0.064毫克/立方米，与2012年(0.057毫克/立方米)相比上升0.007毫克/立方米。见图2、图3、图4。

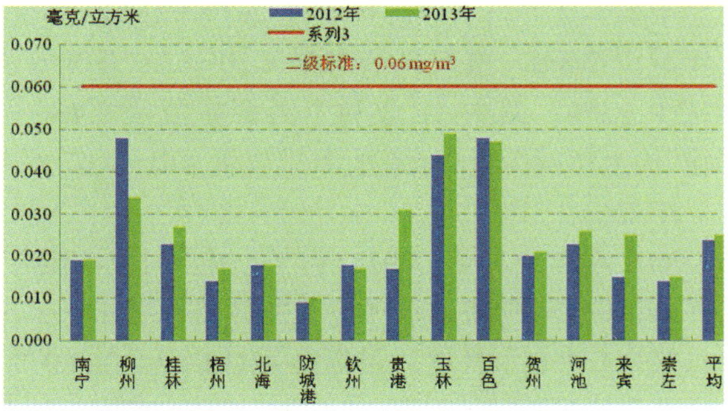

图2 2013年广西14个设区市二氧化硫年均浓度与上年比较

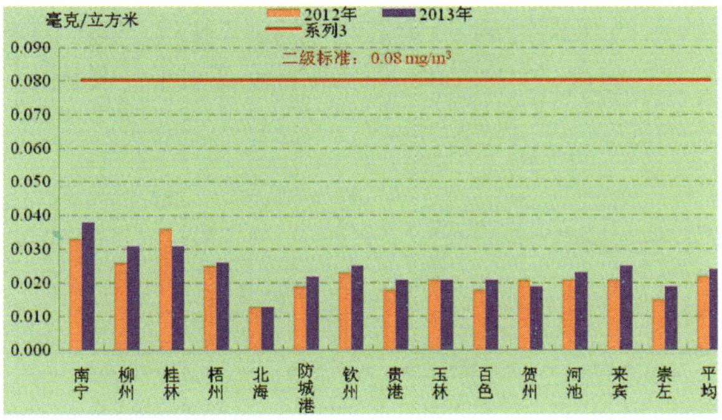

图3 2013年广西14个设区市二氧化氮年均浓度与上年比较

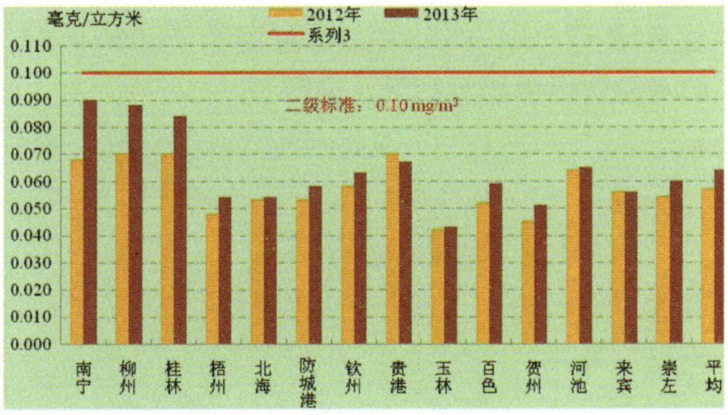

图4 2013年广西14个设区市可吸入颗粒物年均浓度与上年比

酸雨　2013 年广西城市酸雨污染平均水平较 2012 年有所减轻。降水酸度 pH 年均值范围为 4.92~6.09，平均值为 5.50，比 2012 年(5.32) 上升 0.18 个 pH 值单位。酸雨频率范围为 0~56.3%，年平均酸雨频率为 17.9%，比 2012 年(23.9%) 相比下降 6.0 个百分点。见图 5。

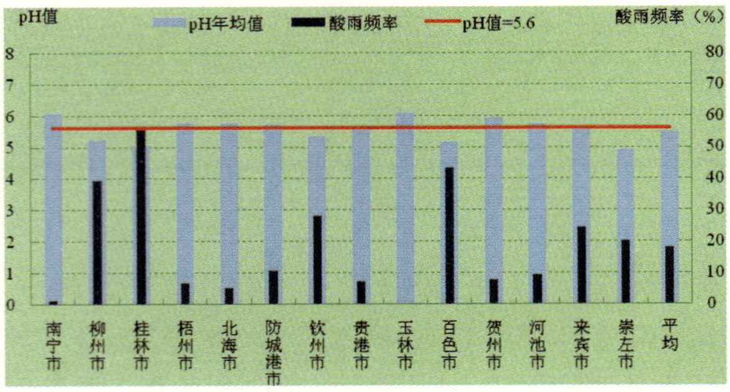

图5　2013年广西14个设区市降水pH值及酸雨频率

【水环境质量】　*废水及主要污染物排放量*　2013 年广西化学需氧量排放总量 75.94~78.03 万吨，比上年减少 2.7%。其中，工业和生活源排放量 54.47~56.07 万吨，比上年减少 2.9%；农业源排放量 21.08~21.57 万吨，比上年减少 2.3%。氨氮排放总量 8.10~8.26 万吨，比上年减少 1.9%。其中，工业和生活源排放量 5.46~5.55 万吨，比上年减少 1.6%；农业源排放量 2.61~2.67 万吨，比上年减少 2.2%。

地表水环境质量　2013 年广西主要河流水质总体良好，大部分河流满足水环境功能区目标要求。其中，水质符合《地表水环境质量标准》(GB3838–2002) 的Ⅲ类标准和达到相应水环境功能目标要求的断面均为 69 个，河流水质达Ⅲ类标准比例和满足水环境功能目标要求的断面比例均为 95.8%，均较 2012 年(97.2%) 下降了 1.4 个百分点，处于 2001 年以来的较高水平。见图 6。

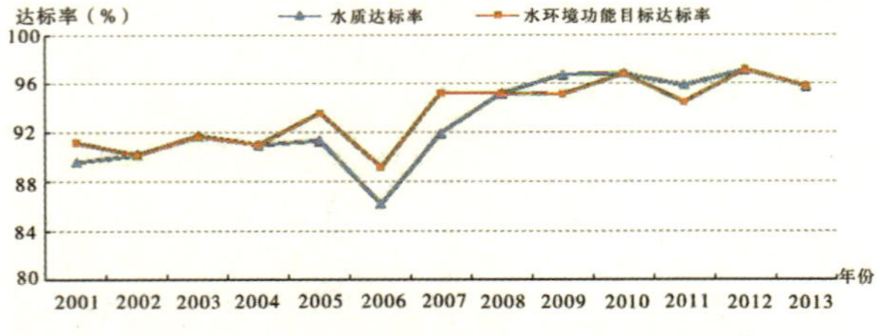

图6　2001~2013年广西主要河流断面水质达标率变化

2013 年月度水质达标率范围为 88.9%~98.6%，其中 5 月、6 月、7 月、8 月达标率范围为 88.9%~94.4%，断面水质达标率相对较低。见图 7。

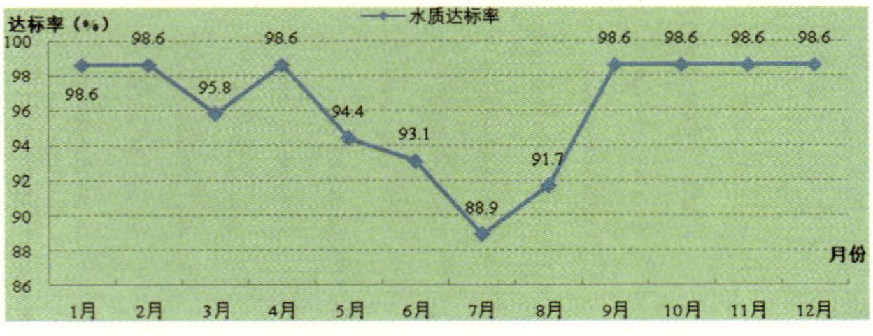

图7　2013年广西主要河流月度断面水质达标率变化

珠江水系的红水河、刁江、黔江、浔江、西江、黄华河、杨梅河、北流江、都柳江、融江、洛清江、龙江、大环江、柳江、漓江、桂江、难滩河、归春河、黑水河、水口河、平而河、明江、左江、剥隘河、右江、邕江、郁江、贺江，长江水系的湘江、资江，独流入海水系的北仑河、南流江、武利江、钦江、防城江、茅岭江、大风江，年均水质均符合Ⅲ类标准，河流水质为“优良”；珠江水系的下雷河(弄欣断面)和独流入海水系的九洲江(文车桥断面)年均河流水质不符合Ⅲ类标准，为“轻度污染”。

2013 年河流水质平均综合污染指数与 2012 年相比整体有所下降。平均综合污染指数相对较高的河流主要有南流江、茅岭江、九洲江、武利江、防城江、下雷河、钦江、大风江，均为独流入海河流。整体河流水质良好。见图 8。

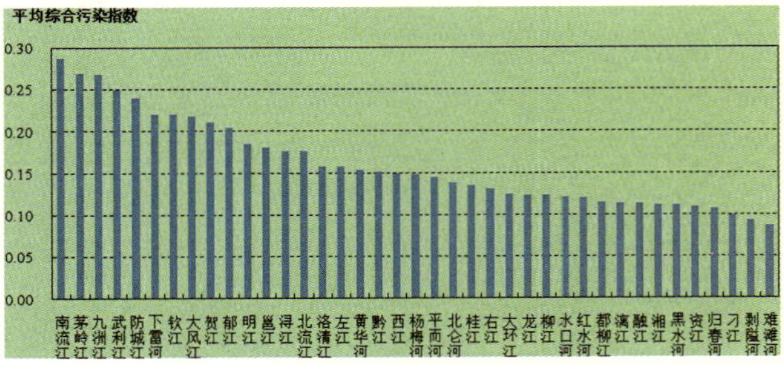

图8　2013年广西主要河流平均综合污染指数

水库水环境质量　2013 年对平龙水库、武思江水库、达开水库、六陈水库、青狮潭水库、澄碧河水库、天生桥水库、平班水库、大王滩水库、西津水库、龙滩水库、岩滩水库、土桥水库、百色水库、那板水库、凤亭河水库、屯六水库、龟石水库、苏烟水库和小江水库共 20 座水库开展水质监测。结果表明，13 座水库水质达Ⅲ类标准，7 个水库水质为Ⅳ～Ⅴ类，主要超标项目均为总磷。水库营养化状态评价显示，除西津水库为轻度富营养状态外，其他 19 个水库均为中度富营养状态。

地下水环境质量　2013 年，广西共设地下水监测点 452 个，地下水监测面积 7277 平方千米。2013 年广西地下水质量以优良、良好级别为主，地下水水质污染以点状污染为主，局部存在有小范围的面状污染。与 2012 年相比，广西地下水水质变化不大。

【近岸海域水环境质量】　*海水环境质量*　2013 年广西近岸海域水质总体良好，与上年相比水质有所下降。44 个监测站位中，水质达《海水质量标准》(GB3097–1997) 一类和二类的站位比例为 81.8%，同比下降 4.6 个百分点；三类水质站位比例为 2.3%，同比下降 2.2 个百分点；四类水质站位比例为 6.8%，同比上升 4.5 个百分点；劣四类水质站位比例为 9.1%，同比上升 2.3 个百分点。海水环境功能区达标率为 88.6%，同比下降 2.3 个百分点。

3个沿海城市中，北海市近岸海域水质为“优”，环境功能区达标率不变，仍为100.0%，所监测的20个站位中，达一类和二类水质的站位比例为100.0%，与上年持平；钦州市水质为“差”，环境功能区达标率不变仍为66.7%，12个监测站位中，达一类和二类水质的站位比例为41.7%，同比下降了8.3个百分点，水质变差；防城港市海水水质为“优”，环境功能区达标率为91.7%，同比下降8.3个百分点，12个监测站位中，达一类和二类水质的站位比例为91.6%，同比下降8.4个百分点，水质有所下降。见表1、图9和图10。

2013年，广西近岸海域海水水质超《海水水质标准》(GB3097-1997)二类标准的因子为无机氮、pH和活性磷酸盐，超标率分别为18.5%、9.7%和3.7%。超标区域为茅尾海海产品养殖、增殖区、金鼓江工业用海区、龙门港口区、钦州港金鼓江污水深海排放区、沙井港航道区、茅岭港航道区、防城港市工业用海区8个区域，同比上年增加钦州港金鼓江污水深海排放区和防城港市工业用海区。

2013年12月28日，中国工程院院士、中国环境科学研究院院长孟伟一行到北部湾调研

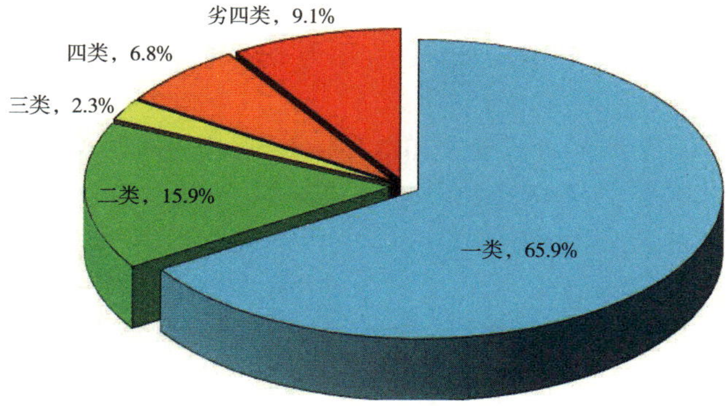

图9　2013年广西近岸海域全年平均海水水质类别图

表1　2012年、2013年广西近岸海域海水水质类别及功能区达标率情况表

海域	年度	站位数	一类（%）	二类（%）	三类（%）	四类（%）	劣四类（%）	功能区达标率（%）	水质状况级别
北海市	2012	20	85.0	15.0	0.0	0.0	0.0	100.0	优
	2013	20	85.0	15.0	0.0	0.0	0.0	100.0	优
钦州市	2012	12	33.3	16.7	16.7	8.3	25.0	66.7	差
	2013	12	16.7	25.0	8.3	16.7	33.3	66.7	差
防城港市	2012	12	75.0	25.0	0.0	0.0	0.0	100.0	优
	2013	12	83.3	8.3	0.0	8.3	0.0	91.7	优
广西	2012	44	68.2	18.2	4.5	2.3	6.8	90.9	良好
	2013	44	65.9	15.9	2.3	6.8	9.1	88.6	良好

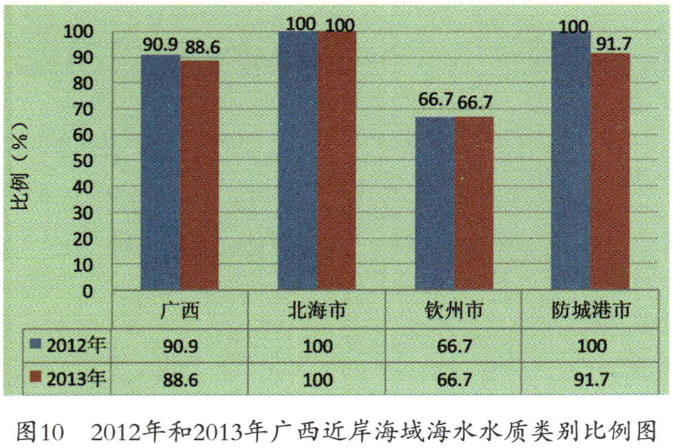

图10　2012年和2013年广西近岸海域海水水质类别比例图

2013年广西近岸海域入海污染物总量同比上年上升4.2个百分点，其中高锰酸盐指数占入海污染物总量的52.4%，总氮占40.9%，同比上年高锰酸盐指数入海量下降2.8个百分点，总氮上升16.0个百分点。从入海污染源看，由高到低的顺序为入海河流（占93.1%）＞市政排污口（占6.2%）＞直排工业污染源（占0.8%）。详见图11、图12。

海洋沉积物质量　2013年广西近岸海域海洋沉积

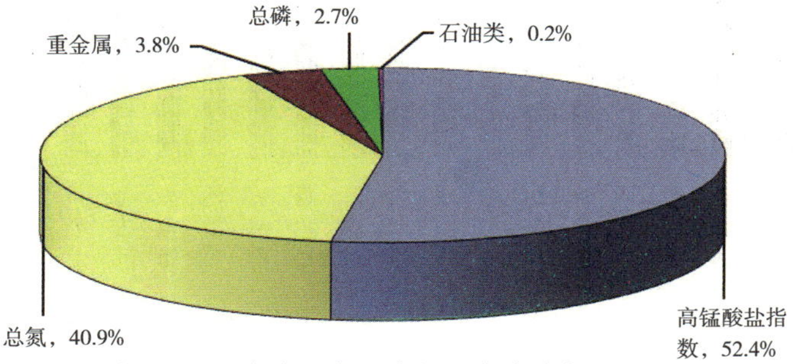

图11　2013年广西各污染物入海总量占比图

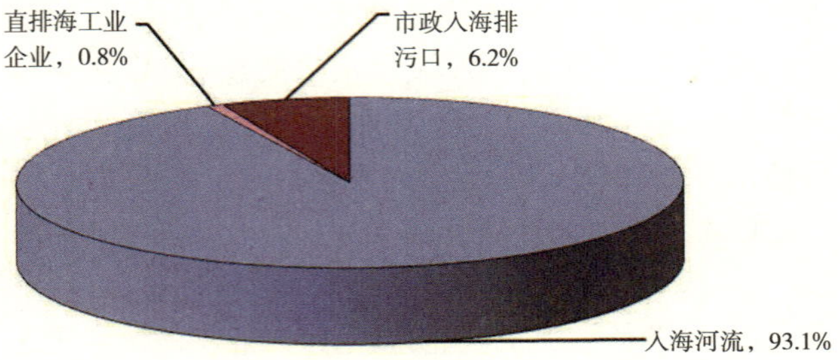

图12 2013年广西各入海途径污染物入海量占比图

物质量总体优良，符合《海洋沉积物质量》（GB18668-2002）》一类标准的站位比例为100%，同比上升29.5个百分点。环境功能区达标率为100%，同比上升13.6个百分点。

海洋生物质量 2013年在广西近岸海域14个海区采集的15个贝类生物质量样品中，符合《海洋生物质量》（GB18421-2001）二类标准的样品比例为73.3%，三类样品比例为6.7%，劣三类样品比例为20.0%。除总铬、总汞外，其他监测项目均出现超一类标准的现象。超标率最大的是石油烃，超标率为93.3%。

【声环境质量】 2013年，广西设区市昼间声环境质量整体处于较好水平，其中57.1%的设区市昼间区域声环境质量处于“较好”等级，92.9%的设区市昼间道路交通声环境质量处于“好”或“较好”等级。

区域声环境质量 14个设区市中，8个设区市昼间区域声环境质量处于“较好”等级，6个设区市处于“一般”等级。与2012年相比，8个设区市昼间区域环境噪声平均等效声级有所上升，其中崇左市上升最大，上升3.1分贝，其次为贺州市，上升2.1分贝；4个设区市夜间平均等效声级下降，其中下降最多的是百色市，下降1.9分贝，其次是来宾市，下降0.9分贝。

城市道路交通声环境质量 14个设区市监测了昼间城市道路交通声环境，9个设区市城市道路交通声环境质量处于“好”等级，处于“较好”等级的设区市有4个，1个设区市处于“一般”等级。与2012年相比，平均等效声级上升的设区市有6个，其中崇左市上升7.0

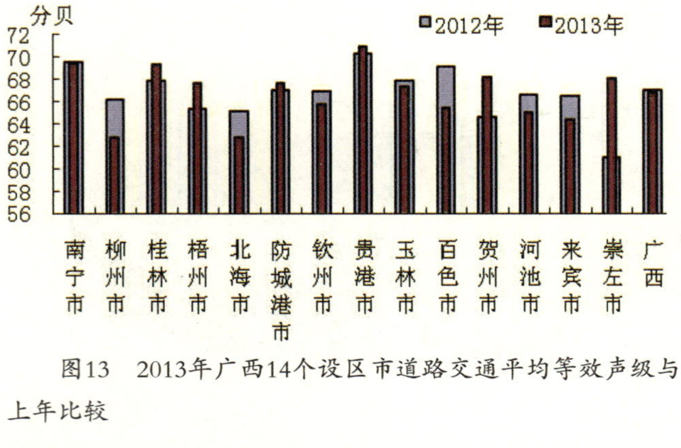

图13 2013年广西14个设区市道路交通平均等效声级与上年比较

分贝，其次是贺州市，上升3.6分贝。8个设区市平均等效声级下降，其中百色市下降最多，下降3.7分贝，其次是柳州市，下降3.4分贝。见图13。

【固体废物】 2013年，全自治区工业固体废物产生量为7733.94万吨，比上年下降3.8%。工业固体废物综合利用量4990.19万吨，处置量1528.86万吨，贮存量1214.48万吨，排放量为0.41万吨，与2012年持平。全自治区危险废物产生量100.69万吨/年，处置量为91.62万吨/年，贮存量为9.07万吨/年。全自治区污水处理厂污泥产生总量为24.80万吨，污泥处置率为99.9%。其中40.6%的污水处理厂采用安全填埋方式处置污泥，41.6%的污水处理厂采用制肥方式处置污泥，其余污水处理厂采用焚烧和用作建材原料等处置方式。全自治区生活垃圾无害化处理场日均实际处理垃圾12684吨，累计年处理垃圾约462万吨，生活垃圾无害化处理率75.0%，实现了70%的设定目标。

【辐射环境质量】 2013年，全自治区辐射环境质量总体良好，与2012年持平。

陆地γ辐射空气吸收剂量率 广西辖区共有辐射环境自动监测站4个，分别为南宁市2个、百色市1个、桂林市1个。2013年，4个自动监测站的连续γ辐射空气吸收剂量率（未扣除宇宙射线响应值）监测范围值为62.6~112.5纳戈瑞/小时，平均值为73.9纳戈瑞/小时。

2013年全自治区瞬时陆地环境γ辐射空气吸收剂量率（扣除宇宙射线的响应值）范围值为31.3~235.9纳戈瑞/小时，平均值为76.3纳戈瑞/小时。与2012年监测值相比，无明显变化，处于正常水平范围。

空气中放射性核素浓度 全自治区4个自动监测站空气中气溶胶总α放射性活度浓度0.0150~0.0818贝克/立方米、总β放射性活度浓度0.265~1.12贝克/立方米；大气沉降物总α放射性活度浓度0.231~0.295贝克/平方米天、总β放射性活度浓度0.662~0.852贝克/平方米天，均为环境正常水平。

水体中放射性核素浓度 广西境内珠江水系和长江水系主要河流断面水体中铀、钍、镭-226、钾-40、总α、总β、锶-90、铯-137放射性核素浓度均为环境正常水平。广西北海北部湾近岸海域海水中各放射性核素活度浓度监测结果与历年相比，无明显变化，人工放射性核素锶-90、铯-137活度浓度均在《海水水质标准》（GB3097-1997）规定的限值内。

土壤中的放射性核素含量 全自治区土壤中铀-238、钍-232、镭-226、钾-40、锶-90、铯-137放射性核素含量，与1986年广西环境天然放射性水平调查结果为同一水平，属正常范围。

污染物减排

【综述】 2013年，广西各级人民政府认真贯彻落实国家关于节能减排工作的一系列部署要求，从经济发展和环境保护的实际出发，以倒逼机制推动产业转型升级，总量减排工作取得新的进展。经环境保护部核定，广西2013年化学需氧量排放量75.94万吨，比2012年下降2.68%；氨氮排放量8.10万吨，比2012年下降1.90%；二氧化硫排放量47.20万吨，比2012年下降6.38%；氮氧化物排放量50.43万吨，比2012年上升1.21%。氨氮、氮氧化物未能完成年度污染减排目标任务。

【减排政策措施】 2013年，自治区本级财政安排资金1.05亿元，结合中央专项资金3.5亿元，各市县配套资金8980万元，用于全自治区农村环境连片整治；安排和整合发展改革、住房城乡建设、环境保护、水利等部门资金共5亿元用于全自治区污水生活垃圾处理设施建设；自治区下达了《2013年火电和水泥企业脱硝减排工程补助资金预算的通知》，安排本级财政资金5280万元，市县财政配套3520万元用于全自治区2013年火电和水泥企业脱硝减排工程补助。积极落实环保电价政策，对已通过脱硝设施环保验收的火电燃煤发电机组执行每千瓦时1分钱的脱硝电价，对燃煤发电企业予以每千瓦时0.2分钱的除尘电价，继续落实燃煤发电机组脱硫电价。进一步调整全自治区污水处理收费标准，30%的县级污水处理厂污水处理费达到每吨1.1元。

2013年11月6日，受自治区人民政府委托，自治区环境保护厅对火电企业脱硝设施建设进展缓慢的4个市分管市领导和6家火电企业主要负责人进行了约谈；12月13日，自治区环境保护厅对机动车尾气监管机构建设进展缓慢的5个市的建设环评项目暂停受理，有力地推进了相关市减排工作的落实。

【减排督查与监管】 2013年，广西严格控制污染物新增量，把污染物总量控制指标作为建设项目环评审批的前置条件，切实加强主要污染物总量排放指标审核，对新建、技改扩建的“两高”项目坚持“等量置换”。严格环境监管，组织实施了746家国控企业监督性监测工作，完成所有应监测国控企业的监督性监测，共计1397家次，完成率100%；完成全自治区所有安装并通过验收的自动监测设备比对监测工作；对819家重点污染源企业的1110个进、排放口的污染物实现了实时在线监测，监控企业数超过国控企业数。开展“环境安全年”系列行动，集中对酒精、制糖、淀粉、造纸、化工等行业企业进行突击检查；开展了全自治区城镇污水和生活垃圾处理设施建设及运行情况督查和全自治区减排计划项目实施情况现场督查；开展环境安全隐患大清查大整治行动。

【减排重点项目】 2013年，广西列入2013年度计划的10家火电企业的15台燃煤机组以及20家水泥企业的32条水泥生产线脱硝工程建设全部完成，列入2014年计划中的9条水泥生产线，有4条脱硝设施已在2013年提前建成投运。结合火电企业脱硝设施建设，计划实施脱硝工程的10家火电企业15台燃煤机组全部取消脱硫设施烟气旁路。实施完成了河池化工股份有限公司、广西盛隆冶金有限公司和广西信发铝电有限公司等重点脱硫工程建设。完成规模化畜禽养殖污染治理项目938项，建立沼气池6.28万立方米，化粪池8.55万立方米，集粪池9000立方米，生物发酵床43.1万平方米。

【减排专项行动】 2013年11月7日，自治区主席陈武签发了《关于开展2013年主要污染物总量减排突击行动的通知》，要求各级各相关部门务必高度重视污染减排工作，在2013年的最后两个月，采取一切超常措施，坚决落实完成突击行动所提出的“七个必须”：必须在年内完成火电企业脱硝工程建设，必须完成水泥企业脱硝工程建设，必须完成城镇管网建设计划，必须完成规模化畜禽养殖减排项目，机动车减排必须取得实质性进展，必须完成淘汰落后产能，必须完成挂牌督办企业整改。除城镇管网建设外，其他六项均在年底完成。

环境影响评价

【综述】 2013年，自治区环境保护厅继续推进重大项目环评审批，首次公开项目环评文件技术评审，加强建设项目环境管理，开展优秀环评文件评选比赛，加强与环境保护部在环评领域的交流和合作。

【环评审批】 2013年自治区环境保护厅审批完成自治区新开工重大项目103项，对应投资2039亿元；统筹推进预备重大项目48项，对应投资642亿元。防城港核电厂二期工程等4个重大项目获环境保护部批复。南宁市率先完成"十二五"专项规划的所有规划环评，以及工业集中区（园区）的规划环评审查工作，环评审批时限提速1/4，审批时限缩短为5个工作日。钦州市创新环评审批程序，采取打捆审批的方式，为业主节约时间、节省费用。玉林市加大环评违法案件处罚力度，发出行政告知书6份，立案查处2件，行政处罚2件。

【环评审批公开】 2013年3月31日，自治区环境保护厅邀请政风行风评议员、人大代表、政协委员、公众及媒体代表共20多人参加"北海铁山港西港区7号、8号泊位工程环境影响报告书"建设项目环境影响评价文件评审，主动接受社会各界监督，这是广西首次公开项目环评文件技术评审活动。对9家存在严重问题的环境影响评价机构进行媒体曝光，责令限期整改。

2013年11月28日，自治区环境保护厅举办公开建设项目环境影响报告书专题审批活动

【建设项目环境管理】 2013年，广西建设项目环评审批14703项，各级环境保护部门退回、不予审批或暂缓审批的建设项目环评文件270个。通过建设项目竣工环境保护验收5024项；广西各级环境保护部门退回、不予验收或暂缓验收的建设项目竣工环境保护验收文件共117个。自治区本级完成非辐射建设项目竣工环境保护验收126项，项目环保投资合计293379.6万元，其中生态影响类项目环保投资合计98228.8万元，城市基础设施项目环保投资合计4319.8万元，工业企业项目环保投资合计190831万元，与2012年相比均有所下降。

【环评技术评估】 2013年自治区环境保护技术中心共受理技术评估申请168件，其中同意受理评估160件，因不符合有关规定不予受理8件；完成技术评估136件（通过120件，未通过16件），其中完成自治区层面统筹推进重大项目技术评估18件。

2013年10月，自治区环境保护技术中心组织开展广西2013年优秀环评文件（演示文稿暨演讲）比赛评选工作，评选出一等奖1名、二等奖2名、三等奖5名。

2013年9月26日，广西2013年优秀环评文件演示文稿演讲比赛现场

2013年11月11日，自治区环境保护厅与环境保护部环境工程评估中心在北京签署战略合作协议，根据协议，双方将根据广西壮族自治区经济社会发展的实际需要，加强重点建设项目和重大战略决策的环评合作，加强环评领域管理人员、专家、从业人员培训合作和业务骨干的交流学习，加强环评领域科学研究和基础能力建设合作，加强环评领域国际交流合作。

环境监测

【综述】 2013年,广西各级环境监测部门对本辖区内的城市环境空气、降水、地表水、近岸海域、城市噪声、辐射环境等开展例行监测,各级环境监测站的采样方法、监测分析方法按国家颁布的相关技术规范及标准执行。

【环境空气监测】 2013年,广西14个设区市继续开展环境空气质量监测,共布设监测点位54个,其中42个质量评价点,12个清洁对照点。质量评价点全年采用自动监测系统,监测频率为每日24小时连续监测。监测二氧化硫、二氧化氮、可吸入颗粒物等主要项目。

南宁、柳州、桂林和北海4个环保重点城市按照《环境空气质量标准》(GB3095-2012)开展环境空气质量监测,共布设监测点位22个,其中19个质量评价点,3个清洁对照点。22个监测点位全年采用自动监测系统,监测频率为每日24小时连续监测。监测二氧化硫、二氧化氮、可吸入颗粒物、一氧化碳、臭氧、细颗粒物等主要项目。14个设区市环境空气监测点位见表1。

【$PM_{2.5}$监测】 根据国家的统一部署和自治区领导的指示要求,2012年3月自治区环境保护厅提出分“三步走”且整体进度比国家要求提前一年完成的工作目标,梧州、防城港、钦州、贵港、玉林、百色、贺州、河池、来宾、崇左等10个城市列入空气质量新标准第三阶段的城市,通过申请市财政支持或监测站借款垫资的方式,率先自行采购仪器设备,每个城市建设完成1个国控空气自动监测站点共计10个站点,2013年底前提前完成国家要求一年完成空气质量新标准$PM_{2.5}$等六项指标试点监测。

【降水监测】 2013年,14个设区市、11个县(县级市)继续开展降水监测,共布设降水监测点位47个,其中,设区市布设点位36个,县(县级市)布设点位11个。监测项目为pH值、降雨量、电导率及离子成分。降水监测点位见表2。

表1 2013年广西14个设区市环境空气监测点位表

城市名称	管理级别	点位性质	点位名称	监测方式
南宁	环保重点城市	空气质量评价点	振宁花园、北湖、市监测站、区农职院、英华嘉园、大自然花园、沙井镇街道办	自动监测
		清洁对照点	仙葫	
柳州	环保重点城市	空气质量评价点	环保监测站、市四中、市九中、河西水厂、古亭山、柳东小学	自动监测
桂林	环保重点城市	空气质量评价点	监测站、龙隐路小学、八中	自动监测
		清洁对照点	电子科大尧山校区	
梧州	国家级	空气质量评价点	市环保、云盖小学	自动监测
	自治区级	清洁对照点	旺甫老义小学	手工监测
北海	环保重点城市	空气质量评价点	海滩公园、新市环保局、北海工业园	自动监测
		清洁对照点	牛尾岭水库	

续表

城市名称	管理级别	点位性质	点位名称	监测方式
防城港	国家级	空气质量评价点	沙万、防城镇政府、大海花园	自动监测
钦州	国家级	空气质量评价点	市环保站、市农科所、港区一小	自动监测
	自治区级	清洁对照点	田寮水库	手工监测
贵港	国家级	空气质量评价点	贵城子站、江南子站、荷城子站	自动监测
		清洁对照点	德智高中	
玉林	国家级	空气质量评价点	市监测站、南江一中	自动监测
		清洁对照点	寒山水库	手工监测
百色	国家级	空气质量评价点	市监测站、市中心血站	自动监测
	自治区级	清洁对照点	马鹿场	手工监测
贺州	国家级	空气质量评价点	环保小区、政协大楼	自动监测
	自治区级	清洁对照点	东凤完小	手工监测
河池	国家级	空气质量评价点	市环保站、市疾控中心	自动监测
		清洁对照点	东仁乐园	
来宾	国家级	空气质量评价点	来宾二中、来冶招待所	自动监测
崇左	国家级	空气质量评价点	市环保局江州分局、城南新区	自动监测
	自治区级	空气质量评价点	卜寨小学	自动监测
	自治区级	清洁对照点	卜驮小学	手工监测

注:(1)重点城市即属国家113个环境保护重点城市。

(2)对照点手工监测频次为每季度5天。

表2　2013年广西降水监测点位表

城市名称	县（区）名称	管理级别	点位名称
南宁市	市区	国家	新江镇畜牧兽医站、市监测站
		自治区	青山、罗文
	武鸣县	自治区	武鸣县环境保护局
	横县	自治区	横县环境保护局
	宾阳县	自治区	宾阳县环境保护局
	上林县	自治区	上林县环境保护局
	隆安县	自治区	隆安县环境保护局
	马山县	自治区	马山县环境保护局
柳州市	市区	国家	环境保护监测站、沙塘林校
		自治区	长塘郊区医院
桂林市	市区	国家	电子科大尧山校区、监测站
		自治区	龙隐路小学
	灵川县	自治区	政府大楼楼顶
梧州市	市区	国家	旺甫老义小学
		自治区	市环境保护局、气象局
	岑溪市	自治区	岑溪市环境保护局

续表

城市名称	县（区）名称	管理级别	点位名称
北海市	市区	国家	牛尾岭水库
		自治区	海滩公园、新市环保局、北海工业园
防城港市	市区	自治区	沙万、防城镇政府
钦州市	市区	国家	荷木水库
		自治区	市环保站、市农科所
贵港市	市区	国家	庆丰一中
		自治区	市监测站
	桂平市	自治区	市环境监测站
	平南县	自治区	县环境监测站
玉林市	市区	国家	苏烟水库、市监测站
百色市	市区	国家	马鹿场
		自治区	市监测站
贺州市	市区	自治区	环保小区
河池市	市区	国家	东仁乐园
		自治区	市环保站、铁路防疫站
来宾市	市区	自治区	市环境保护局、兴宾区政府
崇左市	市区	国家	江州镇渠座小学
		自治区	市环境保护局江州分局
	凭祥市	自治区	环境保护局宿舍楼

【地表水监测】 2013年，广西境内实施地表水例行监测的河流可分为珠江水系、长江水系和独流入海河流三大流域水系。珠江流域广西境内水系可分为西江干流、柳江支流、桂江支流、郁江支流和贺江支流；长江流域广西境内水系有湘江和资江等河流；广西境内有8条独流入海河流，分别是南流江、武利江、九洲江、北仑河、防城江、钦江、大风江、茅岭江，其中北仑河为国际河流，沿中越边境线入海。

主要河流水质监测　2013年，14个市级环境保护监测站（二级站）及部分县级环境保护监测站（三级站）对全自治区39条主要河流72个地表水例行监测断面开展监测。监测项目有水温、pH值、溶解氧、高锰酸盐指数、化学需氧量、五日生化需氧量、氨氮、总磷、铜、锌、氟化物、硒、砷、汞、镉、铬（六价）、铅、氰化物、挥发酚、石油类、阴离子表面活性剂、硫化物、粪大肠菌群等《地表水环境质量标准》（GB3838-2002）表1中23项指标（总氮除外）及流量共24项。评价标准执行《地表水环境质量标准》（GB3838-2002）Ⅲ类标准，水环境功能区达标按所属功能区类别执行相应标准。全年共获参与评价数据18143个，参评超标个数38个，占0.2%。断面设置情况见表3。

重点流域水质监测　根据《关于印发国家地表水、环境空气监测网（地级以上城市）设置方案的通知》（环发〔2012〕42号）要求，2013年全自治区各级环境保护监测站对珠江流域广西境内15条重点河流的17个监测断面进行了水质月报监测，共有参与评价数据4284个。监测城市及点位：承担监测任务的有南宁市、柳州市、桂林市、梧州市、贵港市、崇左市、贺州市、百色市、河池市、防城港市共10个环境保护监测站，其断面名称见表3（属性为国控）。监测项目：水温、pH值、溶解氧、高锰酸盐指数、化学需氧量、五日生化需氧量、氨氮、总磷、铜、锌、氟化物、硒、砷、汞、镉、铬（六价）、铅、氰化物、挥发酚、石油类、阴离子表面活性剂、硫化物、粪大肠菌群等《地表水环境质量标准》（GB3838-2002）表1中23项指标（总氮除外）及流量共24项。

表3　2013年广西河流监测断面一览表

测站名称	断面名称	断面级别	水域功能类别	所属河流名称	所属水系	所属支流名称	备注
南宁市	老口	国控	Ⅱ	邕江	珠江水系	郁江支流	国家级水质自动站
	水塘江	区控	Ⅲ	邕江		郁江支流	
	蒲庙	区控	Ⅲ	邕江		郁江支流	
	上中	区控	Ⅱ	左江		郁江支流	自治区级水质自动站
	雁江	区控	Ⅲ	右江		郁江支流	自治区级水质自动站
	南岸	国控	Ⅲ	郁江		郁江支流	
柳州市	露塘	国控	Ⅲ	柳江		柳江支流	
	沙煲滩	区控	Ⅳ	柳江		柳江支流	
	猫耳山	区控	Ⅲ	柳江		柳江支流	
	梅林	区控	Ⅱ	都柳江		柳江支流	自治区级水质自动站
	木洞	区控	Ⅲ	融江		柳江支流	
	百鸟滩	区控	Ⅱ	洛清江		柳江支流	
	渔村	区控	Ⅲ	洛清江		柳江支流	
桂林市	大河	国控	Ⅱ	漓江		桂江支流	自治区级水质自动站
	磨盘山	区控	Ⅲ	漓江		桂江支流	
	阳朔	国控	Ⅱ	漓江		桂江支流	国家级水质自动站
	浮桥	区控	Ⅲ	桂江		桂江支流	
	庙头	区控	Ⅲ	湘江	长江水系	—	
	随滩	区控	Ⅲ	资江		—	
梧州市	石咀	国控	Ⅲ	桂江	珠江水系	桂江支流	
	冬训楼	国控	Ⅲ	浔江		西江干流	
	界首	国控	Ⅱ	漓江		桂江支流	国家级水质自动站
	石良角	区控	Ⅲ	浔江		西江干流	
	京南	区控	Ⅲ	桂江		桂江支流	
	宝珠围	区控	Ⅲ	黄华河		西江干流	
北海市	南域	区控	Ⅲ	南流江	独流入海河流	—	
	亚桥	区控	Ⅲ	南流江		—	
	江口大桥	区控	Ⅲ	南流江		—	
	东边埇	区控	Ⅲ	武利江		—	
防城港市	民生	国控	Ⅲ	北仑河		—	中越界河
	狗尾濑	国控	Ⅱ	北仑河		—	中越界河 自治区级水质自动站
	三滩	区控	Ⅲ	防城江		—	
钦州市	青年水闸	区控	Ⅱ	钦江		—	自治区级水质自动站
	横丰	区控	Ⅲ	钦江		—	
	高塘	区控	Ⅲ	大风江		—	
	茅岭大桥	区控	Ⅲ	茅岭江		—	
贵港市	白额	区控	Ⅲ	黔江	珠江水系	西江干流	
	石嘴	国控	Ⅲ	浔江		西江干流	国家级水质自动站
	火电厂	区控	Ⅲ	郁江		郁江支流	
	武林	国控	Ⅲ	浔江		西江干流	

续表

测站名称	断面名称	断面级别	水域功能类别	所属河流名称	所属水系	所属支流名称	备注
玉林市	自良渡口	区控	Ⅲ	北流江	珠江水系	西江干流	
	文车桥	区控	Ⅳ	九洲江	独流入海河流	—	
	六司桥	区控	Ⅲ	南流江		—	
	横塘	区控	Ⅲ	南流江		—	
	爽底坪	区控	Ⅲ	杨梅河	珠江水系	西江干流	
崇左市	八角电站	区控	Ⅱ	水口河		郁江支流	越南入境河流
	平而关	国控	Ⅲ	平而河		郁江支流	越南入境河流 国家级水质自动站
	德天	区控	Ⅱ	归春河		郁江支流	中越界河
	弄欣	区控	Ⅲ	下雷河		郁江支流	越南入境河流
	渠立	区控	Ⅲ	左江		郁江支流	
	那弄	区控	Ⅲ	明江		郁江支流	
	新立	区控	Ⅲ	黑水河		郁江支流	
来宾市	垒亭	国控	Ⅲ	红水河		西江干流	
	车渡	区控	Ⅲ	红水河		西江干流	
	大陆洲	区控	Ⅲ	黔江		西江干流	
	马安	区控	Ⅲ	红水河		西江干流	
	石龙	区控	Ⅲ	柳江		柳江支流	
贺州市	桂花	区控	Ⅲ	桂江		桂江支流	
	贺街	区控	Ⅲ	贺江		西江干流	
	扶隆码头	国控	Ⅲ	贺江		西江干流	
百色市	巴营	国控	Ⅲ	右江		郁江支流	
	东笋	区控	Ⅱ	右江		郁江支流	自治区级水质自动站
	公篓	区控	Ⅲ	右江		郁江支流	
	隘屯	国控	Ⅲ	难滩河		郁江支流	
	罗村口	区控	Ⅲ	剥隘河		郁江支流	
河池市	六排	国控	Ⅲ	红水河		西江干流	
	六甲	国控	Ⅲ	龙江		柳江支流	
	三江口	区控	Ⅲ	龙江		柳江支流	
	杨民	区控	Ⅲ	龙江		柳江支流	
	那浪桥	区控	Ⅲ	刁江		西江干流	
	马陇	区控	Ⅲ	刁江		西江干流	
	东江	区控	Ⅲ	大环江		柳江支流	自治区级水质自动站

【近岸海域环境监测】 海水水质监测 2013年,根据中国环境监测总站要求,结合广西近岸海域的实际情况和环境管理的实际需要,共布设44个监测站位对海水水质进行监测,其中国控监测站位22个,区控监测站位22个,各站位海域环境功能区及监测站位见表4。

表4　广西近岸海域环境功能区及监测站位表

序号	监测站号	所在功能区	水质要求	国控编号
1	GX001	茅尾海海产品养殖、增殖区（GX053BⅡ）	二类	
2	GX002	茅尾海海产品养殖、增殖区（GX053BⅡ）	二类	GX0701
3	GX004	金鼓江工业用海区（GX072CⅢ）	三类	
4	GX005	龙门港口区（GX081DⅣ）	四类	
5	GX006	犀牛脚旅游观光、养殖区（GX056BⅡ）	二类	
6	GX007	防城港市工业用海区（GX091CⅢ）	三类	
7	GX008	工业用海区（GX083CⅢ）	三类	GX0702
8	GX009	防城港市工业用海区（GX091CⅢ）	三类	GX0601
9	GX010	三娘湾旅游度假区（GX050BⅡ）	二类	
10	GX011	揽埠江口养殖区（GX085BⅡ）	二类	
11	GX012	铁山港水产养殖区（GX014BⅡ）	二类	
12	GX013	暗埠口江航道区（GX095DⅢ）	三类	GX0602
13	GX014	珍珠港海水养殖区（GX106BⅡ）	二类	
14	GX015	廉州湾海水养殖区（GX043BⅡ）	二类	GX0501
15	GX017	企沙南部工业、港口用海区（GX089DⅣ）	四类	
16	GX018	珍珠港海水养殖区（GX106BⅡ）	二类	GX0603
17	GX019	海产品增殖区（GX078BⅡ）	二类	
18	GX020	廉州湾海水养殖区（GX043BⅡ）	二类	GX0502
19	GX021	东兴金滩旅游度假区（GX110BⅡ）	二类	
20	GX022	海产品增殖区（GX078BⅡ）	二类	GX0704
21	GX023	铁山港西岸排污区1（GX012DⅣ）	四类	GX0503
22	GX024	渔业捕捞区（GX116AⅠ）	一类	GX0604
23	GX025	北海市北海港区（GX035DⅣ）	四类	GX0504
24	GX026	北海市北海港区（GX035DⅣ）	四类	
25	GX027	防城港港池航道疏浚倾废区（GX098DⅣ）	四类	
26	GX028	北海港临时倾废区（GX098DⅣ）	四类	GX0506
27	GX029	广西山口红树林生态自然保护区（GX002AⅠ）	一类	GX0505
28	GX030	营盘海水养殖区（GX024BⅡ）	二类	GX0507
29	GX031	海产品增殖区（GX078BⅡ）	二类	GX0605
30	GX032	广西合浦儒艮国家级自然保护区（GX001AⅠ）	一类	GX0508
31	GX033	北部湾渔业捕捞区（GX007AⅠ）	一类	GX0509
32	GX034	营盘海产品增殖区（GX025BⅡ）	二类	GX0510
33	GX035	钦州海产品增殖区（GX078BⅡ）	二类	GX0705
34	GX036	北部湾渔业捕捞区（GX007AⅠ）	一类	GX0511
35	GX037	二长棘鲷幼鱼和幼虾增殖区（GX031BⅠ）	一类	GX0512
36	GX038	二长棘鲷幼鱼和幼虾增殖区（GX031BⅠ）	一类	GX0513
37	BH1	二长棘鲷幼鱼和幼虾增殖区（GX031BⅠ）	一类	
38	BH2	涠洲岛旅游区（GX046BⅡ）	二类	
39	BH3	北海涠洲码头区（GX045DⅣ）	四类	
40	BH4	北海银滩国家级旅游度假区（GX028BⅡ）	二类	
41	BH6	北海港铁山港作业区（GX011DⅣ）	四类	
42	QZ1	钦州港金鼓江污水深海排放区（GX069DⅣ）	四类	
43	QZ3	沙井港航道区（GX077DⅢ）	三类	
44	QZ4	茅岭港航道区（GX080DⅢ）	三类	

2013年共进行4期海水水质常规监测，每季度开展1期，监测项目包括水温、透明度、盐度、pH值、溶解氧、悬浮物、化学需氧量、生化需氧量、硝酸盐氮、亚硝酸盐氮、氨氮、非离子氨（统计）、无机氮（统计）、活性磷酸盐、活性硅酸盐、铜、铅、锌、镉、汞、砷、镍、总铬、六价铬、氰化物、硫化物、挥发酚、石油类、总有机碳（TOC）、阴离子表面活性剂、粪大肠菌群、总大肠菌群、六六六、滴滴涕、马拉硫磷、甲基对硫磷、苯并(a)芘等。

同时，继续利用建成运行的广西近岸海域水质自动监测网络16个监测站位对广西近岸海域水质实施实时监控（水质异常时采用手工比对，及时跟踪水质变化情况），定期编制周报和月报报相关管理部门，2013年共编制周报52期，月报12期。

海洋沉积物质量监测　每年开展1次，2013年4~5月间完成监测，监测区域、范围与监测站位布设与海水水质相同，采集样品为表层海洋沉积物。监测项目包括pH值、粒度、底质类型、水分、铜、铅、镉、砷、汞、锌、镍、铬、有机碳、硫化物、石油类、六六六、滴滴涕、多氯联苯共18项。

海洋生物质量监测　每年开展1次，2013年10月完成监测，在广西近岸海域14个海区共采集15个贝类生物质量样品，详见表5。监测项目包括水分、铜、铅、锌、铬、镉、砷、镍、石油烃、总汞、六六六、滴滴涕共12项。

表5　广西海洋生物质量监测海区及样品种名一览表

序号	海区名称	样品种名	所在行政区域	样品种类
1	儒艮保护区	巴非蛤文蛤	北海市	软体类（双壳类）
2	西场镇（海水养殖区）	文蛤		
3	铁山港西岸（石头埠）	文蛤		
4	北海银滩（旅游区）	文蛤		
5	营盘镇（珍珠养殖区）	文蛤		
6	大番坡（茅尾海海水养殖区）	红树蚬	钦州市	
7	金鼓江	近江牡蛎		
8	龙门			
9	北仑河口（红树林自然保护区）	文蛤	防城港市	
10	大坪坡（防城港东湾港区）	文蛤		
11	渔洲坪	文蛤		
12	珍珠湾（海水养殖区）	文蛤		
13	红沙	近江牡蛎		
14	沙螺寮	文蛤		

海洋生态调查　广西海洋生态调查内容包括叶绿素a、浮游动物、浮游植物、大型底栖生物和潮间带生物。叶绿素a、浮游动物、浮游植物、大型底栖生物监测站位、监测范围与海水水质相同，其中叶绿素a监测时间、监测频率与海水水质相同；浮游动、植物根据生长季节监测2期，分别在春季(2~3月)和夏季(7~8月)进行，大型底栖生物在春季(4~5月)监测1期，监测频次为每个站位采样监测1次。潮间带生物共设监测断面13个(详见表6)，在秋季(9~10月)监测1期，监测频次为每个断面采样监测1次。

海上监测采样

表6　广西近岸海域潮间带生物监测断面设置表

序号	所在海区	断面名称
1	北海市	榕根山
2		沙尾
3		金海湾
4		竹林
5		西场
6		大风江
7	钦州市	犀牛脚
8		康熙岭
9	防城港市	沙螺寮
10		渔洲坪
11		白龙尾
12		珍珠湾
13		竹山

入海污染源监测　广西近岸海域入海污染源调查范围东起与广东省交界的英罗港，西至中越边境的北仑河，对主要入海河流、市政入海排污口、直排入海工业企业排污口进行调查监测。其中市政排污口、直排入海工业污染源是指通过大陆岸线和岛屿岸线直接向海域排放污染物的日排水大于或等于100吨的污水排放单位。根据中国环境监测总站的要求，结合环境管理的需要，2013年，广西入海河流共监测9条11个断面，监测频次为12期，即每月1期；市政入海排污口监测17个（较2012年增加10个），直排入海工业企业排污口监测27个（较2012年增加10个），监测频次均为4期，分别在春（1月）、夏（4月）、秋（7月）、冬（10月）4个季节进行监测。监测站位布设及监测项目见表7~表9。

表7　2013年广西独流入海河流监测情况表

序号	河流名称	监测断面名称（或位置）	监测垂线	汇入海域	所在行政区域	
1	南流江	南域	3	廉州湾海域	北海市	水温、流量、盐度、电导率、pH值、溶解氧、化学需氧量、高锰酸盐指数、生化需氧量、硝酸盐氮、亚硝酸盐氮、氨氮、总氮、总磷、活性磷酸盐、总铜、总铅、总锌、总镉、总汞、总砷、总铬、六价铬、镍、石油类、挥发酚、硫化物、阴离子表面活性剂、氰化物、氟化物、悬浮物、粪大肠菌群、铁、锰、硒、非离子氨（统计）、无机氮（统计）共37项。
		亚桥	3			
2	西门江	西门江	1			
3	白沙河	白沙河	1	铁山港海域		
4	南康江	南康江	1			
5	大风江	挡潮闸	3	廉州湾海域	北海市　钦州市	
6	茅岭江	长墩	3	茅尾海海域	钦州市　防城港市	
7	钦江	高速公路东桥	3	茅尾海海域	钦州市	
		高速公路西桥	3			
8	北仑河	边贸码头下游	2	东兴港海域	防城港市	
9	防城江	三滩	3	防城港海域		

表8　2013年广西直排入海工业企业入海排污口监测点位表

序号	排污工业企业名称	所在行政区域	监测项目
1	北海永鑫糖业公司	北海市	流量、水温、色度、pH值、盐度、悬浮物、高锰酸盐指数、化学需氧量、生化需氧量、磷酸盐、总碱度、硝酸盐氮、亚硝酸盐氮、氨氮、石油类、动植物油、挥发酚、氰化物、硫化物、铜、砷、铅、汞、镉、镍、总磷、总氮、总油、六价铬、苯系物（苯、甲苯、乙苯、邻—二甲苯、间—二甲苯、对二甲苯、苯乙烯）共36项。
2	中国石化北海炼化有限责任公司		
3	广西北海燃煤电厂排水口*		
4	北海市浙海水产加工有限公司*		
5	北海市中安兴水产品有限公司*		
6	北海市鑫利水产有限公司*		
7	涠洲终端处理厂		
8	钦州犀牛脚糖厂（广西犀牛脚欧亚糖业有限公司）	钦州市	
9	广西金桂浆纸业有限公司		
10	中国石油广西石化公司清净雨水排放口*		
11	中国石油广西石化公司		
12	宏源纸浆厂	防城港市	
13	大海粮油工业（防城港）有限公司*		
14	广西惠禹粮油工业有限公司*		
15	广西盛隆冶金有限公司*		
16	防城港启航选矿有限公司*		
17	防城港枫叶粮油工业有限公司*		

注："*"表示2013年度新增加监测的企业名称。

表9　2013年广西沿海市政入海排污口监测点位表

序号	污染源名称	污染源所在地区	监测项目
1	海城水产公司排污口	北海市海城区	流量、水温、pH值、盐度、悬浮物、化学需氧量、生化需氧量、硝酸盐氮、亚硝酸盐氮、氨氮、磷酸盐、总氮、总磷、铜、铅、镉、汞、砷、六价铬、镍、石油类、动植物油、总油、挥发酚、硫化物、氰化物、苯系物（苯、甲苯、乙苯、邻—二甲苯、间—二甲苯、间对二甲苯、苯乙烯）共33项。
2	水产码头排污口		
3	地角码头排污口		
4	地角综合排放口		
5	地角镇西头排污口		
6	七星江[注]排污口		
7	红坎污水处理厂排污口		
8	侨港码头1排污口	北海市银海区	
9	侨港海底光缆排污口		
10	四川南路排污口*		
11	冯家江排污口*		
12	银滩码头排污口		
13	合浦船厂附近综合排污口	北海市合浦县	
14	防城港市北码头排污口	防城港市港口区	
15	企沙龙海综合排放口*		
16	企沙邮政综合排放口*		
17	防城港市污水处理厂排污口		
18	渔洲坪综合排放口*		
19	东兴城东污水处理厂排污口*	防城港市东兴市	
20	钦州港勒沟河工业废水综合排污口	钦州市钦南区	
21	钦州港勒沟河生活污水综合排污口		
22	钦州大洋粮油有限公司附近市政排污口		
23	钦州港国星附近综合排污口		
24	益民街西侧排污口*		
25	钦州港起步工业园东排污口*		
26	钦州港远大港务有限公司附近市政排污口*		
27	钦州港海监码头排污口*		

注:(1)七星江是北海市一条入海小溪,周围生活污水和工业废水汇入七星江后排放入海,因此把七星江作为市政入海排污口进行监测。

(2)“*”表示2013年新增加监测的排污口名称。

【声环境质量监测】 2013年,全自治区开展城市功能区噪声监测的有南宁市、柳州市、桂林市、北海市、河池市5个设区市,共设置区控以上监测点位29个(见表10),其中国控监测点位25个。每季度监测1次。

2013年全自治区开展城市道路交通噪声监测的城市有南宁市、柳州市、桂林市、梧州市、北海市、防城港市、钦州市、贵港市、玉林市、百色市、贺州市、河池市、来宾市、崇左市14个设区市。每年监测1次,共布设监测点位518个,监测干线总长度946.59千米。见表11。

2013年南宁市、柳州市、桂林市、梧州市、北海市、防城港市、钦州市、贵港市、玉林市、百色市、贺州市、河

现场监测饮用水水质

池市、来宾市、崇左市14个设区市开展城市区域环境噪声监测。每年监测1次,监测网格数共1888个。见表11、表12。

表10　2013年广西城市功能区噪声定期监测点位一览表

测站名称	监测点名称					
	0类	1类	2类	3类	4类	点位总数
南宁市	—	烈士陵园	广西大学、文化大院、联小	有机厂	朝阳路 新阳路	7
柳州市	—	广西工学院	柳南环办、柳州市文化大院、柳州供电局招待所	阳和开发区管委会	水榭花都物业办	6
桂林市	—	清风居委会	重工业局、市文联宿舍、橡机厂幼儿园	区四建预制构件厂	七星路47栋、交通事故处理大队	7
北海市	海泰别墅	富丽华大酒店	广场东里	淀粉厂	邮电局门口	5
河池市	—	河池职业学院	区防御站附近居民区	金河集团公司	南新西路	4

表11　2013年广西城市道路交通噪声监测路段情况表

测站名称	路段数	监测点数	监测干线总长度（千米）	测站名称	路段数	监测点数	监测干线总长度（千米）
南宁市	135	135	147.75	贵港市	23	23	27.60
柳州市	89	89	323.09	玉林市	18	18	45.31
桂林市	52	52	110.42	百色市	19	19	17.61
梧州市	11	11	26.49	贺州市	10	10	54.60
北海市	62	62	58.62	河池市	25	25	38.62
防城港市	18	18	23.41	来宾市	10	10	18.39
钦州市	36	36	42.52	崇左市	10	10	12.16

表12　2013年广西城市区域环境噪声普查布点情况表

测站名称	网格大小（米）	网格数	测站名称	网格大小（米）	网格数
南宁市	650×650	241	贵港市	500×500	102
柳州市	1000×1000	160	玉林市	500×500	103
桂林市	480×480	206	百色市	300×300	117
梧州市	500×500	118	贺州市	500×500	128
北海市	375×375	208	河池市	300×300	101
防城港市	350×350	100	来宾市	462×462	104
钦州市	500×500	100	崇左市	500×500	100

【辐射环境监测】 广西辖区共设置有辐射环境自动监测站4个,分别为南宁市2个,桂林市1个,百色市1个。2013年,广西14个市各设置1个环境地表γ辐射剂量率和γ辐射累积剂量率监测点位,监测频次1次/半年。广西14个市各设置1个土壤监测点,监测项目有:铀、钍、镭-226、钾-40、锶-90、铯-137比活度6项,监测频次为1次/年。自治区境内珠江和长江水系共设置4个地表水监测断面,枯水和平水期各采集1次样品,进行水中铀、钍、镭-226、钾-40、总α、总β、锶-90、铯-137活度浓度分析。在广西北海北部湾近岸海域(北海银滩)设置1个海水监测点,每年采集1次样品进行海水中铀、钍、镭-226、锶-90、铯-137活度浓度分析。2013年,对位于广西的701矿、703-1等两个铀采冶工程开展陆地γ辐射空气吸收剂量率、累积剂量、空气氡浓度、气溶胶、水环境、土壤及底泥、生物、流出物等进行放射性监测。

污染防治

【综述】 2013年，广西继续推进重金属、河流海域、大气、噪声、固体废物等各项污染防治工作，加强部门合作、区域协作，全面提高污染防治水平，确保环境安全。

【重金属污染防治】 2013年，广西14个设区市40个城市集中式饮用水水源地、17个地表水国控断面及11个重点区域水环境监测断面5项重点重金属指标（铅、汞、镉、铬和类金属砷）达标率均为100%。3个重点防控区（南丹县、环江县、金城江区）监测的环境空气3项重金属指标（铅、镉、砷）达标。在2013年环境保护部重金属污染防治规划项目考核中，广西排名14位，比2012年上升10位。2013年12月27日，自治区机构编制委员会批准自治区环境保护厅增设重金属污染防治处，加强重金属污染防治工作。

自治区人民政府组织制定并印发《广西重金属污染防治年度工作方案》，重点落实国家年度考核目标，对3个重点防控区重金属排放量、区域环境质量、规划重点项目完成率、环境管理及风险防范等，设置定量化、约束性工作目标。各市、重点防控县（区）严格按照环境保护部《重金属污染综合防治“十二五”规划年度实施方案编制指南（试行）》要求制定辖区年度实施方案。

自治区人民政府印发《广西重金属污染防治工作领导小组工作机制》，重金属污染防治工作形成政府统一领导、部门协作的良好局面。14位自治区主要领导带队到14个市开展以重金属污染防治工作为重点的环境隐患大清查大整治和安全生产督查，推进环境风险隐患企业清查整治。自治区环境保护厅印发《广西壮族自治区重金属污染防治项目管理办法》，规范项目资金管理。自治区财政厅逐年增加资金预算，由2011年的2000万元增加至2013年的7650万元。自治区工业和信息化委分解下达年度任务，与各市签订责任书，落实淘汰落后产能任务，淘汰铅冶炼2.4万吨、钒冶炼0.1万吨。

自治区环境保护厅约谈2012年度广西重金属污染防治规划项目完成率不高的南宁市、桂林市、河池市、隆安县、南丹县等5市6县人民政府及相关企业负责人，责令广西凤凰银业公司等6家公司限期完成规划项目验收工作。针对非重点防控区重金属排放量未完成控制目标的问题，会同自治区统计局采取措施核实并及时纠正部分企业涉重产品产量虚报问题。

2013年7月29日至8月2日，自治区环境保护厅厅长檀庆瑞赴河池市督导涉重金属整治

【水污染防治】 工业污水排放监管　2013年，广西新建371个氨氮废水排放口的自动监控设施，完成挂牌督办企业（行业）整改，开展重点行业清洁生产审核，集中对酒精、制糖、淀粉、造纸、化工等行业1481家企业进行突击检查，年内全自治区国控重点源工业废水综合达标率为99%。逐步将氮、磷、化学需氧量、石油类

2013年5月24日，广西饮用水水源地现状调查及保护对策研究工作会议在南宁市召开

等重点污染物的控制任务分解到沿海三市，建立目标责任制，大力推进重点海域污染物排海总量控制。

生活农业污水处理　2013年，广西投入5亿元资金建设生活污水垃圾处理设施，调整污水处理收费标准，完成规模化畜禽养殖污染治理项目938项，降低直排入河和面源污染的废水排放。

城市污水处理　2013年，全自治区年污水处理能力达10.4亿吨，比2012年增长3.9%，削减化学需氧量14万吨，新增污水处理厂4座，新增处理能力22.5万吨/日，新增污水管网498千米。污水处理率实现75%的设定目标。

城市地下水保护　2013年，广西通过控制地下水抽水量及布井密度，基本控制海水入侵（北海市海城区）。针对城市城区地下水开采向郊区转移的情况，出台政策法规。完成广西地下水基础环境状况调查，以柳州市洛维地下水为试点进行环境状况调查和评估，并针对性地提出建议措施。

备用水源建设　2013年，柳州市开工建设11个备用水源，9个已建成，形成30.6万立方米/日的应急供水能力。桂林市、钦州市、贺州市、来宾市均开展备用水源建设的前期工作。

跨界联防联治　2013年，广西壮族自治区环境保护厅和广东省环境保护厅签订粤桂两省区《跨界河流水污染联防联治协作框架协议》，标志着粤桂两省区建立珠江流域上下游水环境联防联治管理机制，建立跨行政区交界断面水质达标管理、水环境安全保障和预警机制，建立跨省区污染事故应急协调处理机制。

【海洋污染防治】　2013年，广西加快工业园区以及沿江、沿海乡镇污水处理厂建设，加强配套管网建设。针对污水处理厂出现总磷超标现象，逐步推进现有污水处理厂脱氮除磷技术改造，完善在线监测系统，逐步增加总氮、总磷监控考核指标。

根据北海市红坎污水处理厂排污区、北海市铁山港工业排污区、钦州港临海工业排污区、防城港港口区企沙工业排污区等的环境容量评估结果，逐步将氮、磷、化学需氧量、石油类等重点污染物的控制任务分解到沿海三市，建立目标责任制，大力推进重点海域污染物排海总量控制。

建立入海河流主要污染物水质模型和预测模型，分析入海河流污染物的排放特征，特别是非点源排放状况和水产养殖排放频率估算，掌握非点源污染物的动态变化情况，逐步实现广西北部湾海域环境质量的实时监控和预警。启动北海银滩综合整治项目、涠洲岛整治修复及保护项目，修复海岸和海岛，遏制滨海湿地恶化。

海上监测采样

【大气污染防治】　$PM_{2.5}$监测快速建设　2013年，南宁、柳州、桂林、北海4个环境保护重点城市完成$PM_{2.5}$监测仪器设备安装调试和试运行，并正式对外实时发布$PM_{2.5}$等6项空气质量新标准指标及环境质量评价AQI指数，所有监测点位都与中国环境监测总站进行联网并报送实时数据，比国家要求提前1年完成。其他10个非环保重点城市，各有1个国控空气自动监测站点完成仪器设备的安装调试，并开展试运行监测。北海市还制订《环境空气质量预警应急预案》，提高空气重污染情况下的应急能力。

大气污染防治目标责任书　自治区人民政府与环境保护部签订《大气污染防治目标责任书》，自治区人民政府对本行政区空气质量负总责，应加强组织领导，采取有效措施，确保实现以下目标：2017年空气质量有所改善，优良天数逐年提高；可吸入颗粒物浓度比2012年下降5%以上。

机动车污染防治　自治区人民政府发布《广西壮族自治区机动车排气污染防治办法》（广西壮族自治区人民政府令第87号）及一系列机动车排气管理等地方法规及规章。14个设区城市成立机动车排气污染监管机构，建立广西机动车环保检验管理信息系统。对机动车尾气监管机构建设进展缓慢的5个市的建设环评项目暂停受理，推进减排工作落实。

提高城市园林绿化率　2013年，广西新增建成区绿化覆盖面积、绿地面积分别为4341.12公顷和4073.04公顷，建成区绿化覆盖率、绿地率为34.69%和29.95%，较2012年分别提高0.54%和0.66%。新增公园绿地面积374.55公顷，人均公园绿地面积10.06平方米。新增公园面积304.46公顷，新增公园11个，截至2013年底，达到348个。

调整城市能源结构　2013年，城市燃气普及率为87.15%，较2012年提高0.38个百分点；使用管道天然气的县较2012年增加7个。天然气、人工煤气和液化石油气供应量分别为22541.06万立方米、4533.48万立方米和 452196.7 吨，分别占燃气总供应量的 27.1%、2.3%、70.5%（按热值折算为天然气）。天然气供气量较 2012 年上升 31.2%，液化石油气供气量下降 7.6%。

脱硝工程减排 2013 年全自治区投入资金 8800 万元补助火电和水泥企业脱硝减排工程，完成 10 家火电企业 15 台燃煤机组和 20 家水泥企业 32 条水泥生产线脱硝工程建设，对火电企业脱硝设施建设进展缓慢的 4 个市分管市领导和 6 家火电企业主要负责人进行约谈。

【噪声污染防治】 2013 年，广西以城市环境综合整治为载体，突出预防为主、源头控制，进一步规范噪声污染防治工作。大力整治城市环境噪声，加强对建筑施工噪声和社会生活噪声的污染防治；完善城市功能区规划，同时实行城区道路敏感路段机动车禁鸣，严格执行功能区噪声达标管理制度，及时查处噪声环境违法行为，切实解决群众关心的环境噪声污染问题。

【固体废物污染防治】 *固体废物管理机构建设* 2013 年全自治区 14 个市参照《广西壮族自治区设区市固体废物管理中心建设标准》，逐步开展固体废物管理机构能力建设。截至 2013 年底，全自治区已有北海、河池、桂林、防城港、贺州 5 市以及河池市金城江区、南丹县 2 个重点县（区）成立了固体废物管理中心（站），编制分别是 4~10 人。柳州市也在市监察支队增设固体废物管理科。

危险废物处置能力 2013 年，广西危险废物处置中心（含南宁市医疗废物处置）和柳州、玉林、钦州、梧州、百色、北海、河池、桂林、防城港、来宾 10 个设区市医疗废物处置中心项目均已建成，形成 4.12 万吨 / 年的危险废物处理能力和 63 吨 / 日的医疗废物处理能力。全自治区共有危险废物持证经营单位 23 家，形成 75.81 万吨 / 年的危险废物利用处置能力（包括年 40 万吨含油污水处置能力）。

进口废物环境管理 2013 年，广西共有 22 家企业通过废五金类废物加工利用企业认定。对全自治区获得固体废物进口许可证的 33 家进口废物加工利用企业进行 258 次现场检查。印发《处置违法进境固体废物企业管理办法》，确定 11 家企业为广西 2013 年至 2014 年处置违法进境固体废物企业。

废弃电器电子产品环境管理 2013 年，广西桂物资源循环产业有限公司成为广西第一家取得废弃电器电子产品拆解处理资格许可证的企业。仅第二至第三季度，该企业共申请废弃电器电子产品处理基金补贴 22.2417 万元。梧州市废弃电器电子产品拆解处理项目正在建设当中。

生活垃圾无害化处理 2013 年，广西建成生活垃圾无害化处理场 79 座，实际投入运营垃圾项目 75 个，总垃圾处理能力达到 15078 吨 / 日。

2013年9月17日，全区主要污染物总量减排工作电视电话会议在南宁市召开

生态保护和建设

【综述】 2013年，广西继续加强自然保护区综合管理，开展土壤污染环境状况调查、资源开发的生态保护监管、生物多样性保护、农村环境连片整治，生态文明示范区建设水平进一步提升。

【试点示范创建】 2013年，广西创建命名17个自治区级生态乡镇、203个自治区级生态村。截至2013年底，广西有21个镇获得国家级生态乡镇命名，43个乡镇获得自治区级生态乡镇命名，373个村获得自治区级生态村命名。

【生态建设资金】 2013年，根据自治区财政厅《生态广西建设引导资金管理暂行办法》的有关规定，以及《2011~2015年生态广西建设引导资金项目申报指南》确定的支持方向，2013年自治区本级财政共安排生态广西建设引导资金3000万元，通过以"拨款补助"或"以奖代补"方式，按照生态环境保护与产业发展相融合、生态效益和经济效益相统一的原则，重点用于支持生态特色产业发展、生态产业新技术新模式应用示范、废弃物综合利用等领域的项目，共安排补助项目58个。

桂林市阳朔县金宝乡生态乡镇建设

【自然保护区建设和管理】 2013年，广西大桂山鳄蜥、邦亮长臂猿、恩城及元宝山自然保护区经国务院正式批复晋升为国家级自然保护区。组织完成了广西春秀、青龙山自然保护区合并建立自治区级自然保护区评审及上报工作，并获得自治区人民政府批准。完成大容山、茅尾海、涠洲岛、七冲自然保护区调整的评审工作，以及七冲自然保护区晋升国家级自然保护区的初审及上报工作。

自治区环境保护厅组织修订并印发了自治区自然保护区评审委员会组织工作制度、自治区级自然保护区评审指标及赋分；完成了自然保护区评审委员会的换届工作。

截至2013年底，广西已建立各类自然保护区77个，其中国家级自然保护区21个，自治区级自然保护区47个，市级自然保护区3个，县级自然保护区6个，自然保护区总面积为1.38万平方公里，占全自治区面积的5.83%。

【生物多样性保护】 广西于2011年启动广西生物多样性保护战略与行动计划编制项目，至2013年，已组织编制完成《广西生物多样性保护战略与行动计划研究报告》，形成的《广西生物多样性保护战略与行动计划(2013~2030年)》经自治区人民政府常务会议审议通过并正式印发实施。

2013年，广西作为全国生态红线划定试点省区之一，启动了沿海地区海岸带生态红线划定试点工作，开展了广西沿海地区海岸带生态红线划定资料收集、调研及划定工作。

物种资源调查 2013年，广西开展都安洞穴生物多样性本底调查，已完成30个洞穴的调查工作，鉴定和分类研究工作进展顺利。

广西壮族自治区生态环境十年(2000~2010年)变化遥感调查与评估工作取得新进展，完成了野外样点和小样区调查、野外核查结果与土地覆盖产品数据检查工作，广西生态环境十年变化遥感调查的野外样点和小样区上报数据质量等级被评为"优秀"级别，并通过了中期评估。已完成8个专题数据处理及分析工作，基本完成报告初稿编制工作。

海洋珍稀动物保护　2013年，广西合浦儒艮国家级自然保护区管理站继续加大保护区巡查执法的力度，加强保护区管护、监测、科研和宣教以及基础设施建设等工作，使儒艮、中华白海豚的栖息地和海草床生态系统得到有效恢复和保护。

通过瞭望塔对儒艮保护区进行定点观测

日常管护及巡查执法　每周出海巡查，对广西合浦儒艮国家级自然保护区内底拖网作业、挖沙虫（泥虫）、电（炸、毒）鱼等违法现象及时加以制止。同时，于2013年11月19日，联合沙田镇人民政府、合浦县渔监、渔政、沙田镇边防派出所等相关部门，开展保护区清理取缔浅海滩涂非法养殖行动，共清理滩涂面积300亩，螺桩30条，网具100米，拉设宣传横幅3条，下发张贴宣传告示100份，有效震慑和威慑非法围网养殖行为，进一步维护儒艮、中华白海豚等国家珍稀海生动物赖以生存的海洋生态环境。

儒艮保护区联合执法

保护区能力建设　2013年3月底完成广西合浦儒艮国家级自然保护区海上界标共12座的竣工验收和航标效能验收。同时对界标进行技术升级改造，通过将原航标改造成航标遥测遥控灯器，登陆遥测中心网站便可实时查看保护区界标状态，有利于快捷发现航标故障，并及时排除。2013年5月试运行保护区地理信息系统及数字化监测网络，逐步实现保护区管理工作的升级。同时，保护区还积极编写《广西合浦儒艮国家级自然保护区能力建设可行性研究报告（2014~2016年）》和《广西合浦儒艮国家级自然保护区生物多样性保护示范项目可行性研究报告》报环境保护部生态司，争取国家级自然保护区能力建设资金和生物多样性保护资金支持，进一步提高保护区管理能力水平。

法规规划编制　完成《广西合浦儒艮国家级自然保护区总体规划（2011~2020年）》编制和评审，同时完成《广西合浦儒艮国家级自然保护区管理办法》修编并上报自治区环境保护厅征求意见。

基础性科研　编制完成《广西合浦儒艮国家级自然保护区综合科学考察成果报告》并于2013年11月18日通过专家技术评审。定期开展保护区及周边海域海草资源调查。每季度对保护区海域环境质量进行例行监测，同时分别于3月、5月和9月对保护区及周边海域海草进行调查及分析鉴定，并编制海草资源调查报告。调查结果显示，3个季节6个海草床面积分别为69.00公顷、84.2公顷和0.6公顷，海草面积呈现大幅减少趋势，主要原因是周边渔民在潮间带进行挖沙虫和贝类等生产活动，影响了海草的生长环境。

宣传教育　加强广西合浦儒艮国家级自然保护区固定宣传牌管理，及时更新和设立宣传牌，新设立宣传牌9块，更新7块。深入保护区周边社区码头广泛开展宣传教育活动，共开展集中宣传2次，发放宣传文化衫500件、宣传单3000余册、张贴宣传牌60多块。利用媒体加大宣传力度，保护区考察发现数量较多的中华白海豚信息被新华网、人民网、中国新闻网、凤凰网、扬子晚报网以及南宁电视台、北海电视台和《北海日报》等多家媒体报道。同时，中央电视台《走遍中国》节目、广西电视台资讯频道还走进保护区进行节目录制和拍摄，宣传儒艮保护区。通过加强宣传，社会公众特别是保护区周边海域群众的环境保护意识得到进一步提高。2013年11月15日，群众在发现搁浅海豚后及时上报，广西合浦儒艮国家级自然保护区接到报告后立即赶赴现场，与广西渔政、南宁动物园一同开展处置工作，使5条搁浅死亡的条纹原海豚得到及时处置。

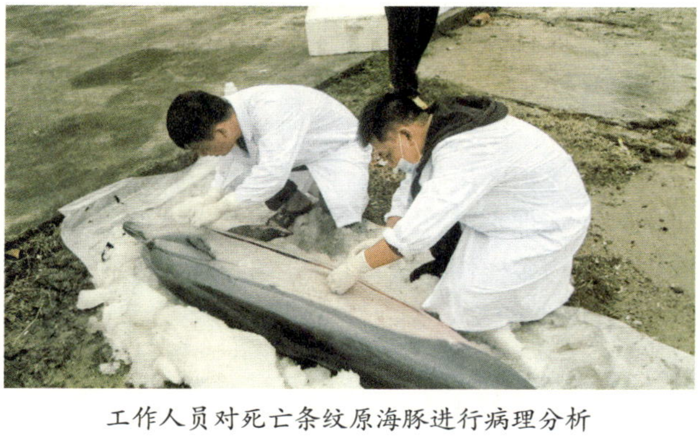

工作人员对死亡条纹原海豚进行病理分析

金花茶保护　生态广西建设引导资金项目　2013年广西防城金花茶国家级自然保护区管理处完成生态广西引导资金项目3项，分别为《广西防城金花茶国家级自然保护区管理处金花茶苗木繁育种群增殖项目》、《广西防城金花茶国家级自然保护区管理处林下石斛生产示范项目》、《广西防城金花茶国家级自然保护区管理处防城上岳林下鸡养殖基地建设》。其中第一个项目完成投入经费80万元，建设1公顷金花茶育苗基地1处，基地内包括800平方米温室大棚，0.2公顷采穗圃以及约0.67公顷炼苗荫棚；第二个项目完成投入经费60万元，项目建设育苗大棚800平方米，仿野生栽培1.67公顷，大棚栽培0.67公顷，种植铁皮石斛40万苗以上；第三个项目已投入经费约60万元，建设800平方米鸡舍、3000米围栏、饲养及孵化设施，建成3.33公顷林下鸡养殖基地。

“植物界大熊猫”、“茶族皇后”——金花茶

科研监测基地建设　为提高科研监测能力，申报广西防城金花茶国家级自然保护区管理处科研监测基地建设项目，并获得批复。项目占地2.33公顷，总投资3000万元，2013年底项目进入征地和设计阶段。

国家文化和自然遗产保护项目　2013年，广西防城金花茶国家级自然保护区申报国家文化和自然遗产保护设施建设项目，并获得批复，项目资金950万元，配套资金357.7万元。2013年底项目已进入设计招投标工作。项目的建成，将进一步完善保护区的基础设施，提高保护区能力建设水平。

生物多样性示范项目　为提高广西防城金花茶国家级自然保护区生物多样性监测能力，提高保护区科研水平及管理水平，广西防城金花茶国家级自然保护区申报生物多样性示范项目，并通过环境保护部的评审，项目资金678万元。

【农村环境综合整治】　2013年4月，自治区党委、自治区人民政府作出了开展“美丽广西·清洁乡村”活动的决定，以开展“清洁家园、清洁水源、清洁田园”为三大任务，力争通过两年的集中整治，八年的持续努力，改变农村“脏、乱、差”面貌。把清洁乡村活动与新农村建设、生态文明示范区建设、乡风文明建设、城乡风貌改造、农村绿化美化水平提升、乡村基础设施建设等紧密结合，农村环境点、线、面都得到全面提升，各地制定完善清洁文明村规民约，广大农民群众逐渐养成良好生产方式和生活习惯，乡风日益文明向上，乡村环境卫生和面貌明显改观。自治区成立了“美丽广西·清洁乡村”活动领导小组，自治区党委书记彭清华亲任组长，自治区主席陈武任第一副组长，党、政、军领导率队分片督导。2013年，全自治区共派出驻村工作队2.4万个，下派8万多名机关干部进村入户，在八桂大地掀起了一场乡村环境综合整治全民大行动。在区域上，以城乡结合部、旅游景区、大村大镇和边远村屯为重点区域，突出沿江、沿河、沿海、沿路环境治理；在技术上，通过编印《“清洁家园”、“清洁水源”、“清洁田园”专项活动实施方案》、《广西农村环保工作手册》、《广西农村生活垃圾处理技术指引》、《广西农村生活污水处理技术指南（试行）》、《“清洁田园”的“十大工程”和“十大技术”》等技术资料，为各地活动开展提供参考。通过活动，集中力量改善农村基础设施，共改造或硬化乡镇村屯道路1537万平方米，新建乡镇村屯垃圾中转站3351个、垃圾池17.1万个，配备农村垃圾收集箱21.37万个、垃圾桶264.46万个，配备垃圾清运车24.47万辆；统一规划建设畜禽养殖场、小区3903个，建设粪污集中处理和资源化利用设施34871座；156个乡镇建设生活污水收集处理设施，已建成和运行的村屯集中式污水处理设施1319座，乡村基础设施条件大为改善，农村人居环境水平明显提升。

深入开展农村环境连片整治示范工作。2013年继续以漓江流域、桂东南西江流域、桂中红水河流域、北部湾沿海地区为重点，投资5.448亿元，在564个村实施以治理生活污水和生活垃圾为主要内容的农村环境连片整治示范项目，并将其纳入自治区人民政府为民办实事重点任务之一。

南宁市上林县明亮镇生态镇宣传栏

核与辐射安全管理

【综述】 2013年，广西组织开展铀矿冶、伴生放射性矿产利用单位、核技术利用单位、废旧金属回收熔炼企业、输变电及广电通信企业辐射安全检查；指导核技术利用单位延续和换发《辐射安全许可证》；进一步强化核技术利用单位自身辐射安全管理，核与辐射应急能力不断提升。

2013年5月8日，2013年广西辐射安全监督管理人员培训班在南宁市举办

【核技术应用和电磁辐射设施】 2013年，广西核技术利用单位共1832家，其中密封放射源使用的单位292家，开放源使用单位56家，射线装置使用单位1595家。共有在用放射源1752枚，其中Ⅰ类源88枚，主要是工业辐照装置和医疗用远距治疗仪；Ⅱ类源155枚，用于工业探伤和石油测井；Ⅲ类源43枚，主要是医院后装机使用；Ⅳ、Ⅴ类源共1466枚，主要集中于建材、制糖、造纸、冶金、化工等行业。开放源主要使用的同位素是碘-131、碘-125、钼锝-99、氟-18、磷-32、钐-153、锶-89等。广西有射线装置3054台，全部是Ⅱ类、Ⅲ类射线装置，涉及医疗、工业、科研、交通、运输、海关等多个行业。

2013年，广西已建成110千伏及以上变电站近500座，变电容量6700多万千伏安，线路长度达28000多公里；已建成移动通信基站65318个。

【辐射安全管理和监督检查】 辐射安全许可 2013年，广西壮族自治区环境保护厅行政审批辐射类事项共完成465项，其中《辐射安全许可证》延续、变更、注销、核发共99项，环境影响评价文件审批81项，竣工环境保护验收98项，放射性同位素转让审批151项，同意放射源异地使用申请36次。其中完成输（送）变电项目环境影响评价文件审批6项，竣工环境保护验收53项；完成移动通信基站环境影响评价文件审批8269个，竣工环境保护验收12512个。

辐射安全培训 2013年，广西共举办各市县辐射安全监管人员监督管理和监测能力培训2期，培训各市县辐射安全监管人员300多人次，辐射安全法律法规与防护知识培训班5期，培训辐射工作人员540人。

废放射源收贮 2013年，广西壮族自治区辐射环境监督管理站加大对全自治区废放射源收贮力度，共对38家核技术利用单位的93枚（含医用Ⅰ类源2枚）废旧放射源实施了收贮。其中，对钦州市灵山县人民医院和玉林市容县肿瘤医院的钴治疗机配用的2枚Ⅰ类钴-60放射源进行安全处置，消除了安全隐患。

完成异地扩建南宁市苏圩镇苏保村放射性废物库，并取得环境保护部核发的《辐射安全许可证》。

【辐射事故和事件应急】 2013年，为建立健全突发辐射事故应急处置体系，提高广西壮族自治区环境保护厅应对突发公共事件的能力，保障全自治区辐射环境安全，控制或减缓突发辐射事故可能造成的后果，保障公众生命和财产安全，维护社会稳定，广西壮族自治区环境保护厅制订了《广西壮族自治区环境保护厅辐射事故应急预案》。

各市环境保护局分管领导及相关业务骨干参加培训

环境监察

【综述】 2013年，广西环境监察工作坚持以生态文明建设为统领，以“环境安全年”为主题，以“五项承诺”为履职诺言，以解决影响科学发展和损害群众健康的突出环境问题为重点，进一步强化队伍建设，加大执法力度，为推进生态文明建设、建设美丽广西作出新的贡献。

【环境监察稽查】 *环境监察专项执法检查* 2013年，自治区环境保护厅对桂林、梧州、百色、北海、贵港5个市开展环境监察专项稽查，共抽查5个市污染源现场监察记录50卷，环境违法案卷25卷，发现污染源现场监察记录中存在问题203个，环境违法案卷中存在问题60个。针对存在问题，向被稽查单位下达稽查意见书，督促指导市县环境保护部门规范工业污染源现场环境监察和环境行政处罚案件现场调查取证行为。

农村环境综合整治项目环保设施运行情况摸底调查 2013年，自治区环境保护厅针对已建设完成并通过项目整体验收的农村环境保护基础设施的数量、类型、运行情况以及运行维护长效机制建立等情况开展调查，共检查年内建设完成并通过验收的农村生活垃圾收集处理设施14个，设施覆盖村庄24个，设施类型以垃圾中转站为主，部分为焚烧和填埋废石。调查结果表明，专项设施全部正常运行，并全部建立运行管理机制，运行维护主体以乡镇人民政府和村民自治为主，个别由住房城乡建设部门进行，管理资金来源以县、乡人民政府支付为主。

广西针对所实施的农村环境综合整治项目的不同要求，结合当地实际情况积极探索，因地制宜建立一系列的监管及运行维护机制，宾阳县从本地实际出发，充分发动群众参与农村环境整治积极性，建立较完善的污水、垃圾处理运行长效管理制度：一是规范农村环境连片整治项目资产的监督管理，明确管理机构与职责；二是实行“县、镇、村三级联动”的管理体制；三是组建农村污水、垃圾处理设施运营维护工作队伍；四是多渠道筹集资金，保障运行经费；五是广泛开展宣传教育工作。

2013年3月14日，自治区环境保护厅副厅长钟兵（前排中）一行到宾阳县检查指导农村环境连片整治工作

城市河流型集中式饮用水水源地专项执法检查 2013年5月至7月，广西各级环境保护部门共排查99个河流型集中式饮用水水源地，取水总量约113395万吨/年，服务人口约1020万人，其中已划定保护区的89个，约占排查总数的90%，未划定保护区的10个，约占排查总数的10%，已设置边界标志的40个，约占排查总数的40%，尚未设置边界标志的59个，约占排查总数60%。

排查显示，河流型集中式饮用水水源一级保护区内，有排污口23个，与供水设施和保护水源无关的建设项目中工业企业28家，畜禽养殖25家，旅游项目4家，其他55项；二级保护区内，有排污口94个，与供水设施和保护水源无关的建设项目中工业企业84家，畜禽养殖59家，旅游项目2家，其他50项，网箱养殖约11764平方米。

根据排查阶段的工作情况，各级环境保护部门认真制订整改方案并组织落实，对已划分保护区的城市河流型集中式饮用水水源地存在的环境违法行为进行整改。年内已取得的整改成效有：一级保护区内完成整改排污口17个，完成整改的网箱养殖39832平方米，整改与供水设施和保护水源无关的建设项目中工业企业11家、整改面积52360平方米，畜禽养殖1家、整改面积200平方米，旅游项目2家，其他项目61个、整改面积9690平方米；二级保护区内完成整改排污口34个，完成整改网箱养殖16428平方米，整改与供水设施和保护水源无关的建设项目中工业企业29个、畜禽养殖46个、旅游项目1个、其他项目36个。

【环保专项行动】 整治违法排污企业保障群众健康环保专项行动 2013年6月，自治区人民政府组织各市、县开展“整治违法排污企业保障群众健康环保专项行动”。一是开展重有色金属矿采选冶炼、铅蓄电池、皮革鞣制、电镀等重点行业企业环境安全隐患大排查大整治“再回头”监督检查；二是查处污染地下水环境违法问题；三是开展电力企业、城镇污水处理厂、工业园区污水处理厂等污染减排重点行业监督检查；四是排查医药制造行业环境安全隐患和环境问题；五是检查挂牌督办案件整改落实情况。至2013年底，广西各级各部门共出动执法人员43826人次，检查企业12980家次，查处环境违法案件98件；对47家环境违法企业实施经济处罚，共处罚款222万元；挂牌督办环境违法案件52件，其中自治区级挂牌督办10件，市级挂牌督办12件，县级挂牌督办30件，经过督办，大部分挂牌督办问题得到较好解决；自治区环保专项行动领导小组办公室共编发简报10期。曝光16起2009年以来久拖未结的自治区挂牌督办案件。

2013年10月29日，全区环境安全工作现场会暨自治区环境安全部门联席会议第一次全体会议召开

“环境安全年”系列行动 2013年，广西开展5次“环境安全年”专项行动，突击检查全自治区各地1062家酒精、淀粉、制糖、制浆造纸、沿江沿河化工等企业和181座尾矿库，现场发现存在不同程度环境隐患问题或者违法行为的企业301家、尾矿库67座，并责成企业落实整改。

环境安全隐患大清查大整治行动 2013年1月中旬至3月中旬，自治区环境保护厅组织钦州、北海等7市对“高风险、易出事”行业企业和影响群众饮用水安全的环境安全隐患进行整治，确保2013年春节和自治区、全国“两会”期间广西环境安全。

2013年7月上旬，广西发生贺江水污染事件，自治区党委、自治区人民政府高度重视，决定在全自治区开展环境安全隐患大清查大整治行动，各地迅速对重点饮用水水源地、重点流域区域、重点取缔非法生产单位、重点行业企业、重点尾矿库和环保重点能力建设等6个方面进行清查整治。广西共出动人员72771人次，排查企业14468家，发现3471家企业存在环境安全隐患，其中2523家已完成整治；发现无证无照企业2049家，已完成整改1487家；清查尾矿库599个，发现469处存在环境安全隐患，已有336处完成整改，环境清查整治行动取得阶段性成果。

2013年4月3日，广西开展“环境安全年2号行动”。图为检查组深入酒精、淀粉、制糖等季节性生产企业开展突击检查行动

【排污申报与收费】 截至2013年底，广西各级环境监察部门以排污费征收软件为平台，建立起广西污染源排污申报登记动态数据库105个，为环境管理提供有效的基础数据支撑。广西各地市、县完成排污费征收全程信息化工作的硬件部署。2013年度召开的全国排污申报及收费汇审会上，广西排污申报及排污费征收工作均荣获三等奖。

2013年，广西共有22486家企业进行排污申报登记，污水中主要污染物化学需氧量总排放量比上年下降4%，超标排放量比上年下降27%。污水中氨氮的总排放量为2001吨，比上年总排量减少27%。废气污染物主要排放指标二氧化硫的排放量为124474吨，总排量比上年仅增长10.3%，其中达标排放量111170吨，达标率为89%，氮氧化物排放量196029吨，比上年仅增长了6%，其中达标排放量182731吨，达标率为93%。

2013年，广西共开单征收排污费3.28亿元，自治区本级直接征收的12家30万千瓦以上燃煤电厂，共征收排污费5133万元，比2012年上涨2.9%，占全自治区排污费入库金额的18.6%。其中，废气类征收的排污费占总排污费金额的绝大部分，开单金额占的比例为 84.8%，开单金额比上年增加 1127 万元，增幅为 4.2%；污水类排污费开单金额和户数较上年相比减少 311 万元、131 户，降幅为 13.2%、7.6%。

【环境监察能力建设】 *机构建设和人员编制* 截至 2013 年底，广西共有 102 个具有独立法人资格的环境监察机构，其中自治区级 1 个、市级 14 个、县级 75 个、市辖区 12 个，自治区、市、县级均成立具有独立法人资格的环境监察机构，34 个市辖区中已有 13 个成立具有独立法人资格的环境监察机构。14 个地级市环境监察支队有 7 个升格为副处级单位。

广西环境监察在编人员 1133 人，比 2012 年增加 136 人，实际在岗人员 1156 人。有高级工程师职称 50 人，占 4%；中级职称 340 人，占 30%；初级职称 457 人，占 40.3%。有博士 1 人，占 0.1%；硕士 26 人，占 2.3%；本科 664 人，占 58.6%。环保相关专业有 304 人，占 27%。

污染源排放过程（工况）自动监控系统建设试点项目建设 为加强国控重点污染源监管，环境保护部在全国开展污染源排放过程（工况）自动监控系统建设项目试点工作。2013 年 2 月，自治区环境保护厅组织编制《广西污染源排放过程（工况）自动监控系统试点项目建设方案》。2013 年 9 月对试点项目进行公开招标。截至 2013 年底，试点项目选定的 8 家试点单位［广西绿城水务股份有限公司南宁埌东污水处理厂（二期）、百色市中环水业有限公司、广西贵糖（集团）股份有限公司、国电南宁发电有限公司、中国华电集团贵港发电有限公司、国投钦州发电有限公司、中电广西防城港电力有限公司、广西方元电力股份有限公司来宾电厂］均已完成企业现场端建设安装，服务器平台搭建完毕，工况参数实现同步接收，工况监控系统运行正常。

环境监察岗位培训 2013 年，广西共组织各级环境监察人员参加环境保护部业务培训班 11 期，参训人员 145 人次；自治区环境保护厅举办省级环境监察业务培训班 1 期，共有 98 名环境监察人员参训。2013 年 11 月 20 日起，自治区环境保护厅开展“送培训下基层”活动，着重对“环境信访受理、调查和处理”、“环境现场监察”等内容作专题讲解，着力提高环境监察工作人员的业务能力和水平，截至 2013 年底，共有 600 多名环境监察人员参加培训。

2013年11月11～15日，2013年全区环境监察业务培训班在南宁市举办

【污染源自动监控】 根据环境保护部《2013 年国家重点监控企业名单》，2013 年广西有废水企业 365 家，废气企业 178 家，污水处理厂 115 家，重金属企业 74 家，规模畜禽养殖场 14 家，合计 746 家国控企业。广西实现对 819 家重点污染源企业的 1110 个进、排放口的污染物实时在线监测，监控企业数已超过国控企业数。

2013 年，广西制定并印发《广西污染源自动监控设施社会化运营实施细则（试行）》、《广西污染源监控中心从业人员管理办法（试行）》以及《广西重金属污染源自动监控设施在线监测数据应用技术要求（试行）》等一系列规范性文件，对促进广西污染源自动监控设施开展社会化第三方运行，加强各级污染源自动监控中心工作人员队伍建设，以及指导广西重金属在线监测设施主动开展数据应用等起积极作用。

2013 年，广西各级环境监察部门克服人手少、任务多的困难，把污水处理厂、未参与社会化第三方运行的企业、比对监测不合格的企业、有过不正常运行污染源自动监控设施或其他环境违法行为的企业列为抽查重点，通过增加突击检查比例，不定期核查社会化第三方运行单位服务质量等，强化对辖区排污单位的达标排放监管。经统计，2013 年广西共出动人员 15529 人次，检查污染源自动监控设施 6755 套次，下达现场检查记录 6895 份，发现问题 779 项，提出整改意见 908 条，立案查处不正常使用污染源自动监控设施等违法行为 19 起，有力地震慑排污单位的环境违法行为，取得明显成效。2013 年广西 11 家主要燃煤电厂二氧化硫超标排放情况比 2012 年减少 15%，排放总量同比下降 29%。

【建设项目“三同时”监督检查】 2013 年，广西进一步加强建设项目环保“三同时”监管，各级环保部门共出动检查人员 2.38 万人（次），检查建设项目 8598 个，其中年内新开工项目 4554 个，建成投入试生产项目 1861 个，申请验收项目 2739 个，责令整改项目 541 个，立案查处项目 208 个。组织对 6 个环境保护部审批的项目、37 个自治区级审批的 I 类建设项目进行试生产现场核查，完成 15 个建设项目延期环保验收申请批复。

环境应急与事故调查

【综述】 2013年，全自治区环境应急管理体制基本建成，基本设立自治区、市、县三级环境应急管理机构；应急预案体系初步形成，修订并发布了自治区环境保护厅突发环境事件应急预案；应急联动机制逐步建立，签订省际及企业联防联控协议；环境安全形势依然严峻，突发环境事件数量有所下降。

【管理机构建设】 2013年，全自治区环境应急管理体制基本建成，基本设立自治区、市、县三级应急管理机构。

市级机构　2012年，全自治区仅河池市成立独立环境应急管理机构。到2013年底，全自治区其他各市均建立了环境应急管理机构。其中，贵港、贺州、玉林、桂林、钦州、梧州、崇左、防城港、百色9个市获得编委批复成立独立环境应急中心，共有环境应急管理人员编制71人；柳州市在环境保护局内增设环境应急科；南宁、来宾、防城港3市在原有机构上增挂环境应急中心牌子；北海市由编办文件明确了环境监察支队的应急管理职责。

县级机构　县级环保系统中，浦北县获得编委批复成立环境应急管理机构，人员编制5人。

【应急预案体系】 2013年，自治区环境保护厅修订并发布了突发环境事件应急预案；试点编制区域流域应急预案，完成刁江流域突发环境应急预案；开展行业应急预案编制，启动有色行业突发环境事件应急预案编制指南工作；稳步推进企业突发环境事件应急预案备案管理。

【联防联控体系】 2013年4月，广西壮族自治区环境保护厅与广东省环境保护厅签订了《粤桂两省区跨界河流水污染联防联治协作框架协议》，共同应对和处理跨界突发环境事件及污染纠纷。2013年12月，由自治区环境保护厅牵头引导，百色市4家大型氧化铝生产企业，即中国铝业股份有限公司广西分公司、广西华银铝业有限公司、广西信发铝电有限公司、广西田东锦鑫化工有限公司，签订了《百色市氧化铝生产行业环境安全联防联控框架协议》，促进充分共享各企业应急资源，第一时间开展生产自救，有效处置突发环境事件。

【突发环境事件】 2013年，全自治区共发生突发环境事件16起，较2012年减少20%。2013年突发环境事件中，按事件等级分，重大突发环境事件1起，较大突发环境事件1起，一般突发环境事件14起；按事故诱因统计，因安全生产事故引发的环境事件4起，因交通事故引发的环境事件3起，因违法排污引发的环境事件4起，其他因素引发的突发环境事件5起。按环境要素区分，水污染事件15起，大气污染事件1起。

贺江水污染事件　2013年7月初，贺州市八步区莲塘镇、步头镇、信都镇的贺江段陆续出现网箱养鱼不明原因死亡情况。7月5日，自治区环境保护厅接到报告后，迅速组织力量赶赴贺州对贺江水质进行监测分析，发现部分断面镉、铊超标，污染水团已跨出省界进入广东，立即将情况报告自治区党委、自治区人民政府和环境保护部。自治区党委、自治区人民政府高度重视，彭清华书记、陈武主席迅速作出指示，自治区人民政府立即启动Ⅱ级应急响应，全力开展应急监测，排查污染源，采取科学有效的措施消除污染物。在环境保护部等国家有关部委的具体指导下，在自治区党委、自治区人民政府的坚强领导和统一指挥下，在广东省的大力配合下，经过15天的应急处置，7月20日8时贺江干流镉和铊污染物全线达标，实现了自治区党委、自治区人民政府提出的“确保沿江城镇不停水、确保沿江群众饮用水安全、确保西江水质达标”的目标。本次事件为重大突发环境事件。经调查，事件主要污染源为贺江支流马尾河边的贺州市汇威综合选矿厂。该厂非法建设的铟生产项目，无任何废水处理设施，擅自将高浓度的含镉、铊的废水通过溶洞排入地下河，进入马尾河汇入贺江，是造成此次贺江污染事件的主要原因。

环境宣传教育

【综述】 2013年，自治区环境保护厅加大环境新闻宣传力度，组织开展丰富多彩的环境专题宣传活动，举办首届环境文化节和公众开放日活动，开展全民环境教育，加强舆情监控，建成阅览室丰富职工文化生活，按时出版《广西环境年鉴》。

【环境新闻宣传】 2013年，自治区环境保护厅拓宽宣传渠道，创新载体和宣传方式，创造性地开展环保新闻宣传报道并取得良好成效。全年在广西主流媒体刊播新闻479篇（条），其中《中国环境报》100篇（头版25条）、《广西日报》88篇、广西电视台52条、自治区环境保护厅网站239篇。全年共制作环保重点工作宣传板报60块。

专题专版报道 2013年，自治区环境保护厅多次组织新华社、中央人民广播电台等中央新闻单位和《广西日报》、广西电视台、广西人民广播电台、广西新闻网等广西主流媒体记者，就“五项承诺”、“环境安全”、“公众开放日”、“环评项目公开”、曝光违法企业、“美丽广西·清洁乡村”、东盟环境合作论坛、党的群众路线教育实践活动等16个专题进行采访，在《中国环境报》、《广西日报》刊登9个专版，较好地宣传广西环保工作的新进展、新成效。

电视新闻报道 截至2013年底，自治区环境保护厅在广西电视台各新闻栏目播出环保新闻共48条，其中6条获得《广西新闻》头条播发，并上开篇导播小标题。在《广西新闻》头条播出《自治区环保厅专题民主生活会真刀真枪开展批评与自我批评》；在广西电视台资讯频道黄金时段播出《勇于揭短亮丑 敢于动真碰硬——自治区环保厅真刀真枪开展批评与自我批评》专题片，节目播出后引起了强烈的社会反响，受到李克强总理关注。

在广西资讯频道《凡事说理》深度访谈栏目中，播出解读《全面深入开展环境安全隐患大清查大整治行动方案》（以下简称《行动方案》）专题访谈节目，促进公众了解《行动方案》对广西环保工作的积极意义。

专题片制作 2013年，自治区环境保护厅结合全年环保重点工作，认真策划选题，精心制作《广西龙江河镉污染事件警示录》、《整治农村环境 建设美丽广西》、《贺江水污染事件警示录》、《环境安全年1号行动》、《环境安全年2号行动》、《全区饮用水现状调查及保护对策研究》等18部电视专题片。其中《龙江河镉污染事件警示录》专题片在广西卫视播出，反响较大。专题片在质量、标准和内容上较往年有较大提高，获得肯定和好评。

【环境宣传活动】 *“六五”主题宣传活动* 2013年6月2日，结合“六五”世界环境日主题，自治区环境保护厅在南宁市民族广场组织开展丰富多彩的广场活动，以知识问答、环保歌曲传唱等寓教于乐的方式让群众接近环保，了解环保，参与环保。活动现场举办“低碳出行”自行车环城游活动、环保宣传板报、环保装备展、新能源汽车展、环保知识有奖问答、“同呼吸·共担当·齐行动”千人签名、环保咨询等形式多样的互动活动，并向市民发放环保科普宣传资料。南宁市绿色学校、绿色社区、绿色医院、绿色企业、自行车爱好者、驻邕高校环保社团代表以及市环保系统共约500人参加活动，启动仪式共制作宣传展板20多块，编印发放宣传单4000多套、知识手册、挂图等500多份，通过有奖问答形式向群众发放奖品2000多份。

2013年6月2日，“同呼吸·共担当·齐行动”纪念“六五”世界环境日主题宣传活动在南宁市举行

“六五”期间，自治区环境保护厅共编印《广西壮族自治区环境保护厅环境违法行为有奖举报暂行办法》宣传挂图15万张，宣传小折页2万册，美丽乡村宣传小折页2万册，制作环保袋2000多个，编印《广西农村环保工作手册》5000册，免费发放广西各地，让环保宣传进村入户。

环境违法行为有奖举报制度宣传小册子

首届广西环境文化节　为纪念“六五”世界环境日，打破传统宣传模式，自治区环境保护厅举办首届广西环境文化节，开展农村环保壁画设计大赛、环保摄影书画比赛、环境好新闻奖评比活动、环境状况新闻发布会、获奖作品展等形式多样的系列环境文化宣传活动，并将获奖作品汇编成册。文化节集中展示了广西环境文化建设发展历程和重要成果，普及环保科普知识，提高公众环境意识，取得良好的宣传效果。

2013年5月31日，自治区环境保护厅举办首届广西环境文化节。图为自治区环境保护厅厅领导参观摄影作品

广西环保公众开放宣传日活动　2013年4月22日、6月2日，自治区环境保护厅先后开展广西环保公众开放日宣传活动，广西各市也积极响应，约有上万名市民、学生参与，“零距离”接触环境监测设施以及环境应急设备，亲身感知环保科技，增加环保工作透明度，提高公众知晓度，激发公众参与和支持环保的热情。

环保科普宣传活动　2013年，自治区环境保护厅积极参加广西科技活动周、环境与健康宣传周、“美丽广西·清洁乡村”科普宣传活动、广西十月科普大行动等活动，共制作宣传展板20多块，印发宣传单4000多套，知识手册、挂图等500多份，有奖问答向群众发放奖品2000多份。通过展示板报、科技咨询、播放宣传片等形式宣传普及生态广西、生物多样性、低碳生活等环保知识。科技活动周项目连续三年荣获“优秀项目奖”。

2013年5月19日，自治区环境保护厅参加全国科技活动周广西活动暨绿城科普广场活动。图为自治区环境保护厅巡视员冯振年带领工作人员向群众发放宣传资料

广西千名青年环境友好使者行动　2013年，自治区环境保护厅在广西中医药大学赛恩斯新医药学院开展广西青年环境友好使者培训，广西各高校环保社团学生216人参训。环境保护部宣传教育中心在南宁市举办全国千名青年环境友好使者行动项目负责人培训班。

2013年11月16日，2013年千名青年环境友好使者应对气候变化创新能力系列培训班学员合影

【环境教育】　环境培训　截至2013年底，自治区环境保护厅共举办农村环境连片整治、环境应急、辐射安全监督、固体废物管理、“十二五”主要污染物总量减排等培训班28期，培训人员3550人次。首次与高校合作举办环保专业性培训，针对存在环境安全隐患的企业，开展国控废水企业、矿山采选企业、冶炼企业，火电和水泥企业以及医疗卫生机构8期专题培训班，培训人员1226人次。

绿色环保系列创建活动　2013年，自治区环境保护厅重新修订8个绿色环保系列创建活动的管理办法和评估标准，重新确定自治区绿色创建领导小组成员名单。联合自治区文明办等单位对2012年绿色环保系列创建活动中先进单位和个人进行表彰。

利用广西电视台、《南宁晚报》等媒体对“柳州市羊角山小学荣获第三批国际生态学校绿旗荣誉”进行宣传报道；对防城港北仑河口国家级自然保护区、柳州污水治理有限责任公司白沙污水处理厂两单位荣获首批全国中小学环境教育社会实践基地以及在2013环境小记者项目大赛中广西取得优异成绩进行报道，充分展现广西绿色创建取得的成效。

防城港北仑河口国家级自然保护区每年都到学校开展红树林保护生态科普教育活动。图为“走进红树林”科普知识讲座现场

积极推荐青秀山风景区、大明山自然保护区、广西药用植物园等单位参与全国环保科普基地的申报工作。组织广西绿色学校参加第27届全国青少年科技创新大赛、第9届中国青少年创造力大赛、全国环保科普创意大赛、环境小记者项目2013年新闻作品大赛等10余项活动。其中，全国青少年科技创新大赛广西取得优异成绩，有14件作品获新闻作品大赛一、二、三等奖。

广西兴安县实验小学邓博文的《林中精灵》获环境小记者项目2013年新闻作品大赛照片类11–14岁年龄组一等奖

【环境舆情】 2013年，自治区环境保护厅印发《关于做好环保舆情引导工作的通知》，强调要从加强领导、开展环保舆情监控、积极探索官方微博宣传方式、加大主流媒体的宣传力度、建立突发环境事件舆论引导机制等五方面做好舆情工作。制定自治区环境保护厅《新闻发言人制度》和《突发环境事件新闻发布应急预案》，确保新闻发布主动、准确、及时、权威，指导各地有序开展新闻发布工作。

年内共收集700多条舆情信息，编印33期环保舆情参考简报，对突发环境事件和监督性媒体报道进行舆情监控和舆论引导，抢占舆论主导权，为有效解决环境问题提供决策参考。成功应对贺江污染事件舆情，先后编辑贺江污染事件舆情参考6期。

与讯库公司合作，新增60个县级以下的新闻媒体，包括网站、报纸以及社区论坛，扩大舆情监控区域，提高舆情监控效率。

2013年11月8日，自治区环境保护厅举办《2013年蓝皮书：广西环境与发展报告》撰稿人培训班

【环境文化】 2013年5月31日，自治区环境保护厅阅览室正式开放，馆藏图书达2000多册，杂志96种，报纸15种，电子杂志3000多种。开通中国知网期刊论文库“工程科技Ⅰ辑”，内容为环保专业论文。开展“我的中国梦，我的环保情”读书演讲比赛，丰富干部职工的文化生活。

加强科研力度，联合广西社会科学院合作编撰出版《2013年蓝皮书：广西环境与发展报告》，为广西环境保护工作的开展提供最新的资讯和科研成果。

【志鉴编纂】 2013年，自治区环境保护厅完成《广西通志·综合卷(1979~2005)》环境保护篇章，内容包括环境管理与监测、环境质量、污染防治、生态广西建设、循环经济典型模式选介等6个章节，总字数12.3万字。汇编《1979~2005年广西环保大事记》，作为《广西通志·附录卷(1979~2005)》中大事记的组成部分。完成《广西通志·科技志(1991~2010)》初稿。

印刷出版2012卷《广西环境年鉴》，启动2013卷《广西环境年鉴》编纂工作。协助《广西年鉴》和《中国环境年鉴》完成组稿。

对外合作与交流

【综述】 2013 年，自治区环境保护厅继续开展与国内外科研院所的合作与交流，联合广东省开展水污染联防联治，加强与东盟各国的环境合作，举办国际性的学术论坛，积极参加澳门国际环保合作发展论坛，荣获“环保展台嘉许奖”。

【国内合作与交流】 2013 年 4 月 11~12 日，环境保护部在广西南宁举办部分省市持久性有机污染物(POPs)常识与污染防治政策培训班。自治区环境保护厅总工程师陈晓非出席会议并在开班仪式上致辞。江西、广西和云南等省(区)和相关地市级环境保护局负责实施持久性有机污染物(POPs)规划和持久性有机污染物(POPs)统计报表制度的管理人员约 40 人参加培训。培训期间，与会人员还到崇左市扶绥新宁海螺水泥有限公司实地考察企业利用水泥旋窑处理城镇生活垃圾生产线。

2013年4月12日，持久性有机污染物（POPs）常识与污染防治政策培训班学员到崇左市扶绥新宁海螺水泥有限公司实地考察

2013 年 4 月 23 日下午，环境保护部华南督查中心在广东省中山市主持召开粤桂两省区跨界河流水污染联防联治协调会，广西壮族自治区环境保护厅和广东省环境保护厅正式签订粤桂两省区《跨界河流水污染联防联治协作框架协议》。粤桂两省区《跨界河流水污染联防联治协作框架协议》的签订，标志着粤桂两省区建立了珠江流域上下游水环境联防联治管理机制，建立跨行政区交界断面水质达标管理、水环境安全保障和预警机制，建立跨省区污染事故应急协调处理机制，为深化粤桂两省区环境保护合作，协调解决跨省区流域重大环境问题，保障环境安全打下坚实基础。

2013 年 7 月 18~19 日，2013 年泛珠三角“机动车尾气减排与治理宣传工作研讨会”在四川成都举行，福建、江西、湖南、广东、广西、海南、四川、贵州、云南九省(区)人民政府和香港、澳门两个特别行政区等泛珠“9+2”省区环保宣教部门有关人员分别对所在地区尾气减排治理宣传工作作交流发言，多方将在泛珠合作的框架下寻求环保宣传教育的深度合作。

2013 年 8 月 18 日，广西·广东合作交流座谈会在南宁举行。中共中央政治局委员、广东省委书记胡春华，广东省省长朱小丹，自治区党委书记、自治区人大常委会主任彭清华，自治区主席陈武出席座谈会。座谈会上，粤桂双方赞同加强生态等领域的全面合作，并提出以跨省区小流域作试点，联手破解污染治理和经济发展之间的矛盾问题。

【国际合作与交流】 2013 年 2 月 22~26 日，中国广西第三届金花茶国际学术论坛在南宁市举行，来自中国、英国、意大利、德国、澳大利亚、越南等 200 多名国内外茶花专家、学者、爱好者、茶花产业者，围绕金花茶繁殖育种研究、金花茶保护、开发及应用等进行学术交流与合作，并参观考察南宁市、防城港市、北海市合浦县等地金花茶原产地和金花茶产业。本次论坛共收到 53 篇论文，来自国内外的 24 位专家学者作了大会报告。

2013 年 3 月 14 日，自治区环境保护厅巡视员冯振年会见以色列驻广州总领事安亚杰、商务领事陶丹尼一行，双方就水污染防治、农村生活污水处理技术、人工湿地技术的应用等方面进行座谈。科标处、污防处、环评处等处室负责人以及自治区环境保护科学研究院的专家和部分广西环保技术公司代表参加座谈。

2013年2月22日，中国广西第三届金花茶国际学术论坛在南宁市开幕

参加论坛的专家学者到上岳保护站参观合影

2013年3月14日，自治区环境保护厅巡视员冯振年会见以色列驻广州总领事安亚杰、商务领事陶丹尼一行。图为座谈会现场

2013年3月21~23日，由澳门特区政府主办的“2013年澳门国际环保合作发展论坛及展览”（2013MIECF）在澳门隆重举行。应澳门特别行政区政府邀请，自治区人民政府作为协办单位，由自治区副主席陈刚率广西政府代表团出席论坛及展览活动。本届广西展位因整体布局科学、合理，总体设计理念新颖、造型独特，内容主题突出、整体美观、简约，达到环保理念与艺术美感相结合的最佳效果，荣获“环保展台嘉许奖”。

2013年5月29~30日，由联合国工业发展组织和环境保护部清洁生产中心联合主办、自治区环境保护厅和自治区工业和信息化委员会联合协办、自治区环境保护科学研究院承办的“资源高效利用与清洁生产国际研讨会”在南宁市召开，自治区发展改革委、自治区科技厅、自治区糖业发展局，南宁、柳州、贵港、来宾等4个地市环境保护局和工业和信息化委员会，广西科学院、广西环境监测中心站、广西大学以及广西部分制糖及相关企业代表等共88人参加会议。会议主旨是向广西制糖及相关行业工业园区、工业集群内的政府部门、企业及其他相关机构人员介绍“资源高效利用与清洁生产”理念及其技术方法，将联合国工业发展组织在工业园区内的规模方法与广西的实际工作有效结合，进一步推动广西制糖及相关行业的资源高效利用与清洁生产工作；就广西制糖及相关行业环境、资源利用、技术、合作领域、资金等各方面的需求以及后续示范项目可能开展的范围进行讨论；对广西制糖行业资源高效利用和清洁生产制定下一步的工作计划。会议认为，联合国工业发展组织、环境保护部清洁生产中心以广西制糖行业为试点，通过评估目前制糖行业资

2013年5月29日，联合国工业发展组织工业园区资源高效利用与清洁生产国际研讨会在南宁市开幕

2013年5月30日，联合国工业发展组织环境管理司清洁生产处处长Rene Van Berkel在研讨会上向代表们介绍制糖工业园区的物质流

源及环境问题、生态工业链现状和潜力分析，启动“资源高效利用与清洁生产项目”，对促进广西节能减排工作，提高资源利用和清洁生产水平具有积极的意义。

2013年9月4日，中国—东盟环境保护合作中心与广西壮族自治区环境保护厅共同推进中国—东盟环保合作框架工作协议签署仪式在广西桂林举行。自治区环境保护厅厅长檀庆瑞和中国—东盟环境保护合作中心副主任郭敬签署合作协议。根据协议，东盟中心与广西环境保护厅结成战略合作伙伴，以“讲求实效、互惠共赢、相互支持、共谋发展”为原则，在环境保护部和广西壮族自治区人民政府领导下，通过共同举办中国—东盟环境合作论坛、开展中国—东盟环保技术和产业合作基地建设、实施国际合作交流和项目合作等具体内容，推动开展与东盟环保合作，充分利用广西区位优势和中国—东盟博览会平台，发挥广西桥头堡作用，加强和提升开展环保国际合作的能力和水平，促进环保产业发展，加强对外宣传国家及广西在生态文明建设和环境保护方面的政策和成就，创建环保国际合作的国家—地方合作模式，共同推进与东盟国家的南南环境合作。环境保护部副部长李干杰、自治区副主席蓝天立、环境保护部国际司副司长宋小智、自治区环境保护厅副厅长钟兵、蹇兴超等出席活动。

2013年9月4~5日，由环境保护部与广西壮族自治区人民政府主办，东盟秘书处联合主办，中国—东盟环境保护合作中心与广西壮族自治区环境保护厅承办的“中国—东盟环境合作论坛2013：区域绿色发展转型与合作伙伴关系”在桂林市举办。来自东盟秘书处和东盟各成员国有关部门的高级官员，联合国环境规划署、亚洲开发银行等国际合作代表，以及我国环境保护部、商务部等有关部委，广西壮族自治区人民政府及环境保护部门、地方环境保护机构，国内外专家、学者和企业界代表共计200余人出席论坛。环境保护部副部长李干杰、广西壮族自治区副主席蓝天立出席论坛并发表重要讲话。东盟国家派出高级别代表团参加论坛，包括柬埔寨环境部国务秘书尹金生、老挝自然资源与环境部副部长阿克·图拉姆、缅甸森林与环境保护部副部长特信等。

2013年11月11日，德国海德堡大学环保专家Malte Faber教授和Thomas Petersen教授应邀到自治区环境保护厅进行环保技术讲座，两位教授分别讲授德国在垃圾收集、分类、运输、处置等环节的技术，以及在政策、管理与运作等方面积累的宝贵经验。自治区环境保护厅机关各处室、直属单位近100人参加讲座。

Thomas Petersen教授和大家分享德国垃圾处理经验

2013年12月28日，中国环境科学研究院院士专家考察组一行到广西开展综合性调研活动。图为中国环境科学研究院副院长郑丙辉（前排右）与自治区环境保护厅副厅长钟兵（前排左）代表双方签署战略合作协议，全面提升广西环保科技工作水平

信息公开与环境信访

【综述】 2013年,自治区环境保护厅通过多种渠道主动公开环境信息,推广使用环境信访系统,扎实做好环境信访工作,认真排查和化解突出环境信访问题;实施环境违法行为有奖举报制度,维护人民群众合法的环境权益;成立广西环境信息中心,加强信息化建设。

【环境信息公开】 2013年,自治区环境保护厅政府信息公开载体主要有自治区人民政府信息公开统一平台、自治区环境保护厅门户网站,并适时通过广播、电视、报刊等媒体进行公开。通过加强对网站等主要公开载体的建设,政府信息公开渠道更加丰富、通畅,自治区环境保护厅门户网站的政府信息公开目录实现按业务主题、文件体裁和内设机构三种方式分类和显示;在门户网站开通"网上办事大厅",提供建设项目环境影响评价文件审批、竣工验收、危险废物经营许可证核发等20多项业务网上在线审批结果查询和部分审批项目在线申报服务,方便公众查阅信息;在自治区环境保护厅门户网站开设领导信箱、在线咨询、投诉举报、民意征集、在线访谈等栏目,进一步畅通与社会、公众和企业之间的信息互动渠道。落实专人维护门户网站和信息发布工作,网站运行安全稳定。

2013年,广西各级环境保护部门共报送环境信息3938条,其中环境保护部采用56条,自治区党委、自治区人民政府采用155条。自治区环境保护厅通过门户网站主动公开政府信息2711条,其中发布文件323份、公众参与的公示公告和许可项目受理、办结信息899条、工作动态信息825条;全年在中央媒体和《中国环境报》公开信息109条,在广西电视台、《广西日报》等媒体公开信息154条;全年召开新闻发布会2次;全年主动向自治区政务服务中心、档案馆、公共图书馆等信息查阅场所各提供主动公开文件信息210份;全年无澄清虚假信息和不完整信息事项。年内共受理政府信息公开申请26件,经审查同意完全公开11件,同意部分公开10件,信息不存在3件,不予公开2件。

【环境信访】 2013年,广西各级环保部门实施包片包案和带案下访制度,按照"环境区域负责制"、"谁主管、谁负责;分级负责、归口办理"的要求,对排查出来的环境矛盾纠纷和不稳定因素逐件逐宗落实领导包案,对环境信访积案和重大环境信访问题,按照"五个一"(即一个案件、一个责任单位、一个包案领导、一个调处班子、一个解决方案)要求认真加以解决。年内共排查出环境矛盾纠纷614个,已化解609个,其中积案25个,已化解和息访24个;落实领导包案128件,落实到责任单位和人员的有259件。

2013年,广西各地认真落实领导接访日制度。从

2013年4月18日,自治区环境保护厅厅长檀庆瑞(右二)带队参加《阳光在线·厅长在线》直播节目

2013年10月8~10日,自治区环境保护厅总工程师陈晓菲(左三)一行到崇左市开展带案下访工作。图为陈晓菲总工程师在崇左市驮卢镇横龙河实地查看网箱鱼养殖情况

4月份开始，各级环保部门在每月5日前后，安排半天时间开展领导接访活动，由单位领导接待群众来访，认真倾听群众的呼声，研究解决环境信访工作存在的重大问题。年内广西各级环境保护部门共接访群众421批次，组织干部下访516批次。

2013年，自治区环境保护厅开发“环境监管与预警信息系统信访子系统”，实现与环境保护部“全国环境信访信息系统”的无缝连接。14个市环境保护局均配备1~2台计算机，接入国家环境信息与统计能力建设项目建设的环保专网，确保能登录到自治区环境保护厅环境监管与预警信息系统信访子系统。自2013年1月4日正式启用后，自治区环境保护厅和14个市受理的环境信访事件全部通过该系统进行处理，有效提高信访件处理时效，进一步畅通群众环境信访投诉渠道。

2013年，广西共受理各类环境信访29601件，同比增加5365件，处理29535件，处理率为99.7%，其中结案28994件，结案率为98%。年内广西没有发生因不认真办理群众反映的信访事项、拒不执行上级机关对有关信访问题做出的处理决定而导致群众越级上访和集体上访的事件。

【环境违法行为有奖举报】 2013年3月8日，自治区环境保护厅颁布实施《广西壮族自治区环境保护厅环境违法行为有奖举报暂行办法》。年内接到电话及网络举报信息近1100件(次)，自治区环境保护厅直接调查处理有效投诉15件，其中水污染投诉10件，固废污染投诉4件，大气污染投诉1件；3件举报信息查实并兑现奖金1.5万元。

【广西环境信息中心】 2013年9月27日，自治区机构编制委员会以《关于设立广西壮族自治区环境信息中心的批复》(桂编〔2013〕130号文)同意设立广西壮族自治区环境信息中心，结束环境信息中心无独立机构、无编制的历史。自治区机构编制委员会核准广西环境信息中心为自治区环境保护厅管理的相当正处级全额拨款事业单位，核定全额事业编制6名，其中处级领导职数2名。主要职责是承担广西环境信息网络的建设和运行维护，负责污染源在线监控中心、环境质量自动监测中心、应急指挥中心等广西环境保护系统信息与数据的收集、处理、传输、存储、加工和共享等工作，负责自治区环境数据中心的建设与运行管理，负责为处置各类环境事故提供信息技术支撑与服务。

基础网络系统建设与运行维护　负责自治区环境保护厅大楼的综合布线系统搭建万兆主干、千兆桌面、无线覆盖的整体网络架构，包括政务外网、互联网(无线AP)、设备网等。政务外网配置2台互为备份的数据中心级核心交换机和10台汇聚交换机。各直属单位的服务器、存储设备集中在中心机房统一部署和管理，政务外网和互联网按照国家信息安全等级保护三级设计建设。政务外网、互联网采用VMWare虚拟化解决方案搭建虚拟化平台，并将政务外网、互联网应用系统全部迁移到虚拟化平台上。随着国家环境信息与统计能力建设项目的建设与实施，至2013年底，广西环保系统政务外网已建成为上联环境保护部、下联直属单位、14个市环境保护局与109个县(区)环境保护局的网络体系，成为广西环境监管与预警信息系统大平台正常稳定运行的重要依托。

自治区环境信息中心技术人员在机房工作

广西环境监管与预警信息系统　2013年9月22日，广西环境监管与预警信息系统通过自治区环境保护厅组织的最终验收。广西环境监管与预警信息系统大平台涵盖综合行政办公子系统、移动办公子系统、综合业务管理子系统、数据中心、项目审批子系统、项目评估子系统、自然生态综合管理子系统、应急管理子系统、网上申报子系统、清洁生产数据信息子系统(重金属污染综合防治考核系统)、科技标准管理子系统、信访投诉子系统、行政处罚子系统、政务信息报送系统、总量管理子系统、污染防治管理子系统、规划计划管理子系统、环境保护对策研究信息系统、核与辐射管理子系统、机动车环保检验管理子系统、综合查询分析子系统、公众服务子系统(企业自行监测信息公开、环境空气质量实时发布)、环境监测子系统、资源管理子系统、GIS二维、三维子系统以及环境在线子系统(污染源在线监控、水环境质量、大气环境质量、近岸海域水环境质量自动监测)等20多个子系统。直属单位的业务系统也集成在其中。所有的子系统同在一个网络中运行，所有的数据信息同在一个数据中心交换，所有的业务处室、单位同在一个平台上办公。

项目审批子系统、信访投诉子系统已与环境保护部建设项目管理系统、信访系统建立接口，自动上报和接收数据；信访投诉子系统、政务信息报送系统、自然生态综合管理子系统、总量管理子系统、项目评估子系统、机动车环保检验管理系统已在国家环境信息与统计能力建设项目建设的网络中运行，逐步实现自治区、市、县联网应用。

与自治区发展改革委、工业和信息化委合作建成广西清洁生产数据信息库；建成了环境空气质量实时发布平台。能够实时接收、发布南宁市、柳州市、桂林市、北海市4个城市的$PM_{2.5}$等6项环境空气指标数据；实现自治区政务服务中心环保窗口到自治区环境保护厅政务外网业务系统、再到自治区环境保护厅政府门户网站之间的数据交换与信息同步。

数据中心统一管理和使用所有的数据资源，整合集成各个子系统的业务数据、污染源普查数据、环境统计数据、监督性监测数据、污染源在线监控数据、大气、水环境质量监测、近岸海域水环境质量数据、污染源全生命周期管理数据，构建跨平台的数据管理机制，实现跨平台的数据共享。

截至2013年12月底，整理入库重点污染源1154家，环境统计企业4877家，污染源普查数据53781家，监督性监测企业2947家，排污申报企业23480家，风险源278家；动态接入32个水自动站在线监测数据、51个大气自动站在线监测数据、16个近岸海域在线监测自动站数据，动态接入的站点在线监测数据平均每天约100万条。

为推进环境监管与预警信息系统进一步向市县环境保护局延伸应用，广西环境信息中心拟通过云计算、虚拟化技术建设一套能满足市县环境保护局管理功能的广西环保云，通过自治区环境保护厅统一建设软件服务实现全局信息化建设。2013年以北海市环境保护局及其下辖的区县环境保护局作为试点，全面推进环境监管与预警信息系统在市县环境保护局延伸应用。9月22~27日在北海市举办广西环保系统信息安全培训班，就网络安全基础、信息安全等级保护体系、防火墙原理和基本配置、VPN原理和基本配置、WAP实验使用、网闸原理、基本配置等内容进行讲解和上机操作，各市环境保护局和各有关直属单位30多名技术人员参与培训。

环境保护网站建设与运行 2013年，自治区环境保护厅围绕信息公开、政民互动、在线服务三大功能定位，扎实推进政务服务、政务公开和政府信息公开（以下简称“一服务两公开”）工作。在全国31个省级环境保护厅（局）政府网站绩效评比中，广西环境保护厅政府网站进步显著。自治区环境保护厅在广西“一服务两公开”绩效得分为68.73分（满分100分），在自治区直属、中央直属部门（有审批职能）各单位中排名第五名，与2012年相比排名有所提升。

应急指挥中心信息与数据系统建设与运行 2013年，自治区环境保护厅的信息化建设成果在“环境安全年”行动中得到充分运用。广西环境信息中心分别在环境应急指挥中心和核应急指挥中心保障“环境安全年1号行动”、“环境安全年2号行动”和“环境安全年3号行动”通信工作，利用视频会议系统、海事卫星电话通信、3G回传、电话耦合技术将各市指挥中心信号、现场执法信号及时反馈到自治区环境保护厅指挥中心；利用大屏幕同时将应急指挥系统、实时上报情况、视频会议、现场执法信息展现出来，充分展现信息化手段在环境监管日常工作中的先进性。

广西近岸海域水质自动监测平台

核应急指挥信息支撑平台系统建设 2013年2月28日，由国家核应急办、国家核安全局、自治区人民政府办公厅有关专家对《广西核应急指挥信息支撑平台可行性研究报告（代项目建议书）》进行内部评审。4月9日，《广西核应急指挥信息支撑平台建设方案》在北京通过国家核应急办组织的专家评审。4月25日《广西核应急指挥信息支撑平台可行性研究报告（代项目建议书）》在南宁通过自治区发展改革委组织的专家评估。自治区财政厅于7月24日正式向自治区人民政府办公厅复函《关于建设广西核应急指挥信息支撑平台有关问题的复函》（桂财建函〔2013〕248号），原则同意安排资金支持项目建设，根据项目建设进度计划分2013年、2014年两年安排资金。9月22日《广西核应急指挥信息支撑平台可行性研究报告（代项目建议书）》通过自治区发展改革委批复，同意建设。

广西核应急指挥中心

党的建设与纪检监察

【综述】 2013年，自治区环境保护厅切实履行行政监督检查和反腐倡廉职能，加强党组织建设，积极开展法纪教育、示范教育、警示教育、风险防范和岗位廉政教育，积极开展党风廉政建设和政风行风建设，联合自治区人民检察院共同预防职务犯罪，深入开展党的群众路线教育实践活动并取得明显成效。

【党组织建设】 2013年，自治区环境保护厅有1个基层党委，10个党支部，264名党员。2013年，自治区环境保护厅各支部完成换届选举，调整配备支部党务干部，新成立中共广西壮族自治区环境应急与事故调查中心支部。将“从严治厅”与党课相结合，“美丽广西·清洁乡村”活动与党日活动相结合，学雷锋植树活动与组织生活相结合，创新开展组织生活、党课、党日活动。加强入党积极分子培养，10名同志向党组织递交入党申请并参加入党培训，新发展6名正式党员。

【教育培训】 2013年7月2~4日，自治区环境保护厅在南宁市举办2013年全自治区纪检监察干部环保业务技能培训班，各市环境保护局纪检组组长、监察室主任，县级环境保护局分管纪检监察、党务工作的领导以及自治区环境保护厅机关各处室、直属单位负责人110人参加培训。培训内容包括依法履行环境行政处罚立案、取证及处罚程序、环评审批和验收依据、程序和关注点、环境事故问责调查处理案例、环境信访调查与取证工作、环境监察人员如何依法履行职责等。

7月5日，自治区环境保护厅党组书记、厅长檀庆瑞以“深入践行五项承诺，维护群众环境权益”为主题，结合环保系统党员干部的思想和工作实际，针对环境保护部门在形式主义、官僚主义、享乐主义和奢靡之风等方面存在的突出问题，给机关及直属单位党员上了一堂廉政教育党课，教育和引导广大党员干部以学习教育贴近群众、以五项承诺取信群众、以调查研究取信群众、以环境安全情系群众、以从严治厅服务群众、以解决问题赢得群众，时刻保持党的先进性和纯洁性。自治区环境保护厅机关各处室、直属单位党员领导干部及入党积极分子共136人参加学习。在自治区直属机关纪工委举办的廉政教育进党课评优活动中，自治区环境保护厅厅长檀庆瑞讲授的《深入践行五项承诺 维护群众环境权益》被评为“2013年广西区直机关最佳廉政党课”。

8月30日上午，自治区环境保护厅举办预防职务犯罪专题讲座，邀请自治区人民检察院职务犯罪预防局局长张坚授课，自治区环境保护厅机关及在邕直属单位100多名干部职工参加学习教育。张坚运用丰富的经验、翔实的案例、生动的语言，通过“三个思考”和“六个提问”，深入分析当前职务犯罪的易发心理，深刻讲述职务犯罪给社会、家庭及自身所带来的巨大危害，

2013年8月30日，自治区环境保护厅举办预防职务犯罪警示教育专题讲座

2013年8月30日，自治区环境保护厅组织干部职工代表到南宁监狱听取服刑人员现身说法

并对受贿罪的认定和环保系统容易产生的失职渎职问题进行重点解释，给大家敲响警钟。8月30日下午，自治区环境保护厅机关及在邕直属单位干部职工代表77人到南宁监狱参观，接受警示教育。

组织党员干部观看《你是我的兄弟》、《警戒线》、《南平红荔》等廉政教育影片，组织学习《贯彻落实党的十八大反腐倡廉精神读本》、《领导干部从政道德警示录》等。注重用典型案例开展警示教育，在全自治区环保系统通报贺江水污染事件环保系统人员处分情况，教育引导党员领导干部居安思危，提升廉政意识，筑牢拒腐防变的思想道德防线。

【党风廉政建设】 2013年2月5日，自治区环境保护厅印发《自治区环境保护厅党组关于改进工作作风密切联系群众有关规定的实施意见》，就改进调查研究、精简会议活动、精简文件简报、减轻基层负担、加强出访管理、改进新闻报道、加强检查落实等方面提出具有针对性和操作性的21条实施意见，并严格贯彻执行。

3月22日，自治区环境保护厅召开2013年全区环保系统纪检监察工作视频会议，传达2012年全国环保系统纪检监察工作会议、自治区纪委十届四次全会精神，总结全自治区环保系统2012年纪检监察工作，并对2013年反腐倡廉工作进行了部署。会上厅领导与厅机关各处室、各直属单位负责人签订2013年党风廉政建设责任状，坚持“一岗双责”，把党风廉政建设责任落到实处。

6月25日，自治区环境保护厅、自治区人民检察院召开环境保护系统预防职务犯罪工作首次联席会议，双方现场签署《自治区人民检察院 自治区环境保护厅关于在全区环境保护系统共同开展预防职务犯罪工作的意见》，标志着环保部门与检察机关共同开展预防职务犯罪工作进入新的阶段。自治区人民检察院检察长崔智友，副检察长邓海华、刘继胜，自治区环境保护厅厅长檀庆瑞、副厅长钟兵、总工程师陈晓菲、纪检组长梁远略及有关处局室负责人参加会议。

8月12日，自治区人民检察院和自治区环境保护厅联合印发《关于加强和改进在全区环保系统共同开展预防职务犯罪工作的意见》，明确提出环保机关与检察机关在共同预防环保职务犯罪工作中应履行的职责和任务，主要就推进责任教育，提高环保干部预防职务犯罪的免疫力；推进科学管理，降低职务犯罪易发环节风险；推进政务公开，增强环保执法的透明度；推进环保权力监督，确保权力规范运行；推进准入制度建设，强化招投标、项目审批、设备和材料采购监督等方面工作内容进行规范。要求通过建立联席会议制度、实施案件移动处理、及时通报工作信息、加强法纪教育、共同开展调查研究等5项工作措施，在环境评价、环境执法、固废管理、环境监测、资金分配等容易发生不规范或腐败的环节和岗位，加强两家的沟通交流与合作，充分发挥各自的业务优势，对发生在环保系统的职务犯罪规律、特点和苗头性、倾向性问题，定期召开预防工作分析会议，互通情况、加强信息交流。对环保系统内发生的违规、违纪现象和其他可能诱发职务犯罪的问题，共同制定有针对性的预防措施，不断完善内外监督制约机制，对工作中的不足加以改进，及时将成功经验总结推广，形成预防职务犯罪的强大合力。

9月至11月，自治区环境保护厅监察室、机关党委、规财处、人事处等部门组成督查工作小组，通过召开职工大会、民主测评、个别谈话、调阅档案、查阅账本等方式，对自治区海洋环境监测中心站、防城金花茶国家级自然保护区管理处、自治区辐射环境监督管理站、自治区环境保护科学研究院等直属单位领导班子及其成员近3年来履职工作情况进行督查，检查单位业务工作开展情况、干部任用队伍建设情况、财务收支审批管理情况、廉政建设等情况。自治区环境保护厅纪检组组长梁远略代表厅党组与直属单位领导班子成员开展廉政教育谈话，加强厅直属单位资产管理及经费使用，推进环境保护系统规范化建设。

2013年，自治区环境保护厅进一步完善各项规章制度，制定防控措施，确保各项权力运行和各项管理工作有章可循，规范运行。先后制定并印发《环境保护厅“三重一大”民主决策制度》、《环境保护厅督查工作制度》等，加强对厅党组“五项承诺，环境安全，管理转型，从严治厅”落实情况和环保重大项目民主决策情况的监督检查。制定《环境保护厅政府采购管理办法》，对重大事项、干部任免、重大项目安排、大额资金使用、政府采购等决策进行全程监督。

【政风行风建设】 2013年，自治区环境保护厅制订并印发《自治区环境保护厅关于开展2013年民主评议政风行风活动实施方案》，成立领导小组，明确活动阶段、工作措施等。针对2012年绩效考评中各评议主体提出的242条意见、建议，进行认真梳理和任务分解，督促各责任处室、单位制订整改方案并主动向社会公开。广泛征求社会各界的意见建议，自治区各有关单位、政风行风评议员共提出意见建议18条，均分解到各责任处室加以整改落实。

2013年，自治区环境保护厅在全国环保系统率先开展公开建设项目环境影响评价文件评审、审批活动，主动接受社会各界监督，让权力在阳光下运行。邀请自治区人大代表、政协委员、纠风办代表、行风评议员、媒体记者及群众代表共40多人次到现场旁听技术评审会议、行政审批会议，增进公众对环评审批过程、公众参与方式、环保部门依法履职等内容的了解，推动环保工作走上更加透明、公正、廉洁、高效的轨道，全国40多家媒体进行报道。自治区环境保护厅把项目环评审批效率作为改进作风、转变职能、优化服务的有效抓手，多次到环境保护部进行汇报、协调、对接。开展重大项目现场调研，自治区环境保护厅领导带队深入各市项目现场，指导项目业主做好项目环评前期工作。对符合环评审批条件的建设项目，加快技术审查；自治区政务服务中心环保厅窗口受理后，加快环评审批速度，符合环境准入的项目一律在10个工作日内完成审批，提高行政审批效能。

4月18日，自治区环境保护厅厅长檀庆瑞带队参加自治区纠风办、广西人民广播电台组织的《阳光在线·厅长在线》直播节目，听取大家对环保工作的意见和建议，认真解答听众提出的热点环保问题，积极回应广大群众的诉求。自治区环境保护厅荣获2013年度自治区《阳光在线》“十佳上线单位”，监察室主任李亮光被授予“十佳工作人员”荣誉称号，“柳州市梦婷寝室用品公司噪音扰民问题”被评为2013年《阳光在线》节目“十大优秀办件”之一。

2013年4月18日，自治区环境保护厅厅长檀庆瑞带队参加自治区纠风办、广西人民广播电台组织的《阳光在线·厅长在线》直播节目。图为自治区环境保护厅厅长檀庆瑞（右一）与FM910节目组人员进行交流

【党的群众路线教育实践活动】 2013年，自治区环境保护厅以“深入践行五项承诺，维护群众环境权益”主题，围绕“六大任务、八项专题”，按照“照镜子、正衣冠、洗洗澡、治治病”的总要求，以“反对‘四风’、服务群众”为重点，深入开展党的群众路线教育实践活动，突出抓好学习教育、听取意见，查摆问题、开展批评，整改落实、建章立制环节的工作，着力解决人民群众反映强烈的环境问题，着力提高执行力和工作效率，取得较好效果。自治区党委书记彭清华作出“远学河北、近学环保厅”的批示，自治区党的群众路线教育实践活动办公室将自治区环境保护厅树为广西开展党的群众路线教育实践活动的标杆，《中国环境报》、《广西日报》作了多次专题报道，自治区环境保护厅党组民主生活会被制作成16分钟的专题片在广西电视台播放，自治区党的群众路线教育实践活动领导小组办公室专门发出通知要求全自治区党员干部收看。

2013年9月25日，自治区环境保护厅召开党的群众路线教育实践活动专题民主生活会

部门与行业环境保护

自治区人大环资委环境保护

【综述】 2013年1月，自治区十二届人民代表大会选举产生新一届环境与资源保护委员会。在自治区人大及其常委会领导下，自治区十二届人大环境与资源保护委员会(以下简称环资委)积极参与环境与资源保护、城乡建设方面的立法工作，认真落实自治区人大常委会环境资源监督工作事项，加强与自治区人民政府有关单位之间的联系，对全自治区重大生态与自然资源保护、城乡建设等方面工作深入开展调查研究，依法审议、办理自治区十二届人大一次会议主席团交办的代表议案和建议，组织开展广西环保世纪行宣传活动，取得了较好的成效。

【委员会组成】 2013年1月29日，自治区十二届人大一次会议第四次全体会议通过自治区十二届人大环资委组成人员名单。主任委员：黄必贵；副主任委员：尹建国、黄振东(壮族)；委员(按姓氏笔画为序)：韦进进(女，壮族)、邓大玉(女，苗族)、宋书巧(女)。

【环境立法】 审议海洋环境保护条例(草案) 2013年2月，环资委将自治区人民政府提请自治区人大常委会审议的《广西壮族自治区海洋环境保护条例(草案)》，送自治区有关单位和沿海市人大常委会征求意见。3月，环资委组织调研组赴海南省考察海洋环境保护立法情况。5月，环资委第二次全体会议对条例草案进行审议，对渔业养殖污染防治等5个方面的问题提出了修改意见。条例草案于5月提交自治区十二届人大常委会第四次会议审议；11月28日，自治区十二届人大常委会第七次会议通过该条例，自2014年2月1日起施行。

审议南宁吴圩机场高速公路生态景观保护条例(草案) 2013年6月，环资委将自治区人民政府提请自治区人大常委会审议的南宁吴圩机场高速公路生态景观保护条例(草案)，送自治区有关单位和南宁市人大常委会征求意见。10月，环资委第五次全体会议对条例草案进行审议。11月，自治区十二届人大常委会第20次主任会议听取环资委汇报后，认为该条例草案的立法必要性不充分，决定不将《广西壮族自治区南宁吴圩机场高速公路生态景观保护条例(草案)》提请常委会第七次会议审议。

审议南宁市燃气管理条例 2013年7月，环资委第三次全体会议对南宁市报请自治区人大常委会批准的《南宁市燃气管理条例》(以下简称《条例》)进行审议，认为该《条例》的内容与现行法律法规没有抵触，建议将该《条例》的审议列入自治区人大常委会会议议程。7月下旬，自治区十二届人大常委会第五次会议对《南宁市燃气管理条例》进行审议；9月26日，自治区十二届人大常委会第六次会议通过关于批准《南宁市燃气管理条例》的决定。

【监督工作】 听取和审议土地管理情况专项工作报告 按照自治区人大常委会2013年监督工作计划，自治区人大常委会组织调研组，于4月赴柳州市、河池市、玉林市、钦州市对广西土地管理工作情况进行调研。5月，自治区人大常委会听取和审议了自治区人民政府关于

2013年4月，自治区人大常委会副主任覃瑞祥在柳州市鹿寨县黄冕乡幽兰村实地调研

广西土地管理工作情况的报告，并将审议意见转自治区人民政府研究处理。

环境保护法及自治区环境保护条例执法检查 2013年，自治区人大常委会对《中华人民共和国环境保护法》和《广西壮族自治区环境保护条例》（以下简称“一法一条例”）在广西实施情况进行了检查。执法检查组由自治区人大常委会副主任覃瑞祥担任组长，成员包括自治区人大常委会委员、自治区人大环境与资源保护委员会委员、自治区人大代表等。9月9日，执法检查组召开全体会议，听取自治区发展改革委等9个单位关于贯彻实施“一法一条例”的情况。会后，检查组分2个小组赴梧州市、百色市、来宾市、崇左市等地进行检查。同时，还分别委托南宁市和防城港市人大常委会对本行政区域内“一法一条例”实施情况进行检查。11月，自治区人大常委会委员、环资委副主任委员尹建国代表执法检查组，在自治区十二届人大常委会第七次会议上作执法检查报告。执法检查报告对如何提高环境监管能力和水平、完善环境保护立法、健全生态环境保护机制、妥善解决关系民生等环境问题提出了切实可行的意见和建议。

2013年9月，自治区人大常委会执法检查组听取来宾市关于贯彻实施《中华人民共和国环境保护法》及《广西壮族自治区环境保护条例》情况的汇报

【生态补偿机制建设情况专题调研】 根据全国人大常委会和自治区人大常委会2013年代表工作计划，自治区人大常委会组织驻桂十二届全国人大代表组成调研组，于2013年7月至10月就广西生态补偿机制建设情况进行专题调研。环资委拟定了生态补偿机制建设情况的专题调研方案，针对驻桂全国人大代表年中关于“加强生态补偿机制建设”专题调研提出的建议，梳理出部分重要建议，提交自治区人大常委会办公厅综合印发自治区有关部门并研究提出解决意见，促进专题调研成果的转化。

【代表议案建议办理】 议案办理 自治区十二届人大一次会议主席团交付环资委审议的代表议案共2件，即钟丽春等10名代表提出的“关于尽快出台《广西壮族自治区机动车污染防治条例》的议案”（第1号）；刘秋玲等12名代表提出的“关于制定《广西壮族自治区农村生活垃圾处理条例》的议案”（第4号）。环资委在征求有关部门意见和深入调研的基础上提出了处理意见。对于机动车污染防治立法问题，自治区人民政府在4月28日已通过《广西壮族自治区机动车排气污染防治办法》，有关部门也正在制定配套的规范性文件加强管理；对于农村生活垃圾污染环境防治立法问题，自治区人民政府及有关部门正在研究，积极探索建立包括农村垃圾处理在内的农村环境保护长效机制。为此，环资委建议自治区人民政府及有关部门加强调研，积极进行准备，待条件成熟时再上升为地方性法规。9月9日，环资委第四次全体会议审议并通过上述处理意见。

代表建议答复 2013年，环资委承办的代表建议1件，即谢龙生代表提出的《关于赋予相关部门打击非法用地及非法建设强制执行权的建议》（第546号）。环资委结合自治区人大常委会立法和监督工作，对代表建议提出的问题进行调研，并在与代表沟通的基础上提出办理意见，按时答复了代表。

重点建议督办 2013年，环资委将梁洪洪等3名代表提出的《关于加强农村环境综合整治的建议》（第0029号）和吕剑枫等6名代表提出的《关于进一步扩大“村收镇运县处理”生活垃圾试点工程的建议》（第0581号）作为重点建议进行督办。在督办中，结合2013年广西环保世纪行宣传活动，赴柳州市、融水县开展调研，并加强与承办单位、提案代表之间的沟通和联系，及时交流信息，推动办理工作开展。

【广西环保世纪行宣传活动】 2013年广西环保世纪行宣传活动由环资委，自治区党委宣传部，自治区发展改革委、工业和信息化委、财政厅、国土资源厅、环境保护厅、住房城乡建设厅、水利厅、农业厅、林业厅、广播电影电视局和自治区总工会、自治区妇女联合会、共青团广西区委、自治区科学技术协会16个单位共同组织。为加强对活动的领导，成立了2013年广西环保世纪行宣传活动组委会，由自治区人大常委会副主任覃瑞祥担任组委会主任。经组委会研究决定，从2013年开始，坚持五年围绕“保护生态环境，建设美丽广西”这一主题开展宣传活动，每年突出一个宣传重点，2013年重点宣传清洁乡村、保护生态环境情况。在具体组织开展这一活动中，自治区人大环资委立足广西环境保护工作实际，创新活动方式，丰富宣传内容，组织调研组和新闻单位深入全自治区5个市8个县（区）23个村屯，针对广西农村生活污水垃圾处理、农业种植和畜禽养殖污染防治、农村饮用水源保护等与人民群众生产生活息息相关的问题开展调研、采访，并在《广西日报》

和广西电视台等主流媒体开设专栏，根据集体采访、社会征稿以及人大调研等方面反映的情况，宣传正面典型，报道突出问题，把人大监督、舆论监督、社会监督三种监督形式有机结合起来。同时，注重从完善相关制度、促进依法行政、增强环保意识三方面，提出建设性的意见和建议，推动影响环境突出问题的解决，使活动更具创造性、科学性、实效性。《关于2013年广西环保世纪行宣传活动情况的报告》在自治区十二届人大常委会第五次会议上书面印发常委会组成人员。

2013年6月3日，2013年广西环保世纪行宣传活动启动仪式在南宁市举行

【合作与交流】 协助全国人大环资委调研 2013年3月25日至30日，全国人大环资委副主任委员黄小晶一行到广西开展生态补偿机制建设情况专题调研；9月，全国人大环资委副主任委员王云龙到广西开展饮用水水源地保护情况调研。环资委高度重视，认真做好沟通联系和组织协调工作，协助全国人大环资委圆满完成在广西的调研任务。

参加全国人大环资委全体会议暨城乡规划与生态文明建设座谈会 2013年6月，全国人大环境与资源保护委员会在北京召开全国人大环资委全体会议暨城乡规划与生态文明建设座谈会。自治区人大常委会副主任覃瑞祥、环资委主任委员黄必贵出席会议，并向会议提交题为《依法推进城乡规划 服务建设生态文明》的交流材料。会后还考察了北京园博园生态环境建设，调研了国电科技环保集团股份有限公司、中国节能环保集团股份有限公司"浅层地能在建筑供暖（冷）中的应用"示范项目。

全区人大环资工作会议暨全区人大环资干部培训班 2013年11月5日至6日，全区人大环资工作会议暨全区人大环资干部法律法规培训班在南宁举行。自治区人大常委会副主任覃瑞祥、副秘书长李朝辉，环资委组成人员，14个设区的市人大常委会领导、城建环保委领导以及部分县人大常委会领导出席会议并参加培训班。会议紧密结合党的群众路线教育实践活动，围绕自治区加强生态文明建设的决策和部署，聚焦广西环境保护工作中的突出问题，立足人大工作职责，以务实的态度和精神，进行了交流和探讨，进一步拓宽了人大环境资源保护工作的思路，密切了全区各级人大环资委之间的联系。广西财经学院教授卢珍菊应邀作题为《着眼发展 增进人民福祉 建设美丽广西》的专题讲座。与会人员还实地考察南宁市武鸣县双桥镇下渌村和城厢镇大皇后村农村生活垃圾处理和生态环境保护建设情况。

2013年11月5日，2013年全区人大环境与资源保护工作会议在南宁市召开

（肖际红）

自治区发展改革委环境保护

【综述】 2013年，自治区发展改革委认真履行职能，深化审批制度改革，积极筹措建设资金，组织实施相关规划，突出抓好资源综合利用、节能环保重大项目和突出环境问题治理等工作，大力发展循环经济，全面推进生态文明建设。

【规划编制】 2013年，自治区发展改革委组织编制完成《广西循环经济发展"十二五"规划》、《广西节能环保产业发展"十二五"规划》、《广西"十二五"城镇污水处理及再生利用设施建设规划》、《广西"十二五"城镇生活垃圾无害化处理设施建设规划》和《广西城镇污水处理厂污泥处理处置设施建设规划》，经自治区人民政府同意，分别于2013年1月9日、1月28日、8月7日、8月7日和8月29日印发。

【资源综合利用】 2013年，自治区发展改革委积极推进广西列入国家首批资源综合利用"双百工程"的柳州市产业废物综合利用示范基地和柳州钢铁集团公司工业废物综合利用骨干企业建设，建设一批资源综合利用示范项目；适时申报国家第二批资源综合利用"双百工程”；推进墙体材料革新工作，大力发展节能、节地、利废的新型墙体材料；抓好农作物秸秆综合利用，提高利用价值；推进国家节水型城市和节水型社区建设。

【突出环境问题处理】 2013年，自治区发展改革委会同自治区安全监管局开展全自治区无主尾矿库隐患综合治理工作，并指导各市县按国家的批复编制每个项目的实施方案，申报中央预算内投资支持项目建设。

【节能环保重大项目】 2013年，自治区发展改革委争取国家资金和安排自治区专项资金22.31亿元（自治区本级8.75亿元），支持燃煤锅炉（窑炉）改造、余热余压利用等200多个节能重点工程、循环经济和资源节约重大示范项目及重点工业污染治理工程。

【节能减排】 节能减排指导和协调 一是2013年广西调整成立自治区应对气候变化和节能减排工作领导小组，坚持每季度召开全自治区节能减排厅际联席会议。二是组织召开节能减排形势分析会和节能减排厅际联席会议，研究分析广西当前节能减排形势，提出促进节能减排工作的对策建议并上报自治区人民政府。

节能减排政策措施 一是出台《关于严格控制高耗能高排放项目投资审批实施意见的通知》和《广西

2013年11月11日，全区节能减排工作暨2013年第三季度应对气候变化及节能减排厅际联席会议召开

壮族自治区发展和改革委员会关于印发开展以环境倒逼机制推动产业转型升级攻坚战实施方案的通知》。明确规定除国家产业政策鼓励类、允许类之外的涉重金属和高排放高耗能新建、改建或扩建项目，一律不予审批、核准或备案。新建、改建、扩建或技术改造的涉重金属和高排放高耗能项目一律提交自治区重大项目推进工作联席会议审查，由自治区投资主管部门进行节能审查后，按权限由各级投资主管部门审批、核准或备案。二是印发《关于加强固定资产投资项目节能评估和审查工作的通知》，对“两高”项目节能评估和审查、节能评估文件编制和评审机构实行严格管理；出台《广西壮族自治区固定资产投资项目节能评估机构备案暂行办法》，对节能评估机构进行登记备案，实行动态管理。三是按月编制节能减排“晴雨表”并印送各级各部门，按季度向社会发布节能减排“晴雨表”，加强节能形势分析预测。

节能减排宣传 组织开展主题为“践行节能低碳，建设美丽家园”的广西2013年节能宣传周和“低碳日”活动，在全自治区范围内组织开展节能宣传周专项活动。举办2013年节能减排新技术新产品展览、区直机关节能减排宣传板报展、自行车绿色出行日和低碳日主题宣传等各项活动，宣传节能减排知识和先进典型，营造了节能减排良好的社会氛围。

2013年6月17日，广西开展2013年节能宣传周和低碳日活动。图为启动仪式现场

节能减排评价考核 一是配合国家考核组完成对广西2012年度应对气候变化及节能减排考核工作，考核结果分别为“良好”和“完成”等级。二是组织对各市2012年节能目标责任完成情况、节能减排政策措施落实情况和万家企业节能低碳行动推进情况进行现场评价考核。

节能减排政策引导 一是出台《广西壮族自治区实施〈中华人民共和国节约能源法〉办法》、《广西壮族自治区机动车排气污染防治办法》、《广西壮族自治区“十二五”主要污染物总量减排考核办法》等法规政策。二是加强节能评估审查，落实自治区“两高”审查制度，严格控制新上“两高”项目，协调指导全自治区固定资产投资项目节能评估和审查工作，开展节能评估机构备案管理，全年完成自治区本级固定资产投资项目节能审查150多项。三是组织推广节能汽车、家用电器和工业四大类节能产品，完成国家下达给广西的300万只财政补贴高效照明产品推广任务。四是配合国家发展改革委、税务总局开展节能环保税收优惠政策调查，落实节能环保产品税收优惠政策。

【循环经济】 2013年，广西推进循环经济发展。一是梧州再生资源循环利用园区国家“城市矿产”示范基

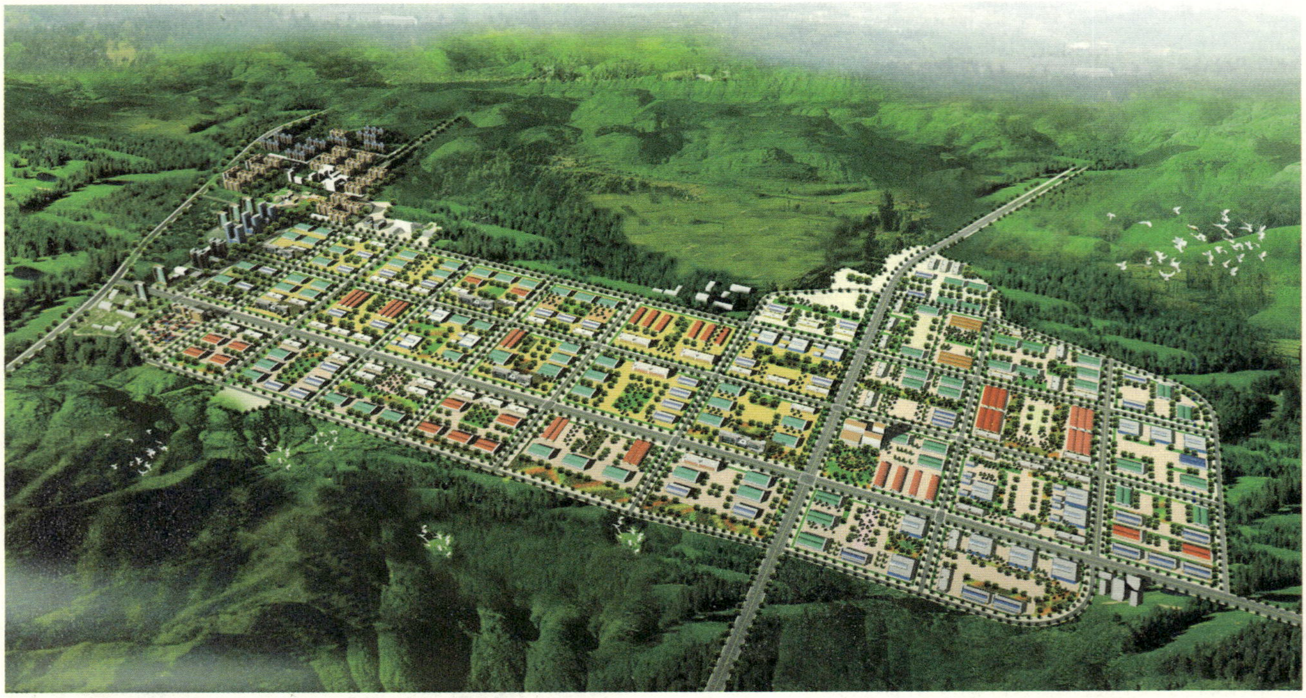

梧州再生资源循环利用园区国家“城市矿产”示范基地

地引进项目79个，企业64家(其中20家企业已建成投产)，完成投资41.77亿元，实现工业总产值153亿元、财政收入1.875亿元。二是开工建设南宁市、梧州市餐厨废弃物资源化利用和无害化处理项目。三是鹿寨经济开发区成功申报成为国家第二批园区循环化改造试点园区，获得中央补助启动资金1500万元；桂林市低碳城市试点获国家发展改革委批复同意启动前期工作。四是柳州市国家资源综合利用“双百工程”产业废物综合利用示范基地建设扎实推进，柳钢(集团)公司工业废渣利用项目建成投产。五是玉柴机器股份有限公司汽车零部件再制造试点项目完成整改任务，通过国家考核验收。六是梧州市、田东县申报创建国家循环经济示范市(县)并获得通过。

【环境基础设施建设】 2013年争取到中央预算内投资4.955亿元，配套自治区财政等部门筹措资金5亿元，支持城镇污水垃圾处理设施及污水管网工程建设，全自治区城镇污水集中、生活垃圾处理率达到70%以上。

(银星宇)

国土资源厅环境保护

【综述】 2013年，广西各级人民政府和有关部门加强地质灾害调查评价、监测预警、防治、应急反应等四大体系建设，进一步提高基层地质灾害防治能力，加大地质勘查治理力度，保护群众生命财产安全，加强地质遗迹保护监管工作，全自治区地质遗迹保护区保护情况良好，继续推进矿山地质环境治理，全面落实矿山地质环境恢复保证金制度，使矿山地质环境治理恢复资金得到保障。

【地质灾害】 灾害灾情 2013年，广西共发生地质灾害481起(其中崩塌274起、滑坡153起、地面塌陷47起、泥石流4起、地裂缝3起)；造成35人死亡、28人受伤，直接经济损失2917.52万元。与2012年相比地质灾害次数增加85起，死亡人数增加24人，受伤人数减少5人，直接经济损失减少7126.42万元。

灾害分布及原因 2013年，广西规模和影响较大的突发性地质灾害主要发生在4月下旬、5月中旬和8月份，其中8月份11号台风“尤特”和12号台风“潭美”影响期间，全自治区发生有记录的突发地质灾害124起，造成19人死亡，8人受伤，150多间房屋损毁，直接经济损失近700万元。地质灾害主要分布在南宁市、柳州市、桂林市、梧州市、贵港市、玉林市及贺州市。全年以降雨、岩土体风化等自然因素引发的地质灾害占81%，不合理切坡建房、工程建设等人为因素引发的占19%。降雨是突发性地质灾害最主要的自然诱发因素，造成人员死亡主要是农村花岗岩丘陵切坡建房地区房屋后边坡崩塌、滑坡压垮房屋所致。

防灾工作部署 2013年4月18日，在全国汛期地质灾害防治工作视频会后，自治区国土资源厅召开了2013年全自治区汛期地质灾害防治工作视频会，自治区国土资源厅副厅长张文军在会上对全自治区汛期地质灾害防范工作进行了全面部署。要求各地要进一步落实防灾责任，加强隐患排查。着重对县城、乡镇和村庄，人员集中地区和重要流域，交通干线、重大设施、矿山采空区以及已查明的隐患点等地质灾害易发区域等重点地区进行防范，并要求各地组织群众开展不同层次、不同规模的避险转移演练等。2013年4月28日，经自治区人民政府同意，自治区地质海洋灾害指挥部下发了《广西壮族自治区2013年度地质灾害防治方案》，进一步明确2013年地质灾害防治工作的主要任务，确定地质灾害重点防范期和防范区域，划出了90个重点防范地质灾害易发区和162处重点防范地质灾害隐患点，要求各地加强防范。

地质灾害排查巡查　按汛前排查、汛中巡查、汛后复查制度，全年各地出动地质灾害排查巡查4967组，人员14177人，排查巡查地质灾害点和易发村屯14405个；出动技术人员903人次，编写突发地质灾害调查报告301份。通过排查巡查，了解隐患点的变形与发展，现场评定其稳定性，现场对群众宣传防灾知识，检查防灾措施的落实情况。2013年全自治区12029个地质灾害隐患点均没有发生人员伤亡事件。

监测预警与应急处置　2013年广西有地质灾害隐患点12029处，地质灾害易发村屯7848个，地质灾害专业监测点300个，全年发布地质灾害预警预报153天(次)，其中地质灾害橙色预警2次，黄色预警44次，蓝色预警107次，向有关部门和地质灾害监测员等公众发布短期地质灾害气象风险预警短信15万余条。全年各地为避免地质灾害，共组织人员转移637次，转移避让19339人；全自治区成功预报地质灾害9起，避免人员伤亡1012人，避免直接经济损失265万元。

防灾宣传培训与应急演练　利用节日、圩日、减灾日、校园活动等开展各种防灾减灾科普宣传活动。在"5.12"防灾减灾日期间，向群众发放地质灾害科普宣传资料和科普读物，现场举办地质灾害有奖知识问答活动，全自治区共发放地质灾害防治专刊5万份，地质灾害防治手册2万份，地质灾害防治宣传挂图一套4张共3000套。5月25日，广西地质灾害防灾避险知识进校园活动启动仪式在凤山县举行，1000多名中小学校、幼儿园教师参加地灾避险知识培训，并将地质灾害防治避险知识纳入中小学生必修课。年内各地开展地质灾害避险防范培训共149场，培训群测群防员23610人，其中监测员8815人。共举办了104场地质灾害应急演练，参加人员31153人。其中4月27日19时30分，在藤县天平镇虾子塘回建安置区夜间举办了山体滑坡应急避险演练，演练1个月后，5月21日凌晨3时该村李廷程屋后山体塌崩造成房屋倒塌，由于当地人员按演练时的方法及时撤离，避免了5人伤亡。

治理项目实施　2013年国家和自治区投入地质灾害治理经费2.6083亿元，其中中央财政补助12803万元，自治区财政13280万元，安排地质灾害治理点426项、地质灾害调查评价项目8个，受益人口10.37万人；年内完成重大地质灾害隐患点治理220处，保护人口4.01万人、财产3亿多元。

【矿山地质环境保护】　*矿山地质环境治理*　2013年广西继续推进矿山地质环境治理项目。桂平市木圭锰矿沙岗矿区地质环境治理项目通过竣工最终验收，该项目恢复治理面积71.98公顷。通过治理，当地的灌溉系统得到恢复，消除泥石流地质灾害对农田及下游村庄的危害，恢复了治理区农林用地功能，种植经济林，荒弃土地得到重新利用。此外，龙胜滑石矿古坪矿区矿山地质环境治理Ⅰ期工程、阳朔县铅锌矿矿区矿山地质环境治理、桂林市七星区粘土矿矿山地质环境示范治理、平乐县二塘镇茶林粘土矿区矿山地质环境治理、全州县大塘尾锰矿区、桂林市熊虎山矿山地质环境治理、资源县中峰矿山地质环境治理等7个矿山地质环境治理项目通过当地组织验收。

2013年，广西凤山矿山地质环境治理示范工程获财政部、国土资源部下达2013年矿山地质环境治理示范工程项目预算8469万元。另外，自治区财政补助资金安排了广西罗城矿务局藕塘、塘北矿区第二期矿山地质环境治理项目600万元。

矿山地质环境恢复保证金制度实施　截至2013年12月31日，广西共收缴矿山地质环境恢复保证金70812.21万元，其中国土资源部和自治区发证矿山收缴矿山地质环境恢复保证金45386.14万元，市、县发证矿山收缴矿山地质环境恢复保证金25426.07万元。市、县两级已返还保证金851.88万元，国土资源部和自治区发证的矿山尚无保证金返还。

【地质遗迹保护】　2013年，广西地质遗迹自然保护区有5处，"金钉子"地层剖面2处，面积约合223公顷；地质公园有15个，其中世界地质公园1个，国家地质公园9个(其中4个为国家地质公园资格)，省级地质公园5个。地质公园总面积约合164789公顷；国家级矿山公园2个，面积约合2190公顷。2013年广西投入地质遗迹保护经费4326万元，其中自治区财政投入500万元，中央财政补助资金3826万元。主要进行了保护范围勘测和埋桩、地质遗迹科普基地建设、全自治区古生物化石保护调查、地质公园数据库建设、地质公园博物馆、标志牌、说明牌保护设施和园区道路等基础设施建设。年内，广西对地质遗迹自然保护区和地质公园的地质遗迹保护状况进行了巡查监测，对钟乳石洞穴开发情况进行实地调查。巡查监测和调查结果显示区域内地质遗迹保护状况普遍良好。

（施　杰）

住房城乡建设厅环境保护

【综述】 2013年，广西住房城乡建设工作取得了显著成绩。一是城乡环境跃上新台阶。“城乡清洁工程”由城市向乡村和社区深化拓展，村收镇运县处理的农村垃圾集运处理设施建设全面铺开，城乡风貌改造由外立面改造向综合整治村屯继而向名镇名村建设提质转型深化拓展，截至2013年底，项目覆盖全自治区14个设区市，约98个县（市、区），420个乡镇、2210个村，惠及约170万农民群众。二是建设领域节能减排迈出新步伐。全面推进污水垃圾处理设施建设，截至2013年底，全自治区新建成投入运营的城镇污水处理设施116项、生活垃圾无害化处理设施81座，全自治区城镇污水处理率和城镇生活垃圾无害化处理率分别由2007年的11.78%和38.28%，提高到75%以上。

【污水垃圾处理】 2013年，广西投入运行的116座城镇污水处理厂生活污水处理能力达394.6万立方米/日，日均实际处理生活污水262.63万立方米。累计处理水量10.4亿吨，削减化学需氧量为14万吨。全自治区81座生活垃圾处理厂总垃圾处理能力15078吨/日，日均实际处理垃圾量为11516吨/日，比2012年新增1864吨/日。配套建成垃圾转运站459座，转运站配套运输装备1354台（套）。

2013年，在污水处理厂运行管理逐步走向规范化的同时，自治区住房和城乡建设厅加大力度推进污泥处理处置项目建设，全自治区有梧州市、河池市、贵港市、贺州市、阳朔县、田阳县6个污泥处置试点项目。至2013年底，田阳县污泥处理处置中心已建成并投入运行。

根据自治区人民政府《关于印发进一步加强城市生活垃圾处理工作实施方案的通知》（桂政办发〔2011〕146号）和2013年全区住房城乡建设工作会议关于开展城镇生活垃圾分类收集试点工作的精神，2013年3月，自治区住房和城乡建设厅印发了《关于做好城镇生活垃圾分类收集试点工作的指导意见》（桂建城〔2013〕5号），提出了全自治区生活垃圾分类收集试点工作的总体目标、工作原则、工作措施、工作步骤和工作要求。各市制定垃圾分类收集试点工作方案，确定垃圾分类收集试点小区165个。组织编印了《广西城乡生活垃圾分类指导手册》和《广西城区居民生活垃圾分类指导》（宣传单），并在2013年全区环卫行业年会上发放8000册，同时在会上对来自各市县环卫主管部门和单位的350多人进行垃圾分类知识培训。垃圾分类收集工作的大力推进，为广西生活垃圾无害化、资源化处理打下了坚实的基础。

【城乡清洁工程】 自治区住房和城乡建设厅牵头负责组织实施“清洁家园”专项活动。2013年，自治区住房和城乡建设厅积极开展各项工作。一是成立工作机构，强化组织领导。5月3日上午，成立了以厅长为组长，其他副厅级领导为副组长，各相关处室主要负责同志为成员的“美丽广西·清洁家园”专项活动领导小组，负责活动的组织领导和协调。领导小组下设办公室，办公室设在自治区住房和城乡建设厅城乡清洁办，具体负责清洁家园活动的政策落实和日常管理工作。各市、县住建系统也参照自治区住房和城乡建设厅的做法成立了“清洁家园”活动领导小组办公室，初步形成一级抓一级的良好工作格局。二是制订和完善方案，明确目标责任。按照《“美丽广西·清洁乡村”活动方案》的要求，制订了《“美丽广西·清洁家园”专项活动方案》上报自治区党委、自治区人民政府审批，并获批转实施。三是制定垃圾处理中长期规划，明确各阶段的目标任务和措施要求。根据《“美丽广西·清洁乡村”活动方案》的要求，自治区住房和城乡建设厅组织对《广西村镇生活垃圾治理专项规划》做进一步修改完善。同时要求各市、县结合编制环卫专项规划工作，认真编制县域垃圾处理专项规划，明确县域生活垃圾设施建设的范围、布局、建设标准和要求，进一步规范和引导县域垃圾处理设施建设。四是制订技术指导，实施就地处理。为了指导广西各地有序开展“美丽广西·清洁家园”专项活动，选择适宜广西的农村生活垃圾处理技术，自治区住房和城乡建设厅牵头组织环卫方面的有关专家组成研究小组，研究起草了《广西农村生活垃圾处理技术指引》，组织召开专家论证会进行评审、论证，于6月底下发各地试行。五是因地制宜，筛选收集垃圾处理成功案例。“美丽广西·清洁乡村”活动开展以来，各地根据农村地区的具体情况，积极探索农村垃圾就地处理的模式和成功案例。为了及时总结这些模式，自治区住房和城乡建设厅组织开展了不同类型、不同村屯垃圾就地处理的筛选收集工作，并汇编成册下发各地参考借鉴。

【城市供水】 2013年，广西共有公共供水企业96家，水厂156座。城市公共供水能力681.5万立方米/日，服务人口1312.52万人。其中，设区城市供水能力439.45万立方米/日，服务人口754.36万人；县城供水能力

242.05万立方米/日，服务人口558.16万人。城市用水普及率达93.07%。城市供水水质监测网已基本覆盖全自治区，水质监测体系初步建成，形成了由国家城市供水水质监测网南宁水质监测站及13个设区城市供水水质监测网组成的全自治区城市供水水质监测系统，为保证全自治区城市供水水质安全工作发挥了重要作用。为规范和加强城市二次公共供水管理，保障公众生活饮用水安全，自治区住房和城乡建设厅牵头，会同自治区卫生厅组织编制了《广西壮族自治区城市二次供水管理办法(试行)》；启动了城市二次供水管理规范试点工作，确定贵港市、贺州市为全自治区城市二次供水管理工作试点城市。

2013年，在供水工作方面重点抓好：一是加强水质监测能力，广西城市公共供水厂水质全面达标。2013年底，广西实现城市供水厂水质检测能力达到中心城市具备新标准全部106项、其他设区城市42项、县级城市12项指标检测能力。强化水质监管，依托南宁水质监测中心开展水质督察行动，全自治区156个城市公共供水厂出厂水质全部达到国家《生活饮用水卫生标准》106项指标要求，城市供水总体安全。二是组织建设全自治区城市供水水质在线监测系统，实现水源水及出厂水的在线监测及数据传输。截至2013年9月，自治区本级监测系统建设财政资金330万元已到位，用于建设广西城市供水水质在线监测信息管理中心，全自治区市、县已有12家供水企业共30个水厂安装源水浊度、pH值，出厂水浊度、pH值、余氯在线监测仪表。三是加快推进城市备用水源建设工作。为保障应急状态下的饮用水供应安全，自治区住房和城乡建设厅制定了《广西壮族自治区城市备用水源建设工作指导意见》，指导各地以保障城市饮用水安全为目标，以城市备用水源工程建设为核心，因地制宜，统筹兼顾，按照充分利用地表水与地下水联调、优化配置水资源的原则，加快备用水源及输水管网等配套工程建设，实现多水源供水，提高城市供水安全保障能力。2013年，贵港市第二水源工程规划报告和贵港市第二水源(从达开水库引水)工程项目建议书、贺州市的备用水源工程(路花水库)项目建设书已经获批，荔浦县备用水源项目建设前期工作取得较大进展。

(宋　阳)

水利厅环境保护

【综述】 2013年，广西平均降水量1696毫米，降水总量为4014亿立方米，比多年平均值偏多10.4%；水资源总量2057亿立方米，比多年平均值偏多8.67%，为平水年份，年径流系数为0.51。大中型水库年末蓄水量为256.4亿立方米，比年初减少9.75亿立方米。2013年广西境内65条主要河流全年期总评价河长为6141.2千米，全年Ⅰ～Ⅲ类水质的河长有5873.7千米，Ⅳ～Ⅴ类水质的河长有246.5千米，劣Ⅴ类水质的河长有21.0千米，主要超标项目为总磷、氨氮、石油类。2013年度河流水质状况较2012年有所好转。

【供水量】 2013年广西总供水量308.15亿立方米，比上年增加5.1亿立方米，其中地表水供水量295.90亿立方米，占96.02%；地下水供水量11.60亿立方米，占3.76%；其他水源供水量0.65亿立方米，占0.22%。地表水供水量中，蓄水、引水、提水工程供水量分别为128.56、72.89、92.96亿立方米，非工程供水量为1.49亿立方米。

【用水量】 2013年广西总用水量为308.15亿立方米(按照国家实行最严格水资源管理制度用水总量核算标准，核定总用水量为290.11亿立方米)，其中生产用水量266.78亿立方米，生活用水量38.32亿立方米，生态环境用水量3.05亿立方米。

2013年广西人均水资源量4359立方米，人均综合用水量为653立方米，万元GDP(当年价)用水量为214立方米，万元工业增加值(当年价)用水量为59立方米，农田灌溉亩均用水量为874立方米，农田灌溉水有效利用系数为0.438。

【主要水系水质】 2013年对广西境内65条主要河流、14座水库、24个主要城市饮用水水源地和204个水功能区水质进行监测。

主要水系水质状况 2013年广西境内65条主要河流全年期总评价河长为6141.2千米，按《地表水环境质量标准》(GB3838-2002)表1中除水温、化学需氧量、总氮、粪大肠菌群外的20个基本项目进行分析评价。全年Ⅰ～Ⅲ类水质的河长有5873.7千米，占总评价河长的95.7%；Ⅳ～Ⅴ类水质的河长有246.5千米，占总评价河长的4.0%；劣Ⅴ类水质的河长有21.0千米，占总评价河长的0.3%，主要超标项目为总磷、氨氮、石油类。2013年度河流水质状况较2012年有所好转。

广西西江水系总评价河长4840.4千米，全年Ⅰ～Ⅲ类水质的河长有4773.9千米，占该水系评价河长的98.6%，主要超标项目为石油类。

广西洞庭湖水系总评价河长为244.0千米，全年期均达到Ⅱ类水质。

桂南沿海诸河总评价河长962.0千米。全年Ⅰ～

Ⅲ类水质的河长有781.0千米，占该水系评价河长的81.2%，主要超标项目为总磷、氨氮、五日生化需氧量。

广西粤西沿海诸河总评价河长40.0千米，全年Ⅰ～Ⅲ类水质的河长有20.0千米，占该水系评价河长的50.0%，主要超标项目为石油类。

广西红河水系总评价河长为54.8千米，全年均达到Ⅱ类水质。

水库水质状况 2013年按《地表水环境质量标准》(GB3838-2002)表1中除水温、化学需氧量、总氮、粪大肠菌群外的20个基本项目，对广西境内的14座大中型水库的水质状况进行分析评价，全年期水库水质均为Ⅰ～Ⅲ类，与2012年相比，水库水质基本持平。在进行营养状态评价的14座水库中，除大王滩水库、青狮潭水库水体处于轻度富营养状态外，其他12座水库均为中营养状态。与2012年相比，龙滩水库、土桥水库、凤亭河水库、青狮潭水库、龟石水库、苏烟水库营养化程度略有上升；岩滩水库、澄碧河水库、屯六水库、大王滩水库、西津水库、小江水库营养化程度略有下降；百色水库、那板水库营养化程度均持平。

跨设区市界河流交接断面水质水量达标率考核状况 2013年度对广西14个地级市的42个跨设区市界河流交接断面水质水量开展达标评价考核工作，评价考核项目为高锰酸盐指数、氨氮、铜、铅、锌、镉、铬、砷、汞和流量等10个项目，每月评价考核跨设区市界河流交接断面1次，全年共监测评价504次，其中达标次数为502次，达标率为99.6%。与2012年相比，跨设区市界河流交接断面水质水量达标率略有上升。

【主要城市饮用水水源地水质】 2013年对广西14个设区市的24个饮用水水源地水质进行评价，全年期水质合格的水源地有21个，合格率为87.5%。玉林市南流江水源地的主要超标项目为总磷，钦州市钦江青年水闸水源地和崇左市左江木排村水源地主要超标项目均为铁，2013年主要城市饮用水水源地水质合格率比2012年略有降低。

【水功能区水资源质量】 2013年全年监测204个水功能区，按水功能区水质管理目标评价，全年水质达标的水功能区有182个，达标率为89.2%，主要超标项目为总磷、氨氮、五日生化需氧量。与2012年相比，水功能区个数达标率有所上升。

2013年对广西155个国家重要水功能区，按水功能区水质管理目标评价，全年水质达标的水功能区有143个，达标率为92.3%，主要超标项目为氨氮、总磷、五日生化需氧量；按高锰酸盐指数和氨氮两个控制指标进行评价，全年水质达标的水功能区有148个，达标率为95.5%。

【主要水污染事件】 2013年1月20日，崇左市江州区太平街道办事处左江河段内网箱鱼、河鱼因缺氧而浮头或死亡。经调查，水污染事件是崇左市凯源酒业有限公司非法生产排污入左江造成的，经各方全力采取有效防控措施，2月1日达到国家地表水Ⅲ类水质标准，水污染事件得到有效控制。

7月初，贺州市八步区莲塘镇和步头镇贺江河段出现网箱养鱼不明原因死亡情况。7月5日经检测水质存在镉、铊超标情况。自治区人民政府启动Ⅱ级应急响应，全力开展应急监测，排查污染源，采取截污、调水等措施，经过15天的应急处置，7月20日8时贺江干流水质全线达标，实现了自治区党委、自治区人民政府提出的“确保沿江城镇不停水、确保沿江群众饮用水安全、确保西江水质达标”的目标。

【极端灾害】 *洪涝灾害* 2013年广西气候比较异常，受锋面、切变线、热带气旋等天气系统的影响，灾害性天气比较频繁，汛期共有33条河流104站次发生超警洪水，其中北流河发生超20年一遇大洪水。先后发生了13次洪涝灾害，其中受台风影响致灾6次，受强降雨影响致灾7次，与常年相比总体上属洪涝灾害次数偏多的年份，具有台风次数多、影响大、局地降雨强度大、部分河流水势猛的特点。

全年共有101个县(市、区)336.67万人受灾，因灾死亡35人，失踪4人；倒塌房屋1.66万间；农作物受灾面积222.43千公顷，成灾面积72.64千公顷，绝收面积9.57千公顷；损坏堤防850处、93.98千米，损坏护岸630处，损坏水闸191座，损坏机电井224眼，损坏机电泵站188座，损坏水文设施20个。全自治区因洪涝灾害造成的直接经济损失40.46亿元，其中水利设施直接经济损失7.75亿元。

干旱灾情 2013年广西降雨阶段性、区域性差异明显，出现旱涝并存、旱涝急转。汛前，桂西、桂西北的崇左、河池和百色市的部分山区由于前期降雨偏少，局部地区发生一定程度春旱；进入主汛期后，由于降雨量偏少，桂林、柳州、河池、百色、来宾局部地区出现较重夏旱。全年旱灾情总体程度轻于常年平均水平，但局部地区相对严重，累计有28.57万人和21.01万头大牲畜饮水困难，农作物受旱面积153.41万亩，其中成灾54.11万亩，绝收8.78万亩，灾害造成全自治区直接经济总损失达到5.59亿元。

【严格水资源管理】 2013年，广西开展最严格的水资源管理考核工作，推进了水资源保护和水生态文明建设。

广西实行最严格水资源管理制度考核体系 2013年，自治区人民政府办公厅制定下发《广西实行最严格水资源管理制度考核办法》，14个设区市人民政府全部

制定出台了实行最严格水资源管理制度考核办法和工作实施方案，水资源管理“三条红线”控制指标全面确立，明确了实行最严格水资源管理制度的责任主体是各级人民政府，其主要负责人对本行政区域水资源管理和保护工作负总责。修订完善《广西跨设区市河流交界断面水质水量达标率考核办法》，跨设区市河流交界断面水质水量达标率指标纳入自治区人民政府对各设区市人民政府年度绩效考评内容。从2014年起，最严格水资源管理考核控制指标纳入自治区人民政府对各设区市人民政府绩效考评指标体系，全自治区实行最严格水资源管理考核工作全面深入推进。

自治区成立了实行最严格水资源管理制度考核工作组，按照国家考核组的部署，自治区考核组开展了2013年度广西实行最严格水资源管理制度考核自查工作并上报国务院和水利部、国家发展改革委等十部委。经国家考核组考核评定，广西完成了2013年度实行最严格水资源管理制度考核目标，考核结果等级为良好，在考核的30个省区中排名第八位。

水资源保护和水生态文明建设 广西境内国家、自治区和设区市三级水功能区划全部通过了同级人民政府批复实施，在全国率先建立了覆盖全流域的水功能区划体系。编制完成国家和自治区两级水功能区纳污能力核定和限排总量控制方案，启动市级水功能区纳污能力核定和限排总量方案编制工作。配合人民政府和有关部门成功处置贺江水污染事件。修订《广西水利厅突发水污染事件应急预案》，增强预案的实用性、针对性和有效性。完成广西地下水超采区复核和地下水功能区划定，北海市和宾阳县积极开展地下水超采区治理，地下水超采现象得到有效控制。加强饮用水水源地保护，组织14个设区市完成饮用水水源地安全保障达标建设实施方案编制和审查，其中列入全国重点水源地名录的6个设区市实施方案全部经市人民政府批复实施。2013年自治区水资源保护专项资金共安排实施21项饮用水水源地保护工程项目建设，取得良好效果。加强水功能区监测和入河排污口监管，2013年广西开展监测的155个重要水功能区水质达标率为95.5%，远高于年度控制目标86%。

水生态文明城市建设 水利部确定了100个全国水生态文明城市建设试点，南宁市被确定为首批试点，玉林市和桂林市被列为第二批试点。南宁市试点工作实施方案通过了水利部和珠江委的专家审查。按照粤桂两省区合作机制和自治区党委书记彭清华“创建跨省区环境综合整治示范区”的要求，配合开展九洲江流域水资源保护和污染治理工作，组织编制完成《九洲江（广西段）水资源保护规划》，探索流域、省际水环境和水生态保护协作工作机制。

水资源管理支撑能力建设 加快推进国家水资源管理监控能力建设项目，在三年技术实施方案框架内，投入近6000万元，对年取水20万立方米以上的工业和生活取用水户、3333公顷以上及部分2000~3333公顷灌区的取水，以及设区市重要饮用水水源地水质和地下水超采区地下水位实现在线监测；购置了一批水质实验室设备，完成自治区中心实验室改造，提升水文部门水质监测能力；建设自治区水资源管理信息系统平台，为实施最严格水资源管理和考核制度提供有力的技术支撑。

【水利建设投资】 2013年，广西水利水电固定资产投资保持稳步增长态势，全年争取水利资金达到99.33亿元，其中争取中央水利资金67.38亿元、自治区本级资金31.95亿元，全年完成水利水电固定资产投资122.32亿元，同比增长1.54%。全年广西共下达水利投资计划120.67亿元，其中中央投资64.75亿元，自治区投资31.95亿元，市县及其他投资23.97亿元。

【节水管理】 自治区重新调整了自治区节水办组织机构。会同自治区工业和信息化委开展节水型企业创建工作，会同自治区机关事务管理局联合开展公共机构节水型单位创建工作。积极推进节水型社会建设，北海市、玉林市全国节水型社会建设试点通过水利部验收，被水利部授予“全国节水型社会建设示范区”称号。组织各市开展《广西节水型社会建设“十二五”规划》中期评估，有效推动和促进“十二五”期末各项建设目标任务完成。建立年度取水总结和取水计划申报制度，完成全自治区取水许可台账建设，为实施取水许可动态管理提供基础。2013年12月，自治区物价局、财政厅、水利厅联合印发《关于调整我区水资源费征收标准的通知》，从2013年起，按国家2015年末标准要求，实行分步调整，平均上调幅度达50%，水资源费经济杠杆调节作用得到增强。2013年全自治区万元工业增加值用水量比2010年同比下降29.8%，农田灌溉水有效利用系数达到0.438，均实现年度控制目标。

（何素萍）

农业厅环境保护

【综述】 2013年，广西没有发生过较大的农业环境污染事故，没有启动过《广西壮族自治区农业环境污染突发事件应急预案》，广西农业环境总体良好。

【农业环境保护】 2013年，广西农业部门继续推进农业环境保护工作。全面实施《重点区域水稻产地土壤重金属污染监测》,在大中城市郊区、主要工矿企业区周边农区和污灌农区的水稻产地采集土壤样品进行农田土壤环境质量监测与评价;继续实施广西《农产品产地土壤重金属污染防治》,有序开展农产品产地土壤重金属污染防治普查,推进资料收集与整理,普查表填报、审核与录入,样品采集与管理、制备与检测等工作;在刁江流域建立2个农产品产地土壤重金属污染修复核心示范基地,开展土壤重金属本底和农产品重金属污染状况调查与监测及其污染修复技术的研究和修复模式的筛选,取得预期成效。年内,继续推进农业面源污染清查数据的审核与录入,更新农业面源污染数据库;启动了"南方山地丘陵区—缓坡地—非梯田—露地蔬菜"等7种农业种植模式国控监测点的点位筛选及径流池和种植小区等基础设施的全面建设。

2013年,广西农业部门进一步加强农产品质量安全风险评估工作。制订《农产品质量安全风险评估监测工作方案》,在河池市金城江区、都安县、南丹县,南宁市宾阳县、贺州市八步区等地布点、采集粮食和水生蔬菜样品,开展甲胺磷等25种农药的残留量和铅、镉、汞、砷、铬5种重金属的安全风险评估工作;在河池市开展农产品中铅镉超标问题的应对检测,在贺州市开展贺江水污染对沿岸农作物影响调查与监测工作。

(黄碧燕)

【农业生态环境保护】 2013年,广西在八步、恭城、浦北、天峨、全州、桂平、西林、钟山、苍梧、资源、昭平、兴安、容县、灵山、平南等县(市、区),建设以实施生态循环农业模式和技术为主要内容的示范基地15个,示范推广生态循环农业模式和技术,因地制宜地增加优势生态环和特色生态环,发展生态农业产业。桂林市通过创建生态循环农业示范市,在水果主产区重点推广普及"养殖—沼气—种植"三位一体的恭城循环农业模式,在水稻主产区重点推广"稻—灯—鱼—菇"循环农业模式,在畜禽规模养殖区大力推广以畜禽粪便综合利用为核心的循环农业园区经济链,已逐步构建起以农产品、畜产品、林产品、水产品为核心的循环农业经济体系。

(林学军)

【农业生物资源保护】 2013年,不断拓展广西农业野生植物资源调查及管护工作,同时积极争取农业部投资建设野生茶叶原生境保护点。

农业野生植物资源调查 在西林、隆林、田林3个县开展野生稻资源调查。在右江、凌云、西林、隆林、乐业、防城、金秀、苍梧、昭平、八步、三江等11个县(区)开展野生茶资源详查,取得一批调查成果,收集了广西野生茶种质资源68份,制作野生茶蜡叶标本300张;采集了野生茶形态特征、生态因子等基本信息;发现野生白毛茶、野生白牛茶等新的野生茶叶居群;建立野生茶叶资源临时保存圃;初步掌握危害野生茶叶资源的主要因素等。

农业野生植物原生境保护点管护监测 对已经建成的10个农业野生植物原生境保护点加强日常管护工作,确保野生植物资源不受破坏。同时,对这10个保护点开展监测预警工作,掌握农业野生植物资源消长动态。自治区本级财政安排专项资金60万元用于7个县的野生植物原生境保护点管护,管护经费得到保障。

作物野生近缘植物保护与可持续利用项目终期现场评估 该项目从2007年开始实施,至2013年结束。农业部项目办把广西列为全国开展项目终期现场评估的3个省(区)之一。为了确保项目顺利通过评估,自治区及项目所在市、县农业部门认真做好各项准备工作,在评估报告的编写、评估现场的布置、评估小组的接待等方面都做好精心准备。7月中旬,广西作为全国现场评估第一站,接受由国内外专家组成的项目终期评估小组对项目进行现场评估,专家们对广西项目实施效果给予了充分肯定。

贵港市野生稻原生境保护点建设 贵港市野生稻原生境保护点是农业部2012年批准立项的项目,2013年该项目正式开展建设。自治区及贵港市有关部门通力合作,项目设计工作顺利进行。

野生茶叶原生境保护点项目批准建设 经过自治区及市县的努力,柳州市野生茶叶原生境保护点建设项目可行性研究报告通过了农业部审批,并已获得农业部的批复,项目总投资额227万元,其中中央预算内投资206万元,地方配套21万元,建设期两年。

培训工作 2013年9月下旬,召开广西农业野生植物原生境保护点管护工作及监测预警技术培训会,自治区农业厅分管领导文信连总农艺师在会上讲话,邀请有关专家讲课,全自治区14个市和已经建立野生植物保护点的县(区)参加了培训会。此次会议为推动全自治区农业野生植物保护及监测预警工作统一了技术要求。

(何金富)

【外来入侵生物防治】 2013年,继续加强外来入侵有害生物调查及防控工作,取得了新的成效。

外来入侵有害生物调查 在全自治区40多个县市对薇甘菊、水葫芦(含大薸)、豚草、福寿螺进行调查,基本查清了这些外来入侵生物在广西的分布区域、发生面积、入侵生境、为害损失等有关情况,为进一步开展防控工作提供依据。

有害生物监测预警　在贵港、梧州、玉林3个市开展福寿螺监测预警，在桂平、平南、藤县等县（市）开展水葫芦监测预警。以走访当地农业部门和实地调查相结合的方式，对福寿螺和水葫芦进行监测，根据监测结果预测未来一定时期福寿螺和水葫芦的发生情况。

外来入侵有害生物灭除现场会　2013年3~4月份，外来入侵有害生物大薸在广西忻城县大面积爆发，农业部在6月中旬临时决定在忻城县举行大薸灭除现场会。在时间紧、任务重的情况下，自治区、来宾市及忻城县全力做好现场会筹备工作，现场会于6月27日顺利召开。这次现场会有来自农业部有关直属单位、我国南方片14个省（直辖市）农业环境保护站、广西14个地市及来宾市所辖各县（市、区）农业局（农委）和自治区农业厅有关单位的领导和专家代表，当地农民群众和青年志愿者代表等共180余人参加。会议对提高广西干部群众防控外来入侵生物的意识，推动广西灭除大薸等外来入侵生物产生积极而重大的推动作用。

（何金富）

【“美丽广西·清洁田园”活动】　2013年，围绕“美丽广西·清洁田园”活动，大力推进绿色植保。

绿色植保　一是抓好项目实施。抓好万家灯火、螟黄赤眼蜂规模化生产和甘蔗螟虫大面积绿色防控技术联合攻关与示范推广、螟黄赤眼蜂防治甘蔗螟虫技术服务创新、FAO降低农药风险等项目实施。二是抓好示范带动。广西建设绿色防控技术示范样板421个，累计示范面积11.61万公顷以上，带动推广应用面积239.38万公顷次，减少化学农药用量超过1000吨（折百分百含量）。三是抓好新技术试验示范。在全自治区开展了作物诱导免疫抗性、甘蔗螟虫性诱、释放赤眼蜂防治水稻稻纵卷叶螟、荸荠白螟性诱、信息素复合蓝板防治豆角蓟马、信息素复合黄板防治叶菜类黄曲小跳甲等36个新技术试验示范。四是抓好宣传培训，加强带头人培训。培训的重点对象是种植大户、种植协会、合作社、专业化防治队、家庭农场等组织负责人。先后召开果蔬作物诱导免疫技术现场观摩会、“清洁田园”绿色植保大培训和农作物病虫害绿色防控现场会，培养一大批掌握绿色防控技术、善用绿色防控技术的带头人；加强师资力量培训。广西植保总站协助农业厅人事处在南京农大承办了“广西农业厅2013年现代植保技术高级研修班”，培训了50名基层技术骨干。举办农民专家培训，开办农民田间学校30所，培训农民专家近1120人。

（覃保荣）

废弃农药包装物回收与处置　一是广泛征求意见，牵头起草广西废弃农药包装物回收处理实施方案。广西植保总站组织田园公司、易多收公司等部分农药生产企业负责人和有关农药经销商就废弃农药包装物回收处置工作进行座谈，征集意见，发动各方参与“美丽广西·清洁田园”活动。联合有关单位和企业召开“清洁田园之废弃农药包装物回收与处理项目”研讨会。二是制定《广西废弃农药包装物回收处理实施方案》和《废弃农药包装物回收处置方案和废弃农药及农药废弃包装物回收处理暂行办法》。组织编印“美丽广西·清洁田园”之废弃农药包装物回收与处理知识小册子20万份，并分发各市、县（区）。三是开展广西废弃农药包装物回收与处理试点工作。组织企业在兴宾区、忻城县、柳城县、扶绥县、武鸣县、青秀区南阳镇开展废弃农药包装物回收与处理试点工作。四是围绕“清洁田园”活动，开展一系列安全用药及专业化统防统治培训。5月，在来宾市举办“美丽广西·清洁田园”活动植保培训启动仪式暨专业化统防统治与安全用药技术培训后，在全自治区掀起科学安全用药技术培训高潮。

（覃贵亮）

（组稿人：李克敌）

林业厅环境保护

【综述】　2013年，广西林业发展呈现“稳中向好、稳中有进、稳中提速”的良好态势，据广西林业统计监测结果显示，全自治区森林面积2.19亿亩，完成植树造林32.67万公顷，森林覆盖率达到61.84%，活立木蓄积量达到6.63亿立方米；林业产业总产值达到3020亿元，同比增长36.7%。林下经济产值达470亿元，同比增长30.5%。玉林市、贺州市荣获“国家森林城市”称号。新增国家级工程技术中心1个，自治区级工程技术研究中心1个，院士工作站1个，自治区良种培育中心5个。获广西科技进步奖4项、第五届梁希林业科学技术奖3项、梁希科普作品奖2项、广西科普奖5项。广西油茶良种繁育产业化关键技术研究与应用项目荣获广西科技进步一等奖。

【森林资源培育】　2013年，广西完成植树造林面积326675公顷，其中荒山造林134764公顷、迹地人工更新57949公顷、低效林改造4416公顷、封山育林26602公顷（其中无林地和疏林地封育19299公顷、有林地和灌木林地封育7303公顷）、桉树萌芽和人工促进天然更新102944公顷。

退耕还林工程　完成荒山人工造林12668公顷，封山育林4333公顷，退耕还林工程林权登记发证面积

94.8万公顷，兑现2012年度退耕还林工程政策补助资金35238.1万元。

珠防林工程 完成荒山造林面积8296公顷，其中人工造林6293公顷、无林地和疏林地封育2003公顷。工程建设投入资金5435万元，其中国家投资2611万元，群众投工投劳折资4076万元。

海防林工程 完成荒山人工造林面积5268公顷。工程建设投入资金5709万元，其中国家投资2851万元，群众投工投劳折资210万元。

石漠化治理工程 完成人工造林0.42万公顷、封山育林2.08万公顷、植被管护3.96万公顷，完成林业项目投资15783万元。

经济林培育 经济林总面积为230万公顷，其中水果类131.6万公顷，干果类15.7万公顷，林产饮食原料类46.6万公顷，木本药材类1.5万公顷，木本油料类34.6万公顷。经济林产品总产量1088万吨，其中水果类956万吨，干果类15.9万吨，林产饮食原料类26.9万吨，林产工业原料类66.7万吨，木本药材类5.4万吨，木本油料类17万吨。经济林产业总产值501亿元，比上年增长68.7%。

油茶产业发展 广西新造油茶林2万公顷(其中项目造林0.7万公顷)、低产林改造0.56万公顷，油茶林总面积41.3万公顷，位列全国第三位。全年油茶籽产量16.9万吨，茶油产量3.8万吨，油茶产业产值40.3亿元。

珍贵树种 完成造林7491公顷，同比增加1311公顷。完成珍贵树种育苗6000多万株。

【林地保护管理】 *林地保护利用规划* 广西112个县级林地保护利用规划获同级人民政府批准实施，构建了省县两级林地保护利用规划体系，完成了广西林地“一张图”和县域林地“一张图”建设任务。首次把广西1596.16万公顷林地落到山头地块并实现了数字化，为林地监管由点到面的转变奠定基础。

征占用林地审批 按照“统筹兼顾、综合平衡、保障重点”和“有保有压”的原则，及时分解下达和调配使用年度占用征收林地定额。加大林地利用的指导力度，开展联合审批，强化服务重心下移，为西气东输二线、中缅油气管道、柳梧高速公路等重大建设项目开辟“绿色通道”，保障了65个自治区级以上重大项目占用征收林地需求。2013年共审核占用征收林地项目625宗，审核审批征占用林地面积7415.9908公顷，使用林地定额6853.3708公顷，收取森林植被恢复费49858.8114万元。

【森林资源监测】 *林地年度变更调查试点* 2013年8月，启动苍梧县、鹿寨县全国林地变更调查试点工作，完成了《全国2013年林地年度变更调查试点广西工作方案和操作细则》，苍梧县进入变化图斑数据录入和省级检查验收阶段，鹿寨县完成了变化图斑判读和林业经营管理资料图形数据录入工作。

森林资源数据年度更新 修订并印发了《广西县域森林资源主要数据年度更新办法》，开展2013年度县域森林覆盖率和活立木蓄积量数据的更新调查和数据汇总。2013年广西森林覆盖率达61.84%，活立木蓄积量达6.63亿立方米。

森林生态服务功能评价 组织开展广西森林生态服务功能监测与评估工作，完成了水源涵养、水质净化、水土保持、生物多样性、空气质量、森林资源数据、社会经济数据等指标监测和数据收集工作，进行数据分析处理和价值评估，形成《广西森林生态服务功能价值评估报告》。评估显示，广西森林生态服务功能价值达1万亿元。

基础数表修编 编制广西主要用材树种马尾松、杉木主伐年龄论证及经济材出材率表修编的技术方案和技术细则，并组织人员分赴马尾松Ⅰ类产区、Ⅱ类产区、Ⅲ类产区，杉木中心产区、一般产区选设典型样地和样木进行调查测定，完成112个(马尾松63个、杉木49个)样地调查，量测、解析166株(马尾松92株、杉木74株)样木，并完成数据录入工作。

【自然保护区建设管理】 *保护区体系建设* 国务院正式批复大桂山鳄蜥、元宝山、恩城和邦亮长臂猿4个自然保护区晋升为国家级自然保护区，七冲自然保护区申报晋升工作通过国务院自然保护区专家委员会专家评审。经自治区人民政府批复同意龙州县春秀及青龙山两处县级自然保护区合并晋升自治区级自然保护区。全年新建自然保护小区30处。

保护区规划调整 启动九万山、花坪、大王岭、大容山等保护区范围和功能区规划调整工作，组织弄岗及大瑶山国家级自然保护区生态旅游规划编制，评审了拉沟自治区级自然保护区内建设鹿寨古尝河水库工程、西岭山自治区级自然保护区内建设富川公路项目、恩城自治区级自然保护区修建有关输电线路等项目，审核并通过了在十万大山国家级自然保护区修建大垌水库项目、在大瑶山自然保护区修建索道项目，并报国家林业局审批。

【野生动植物保护】 *野生动植物资源调查* 组织广西第二次全国重点保护野生植物资源调查和广西第二次全国野生动物资源调查，全面掌握了野生动植物资源情况。抓好海南虎斑鳽、黑叶猴、广西火桐、拟单性木兰、凹脉金花茶等物种的野外拯救保护和繁育工作，积极开展黑叶猴、鳄蜥等人工繁育个体放归自然和广西火桐等野生植物原生地回植试验，有效保护了野生动植物的安全。

野生动植物保护执法　自治区林业厅与各市林业局签订野生动植物资源保护管理责任书，引入考核机制，创新野生动植物资源保护管理。颁布实施野生动植物保护六条禁令，发动全自治区林业系统职工签订拒食野生动物承诺书。积极协调自治区工商管理部门，规范利用野生动物做广告等行为。开展打击破坏野生动物资源专项整治行动，重点打击边境地区跨国走私、贩卖野生动植物，滥捕滥猎滥食候鸟，非法经营和食用野生动物，非法收购、加工、销售野生动物及其制品，非法驯养繁殖野生动物等违法犯罪行为。

野生动植物繁育利用　自治区林业厅印发了《关于加快广西野生动植物繁育利用产业发展的意见》，积极争取政策支持，促进野生动植物繁育利用产业科学发展。组织了滑鼠蛇和眼镜蛇驯养繁殖技术总结，进一步规范蛇类驯养繁殖和经营。加强对繁育利用企业的监管，促进繁育利用产业规范化、规模化发展。

野生动物疫源疫病监测　启动陆生野生动物疫源疫病监测信息管理系统建设，开展国家级和自治区级监测示范站建设，全力推进边境地区疫源疫病联防联控体系建设，强化监测站人员的培训，提高疫源疫病检测、预警和防控能力。加强广西重点区域、重点时期的日常监测和专项巡护，有效防范野生动物疫病传播。积极开展H7N9禽流感病毒溯源排查，对全自治区鸟类重要迁徙通道、停歇地、繁殖地、野生动物驯养繁殖场、花鸟市场、动物园等重点监测区域进行采样，共采集并送检近150种陆生野生动物的血液、组织、口腔分泌物、粪便和水体样本等723份，经自治区兽医研究所检测，均未检出H7N9亚型禽流感病毒。

【野生动植物保护宣传】　围绕“美丽广西，让鸟儿自由飞翔”爱鸟周主题，在钦州市启动了2013年广西爱鸟周宣传活动；自治区林业厅与野生动植物保护国际(FFI)、广西大学等单位联合开展保护野生动植物宣传活动，共发放宣传单10万多份，宣传挂图10000份，保护鸟类徽章2000个，发送公益短信超过500万条，并利用电视台、电台等进行宣传。召开“中越跨境东黑冠长臂猿保护交流会”，双方签订了中越跨境东黑冠长臂猿保护备忘录；主办广西北部湾鸟类保护研讨会，国内外专家学者共聚北海探讨北部湾鸟类保护；与野生动植物保护国际联合召开了“广西黑叶猴保护行动计划研讨会”，进一步完善广西黑叶猴的保护措施；配合中国野生动物保护协会养殖委员会在灵山召开2013年全国蛇类养殖技术交流会。举办自然保护区管理高级研修班、广西陆生野生动物保护管理与疫源疫病监测防控培训班和濒危植物保护管理培训班，培训人员400余人次。

【湿地保护】　资源概况　广西湿地资源丰富，类型多样。据2014年1月13日国务院新闻办公布的第二次湿地资源调查结果，广西湿地类型有近海与海岸湿地、河流湿地、湖泊湿地、沼泽湿地和人工湿地5大类25种类型，连片面积8公顷以上的各类湿地总面积达75.43公顷，占广西国土面积的3.2%。

立法工作　组织修改和完善《广西湿地保护条例(草案)》(以下简称《条例》)。2013年12月，自治区人民政府审议并通过该《条例》。组织编制了《广西湿地保护工程“十二五”实施规划》(以下简称《规划》)。《规划》项目投资3.595亿元，建设项目29个，其中属林业部门管理项目13个，投资2.03亿元。12月，自治区人民政府审议并通过该《规划》。

项目管理　国家林业局批准富川龟石、都安澄江、靖西龙潭国家湿地公园开展试点建设。2013年共争取到国家湿地保护补助项目资金1050万元，自治区财政配套资金325万元。下拨钦州市茅尾海红树林和北海市涠洲岛自然保护区中央财政湿地保护补助项目资金700万元。12月，两项目通过自治区林业厅的检查验收。

专项行动　2013年，组织开展广西打击破坏湿地资源专项行动，广西各级林业部门共组织2100人次、出动车辆785台、制作宣传板报7块、张贴标语660条、悬挂横幅130条，发放宣传资料14620份，发送手机短信60000条，取得较好的成效。

宣传培训　2013年，采取板报、横幅、手机短信等方式，加大对第17个“世界湿地日”的宣传力度。举办了广西湿地保护与恢复技术培训班，组织广西林业系统干部职工参与“中国十大魅力湿地”网络投票活动，广西山口红树林自然保护区入选“中国十大魅力湿地”。

【森林火灾】　2013年，广西共发生森林火灾261起，其中一般森林火灾146起，较大森林火灾115起；火场总面积2806.1公顷，受害森林面积594公顷；烧毁成林蓄积量25175.65立方米，烧死幼树60.35万株；森林火灾受害率0.04‰；因灾死亡2人。与前五年均值相比，火灾起数、过火面积、受害面积和伤亡人数分别下降49.5%、67.8%、49.4%和70.6%，实现无重特大森林火灾、无群死群伤事故和无火烧连营的“三无”目标。全年扑救森林火灾共出动扑火人员13627人次、车辆1745台次、直接开支扑火经费179.36万元。

【森林防火规章制度建设】　2013年8月，自治区森林防火指挥部印发《广西壮族自治区森林火灾信息报送处置暂行规定》(桂森防字〔2013〕5号)，进一步规范森林火灾信息报送制度、程序、时限、内容、格式、方式、考核等 7 大方面内容。12 月，自治区森林防火指挥部印发《关于进一步加强森林消防队伍建设的意见》（桂森防字〔2013〕11 号），推动广西森林消防队伍规范化、标准化、现代化建设。

【森林火灾预防】 *群防群治* 推广“五户联防”、“十户联防”或一村一屯“户户联防”的模式，2013 年签订联防协议 33000 份、村级森林防火公约 6000 多个、森林防火责任状 2500 余份。2013 年，自治区林业厅下拨 100 万元进行重点林区村级摩托车巡逻队试点建设，在全自治区选择 200 个重点林区村，每个村组建 1 支摩托车巡逻队，每队 3~5 人，并补助误工费及油费 5000 元，用于 2013 年 9 月至 2014 年 5 月重点防火期的野外森林火源巡查。

火源管理 推行用火审批制度和专业队伍炼山制度，严防跑火。登记并落实痴呆等特殊群体监护人，加强对特殊人群的管控。在极高火险天气及时发布禁火令，严禁一切野外用火。在火灾多发时段，组织火源管理工作组，深入林区加强火源监管。加大火灾案查处力度，“见烟查、违规罚、烧山抓”，严惩火灾肇事者。2013 年组织开展两次隐患排查活动，清明期间开展“盯点看面”活动，组织 3 万多名护林员，启动 1000 多个定点（临时）检查站，动员 1000 支村屯摩托车巡逻队，站山头，把路口，守坟头，巡山路，严看死守，严管火源。

宣传教育 2013 年，广西共发放森林防火宣传资料 700 多万份，播放宣传电影 2049 场，出动宣传车辆 1.92 万台次，出宣传墙报 1990 期，播发新闻稿 11120 篇，张贴防火标语 115 万条，新建、刷新固定宣传牌 3719 块，全自治区接受防火教育总人数超 3000 万人。

火险预警 自治区防火办协调气象部门发布季、月、旬重要气象信息共 48 期，重点防火期每天在《广西天气预报》播放全自治区森林火险天气预报。转发国家防火办高森林火险天气警报 9 期，森林火险气象等级预报 36 期。

【森林防火基础设施建设】 2013 年，广西共投入森林防火资金 26083 万元（国家 6801 万元，地方 19282 万元），新建瞭望台 18 座、储备库 22 座 977 平方米，购买无线电台 259 台（部）、森林消防专用车辆 253 辆、扑火机具 15424 台（把、套）、计算机 89 台，营建防火林带 1033.5 公里，开设防火线 582.6 公里。2013 年，自治区下拨资金 480 万元支持 16 个县级专业森林消防专业队营房建设。

森林消防装备建设 2013 年，广西各级投入森林消防装备建设资金 3700 万元。自治区森林防火指挥部选取鹿寨县、永福县、田林县、武宣县等 17 支专业森林消防队作为试点单位，发放灭火新型装备，提高灭火效率。

综合治理工程项目建设 2013 年，验收来宾市二期、柳州市二期、防城港市一期、钦州市一期 4 个综合治理项目；贺州二期、梧州二期项目已基本完成。国家林业局下达中央预算内资金 2691 万元用于支持广西重点火险区综合治理工程建设项目，其中环桂林市区重点火险区综合治理三期建设项目 1189 万元，河池市九万山重点火险区综合治理三期工程建设项目 1502 万元，主要用于新建和维修消防池（栓）、专业队营房、防火物资储备库，新建林火视频监测系统，购置通信、运输和扑火机具等设备设施。

边境防火带建设 2013 年，国家林业局下拨广西资金 600 万元，专项用于百色市那坡县，防城港市防城区，崇左市龙州县、宁明县、凭祥市，中国林科院热带林业实验中心等单位防火带建设。截至 2013 年底，建设任务单位全部备耕整地完毕，并编制了《边境生物防火林带建设项目设计书》。

森林防火指挥中心建设 2013 年 12 月，广西壮族自治区森林防火指挥中心通过专家组预验收。该项目总投资为 720 万元，2013 年国家下拨了建设资金 576 万元，地方配套资金 144 万元，于 2014 年 1 月投入使用。

森林火险预警监测系统 2012 年 10 月启动森林火险预警监测项目，在广西 14 个市建成森林火险监测站 251 个、森林火险因子采集站 47 个、手持火险仪 512 台、管理终端 22 个，搭建森林火险预警平台 1 个，开发森林火险预警预测软件 1 套，可对全自治区 14 个市 110 个县（市、区）的森林火险实现 24 小时全方位预警监测，形成快速准确的森林火险信息采集、传递、处理和决策反馈，增强森林火险预警监测能力。2013 年 11 月，该项目竣工并通过专家组验收。

森林火灾数据库改建升级 自治区林业厅投入 120 万元，与中南林业科技大学签订合作研发协议，改建升级森林火灾数据库。主要内容包括森林防火基础数据、森林防火空间专题数据库、森林防火专题属性数据库三大类，计划于 2014 年完成建设任务。

【森林防火队伍建设】 *制度建设* 2013 年 12 月，自治区森林防火指挥部印发《关于进一步加强森林消防队伍建设的意见》（桂森防字〔2013〕11 号），提出加强广西森林消防队伍建设的总体目标，从队伍名称、结构、规模、装备、营房、管理、使用、建队模式等 8 个方面提出了建设的具体内容。

组织机构 至 2013 年底，广西有森林防火指挥部 146 个，其中省级 1 个、市级 14 个，县级 131 个，各级公安、发展改革委、教育、纪检、民政、财政、交通、卫生、工业和信息化委、广电、消防、通信、农业、驻军及武警部

队领导分别担任指挥部成员。广西各级森林防火指挥部办公室有专职防火人员共1018人，专业森林消防队伍127支3864人，半专业森林消防队伍1349支27261人，义务森林消防队伍1403支29363人，火源管理摩托车巡逻队1402支9386人，监测员1072人，专职护林员11578人，兼职护林员12609人。

业务培训　2013年，自治区森林防火指挥部组织22人次参加国家防火办组织的8个业务培训班。2013年7月，自治区森林防火指挥部在南宁市举办防火办主任、森林防火指挥员、新任指挥长等3期森林防火培训班。2013年8月，自治区防火办在全自治区9个片区分别举办专业森林消防队技术骨干培训班。2013年10月，自治区森林防火指挥部在南宁举办1期全自治区森林防火业务骨干培训班。全年广西各级共举办各类森林消防培训班353期、参训人员30000多人次，重点培训森林防火基础知识、森林火灾扑救和安全避险常识。

防火演练　2013年，广西各市、县、区共开展森林防火应急处置预案演练33起。12月6日，自治区森林防火指挥部在贺州举行2013年森林消防地空配合灭火实战演练，有13支专业队、300多人参加，演练内容包括相关领导登机空中查看全市森林防火情况、地空配合扑救模拟火场演练、空投森林防火宣传单等。南方航空护林总站百色站梧州基地派1架米—26直升机全程参加演练。

【航空护林】 2013年，全自治区共使用4架直升机开展航空护林，总计飞行了33架次80小时11分，空中发现林火45起，吊桶灭火4个火场，洒水46桶，机降灭火61人次，投撒森林防火宣传单8万份。春航从2013年4月8日开始至5月20日结束，历时43天，总计飞行了4架次11小时13分。秋冬航从2013年11月1日开始至2014年1月20日结束，历时81天，累计飞行了29架次68小时58分。

【林业有害生物发生情况】 2013年，受春夏季气温偏高、降雨南多北少的影响，广西桉树、松树、经济林及珍贵树种病害发生面积居高不下，虫害与上年基本持平。全自治区发生并造成较严重危害的林业有害生物共69种，其中病害14种，虫害44种，有害植物1种，发生总面积359400公顷（含有害植物），发生率为2.96%，其中病害发生面积36900公顷，虫害发生面积322200公顷，有害植物发生面积353.3公顷，病虫害成灾面积3100公顷。

【林业有害生物防治情况】 2013年，林业有害生物防治作业总面积106626.7公顷，其中预防面积36756.6公顷。生物防治面积53313.47公顷，仿生防治面积886.67公顷，人工防治面积4983.8公顷。无公害防治总面积103293.3公顷，无公害防治率达99.69%。抓好应急药械、药品生产采购，年内生产白僵菌粉147500千克，采购喷粉机280台，苏阿维粉剂34000千克。

【林业有害生物防控情况】 林业有害生物成灾率　2013年，广西林业有害生物发生面积359046.7公顷（不含有害植物），其中病害发生面积36866.7公顷，占10.26%；虫害发生面积322193.3公顷，占89.74%；成灾面积3140公顷，成灾率0.26‰。

林业有害生物预测准确率　预测2013年全自治区发生面积366166.7公顷，实际发生面积359046.7公顷，林业有害生物预测准确率98.06%。

林业有害生物无公害防治率　2013年防治面积103293.3公顷，其中应用生物、仿生制剂等无公害药剂防治面积102973.3公顷，无公害防治率99.69%。

林业有害生物检疫率　2013年种苗产地检疫率99.9%，调运检疫率99.67%。

松材线虫病　2013年广西松材线虫病发生面积326.6公顷，涉及4个县（市、区）6个乡镇和1个县直属国有林场，其中，苍梧县发生面积73.3公顷，梧州市万秀区发生面积86.7公顷，桂平市发生面积93.3公顷，西林县发生面积73.3公顷。

【林木种苗生产建设】 打击假冒伪劣种苗专项行动　广西林业系统继续深化“开展打击假冒伪劣林木种苗和保护植物新品种权专项行动”。广西林业部门2013年共出动人员1242人次，检查了636个苗圃、81个种苗市场、6677.4万株工程造林用苗，责令整改6个单位。

林木种苗质量监督管理　2013年4月，对广西14个市和4个区直国有林场进行了种苗执法和质量抽查，共抽查28个县（市、区）、76个单位（其中种苗质量检查抽查48个单位）、16个树种（品种）、68个苗批。强化从省外、国外引种油茶、珍贵树种的审批与管理，加强对东兴、凭祥口岸绿化入境苗木的管理。配合国家林业局场圃总站核验6家进出口苗圃单位的资质，有1个单位获得苗木进境业务资格。

（陈春咏）

海洋局环境保护

【综述】 2013年，广西近岸海域海水环境状况总体较好，符合第一类海水水质标准的海域面积约占全自治区海域面积的52.9%。近岸海域沉积物质量状况总体保持良好。重点保护的红树林生态系统和珊瑚礁生态系统保持稳定,处于健康状态。海洋自然保护区内的珍稀濒危物种和生态环境能够得到有效保护。重点海水浴场和滨海旅游度假区环境质量良好,海水增养殖区环境质量能满足养殖活动要求。海洋倾倒区环境状况总体稳定,未因倾倒活动产生明显影响。海水入侵及土壤盐渍化范围和程度有所降低。广西沿海全年没有发生赤潮和重大海上溢油事件。

沿岸港湾、河口水质污染呈上升趋势,劣于第四类水质区域面积有较大增加。江河排海污染物总量与2012年相比有大幅增加,主要是化学需氧量(CODcr)。陆源入海排污口达标排放率依然较低。钦州湾围填海工程附近海域海水水质污染严重。海草床生态系统受挖沙虫、耙贝和抽沙等影响,依然处于亚健康状态。2013年,影响广西沿海的热带气旋有6个,高于多年平均值(3个),有4个造成了一定程度的风暴潮灾害。

【海洋环境质量】 海水 2013年夏季,海水中无机氮、活性磷酸盐、化学需氧量和石油类等多项监测要素的综合评价结果显示,广西近岸海域海水环境状况总体较好,但沿岸海水污染依然严重,主要污染要素为无机氮、活性磷酸盐和石油类。

符合第一类海水水质标准的海域面积约占广西近岸海域面积的52.9%,符合第二类、第三类和第四类海水水质标准的海域面积分别为1209平方千米、526平方千米和108平方千米;劣于第四类海水水质标准的海域面积为838平方千米,较上年增加了538平方千米,主要分布在廉州湾南部、大风江口、钦州湾、防城湾及北仑河口等近岸局部海域。

2010~2013年夏季广西近岸海域未达到一类海水水质标准的各类海域面积

单位:平方公里

年 度	第二类水质	第三类水质	第四类水质	劣于第四类	合 计
2010	133	2601	81	320	3135
2011	345	581	39	167	1132
2012	470	1530	320	300	2620
2013	1209	526	108	838	2681

依据《海水水质标准》(GB3097-1997),按照海域的不同使用功能和保护目标,海水水质分为四类:

第一类:适用于海洋渔业水域、海上自然保护区和珍稀濒危海洋生物保护区。

第二类:适用于水产养殖区、海水浴场、人体直接接触海水的海上运动或娱乐区,以及与人类食用直接有关的工业用水区。

第三类:适用于一般工业用水区,滨海风景旅游区。

第四类:适用于海洋港口水域和海洋开发作业区。

依据《海洋沉积物质量》(GB18668-2002),按照海域的不同使用功能和环境保护目标,海洋沉积物质量分为三类:

第一类:适用于海洋渔业水域,海洋自然保护区,珍稀与濒危生物自然保护区,海水养殖区,海水浴场,人体直接接触沉积物的海上运动或娱乐区,与人类食用直接有关的工业用水区。

第二类:适用于一般工业用水区,滨海风景旅游区。

第三类:适用于海洋港口水域,特殊用途的海洋开发作业区。

依据《海洋生物质量》(GB18421-2001),按照海域的不同使用功能和环境保护目标,海洋生物质量分为三类:

第一类:适用于海洋渔业水域、海水养殖区、海洋自然保护区、与人类食用直接有关的工业用水区。

第二类:适用于一般工业用水区、滨海风景旅游区。

第三类:适用于港口水域和海洋开发作业区。

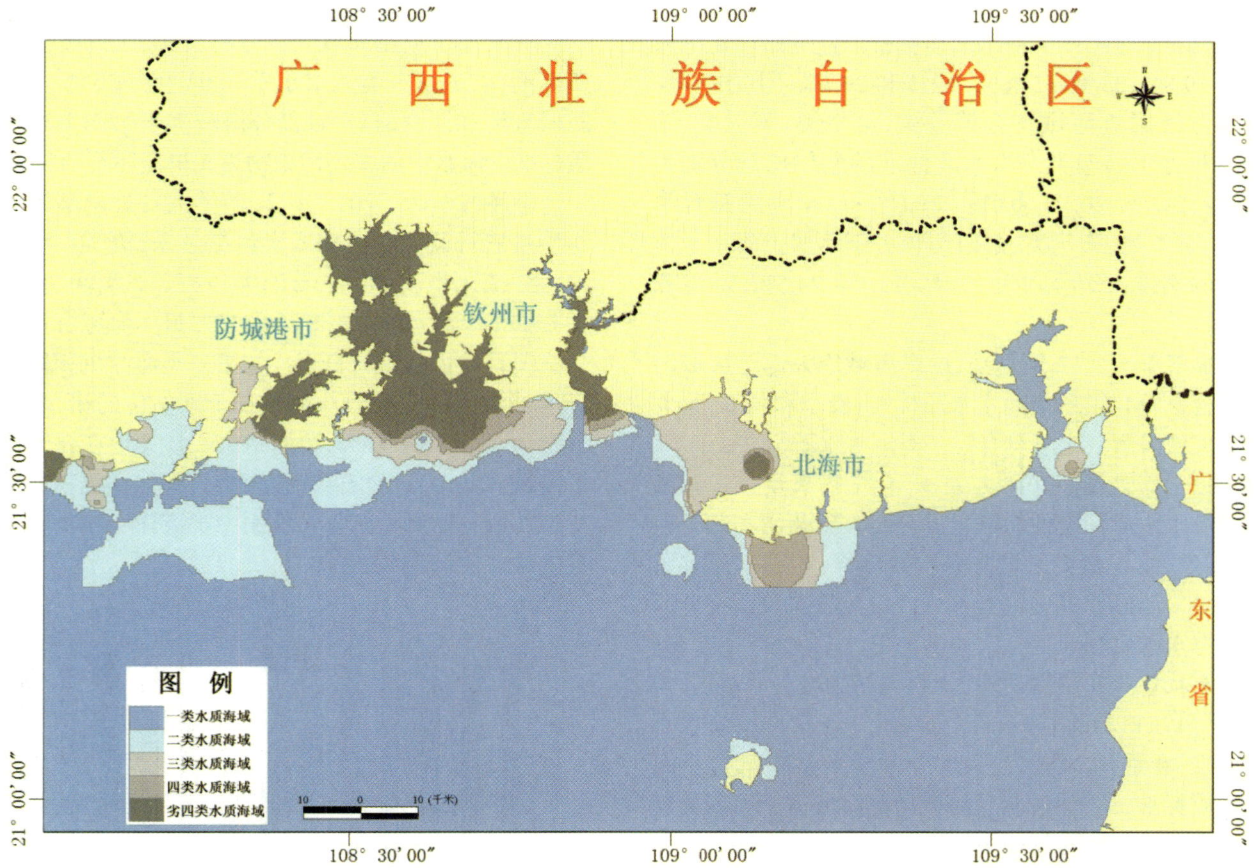

2013年夏季广西近岸海域水质等级分布示意图

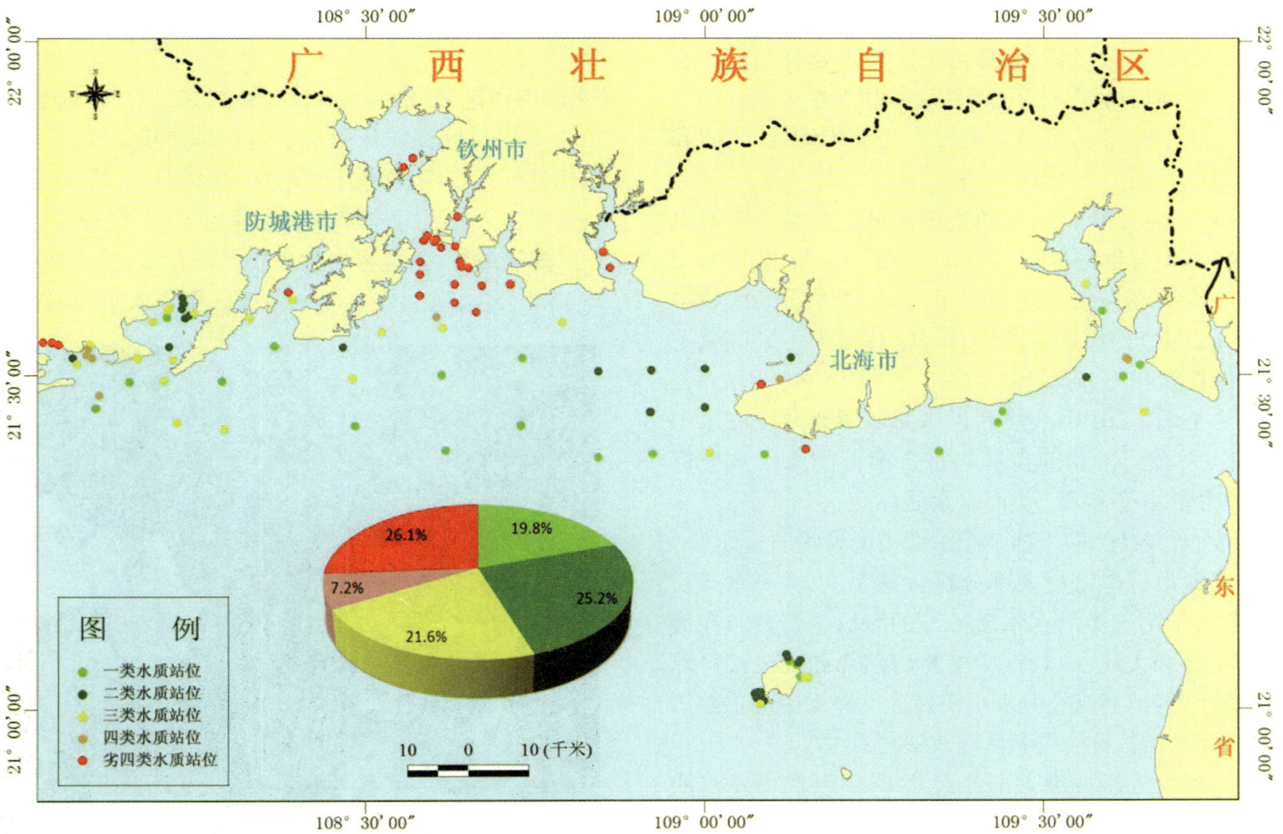

2013年夏季广西近岸海域监测站位水质等级分布示意图

夏季广西近岸海域符合第一类、第二类、第三类、第四类和劣于第四类海水水质标准的监测站位比例分别为19.8%、25.3%、21.6%、7.2%和26.1%。其中，-10米等深线附近海域符合第一类、第二类、第三类、第四类和劣于第四类海水水质标准的站位比例分别为52.2%、21.7%、26.1%、0.0%和0.0%；沿岸港湾符合第一类、第二类、第三类、第四类和劣于第四类海水水质标准的站位比例分别为15.1%、15.1%、24.5%、3.8%和41.5%。

溶解氧　2013年夏季，近岸海域绝大部分区域溶解氧含量符合第二类海水水质标准；春季和秋季，绝大部分区域溶解氧含量符合第一类海水水质标准。

化学需氧量　2013年夏季，化学需氧量未达到第一类海水水质标准的海域主要分布在钦州湾和北仑河口；春季，主要污染区域分布在钦州湾；秋季水质有所好转。广西沿岸海域绝大部分区域化学需氧量符合第一类海水水质标准。

无机氮　2013年夏季，无机氮污染较为严重，钦州湾、大风江口和北仑河口部分海域劣于第四类海水水质标准；春季，水质较好，大部分海域符合第一、二类海水水质标准，茅尾海、北仑河口局部海域劣于第四类海水水质标准；秋季，钦州湾、廉州湾、北仑河口部分海域劣于第四类海水水质标准。

活性磷酸盐　2013年夏季，活性磷酸盐含量未达到第一类海水水质标准的海域主要分布在钦州湾、北仑河口部分海域；春季大部分海域活性磷酸盐含量达到第一类海水水质标准，受污染区域主要分布在钦州湾和北仑河口海域；秋季，活性磷酸盐含量未达到第一类海水水质标准的海域主要分布在廉州湾、钦州湾和北仑河口海域。

石油类　2013年，广西近岸海域绝大部分区域海水中石油类含量符合第一类海水水质标准。夏季污染区域主要分布在钦州湾和大风江口；春季污染区域主要分布在钦州湾、珍珠湾、大风江口；秋季污染区域主要分布在钦州湾、防城湾。

重金属　2013年，广西近岸海域所有站位海水中铜、铬、汞、镉、铅和砷含量均符合第一类海水水质标准；锌含量均符合第二类海水水质标准。

按照行政区划，广西3个沿海市的海水质量如下：

北海市近岸海域大部分符合第一、二类海水水质标准；劣于第三类海水水质标准的海域主要分布在廉州湾南部和大风江口，其中廉州湾南部和大风江口部分海域已劣于第四类海水水质标准。海水中的主要污染物为无机氮、石油类和活性磷酸盐。

钦州市近岸海域大部分符合第二、三类海水水质标准；劣于第三类海水水质标准的海域主要分布在钦州湾（含茅尾海），且绝大部分已劣于第四类海水水质标准。海水中的主要污染物为无机氮和石油类。

防城港市近岸海域大部分符合第二、三类海水水质标准；劣于第三类海水水质标准的海域主要分布于防城港湾和北仑河口，且部分海域劣于第四类海水水质标准。海水中的主要污染物为无机氮和石油类。

海洋沉积物　2013年，广西继续对近岸海域沉积物质量进行监测。监测要素包括总汞、镉、铅、砷、铜、锌、铬、硫化物、有机碳、石油类、六六六、滴滴涕、多氯联苯共13项。监测结果显示，广西近岸海域沉积物质量状况总体依然保持良好。超第一类海洋沉积物质量标准的污染物主要为石油类和个别站位的铅，超标率分别为19.0%和4.8%，超标站位主要集中在钦州湾附近海域。其余各项指标均符合第一类海洋沉积物质量标准。所有监测指标都符合第一类海洋沉积物质量标准的站位比例为76.2%。

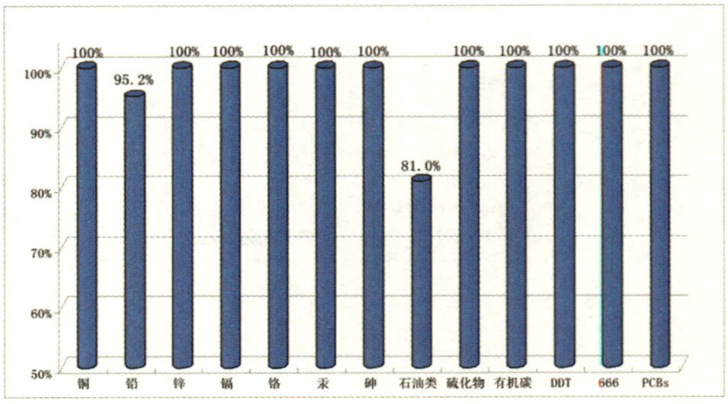

2013年广西海洋沉积物监测要素符合第一类海洋沉积物质量标准的站位比例图

【海洋保护区】　广西山口红树林国家级自然保护区　2013年保护区红树林群落结构和类型基本保持不变，林相良好。红树植物有桐花树、红海榄、木榄、秋茄和白骨壤。部分红树林4~8月份发生了广州小斑螟和三点广翅蜡蝉虫害，危害树种主要是白骨壤，受害面积共约15.8公顷，略大于上年。保护区工作人员及时采取

广西山口红树林国家级自然保护区红树林调查

措施进行灭杀，有效遏制了虫害。外来物种主要有无瓣海桑和互花米草，无瓣海桑已在2013年的《广西山口红树林保护区无瓣海桑治理》项目中实施了砍伐治理。互花米草分布面积为472.0公顷，入侵红树林群落中的面积已达到171.5公顷，与上年基本持平，仍然具有较大威胁。保护区坚持“养护为主，适度开发，持续发展”的保护方针，通过加大保护力度、强化滩涂治理、推进人工造林等多种措施，截至2013年底，有林面积达到818.8公顷。

广西山口红树林国家级自然保护区红树林虫害

广西北仑河口国家级自然保护区　2013年保护区红树林群落结构和类型基本保持不变，整体长势良好。共鉴定出红树植物8种，主要优势种为桐花树、秋茄和木榄。共发现鸟类74种，主要优势种为白头鹎、黑卷尾和大山雀。4月至8月，竹山发生了小面积的广州小斑螟虫害，危害的主要树种为白骨壤和桐花树。2013年红树林育苗力度加大，使得保护区有林面积突破1300公顷。水环境仍然受到营养盐和重金属锌、汞的污染，营养盐和石油类污染最严重区域是独墩和竹山，这与往年监测情况一致。沉积环境质量符合一类沉积物质量标准，优于2012年。

广西北仑河口国家级自然保护区红树林群落监测

白头鹎

广西涠洲岛珊瑚礁国家海洋公园　广西北海涠洲岛珊瑚礁国家海洋公园于2012年12月获得批准建设。公园划分为公山珊瑚礁生态保护区、坑仔珊瑚礁资源适度利用区、竹蔗寮珊瑚礁资源适度利用区3个功能区。2013年监测区域没有出现新的珊瑚白化或死亡现象，全年监测海域海水和沉积物质量状况良好，共鉴定出造礁石珊瑚15种，平均活珊瑚覆盖度为33.8%，属较典型的稳定型珊瑚礁底质类型，并具备一定生态恢复潜力。

涠洲岛珊瑚礁健康调查

广西钦州茅尾海国家海洋公园　公园内有红树林1025.3公顷、沼草61.8公顷、近江牡蛎天然母贝生长地和近江牡蛎采苗区等重要海域3279.4公顷。2013年监测海域海水和沉积物质量状况良好；红树植物平均密度为每公顷4000株，主要优势种为桐花树。

【海洋倾倒区】　2013年，广西对防城港核电厂海域工程疏浚物临时性海洋倾倒区进行定期监测。监测结果显示，倾倒区海域海水中无机氮、活性磷酸盐、总汞和铅的含量均较低，符合第一类海水水质标准；海水中石油类含量符合第三类海水水质标准。海洋沉积物中铜、铅、锌、镉、汞、砷、石油类、有机碳的含量均较低，符合第一类海洋沉积物质量标准；硫化物的含量符合第二类海洋沉积物质量标准。海洋生物体质量符合第一类海洋生物质量标准。浮游生物和底栖生物群落结构比较稳定。倾倒区及其周边海域海洋环境质量满足倾倒区的海洋功能要求。

倾倒区水深测量结果显示,2013 年倾倒量为 42.62 万立方米,水底地形比上年平均增高 0.10 米。倾倒区水深基本满足使用要求,未发现倾倒活动对其他海上活动及周边海域环境敏感目标产生明显影响。

【近岸典型海洋生态系统】 2013 年春季、夏季和秋季,对广西近岸海域典型海洋生态系统和重点生态区开展了海洋生物多样性状况监测,监测内容包括浮游生物、底栖生物、珊瑚、红树植物、海草等生物的种类组成和数量分布等。共鉴定出浮游植物 106 种,平均生物多样性指数为 2.12;大型浮游动物 78 种,平均生物多样性指数为 2.37;大型底栖生物 153 种,平均生物多样性指数为 1.83;海草 3 种;红树植物 9 种;造礁石珊瑚 15 种。

对实施监测的北海市山口、防城港市北仑河口、北海市铁山港湾、北海市涠洲岛 4 个重点监测区的生态系统健康状况进行评价,结果表明,3 个处于健康状态,1 个处于亚健康状态,与 2012 年相同。

广西重点监测区海洋生态系统健康状况

生态系统类型	监测海域	健康状况
红树林	北海市山口	健康
	防城港市北仑河口	健康
海草床	北海市铁山港湾	亚健康
珊瑚礁	北海市涠洲岛	健康

海洋生态健康

海洋生态系统的健康状况分为健康、亚健康和不健康三个级别。

健康:生态系统保持其自然属性,生物多样性及生态系统结构基本稳定,生态系统主要服务功能正常发挥,人为活动所产生的生态压力在生态系统的承载力范围之内。

亚健康:生态系统基本维持其自然属性,生物多样性及生态系统结构发生一定程度的改变,但生态系统主要服务功能尚能正常发挥,环境污染、人为破坏、资源的不合理利用等生态压力超出生态系统的承载能力。

不健康:生态系统自然属性明显改变,生物多样性及生态系统结构发生较大程度改变,生态系统主要服务功能严重退化或丧失,环境污染、人为破坏、资源的不合理利用等生态压力超出生态系统的承载能力。

红树林生态系统　2013 年,山口红树林生态系统总体呈健康状态。群落结构和类型保持稳定,能够维持原有物种的多样性和生境完整性。监测区域内红树植物平均密度为 9933 株/公顷,共鉴定出 5 种,分别是白骨壤、红海榄、木榄、桐花树和秋茄。林间底栖生物种类丰富,共鉴定出 42 种,主要是软体动物、节肢动物和星虫动物,其中英罗地区种类最多,有 23 种。底栖生物平均栖息密度和生物量分别为 187 个/平方米和 162 克/平方米。

山口红树林群落和底栖生物监测

北仑河口红树林生态系统　2013 年,北仑河口红树林生态系统总体呈健康状态。红树林群落稳定,能够维持原有物种的多样性和生境完整性。监测区域红树植物平均密度为 13028 株/公顷,共鉴定出 8 种,分别是桐花树、秋茄、白骨壤、木榄、海漆、露兜、黄槿和水黄皮。生态系统内监测到浮游植物 24 种,浮游动物 31 种,大型底栖生物 48 种。大型底栖生物平均栖息密度和生物量分别为 323 个/平方米和 150 克/平方米。

海草床生态系统　2013 年,北海市铁山港海草床生态系统呈亚健康状态。铁山港海草床生态系统比较脆弱,群落较不稳定,主要受挖沙虫、耙贝和抽沙等人为干扰活动的影响。共监测到3种海草，分别是喜盐草、矮大叶藻和小喜盐草。海草平均密度为330枝/平方米。受抽沙等影响，北暮监测区海草密度较上年下降了72%；沙田山寮监测区首次发现喜盐草。与五年前相比，广西北海海草盖度显著下降，部分区域下降50%以上。年度共记录大型底栖动物67种，平均栖息密度为72个/平方米，平均生物量为37.5克/平方米，均低于2012年。

珊瑚礁生态系统　2013年，涠洲岛珊瑚礁生态系统呈健康状态。竹蔗寮海域共鉴定出造礁石珊瑚13种，平均活珊瑚覆盖度为23.5%；橙黄滨珊瑚为绝对优势种，分布面积占45.6%。牛角坑海域共鉴定出造礁石珊瑚15种，平均活珊瑚覆盖度为44.2%，主要优势种为十字牡丹珊瑚和膨胀蔷薇珊瑚。另外，监测到珊瑚礁鱼类有六线豆娘鱼、黄鳍棘鲷和铅点多纪鲀等，平均密度为2.5尾/百平方米；大型底栖动物主要有节蝾螺、疣荔枝螺和节织纹螺等，平均生物量为25.7克/平方米；大型底栖藻类大团扇藻和叉珊藻2种，平均覆盖度为6%。

【海洋工程建设项目对海洋环境质量的影响】　电厂温排水影响状况　2013年，自治区继续选择对北海电厂的温排水开展了针对性的监测。监测结果显示，北海电厂温排水口处相比取水口处海水增温超过4℃，增温超过4℃的范围极小，增温超过3℃的范围小于0.2平方公里。电厂附近海域水质符合第四类海水水质标准，余氯均为未检出，能满足海洋功能区划要求；沉积物符合第三类海洋沉积物质量标准。电厂附近海域的生物群落结构比较稳定。北海电厂温排水未对周边海域的海洋生态敏感区造成明显影响。

钦州湾围填海工程海洋环境质量状况　根据钦州市城市总体规划，2008~2025年计划围填海约79平方公里，主要为钦州港保税港区、大榄坪工业区与城镇建设区、茅尾海东岸工业与城镇建设区、企沙半岛东侧工业与城镇建设提供土地。2013年批复填海面积约66.5公顷，截至2013年底，钦州湾已填海约22.5平方公里。

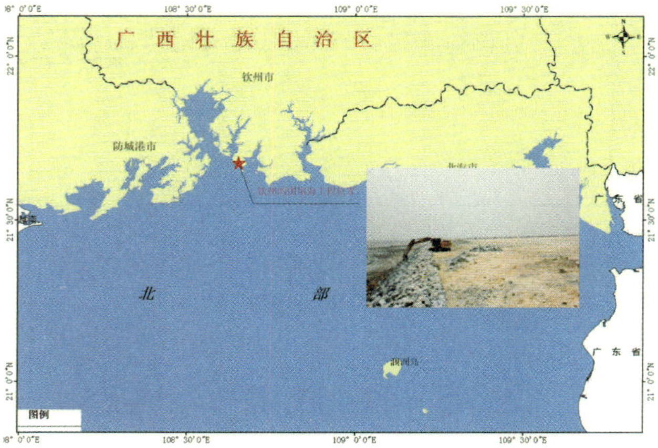

钦州湾围填海工程位置示意图

2013年监测结果表明，钦州湾围填海工程附近绝大部分海域海水水质劣于第四类海水水质标准，主要超标因子为无机氮，与2012年同期相比，海水质量有所下降；沉积物质量为第三类海洋沉积物质量；生物体质量劣于第三类海洋生物质量，主要污染因子为石油烃、镉、锌和铜。

生物生态监测结果显示，浮游植物共调查出23种，细胞密度平均值为8.43×105个/立方米，生物多样性指数平均值为1.41；浮游动物经镜检分析共鉴定出35种，个体数量平均值为166个/立方米，生物多样性指数平均值为2.72；大型底栖生物样品共鉴定出19种，平均生物量为61.3克/平方米，栖息密度平均值为46个/平方米，生物多样性指数平均值为1.76，与2012年相比，监测区大型底栖生物多样性指数平均值略有下降。

【海洋环境灾害和海洋污染事故】　风暴潮　2013年，广西沿海出现了4次风暴潮灾害过程。全自治区受灾人口16.2064万人，水产养殖受灾面积662.9公顷，养殖设备损失120个，损坏渔船32艘，损坏海堤护岸7.638千米，其他海岸基础设施损失122个，直接经济损失48947.32万元。

1305号热带风暴“贝碧嘉”风暴潮　2013年6月23~24日，受1305号热带风暴“贝碧嘉”外围风力的影响，广西沿海各验潮站出现58~70厘米的风暴增水，由于广西沿海恰处于天文大潮期，各验潮站的最高潮位均超过当地警戒潮位。

全自治区水产养殖受灾面积46.7公顷，受损虾90吨，水利直接经济损失367万元。

2013年6月23日，受1305号热带风暴“贝碧嘉”影响，涠洲岛潮高浪大

1309号强热带风暴“飞燕”风暴潮　2013年8月3日，受1309号强热带风暴“飞燕”外围风力的影响，广西沿海各验潮站出现71~118厘米的风暴增水，但各验潮站的最高潮位均低于当地警戒潮位。

全自治区受灾人口4.3477万人，直接经济损失5674.4万元。其中钦州市堤防损毁3处共0.16千米，水闸损坏11处，损坏灌溉措施4处，水利直接经济损失531万元；北海市水产养殖损失面积33公顷，水利设施直接经济损失17.5万元；防城港市水产养殖受灾面积4.6公顷，损坏渔船3艘，水利设施直接经济损失1151万元。

1311号超强台风“尤特”风暴潮　2013年8月14~15日，受1311号超强台风“尤特”外围风力的影响，广西沿海各验潮站出现38~71厘米的风暴增水，但各验潮站的最高潮位均低于当地警戒潮位。

全自治区受灾人口2.858万人，直接经济损失16340万元。其中钦州市水闸损坏1处，损坏灌溉措施20处，水利设施直接经济损失315万元；北海市水产养殖损失面积106.7公顷，堤防损坏38处0.9千米，损坏护岸21座，损坏水闸4座，损坏灌溉措施6处，水利直接经济损失7400万元；防城港市损坏渔船2艘，损坏网箱8个，水利设施直接经济损失350万元。

1330号超强台风“海燕”风暴潮　2013年11月11日，受1330号超强台风“海燕”外围风力的影响，广西沿海各验潮站出现61~109厘米的风暴增水，但各验潮站的最高潮位均低于当地警戒潮位。

全自治区受灾人口9.0007万人，直接经济损失26565.92万元。其中钦州市堤防损坏3处共1.15千米，损坏水闸3座，损坏灌溉设施2处，水利直接经济损失549万元；北海市水产养殖受灾面积23.7公顷，数量0.001万吨，堤防损坏21处0.42千米，损坏堤防决口1处0.05千米，损坏护岸16座，损坏水闸4座，损坏灌溉设施15处，水利直接经济损失10812万元；防城港市水产养殖受灾面积111.2公顷，受损渔港堤塘4.508千米，损坏船只27艘，网箱损坏35个，水利设施直接经济损失876.92万元。

1330号超强台风“海燕”风暴潮期间涠洲岛受灾情况

灾害性海浪　2013年，广西沿海及北部湾北部海域出现波高≥3.0米大浪的天数共43天，其中冷空气引起的大浪21天，西南大风引起的大浪12天，热带气旋引起的大浪10天。

2013年广西沿海及北部湾北部波高≥3.0米大浪的天数逐月分布

月份	1月	2月	3月	4月	5月	6月	7月	8月	9月	10月	11月	12月	总数
≥3米大浪天数	2	1	3	1	3	9	2	5	6	4	3	4	43

2013年广西沿岸涠洲岛监测站最大波高≥3.0米大浪统计表

序号	日期	原因	有效波高（米）	最大波高(米)
1	6月24日	1305号热带风暴“贝碧嘉”	3.1	4.3
2	8月3日	1309号强热带风暴“飞燕”	3.3	4.8
3	11月11日	1330号超强台风“海燕”	3.6	4.1

异常大潮　2013年，广西沿海共发生了5次异常大潮过程，其中有2次过程(6月23~25日、7月21~23日)实测最高潮位达到或略超当地警戒潮位，其余3次过程实测最高潮位均低于或接近当地警戒潮位。异常大潮均未造成灾害。

海洋赤潮　2013年，广西继续加大海洋赤潮监测与巡视力度，由航空遥感、船舶、海洋监测站和志愿者组成的多层次的赤潮监测网发挥着积极的作用。通过监视发现，2013年广西沿海未发现赤潮事件。

海上溢油　2013年，广西海域没有发生重大海上溢油事件。

【海水入侵及土壤盐渍化】 2013 年，广西继续选择在北海市沿海区域进行海水入侵与土壤盐渍化监测。监测结果表明，各项监测指标在旱季(3~4 月)明显高于雨季(8~9 月)。与 2012 年同期监测结果相比，监测区海水入侵与盐渍化范围和程度均有所减少。海水入侵距离小于 1.44 公里，土壤盐渍化距岸距离小于 1.78 公里。

2013年广西海水入侵和土壤盐渍化范围及变化趋势

监测断面位置	海水入侵		土壤盐渍化	
	入侵距离（公里）	与2012年比较	距岸距离（公里）	与2012年同期比较
广西北海西海岸	0.35	↘	1.14	↘
广西北海大王埠	1.44	↘	1.78	↘
图例说明：↗ 升高；⇔ 无明显变化趋势；↘ 降低				

（农　家）

气象局环境保护

【综述】 2013 年，广西年平均气温比常年偏高，年降水量较常年偏多，年日照时数较常年偏多。年内，广西出现了低温雨雪霜冰冻、暴雨洪涝、热带气旋、高温、冰雹、大风、雷电等天气气候事件，2013 年气象灾害总体属一般年景。

【气候概况】 2013 年，广西年平均气温 21.1℃，比常年偏高 0.4℃，春季偏暖，其余季节气温正常；年降水量 1694.8 毫米，较常年偏多 1 成，春、秋季降水偏多，夏季正常，冬季偏少；年日照时数 1540.4 小时，较常年偏多 21.3 小时，春、夏季日照偏多，秋、冬季日照偏少。

【气象灾害特点】 2013 年，广西出现了低温雨雪霜冻、暴雨洪涝、热带气旋、高温、冰雹、大风、雷电等天气气候事件。其中，1 月上旬的低温雨雪霜冻过程受灾较严重，12 月出现 2007 年以来同期持续时间最长的霜冻天气过程；3 月强对流天气是近十年来同期最频繁的，灾情也是近十年来最严重的；5~6 月暴雨洪涝频繁，5 月灾情较重；5~9 月多次出现大范围高温天气过程，其中 5 月下旬和 8 月中旬初，部分县高温破历史纪录；年内有 8 个台风、1 个热带低压影响广西，比常年偏多，是 1974 年后热带气旋影响个数最多的一年，其中 8 月的超强台风“尤特”致灾严重，11 月中旬初的超强台风“海燕”是 1951 年以来同期进入广西的最强台风，影响时间比常年偏晚且灾情重；大部地区寒露风开始偏早，影响属正常年份；年内霾日数明显偏多。

【重大天气气候事件】 2013 年，广西重大天气气候事件如下：

冬季出现低温雨雪冰冻　冬季，广西共出现 4 次低温雨雪冰冻过程，分别发生在 1 月 3~8 日，2 月 8~9 日，2 月 19~20 日和 12 月 15~25 日。其中 1 月上旬的过程受灾较严重；12 月出现了 2007 年以来持续时间最长的霜冻天气过程：

1 月 3~8 日，桂北部分地区出现低温雨雪冰冻天气过程，最低气温高寒山区 -7℃～-2℃，桂北 -2℃～3℃，桂南 3℃～6℃；4 日，桂北 32 个县(市)、桂南 7 个县(市)出现寒潮；3~5 日，桂北有 6 个县出现小雪，12 个县出现冻雨，15 个县出现冰冻。此次过程给农业、交通、林业、能源等造成不同程度损失。

12 月 15~25 日，广西出现低温雨雪霜冻天气过程。受强冷空气影响，15 日起各地日平均气温明显下降，过程最低气温：高寒山区 -3℃～-1℃，桂北 0℃～4℃，桂南 4℃～7℃；15~16 日，百色市北部局部山区、河池市的南丹县分别出现降雪、道路结冰或雨夹雪；18~25 日广西连续 8 天出现较大范围的霜冻天气，是 2007 年以来 12 月出现的持续时间最长的霜冻天气过程，但与 1999 年 12 月下旬的严重霜(冰)冻过程相比，范围相对较小，严重程度不及 1999 年。霜(冰)冻天气对部分县、区的农业生产带来不利影响。

3 月强对流天气频繁出现，为近十年之最　3~4 月，广西共出现 7 次较大范围的强对流天气过程，分别出现在 3 月中、下旬和 4 月中、下旬，以 3 月发生的冰雹、雷电、大风等强对流天气较为严重，其灾害影响涉及 12 市 63 个县(市、区)。与历史同期相比，2013 年 3 月发生的强对流天气过程是近十年来最频繁的，其中，受冰雹、雷暴影响的县(市)分别是 1999 年、1998 年以来同期最多，造成的灾情损失也是近十年来最严重的。

5月暴雨洪涝频繁，灾害重　2013年，除热带气旋引起的暴雨洪涝外，由其他天气系统引起的暴雨洪涝主要出现在4月末和5~6月，其中5月暴雨过程频繁，月内4次强降雨过程分别出现在8~11日、14~16日、24~27日及29~31日，以14~16日的强降水天气过程引发灾害最严重。

5月14~16日，受西南季风及冷空气共同影响，广西东部的大部地区出现暴雨到大暴雨。据国家气象观测站资料统计，14日20时至16日20时，广西共出现暴雨21站日，大暴雨1站日；最大降水出现在桂林市恭城县龙虎乡（330毫米），15日22时到凌晨1时龙虎乡3小时降水达293毫米。强降水天气过程引发的洪涝和地质灾害造成较大的经济损失和人员伤亡。

5月和8月局部极端高温破纪录　2013年，广西平均高温天气日数为21天，较常年偏多4天，5~9月共出现14次较大范围的高温天气过程，其中以8月5~14日高温过程持续时间最长。5月27日，资源、永福、三江站打破当地建站以来5月历史日最高气温纪录；8月13日，兴安（39.4℃）、灵川（39.8℃）和鹿寨（40.0℃）3个站打破当地建站以来极端最高气温纪录，灌阳（39.2℃）再现当地建站以来历史极端高温值，龙胜打破当地建站以来8月极端最高气温纪录。

8个台风、1个热带低压影响广西　2013年，进入广西影响区（19°N以北，112°E以西地区）的热带气旋有9个（8个台风、1个热带低压），比常年偏多5个，是1974年后热带气旋影响个数最多的一年，也是影响个数最多的年份之一。初旋时间偏早，终旋时间偏晚。其中，6月中旬开始有南海热带低压影响广西，影响时间比常年平均偏早12天；7月2~3日第6号台风“温比亚”横穿影响广西；8月有“飞燕”、“山竹”、“尤特”、“潭美”等4个台风相继影响广西，比常年同期偏多3个，其中第11号超强台风“尤特”影响时间长，致灾严重；9月下旬第19号超强台风“天兔”与冷空气共同影响，带来强风暴雨和降温；11月中旬初，第30号超强台风“海燕”给广西带来严重影响，是2013年致灾最严重台风，也是1949年来影响时间排位第8晚的台风，影响时间比常年偏晚52天，且灾情严重。

超强台风“尤特”致灾严重　第11号台风“尤特”于8月10日2时在西北太平洋面上生成，11日17时加强为超强台风，14日15时50分左右在广东省阳江市阳西县沿海登陆，登陆时中心附近最大风力有14级（42米/秒），登陆后强度逐渐减弱，15日04时以热带风暴强度（9级）进入玉林市容县境内，途经岑溪、藤县、苍梧、昭平、贺州，16日05时停止编号，其减弱后的环流继续在广西滞留并缓慢地先向北后向西南移动，19日20时环流中心移入北部湾北部海面。

“尤特”具有强度变化快、后期路径复杂、在广西滞留时间长的特点。由于“尤特”及其减弱后的环流在广西长时间滞留，造成降雨范围广、强度大、持续时间长。根据国家气象观测台站资料统计，8月14日20时至20日20时，广西共出现暴雨59站日，大暴雨14站日，其中最大日降雨量为14日20时至15日20时陆川站194.1毫米；8级以上大风6站日，最大风速为玉林的24米/秒（9级）。另据全自治区自动气象观测站的观测，玉林、梧州、贵港、北海、钦州、防城港、桂林、河池、百色等市先后出现了8级以上大风，最大为玉林市陆川县乌石镇42.8米/秒（14级）。北部湾海面出现了7~8级，阵风10级大风；“尤特”的到来使广西前期的高温天气得以结束，有利于缓解或抑制局部地区的前期干旱，但“尤特”带来的强风和持续强降水，给部分地区的农业、交通运输、电力、旅游等行业造成灾害或不利影响，并导致部分中、小河流出现超警戒水位，局地发生洪涝和地质灾害。

超强台风“海燕”影响时间偏晚，暴雨破纪录　第30号台风“海燕”11月4日在西北太平洋生成，于11月8日以超强台风强度登陆菲律宾，与1983年第10号台风“Forrest”和1990年第25号台风“Mike”并列为1981年以来西北太平洋上最强台风。“海燕”于11日9时前后以台风强度（中心附近最大风力12级）从宁明县进入广西，之后强度逐渐减弱，先后途经宁明、上思、扶绥、南宁等县（市）。“海燕”是1951年以来11月份进入广西的最强台风，其强度之强、移速之快、路径北翘东折程度、影响广西时间偏晚且风雨强度强等均属罕见。

受“海燕”和冷空气共同影响，11月10~12日广西出现大范围强降雨和大风天气，强降水主要出现在桂南的南宁、贵港、玉林、北海、防城港、钦州、崇左等地市。根据国家气象观测站降水资料统计，9日20时至12日20时，全自治区出现暴雨45站次，大暴雨27站次，特大暴雨4站。其中，宾阳、扶绥、横县3站10日20时至11日20时的日降水量打破当地建站以来日最大降水量的历史纪录。同时，北部湾海面出现9~10级、阵风12~13级的大风，桂南部分地区出现6~7级、阵风10~12级的大风。台风“海燕”带来的狂风暴雨，给广西北海、防城港、崇左、南宁、钦州、玉林、百色、贵港等多个地市带来不同程度的灾害。

寒露风大部地区开始期偏早　9~10月，除了北海市和东兴市外，广西其余各地均出现寒露风天气。桂北大部、百色市南部、贵港市、崇左市大部及玉林、钦州、防城等62个县（市）开始期偏早，大部偏早10~37天；其余地区正常或偏晚1~15天。各地寒露风总日数与常年相比，桂林市大部、沿海地区大部及三江、蒙山等19个县（市）偏少1~6天，其余各地正常到偏多1~13天。大部地区寒露风过程持续时间在4天以上，其中百色市南北山区及金秀、南丹、凤山、资源的持续时间为13~27天，最长的是乐业、金秀和那坡，从9月下旬中期至10月中旬末持续出现26~27天。2013年广西寒露风影响属正常年份。

12月中旬出现少见冬季暴雨过程　12月14~16日，受冷暖气流的共同影响，广西出现大范围强降水天气，降水范围广、累积雨量大，为冬季罕见。根据国家气象观测站降水资料统计，此次过程共出现大雨124站次，暴雨37站次。另据广西自动站降水观测资料统计，13日20时至16日16时，全自治区平均降水量达90毫米，是历年12月平均月降水量的3倍，全自治区有93%的乡镇累计降水量超过50毫米，其中有41%的乡镇超过100毫米，河池、百色、梧州、南宁、玉林、崇左、钦州等7个市15个站的日降水量打破当地建站以来12月最大日降水量纪录。

年内霾日数明显偏多　2013年广西共出现霾3952站日，全自治区平均霾日44天，比常年偏多30天。霾日主要出现在1月、10月和12月，以12月最多，占全年总霾日数的24.6%。

（陆　甲）

南宁铁路局环境保护

【综述】　2013年，南宁铁路局坚持做好节能减排指标计划，推广实施节能减排新技术，严格落实环评批复，创造运营环保条件，确保建设项目开通符合环保要求，节能规划目标顺利实现。

2013年南宁铁路局环境保护指标计划完成情况

指标名称	计划	完成
化学耗氧量排放量（吨）	19	17.070
二氧化硫排放量（吨）	9	8.246

【建设项目环评及水保】　2013年铁路局督促中铁二院和铁科院分别编制完成了南昆铁路南宁至百色段增建二线、黎湛电气化改造项目环评水保报告书，总公司在北京组织召开了南昆铁路南宁至百色段增建二线项目环评水保报告书和黎湛电气化改造环评水保报告书的内部审查。

【建设项目环保水保验收】　自2013年9月开始，南宁铁路局计统处对衡柳（永柳段）、柳南、南钦、钦防、钦北5个建设项目按计划，分部、分段组织了环、水保静态验收和动态验收，同时南宁铁路局组织编制完成了湘桂铁路永柳段扩能改造、柳南客专、南黎铁路、南广铁路黎塘西至梧州南段和广西沿海铁路南钦、钦防、钦北段扩能改造工程环水保静动态验收报告并报送铁路总公司审查通过。各建设指挥部对验收组提出的问题进行了整改，为年底高铁的顺利开通创造了条件。

【环保投资及治理项目】　2013年，南宁铁路局共安排实施环保项目5项，投资298.4万元。分别为金城江站货场排污设施改造工程、南宁车辆段轮对车床烟尘净化系统建设、柳州车辆检修基地污水处理设施更新、南昆线汪甸二号隧道出口处声屏障建设、黎湛线K312+100~+316段增设声屏障项目，为提高路局废气、废水处理设施效率，改善生产现场环境条件打下良好基础。

安装完成的声屏障

弃土场的挡墙及绿化

特大桥桥下绿化恢复

隧道洞口的防护及绿化

路基边坡的防护及绿化

大桥水中墩围堰已拆除

【环境监测】 2013年，南宁铁路局全面完成辖区内26个污染源的废水、废气、噪声等监督性监测，取得监测数据1193个。

【环保宣传】 2013年，在“六五”世界环境日和节能宣传周期间，南宁铁路局机关服务所和宣传部在局调度楼一楼大屏幕播出环境日和宣传周宣传标语，并在机关范围内开展节电、节水、节约办公用品消耗等创建节约型机关的宣传活动。各基层单位广泛开展形式多样的宣传活动，全局共悬挂大型横幅60多幅，出版节能环保板报、墙报50多期，发放节能环保传单5500份，张贴节能宣传挂图30套共300张，发放节能环保宣传品逾千份。

南宁机务段“六五”世界环境日宣传板报

南宁供电段“六五”世界环境日宣传板报

（李　景）

各市环境保护

南宁市环境保护

【综述】 2013年，南宁市环境保护局以改善环境质量和保障群众环境权益为目标，围绕"削减总量、改善质量、防控风险"，积极开展各项工作并取得成效。着重深化和扎实推进污染减排工作，全年安排的188个减排项目已全面完成并投入运行，并通过环境保护部组织的年度污染减排现场核查。实施《南宁市开展环境安全隐患整治专项行动实施方案》，大力开展环境安全隐患大清查大整治、环境安全大检查等专项行动，保障环境安全。深入推进大气污染防治和加强饮用水水源地保护，南宁市人民政府召开南宁市大气污染防治专题会议和城市饮用水水源地环境风险问题专题会，研究部署相关工作，积极应对空气污染和雾霾天气，南宁市区环境空气质量预测预警和联防联控工作进一步得到加强。围绕"美丽南宁·清洁乡村"活动，由南宁市环境保护局牵头组织开展"美丽南宁·清洁水源"专项活动，稳步推进农村环境连片整治和生态建设，全市环境质量保持平稳。2013年，按照环境空气质量新标准评价，南宁市空气优良率为75%，达到南宁市人民政府工作目标要求，在全国省会城市（包括直辖市）中排名第六。全年南宁市境内所监测的8个断面水质均能达到或优于Ⅲ类水质，地表水源水质达标率保持100%。

【环境质量】 环境空气质量　按《环境空气质量标准》（GB3095-1996）评价，2013年南宁市区空气质量优良天数（空气污染指数API ≤ 100）达到306天，较上年有所减少，占全年83.84%；出现轻微污染（100 < API ≤ 150）58天；出现轻度污染（150 < API ≤ 200）1天；未出现空气质量劣于轻度污染的天气。轻微污染日分别分布在1月（12天）、3月（4天）、4月（2天）、10月（14天）、11月（4天）、12月（22天）；轻度污染日出现在1月。

南宁市区环境空气中二氧化硫、二氧化氮、可吸入颗粒物年平均浓度分别为0.019毫克/立方米、0.038毫克/立方米、0.090毫克/立方米，均达到国家二级标准要求，其中二氧化硫与二氧化氮年平均浓度均达到国家一级标准要求；与上年度相比，二氧化硫年平均浓度持平，二氧化氮年平均浓度上升15.15%，可吸入颗粒物年平均浓度上升30.43%。

南宁市区环境空气中一氧化碳年平均浓度为1.155毫克/立方米，市区日均浓度在0.599~2.467毫克/立方米之间，均优于国家一级标准。二次污染物臭氧年均值为0.044毫克/立方米，市区小时平均值在0.003~0.206毫克/立方米，全年出现5个小时值超过国家二级标准。

按《环境空气质量标准》（GB3095-2012）评价，2013年南宁市区空气质量优良天数（空气污染指数AQI ≤ 100）达到273天，占全年74.8%；出现轻度污染（100 < API ≤ 150）56天；出现中度污染（150 < API ≤ 200）23天；出现重度污染（200 < API ≤ 300）13天；未出现空气质量劣于重度污染的天气。空气质量超标日分别分布在1月（19天）、2月（3天）、3月（7天）、4月（3天）、9月（4天）、10月（19天）、11月（12天）、12月（25天）；其中，重度污染日出现在1月（4天）与12月（9天）。

南宁市区环境空气中二氧化硫、二氧化氮、可吸入颗粒物、细颗粒物年平均浓度分别为19微克/立方米、38微克/立方米、90微克/立方米、57微克/立方米。其中，二氧化硫与二氧化氮年平均浓度均达到国家一级标准要求，可吸入颗粒物与细颗粒物均超过国家二级标准要求，超标倍数分别为0.29、0.63。市区二氧化硫、二氧化氮24小时平均第98百分位数浓度分别为52微克/立方米、85微克/立方米，其中二氧化硫达到国家二级标准要求，二氧化氮超过国家二级标准要求；可吸入颗粒物、细颗粒物、一氧化碳24小时平均第95百分位数浓度分别为209微克/立方米、135微克/立方米与1.7毫克/立方米，其中可吸入颗粒物、细颗粒物均超过国家二级标准要求，一氧化碳达到国家一级标准要求；市区臭氧日最大8小时滑动平均值的第90百分位数浓度为125微克/立方米，达到国家二级标准要求。

2013年，南宁市区酸雨频率为1.5%，较上年下降6.7个百分点；郊区酸雨频率为0.0%，较上年下降5.3个百分点。市区降水平均pH值为6.03，较上年升高，酸化程度减弱；郊区降水平均pH值为6.27，较上年升高，酸化程度减弱。

水环境质量　江河水质　2013年，南宁市共监测8个断面，按年均值统计结果评价，所有断面水质均能达到或优于Ⅲ类水质。其中左江上中、武鸣河叮当、右江雁江、邕江老口4个断面水质均评价为Ⅱ类，邕江水塘江及蒲庙、郁江南岸断面、郁江六景水质均评价为Ⅲ类。

按单月监测结果评价，郁江南岸断面分别在5月、6月、7月因溶解氧超标评价为Ⅳ类水质，蒲庙断面在6月、7月，邕江水塘江断面在7月亦因溶解氧超标评价为Ⅳ类水质，其余断面各月水质均能达到或优于Ⅲ类水质。

2013年，南宁市与上、下游城市的3个出入境交接断面，即与崇左、百色交界的左江上中和右江雁江入境断面总体符合Ⅱ类水质，与贵港市交界的郁江南岸出境断面总体达到Ⅲ类水质，满足达到Ⅲ类水质的交接要求。

饮用水水源水质　2013年，南宁市集中式饮用水水源水质月报共监测6个水源。其中，5个为邕江地表水源，自上游至下游的位置顺序依次为：三津、陈村、西郊、中尧、河南水源地；另一个是邕宁区清水泉地下水源。

2013年，南宁市集中式饮用水水源地水质达标率为96.11%。其中邕江5个集中式地表饮用水源地水质总体保持良好，主要水质指标达标率为100%；清水泉地下水源地水质受总大肠菌群指标超标影响，水质达标率相对较低。

城市内河水质　2013年，南宁市18条主要城市内河中，除八尺江、四塘江水质评价为Ⅳ类，属轻度污染外，其余16条内河水质评价均为劣Ⅴ类，属重度污染。影响水质的主要污染指标为氨氮、五日生化需氧量、总磷、化学需氧量和阴离子表面活性剂。

主要湖库水质　2013年，峙村河水库水质评价为Ⅲ类，大王滩水库水质评价为Ⅳ类，天雹、龙潭、老虎岭、西津水库水质评价为Ⅴ类，主要影响指标均为总氮和总磷。按综合营养状态指数评价，大王滩水库为49.4、西津水库为51.7、天雹水库42.8、峙村河水库为42.0、老虎岭水库为49.7、龙潭水库为52.7，除龙潭、西津水库属轻度富营养状态外，其余4个水库均属正常的中营养状态。与上年相比，除大王滩、天雹、西津水库综合营养状态指数略有上升外，其他水库均有不同程度下降。详见表1。

表1　2013年南宁市湖库水质综合营养状态指数表

点位名称	2012年		2013年	
	综合营养指数	级别	综合营养指数	级别
南湖	62.8	中度富营养	62.6	中度富营养
民歌湖	73.0	重度富营养	74.9	重度富营养
相思湖	75.3	重度富营养	68.4	中度富营养
大王滩水库	48.5	中营养	49.4	中营养
龙潭水库	53.1	轻度富营养	52.7	轻度富营养
天雹水库	39.1	中营养	42.8	中营养
老虎岭水库	51.0	轻度富营养	49.7	中营养
峙村河水库	42.0	中营养	42.0	中营养
西津水库	47.2	中营养	51.7	轻度富营养

地下水水质　2013年，南宁市地下水水质良好级占43.75%，分布面积约19.3平方公里；较差级占56.25%，分布面积约130.7平方公里。地下水总污染指数为6.39，较上年上升0.94，地下水超标组分为铁、锰，铁的单项污染指数值较2012年上升了2.36，锰的单项污染指数值下降了1.42。总体上2013年南宁市地下水主要受铁、锰等组份的污染，污染程度较2012年有所上升。

城市声环境质量　城市区域声环境　2013年南宁城市区域环境噪声昼间平均值为53.6分贝，较上年上升0.9分贝，评价为较好。夜间平均值为48.7分贝，评价为一般。道路交通声环境质量总体达到国家考核指标要求。详见表2。

城市声源构成仍以社会生活噪声和交通噪声为主，两者占全市声源构成的87.9％。详见图1。

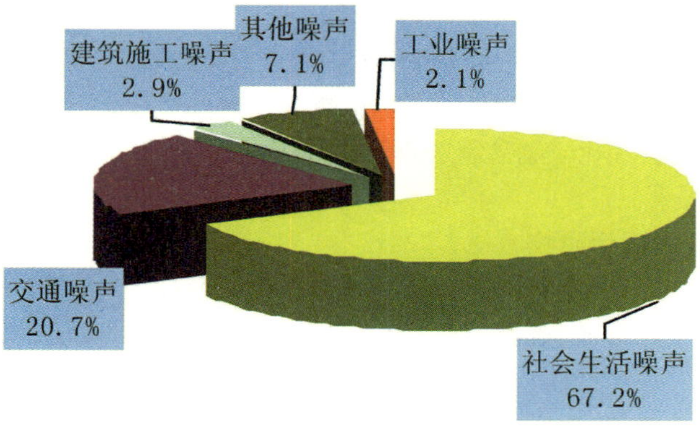

图1 2013年南宁市城市区域环境噪声源构成图

道路交通声环境　城市道路交通噪声昼间平均等效声级为69.8分贝，较上年上升0.2分贝，评价为较好；监测路段超标率为46.3%，较上年上升5.7%。夜间平均等效声级为65.8分贝，监测路段超标率为100%。详见表2。

表2 2013年南宁市噪声监测结果一览表

单位：分贝

年度	区域环境噪声平均等效声级		道路交通噪声平均等效声级	
	昼间	夜间	昼间	夜间
2012年	52.7	—	69.6	—
2013年	53.6	48.7	69.8	65.8
变幅	0.9	—	0.2	—
国家考核标准	≤60	≤50	≤70	≤55

城市功能区声环境　2013年，南宁市1~4类功能区噪声昼间都能达到国家标准，夜间噪声1类区和2类区达到国家标准，而3类区和4类区超过国家标准。与2012年比，2013年南宁市2类和4类功能区昼夜噪声均有所下降，声环境状况有所好转；1类功能区昼间噪声有所上升，夜间噪声有所下降；3类功能区昼夜噪声均有所上升，声环境状况有所下降。2013年南宁市功能区噪声达标率为71.5%，比上年下降1.9%。昼间噪声达标率为89.5%，比上年下降2.9%；夜间噪声达标率为35.1%，比上年上升0.2%。详见表3。

表3 2013年南宁市城市功能区噪声监测结果统计一览表

单位：分贝

功能区类型	1类区			2类区			3类区			4类区		
	昼间	夜间	昼夜	昼间	夜间	昼夜	昼间	夜间	昼夜	昼间	夜间	昼夜
2012年	43.6	40.5	42.8	57.0	52.4	55.9	61.2	57.8	60.3	67.0	61.8	65.8
2013年	46.6	38.7	47.4	54.8	47.6	56.0	64.2	61.3	67.9	66.8	59.0	67.7
变幅	3.0	-1.8	4.6	-2.2	-4.8	0.1	3.0	3.5	7.6	-0.2	-2.8	1.9
国家标准	≤55	≤45	—	≤60	≤50	—	≤65	≤55	—	≤70	≤55	—

辐射环境质量　2013年，南宁市辐射环境质量总体情况良好，环境电离辐射水平基本保持稳定，市区内29个监测点的γ辐射空气吸收剂量率无异常变化；电磁辐射环境良好，南宁市区10个监测点位的环境电磁辐射综合场强监测值均低于《电磁辐射防护规定》（GB8702-88），在30~3000兆赫频率范围的公众照射导出限值。

【规划与投资】　环境规划　2013年，南宁市环境保护局组织开展环境规划编制工作，完成《南宁市创建环保模范城市规划（修编）》和《南宁市环境保护"十二五"规划中期评估》；完成《大王滩水库综合整治保护利用规划》并由市人民政府颁布实施；初步完成《南宁市市区饮用水规划中期评估》和《南宁空港经济区生态环境保护规划》；启动《南宁市大气污染防治规划》编制工作。

环保专项资金　2013年，南宁市共获得中央、自治区下达各类专项资金3644.6万元，获市本级下达各类专项资金2375万元。

完成2013年市本级环保专项资金2000万元39个项目计划下达，并且及时检查清理当年5个项目并重新调整下达共计454万元资金额度。其中，南宁市环境保护局获得1048万元支持。组织完成2014年35个项目的申报工作。有15个项目在2013年获得支持，下达资金360万元。组织监察支队申报获得2013年自治区发展改革委下达的市本级基本建设前期工作计划1个，经费15万元。

广西生态建设引导和减排工程补助等资金　协助组织完成南宁市24个项目上报申请2014年广西生态建设引导资金。有4个项目在2013年获得广西生态引导资金支持，支持资金190万元。南宁市共有3个项目获得火电和水泥企业脱硝减排工程补助资金支持，共105.6万元。获自治区资金30万元并按要求落实地方配套资金，用于南宁市电磁辐射监测仪器设备建设项目。

重金属污染防治专项资金　协助组织5个项目申报2014年重金属污染防治专项资金。2013年中央重金属专项资金支持合计1250万元，其中2个污染防治类项目获得支持资金800万元，南宁—东盟经济开发区、武鸣县和马山县3个基础能力建设类项目获得重金属污染防治专项资金支持450万元。

污染源自动监控设施社会化运行补助资金　获2013年度污染源自动监控设施社会化运行补助资金498万元。其中，南宁市环境保护局获得117万元支持。

中央资金　2013年获中央下达农村环境连片整治示范资金8203万元，自治区下达2013年农村环境连片整治示范资金2321万元（县区落实配套3031万元）。获中央资金支持国控重点污染源监督性监测运行费100万元。

【污染物排放】 *废水污染物排放*　2013年，南宁市废水排放总量36488万吨，其中工业废水排放量9752万吨，生活污水排放量26696万吨，所占比重分别为26.73%、73.16%；废水中主要污染物化学需氧量(COD)排放量12.29万吨，其中工业排放2.40万吨，生活排放6.22万吨，农业畜禽养殖业排放3.61万吨，集中式治理设施排放0.06万吨，所占比重分别为19.53%、50.61%、29.37%、0.49%；废水中主要污染物氨氮排放量1.34万吨，其中工业排放0.13万吨，生活排放0.79万吨、农业畜禽养殖业排放0.41吨，集中式治理设施排放0.01万吨，所占比重分别为9.70%、58.96%、30.60%、0.74%。

工业污染物中，化学需氧量排放量的98.07%来源于造纸和纸制品业、酒、饮料和精制茶制造业、农副食品加工业、化学原料和化学制品制造业、医药制造业等；氨氮排放量的97.35%来源于酒、饮料和精制茶制造业、造纸和纸制品业、农副食品加工业、化学原料和化学制品制造业、医药制造业等。

废气污染物排放　2013年，南宁市废气中主要污染物二氧化硫(SO_2)排放量4.18万吨，其中工业排放3.30万吨，生活排放0.88万吨，所占比重分别为78.95%、21.05%；氮氧化物排放量7.60万吨，其中工业排放3.48万吨，生活源排放4.12万吨（含机动车排放的4.01万吨），所占比重分别为45.79%、54.21%；烟（粉）尘排放量2.95万吨，其中工业排放2.10万吨，生活源排放0.86万吨（含机动车排放的0.39万吨），所占比重分别为70.75%、29.25%。

工业污染物中，二氧化硫排放量的91.55%来源于造纸和纸制品业、酒、饮料和精制茶制造业、非金属矿物制品业、电力、热力生产和供应业及农副食品加工业等；氮氧化物的98.49%来源于非金属矿物制品业、电力、热力生产和供应业、造纸和纸制品业、农副食品加工业及化学原料和化学制品制造业等；烟（粉）尘排放量的93.88%来源于非金属矿物制品业、农副食品加工业、造纸和纸制品业、电力、热力生产和供应业及化学原料和化学制品制造业等。

【主要污染物减排】 2013年，南宁市以主要污染物排放总量控制目标为基本要求，将控制目标分解落实到重点行业、重点企业，加大城镇污水管网建设力度，着力提高已建成污水处理厂的运行负荷，推进农业畜牧养殖业的污染减排工作，加强对造纸、制糖、淀粉、酒精行业监管力度，把好季节性生产企业淀粉、制糖企业开榨预审核工作，保证减排项目的稳定正常运行，切实控制污染物排放量。

经自治区核定，2013年南宁市化学需氧量(COD)减排857吨；氨氮(NH_3–H)增加190吨；二氧化硫(SO_2)增加2424吨；氮氧化物(NO_x)增加4614吨。

污染减排主要措施，一是推进工程减排和管理减排，指导制糖企业进一步完善清洁生产管理、提高污水处理能力，推进水泥脱硝工程建设，加强对华润水泥（南宁）有限公司脱硝工程、国电南宁电厂脱硫脱硝工程等建成减排项目的运行管理，确保发挥减排效益。二是推进城镇污水处理设施和配套管网建设，对全市污水处理厂进行全面排查和整改督办；加快推进已建成城镇污水处理设施配套管网建设和雨污分流改造，包括江南污水处理厂二期工程管网配套和六县污水管网的完善，提高污水收集率，发挥减排效益；推进五象污水处理厂、三塘污水处理厂和建制镇金陵镇污水处理厂建设，为减排保持后劲。三是推进机动车和农业源污染减排，全年安排畜禽养殖业减排项目154项，发放20万台机动车环保合格标志，切实推进机动车氮氧化物减排；开展加油站、油库和油品运输车辆油气回收工作。四是调整优化产业结构，加大落后产能淘汰力度，按照环境保护部关于南宁市造纸行业环境污染整改要求和新颁布的产业政策，制订了《南宁市造纸行业整改工作实施方案》，加快推进淀粉酒精行业、造纸产业转型升级和规模化发展。邀请环境保护部清洁生产中心专家设计，在武鸣县建成一条淀粉清洁生产示范线。开展全市造纸行业整治工作，引导现有企业搬迁改造，提升装备水平和产品质量，加快推进造纸产业科学整合，建立现代化的造纸和纸制品产业集群。五是完成国家挂牌督办项目的整改工作。环境保护部针对2012年度减排核查中发现的问题，于2013年6月3日对南宁市造纸行业和隆安县达特洁污水处理厂的整改工作实施挂牌督办。对此,南宁市人民政府多次召开会议研究和部署整改工作,分阶段推进落实。经过整治,宾阳县作为南宁市小型造纸企业主要分布区域,全县造纸企业数量由整改前的45家减少为不超过12家;其他县(区)、开发区已经完成辖区内造纸企业环保整改;完成6家较大型的市管制浆造纸企业环保核查整改工作。经整改,隆安县达特洁污水处理厂运行稳定,能够完全处理县城污水,尾水稳定达标,从根本上杜绝污水直排现象。年底,挂牌督办项目整治通过环境保护部核查。

2013年11月22日,南宁市副市长魏凤君(右二)到南宁市环境保护局调研

【污染防治】 *水污染防治* 2013年,南宁市人民政府召开南宁市城市饮用水水源地环境风险问题专题会,研究部署饮用水水源地保护和应急水源建设工作。

饮用水水源地保护区规范管理 按照自治区要求对南宁市饮用水水源保护区划定方案进行多轮修改完善,加快推进市区饮用水水源保护区划定工作。积极指导六县完成地级以下城市集中式饮用水水源环境状况评估报告编制和上报工作。组织对各县、城区人民政府及管委会上报的乡镇集中式饮用水水源保护区划定方案及划分技术报告进行技术审查。2013年南宁市所辖86个乡镇全部完成乡镇集中式饮用水水源保护区划定工作。成立饮用水源环境监察大队,进一步加强饮用水水源环境监管。

水环境调查和评估 首次较大规模开展市区邕江及内河污染排查,全面摸清市区邕江河段入江排污口和18条内河支流及涉及的工业、农业、养殖业等污染源的基本情况。完成《全国城市饮用水水源地环境保护规划(2008~2020年)》南宁市实施情况中期评估工作。

跨流域联防联控 2013年,南宁市环境保护局牵头组织与百色、崇左、贵港、来宾、河池、钦州6市环境保护局签署《联防联控跨市江河流域突发环境事件合作备忘录》,合作内容涵盖跨市流域沿岸企业信息共享、监测数据共享、跨流域江河上下游联防联控、信息发布等方面,填补了南宁市联防联控跨市流域突发环境事件工作的空白。

中高考期间噪音防治 开展为期2个月的中、高考前建筑施工噪声扰民专项整治行动,为广大考生营造一个良好的应试环境。2013年全年共处理建筑施工噪声投诉11909件次,比2012年增长51.1%;组织巡查建筑工地870余家,共出动执法人员2365人次,实施立案处罚156件,处罚金额107万元。办理午间、夜间施工审批1389次,比上年增长49%;组织召开建筑工地协调会、诫勉谈话会16次,成功化解矛盾隐患6起。

重金属污染防治 顺利通过环境保护部对南宁市重金属规划2012年度考核。编制完成重金属“十二五”规划年度实施方案。配合有关部门推进电镀集中式工业园区建设。积极指导争取专项资金支持,加快推进重金属污染防治重点项目实施。2013年,南宁市有5个重金属污染综合防治项目和1个重金属监测能力建设项目获得国家中央补助资金1550万元,自治区补助资金528万元。

强制性清洁生产审核 2013年,南宁市有近50家企业开展清洁生产审核,有18家企业通过南宁市环境保护局组织的清洁生产审核评估。举办“2013年南宁市清洁生产审核实践教学培训班”,提高企业对清洁生产审核工作的认识及审核工作质量;出台鼓励政策,对及时完成清洁生产审核任务和通过清洁生产审核验收的企业,在环保专项资金使用等方面给予优先支持和专项资金奖励,积极引导企业开展清洁生产审核工作。南宁市清洁生产审核企业已涉及化工、造纸、水泥、制糖、酒精、有色金属采选冶炼、电镀、环境治理等10多个行业领域。

环境污染治理设施运营管理 完成9家企业的环境污染治理设施运营资质年度考核,并向自治区环境保护厅及申请企业出具初步审查意见;为2家企业申请延续运营资质审查及9家企业新申请运营资质审查出具初审意见。

【雾霾治理】 根据2013年南宁市大范围持续雾霾天气和持续的污染高发态势,南宁市人民政府主持召开南宁市大气污染防治专题会议,研究部署大气污染防治工作。启动大气污染防治规划编制和课题研究。加强市区环境空气质量预测预警工作,根据空气质量监测结果及时发布预警信息,全年发布环境空气预警预报75期,环境空气相关简报23期,专题分析报告18份。通过部门联防联动,按照扬尘联防联控方案要求,适时启动了42次红色预警机制,组织联合执法人员对市区扬尘开展全面巡查督查行动,组织召开南宁市联防联控市区扬尘污染工作领导小组成员单位联席会议。编制《南宁市市区大气重污染应急预案》,修订《南宁市市区扬尘污染联防联控工作方案》。加强机动车排气污染管理,制定在用车环保检验合格标志分类管理制度,全面开展在用车定期环保检测和核发环保检验合格标志工作。2013年南宁市19个工作站共核发机动车环保标志超过20万枚,启动国家第四阶段机动车污染物排放标准;加快通过联合审批的新建机动车环保检测站建设进度,联合审批规划内的8家新建检测站完成建设并通过计量认证;机动车排气污染数据监控管理系统项目软件一、二期工程开发,建成数据监控中心和监控软件系统,完成项目三期工程硬件设施的采购和软件系统的招标任务;完成南宁市机动车尾气排放超标治理技术路线研究及应用示范课题的申报和评审;南宁市机动车"冒黑烟"及尾气超标排放实时监控网络建设项目已获市发展改革委立项批复。南宁市加油站、储油库及油罐车的油气回收治理工作已进入验收阶段。

【自然生态保护】 2013年,南宁市有自然保护区7个,其中国家级1个,自治区级5个,市级1个,自然保护区面积5.17万公顷,占全市总面积的2.33%;有森林公园6个,面积1.16万公顷;全市森林面积104.7687万公顷,森林覆盖率47.36%。

【生态建设】 2013年,南宁市上林县西燕镇等3个乡镇获得自治区级生态乡镇命名,武鸣县城厢镇大皇后村等19个行政村获自治区级生态村命名,马山县古寨乡古寨村等116个行政村获市级生态村命名,为生态文明示范区建设打下良好的基础。组织12个县区开展生态乡镇规划编制及论证并通过当地人民政府批准组织实施。

【农村环境保护】 2013年,南宁市加强农村环境污染防治,在试点区域统筹推进农村污水处理和垃圾收集处理设施试点建设;承接自治区为民办实事项目——农村环境连片整治示范项目,上林县、宾阳县、青秀区、良庆区列入2013年农村环境连片整治示范县区,获得农村环境连片整治示范资金预算共13555万元,项目覆盖22个乡镇115个行政村。示范项目的实施使农村生活垃圾和生活污水得到有效治理,农村面貌极大改善,农民环保意识逐步提高;组织项目单位进行生态广西建设引导资金项目申报工作,包括生态循环和有机农业(种植、养殖及加工)、特色种养、农林废弃物资源化利用等多个示范基地建设项目获资金补助190万元,对引导和推动生态南宁建设的各项工作起到积极的促进作用。

【清洁水源】 2013年5月起,南宁市开展"美丽南宁·清洁乡村"工作,实施"清洁家园、清洁水源、清洁田园"3个专项活动,其中清洁水源专项活动由南宁市环境保护局牵头组织实施。根据《南宁市"美丽南宁·清洁水源"专项活动方案》,清洁水源工作重点是对村镇饮用水水源地保护、生活污水治理、畜禽养殖污染治理、污染水体(水库、河溪、水井、池塘、沟渠)清淤治理和工业污染源进行整治,确保饮用水安全。具体措施是组织开展水体基础情况摸底调查,为"清洁水源"专项活动提供指导和决策依据;通过召开现场观摩会、实地考察示范点、广泛宣传和培训、专项检查等形式,指导六县六城区开展生活污水处理和饮用水水源地保护工作。全年调查农村500人以上村屯的饮用水水源地数量2449个,各类水体共计16039个;清理、取缔影响水源地各类污染源、排污口968个;清理小溪(河)流、沟渠、池塘、湖库26753处;关闭乡村污染严重小企业294个,划定乡镇集中式饮用水水源保护区478个,同时相应设置水源地界桩和警示标识牌等。

2013年5月24日,南宁市环境保护局局长李森(前排左三)在上林县视察"清洁水源"工作

【辐射安全监督管理】 截至2013年底,南宁市共有核技术应用单位319家,使用密封放射源333枚,射线装置661台套。南宁市环境保护局进一步加强核与辐射安全监管,在全市范围组织开展年度辐射安全监督检查工作,督促各核技术利用单位进一步规范核与辐射安全与防护工作,依法送贮废弃、闲置放射源,切实防范辐射环境风险。2013年,全市核技术利用单位辐射安全许可证持证率保持100%,辐射环境质量保持良好水平,全年未发生放射源丢失、被盗、失控等辐射事故。

按照南宁市人民政府2013年应急演练工作安排,南宁市环境保护局组织环境保护、公安、卫生、交警、消防、城区人民政府等多个部门,首次联合开展南宁市核与辐射事故应急专项综合演练,进一步提高了南宁市核与辐射事故应急工作队伍的组织协调能力、协同作战水平，以及南宁市对核与辐射突发事件的应对能力。

2013 年，南宁市环境保护局进一步强化对移动通信基站、高压输变电等电磁辐射建设项目的环境监管。为增强公众对核与辐射安全及防护知识的了解，南宁市环境保护局加强公众宣传和科普教育，为群众释疑解惑，消除不必要的恐慌心理。2013 年，南宁市环境保护局共受理辐射环境污染信访投诉案件 28 起，处理答复率达 100%。

【固体废物污染防治】 工业固体废物防治 2013 年，南宁市一般工业固体废弃物产生量 396.32 万吨，同比增长 11.17%，综合利用量 375.87 万吨(其中含综合利用往年贮存量 1.22 万吨)，处置量 20.20 万吨(其中含处置往年贮存量 0.0021 万吨)，贮存量为 1.03 万吨，全市工业固体废物综合处置利用率为 99.74%，同比增长 2.50 个百分点。详见表 4、表 5。

表4 2013年南宁市工业固体废物产生和利用处置情况表

工业固体废物	单 位	数 量
产生量	万吨	396.32
综合利用量	万吨	375.87
综合利用往年贮存量	万吨	0.78
处置量	万吨	20.20
处置往年贮存量	万吨	0.002
贮存量	万吨	1.027
倾倒丢弃量	万吨	0

表5 2013年南宁市主要工业固体废物产生企业情况表（前5位）

单位：吨

企业名称	工业固体废物产生量	其中危险废物产生量	其中冶炼废渣产生量	其中粉煤灰产生量	其中炉渣产生量	其中尾矿产生量	其中煤矸石产生量	其中脱硫石膏产生量	其他废物产生量
国电南宁发电有限责任公司	619483.28	0	0	306578.59	23814.69	0	0	289090	0
南宁糖业股份有限公司明阳糖厂	505711	0	0	24482	8162	0	0	0	473067
南宁糖业股份有限公司伶俐糖厂	359391.947	7.7	0	7868.844	1696.289	0	0	304.817	349514.297
南宁青岛啤酒有限公司	254581.82	1.82	0	0	417	0	0	0	254163
广西华润红水河水泥有限公司	254750.09	0	0	95709.58	0	159040.51	0	0	0
合计	1993918.137	9.52	0	434639.014	34089.979	159040.51	0	289394.817	1076744.297

城市生活垃圾及污水处理厂污泥产生和处置 2013 年，南宁市区生活垃圾产生量为 101.27 万吨，同比增长 24.15%，生活垃圾处理率为 100%；污水厂污泥产生量为 8.88 万吨，同比增长 0.34%，污泥处置率为 100%。详见表 6。

表6 2013年南宁市城市生活垃圾及污水处理厂污泥处置情况表

项 目	产生量（万吨）	处置量（万吨）	处置率（%）	主要处置方式
城市生活垃圾	101.27	101.27	100	卫生填埋、生物堆肥
污水处理厂污泥	8.88	8.88	100	生物制肥、生物堆肥

2013 年，南宁市马山县、上林县、隆安县、横县生活垃圾填埋场已投入运营，宾阳县生活垃圾转移到邻近的来宾市处置，武鸣县及市区内生活垃圾几乎全部集中在城南生活垃圾填埋场进行填埋处置，石西生活垃圾无害化处理厂仅处理极少量市区内生活垃圾，用于生物堆肥。全市城区及六县共 10 家污水处理厂运行

正常，污泥绝大部分作为生产肥料的辅助原料进行资源化利用，极少部分直接用作农田肥料使用或由污水处理厂作为生物菌种使用。

按照《生活垃圾填埋污染控制标准》的要求，环境保护部门定期对已投入运营的生活垃圾填埋场进行监督性环境监测，确保填埋场渗滤液、废气及机械作业噪声等各项污染物排放指标达到国家相关标准要求。

南宁市城市污水处理厂污泥主要用于制作生物肥料的辅助原料以及农用堆肥，其产生、运输，储存及处置利用均参照工业危险废物进行管理。定期检测表明，污泥各项指标达到《农用污泥中污染物控制标准》。

【危险废物处置】 工业危险废物处置 2013年，南宁市工业危险废物产生量为10953.54吨，综合利用量为708.67吨，综合利用率为6.47%，处置量为6718.93吨，处置利用率为67.76%，贮存总量为3538.21吨，无倾倒丢弃。详见表7、表8。

南宁市工业危险废物主要来自废弃电器电子产品拆解企业、有色金属冶炼行业、电镀行业、车辆维修业及化工行业，产生种类主要为CRT含铅锥玻璃、废印刷电路板、有色金属冶炼废渣、废矿物油、废酸、含铬废物、含汞废物等。

医疗废物处置 2013年，南宁市实行医疗垃圾集中收运处置的医疗机构共1296家(点)，覆盖面包含南宁市所辖六县六城区。2013年共收运、处置医疗废物5301.89吨，同比增长31.98%，医疗废物集中处置率为100%。详见表9。

表7 2013年南宁市工业危险废物产生及处置情况表

工业危险废物	单 位	数 量
产生量	吨	10953.54
处置量	吨	6718.93
其中：处置往年贮存量	吨	0.9
综合利用量	吨	708.67
其中：综合利用往年贮存量	吨	6.42
贮存量	吨	3538.21
倾倒丢弃量	吨	0

表8 2013年南宁市主要危险废物产生企业情况表（前5位）

排序	企业名称	年产生量（吨/年）
1	广西桂物资源循环产业有限公司	4618.69
2	广西福斯银冶炼有限公司	3705
3	广西送变电建设公司铁塔厂	1000
4	广西南南铝箔有限责任公司	260
5	南宁凯莱投资有限公司	240.75
	合 计	9824.44

表9 2013年南宁市医疗废物处置情况表

产生量（吨）	处置量（吨）	处置率（%）	主要处置方式
6997.6	6997.6	100%	焚烧处置

危险废物处置设施及危险废物经营许可 截至2013年底，南宁市已投入运营的危险废物经营单位共有4家。其中，广西神州立方环境资源有限责任公司为危险废物综合处置经营单位，尚处于试生产阶段，未取得危险废物经营许可证；南宁市安明油脂有限责任公司、南宁市绿峰环保科技有限公司、南宁市圣达净水材料有限公司分别为废物矿物油、废显(定)影液、废盐酸利用处置企业，已持有由自治区环境保护厅核发的危险废物经营许可证。详见表10。

表10 2013年南宁市危险废物处置设施及危险废物经营许可证颁发情况表

单位名称	经营类别	设施地址	处置利用技术	设计处理能力	实际处理数量	发证机关
广西神州立方环境资源有限责任公司	危险废物综合处置	南宁市横县六景工业园区	焚烧、固化、物化、填埋	4.01万吨/年	10938.97吨，其中医疗废物量为6997.6吨。	未发证
南宁市圣达净水材料有限公司	废盐酸	南宁市西乡塘区	废酸聚合反应	1500吨/年	606.08吨	自治区环境保护厅
南宁市安明油脂有限责任公司	废物矿物油	南宁市良庆区	废油蒸馏提炼、过滤净化	4500吨/年	2864吨	自治区环境保护厅

续表

单位名称	经营类别	设施地址	处置利用技术	设计处理能力	实际处理数量	发证机关
南宁市绿峰环保科技有限公司	废显（定）影液	南宁市邕宁区	贵金属提炼、废水处理	1000吨/年	40吨	自治区环境保护厅

【电子废物管理】 2013年，广西桂物资源循环产业有限公司为广西唯一正式运行的处理废弃电器电子产品持证企业，该企业位于南宁市邕宁区，《废弃电器电子产品处理资格证书》批复处理类别及规模为：电视机70万台/年、电冰箱3万台/年、空调1万台/年、洗衣机5万台/年、电脑5万台/年。2013年，广西桂物资源循环产业有限公司共拆解处理废旧CRT彩色电视机353841台、废旧CRT黑白电视机52082台、废旧洗衣机19623台，共产生拆解产物8425.39吨。

根据《废弃电器电子产品处理企业补贴审核指南》、《广西废弃电器电子产品拆解处理审核工作方案》要求，环境保护部门在加强企业污染防治设施监管的同时，重点对废弃电器电子产品拆解的规范性进行审核，企业污染防治设施运行正常，拆解活动规范。

【环境监察】 环境风险防范 2013年，南宁市环境保护局不定期召开环境形势分析会，举办全市环境安全形势培训班，找准各阶段环境风险防范工作重点；与百色、崇左、贵港、来宾、河池、钦州6市环境保护局签署《联防联控跨市江河流域突发环境事件合作备忘录》；开展市区邕江河段和内河河道污染排查整治工作，基本摸清市区邕江河段的入江排污口，18条内河支流及沿岸工业、农业、养殖业等污染源基本情况，建立相关数据和影像等信息资料；开展4次“环境安全年”代号突击检查行动，全市共出动75个执法检查组，检查企业130余家；加强全国“两会”、十八届三中全会、枯水期、汛期、榨季等全年10多个环境重要敏感时期的环境监管，实现重点时期环境“不出事”目标。

环保专项行动 2013年共开展涉及饮用水源地、季节性生产行业、尾矿库、危化品、重金属、医疗机构、固体废物、危险废物、建设项目等领域和行业共30余项专项执法检查，采用集中执法、联合执法、交叉执法、错时执法、突击执法等多种形式，形成高密度、广覆盖的执法攻势，依法严查环境违法行为和环境安全隐患，对排污企业形成强大的执法威慑力，有力督促企业加强和完善各项环保工作。其中，开展“整治违法排污企业保障群众健康环保专项行动”全市共出动人员6800多人次，检查企业3300多家(次)，立案处罚138件，挂牌督办9起市、县级环境违法案件并全部完成整改验收。

2013年2月5日晚，南宁市开展“环境安全年1号行动”。图为环保监测人员对企业污水排放口进行取样监测

2013年8月28日，南宁市开展“环境安全年3号行动”。图为南宁市环境保护局党组书记陈伟刚（前排右一）带队现场检查企业环保台账

日常环境执法 2013年，南宁市细化落实污染源分类监管制度，深入开展污染源现场环境监察。严格按照减排监察规范开展对国家重点监控污染源、工程减排项目的现场监察，制订并落实监督性监测数据应用于环境执法的工作机制，及时查处重点污染源监督性监测超标问题，督促企业提高环保设施运行达标率；狠抓监察业务规范化建设和精细化管理，促使各项执法工作规范、高效开展，同时继续引导企业环境守法规范化，提升企业自主环保管理；不断强化建设项目全过程环境监管，指导服务南宁市重大项目，协调解决项目推进的环保问题；强化污染源自动监控系统作用，推进烟气自动监控能力建设及污染源自动监控站房规范化建设，强化在线异常及超标转办处理，加强社会化运维管理；结合“美丽南宁”系列活动，积极开展生态和农

村环境监察工作，重点组织开展河流型集中式饮用水水源地、废渣库、市区水库型集中式饮用水水源地等生态环境监察；开展环境污染隐患排查整治“回头看”，及时开展执法后督察，防止污染反弹。

市区扬尘和建筑噪声污染防控 2013年，南宁市适时启动了42次空气质量红色预警机制，组织扬尘防控联合执法人员970余人次，处理建筑施工噪声投诉8963件次；组织召开建筑工地协调会、诫勉谈话会16次，部门联席会2次；检查建筑工地870余个，组织巡查2365人次。主要加强以下几个方面工作：一是完成《南宁市市区扬尘污染联防联控工作方案》的修订完善工作；二是组织召开市区扬尘联防联控联席会议，落实检查、通报和督促职责；三是联合市城乡建委、市城管局、市交警支队开展市区扬尘污染联防联控工作执法检查，共出动人员20多人次，检查主要道路30多段、工地80多个；四是编印环境空气质量科普手册发送有关单位、学校、社区等，让各部门及广大市民更加了解和支持市区扬尘污染防控工作；五是开展为期近两个月的中、高考前建筑施工噪声扰民和扬尘监管专项整治行动。

【环境信访】 2013年，南宁市环境保护局受理各级人大建议、政协提案15件，全部如期答复完毕；共受理环境投诉16545件次，其中“12369”环保举报热线电话受理16097件次，书面答复市长热线“12345”电话受理168件次，自治区环境保护厅、自治区环境监察总队转来127件，来信投诉80件（市信访局转来1封，市人民政府领导签转40封，其他部门转来18封、直接来信21封），来访29件、直接来电44件，全年及时受理、处理、交办环境污染投诉件，受理率100%，交办率100%。

【排污申报登记与排污收费】 2013年，南宁市260家企业申报登记水污染物排放，763家企业申报登记大气污染物排放，100家企业申报登记固废污染物排放，252家企业申报登记建筑噪声污染物排放；全市各级环境保护主管部门核准颁发排污许可证1333份；全年全市共征收排污费4389.23万元。

【环境污染事件】 2013年，南宁市环境保护局共接到全市各县、城区环境保护部门报送突发环境事件7起，均为一般突发环境事件。按事件类型分，7起均属水环境污染事件，其中1起涉及空气污染；按事件起因分，3起属安全生产事故次生的环境事件，2起属企业违法排污引发的环境事件，2起属其他类环境事件。对于环境事件，主要由市环境应急与事故调查中心、环境监察、监测部门现场应对处置，尽可能防范污染，减少损失，维护环境安全。

【环境应急管理】 *应急预案与排查* 2013年，南宁市环境保护局高度重视环境应急管理工作，对环境应急管理工作进行统一安排部署，明确2013年度环境应急管理的目标和任务，全面推进应急管理工作。组织修订《南宁突发环境事件应急预案》，进一步明确市各部门应对突发环境事件的职责，规范了应急响应工作程序。成立了环境应急与事故调查中心，明确南宁市环境保护局从事应急工作的机构。印发《南宁市环境保护局关于贯彻落实自治区环境保护厅进一步加强突发环境事件应急预案管理有关工作的通知》（南环字〔2013〕128号），进一步规范企业突发环境事件报告与应急处理工作。组织召开南宁市联防联控江河流域水污染事件联席会议，印发《南宁市联防联控江河流域水污染事件工作实施方案》，加强对邕江郁江流域的监控监测。组织举办南宁市环境保护局与邻市环境保护局联防联控跨流域突发环境事件合作备忘录签署仪式暨联席会议，提升南宁市突发环境事件的应急管理水平。积极筹备南宁市环境保护局环境应急指挥中心建设，提升南宁市环境保护局环境应急能力水平。加强隐患排查，认真贯彻自治区、市委、市人民政府的有关文件精神，全面落实自治区环境保护厅“环境安全年”专项行动的要求，联合多部门开展环境风险和安全隐患大排查工作，对发现的污染隐患进行整改。举办应急管理培训，开展突发环境事件应急演练，不断完善环境应急管理工作机制，提高应对突发环境事件的能力。

环境监测应急 2013年，南宁市环境保护监测站坚持预防为主、预防与处置相结合的原则，建立健全各项应急预警体制，不断提高各项应急监测预警水平及加强能力建设。加强市区环境空气质量预测预警工作，根据空气质量监测结果，及时发布预警信息，为环境管理部门深入开展大气污染联防联控提供技术支持。继续加强环境空气和水环境质量的预警预报，对环境极端状况和异常情况制作环境快报94期，发送监测信息和预警预报短信万余人次，及时有效地完成了各项污染应急监测任务。完成《南宁市环境空气污染应急预案》、《南宁市环境空气质量应急分级机制》及《南宁市环境空气质量预警方案》编制，并根据该方案发出南宁市环境空气质量预警快报72期。积极支援7月贺江水污染事件应急监测样品分析工作，共分析样品98个（其中水样85个、固废样品13个），投入实验室分析人员27人次，运行经费约26000元。为确保邕江、郁江地表水环境安全，在4~5月完成了郁江水环境污染的预警加密监测工作。积极组织人员开展2013年南宁市环境应急监测演练；参与南宁市人民政府组织的“2013年南宁市辐射事故应急演练”，并负责演练中辐射环境监测、辐射污染调查和污染处置等工作；参加自治区环境保护厅下达的、南宁市环境保护局组织的

2013年突发环境事件应急演练暨应急监测分析测试技能考核演练等各项应急演练，参加“八桂·2013”反恐演习和2013年南宁轨道交通工程建设突发事故应急救援演练，提高预防和处置突发环境事件的能力。

【环境法制】 2013年8月，南宁市人大常委会分别开展《中华人民共和国环境保护法》执法检查活动和现行有效的地方性环保法规的配套建设情况专项检查活动。2013年11月22日，南宁市人大常委会分别审议通过《南宁市郁江流域水污染防治条例》和《关于修改〈南宁市饮用水水源保护条例〉的决定》，并上报自治区人大常委会批准后施行。南宁市环境保护局在全市范围开展了环境保护行政执法案卷评查工作，举办2期全市环保系统行政执法培训班和1期南宁市建筑施工噪声及扬尘污染防控规范管理培训班。全年各级环境保护部门实施环境行政处罚案件270件，罚款金额总计211.9万元。全年共举行7起行政处罚听证会。全市各级环境保护部门无行政复议和行政诉讼案件发生。

【环境影响评价】 *规划环评* 2013年，南宁市环境保护局严格贯彻《规划环境影响评价条例》要求，加强规划环境影响评价工作，督促和指导规划组织编制单位开展城市建设相关专项规划、工业园区规划、南宁市“十二五”有关规划的环评工作，率先在广西完成全市“十二五”专项规划所有要求开展规划环境影响评价的工作。2013年完成了《南宁市木薯淀粉酒精产业发展规划(2013~2020年)环境影响报告书》、《中国—东盟(南宁)林业产业物流项目控制性详细规划环境影响报告书》、《广西龙门水都文化生态旅游景区总体规划环境影响报告书》等5项规划环境影响报告书的组织审查工作。

项目环评 南宁市环境保护局开展项目环评审批工作，牢牢把好环保准入关口，严格遵守环评审批中“四个不批，三个严格”的要求，严格控制“两高一资”项目和产能过剩行业项目的审批，无越权、降级、拆分环评审批等情况发生。2013年，全市共完成建设项目环评审批1792项；完成建设项目竣工环保验收816项；配合自治区环境保护厅出具上级环境保护部门审批项目的验收核查意见25份。为简化办事手续，压缩审批流程，加快推进全市固定资产投资项目环评审批工作。重新修订出台《南宁市建设项目环境影响评价审批豁免管理办法》，新增城建类、涉农类、社会服务类等类别豁免项目共计19项条目，环评审批豁免范围进一步扩大，进一步拓宽环评审批“绿色通道”。同时按照“简政放权、便民高效、提速规范”的原则，推进行政审批时限再提速工作，在上一年承诺办结时限5个工作日内审批办结的基础上，又再总体提速25.7%。

2013年为自治区环境保护厅出具自治区重大项目支持性初审意见5份，分别是南宁邕宁水利枢纽工程、华电南宁邕宁分布式能源一期工程、南宁港隆安港区宝塔作业区一期工程、机场高速公路延长线工程(至新航站楼)、南宁港区六景港区鹤笋作业区一期工程，这些项目均获得自治区环境保护厅批复。

环评信息公开 根据2013年底《自治区环境保护厅关于贯彻落实建设项目环境影响评价政府信息公开指南(试行)的通知》要求，南宁市环境保护局组织全市各级环境保护部门，按环境保护部《建设项目环境影响评价政府信息公开指南(试行)》对项目环评受理、拟审批决定、批复决定全文以及环评报告全本、竣工验收监测(调查)报告全本进行全面规范化公开。

环评与整治 指导武鸣县发展循环经济，推进木薯淀粉和酒精企业产业结构战略性调整及改造升级。积极协调自治区环境保护厅相关处室尽快出台该行业的环保指导措施和准入门槛；协调市工业和信息化委尽快按自治区环境保护厅的要求完成南宁市淀粉酒精行业的发展规划和规划环评编制工作，并按市领导的要求，在1个月时限内，成功指导市工业和信息化委、规划环评编制单位崇左市环科所编制完成了《南宁市木薯淀粉酒精产业发展规划(2013~2020年)环境影响报告书》，并完成该报告书的组织审查工作；敦促武鸣县对淀粉酒精行业的发展进行科学规划，指导武鸣县以发展循环经济的理念为引领，以环境倒逼机制为指导，以该行业产能整合、兼并整合、废水循环利用等方式为重要手段，对该县木薯淀粉和酒精企业进行产业结构战略性调整及改造升级，使企业从根本上解决环境问题，提高防范环境风险的水平，确保安全发展、科学发展和可持续发展。积极做好武鸣县皎龙、安宁两家酒精淀粉企业产业结构升级改造的环评编制、上报自治区环境保护厅审批的业务指导与服务工作。

2013年，配合全市造纸行业存在问题的整治行动，暂停受理审批全市造纸类建设项目环评审批。根据市人民政府有关小造纸厂和污水处理厂环境问题专题会的精神，并按照环境保护部和自治区环境保护厅的要求，对造纸行业存在的环保问题进行整改。于6月4日下发《南宁市环境保护局关于暂停受理审批造纸类建设项目环境影响评价文件的通知》，暂停受理审批全市辖区范围内的造纸(含废纸造纸)类建设项目环境影响评价文件，至整改工作完成为止，以确保达到整改目标。

继续强化重金属污染整治，指导隆安县涉重企业整改工作。通过强化项目环境准入制度、严格执法、联合督查等方式，指导隆安县凤凰银、福斯银等两家涉重企业的重金属污染防治整改工作，促进地方产业转型升级，将“转方式、调结构、促发展”的战略方针落到实处。同时，对涉及重金属排放建设项目环评审批，严格按照自治区环境保护厅关于涉重项目的审批分级管理规定和重金属总量控制管理规定的要求做好项目审查批复工作。

【环保科研】 2013 年，南宁市环境保护部门完成的环保研究课题主要有：环境保护部试点城市研究课题《南宁市环境与经济形势分析 2012 全年报告》、《2011 年南宁市环保产业调查》及报告初稿、《南宁市节能减排指标预测预警系统研究》、《南宁市“十二五”节能减排指标分解研究》、《南宁市主要河流持久性有机污染物污染现状调查与控制对策》报告初稿。

组织完成 2013 年市本级环保专项资金项目的申报工作。《南宁市机动车排气污染数据监控管理系统建设项目（三期）》、《细粒子预警防治能力建设》、《基于 RS 和地面监测的南宁市大气颗粒物（PM_{10}、$PM_{2.5}$）时空演变趋势研究、电磁辐射监测仪器设备建设项目配套资金》等 3 个项目市本级专项资金 6 月份已下达；完成《南宁市机动车“冒黑烟”及尾气超标排放实时监控网络建设项目（一期）》、《西津水质自动监测站建设项目》、《南宁市核与辐射环境监测、环境执法业务用房建设项目》、《南宁市机动车尾气排放超标治理技术路线研究及应用示范》、《三岸水质自动监测站旧机改造项目》等 5 个项目市本级环保专项资金项目的申报。

开展的环保研究课题主要有：《南宁市饮用水源地重金属污染现状调查、风险评价与预警体系研究》、《南宁市交通环境大气污染特征及其防治研究》、《南宁市城镇化发展的环境制约因素与重点问题分析》、南宁市环保专项资金课题研究——《南宁市大石山区石漠化的生态控制及治理技术研究 》、《南宁市糖蜜酒精废醪液资源化利用研究》、修改《南宁市市区饮用水水源保护区划分方案》、《南宁市环境空气细颗粒物（$PM_{2.5}$）污染成因与自动监测体系示范应用研究》、《郁江（横县段）饮用水源地污染物调查与研究》、《南宁市主要河流中抗生素污染的现状调查与风险评估》、《南宁市主城区电磁辐射水平调查与研究》等。

【环境监测】 2013 年，南宁市环境保护监测站围绕全市环保中心工作，狠抓节能减排、监督性监测、应急监测、核辐射监测、机动车排气污染管理等重点工作。同时着力提高监测队伍技能水平，积极推进南宁市核与辐射环境监测、环境监察业务用房项目建设；完成《南宁市区域噪声自动监测系统和环境信息路边公示系统》本站点的大屏幕公示系统子项建设工作，该系统已正常运行，每日定时公示信息；完成“2012 年中央财政主要污染物减排专项资金国家环境空气监测网建设项目（一期）”设备采购、开机调试和试运行；完成机动车排放污染数据监控管理系统一、二期工程建设和机动车排气污染数据监控管理中心的装修和硬件设施的采购安装，为标志发放管理和车主就近领标提供极大的便利。积极开展南宁市环境空气质量预测预报系统建设前期调研工作；稳步推进监测业务管理系统建设，环境噪声、振动和辐射的委托监测模块已经基本实现单轨运行，其余模块正在对存在问题进行整改和评估测试。

环境空气监测　市区　2013 年，南宁市区环境空气常规测点空气测点共 9 个，分别是南宁市环境保护监测站、自治区农职院、振宁花园、北湖、大自然花园、英华嘉园、沙井街道办、仙葫、邕宁区人民政府，其中仙葫为对照点，邕宁区人民政府为市控点。2013 年起，南宁市区 9 个空气测点执行新标准《环境空气质量自动监测技术规范》（HJ/T193-2005）。

市区降水监测现有 4 个监测点位，分别为南宁市环境保护监测站、民族大学、青山、新江镇畜牧兽医站，其中南宁市环境保护监测站和新江镇畜牧兽医站为国控站点，青山和民族大学为区控站点，逢雨监测。2013 年南宁市环境空气、降水监测点位布设见表 11。

辖县　武鸣县城在县环境保护局设环境自动空气监测点位 1 个，开展空气质量日报。在横县、宾阳县各设环境空气监测点 1 个，开展空气质量周报监测。此外，横县、宾阳县另设 2 个点位，隆安县、上林县、马山县城设环境空气点位各 1 个，每季开展 5 天 24 小时连续采样。在武鸣、横县、宾阳、隆安、上林和马山 6 县城设置降水监测点位各 1 个，降水监测点位设在县环境保护局。

表11　2013年南宁市大气监测点位布设一览表

地理位置	测点名称	测点代码	所在行政区	所属功能区	监测项目			备注
					二氧化硫、二氧化氮、颗粒物（粒径小于等于10微米）	臭氧、一氧化碳、颗粒物（粒径小于等于2.5微米）	降水	
南宁市区	青山（自治区控点）	1	青秀区	一类区			√	
	仙葫（对照点，国家网）	10	青秀区	二类区	√	√		
	振宁花园（国家网）	51	江南区	二类区	√	√		

续表

地理位置	测点名称	测点代码	所在行政区	所属功能区	监测项目			
					二氧化硫、二氧化氮、颗粒物（粒径小于等于10微米）	臭氧、一氧化碳、颗粒物（粒径小于等于2.5微米）	降水	备注
南宁市区	北湖（国家网）	52	西乡塘区	二类区	√	√		
	南宁市环境保护监测站（国家网）	54	兴宁区	二类区	√	√	√	增加二氧化碳、甲烷、非甲烷总烃
	自治区农校（国家网）	57	西乡塘区	二类区	√	√		
	英华嘉园（国家网）	124	良庆区	二类区	√	√		
	大自然花园（国家网）	125	青秀区	一类区	√	√		
	沙井街道办（国家网）	126	江南区	二类区	√	√		
	邕宁区人民政府（市控点）		邕宁区	二类区	√	√		
	罗文（自治区控点）	128	西乡塘区	二类区			√	
	新江镇畜牧兽医站（国控远郊点）	13	邕宁区	二类区			√	远郊点
武鸣县	武鸣县环境保护局		武鸣县	二类区	√		√	
横　县	横县环境保护局		横　县	二类区	√		√	
	横县城东居委		横　县	二类区	√			
	横州镇人民政府		横　县	二类区	√			
宾阳县	宾阳县环境保护局		宾阳县	二类区	√		√	
	新宾粮所		宾阳县	二类区	√			
	商贸城		宾阳县	二类区	√			
隆安县	隆安县环境保护局		隆安县	二类区	√		√	
马山县	马山县环境保护局		马山县	二类区	√		√	
上林县	上林县环境保护局		上林县	二类区	√		√	

注：“√”表示在该测点进行监测。

水环境监测　主要河流　南宁市主要河流多属珠江流域西江水系，上游左江、右江入境后汇合成郁江，郁江流经南宁市区段称作邕江，是郁江自西向东流经南宁市河段的别称。在河流上设置的监测断面有：

上游：布设左江上中、右江雁江断面，均为区控和城市交接断面。在右江支流武鸣河设叮当断面，为市控断面。上中、雁江水质自动监测站于 2009 年 3 月建成并开始监测报数。2012 年白马水质自动监测站建成，2013 年 1 月正式开始监测上报数据。

中部：上游左、右江汇合而成的邕江是流经南宁市区的主要河流，共布设 3 个监测断面，分别为老口、水塘江、蒲庙断面，其中老口为国控断面，2011 年 4 月蒲庙改为区控断面，水塘江、蒲庙为“城考”断面。邕江国家老口水质自动监测站设在老口。三岸水质自动监测站设在蒲庙断面，2010 年试运行，2011 年正式上报数据。

下游：在郁江中段六景道庄布设市控监测断面，在郁江流出南宁市界前设南岸断面，2011 年南岸断面改为国控断面，同时为城市交接断面。2012 年建成南岸水质自动监测站，并开始上报数据。2013 年在六景道庄与南岸之间，西津水库上游的平朗布设市控监测断面。

以上断面除老口为对照断面外，其余均为控制断面。

按国家环境监测技术规范要求，上中、雁江、老口、水塘江、蒲庙、六景道庄、南岸断面设左、中、右 3 条采样垂线，叮当断面设中间 1 条采样垂线，统一在水下 0.5 米处采样。老口、上中、雁江、三岸、白马水质自动监测站每 4 小时开展 1 次共 7 个项目全自动分析，发布水质周报。河流水质监测断面布设情况见表 12。

表12　2013年南宁市河流水质监测断面布设情况表

河流名称	断面名称	断面类型	断面代码	控制级别	边界交接关系	测点数（个）	监测频率（次/年）	监测项目
左江	上中	控制断面	367	区控	崇左市→南宁市	3	12	29项（其中24项必测）
						1	6次/天	7项自动监测
右江	雁江	控制断面	387	区控	百色市→南宁市	3	12	29项（其中24项必测）
						1	6次/天	7项自动监测
	白马	控制断面		区控	隆安县→南宁市	1	6次/天	7项自动监测
邕江	老口	对照断面	2	国控	—	3	12	29项（其中24项必测）
						1	6次/天	7项自动监测
	水塘江	控制断面	59	区控	—	3	12	29项（其中24项必测）
	蒲庙	控制断面	252	区控	—	3	12	29项（其中24项必测）
					（三岸水质自动监测站）	1	6次/天	7项自动监测
郁江	六景道庄	控制断面		市控	—	3	2	29项（其中24项必测）
	平朗	控制断面		市控		3	12	29项（其中24项必测）
	南岸	控制断面	388	国控	南宁市→贵港市	3	12	29项（其中24项必测）
						1	6次/天	7项自动监测
武鸣河	叮当	控制断面		市控	—	1	2	29项（其中24项必测）

城市内河　邕江流经市区段主要有江北片的竹排冲、朝阳溪、二坑、心圩江、可利江、西明江、石埠河、石灵河、四塘江和江南片的水塘江、亭子冲、凤凰江、马巢河、良庆冲、楞塘冲、八尺江、大岸冲、蓉茉江等18条支流，市区内工业废水、部分生活污水及其他的面污染源废水主要通过这些支流进入邕江。在其中的马巢河、可利江、凤凰江、心圩江、竹排冲、朝阳溪、二坑、亭子冲、水塘江、八尺江、蓉茉江、良庆河、楞塘冲13条主要内河汇入邕江前各设置了1个监测断面，在竹排冲琅东污水厂出水口上游设置1个监测断面，另外还在良凤江、石埠河、大岸冲、石灵河、西明江、四塘江各设置1个监测断面，每个断面中间设1条采样垂线，在水面下0.5米处采样，水深不足1米时，在1/2水深处采样。每年的3月、7月、11月各采样1次。18条内河监测点位布设情况见表13。

生活饮用水源　南宁市区饮用水源主要集中于邕江市区河段，分别是三津、陈村、西郊、中尧、河南5个水源地。在位于水源地的各水厂取水口上游100米处布设监测断面，设左、中、右3条采样垂线，均在水面下0.5米处采样。此外，市区饮用水源还有邕宁区清水泉地下水水源地。从2010年起增加了备用水源天雹水库、峙村河水库、老虎岭水库、龙潭水库、大王滩水库的监测，每季度监测1次。市区饮用水源地水质监测断面布设情况见表14。

2013年，上林、横县、马山、隆安、武鸣5个县在本县主要饮用水源地布设点位各1个，宾阳饮用水源

表13　2013年南宁市城市内河监测断面布设情况表

点位名称	测点数	监测频率（次/年）	监测项目
马巢河	1	3	21项
可利江	1	3	
凤凰江	1	3	
心圩江	1	3	
二坑	1	3	
朝阳溪	1	3	
亭子冲	1	3	
竹排冲口	1	3	
水塘江	1	3	
八尺江	1	3	
蓉茉江	1	3	
良庆河	1	3	
楞塘冲	1	3	
竹排冲琅东污水厂出水口上游	1	3	
良凤江	1	3	
石埠河	1	3	
大岸冲	1	3	
石灵河	1	3	
西明江	1	3	
四塘江	1	3	

地从原来的1个监测点增加到3个。从2013年起，根据《关于印发〈全国集中式生活饮用水水源地水质监测方案〉的函》（环办函〔2012〕1266号）要求，地表水每季度开展1次水质监测，地下水每半年监测1次，六县饮用水均在6月份开展1次全分析。监测情况见表14。

表14　2013年南宁市饮用水源监测断面（点位）布设情况表

地理位置	水源类型	取水来源	断面（点位）名称	测点数	监测频率（次/年）	监测项目
南宁市区	地表水	邕江	三津	3	12	
			陈村	3	12	64项（7月109项）2012年12月起改为62项
			西郊	3	12	
			中尧	3	12	
			河南	3	12	
	地下水	清水泉	清水泉	1	12	24项（6月40项）
	湖库	天雹水库	天雹水库	1	4	21项
		峙村河水库	峙村河水库	1	4	
		老虎岭水库	老虎岭水库	1	4	
		龙潭水库	龙潭水库	1	4	
		大王滩水库	大王滩水库	1	4	
武鸣县	地下水	灵水	灵水	1	2	24项（6月40项）
宾阳县	地下水		宾阳县供水公司第三抽水站	1	2	
	地下水		宾阳县商贸城供销公司水厂	1	2	
	地下水		宾阳县新宾供销公司水厂	1	2	
马山县	地表水	六朝水库	六朝水库	1	4	62项（6月109项）
横县	地表水	郁江	县城取水口	1	4	
隆安县	地表水	那降水库	那降水库	1	4	
上林县	地表水	北仑河	自来水公司取水点	1	4	

湖库　位于南宁市区东面的南湖竹排冲环运河水系，在南湖中设南湖上湖、南湖中湖、南湖下湖、南湖出水口、水草养殖实验点、南湖补水口、桃源路出水口、星湖路出水口等监测点各1个，汇歌湖（民歌湖）监测点1个，在竹排冲中设南湖环运河北段出口上游100米、南湖环运河北段出口下游500米、埌东污水厂出水口下游500米等监测点各1个，2013年7月增加南湖环运河少管所新岸桥上游50米监测点1个；位于市区西面的相思湖，分别设上湖、中湖、下湖监测点各1个，均在水面下0.5米处采样。大王滩水库设置坛蝉断面、三叉口断面、库中心、坝首4个断面，每个断面中间设1条采样垂线，在水面下0.5米处、1/2水深处、水底下0.5米处分别采样。另外从2012年起增加西津水库水质监测，在大坝上游1000米和大坝上游3000米两个断面设置断面，设左、中、右3条采样垂线，在中间的采样垂线上，分别在水面下0.5米处、1/2水深处、水底下0.5米处进行采样；其余均在水面下0.5米处采样。监测点位布设情况见表15。

表15　2013年南宁市湖库水质监测点位布设情况表

名称	测点数	监测频率（次/年）	监测项目
南湖竹排冲环运河水系	7	12	21项（必测9项）
	1	12	9项
	4	12	15项
相思湖	3	3	20项
大王滩水库	12	2	31项
西津水库	18	2	31项

从2007年起增加对辖县河流湖库水质的监测，监测点位布设情况见表16。

表16　2013年南宁市辖县河流湖库水质监测点位布设情况表

县份	点位名称	监测频率	必测项目
武鸣县	武鸣河水质监测断面： 邓广、起凤山、渡头桥、明秀园、明秀电站、宁武电站、双卢电站	逢单月监测1次，全年监测6次	6项
		1月、7月监测，全年监测2次	30项
横县	河流水质监测断面： 横州镇清江、云表镇云表江、百合大埠江、六景马毡江、平朗乡双窑江、新福镇新福江、镇龙乡镇龙江、郁江峦城段	3月、7月、11月各监测1次，全年监测3次	6项
	湖库水质监测： 旺天塘水库、良圻镇源清水库、石塘镇青年水库、校椅镇北滩水库、六蓝水库	全年监测1次	8项
宾阳县	河流水质监测断面：		
	1.清水河：廖平	逢双月监测1次，全年监测6次	5项
	2.沙江：思陇、蓝田、高龙 3.清水河：田头村、六冯 4.南河：水美五七、新埠 5.甘棠河：长滩 6.清平水库	3月、7月、11月各监测1次，全年监测3次	6项

地下水　南宁市区地下水水质由南宁地质环境监测站开展监测。地下水监测点18个，枯水期采集水样16套、丰水期采集水样16套，每年枯、丰水期各采样1次，监测项目共36个。

声环境监测　2013年，南宁市噪声监测内容主要包括功能区噪声、区域环境噪声、道路交通噪声、交通干线噪声等。

功能区噪声　按噪声功能区划分原则，在市区4种噪声功能区类型中共布设7个监测点，每季度监测1次，每次连续监测24小时。

区域环境噪声　2013年，南宁市区域环境噪声网格划分为650米×650米，网格总数241个，监控面积101.82平方公里，每年监测1次，在秋季进行。

道路交通噪声　2013年南宁市道路交通噪声测点为135个测点，监测道路总长139.75公里。每年监测1次，在秋季进行。

辖县噪声监测　市辖六县中，除马山县外，其余五县均开展功能区噪声、区域环境噪声和道路交通噪声的监测，功能区噪声监测频率为每季度1次，区域环境噪声和道路交通噪声监测频率均为每年1次，在春季或秋季进行。

交通干线噪声　在南宁市区两条主要交通干线另设置了两个交通干线噪声监测点，每半年监测1次，每次连续监测两天，每天交通平峰期及高峰期各监测1次。

市区及辖县环境噪声监测情况详见表17。

表17　2013年南宁市环境噪声监测情况表

监测类别	测点名称		功能类别	功　能
功能区噪声	市区	烈士陵园	1类	居住、文教区
		广西大学	2类	混杂区
		联小	2类	混杂区
		文化大院	2类	混杂区
		有机厂	3类	工业区
		朝阳路	4类	交通干线侧
		新阳路	4类	交通干线侧
	武鸣县：每类功能区选择1个测点。			
	横县：在城西住宅区、东门建材有限责任公司、柳明小学、骨科医院办公楼各设1个测点。			

续表

监测类别	测点名称	功能类别	功能
功能区噪声	宾阳县：在县人民政府、商贸城、新宾粮所、县环境保护局各设1个测点。		
	隆安县：每类功能区选择1个测点。		
	上林县：每类功能区选择1个测点。		
	马山县：每类功能区选择1个测点。		
区域环境噪声	市　区：241个测点，网格尺寸650（米）×650（米），覆盖面积101.82平方公里。		
	武鸣县：107个测点，网格尺寸250（米）×250（米）。		
	横　县：105个测点，网格尺寸200（米）×200（米）。		
	宾阳县：102个测点。网格尺寸260（米）×260（米）。		
	上林县：110个测点。网格尺寸100（米）×100（米）。		
	隆安县：102个测点，网格尺寸250（米）×250（米）。		
道路交通噪声	市　区：69条道路，135个测点，监测总长139.75公里。		
	武鸣县：19条道路，48个测点，监测总长15.40公里。		
	横　县：12个测点。		
	宾阳县：9个测点，监测总长9.20公里。		
	上林县：7条道路，15个测点，监测总长7.85公里。		
	隆安县：3条道路，13个测点，监测总长6.48公里。		
交通干线噪声	朝阳、民族大道路口（朝阳路）		
	民主、友爱南路口（友爱路）		

辐射环境监测　2013年，南宁市内选定29个环境γ外照射常规监测点位，监测频次为每季度监测1次，监测点位见表18。环境电磁辐射监测方面，共布设10个监测点位，每半年监测1次。监测点位见表19。

表18　2013年南宁市环境外照射监测点位布设情况表

点位名称	监测频率（次/年）	监测项目	点位名称	监测频率（次/年）	监测项目
朝阳广场	4	环境外照射X-γ剂量率	机电工业学校	4	环境外照射X-γ剂量率
民生广场	4		金花茶公园	4	
一中足球场	4		琅东污水处理厂	4	
新秀公园	4		药用植物园	4	
干部管理学院	4		三十三中操场	4	
广西民族大学	4		西大东校园	4	
动物园	4		石化高级技工学校	4	
火车南站	4		财经学院足球场	4	
青秀山草坪	4		城北友爱广场	4	
南湖名树博览园	4		广西师范学院足球场	4	
南湖南广场	4		狮山公园	4	
市体育局	4		人民公园	4	
会展中心	4		水利学校足球场	4	
石门森林公园	4		区体育馆足球场	4	
民族广场	4				

表19　2013年南宁市环境电磁辐射监测点位布设情况表

点位名称	监测频率（次/年）	监测项目
火炬大厦	2	电场强度、功率密度
广西大学正门	2	
朝阳广场	2	
水利学校	2	
会展中心	2	
广西南宁技工学校	2	
区体育馆	2	
广西医科大学	2	
广西体育中心	2	
新兴广场	2	

【环境宣传教育】 从2013年1月1日起，我国省会和计划单列城市空气质量全面执行新标准考核，南宁市环境保护局组织各相关部门及时制订《南宁市大气污染防治宣传方案》上报南宁市人民政府，形成环保宣传大格局。南宁市环境保护局加强与市委宣传部的协调合作，形成以市委宣传部为主导作用的环保宣传网络。围绕环保中心工作开展针对环保专项行动、“美丽南宁·清洁水源”、广西“环境安全年”行动、市区扬尘联防联控、雾霾污染应对、农村环境连片整治等宣传活动。据不完全统计，全年中央、自治区驻邕媒体、南宁市属动态媒体、平面媒体、网络等共刊发和播出南宁市有关环保稿件600多篇（次），为历年之最。创新建立环保宣传联动制度，搭建部门协作，市环境保护局建立环保系统内联络员制度，环保宣传联动工作得到高校绿色联盟、八桂义工环保组织的大力配合，许多环保社团、青年环境友好使者、绿色创建单位以及热心环保事业、践行绿色低碳的组织和个人的积极参与，环保义务宣传员组织逐步壮大，环境宣传教育逐步向社会各方面延伸。精心策划丰富多彩的“六五”世界环境日及环境宣传月宣传活动。6月2日，南宁市人民政府、自治区环境保护厅在民族广场联合开展“同呼吸·共担当·齐行动”纪念“六五”世界环境日宣传活动暨环境宣传月活动启动仪式，南宁市各绿色学校、绿色社区、绿色医院、绿色企业、自行车爱好者、驻邕高校环保社团代表等参加活动。

2013年6月2日，南宁市人民政府和自治区环境保护厅在民族广场举行“同呼吸·共担当·齐行动”纪念“六五”世界环境日暨环境宣传月活动

南宁市环境保护局继续坚持开展“送三精蓝瓶回家”环保公益项目。南宁市环境教育馆接待数万人次参观者，除市民、大中小学生外，还有国外环保专家、东盟国家官员和环境保护部、自治区、南宁市领导以及外省人员前来参观考察。制作一批环保宣传品，宣传环保科普知识资料免费向公众发放。制作两部环保公益广告，在南宁电视台新闻综合频道黄金时段播出。联合驻邕高校开展百场科普知识进社区活动。开展创建南宁市第七批“绿色学校（幼儿园）”活动，评选出南宁市第七批“绿色学校（幼儿园）”25所及一批先进工作者。

【环境信息】 2013年，南宁市环境信息化建设工作主要有：一是制订环境信息化建设规划，提高信息化建设科学性和统筹性。开展南宁市环境保护局“智慧环保”项目建设，总结分析南宁市环境信息化建设现状，研判环境信息化发展趋势要求，完成《南宁市智慧环保建设方案》、《南宁市“智慧环保”项目建议书》，并通过市发展改革委立项审批。二是完善业务应用信息体系，为环境管理提供信息技术支持与服务。推进南宁市应急指挥中心建设工作。开展南宁市环境保护局视频会议系统改造工作。开展“绿城环保”公共服务宣传平台项目建设。三是加强南宁市环境保护局网站建设工作，对网站进行全面改版和升级。2013年南宁市环境保护局网站信息更新量为11758条，网站访问量为466517人次，网站点击率为3530489人次，网站访问量及点击率均创历史新高。四是抓好政务信息编报工作，提前超额完成市委、市人民政府下达给市环境保护局的全年政务信息任务，及时向环境保护部和自治区环境保护厅报送政务信息。全年累计向自治区环境保护厅报送信息117条，采用70条，全年采用得分为348分，在广西14个地市级环境保护局中排名第三；市人民政府采用信息43条，累计得分490分，在全市各部委办局中排在第三十二名；市委采用信息46条，累计得分302分，在全市各部委办局中排在第二十名。积极向环境保护部报送信息，报送得分在环境保护部信息直报点中名列前茅。

【环保大事记】

一月

1月1日，南宁市完成2012年度农村环境综合整治任务，全市71个村屯共建成90套集中式污水处理设施，建成分散式生活污水处理设施258座，完成配套污水收集管网122.15公里，完成6座生活垃圾中转站和1座垃圾处理中转站项目。

1月15日，南宁市区空气质量$PM_{2.5}$（细颗粒物）浓度为195微克每立方米，空气质量指数AQI（新标准评价体系）指数为245，首要污染物为细颗粒物$PM_{2.5}$，空气质量为重度污染（五级）。这是南宁市有记录以来也是自2012年12月24日实施环境空气质量新标准以来，首次出现空气质量重度污染，因此南宁市联防联控市区扬尘污染工作领导小组办公室启动2013年第一次红色预警。

1月30日，人力资源社会保障部、国家发展和改革委员会、环境保护部、财政部4部门联合下发《关于表彰“十一五”时期全国节能减排先进集体和先进个人的决定》，其中南宁市环境保护局荣获“全国减排先进集体”荣誉称号。

二月

2月5日，根据自治区环境保护厅、自治区安全监管局的工作部署，南宁市环境保护局组织开展全市“环境安全年1号行动”，对全市32家“高风险、易出事”的酒精、淀粉、制浆造纸、制糖、涉重金属、危险化学品等企业进行突击检查。此后，市环境保护局与市安全监管局联合开展“环境安全年行动”，年内开展系列行动5次，主要对全市尾矿库和沿江沿河化工企业生产安全、环境安全隐患进行深入排查。

三月

3月2日，南宁市环境保护局局长李森到北京出席十二届全国人大一次会议。会议期间，李森局长认真履行代表职责，积极为广西和南宁市的经济社会发展特别是环境保护工作建言献策。

3月6日，南宁市人民政府办公厅通报2012年度南宁市环境保护目标责任制考评结果，马山县人民政府等21个单位被评为“优秀”等次，武鸣县人民政府等9个单位被评为“良好”等次。

3月27日，南宁市市长周红波主持召开南宁市大气污染防治工作会议。副市长石文怀、市政府秘书长刘志烈、副秘书长黄延等出席会议。市环境保护局局长李森在会上就南宁市大气环境污染现状、来源及对策措施等问题进行专题汇报。

四月

4月16日，南宁市市长周红波主持召开南宁市环境保护工作专题会议。副市长石文怀、市政府秘书长刘志烈、市长助理高述超以及各县区人民政府、各管委会、市直有关部门主要负责人参加会议。会议主要就加强南宁市饮用水水源保护，确保饮用水水源安全等问题进行深入研究。会议传达了环境保护部和自治区环境保护厅指出南宁市环保工作中存在的突出问题及工作建议，听取市环境保护局局长李森关于环境保护工作情况汇报；武鸣县、宾阳县、隆安县人民政府及市工业和信息化委、市城乡建委分别作专题汇报。

五月

5月3日，广西环保系统“美丽广西·清洁乡村”活动现场会在宾阳县召开，自治区环境保护厅厅长檀庆瑞出席现场会并作重要讲话。南宁市环境保护局局长李森出席现场会。

5月22日，南宁市市长周红波主持市政府常务会议，专题听取环境保护法律法规学法讲座。同济大学环境科学与工程学院副院长李风亭教授应邀作题为《美丽南宁——中国水城建设与环境保护法律法规》的讲座。

5月23~30日，环境保护部在广西举办第三期新疆基层民族环保干部培训班。5月29日，培训班全体学员到南宁市环境保护局进行座谈和现场教学。培训班全体学员听取南宁市重点污染源在线监控以及生态环境保护公共宣传等方面介绍，参观南宁市重点污染源在线监控中心和南宁市环境教育馆，并在广西华劲纸业公司进行现场教学。

5月29日，南宁市下达2013年度主要污染物总量减排计划，印发实施《2013年南宁市主要污染物总量减排计划》，年内共计划安排188个减排项目。

六月

6月2日，为纪念第42个世界环境日，南宁市人民政府和自治区环境保护厅在民族广场联合开展主题为“同呼吸·共担当·齐行动”的纪念“六五”世界环境日宣传活动暨环境宣传月活动启动仪式。南宁市副市长石文怀、副秘书长黄延，自治区环境保护厅总工程师陈晓菲等出席活动仪式。

6月6日，自治区人大环资委副主任尹建国率自治区人大、自治区人民政府相关部门及中央、自治区属新闻媒体记者等一行22人，到上林县开展实地调研和采访农村环境保护工作。市人大常委会副主任阮兆丰等陪同调研。

七月

7月10日，南宁市副市长石文怀带队先后深入南宁市江南污水处理厂、南宁糖业公司蒲庙造纸厂等企业进行现场检查，开展环境隐患问题大排查。市政府副秘书长黄延、市环境保护局局长李森陪同检查。

7月18~20日，南宁市市长周红波率团出席生态文明贵阳国际论坛2013年年会，并在会上作题为《以人为本 科学施策 推进城镇化可持续发展》的脱稿发言，充分介绍南宁市践行可持续城镇化发展的举措和成效。

八月

8月6日，南宁市“清洁水源”活动现场会在马山县举行，主要观摩学习马山县开展“清洁水源”工作的成功经验。南宁市副市长、市“美丽南宁·清洁乡村”活动领导小组副组长肖志钢，市政协副主席卫自光出席会议，市环境保护局、各县区和开发区主要领导及市县清洁水源办人员参加会议。

8月6~8日，南宁市人大常委会对南宁市人民政府贯彻执行《中华人民共和国环境保护法》有关情况展开执法检查。8月6日，南宁市人大常委会执法检查小组到南宁市环境保护局检查《中华人民共和国环境保护法》实施情况。

九月

9月16日，南宁市环境保护局与百色、崇左、贵港、来宾、河池、钦州6市环境保护局在南宁市签署《联防联控跨市江河流域突发环境事件合作备忘录》，内容主要包括加强在跨市江河流域沿岸企业信息共享、监测数据共享、跨流域江河上下游联防联控、信息发布等方面的交流与合作。

9月17日，自治区人民政府召开2013年主要污染物总量减排工作电视电话会议，会议总结“十二五”以来污染减排工作情况，分析当前存在的突出问题，全面部署和强化污染减排工作。自治区党委常委、自治区副主席林念修出席会议并讲话。南宁市人民政府设分会场，副市长石文怀、副秘书长黄延，各城区、开发区人民政府分管领导及各减排成员单位分管负责人参加会议。

9月26日，南宁市委、市人民政府与自治区环境保护厅举行工作座谈会，共同对加强首府南宁环境安全、推进饮用水水源保护、加快生态建设和行业企业转型升级，提升首府环境保护工作水平，推动经济社会更好更快发展等问题进行交流和探讨。自治区环境保护厅厅长檀庆瑞，市长周红波、副市长石文怀出席座谈会，市环境保护局等部门主要负责人参加会议。

十月

10月10日，环境空气自动监测数据表明，2013年国庆长假7天，南宁市区环境空气质量不容乐观。10月1日、2日、7日为二级（良），3日和6日为三级（轻度污染），4日和5日为四级（中度污染），首要污染物均为细颗粒物$PM_{2.5}$。

10月11日，由南宁市环境保护局牵头组织的2013年南宁市辐射事故应急演练圆满举行，南宁市副市长石文怀参加演练并现场作动员讲话。南宁市环境保护局、市应急办、市城市应急联动中心等市直10多个部门联合开展演练。

10月18日，南宁市宾阳县三乡镇的连片整治项目通过验收。至此，宾阳县成为南宁市首个完成2012年农村环境连片整治示范项目验收的示范县。

10月21日，环境保护部清洁生产中心研发部主任潘涔轩博士到武鸣县安宁淀粉有限责任公司对武鸣木薯淀粉清洁生产示范项目推进情况进行现场调研。自治区环境保护厅巡视员冯振年、南宁市环境保护局党组书记陈伟刚、副局长杨琦陪同调研。

10月25日，南宁市机动车排气污染防治工作会议在南宁市环境保护监测站举行，南宁市（包括六县六城区）15个机动车环检站负责人和代表出席会议。

10月30日，南宁市人民政府组织召开2013年南宁市联防联控市区扬尘污染工作领导小组成员单位第一次联席会议，会议由市政府副秘书长黄延主持，市政府副秘书长朱沫在会上作讲话。市环境保护局党组书记陈伟刚代表市区扬尘污染联防联控办公室就市区环境空气质量状况、市区联防联控扬尘污染工作落实情况作了汇报，对第四季度市区扬尘污染工作的严峻形势进行分析。市城乡建委、市城管局、市监察局和青秀区人民政府代表在会上分别发言。

十一月

11月12日，中国环境监测总站副站长王业耀到南宁市环境保护监测站指导调研，并深入现场视察南宁市东盟商务片区空气自动监测点。自治区环境监测中心站站长邓超冰、南宁市环境保护监测站站长曾鸣陪同视察。

11月22日，南宁市十三届人大常委会第十八次会议表决通过《南宁市郁江流域水污染防治条例》和《关于修改〈南宁市饮用水水源保护条例〉的决定》，报自治区人大常委会批准后予以施行。

11月22日，南宁市副市长魏凤君到南宁市环境保护局调研，现场参观南宁市环境教育馆和市国控污染源在线监控中心，并主持召开环保调研座谈会。市环境保护局领导班子成员，局机关科室、直属单位负责人参加座谈会。

11月25~28日，世界银行检查团一行8人对南宁市城乡环境综合整治工程项目的实施进展情况进行检查，并形成中期评估谅解备忘录。南宁市环境保护局组织相关科室认真修改备忘录涉及本部门的内容，并就备忘录中提出的一系列环保要求进行逐一落实。

11月27日，南宁市环境保护局在全市范围内公开征聘热心环境保护公益事业的“2014~2015年环境保护义务监督员”120名。

十二月

12月11日，南宁市副市长魏凤君对南宁市环境空气质量监测工作进行专题调研，先后对仙葫、大自然花园、振宁花园以及市环境保护监测站等空气自动监测站点现场察看，并参观市环境保护监测站实验大楼和南宁市机动车排气污染监控中心。

12月24日，南宁市环境保护局、文明办、教育局、团市委联合下文，表彰南宁市第七批“绿色学校（幼儿园）”及先进个人。南宁市凤翔路小学等25所学校（幼儿园）为南宁市第七批“绿色学校（幼儿园）”；授予容建军等25位同志为南宁市第七批“绿色学校（幼儿园）”创建先进个人。至此，南宁市“绿色学校（幼儿园）”总数达到141个。

12月30日，南宁市上林县西燕镇、明亮镇、镇圩瑶族乡3个乡镇以及武鸣县城厢镇大皇后村等19个行政村荣获自治区级生态乡镇和生态村命名。

柳州市环境保护

【综述】 2013年，柳州市环境保护局设8个职能科室，有4个二层机构（市环境保护监测站、市环境监察支队、市环境保护科研所、市环境保护宣传教育中心），其中市环境保护监测站增挂3个部门（市环境保护技术中心、市机动车污染防治监管中心、市核与辐射安全监督管理站）；有1个派驻机构（市环境保护局柳东分局），1个临时机构（市创建国家环保模范城市办公室）。局机关实有行政编制24人，后勤编制2人；二级机构实有编制141人；派驻机构实有编制5人。6月，环境保护部、教育部公布首批全国中小学环境教育社会实践基地名单，柳州市污水治理有限责任公司白沙污水处理厂成为全国首批中小学环境教育社会实践基地。年内，市环境保护局获全国环保政务信息工作先进单位、《中国环境报》宣传工作先进单位、全自治区第八届城市市容环境综合整治“南珠杯”竞赛先进集体等各级各类称号20项。

【环境质量】 *环境空气质量* 2013年柳州市执行的是《环境空气质量标准》（GB3095-1996），主要评价指标为二氧化硫（SO_2）、二氧化氮（NO_2）、可吸入颗粒物（PM_{10}）。全年共监测365天，优的天数为94天，良的天数为224天，轻微污染为46天，轻度污染为1天，空气质量优良率为87.1%，环境空气的首要污染物为可吸入颗粒物。二氧化硫年均值为34微克/立方米，二氧化氮年均值为31微克/立方米，可吸入颗粒物年均值为88微克/立方米，柳州市环境空气质量全面达到国家二级标准要求。与2012年相比较，2013年环境空气质量优良率下降9%，二氧化硫年均值下降29.2%，二氧化氮年均值上升19.2%，可吸入颗粒物年均值上升25.7%。

水环境质量 2013年，柳江河饮用水保护河段继续保持国家地表水Ⅲ类以上水质标准，柳州市城镇集中式饮用水水源地水质达标率100%。地表水监测方面，2013年，都柳江梅林断面，融江木洞断面，柳江露塘、沙煲滩、猫耳山断面，洛清江百鸟滩均有粪大肠菌群超标现象，其余监测项目均满足《地表水环境质量标准》（GB3838-2002）Ⅲ类水质要求。洛清江下游渔村断面1月、6月、7月、11月总磷超标，不能满足Ⅲ类水质要求。饮用水监测方面，柳州市饮用水源地监测断面4个水厂上游100米。2013年，除粪大肠菌群有超标现象外，其他监测项目均满足《地表水环境质量标准》（GB3838-2002）Ⅲ类水质要求。

声环境质量 2013年，柳州市区域环境噪声、交通道路噪声平均等效声级分别为55.0分贝和66.2分贝。功能区噪声全年1类、2类、3类、4类功能区昼夜等效声级均达标。

【国家环境保护模范城市创建】 2013年，柳州市创建国家环境保护模范城市工作（以下简称“创模”）进入攻坚冲刺年。柳州市委、市人民政府制订印发《柳州市创建国家环境保护模范城市2013年实施方案》，进一步建立健全领导小组联席工作会议制度，严格实行“创模”目标责任考核，开展城市环境综合整治，组织实施“创模”重点工程。2013年柳州市“创模”各项工作指标已基本达标。继2012年8月，柳州市“创模”工作通过自治区环境保护厅技术预评估，10月通过环境保护部派遣专家组技术调研后，2013年5月，柳州市副市长陈鸿宁带队到环境保护部汇报“创模”工作，申请尽快安排对柳州“创模”考核验收。按照环境保护部反馈意见，柳州市积极督促“创模”重点工程加快建设进度，力争尽快竣工投产，全面达到环境保护部考核要求。

【主要污染物减排】 2013年5月21日，柳州市环境保护局、市发展改革委联合下发《柳州市2013年主要污染物总量减排计划实施方案》（柳环字〔2013〕76号）。年初与各县区、各单位、各重点企业等43家单位签订2013年环保目标责任书，组织实施2013年减排计划项目，全面实施“十二五”重点工业企业排污许可证的核发工作，大力推动重金属污染防治工作。2013年10月，柳州市人民政府制订下发《柳州市主要污染物总量减排三年工作方案》（柳政办〔2013〕140号），部署柳州市“十二五”后三年主要污染物总量减排工作任务。

2013年，柳州市共完成化学需氧量减排项目71项、氨氮减排项目71项、二氧化硫减排项目10项，氮氧化物减排项目9项，分别比自治区下达减排计划项目多出7项、7项、5项和6项。根据环境保护部核定，2013年化学需氧量、氨氮和二氧化硫排放量分别比2010年削减7.47%、4.58%、8.64%，完成“十二五”减排任务的86.6%、31.5%和60.7%；氮氧化物比2010年增长6.4%，成功做到“三降一升”，扭转2012年“三升一降”的不利局面，其中化学需氧量和二氧化硫指标实现“时间过半，任务过半”的目标；氨氮和氮氧化物两项指标未能实现任务过半。2013年减排项目多于自治区下达的计划，化学需氧量超额完成任务、二氧化硫顺利完成任务，但氨氮和氮氧化物这两项指标的部分减排项目减排效果低于预期，同时水泥、造纸等相关行业的排放量高于预期，这是造成未能全面完成自治区下达2013年减排任务的主要原因。

【环境安全年专项整治行动】 大清查大整治行动　按照《广西壮族自治区人民政府办公厅关于开展环境安全隐患大清查大整治行动的通知》（桂政办发〔2013〕111号）要求，在全市范围内开展环境安全隐患大清查大整治行动，对柳州重点饮用水水源地、重点流域区域、重点行业企业等开展拉网式大清查。2013年柳州市共清查企业1582家，参加排查人员4292人次，查出无证无照企业294家，其中有169家已按照环境保护、安全监管、国土资源等部门的要求，限期补办相关手续；有79家已停产、拆除生产设备；有9家企业被立案查处，整治完成率87.4%。查出存在环境安全隐患企业347家，其中163家企业已完成整治任务，20家企业已关停，有6家企业被立案查处，其余企业仍在整治中，整治完成率54.5%。

环保专项行动　按照《广西壮族自治区人民政府办公厅关于印发〈广西2013年整治违法排污企业保障群众健康环保专项行动实施方案〉的通知》（桂政办电〔2013〕88号）要求，在全市范围内开展整治违法排污企业保障群众健康环保专项行动。集中排查了重金属排放企业、尾矿库和废渣库、医药制造企业、危险化学品生产和使用企业、铅蓄电池生产企业以及群众反映强烈的对环境影响较大企业。2013年全市环保系统共出动检查人员1536人次，检查企业566家。共立案查处10家企业，罚款44.2万元，挂牌督办5家企业。

清洁水源　按照自治区环境保护厅和柳州“美丽办”工作部署，柳州市环境保护局成立“清洁水源”活动工作机构，制订《柳州市“清洁水源”专项活动实施方案》、《柳州市清理水葫芦等水生植物突击整治专项行动方案》、《柳州市生态村考核标准》等措施办法，在全市开展集中清理水葫芦等水生植物专项行动、“清洁水源”摸底调查、“六五”世界环境日“共责同担”主题宣传活动、“美丽广西·清洁水源”环境监察执法、2014年农村环境综合整治示范项目申报等工作。组织各县申报自治区级和市级生态村，2013年，柳州市共有40个村被自治区环境保护厅授予“自治区级生态村”称号，共有91个村申报市级生态村。柳州大龙潭景区被自治区环境保护厅、自治区旅游局联合列为第一批广西生态旅游示范区。积极组织各县区开展农村水体清理行动，2013年柳州市县两级共出动100492人次，清理小溪（河）流、沟渠、池塘、湖库等22317.5处，清理水体垃圾18214.16吨。柳州市向各县区下拨“清洁水源”专项工作经费575万元，向六县及柳南区、柳北区下拨水环境综合整治示范项目建设补助资金200万元。

环境安全年　2013年初，柳州市环境保护局分别与市辖六县五区（含柳东新区）签订环境安全年责任书，落实环境安全年工作任务，先后在春节前、清明节前和8月28日牵头组织开展柳州市“环境安全年1、2、3、4、5号行动”。五次行动中，柳州市环保系统共出动执法人员364人次，执法车辆82辆，排查企业147家，其中正常生产119家，停产28家，督促企业整改9件。

环境安全大检查　按照《环境保护部关于开展2013年环境安全大检查的通知》（环办〔2013〕72号）和《广西壮族自治区环境保护厅关于印发2013年环境安全大检查实施方案的通知》（桂环发〔2013〕26号）要求，柳州市环境保护部门联合安全监管部门在全市范围内开展环境安全大检查。市环境保护部门共出动233人次，共检查尾矿库（坑）9家，其中正常使用库（坑）5家，尾矿库（坑）闭库4家，尾矿库（坑）检查发现的重大环境安全隐患2个；共检查危险化学品企业38家，其中正常生产31家，停产6家，未投产使用1家，检查发现重大环境安全隐患1个，已督促其及时整改。

【环保审批与管理】 2013年，柳州市环境保护局继续强化和完善建设项目环保审批，共审批建设项目288项，项目总投资195亿元，环保投资5.14亿元，环保投资占总投资的2.6%，建设项目环境影响报告书（表）的编报率为100%；共验收建设项目86项，对94个项目的试生产进行现场核查并批复。继续推行重点企业清洁生产审核。2013年完成广西凤糖鹿寨制糖有限责任公司等3家企业申报清洁生产企业工作，完成2家企业的清洁生产评估工作。2013年，柳州市累计有144家企业完成清洁生产审核工作，有138家企业通过审核评估工作，40家企业通过清洁生产审核验收。

【环境综合治理】 水环境整治　2013年，柳州市重点加大柳江河饮用水水源保护区的整治力度和开展水环境污染风险评估和水环境污染风险预警。开展柳江河饮用水保护区环境污染调查，全面掌握水源地污染源基本情况。组织对水环境风险的评估，将固定源建档立案，一源一档，实施动态分类管理。强化水环境污染风险预警，继续完善柳江河水质自动监测系统建设，保证现有的 4 个水质自动站稳定正常运行。组织开展每年 1 次的专项突发环境事件应急演练。及时妥善处置水污染纠纷。

大气环境整治 重点完善 $PM_{2.5}$ 监测系统，开展汽车尾气治理。继续加强用煤管理，对全市用煤含硫量和工业用重油、柴油的含硫量进行严格控制，严禁高硫煤进入市区，每月对重点用煤单位实施煤质抽检，市环境保护局抽查企业 180 家，合格 178 家，用煤抽查合格率 99%。大力推进减排重点工程项目建设，积极督促广西柳州发电有限公司加快 2# 炉取消烟气旁路改造、1# 和 2# 炉脱硝工程等项目建设。继续完善机动车环保检测站和机动车排气污染监控系统建设，推进机动车环保合格标志制度，2013 年柳州市共核发机动车环保检验合格标志累计达 9.3 万枚，是广西发放数量最多的城市。每月对废气减排工程项目和废气国控源进行现场监察，国控重点源监督性监测完成率 100%，不定期组织专项检查，严厉打击各类环境违法行为。

重金属污染防治 顺利完成柳州市 2013 年度重金属防治工作任务。完成废气重金属污染物排放量基数的核定。配合自治区环境保护厅完成环境保护部对柳州市 2013 年度重金属防治考核工作，撰写柳州市 2013 年度重金属污染防治工作报告。市人民政府下发《柳州市 2013 年度重金属污染综合防治实施方案》。完成柳州市重金属污染治理专项资金项目申报工作。市环境保护局积极与自治区环境保护厅沟通协调，自治区环境保护厅已同意向环境保护部申请取消泗潍河流域重金属污染综合治理项目。

【核与辐射环境和危险废物规范化监管】 2013 年，柳州市环境保护局完成柳州市辐射环境监管系统开发及应用调试。根据自治区人民政府要求“废旧金属回收熔炼企业必须建设辐射监测系统”，广西柳州钢铁（集团）公司 2013 年 7 月完成安装广西第一家通道式放射性在线监控系统，2013 年 8 月通过验收并投入使用，杜绝受辐射污染的废旧金属熔炼产品出厂，防止再生金属放射性污染事件的发生。2013 年，市环境保护局完成审批使用Ⅲ类射线装置发放辐射安全许可证 17 家，输变电项目审批 17 项，输变电验收项目 22 项。编制完成《柳州市危险废物专项整治方案》。配合环境保护部华南督查中心完成对柳州市 33 家单位的危险废物规范化检查及考核工作，2013 年柳州市的考核达标率较 2012 年有明显提升。

【环保宣传】 2013 年，柳州市环境保护局以“六五”世界环境日为契机，开展“清洁水源，共责同担”系列宣传教育活动，征订环保宣传挂图 12000 套、宣传单 1500 份。制作“创模”知识及绿色生活指南宣传资料 30000 份、环保袋 10000 个。开展环保公众开放宣传日活动，邀请社会各界共同关心、支持和参与环保，提升了公众的环保意识。组织发动各县区在辖区范围内开展环保“进学校、进社区、进企业”活动，成效明显。发挥新闻媒体导向作用，在柳州电视台连续播放节能减排、创建国家环保模范城市等公益广告，在柳州广播电台开辟《环保之声》专题节目，持续宣传报道环保工作，荣获《中国环境报》宣传工作先进集体称号。深入开展绿色环保系列创建活动，全面推进全民环境教育，柳州市羊角山小学获国际生态学校绿旗荣誉，成为迄今为止广西第一所也是唯一一所获此殊荣的学校。柳州市白沙污水处理厂成为首批全国中小学环境教育社会实践基地。柳州市环境教育及羊角山小学绿色创建工作经验得到自治区环境保护厅肯定，并在全自治区环保宣传教育工作会议及绿色创建培训班上推广。

2013 年，柳州市环境保护局每月制订舆情监控值

2013年6月2日，柳州市环境保护局开展2013年“六五”世界环境日主题宣传活动启动仪式

2013年6月2日，柳州市环境保护局开展2013年“六五”世界环境日主题宣传活动。图为活动现场接受群众咨询

2013年6月2日，柳州市环境保护局开展2013年"六五"世界环境日主题宣传活动。图为环保志愿者合影

班表，安排专人白天和夜间轮班，对市环境保护局网站、柳州环保微博、红豆论坛柳州社区进行重点监控。每月编制《环保网络舆情报告》，定期收集和整理柳州市环保舆情和投诉情况，及时处理和答复网民。每月按时公布监察支队处置的投诉纠纷案件及现场检查信息，公开每季度排污收费征收详情、国控企业监督性监测结果超标情况等信息。2013年，市环境保护局门户网站主动公开各类信息3000多条，其中通过网站发布环保动态222条，国内环保动态407条，公示公告163条，空气质量日报365天，公布建设项目环保审批信息1500多项，公布环保"三同时"验收信息162项，处理各类环境投诉、在线咨询60多件。全年市环境保护局网站访问量高达62218人次，成为市环境保护局为民服务的重要窗口。

2013年3月29日，广西第一所国际生态学校——柳州市羊角山小学绿旗授旗仪式

2013年3月29日，柳州市羊角山小学绿旗授旗仪式合影

【环保能力建设】 2013年1月10日，柳州市编办批复《关于市环境监测支队机构级别的通知》（柳编办通〔2013〕3号），同意批准市环境监察支队定格为副处级事业单位。同月，市编办复函《关于市环境保护局调整内设机构问题的复函》（柳编办函〔2013〕2号），同意市环境保护局设立环境应急科，调整后，市环境保护局内设机构8个，人员编制和领导职数维持不变。2月28日，市编办复函《同意增加市环境监察支队内设机构的复函》（柳编办函〔2013〕7号），同意市环境监察支队内设固体废物监督管理科。同月，市编办批复市环境保护监测站三定方案《关于调整市环境保护监测站内设机构的复函》（柳编办函〔2013〕8号），调整后，市环境保护监测站内设机构由原定的7个调整为9个。单位领导职数仍为1正3副（副职为正科长级），核定内设机构科级领导职数18名(9正9副）。

【环保大事记】

一月

1月10日，柳州市启动"百里柳江"船舶垃圾回收治理行动，这是柳州市首次开展大规模船舶垃圾回收治理行动。

1月18日，柳州市羊角山小学被授予2012年度第三批国际生态学校绿旗荣誉称号，成为广西唯一一所获国际生态学校绿旗荣誉称号的学校。

1月20日，人社部、国家发展改革委、环境保护部、财政部联合对"十一五"时期全国节能减排先进集体和先进个人进行表彰，柳州市环境保护局被授予"全国减排先进集体"称号。

1月21日，柳州市环境保护监测站召开噪声新标准宣贯及验收监测经验交流会，主要任务是学习噪声新标准的修订，对验收工作遇到的问题与难点进行交流探讨。

1月24日，柳州市环境保护局局长甘景林视察设在三江县梅林村都柳江上水质自动监测站。

1月25日，在北京召开的2012生态城乡科学发展年会上，鹿寨县成功摘得"2012中国生态强县"牌匾，这是该县继"国家级水利风景区"、"中国最佳生态休闲旅游名县"、"全国农田水利基本建设先进单位"等全国名片后获得的又一国家级"绿色金牌"。

1月30日，鹿寨县3个生态示范创建村获得自治区命名。

1月30日，柳州市人民政府召集环境保护、住房城乡建设、市容、园林等部门负责人，针对1月份出现的轻微污染现象，要求相关单位及时整改并加大督查力度，确保市民过一个干净整洁、欢乐祥和的春节。

二月

2月5日，柳州市环境保护局按照《广西“环境安全年1号行动”工作方案》的工作要求组织对市内的酒精、淀粉、制浆造纸等企业进行突击检查，活动代号为“环境安全年1号行动”。

2月6日，三江侗族自治县获得自治区绿化委员会、自治区林业厅授予的“广西森林县城”荣誉称号，成为广西首批获此殊荣的6个县之一。

2月21日，柳州市环境保护局联合市工业和信息化委、市发展改革委及市安全监管局组成督察组，对柳州市各县（区）开展环境风险和安全隐患大排查大整治工作进行督察。

2月26日，柳州市人民政府开始对全市43家单位开展2012年度环保目标责任制考核检查。

三月

3月19日，为推动广西“环境安全年”工作落实，督促环境安全隐患整改，确保全国“两会”期间环境安全和社会稳定，自治区环境保护厅副厅长钟兵带领环境检查调研组到柳州市开展安全检查调研工作。

四月

4月2日，柳州市环境保护局联合鹿寨县环境保护局和柳化氯碱公司等7家单位举行2013年柳州市环境保护局突发环境污染事件应急演练。

4月3日，柳州市环境保护局对全市酒精、淀粉、制糖等生产企业开展代号为“环境安全年2号行动”突击检查。

4月15日起，《光明日报》推出“美丽柳州”系列报道及评论文章，从不同视角深入剖析柳州生态文明建设。

4月22日，柳州市环境保护局举办首次柳州环保公众开放宣传日活动，面向公众开放环境保护监测站、环境监察支队以及参观部分企业的污染治理设施。

4月28日，柳州市环境保护局召开2013年全市环保系统政府信息公开工作会议，总结2012年政府信息公开工作，并对全市各县区信息公开工作情况进行通报。

五月

5月8~11日，环境保护部华南督查中心主任刘长根、副主任韩保新一行8人到柳州市开展主要污染物减排重点督查工作。督查内容包括柳州市减排工作落实部署和出台政策措施的情况，部门联动、总量前置、淘汰落后产能目标任务分解落实情况，高能耗高污染行业新增量控制情况，“十二五”责任书项目和减排规划落实情况，重点减排工程项目进展及实施成效，上级部门分配减排任务完成情况等。

5月28日，柳州市环境保护局组织各县区环境保护局开展城乡环境污染排查整治工作。

六月

6月2日，柳州市环境保护局参加由自治区环境保护厅主办、自治区环境保护宣传教育中心承办的“广投杯”首届广西环境文化节与环保公众开放宣传日活动。

6月4日，柳州市环境保护局组织开展以“清洁水源·共责同担”为主题的宣传活动和环保公众开放宣传日活动，柳州市副市长陈鸿宁、市人大代表、政协委员、媒体记者、环保组织等1000多人参加活动。

6月4日，自治区环境保护厅辐射处处长宁耘、自治区辐射环境监督管理站总工廖燕庆、柳州市环境保护局副局长覃洁一行到广西柳州钢铁（集团）公司检查利用废旧金属进行熔炼的生产线进口及产品出口安装辐射监测系统的工作进度。

七月

7月1日，柳州市环境保护局将68项建设项目环评文件审批权下放到各城区环境保护局。

7月2日，柳州市环境保护局召开2013年全市环境保护局长会议。会议在重点查找问题、分析原因的基础上，结合自治区环境保护厅部署的第二季度工作任务，明确全市环保系统当前和今后一个时期必须重点推进和落实的工作。

7月10日，柳州市市长肖文荪召集市发展改革委、工业和信息化委、住房城乡建设委、环境保护局、公安局、交通局、水产畜牧兽医局、市污水处理公司及六县四城区的主要领导，召开柳州市主要污染物减排形势研讨会。

7月7~12日，环境保护部总量减排核查组对广西2013年上半年主要污染物总量减排工作进行现场核查，柳州市完成2013年上半年主要污染物总量减排核查。

7月12日，柳州市召开全市深入开展环境安全隐患问题大排查大整治行动电视会议，对开展环境安全隐患问题大排查大整治行动进行再动员、再部署、再落实。

7月16日，柳州市委书记郑俊康率领市发展改革、环境保护、国土资源、安全监管等部门，到企业督查环境安全与生产安全情况。

7月16日，柳州市市长肖文荪率领发展改革、工业和信息化、环境保护、国土资源、安全监管等部门，到融安县部分冶金行业企业督查环境安全情况。

7月18日，柳州市市委副书记苏海棠率发展改革、工业和信息化、环境保护、质监等部门，到企业督查环境安全和安全生产工作。

7月19日，柳州市副市长陈鸿宁率队到鹿寨县广西柳化氯碱有限公司和广西鹿寨化肥有限责任公司进行检查企业贯彻落实环境安全隐患大排查大整治情况。

7月28日，柳州市召开"美丽柳州·清洁乡村"活动转段动员会，副市长覃超就活动宣传发动阶段工作作总结，市委副书记苏海棠对"美丽柳州·清洁乡村"全面推进阶段工作作部署。

八月

8月1日，柳州市按照国家新的环境空气质量标准正式向社会实时发布$PM_{2.5}$等6项指标监测数据以及AQI指数，比环境保护部要求正式发布的时间提前2个月。

8月7日，自治区环境保护厅督察组一行对柳城县污水处理厂减排项目整改工作进行专项督查。

8月22~30日，为推动2013年柳州市农业源减排项目建设，柳州市环境保护局与水产畜牧兽医局组成联合督察组，对各县、区2013年列入减排计划的规模化养殖场进行督查。

8月28日，柳州市环境保护局、安全监管局联合开展"环境安全年3号行动"，对全市尾矿库和化工行业企业安全环保专项进行集中检查行动，防范、遏制安全生产事故和突发环境事件的发生，确保环境安全。

8月30日，中国城市竞争力研究会公布"2013中国最美丽城市排行榜"前20名榜单，柳州榜上有名。

九月

9月12日，作为广西唯一一个电镀企业集控区，柳州汽车城电镀工业园在鹿寨江口乡正式开工建设。

9月15日，广西威奇化工有限责任公司乳化线水箱储罐温度显示不准确等7项环境安全事故隐患，被列为2013年市长肖文荪等市领导挂牌督办的环境安全事故隐患项目。

十月

10月8日，柳州市公共自行车租赁系统正式启用。

10月9日，柳州市人民政府下发《柳州市主要污染物总量减排三年工作方案》。

10月14~15日，柳州市环境保护局组织各县（区）环境保护局减排工作相关人员共40余人开展培训。

10月16日，柳州市环境保护局举办全市环境执法暨预防渎职失职犯罪培训班。全市环保系统环境执法人员160多人参加了培训。

10月19日，柳州市委书记郑俊康到市环境保护局调研工作，与市环境保护局中层以上干部面对面交谈、心贴心交流，深入了解情况、倾听意见、解决问题、加油鼓劲，强调"谁污染环境就对谁不客气"。

十一月

11月3日，环境保护部、教育部联合发出通知，公布首批全国中小学环境教育社会实践基地名单，柳州市白沙污水处理厂榜上有名。

11月14日，柳州市环境保护局局长甘景林到柳北区白露工业园现场调研，重点了解工业园规划，企业入驻及污染防治等情况。

11月28日，柳州市环境保护局、市工业和信息化委、市糖办组成联合行动小组组织开展柳州市"环境安全年5号行动"，对制糖、酒精、淀粉、制浆造纸等行业企业进行突击检查。

十二月

12月5日，中央电视台《红线》栏目摄制组走进柳州市环境监察支队监控中心进行现场拍摄，柳州市环境保护局总工程师覃国琴等5人详细介绍柳州市污染源自动监控系统。

12月6日，柳州市环境保护局举办"两高"环境污染刑事案件司法解释培训班，全市130家重点企业负责人及环境保护部门负责人260多人参加培训。

12月10日，广西柳州发电有限责任公司2#机组脱硝工程顺利完成建设，投入试运行。

12月19日，自治区环境保护厅副厅长钟兵一行到三江县实地调研基层环保能力建设。

桂林市环境保护

【综述】 2013年，桂林市多个自治区统筹的重大项目和市领导跟踪服务推进的项目通过环保审批；完成$PM_{2.5}$监测能力建设任务，并于2013年10月底开始实施环境空气质量指数AQI新标准；开展"环境安全年"专项行动，按时通过自治区环境风险大排查大整治验收；成功承办广西生态村创建及农村环境连片整治现场会；争取到农村环境连片整治示范项目235个；获得广西生态引导资金项目7个；各县（区）共创建375个市级生态村、8个自治区级生态乡镇、24个自治区级生态村和2个国家级生态村。

全市环境空气质量年均值达到国家二级标准，市区环境空气质量优良率91.5%，主要河流干流监测断面均达到Ⅰ~Ⅲ类水质要求，各断面水质符合水功能区划分保护标准；全市集中式饮用水水源地水质监测评价项目全部达到国家地表水Ⅲ类水质标准。全市环境质量总体维持良好水平。

【机构调整】 2013年，根据桂林市编制委员会《关于桂林市环境保护局高新七星分局机构编制事项的批复》，将桂林市环境保护局七星分局更名为桂林市环境保护局高新七星分局，实行"两块牌子，一套人马"，增加行政编制2名，增编后桂林市环境保护局高新七星分局行政编制为7名。

根据桂林市编制委员会《关于成立桂林市环境应

急处置和固体废物管理中心的批复》(市编〔2013〕29号),成立桂林市环境应急处置和固体废物管理中心,隶属桂林市环境保护局,相当正科级全额拨款事业单位,核定编制7名。

【污染减排】 根据自治区环境保护厅、自治区发展改革委印发的《2013年度广西主要污染物总量减排计划》的要求,桂林市环境保护局与市发展改革委联合印发《2013年度桂林市主要污染物总量减排计划》,明确2013年的工作目标任务,确保完成桂林市2013年度主要污染物减排目标任务。2013年全市列入年度减排计划项目118项,完成117项,完成率99.2%,其中工程减排计划项目20个,完成19个,完成率95%;结构减排计划项目9个,完成9个,完成率100%;农业源减排计划项目为87个,完成87个,完成率100%;列入环境保护部与自治区人民政府签订的减排目标责任书项目9个,完成8个,完成率88.89%。

2013年2月5日,桂林市召开2013年全市环境保护工作会议

【环境综合整治】 2013年,为保证桂林市环境保护和城市园林绿化建设提升行动工作的顺利推进,成立桂林市环境保护和城市园林绿化建设提升行动工作领导小组。组长由桂林市环境保护局党组书记、局长褚民担任,副组长由党组成员陈亚民担任,成员有党组成员陈惠民、余海林、刘学振,党组成员、副局长舒忠常、蒋永光,总工程师邵艳青,党组成员、纪检组长胡天云,副局长洪莉春、调研员梁新强、环保科研所所长宋韶华、环境监察支队支队长阳旭平、环境监测中心站副站长黄跃武。

领导小组下设办公室、扬尘与噪声治理组、机动车尾气污染治理组、城区环境治理组、漓江环境治理组、园林绿化建设提升组、宣传报道组、督察组。

建筑工地扬尘整治 桂林市环境保护和城市园林绿化建设提升行动工作领导小组开展整治建筑工地扬尘专项行动。一是组织市住房城乡建设局、市渣土办、市公安交警对建设工程施工扬尘污染等行为进行联合执法,检查组先后对万福广场、兴进广场、桂林广场、华御公馆、彰泰睿城等7个在建工程项目的工地进行现场检查。通过现场检查,建设工地的无施工车辆冲洗槽,有扬尘污染防治措施却不执行等不文明施工现象大幅减少,有效遏制建筑工地扬尘污染。同时积极参与市渣土办组织的桂林市建筑垃圾专项整治行动,联手监督检查施工单位建筑垃圾清运,有效遏制扬尘污染。二是首次对3个建筑施工单位造成扬尘污染违反《大气污染防治法》的行为进行处罚,共处罚金额14万元。相关成员单位按照职能对施工工地进行管理。市住房城乡建设局多次对各建筑工地进行检查、整治,邀请有关单位商讨规范管理商品混凝土运输车量工作。市市容局加强渣土运输车辆密闭化管理。对市区在建工地运输建材、渣土车辆沿街撒漏、车轮夹带污染路面、运输建材车辆不加盖篷布、沿街撒漏、污染路面的行为进行重点查处,对存在隐患的工地开出停运渣土的通知。三是制订了《桂林市空气质量预警及应急工作实施细则》,成立领导小组和预警应急办,制定配套的督察制度和联席会议制度。及时发布预警通知,按规定的范围和频率做好洒水降尘等预警应急处置工作。

2013年5月20日,桂林市环境保护局局长褚民(左二)带队到叠彩区调研"桂林广场项目"

机动车尾气污染治理 督促各县环境保护局、五城区环境保护分局开展辖区内储油库、加油站和油罐车情况调查,做好相关基础信息统计工作。会同市公安局、市交通局积极推动全市冒黑烟车辆专项整治工作,三部门组成联合路查工作组,出动人员50人次,不定期在11个检查路段设点对冒黑烟的机动车辆进行拦停拍摄取证,检查冒黑烟机动车辆46辆。

噪声扰民整治 2013年,桂林市环境保护和城市园林绿化建设提升行动工作领导小组开展了整治市区噪声扰民行动。市环境监察支队联合市环境监测中心站对市区投诉较多的在建工地进行突击检查;市环境保护局象山分局对西城路步行街烧烤城投诉进行调处;市环境保护局秀峰分局对正阳步行街神卤米粉店、

海记螺蛳粉店、三友轩餐饮店低空排放餐饮油烟及畔街酒吧、桂林市后园爱尔兰酒吧噪音扰民问题进行调处；叠彩分局通过叠彩区人民政府环境综合整治指挥部，与工商、公安、食品药品监督、城管、社区等部门联合执法，对居民反映强烈的佳佳餐饮店开展整治行动；七星分局及时出动处理七星新城小区悠然居酒庄卡拉OK扰民情况；雁山分局结合中高考开展噪音防治专项整治行动。

餐饮排污整治　加大对城区主次干道两侧及公共场所内占道经营的餐饮店污水排放的检查整治力度。市环境保护局、市食药局、市工商局联合对除雁山区外的四城区餐饮店进行摸底调查，共调查餐饮店2608家，对餐饮店污水排放检查整治400余店次；秀峰分局对辖区内大酒店、饭店单位的生活废水、油烟废气排放进行专项检查，出动执法人员230余人次，车辆70余台次，共检查漓江大瀑布饭店、小南国饮业有限责任公司（解西店）等83家单位，对不符合环境综合整治要求的伏波山大酒店、漓江大瀑布饭店等11家单位下达限期整改通知书；七星环境保护分局牵头组织有关单位对七星区主干道七星路餐饮行业占道经营污水排放进行联合执法检查，对群众投诉强烈的七星路码坪街3家餐饮油茶店下达限期整改通知书，责令1家不符合餐饮经营要求占道经营的餐饮油茶店停止经营，2家产生餐饮污水的餐饮油茶店限期完善相关手续，建设污染防治设施达到国家规定的排放标准。

【美丽桂林·清洁水源】 2013年，结合城市环境综合整治和“美丽桂林·清洁水源”工作，桂林市环境保护局完成了桂林市饮用水源环境状况评估自查，针对本市饮用水源监测、保护区划分、污染源整治、风险应急等方面的工作形成了饮用水源环境状况评估自查报告；开展12县城市集中式饮用水水源环境状况评估；完成了全市12县1个城区乡镇集中式饮用水水源保护区划分工作，召开了各县区乡镇集中式饮用水水源保护区划分技术报告的评审会，通过对乡镇集中式饮用水水源地的划分，从源头上强化污染控制，进一步保护乡镇水源地不受污染，保障了人民群众饮水的安全。

2013年3月12日，桂林市环境保护局派员到临桂县参加植树活动

编制完成《桂林市开展“清洁水源”活动实施方案》，明确工作职责和内部分工，制定了工作会议制度和信息报送制度，初步确定“美丽桂林·清洁水源”行动指挥部人员名单及联系方式，并相继完成《农村饮用水水源地保护和长效机制调研方案》、《农村饮用水水源地周边工业污染源和生活污染源调查方案》、《畜禽养殖整治和科学治理调研方案》及《清洁水源督察工作实施方案》的编写。根据市活动领导小组的统一安排，市环境保护局负责灵川县定江镇的清洁水源工作，抽派2人到村屯开展工作。

为落实市人民政府开展青狮潭水库水质环境综合治理的重要部署，市环境保护局派6名工作人员，参加对青狮潭水库巡查和网箱养殖户的宣传思想教育工作，另分为5个组分别对青狮潭水库库区及支流的旅游度假山庄、餐馆污染现状及周边村庄污水、垃圾处置情况进行现场调查。从调查情况可知，库区周边旅游度假山庄和周边村庄大部分污水经化粪池处理后直排库区内及支流，垃圾基本是自行焚烧；部分村庄的养猪场粪水未经处理直排库区，严重污染水库的水质。截至2013年底，库区204处灯光诱捕设施全部拆除；库区392家养殖户的31.345万平方米网箱全部拆除。

2013年，全市12个县共清理小溪沟渠2369公里，清理池塘8455个。截至2013年底，在桂林市现有的18651个自然村屯中，已有11330个自然村饮用水源（取水点）得到有效保护；5555多个自然村饮用水源设有标识牌；8958个自然村饮用自来水；1426个自然村实行污水集中处理。

2013年7月4日，桂林市环境保护局开展“美丽桂林·清洁水源”督查行动

【生态环境建设】 2013年，桂林市环境保护局成功承办广西生态村创建及农村环境连片整治现场会；大力开展农村环境连片整治示范项目235个；全年获得2013年广西生态引导资金项目7个，申报21个2014

年广西生态引导资金项目，11个获初步批准；各县（区）共创建375个市级生态村，获得8个自治区级生态乡镇、24个自治区级生态村和2个国家级生态村命名。

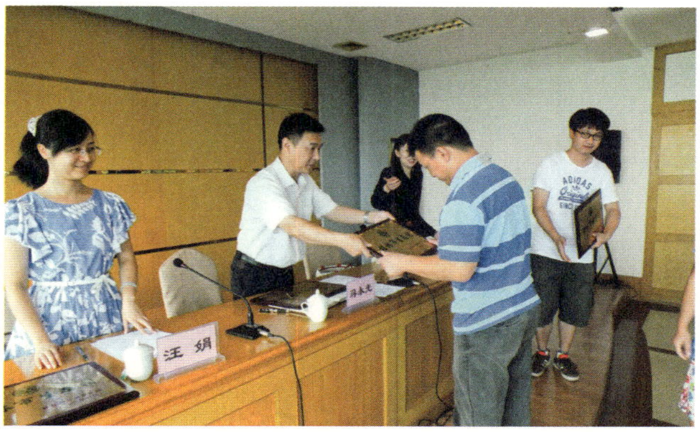

2013年7月16日，桂林市环境保护局副局长蒋永光在桂林市生态创建及农村环境连片整治工作会议上为获得“桂林市生态村”的乡村颁发牌匾

桂林市人民政府全面推进农村环境连片综合整治工作，共获中央、自治区环保专项补助资金17450万元，全市配套3050万元，总投资2.05亿元，共在7县1区开展235个农村环境连片整治治理项目，重点治理农村生活污水和生活垃圾。全部项目工程量为：集中式污水处理设施226套，污水设计处理能力10325吨，建设污水收集管网510.4公里，发放并安装垃圾转运车100辆，垃圾收集车1306辆，垃圾箱2784个，直接受益人口约582875人。

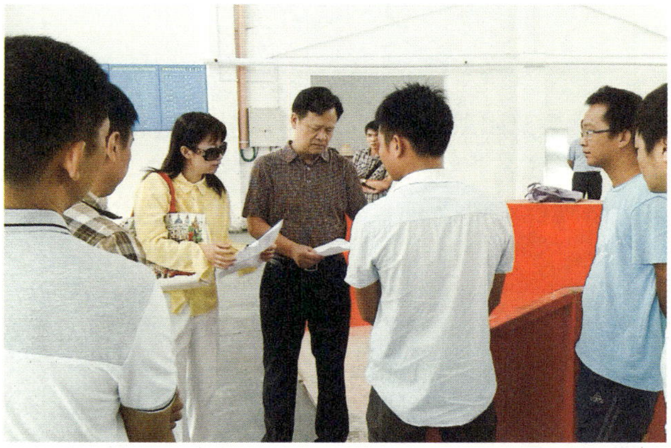

2013年9月2日，桂林市环境保护局局长褚民（中）到临桂县检查农村环境连片综合整治情况

2013年，桂林市环境保护局组织各自然保护区进行自查，同时还组织对3个国家级自然保护区进行环境评估，并配合国家和自治区开展生物多样性保护与管理调研。

下发《关于进一步加强全市汛期尾矿库环境安全工作的通知》，同时深入各县矿区就环境应急预案、尾矿污染物环境安全防范、尾水沉淀池运转情况以及尾矿生态恢复等情况进行现场检查，对存在问题的企业提出整改要求，确保无生态破坏的隐患。

【建设项目环境管理】 2013年，完成桂林市工业和信息化发展“十二五”规划、桂林市苏桥经济开发区总体规划修编等4项涉及产业发展、流域开发、工业园区建设等方面的规划环境影响评价报告书审查工作。完成建设项目环境影响评价文件审批1189项，其中环境影响报告书类文件96项，环境影响报告表类文件328项，环境影响登记表类文件765项。完成自治区和市级重大项目环境影响评价文件审批46项，其中新开工项目21项，预备及其他项目25项。新开工项目中报告书类项目14项，报告表类项目7项。组织开展市建设项目环境影响评价审批工作专项执法检查，进一步发挥环境影响评价审批协调发展与保护的重要作用。

【“三同时”环保监管】 2013年，桂林市共对480个建设项目进行环保设施竣工验收，其中市环境保护局验收项目85个，12个县环境保护局验收项目395个。“三同时”执行合格率为100%。

对市区内所有企事业单位的“三同时”执行情况进行全面彻底清理，针对发现的问题及时下达整改通知，对28个工业企业建设项目和42个房地产建设项目进行跟踪检查，出动人员380人次。

对广西神州地矿有限公司荔浦县黄竹（深泥田）金矿年采选5万吨矿石续采工程等17个建设项目进行现场核查，批复同意其进行试生产；对中国化工橡胶桂林轮胎有限公司高等级子午线轮胎产业化项目等12个建设项目进行延期试生产批复。

【危险废物管理】 2013年，桂林市危险废物主要有工业危险废物和医疗危险废物。其中工业危险废物主要来自电镀、印刷等行业；医疗危险废物来源于各医疗机构在服务中产生的临床废物，包括一次性输液管、手术残余物、化验废物和传染性废物等。

2013年9月13日，桂林市环境应急处置和固体废物管理中心揭牌仪式

表1 2013年桂林市工业危险废物统计表

单位：吨

产生量	综合利用量	处置量	贮存量	排放量	处置利用率
108	102	6	0	0	100%

2013 年，桂林市工业危险废物采取综合利用和安全处置的方式进行处理，处置利用率达到 100%，对外排放量为零。详见表 1。

2013 年，桂林市医疗危险废物收集量和处置量均为 2487.9 吨。详见表 2。

表2 2013年桂林市医疗危险废物收集和处置情况与2012年比较

项目＼年度	收集量（吨）	处置量（吨）	处置率
2012年	2439.64	2439.64	100%
2013年	2487.9	2487.9	100%

【放射辐射管理】 2013 年，桂林市放射源被广泛应用于工业、医疗、通讯、科研等领域。放射源核素主要有 ^{137}Cs、^{60}Co、^{147}Pm、^{192}Ir、^{238}Pu、^{99}Yc、^{131}I、^{125}I、^{89}Sr、^{153}Sm 等。

2013 年，全市涉源单位 23 家，密封放射源共计 130 枚，主要分布在辐照、水泥、医疗、科研、造纸等行业，用于辐照中心的消毒、灭菌以及基因变异等功能、水泥行业的料位计、医疗行业的治疗仪、造纸行业的测厚仪以及科学研究等。桂林市密封放射源分布情况见表 3。

表3 2013年桂林市密封放射源分布情况表

放射源类别	Ⅰ类	Ⅱ类	Ⅲ类	Ⅳ类	Ⅴ类	合计
放射源数（枚）	41	32	4	23	30	130

桂林市环境保护局强化对涉及核与辐射单位的安全日常检查。在检查过程中对发现安全隐患的单位提出整改措施和要求，规范安全与防护措施，最大限度降低核辐射对公众、社会和环境的影响。督促完成桂林鲁山建材联合有限责任公司等 5 家企业共 11 枚废旧放射源和 3 台废含源钙铁煤分析仪收贮工作。

2013 年度，桂林市没有发生放射源丢失和核辐射安全事故。

【环保法制建设与执法】 2013 年，桂林市环境保护局制订了《桂林市环境保护局行政复议规范化建设实施方案》，加强行政复议机构建设，确定具体职责，配备专职人员，落实行政复议办案场所和必要的办案设备及经费。在桂林市环境保护网上公布环境行政复议受理范围及办理程序。

6 月 18 日，最高人民法院、最高人民检察院发布实施《关于办理环境污染刑事案件适用法律若干问题的解释》，组织召开全市环保系统干部“学法用法，预防犯罪”培训班，认真学习《解释》的规定、新旧司法解释的对照，要求全体执法人员要学法、知法、懂法，防止触犯环境监管失职罪，进一步加大环境执法力度，切实强化现场环境执法检查，依法严厉打击各类环境违法行为。

桂林市环境保护局对位于沿江沿河或企业下游涉及饮用水水源地的酒精、淀粉、制糖、制浆、造纸等相关企业的突发环境事件应急预案、环保设施运行情况、污染物达标排放情况、环境安全风险隐患进行现场检查。对发现的问题逐一下达整改通知，对企业存在的环境违法行为进行立案查处。全市共对 94 起环境违法案件作出行政处罚决定，其中市环境保护局办理 65 件，12 个县环境保护局办理 29 件；处罚金额共计 240.67 万元，大部分罚金缴纳到位，其中市环境保护局罚款 186 万元，12 个县环境保护部门罚款 54.67 万元。市环境保护局对未按期履行行政处罚的申请人民法院强制执行 4 件。

全年未受理行政复议案件，无违规违法行政行为发生。

【工业污染源限期治理】 2013 年，桂林市环境保护局加强对市区企业污染治理设施的监督检查力度，企业污染治理设施运行基本正常，没有对企业下达限期治理任务。

2013年12月30日，环境保护部核查组在广西桂林海螺水泥有限责任公司检查脱硝设施运行情况

2013年12月30日，环境保护部核查组在永福国电检查

【排污申报与收费】 2013 年，桂林市加强排污申报登记核定工作，除有专门人员负责审核外，还结合现场检查时掌握的排污动态情况对填报数据进行类比分析，发现问题及时通知排污单位更正。2013 年共对排污单位进行排污申报登记 258 家次。

按照《排污费征收使用管理条例》及其配套规章，坚持“依法、全面、足额”征收排污费的原则，按月、按季核定排污单位排污费。在建筑噪声超标排污费的征收方面，加大力度推行排污申报工作的同时，加大对施工工地的环保宣传力度和查处力度，把建筑工地的排污申报工作与排污费征收工作有机结合，依法全面征收建筑施工噪声超标排污费。全年共开征排污单位 137 家，征收排污费 670 多万元。

组织排污费征收稽查工作小组对永福县环境保护局、兴安县环境保护局和恭城县环境保护局开展排污费征收稽查工作。稽查组查阅被稽查单位 2012 年全年和 2013 年第一季度的排污费收费档案，重点稽查排污费征收是否按照排污费有关法律法规规定的程序、方法开展征收；排污费档案是否齐全。通过排污费征收稽查工作，规范桂林市排污费核定、征收工作，提高县级排污费征收工作水平。

【建筑施工现场监察】 依照《中华人民共和国环境噪声污染防治法》、《广西壮族自治区环境保护条例》的规定，桂林市环境保护局组织召开全市建筑企业关于加强建筑施工噪声管理会议，重申建筑施工噪声排污申报制度。建立建筑施工工地一次性噪声及扬尘申报与按排放标准规定的施工阶段申报相结合制度。把好建筑施工中午、夜间施工申报关，认真核查，依法办事，对确因生产工艺需要连续施工作业的中午、夜间施工申报，严格要求施工单位提前 5 日到办证大厅进行申报，在对申报材料初审的基础上派员到工地进行现场核实，以防施工单位虚报谎报。全年共办理夜间施工申报 148 次。

立案查处建筑施工违法行为 52 起，有效遏制了环境违法行为，强化了环境现场执法力度，进一步增强了建筑施工单位的环保意识和法律意识。全年共接到建筑施工噪声投诉 961 件，出动调处人员 1922 人次，处理率 100%，真正做到了件件有落实，件件有结果。

2013年5月23日，桂林市环境保护局局长褚民（右二）带队到彰泰房地产有限责任公司进行现场调研

【中高考期间环境管理】 2013 年，桂林市环境保护局主动与桂林市招生考试院联系，了解桂林市 2013 年中高考安排情况，在桂林电视台、《桂林日报》、《桂林晚报》等新闻媒体播出、刊登中高考噪声控制通告，在考试前召集各建筑公司召开中高考噪声控制会议，并且在中高考噪声控制期间成立噪声执法组，24 小时昼夜值班，接到举报电话立即出动，及时制止违反市人民政府《关于在中、高考复习考试期间加强噪声监督管理的通告》的行为。值班期间，共安排 35 个班次，出动 100 多人次，对 48 起群众投诉进行了现场处理，为广大考生营造一个安静的复习和考试环境，得到社会、考生家长及考生的好评。

【环保专项行动】 2013 年，桂林市成立了环保专项行动领导小组，并按制订的工作方案开展环保专项行动相关工作。

2013年8月28日，桂林市环境保护局开展“环境安全年3号行动”。图为现场检查企业

对桂林市40家涉重企业、1家皮革鞣制企业、9家电镀企业进行了现场检查。涉重企业中自行停产的企业6家，被停产整治的企业11家；皮革鞣制企业（平乐桂江皮革厂）全年处于停产状态；电镀企业中5家进行清洁生产审核，4家尚未开展。检查中发现各电镀企业环保手续完善，污染设施运行正常，污泥能够按照危险废物的管理规定进行处理。

加大对工矿企业、生活垃圾填埋场、规模化养殖场等污染源废水排放的核查力度，没有发现利用渗井、渗坑、裂隙和溶洞排放、倾倒含有毒污染物废水的行为。

定期对桂林市城镇污水处理企业运营情况进行检查，每月至少检查1次，对污水处理设施，进、出水水质情况及污泥处置、污泥管理台账和转移联单制度的执行情况进行检查，每季度对污水厂自动监控系统进行有效性审核，发现违法行为立刻查处。

共排查桂林市医药行业企业25家，检查中大部分企业正常生产，污染设施正常运行，污染物达标排放。桂林市维威制药有限公司于2013年4月向自治区环境保护厅申请延缓完成任务挂牌督办工作，2013年底，该厂已将废水接入污水处理厂管网；资源县鑫龙选矿厂被列入自治区环保专项行动第一批挂牌督办企业，市环境保护局组织市环境监察支队多次到现场进行检查，并发函要求资源县人民政府予以取缔，2013年期间，该厂处于停产状态，部分设备已拆除。

2013年4月27日，桂林市环境保护局对桂林中族药业上市守法证明进行现场核查

【汽车尾气治理】 根据《广西壮族自治区机动车排气污染防治办法》、《桂林市环境综合整治行动总体工作方案》、《桂林市机动车尾气污染整治专项工作方案》以及《桂林市机动车绿色环保标志核发暂行管理规定》要求，2013年桂林市开展了对2年内购置的机动车辆免费发放环保绿色标志工作，明确新车环保标志领取的条件、程序和发放的地点，进一步规范机动车辆环保标志管理，减少尾气排放对大气环境质量的影响。

根据自治区《机动车环保检验机构发展规划》、《机动车排气污染防治办法》等法规性文件的要求，为规范桂林市机动车排气污染防治工作，组织编修《桂林市机动车环保检验机构发展规划(2011~2015)》、《桂林市机动车排气污染防治办法（试行）》、《桂林市机动车排气污染防治实施方案》、《桂林市关于执行国家第四阶段机动车污染物排放标准的通告》、《桂林市新车核发机动车环保检验合格标志工作实施方案》、《桂林市储油库加油站和油罐车油气污染治理工作方案》等法规性文件，并已上报市人民政府审批。

根据环境保护部《关于印发全国机动车环境监管能力建设标准的通知》、《广西壮族自治区大气污染联防联控改善区域空气质量实施方案》（桂政发〔2011〕143号）要求，建立机动车环保管理信息系统，基本完成机动车环保检验管理一期平台建设。

根据《广西壮族自治区机动车排气污染防治办法》（广西壮族自治区人民政府令第87号）、《桂林市环境综合整治行动总体工作方案》以及《桂林市机动车尾气污染整治专项工作方案》要求，由桂林市环境保护局牵头，会同市公安局、市交通局成立专项整治行动工作领导小组，对市内冒黑烟机动车辆进行为期5天的专项治理，重点是公交车、营运客车、旅游大巴、货运车辆的专项整治，共出动人员50人次，设立11个检查路段，共检查冒黑烟机动车辆46辆，其中营运客车18辆，货运车辆15辆，公交车13辆。

【环境在线监控与环境信息化建设】 2013年，桂林市国控重点污染源企业共45家，较2012年增加19家。市国控企业已实施自动监控企业29家，还有16家未实施自动监控，主要原因是企业结构减排关闭、长期停产、企业无废水外排。纳入桂林市在线联网监控的29家国控企业有51套在线设备，非国控企业10家9套在线设备。据统计，全年桂林市各月平均国控重点污染源企业自动监控设施联网率为97.28%，运转率为97.09%，达到自治区环境保护厅和环境保护部的要求。

在完成在线监控设备社会化运行考核的基础上，桂林市各季度的污染源自动监控设施社会化运行考核通过企业发放补助资金96.0747万元。2013年桂林市利用自动监控数据核定征收排污费531.9928万元。完成4家在线监控企业的验收，验收企业为恭城矿产公司、永福益源污水处理有限公司、永福顺兴糖厂、冲口垃圾填埋场。9月17日召开全市污染源自动监控管理工作会议，传达讲解国家“十二五”主要污染物总量减排新的考核指标“自动监控数据传输有效率”的工作要求，按照自治区环境保护厅下达的《2013年广西主要污染物总量减排监测体系建设工作实施方案》(桂环办函〔2013〕807号)及《桂林市主要污染物总量减排监测体系建设工作实施方案》的要求开展全市重点污染源自动监控工作。

12月完成全市12个县国发平台的环保专网联通工作和国发平台的培训工作。利用国家环保专网,开展国发平台数据补遗和凭证上传工作,为确保2014年桂林市数据传输有效率达到国家减排考核要求打好基础。

全年上报县、区环保政务信息648篇,桂林市环境保护网共发布环保政务信息1655篇,涉及本地和全国的原创环境新闻稿件1060篇。网站的页面点击率累计已达到1522052次,访问量增加38万人次。开展各项信息化项目的建设工作。完成"智慧环保"项目实施方案相关内容编写;组织开展在线视频监控项目的建设前期准备工作。全年在桂林电视台发布环境空气质量周报电视节目52期。

【突发环境事件处置及演练】 2013年10月22日,根据《广西壮族自治区环境保护厅2013年突发环境事件应急联合演练方案》要求,桂林市环境保护局在全州县湘江黄沙河大桥下河滩区举行"桂林市2013年突发环境事件应急演练",模拟跨省水污染事件应急处置。演练设想全州县某涉重金属企业将未经处理的高浓度含镉废水偷排入湘江,导致湘江黄沙河段金属镉含量严重超标,直接危及下游沿江群众的饮水安全。市县两级环境保护部门迅速启动应急预案,及时排查切断污染源,控制消除污染。演练锻炼了环保应急队伍应对跨省水污染事件的能力,提高了应急预案的实用性和可操作性,检验了应对突发事件所需应急物资、装备、设施、技术等方面的储备情况,完善了市县两级环境保护部门应对突发事件联动机制。

此次演练,市环境保护局共出动应急车船14辆(艘),参演人员50名。参加演练的主要单位有桂林市环境保护局局机关、市环境应急中心、环境监测中心站、环境监察支队、环境保护科学研究所及全州县环境保护局。环境保护部华南督查中心、自治区环境保护厅、市人民政府、全州县人民政府、市公安局、市安全监管局、各县环境保护局等单位相关领导及新闻媒体近180人参与观摩演练。

2013年,桂林市全市范围内未发生等级以上突发环境污染事件。

【环境统计】 2013年,桂林市共完成环境统计调查重点工业源企业466家,规模化畜禽养殖场和养殖小区209家,污水处理厂24家,生活垃圾处理厂7家,危险废物处置厂1家,完成环境管理报表131项。

开展基层环境管理人员业务培训工作,切实解决桂林市环境统计数据填报过程中存在的问题,确保环境统计数据更具科学性和准确性。

【环境监测】 2013年,桂林市环境监测中心站共获取各类原始监测数据约180万个,报出监测数据74756个。完成环境质量监测数据50395个(其中饮用水、地表水监测数据10282个,降水监测数据2616个,环境空气质量监测数据4179个,水质自动监测数据28462个,环境噪声监测数据4856个);完成污染源监测数据22874个(其中废水监测数据18976个,废气监测数据3123个,油烟监测数据734个,煤质监测数据41个);土壤及固体废物监测数据639个;室内环境监测数据848个。

环境空气监测　桂林市环境空气质量(二氧化硫、二氧化氮、可吸入颗粒物、总悬浮颗粒物)评价执行《环境空气质量标准》(GB3095-1996)二级标准。2013年桂林市市区环境空气质量状况见表4,县城情况见表5。

市区　二氧化硫年平均浓度为0.027毫克/立方

2013年10月22日,桂林市环境保护局在全州县举办2013年环境应急演练

2013年9月25日,桂林市环境保护局召开实行AQI环境空气质量新标准新闻发布会

米，符合国家环境空气质量二级标准。全年监测日均浓度值范围为0.003~0.104毫克/立方米，日均值超标率为0.0%。

二氧化氮年平均浓度为0.031毫克/立方米，符合国家环境空气质量一级标准。全年监测日均浓度值范围为0.010~0.084毫克/立方米，日均值超标率为0.0%。

可吸入颗粒物年平均浓度为0.084毫克/立方米，符合国家环境空气质量二级标准。全年监测日均浓度值范围为0.008~0.267毫克/立方米，日均值超标率为8.5%。

降水pH值年均值为5.04，酸雨频率为56.3%，与上年度相比降水pH值年均值上升0.38，酸雨频率下降22.4个百分点。全年pH值范围为3.98~7.28。

环境空气质量日报级别：全年共监测365天，其中111天空气污染指数(API)为一级，223天空气污染指数(API)为二级，31天空气污染指数(API)为三级，全年环境空气质量优良率91.5%。

2013年10月24日，桂林市环境保护局在中心广场举行桂林市实施环境空气质量AQI新标准专题宣传活动

表4　2013年桂林市市区环境空气质量状况与上年比较

项　目	年均值		年日均值超标率（%）	单　位
	2013年	2012年		
二氧化硫	0.027	0.023	0.0	毫克/立方米
二氧化氮	0.031	0.036	0.0	毫克/立方米
可吸入颗粒物	0.084	0.070	8.5	毫克/立方米
降水pH值	5.04	4.66	—	—
酸雨频率	56.3	78.7	—	%
API一级天数	111	141	—	天
API二级天数	223	210	—	天
API三级天数	31	15	—	天

县城　12个县县城的环境空气质量年均值符合国家二级标准，各县县城环境空气质量状况见表5。

表5　2013年桂林市各县县城环境空气质量状况与上年比较

单位：毫克/立方米

县城	项　目	年均值		县城	项　目	年均值	
		2013年	2012年			2013年	2012年
灌阳	二氧化硫	0.009	0.020	灵川	二氧化硫	0.009	0.009
	二氧化氮	0.013	0.046		二氧化氮	0.011	0.010
	总悬浮颗粒物	0.096	0.083		可吸入颗粒物	0.039	0.043
兴安	二氧化硫	0.040	0.040	全州	二氧化硫	0.030	0.027
	二氧化氮	0.045	0.043		二氧化氮	0.027	0.021
	可吸入颗粒物	0.110	0.066		可吸入颗粒物	0.083	0.092
永福	二氧化硫	0.026	0.025	临桂	二氧化硫	0.009	0.021
	二氧化氮	0.028	0.028		二氧化氮	0.022	0.029
	可吸入颗粒物	0.079	0.076（总悬浮颗粒物）		可吸入颗粒物	0.099	0.047（总悬浮颗粒物）

续表

县城	项　目	年均值		县城	项　目	年均值	
		2013年	2012年			2013年	2012年
资源	二氧化硫	0.018	0.016	龙胜	二氧化硫	0.010	0.004
	二氧化氮	0.015	0.014		二氧化氮	0.006L	0.015
	可吸入颗粒物	0.057	0.060（总悬浮颗粒物）		可吸入颗粒物	0.043	0.069
阳朔	二氧化硫	0.007L	0.005	荔浦	二氧化硫	0.040	0.042
	二氧化氮	0.011	0.011		二氧化氮	0.034	0.036
	可吸入颗粒物	0.058	0.086（总悬浮颗粒物）		可吸入颗粒物	0.095	0.096（总悬浮颗粒物）
恭城	二氧化硫	0.006	0.006	平乐	二氧化硫	0.050	0.043
	二氧化氮	0.057	0.068		二氧化氮	0.035	0.072
	可吸入颗粒物	0.051	0.053（总悬浮颗粒物）		可吸入颗粒物	0.100	0.048（总悬浮颗粒物）

表6　2013年桂林市河流水质类别评价结果表与上年比较

河流名称	断面名称	保护标准	2013年度水质类别	超标因子（断面均值超标倍数、超标率）	2012年度水质类别
漓江干流	大埠头	Ⅲ	Ⅱ	无	Ⅱ
	大面	Ⅲ	Ⅰ	无	Ⅰ
	大河	Ⅲ	Ⅰ	无	Ⅱ
	磨盘山	Ⅲ	Ⅰ	无	Ⅱ
	阳朔	Ⅱ	Ⅰ	无	Ⅰ
漓江支流小东江	花桥	Ⅳ	Ⅱ	无	Ⅲ
	刘家桥	Ⅳ	Ⅱ	无	Ⅲ
漓江支流桃花江	伍仙桥	Ⅳ	Ⅱ	无	Ⅲ
	胜利桥	Ⅳ	Ⅲ	无	Ⅲ
	南门桥	Ⅳ	Ⅲ	无	Ⅳ
漓江支流相思江	渡槽	Ⅴ	Ⅲ	无	Ⅲ
桂江	浮桥	Ⅲ	Ⅰ	无	Ⅰ
桂江支流荔浦河	扒齿	Ⅲ	Ⅱ	无	Ⅱ
桂江支流恭城河	乐湾	Ⅲ	Ⅱ	无	Ⅱ
湘江	庙头	Ⅲ	Ⅰ	无	Ⅱ
	界首	Ⅲ	Ⅰ	无	Ⅱ
资江	随滩	Ⅲ	Ⅰ	无	Ⅰ
灌江	文市	Ⅲ	Ⅰ	无	Ⅱ
洛清江	广福	Ⅲ	Ⅱ	无	Ⅰ
	潦潭	Ⅲ	Ⅱ	无	Ⅰ
浔江	交洲	Ⅲ	Ⅰ	无	Ⅰ

水环境监测　桂林市地表水水质保护类别依据《桂林市地表水环境功能区划》确定，各水体按《地表水环境质量标准》(GB3838-2002)相应的标准进行评价；饮用水源水质按《地表水环境质量标准》(GB3838-2002)Ⅲ类标准评价；青狮潭水库水质按《地表水环境质量标准》(GB3838-2002)Ⅱ类标准评价；地下水按《地下水质量标准》(GB/T14848-94)Ⅲ类标准评价。

河流　对于河流水质，选择pH值、溶解氧、高锰酸盐指数、五日生化需氧量、氨氮、汞、铅、挥发酚、石油类、氰化物、砷、六价铬和镉共13个监测项目作为评价因子。2013年桂林市地表水水质总体较好。漓江干流、桂江、湘江、资江、灌江、洛清江和浔江水质均保持在Ⅰ～Ⅱ类之间；市区漓江支流各断面中，除伍仙桥、花桥和刘家桥水质为Ⅱ类外，其余断面水质均为Ⅲ类。12条河流（干、支流）的21个监测断面的水质类别评价结果见表6。

饮用水源　市区和各县集中式饮用水水源均为河流型地表水。

全市集中式饮用水水源地水质除卫生评价指标粪大肠菌群存在不同程度超标外，其他监测评价项目全部达到国家地表水Ⅰ～Ⅲ类水质标准。饮用水水源地水质状况统计见表7。

表7　2013年桂林市饮用水水源地水质状况统计表

水源地名称	取水总量（万吨）	达标率
城北水厂	3896.19	100%
东镇路水厂	1706.67	100%
东江水厂	2965.06	100%
瓦窑水厂	3587.34	100%

除临桂无饮用水水源地外，11个县城饮用水水源地水质均达到国家Ⅲ类水标准，各县饮用水水源地水质达标情况见表8。

表8 2013年桂林市各县饮用水水源水质达标情况表

各县	评价标准	达到的水质类别（超标项目）			
		一季度	二季度	三季度	四季度
平乐	Ⅲ	—	Ⅱ	Ⅱ	Ⅱ
永福	Ⅲ	—	Ⅱ	Ⅱ	Ⅱ
全州	Ⅲ	Ⅰ	Ⅰ	Ⅱ	Ⅱ
资源	Ⅲ	—	Ⅱ	Ⅱ	Ⅱ
龙胜	Ⅲ	Ⅰ	Ⅱ	Ⅰ	Ⅰ
灵川	Ⅲ	Ⅰ	Ⅱ	Ⅰ	Ⅰ
兴安	Ⅲ	—	Ⅰ	Ⅱ	Ⅱ
灌阳	Ⅲ	Ⅰ	Ⅰ	Ⅰ	Ⅰ
荔浦	Ⅲ	—	Ⅰ	Ⅱ	Ⅲ
恭城	Ⅲ	—	Ⅱ	Ⅱ	Ⅱ
阳朔	Ⅲ	—	Ⅰ	Ⅰ	Ⅰ

青狮潭水库 青狮潭水库的西湖中心、西湖湖边和出水口点位水质为Ⅳ类，东湖中心点位水质为Ⅲ类，超过其Ⅱ类水的保护标准；主要超标项目为总氮、总磷；三条入库河流水质为Ⅱ类。2013年青狮潭水库各点位水质营养状态级别均为中营养，定性评价为良好。

风景湖塘水 市区风景湖塘水质除总氮和总磷超标外，其他项目均符合水功能区划标准。除芳莲池水质营养状态级别为轻度富营养以外，其余5个湖塘水质营养状态级别为中营养。

地下水 市区地下水水质良好，超标项目呈点状分布，主要污染物是氨氮化合物。

声环境监测 市区 噪声功能区4类区夜间超标，其他功能区均达标。4类区夜间超标率25.0%，最大超标8.1分贝。与上年相比，除2类区昼间和夜间、4类区夜间噪声有所上升外，其他功能区噪声均有所下降。

区域环境噪声监测平均等效声级为昼间53.9分贝，按《环境噪声监测技术规范城市声环境常规监测》(HJ640–2012)等级划分属于二级；夜间46.4分贝，按《环境噪声监测技术规范城市声环境常规监测》(HJ640–2012)等级划分，属于三级。在监测区域中，昼间暴露在60分贝以上的面积占总网格面积的6.30%，与上年相比下降2.4个百分点。噪声源构成比中，生活噪声占首位，声源强度施工噪声占首位。

交通干线噪声平均等效声级为69.5分贝，按《环境噪声监测技术规范城市声环境常规监测》(HJ640–2012)等级划分属于二级；夜间噪声平均等效声级为66.4分贝，属于五级。交通干线昼间大于70分贝的路段长度占监测路段总长度的36.9%，小于70分贝的路段长度占监测路段总长度的63.1%，与上年相比上升了24.7个百分点。交通干线夜间噪声大于70分贝的路段长度占监测路段总长度的1.3%，小于70分贝的路段长度占监测路段总长度的98.7%。

各县 县城的噪声功能区定期监测结果显示，阳朔、临桂、全州、兴安、永福、灵川、灌阳、龙胜、资源、平乐、荔浦、恭城12个县各功能区监测结果均低于国家标准限值。

【环保科技】 2013年，桂林市环境保护局积极开展科研项目申报工作，争取各类资金对科技项目的支持。争取世界银行贷款对环保信息化建设投资785万元。世界银行项目《桂林市环境与环境卫生综合整治》(1亿美金贷款)主要用于污水厂淤泥处置和管网建设，市环境保护局积极开展前期工作，经与世界银行反复协调，获市发展改革委立项(市发改行审字〔2013〕334号文)，争取其中“桂林环保水环境监测与污染源管理信息化建设投资(785万元)”。桂林市环境保护科学研究所获2013年桂林市科学研究与技术开发计划项目资金20万元，其中《漓江桂林区段饮用水源地特征污染物的风险评估与预警》课题5万元，《工业废水中污泥资源化利用技术研究及应用》课题15万元。2013年3月，桂林市环境保护局科技办组织召开《桂林市环境保护局科研项目(课题)管理工作会议》，并对2010年度以来环保专项资金支持的科研项目进行了督促检查。

2013年2月，桂林市环境保护科学研究所承担的《漓江风景区沿岸城镇污水排放方案研究》项目通过鉴定，成果达到国内先进水平，被评为2013年度桂林市科学技术进步三等奖。完成《桂林市青狮潭水库水源保护区划分与水容量研究》课题，向市科技局申请课题成果验收。桂林市环境监测中心站承担的《桂林环境遥感与电子地图》项目，年底完成并申请验收。项目成果已在环境监测和管理中应用；《空气污染AQI发布系统建设》项目，在原有信息化基础上开发软件，在“六五”世界环境日前已达到发布水平，10月25日对社会公开发布。

3月和5月，桂林市环境监测中心站组织技术专家两次到百色市环境保护监测站指导完成信息化建设，确保百色环境监测信息系统水体监测核心业务流程成功运行，在技术上达到百色市环境监测信息化管理的要求。组织编辑完成《桂林市环境保护局环境科技管理资料汇编(2010~2013年)》，共收录环境科技文件30份，论文18篇。

2013年，共发表论文13篇，其中2篇论文发表在国家级核心期刊上，8篇论文发表在科技期刊(《中国环境监测》、《煤矿科技》)和国家级环境学术论文集

(《2013 中国环境监测学术年会》、《2013 中国环境科学学术年会》等)上。2 篇论文发表于《桂林理工大学学报》和《科技视界》上。

【国际环保交流】 2013 年 12 月,桂林市完成韩国济州市倡议成立的“世界地方政府虚拟环境网络”领导人筹备委员会入会申请,按相关程序约定,桂林市人民政府成为“世界地方政府虚拟环境网络共同发起人”。

【环境影响评价】 2013 年,桂林市环境保护科学研究所共完成 74 项环评文件的编写工作,其中报告书 25 项,报告表 42 项,合作项目 7 项,全部通过评审。在自治区环境保护厅举办的首届“广西 2013 年优秀环评文件演示文稿演讲比赛”中,桂林市环境保护科学研究所两名环评技术人员在比赛中荣获两个三等奖。

【环境信访】 2013 年,桂林市环境保护局全年共接群众来信、来电、来访 1365 件(含自治区环境保护厅转批 36 件),其中建筑施工噪声 948 件,共出动人员 2528 人次调处各类环境污染投诉,处理率达 100%。

【人大和政协提案议案办理】 2013 年,桂林市“两会”期间,人大代表和政协委员共提出环保相关人大建议 1 件、政协提案 7 件,涉及城市环境综合治理,大气、水和固体废物污染防治等多方面。桂林市环境保护局坚持严肃性、科学性、可行性的统一,及时落实办理责任,定人员、定时限,把建议、提案办理工作的重点放在深入调查研究和解决问题上,解决率、“当面沟通”率、满意率均达 100%。

【环保专项资金申报】 2013 年,桂林市环境保护局积极组织申报“2014 年度重金属污染防治专项资金项目”、“2014 年生态广西建设引导资金项目”等中央和自治区环保专项资金项目,全年共获得各级财政性环保专项资金 21549.7 万元,其中中央农村环境连片整治示范资金 20500 万元,中央污染源自动监控设施社会化运行补助资金 212 万元,生态广西建设引导资金 330 万元,广西 2012 年第四季度重点污染源自动监控设施社会化运行补助资金 33.08 万元(此项资金 2013 年 8 月下文发放),广西 2013 年第一季度重点污染源自动监控设施社会化运行补助资金 31.997 万元,第二季度重点污染源自动监控设施社会化运行补助资金 30.997 万元,2012 年桂林市节能减排专项资金 91 万元(此项资金 2013 年 9 月下文发放)。全年市本级财政下达环保专项资金 320.7 万元。环保专项资金项目的实施,有效地推动桂林市污染物减排和各项环保工作,促进了桂林市生态环保事业的发展。

【环境教育】 2013 年 7 月 10 日,桂林市环境保护局组织召开全市环保系统干部“学法用法,预防犯罪”培训班,认真学习《最高人民法院、最高人民检察院关于办理环境污染刑事案件适用法律若干问题的解释》的规定、新旧司法解释的对照,要求全体执法人员要学法、知法、懂法,防止触犯环境监管失职罪,进一步加大环境执法力度,切实强化现场环境执法检查,依法严厉打击各类环境违法行为。

8 月 16 日,桂林市环境保护局组织 107 家市区排污企业领导详细学习《最高人民法院、最高人民检察院关于办理环境污染刑事案件适用法律若干问题的解释》。要求排污企业负责人深刻领会“两高”司法解释精神实质,准确把握要点重点,自觉履行责任义务,增强企业履行环保社会主体责任的意识,落实污染防治措施,确保不触及法律红线。

2013 年,桂林市 12 个县环境保护局对辖区全部排污企业领导,作《最高人民法院、最高人民检察院关于办理环境污染刑事案件适用法律若干问题的解释》的专题辅导讲评会,督促企业提高法律意识,增强法律责任,提升污染防治和管理水平,确保污染物达标排放。

9 月 24 日,2013 年度桂林市县处级领导干部“环境保护与城市生态建设”专题研讨班在内蒙古大学开班,培训班学员 53 人,为 12 县、5 城区、市直机关各部门的县处级领导和各县(城区)的环境保护局(分局)局长。培训采用“内蒙古大学上课+在岗调研+学员自我管理”模式。培训开设《我国环境保护与低碳发展》、《城市生态文化》、《城市环境管理》、《城市污染监控系统》等专题课,讲授国内外环境保护的先进经验做法以及一些先进理念。学员们考察了内蒙古部分生态文明建设先进单位,并与呼伦贝尔市环境保护局进行交流。学员们做了大量的调研工作,撰写的调研论文结合所在岗位工作特点,有较高的质量,具有一定的现实指导意义,学员的调研论文被汇编成册,供互相交流学习。

【环境宣传】 2013 年,桂林市环境宣传工作重点围绕治污减排、防治大气污染、“美丽桂林·清洁城乡”、城市环境综合整治等环保中心工作开展。全年在《桂林日报》、《桂林晚报》刊登环保稿件 160 篇,桂林电视台《桂林新闻》和《身边》栏目共报道环保专题和新闻 132 条。

5 月 14 日,参加市法制办在中心广场举办的桂林市环境综合整治法制宣传活动,宣传环境综合整治相关的法律法规。5 月 22 日,参加市环境综合整治办在中心广场举行的“加强环境整治,建设美丽桂林”广场宣传活动。10 月 26 日,参加市人大组织、市漓管局承办在市中心广场举办的《广西壮族自治区漓江流域生态环境保护条例》、《桂林漓江风景名胜区总体规划》宣传咨询活动。全年共召开环保新闻发布会4次。

2013年5月22日，桂林市环境保护局举办“加强环境整治，建设美丽桂林”广场宣传活动

世界地球日宣传　2013年4月19日，桂林市环境保护局机关工会组织市环境保护局干部职工到阳朔县开展纪念“世界地球日”徒步生态考察环保宣传活动，活动内容包括漓江沿岸清洁活动、农村生态环境考察等。

世界环境日宣传　2013年“六五”世界环境日期间，桂林市环境保护局组织开展形式多样的纪念活动。

6月4日上午，桂林市环境保护局在一楼会议室召开新闻发布会。《桂林日报》、《桂林晚报》、桂林电视台、桂林广播电台分别派出记者参会。会上发布《2012年桂林市环境状况公报》，并向新闻媒体介绍了2012年桂林市环境保护主要工作及2013年上半年工作情况。

6月5日，桂林市环境保护局举办“环境开放日”活动，邀请新闻媒体记者和市（区）人大代表、市（区）政协委员、市民代表等共30余人参观询问、亲身感受环保。代表们参观桂林市环境监测中心站实验室及环境空气自动监测设备，观看气相色谱分析过程；了解监控办对污染源的监控状况；参观环保应急设备。市环境保护局总工程师邵艳青及相关科室人员与参观代表进行座谈，倾听代表的意见，同时解答代表提出的问题，使市民进一步了解市环境保护局的工作职能，达到很好的互动沟通效果。

《桂林日报》上全文发布“2012年桂林市环境质量公报”及副市长周卫纪念“六五”世界环境日的电视讲话稿；各新闻媒体结合桂林市生态文明建设工作进行纪念“六五”世界环境日宣传，其中《桂林日报》报道2篇，《桂林晚报》1篇，桂林电视台新闻播放2篇，桂林广播电台对开放日情况进行专题宣传。

6月5日上午，桂林市环境保护局在中心广场开展世界环境日宣传活动，局长褚民、副局长刘学振到场指导，市人大常委会副主任肖立华、副市长周卫、市政协副主席秦俊、市政府副秘书长樊伊宁等出席活动。现场展出27个环委会成员单位制作的纪念“六五”世界环境日宣传板报及“生态·漓泉”桂林市首届环保摄影作品80多幅；现场开展环保法律法规咨询活动，解答市民关于环保问题的提问，接受大家关于环境问题的投诉和建议、进行有奖答题活动；市大学生环保联合会学生代表发放宣传资料，讲解环保常识。桂林市环境保护局还与中国移动公司桂林分公司合作，在“六五”世界环境日当天，结合世界环境日主题，为移动手机用户免费发送有关环境保护的短信50多万条。

各城区环境保护分局、各县环境保护局也在各自辖区内开展了“六五”世界环境日宣传活动。

2013年6月5日，桂林市环境保护局举办“六五”世界环境日宣传活动暨“生态·漓泉”桂林市首届环保摄影作品展。图为桂林市人大常委会副主任肖立华（左一）、副市长周卫（中）、市环境保护局局长褚民（右一）驻足观看展览

2013年6月5日，桂林市环境保护局举办“环境开放日”活动

【绿色系列创建】　2013年12月16~19日，桂林市环境保护局和市教育局组成联合检查组，对全市“绿色学校·幼儿园”绿色创建活动情况进行复查。

【纪检监察】　2013年，桂林市环境保护局制订《2013年桂林市环境保护局党风廉政建设暨监察工作要点》

和《桂林市环境保护局2013年民主评议政风行风工作方案》。制订了2013年桂林市环境保护局党风廉政建设责任书,明确了各单位领导干部党风廉政责任制、深入开展创先争优和党性、党风、党纪教育,明确了责任考核机制,并将考核结果作为对领导干部业绩评定、奖励惩处、选拔任用的重要依据。

认真对照市委"十个严格,十个不准",整治"四风"问题中群众反映强烈的突出问题,对市局3个副处级直属单位及8个县环境保护局开展了落实中央"八项规定"执行情况督查。按照《桂林市环保系统政务督查实施办法》,每季度对局党组会、局长办公会决定工作事项落实情况进行督查。开展"美丽桂林·清洁水源"督查工作和环境保护与城市园林绿化提升行动督查工作。

开展加强干部队伍作风建设活动,制订《桂林市环境保护局开展干部队伍作风建设活动方案》。开展理论学习、填写调查问卷、剖析分析问题、提出整改措施、落实制度。开展政治纪律教育活动,制定《桂林市环境保护局加强网络等媒体舆情监控管理暂行规定》,开展政治纪律教育学习、讨论,提高思想认识。在重大节日前夕,组织中层以上干部学习有关廉政建设文件精神,提高预防职务犯罪意识,切实加强对各种腐败现象的预防工作。按照桂林市纪委《关于印发〈桂林市领导干部任职前廉政法规知识测试工作实施方案〉的通知》精神,组织70多名科级干部进行廉政法规知识测试。

参加市纪委、市纠风办、市监察局主办的"纠风惠民、服务百姓——加强环境综合整治,建设美丽桂林"政风行风热线大型户外直播活动,解答群众提问。召开2013年政风行风建设动员会,邀请市行评组行评员及市环境保护局聘请的监督员参加会议,为新聘的政风行风监督员颁发了聘书。及时、认真处理市纪委等部门及个人的信访(投诉)件,做到件件有记录、有处理、有回复。

加大对违反纪律行为的查处问责力度。对个别同志因违反纪律规定,造成后果的行为进行调查,作出处理意见。强化全系统干部职工的纪律意识,及时帮助干部,有效防止严重违纪违法事件的发生。

【廉政风险防范】 2013年,桂林市环境保护局定期召开思想动态分析会,深化开展廉政风险研判防控工作。对市局各单位和部分县环境保护局廉政风险研判防控工作进行指导和调研,研判防控廉政风险点,针对可能存在的廉政风险点进行梳理分析研究,提出相应的对策和防控措施,取得了较好的成效。

编印《桂林市环境保护局廉政风险研判防控资料汇编(2010~2013)》,作为开展环保系统廉政教育的学习教材,以增强党员干部廉洁意识、风险意识、责任意识,从源头上预防腐败和有效防控廉政风险。

【党的建设】 2013年,桂林市环境保护局完成对党务工作程序规范的修订和全面推行,制定《中共桂林市环境保护局直属单位委员会发展党员工作推优、公示预审、票决和责任追究等五项暂行制度》,进一步完善党建各项工作制度,使党务工作顺利开展。

依据《中国共产党基层组织选举工作暂行条例》有关规定,市环境保护局1个支部完成换届工作,支部班子结构进一步优化。市环境保护局有12个党支部(含新增支部2个),党员总数达212名(含离退休党员56名)。同时,局党组、党委十分注重对要求上进年轻同志的培养,采用多种形式向干部职工介绍党的基本知识,注重在青年骨干中发展党员,开展经常性的干部职工思想状况分析,重点结合工作实际介绍党组织情况、发展党员情况、党员的先锋模范作用等,对表现优秀的同志,及时确定为入党积极分子。2013年预备党员按期转正6名,新发展预备党员3名,积极分子7名。

局党组(党委)以科学发展观为指导,带头加强理论学习,将理论学习的内容和研究讨论主题纳入全年工作计划进行具体部署和安排,引导党员干部认真学习贯彻党的十八大精神和十八届三中全会精神,以学习习近平总书记一系列重要讲话精神为动力,开展以学习贯彻《党章》为主要内容的政治纪律教育,坚持把维护党的纪律特别是政治纪律放在首位,从全局和战略的高度,切实把思想和行动更好地统一到中央重大决策部署上来,贯彻落实到"十二五"环保工作目标和环保各项工作中去,扎实推进党建工作和其他各项工作全面发展。

在庆祝中国共产党建党92周年之际,评选表彰先进党支部4个、优秀共产党员40名和优秀党务工作者5名。

组织参加市直机关工委组织的以"学党章、守党纪"为主题的党员干部学习心得体会征文比赛活动,市环境保护局选派的李志伟同志获得一等奖,彭靖恺、计晓梅两位同志获得二等奖;组织局系统党员干部职工参加市委组织部开展的学习党的十八大报告和党章知识竞赛活动,全局系统共有160人参加,在职党员参与率达100%;2013年3月在全市"解放思想、赶超跨越"大讨论活动评比中,市环境保护局荣获桂林市"解放思想、赶超跨越"大讨论活动先进单位。

【能力建设】 2013年,桂林市环境保护局业务用房建设在桂林市临桂世纪家园房地产公司协助下,依法依规基本完成了对项目施工企业的招投标,并确定广西建工集团第二建筑有限公司为此项目的中标施工企业,随后大力开展施工现场建设工作。2月完成"三通一平”及施工临时设施施工工作；5月完成施工基础勘探（超前钻）和基础放线工作，合理安排场地排水工作；7月初进行冲孔桩施工，随后按施工工序进行基坑开挖、岩石爆破、溶沟溶漕混凝土换填、抗浮锚杆施工、底板防水处理、地下室底板混凝土浇筑等施工工序。

【环保大事记】

一月

1月25日，桂林市环境保护局召开2012年度工作总结大会，市环境保护局党组书记、局长褚民作重要讲话。

二月

2月1日，桂林市环境保护科学研究所编制完成的《漓江风景名胜区沿岸乡镇生活污水排放方案研究》通过桂林市科技局组织评审专家组的鉴定，成果达到国内先进水平，评为2013年度桂林市科学技术进步三等奖。

2月5日，桂林市环境保护局组织全市环保系统各级领导召开2013年全市环境保护工作会议。

2月5日，按照自治区环境保护厅的统一部署，桂林市环境保护局启动“环境安全年1号行动”。此次行动主要对沿江沿河或企业下游涉及饮用水水源地的酒精淀粉、制浆造纸和环境风险隐患最高的企业开展现场检查和采样。

三月

3月1~2日，自治区环境保护厅副厅长钟兵率环境保护厅规财处、生态处、自治区环境监察总队、农村办等一行对桂林市环境风险防范措施和安全监督管理情况、饮用水水源地保护情况、节能减排情况、2012年农村环境连片整治项目运行管理情况进行调研。

3月2日，自治区环境保护厅副厅长钟兵与生态处、规财处、自治区环境监察总队、桂林市环境保护局相关同志到桂林市雁山区调研农村环境连片整治和规模化畜禽养殖工作。雁山区人民政府分管领导、农村环境连片整治项目所在乡镇负责人和雁山环境保护分局同志参与调研。

3月4日，桂林市环境保护局全局系统正式启动为期1个月的干部队伍作风建设活动。

3月5日，桂林市政风行风评议动态管理三组组长周志刚等一行对桂林市环境保护局2012年度民主评议政风行风工作进行了检查。

3月8日，桂林市环境保护科学研究所会同桂林市环境保护局污控科及各县环境保护部门工作人员，对桂林市临桂新区、永福县、灵川县、兴安县、全州县及灌阳县6个辖县（区），40家重点企业进行重点企业清洁生产审核工作情况进行现场调研。

3月22日，桂林市环境保护局组织相关人员参加2013年全区环保系统纪检监察工作视频会议。

3月27日，桂林市纪委副书记、监察局局长杨卫东一行到市环境保护局检查指导工作并考察了市环境监测中心站和环境自动监控管理办公室。

3月28日，桂林市举行2012年度环境质量综合分析会，会议由桂林市环境保护局总工程师邵艳青主持，局领导、各科室和各直属单位负责人参加会议。

3月29日，桂林市环境保护局召开2013年预防环境风险形势研判会。本次研判会在临桂冲口垃圾填埋场现场进行，会议主题是预防或减少渗滤液对环境的影响，相关科室人员、各县分管领导和监察大队长等共30多人参加会议。

四月

4月3日，按照自治区环境保护厅的统一部署，桂林市启动了“环境安全年2号行动”。此次行动主要是针对涉及饮用水水源地、环境风险隐患最高的企业开展现场突击检查。

4月7日，桂林市绩效考评检查组一行对市环境保护局2012年度绩效考评指标完成情况进行考评。环境保护局领导余海林、胡天云向检查组长汇报了环境保护局开展2012年度绩效工作情况。各科室、各直属单位、5城区分局的负责人参加了汇报会。

4月8日，桂林市环境保护局召开干部队伍作风建设活动总结会，纪检组长胡天云主持会议。党组成员余海林对市环境保护局干部队伍作风建设活动进行了总结。会上宣读《桂林市环境保护局加强干部队伍作风建设暂行规定》。市环境监测中心站、市环境监察支队、市局环评科、叠彩分局就本部门开展干部队伍作风建设活动取得的成效和今后的打算在会上作了发言。

4月8日，桂林市环境保护局召开环境综合整治行动布置会。全体干部职工170多人参加会议。局长褚民布置整治行动工作，党组成员余海林主持了会议。各科室、各直属单位、城区分局（筹备组）在会上依次向局党组递交2013年度党风廉政建设责任书。

4月10~11日，桂林市环境监察支队组织排污费征收稽查工作小组开展排污费征收稽查工作。结合桂林市实际，此次排污费征收稽查工作对象确定为永福县环境保护局、兴安县环境保护局和恭城县环境保护局。

4月10~12日，桂林市环境保护局由总量控制科牵头，组织污染防治科、市环境监测中心站、市环境监察支队、自动监控办及永福县、平乐县、兴安县、全州县环境保护局相关人员对桂林市2013年新增国控重点污染源进行现场调查。

4月11日，桂林市气象局副局长郑传新带队到市环境监测中心站就技术合作问题进行洽谈。市环境保护局副局长蒋永光对气象局人员一行的到来表示欢迎，希望通过双方技术合作，为改善桂林市环境空气质量水平提供科学的决策依据。

4月12日，桂林市环境保护局领导班子成员、全局系统副科级以上干部60多人在桂林市环境保护局参加2013年全国环保系统党风廉政建设工作视频会议。

4月18日，桂林市监测站中心试验室4名技术人员参加2013年GC-GC/MS培训学习经验交流会。

4月22~23日，自治区环境保护厅监测处处长曹伯翔带领专家检查组到桂林市对环境空气和地表水自动监测质量工作进行专项检查。

4月23日，长沙市环境保护局副局长郭卫平、长沙市环境监测中心站书记叶恒山及相关人员到桂林市环境监测中心站进行调研，主要就监测站事业机构改革情况进行座谈。副局长蒋永光、副站长黄跃武介绍市环境监测中心站的基本情况，并就工作情况进行交流。

4月25~26日，桂林市环境保护局局长褚民到灌阳县和资源县检查企业环境风险防范工作，了解企业环境风险防范规章制度制定执行、风险防范设施建设、尾矿库管理、环境应急物质准备及管理等情况。

五月

5月3日，桂林市环境保护局组织全局青年同志进行“传承五四精神、实现富强中国梦”座谈会。座谈会由市环境保护局副局长洪莉春主持。

5月8日，由桂林市监察局副局长马友元任组长，市监察局、市人民政府督查办督查组到市环境保护和城市园林绿化建设提升行动指挥部督查环境综合整治开展情况。督查组根据桂林市环境综合整治行动总体工作方案，对八个提升行动指挥部在第一阶段“宣传发动、集中整治阶段”工作开展情况进行督查。

5月9日，桂林市环境保护局局长褚民到兴安县检查企业环境风险防范工作，党组成员刘学振、办公室、环评科、市环境监察支队及市环境自动监控管理办公室等相关部门主要负责人参加此次检查。

5月9日，桂林市环境保护和城市园林绿化建设提升行动指挥部召开加快市环境保护局环境整治工作进度布置会，指挥部办公室全体成员、相关责任科室、市环境监察支队、市环境监测中心站、城区环境保护分局负责人参加会议。

5月10日，桂林市环境保护局参加由市纪委、市纠风办、市监察局与桂林电台合办的“政风行风热线”直播活动，解答市民提问。在11:00至12:00的一个小时时间里，回复听众、短信平台及网友提问的有关建设项目环境保护审批、施工噪声污染、电磁辐射污染、$PM_{2.5}$及危害等咨询和投诉10多件。市环境保护局领导、纪检监察室、政策法规与宣传教育科、自然生态与农村环境保护科、市环境监察支队、市环境保护局叠彩分局等部门参加当天的上线活动。

5月10日，桂林首届“政务公开日”活动在市中心广场举行，此次活动的主题为“推进政务公开，让权力在阳光下运行”。党组成员余海林代表市环境保护局作为先进单位上台发言。

5月15日，桂林市环境保护局派出政策法规与宣传教育科、市环境监察支队、城区分局人员参加全市环境综合整治法制宣传活动。

5月20日，桂林市环境保护局局长褚民、党组成员刘学振、总工程师邵艳青及局办公室、环评科、法宣科、市环境监察支队等相关部门主要负责人到叠彩区走访服务重大项目——桂林广场项目，了解桂林广场项目的规划、建设情况，并到项目现场进行了考察。

5月20日，桂林市财政局支出绩效评价工作组到市环境保护局对2012年环境污染治理专项资金项目进行现场绩效考核。该项目主要负责人向绩效评价组汇报2012年环境污染治理专项资金绩效情况，并提供有关绩效证明材料。

5月30日，桂林市环境保护局组织市政局、市铁建办、市区主要施工单位和建设单位等30多个单位的负责人召开中、高考期间建筑施工噪声污染防范和控制工作会议。

5月31日，桂林市环境保护和园林绿化建设提升行动工作推进会在市环境保护局召开，会议主要目的是贯彻落实全市环境综合整治会议精神，对工作进行动员部署。5城区人民政府、15个市直单位负责人参加了会议。

六月

6月4日，桂林市环境保护局召开新闻发布会。《桂林日报》、《桂林晚报》、桂林电视台、桂林广播电台分别派出记者现场参加。会上发布《2012年桂林市环境状况公报》，并向新闻媒体介绍了2012年桂林市环境保护主要工作及2013年上半年工作情况。

6月5日，桂林市人大、市人民政府、市政协领导出席由市环境保护局组织的纪念第42个世界环境日宣传活动，世界环境日中国主题为“同呼吸·共奋斗”。倡导广大市民增强环保意识，积极参与到保护环境行动中，形成全民关心环境、保护青山绿水的良好社会氛围。市环境保护局举行“环境开放日”活动，邀请了市人大代表、市政协委员、市民代表和新闻记者参加。当晚举行桂林市2013年“六五”世界环境日专场公益晚会，市人大、市人民政府、市政协领导观看此次晚会。

6月18日，桂林市机动车尾气污染治理专项工作会议在市环境保护局召开。会议主要目的是贯彻落实全市环境综合整治会议精神，加强机动车尾气污染治理工作，并对下一步工作进行部署。市环境保护局、市公安局、市交通运输局等单位的具体负责人参加会议。

6 月 25 日,桂林市环境保护局组织局机关全体人员、直属单位副科级以上干部 86 人参加由自治区人民检察院、自治区环境保护厅环境保护系统预防职务犯罪工作联席视频会议。桂林市人民检察院检察长秦艳、桂林市人民检察院职务犯罪预防局朱志勇等参加了会议。

七月

7 月 4 日,自治区环境保护厅厅长檀庆瑞在桂林市环境保护局局长褚民、总工程师邵艳青陪同下,对桂林市环境监测中心站进行视察,副站长黄跃武介绍了桂林市 AQI 信息实时发布平台的实施进展情况。

7 月 9 日,桂林市环境保护局召开桂林市机动车尾气污染治理专项工作联席会议。参会部门包括市环境保护局、市交通运输局、市交警支队等相关部门。会议主要针对桂林市机动车冒黑烟专项整治行动实施方案进行了专项讨论,对冒黑烟机动车辆专项整治方案中的路查点位、行动时间、人员部署等进行研讨。

7 月 10 日,桂林市环境保护局党组扩大会议集中学习《最高人民法院、最高人民检察院关于办理环境污染刑事案件适用法律若干问题的解释》。市环境保护局局领导、机关和二层单位负责人近 30 人参加了学习。

7 月 10 日,桂林市副市长周卫率领检查组对桂林市部分重点企业进行环境安全隐患排查。本次检查是市县乡三级人民政府开展的一系列环境安全隐患排查的组成部分。市环境保护局局长褚民,党组成员刘学振等参加本次检查。

7 月 18 日,桂林市环境保护局组织召开全市环保系统干部“学法用法,预防犯罪”会议,参加会议的有市环境保护局领导、市局各科室、各城区环境保护分局、市环境监察支队、监控办全体人员,市环境监测中心站、市环境保护科学研究所副主任以上干部,各县(自治县)环境保护局党组书记、局长、分管法制的副局长、监察大队长,共 142 人。

7 月 25 日,自治区环境保护科学研究院调研组到桂林市开展调研工作。调研组在市环境保护局召开“广西环境功能区划编制和广西城镇化环境问题及对策研究”座谈会,向市发展改革委、市环境保护局、市规划局等 14 个市直单位了解桂林市环境功能区划编制和城镇化环境问题的现状。26 日,调研组深入阳朔县兴坪镇进行实地调研,对乡镇的城镇化发展环境问题进行实地考察。

八月

8 月 12 日,桂林市举办 2013 年上半年环境质量综合分析会。会议由桂林市环境保护局调研员梁新强主持,市环境保护局领导、各科室和各直属单位负责人参加会议。

8 月 16 日,桂林市环境保护局举办培训班,组织 107 家市区排污企业领导详细学习《最高人民法院、最高人民检察院关于办理环境污染刑事案件适用法律若干问题的解释》。

8 月 28 日,桂林市环境保护局、桂林市安全生产监督管理局联合开展“环境安全年 3 号行动”环保专项集中检查。此次检查主要对象是全市尾矿库和化工行业企业。

8 月 29 日,桂林市环境保护局局长褚民带领市环境保护局相关业务科室到位于临桂县四塘乡冲口村的桂林市医疗废物处置中心进行工作调研。

九月

9 月 13 日,桂林市环境应急处置和固体废物管理中心成立挂牌仪式在桂林市环境保护局举行。自治区环境保护厅副厅长钟兵、市政府副秘书长樊伊宁、市编办副主任陈强华、市环境保护局局长褚民、市环境保护局党组成员余海林出席仪式。市环境保护局各科室、各城区环境保护分局、各直属单位的主要领导和市环境应急处置和固体废物管理中心的全体人员以及媒体等 30 余人参加。仪式由市环境保护局副局长刘学振主持。

9 月 17 日,桂林市监控办组织召开 2013 年桂林市国控污染源自动监控管理工作会议,市环境保护局分管局领导、市局相关科室、各县环境保护局分管领导及监察大队长、国控污染源企业负责人和社会化运行单位技术人员参加会议。

9 月 25 日,桂林市环境保护局召开 AQI 空气环境质量新标准新闻发布会。

十月

10 月 9~10 日,桂林市环境监测中心站和广州科迪隆公司合作,顺利完成桂林市环境空气国控点的联网安装调试工作,实现向中国环境监测总站、自治区环境监测中心站及市环境监测中心站三方同时传输实时数据。

10 月 22 日,桂林市环境保护局组织市公安局交警支队、市交通局等相关单位召开了桂林市冒黑烟机动车辆专项整治工作会议。

10 月 22 日,桂林市环境保护局局长褚民到兴安县进行环保工作调研,副局长刘学振、蒋永光及污防科、辐危科、规财科、监测中心站、环保科研所、监察支队等相关部门负责人一同参加。调研组对兴安县污水处理厂、广西桂果食品有限公司、兴安县崔家乡上塘村农村连片整治项目进行现场检查,并听取有关部门的情况汇报。

10 月 24 日,桂林市环境监测中心站在市中心广场开展桂林市实施环境空气质量 AQI 新标准专题宣传活动。

10 月 28 日,桂林市环境保护局召开依法行政工作会议。相关部门汇报2013年依法行政工作情况后，分管领导和主要领导分别作指示。

10月30日，桂林市开始实施环境空气质量新标准，向社会公众正式发布环境空气质量新标准AQI实时监测信息。

10月30日，桂林市环境保护局组织召开了全市国家重点监控企业自行监测和信息公开工作培训会，全市国控企业、12县5城区环境保护局、污防科、生态科、监控办、支队及监测中心站相关负责人90多人参加了会议。

10月31日，桂林市市长黄俊华率领市人民政府秘书长赵仲华及相关部门领导到市环境保护局进行工作调研。

十一月

11月28日，根据自治区环境保护厅统一要求，桂林市环境保护局在全市范围内集中开展“环境安全年5号行动”。此次行动主要针对沿江沿河或企业下游涉及饮用水源地的制糖、酒精、淀粉、制浆造纸企业污染防治工作落实情况进行监督检查。

十二月

12月11日，桂林市人大常委会人事代表联络工作委员会副主任黄玲、市人大教科文卫委主任李建平、象山区人大常委会主任徐维升等及辖区内市人大代表一行20余人到市环境保护局调研空气污染监测及防控情况。

12月17~19日，2013年全国环保宣教工作岗位培训班在桂林市举办，本期培训班对提升环保宣教系统工作者素质，提高宣教业务水平发挥了重要作用。

12月28~29日，桂林市环境监测中心站通过中国合格评定委员会CNAS定期监督评审的专家现场评审。

12月，桂林市环境保护局完成由韩国济州市倡议成立的“世界地方政府虚拟环境网络”领导人筹备委员会入会申请，组织收集相关文件图片资料和宣传资料。按相关程序约定，桂林市人民政府作为“世界地方政府虚拟环境网络”共同发起人。

梧州市环境保护

【综述】 2013年，梧州市全力推进污染减排、环境安全隐患排查、农村环境综合整治和重金属污染防治等重点工作，组织开展“清洁水源”专项行动，增设“环境应急事故调查中心”和“机动车排气污染管理中心”。实现全年群众零上访、行政零投诉、干部零违纪、环境安全零事故的目标。

2013年，梧州市环境质量在经济建设高度发展中仍然保持优良的状态。空气质量优良率为100%，水质达标率为100%；集中式饮用水水源地4个自来水厂吸水点的水质达标率为100%。城市道路交通噪声平均为67.7分贝，区域噪声为53.1分贝，均达到国家标准。

【环境监测】 环境空气监测　2013年，梧州市区共设2个环境空气自动监测点，分别为市环境保护局测点和云盖小学测点，两个测点均采用自动监测系统，每日24小时连续自动监测，并向市民发布城市空气质量日报，监测项目为二氧化硫、二氧化氮、可吸入颗粒物。

降水监测　梧州市区布设环保、气象、旺甫3个降水监测点，逢雨必测，每天1个混合雨样，即每天上午9:00到第二天上午9:00为1个采样监测周期。监测项目有pH值、电导率、降雨量、降水中钾离子、钠离子、镁离子、钙离子、铵离子、氯离子、氟离子、硫酸根和硝酸根共12项。

地表水环境质量监测　地表水环境质量监测为每月1次，监测项目共25项。桂江干流梧州段设监测断面2个，分别为京南和石咀；浔江干流梧州段设监测断面2个，分别为石良角、冬训楼；西江干流梧州段设界首监测断面。

饮用水环境监测　梧州市集中式饮用水水源地水质监测的测点设在梧州市的富民、北山、龙新和塘源等4家自来水厂吸水点上游100米处，在自来水厂吸水口的保护范围内。这4个水厂分别以桂江、浔江、西江为供水水源。市环境保护监测站对集中式饮用水水源地水质进行每月1次监测，监测项目共61项(其中7月份109项)。

声环境监测　区域环境噪声测点118个，测点分布在梧州市区建成区(建成区面积为37.55平方公里)内，按500×500米划分等距网格。每年监测1次(昼间监测)，以网格中心附近为测点，采用自动声级计测定。

道路交通噪声监测点位布设在市区11条主要交通干线上，监测路段总长度为26494米，测点位于路口之间，道路边沿外20厘米处。每年监测1次。

重点污染源监督性监测　2013年，梧州市国控重点污染源有38个点源，其中废水源20个，废气源7个，污水处理厂7个，重金属监控企业4个。市环境保护监测站每季度至少对废水、废气和污水处理厂开展1次污染物排放监测；每季度进行1次自动监测设备的比对监测；季节性生产企业生产期间至少每月监测1次。为配合减排需要，污水处理厂每季度增加1次减排月报监测，监测污水厂进水口、出水口，分析指标为pH值、化学需氧量、氨氮、流量等。按《重金属污染综合防治“十二五”规划》要求，重金属排放企业废水、废气及无组织排放每2个月至少监测1次。周边环境监测为每半年监测1次。2013年,梧州市环境保护监测站按要求完成全年的重点污染源监督性监测工作任务。

【环境质量】 *环境空气质量* 2013,年梧州市区的环境空气质量主要指标均达到国家城市空气环境质量二级标准,其中市区大气二氧化硫年日均值为0.016毫克/立方米,二氧化氮年日均值为0.026毫克/立方米,可吸入颗粒物年日均值为0.053毫克/立方米。2013年共发布市区环境空气质量日报359期,API指数平均值为51,首要污染物为可吸入颗粒物。空气质量优良率为100%。其中空气质量为优的天数有156天,占有效天数的43.5%,空气质量为良的天数有203天,占有效天数的56.5%。

2013年共监测降水209场次,检测单个样品pH值范围4.74~7.18,年平均5.77,酸雨频率为6.7%。

梧州市区可吸入颗粒物浓度年均值近三年逐年上升,成为影响梧州市空气质量的主要因子。虽然市区工业源已经大大减少,但是受城市基础设施建设及机动车保有量不断增加的影响,造成扬尘相应增加。

水环境质量 2013年,梧州市地表水水质良好,各监测断面年均值均达到相应水环境功能目标。按《地表水环境质量评价办法(试行)》,市区5个断面的监测项目年均值均达到Ⅲ类水标准,水质达标率为100%;集中式饮用水水源地4个自来水厂吸水点的水质达标率为100%。

声环境质量 2013年,梧州市区城市道路交通噪声平均为67.7分贝,比上年上升2.3分贝,达到国家标准。

2013年区域环境噪声为53.1分贝,较上年上升了1.7分贝,达到国家标准。

【污染防治】 *重点流域水污染防治* 2013年,梧州市重点组织加强对污水处理厂的环境监管,市环境保护局针对7家已投入正常运行的集中式污水处理厂,督促运营单位完善在线监控和运行控制系统,加强运行规范管理,做到稳定运行、达标排放。对处理负荷较低的藤县污水处理厂、梧州工业园区污水处理厂加快配套管网的整改,平均处理负荷已分别由2012年度的35%、23%提高至2013年度的47%、50%。组织实施了梧州市辖藤县福利造纸厂减排项目。开展规模化畜禽养殖场减排,2013年全市实施规模化养殖场减排项目32个。梧州市各级环境保护部门对制糖、淀粉等各季节性生产企业实行生产审批。梧州市区江河地表水监测断面及桂粤交接断面水质达标率均为100%。

大气污染防治 2013年,梧州市共发布市区环境空气质量日报359期,环境空气质量满足国家二级标准,空气质量优良率达100%。各季度国家废气重点监控企业达标率为80%~100%。广西西普南雁水泥有限公司投入1000万元的SNCR脱硝工程项目通过环保验收,是广西第二家实施脱硝减排的水泥生产企业。梧州市环境保护局成立机动车排气污染管理中心,对新注册机动车发放环保检验合格标志434枚。启动机动车环保检测机构建设的前期工作,市人民政府印发全市检测机构建设实施方案。开展全市持久性有机污染物调查。

噪声污染防治 2013年,梧州市市区的区域环境噪声年均值为53.1分贝,道路交通噪声年平均等效声级67.7分贝,监测结果均达到相应国家标准。城区环境噪声扰民信访投诉占环境信访投诉总量的60%,以宝石加工业噪声投诉等社会生活噪声投诉和建筑噪声投诉为主。梧州市人民政府加强人工宝石加工噪声的整治,推进宝石加工集中区的建设,引导70家宝石加工户进驻长洲区、原梧州市电筒厂及原梧州市五一塑料厂宝石加工集中区,城区人民政府、环境保护、公安、供电等部门,对宝石加工相对集中、群众投诉强烈的区域开展联合整治行动,切断宝石供电线路60户。在中高考期间,实施噪声专项整治行动。坚持执行建筑施工噪声管理制度,开展工业污染源的噪声排污申报工作。

饮用水水源地保护 梧州市环境保护局组织进行市区及所辖各县(市)集中式饮用水水源2013年度环境状况评估。对梧州市市区新增的白沙自来水取水点进行水源地保护区划分。逐步开展各县(市、区)乡镇集中式饮用水水源保护区划分工作。组织实施市区集中式饮用水水源地环境风险和安全隐患整改工作,对富民片、钱鉴片城区管网进行改造,实行雨污分离,解决富民、北山水源地污染隐患。完成《市区饮用水水源保护区标志设置方案》,对市区4个水源地共设计设立49个标志牌,作为"美丽梧州·清洁乡村"活动的一部分,组织开展清洁水源专项活动,以及农村主要饮用水水源地调查,梧州市已有64个乡镇集中式饮用水水源地保护区划分方案完成专家评审。梧州市各级环境保护部门加强饮用水水源安全风险隐患排查,严厉查处饮用水水源保护区内环境违法行为。按规范全面开展饮用水源水质监测,市区4个集中式饮用水水源地监测达标率均为100%。

重金属行业污染防治 2013年,梧州市人民政府成立全市重金属污染防治工作领导小组。市环境保护局根据《梧州市2013年度加强重金属污染防治工作实施方案》,采取边排查、边整治、边督察的形式,组织开展环境风险安全隐患大排查、大清查大整治行动,对沿江重点区域的涉重金属、冶炼等重污染行业,按照"实

施拉网式地毯式排查”的要求进行排查检查，共出动人员860人次，检查企业292家次，对20起环境违法行为进行立案处理。梧州市辖蒙山县鑫进五金工艺制品厂完成强制性清洁生产审核验收。重点推进12个重金属污染综合防治项目，2013年完成全部项目工程量的60%。组织对梧州市3个国家级江河地表水监控断面、市区4个饮用水水源地，每月开展1次重金属监测指标监测，达标率均达到100%。梧州市重金属国家重点监控企业为4家，实施每2个月不少于1次的监督性监测，达标率为100%。

固体废物管理 梧州市具备进口废五金类废物加工利用单位定点资质的企业增至16家(占广西企业总数的80%)。环境保护部批准梧州市企业2013年度进口废物配额89万吨，其中再生园区实际进口30万吨。组织开展全市进口废物专项整治行动，确定重点监管企业名单，出动人员140人次，现场检查全市进口加工企业70家次，重点抽查进口废物的加工流程和去向，对于台账不全、生产设施或者污染治理设施运行不正常的企业提出整改要求，限期整改。将再生园区内6家企业列入广西2013年度第一批重点企业清洁生产审核名单，其中广西有色金属有限公司强制性清洁生产审核工作已通过评估。

危险废物管理 梧州市环境保护局组织开展全市2013年危险废物规范化管理督查考核工作，全市共抽查考核25家企业，其中产生单位危险废物规范化管理抽查合格率为97.5%，经营单位危险废物规范化管理抽查合格率为100%。结合环境安全隐患大清查大整治行动和“环境安全年”行动，特别针对全市19家省级以上危险废物监管重点源，组织加强现场检查，检查危险废物识别标志设立情况，危险废物管理计划制定情况，危险废物申报登记、转移联单、应急预案备案、危险废物经营许可证等管理制度执行情况，贮存、利用、处置危险废物是否符合相关标准规范等情况。2013年，经批核转移处置104吨危险废物。梧州市医疗废物处置中心日收运和处理医疗废物达2.5吨以上；指导广西广润环保危险废物有限公司、梧州市汇广源燃油物质有限公司申请危险废物综合经营许可。

污染源普查与环境统计 组织开展2013年度环境统计年报和国家重点监控企业季度直报工作。加强质量管理，梧州市对591家重点调查单位逐一进行年度环境统计，包括382家重点工业企业、198家规模化畜禽养殖场(养殖小区)、11家集中式污染治理设施等。对非重点污染源的乡镇工业、社会生活及其他排污，采用排污系数进行测算。环境统计的各类报表能够及时上报，数据符合实际，客观反映全市的污染物排放情况。

【污染物减排】 *减排督查与监管* 落实目标责任，组织制订梧州市2013年度减排计划，将污染减排任务分解落实到各县(市、区)及有关企业。加强跟踪检查，全市出动人员300人次，检查减排项目承担企业70家次，组织开展全市计划减排项目实施情况年中、年终专项督查。推进生活源减排，督促7家集中式污水处理厂完善在线监控和运行控制系统，排查配套管网覆盖和渗漏现象，全年总平均处理负荷达78%。逐步开展农业源和机动车减排，环境保护、水产畜牧部门定期会商，收集、确定32家规模化养殖场列入年度减排项目，并抓好落实；启动储油库、加油站和油罐车油气污染治理工作，对全市140个单位进行前期调查，2013年对新注册车辆发放434枚机动车环保检验合格标志。

减排重点项目 根据《梧州市2013年度主要污染物总量减排计划》，2013年梧州市安排39个重点计划减排项目。其中，工业源污染减排方面为考核广西藤县福利造纸厂、广西蒙山广晋水泥有限公司(原广西西普南雁水泥有限公司)、岑溪市福星建材有限公司减排项目的完成情况；生活源污染减排方面为考核梧州市第一、第二污水处理厂、梧州市辖岑溪市污水处理厂、藤县污水处理厂减排项目的完成情况；农业源减排方

2013年6月，梧州市环境保护局对广西梧州荒川化学工业有限公司进行检查

2013年10月，梧州市环境监察支队监察人员对广西天鹅蓄电池有限责任公司进行检查

面为考核洪岭养殖场等32个规模化养殖场减排项目的完成情况。39个年度计划减排项目的治理设施基本建成,其中藤县福利造纸厂减排项目在国家与广西签订的“十二五”减排责任书中,为梧州市唯一一个重点减排计划项目,国家已完成认定。

减排专项行动 组织开展2013年主要污染物总量减排突击行动,梧州市环境保护局印发《2013年主要污染物总量减排突击行动工作方案》(梧环字〔2013〕196号)。一是针对市区3个规模化养殖场减排项目进展缓慢的问题,督促业主并在11月底前完成。二是协调完成梧州市辖岑溪市城区污水管网改造工程、蒙山县城5个小区新建和改造市政基础设施建设工程、蒙山县汉豪乡镇区基础设施工程等3个城镇管网建设计划项目。三是设专人负责新注册机动车环保检验合格标志发放工作,实际发放434枚,并按自治区统一要求逐条上传机动车环保标志发放数据。

【生态保护和建设】 *试点示范创建* 2013年,梧州市出台《梧州市级生态村申报及管理规定(试行)》。从市级生态村创建这个“细胞工程”抓起,融合“美丽梧州·清洁乡村”活动,推进农村生态文明示范建设。

生态建设资金和生态农业 2013年,梧州市苍梧县有绿色环保综合养殖场等5家企业,获得生态广西建设引导资金补助共计225万元,分别支持生态种养、有机种植加工和农业废弃物收集综合利用等方面,其中梧州市辖蒙山县玉峰茶厂和梧州市亿源肥业有限公司蒙山分公司项目验收材料已经梧州市环境保护局初审。此外,根据资金管理办法,实时跟踪问效获得资金的单位企业,促成了获得2011年资金项目的广西梧州双钱实业有限公司完成资金项目验收。2013年下半年组织开展了2014年度生态广西建设引导资金的申报工作,已有8个项目上报自治区环境保护厅生态处,共申请2014年度生态广西建设引导资金775万元。

自然保护区建设和管理 梧州市仅有一个自然保护区——蒙山县古修自然保护区,1982年经自治区人民政府批准为县级自然保护区。位于蒙山县的东北部,南北长约7.4千米,东西宽2.6千米,包括长坪、西河两个乡4个村的部分山林,总面积约19平方千米。

为深入了解保护区内植物资源情况,梧州市配合中南林业科学大学调查队对保护区进行调查,确认了海南粗榧、桫椤在保护区内的数量及分布情况,并于2013年6月首次在保护区内发现红豆树。

生物多样性保护和物种资源调查 按梧州市创建国家园林城市工作部署,为做好梧州市生物多样性保护工作,2012年正式开展市域内物种资源调查,并组织编写生物多样性保护规划。2012年8月通过公开招投标形式确定广西大学为《梧州市城市生物多样性保护规划》编写单位,对梧州市生物多样性现状和物种资源进行调查后,编写完成《梧州市城市生物多样性保护规划》,并于2013年2月通过梧州市人民政府常务会议通过并颁布实施。

资源开发项目生态保护 2013年,梧州市进一步加强资源开发项目生态保护监管,减轻资源开发活动对生态环境的破坏。年内梧州市环境保护局完成梧州市万秀区工业园区万源投资有限公司等多个涉及生态环境影响项目的环评审查。

主体功能区划 2012年8月,梧州市人民政府颁布了《梧州市生态市建设规划》和《梧州市生态功能区划》,对梧州市生态环境保护具有重要的指导意义和推动作用。

农村环境综合整治 梧州市苍梧县、岑溪市被列为2011~2013年广西农村环境连片整治示范县(市),获得中央和自治区补助资金5805.6万元,投入到12个乡镇80个村屯开展农村环境连片整治示范工作,受益人口约22万人,建成农村生活污水处理站81座、配套农村生活污水收集管网75公里,形成农村污水处理能力约200万吨/年;购置了垃圾转运车32辆、可移动垃圾桶1854个、可移动垃圾箱607个、人力垃圾收集车567辆,建成垃圾收集屋93座,形成垃圾收集处理能力0.4万吨/年。

农村土地整治 梧州市自2010年至2012年获自治区国土资源厅批复土地整治项目共25个,项目总建设规模14892.21公顷,预计总新增耕地面积468.92公顷,总投资约5.6亿元,2013年已有22个项目完工。2013年自治区国土资源厅批复梧州市辖蒙山县为第一批整县推进土地整治工程立项,项目总实施规模5976.48公顷,拟建成高标准基本农田4158.85公顷,总投资12457.56万元。2013年蒙山县整县推进土地整治项目正在开展规划设计工作。

通过土地整治、耕地开垦、增减挂钩工作,梧州市增加了耕地面积,提高了耕地质量,促进了集约节约用地,统筹了城乡发展,促进了社会主义新农村建设,实现了保红线保发展的工作目标。建设了一批“田成方、路相通、渠相连、旱能浇、涝能排”的标准化农田;实现了项目区布局优化、道路硬化、村庄绿化、环境美化,改善了农民生产生活条件。

【核与辐射安全监管】 2013年,梧州市制订《梧州市环境保护局2013年核与辐射安全监督检查实施方案》(梧环〔2013〕155号),开展2013年核与辐射安全监督检查工作,并通过日常监管要求,全年共出动检查人员183人次,对梧州市辖区35家核技术利用单位及9家废旧金属回收熔炼单位进行全面仔细的排查检查。针对企业存在的问题,认真梳理分析,明确风险和隐患类别，下达整改通知书，逐一提出整治要求，督促企业完成整改任务。积极推进Ⅲ类射线装置辐射安全许可审批工作，配合市环境监察支队督促企业推进废旧金属熔炼企业辐射监测系统建设。

【环境规划】 2013年，梧州市环境保护局积极与市发展改革委进行工作对接，督促《梧州市环境保护和生态建设“十二五”规划》的颁布实施，开展完成《梧州市国民经济和社会发展第十二个五年规划纲要》环境保护领域和主要指标实施情况的中期评估；同时积极配合市发展改革委完成《广西循环经济发展“十二五”规划》等8个规划中期评估材料整理和收集，并及时报送。中期评估结果环保工作目标基本落实。

【专项资金管理与申报】 *专项资金项目管理* 2013年环境保护专项资金的使用遵循“以收定支”原则，根据《排污费征收使用管理条例》和《广西壮族自治区排污费资金收缴使用管理办法》（桂财建〔2005〕77号）的有关规定，开展市本级环保专项资金申报，对申报2013年环保专项资金项目进行材料核实和现场勘察，对项目技术条件较成熟，可行性强，具有一定环境、社会效益的项目，经与市财政局审核，将国家环境空气监测网梧州监测站建设等项目纳入专项资金使用计划，拟订《2013年梧州市环境保护专项资金使用计划》，上报市人民政府审核批准。

组织完成广西三威林产工业有限公司废水处理系统改造项目、广西天鹅蓄电池有限责任公司生产区雨水收集处理系统工程项目、广西梧州五一塑料制品有限公司PVC管材车间粉尘处理工程项目、广西梧州鸳江立德粉有限责任公司立德粉污水综合治理项目、梧州市环境保护监测站桂江京南（原石咀）水质自动监测站建设等项目竣工验收工作，按照专款专用的原则组织验收拨付补助资金。

环保专项补助资金项目申报 组织2014年生态广西建设引导资金项目的申报，并将广西苍梧县双贵六堡茶业有限责任公司133公顷有机六堡茶种植基地等8个项目材料上报，申报项目总投资共计3934.9万元，其中申请生态广西建设引导资金补助合计775万元。

组织申报2013年重金属污染防治专项资金项目，并及时将广西苍梧县有色金属冶炼公司6000吨/年高锑渣重金属防治及资源化利用项目等4个项目材料上报，申报项目总投资共计17921.9万元，其中申请重金属污染防治专项资金补助3744.3万元。

【行政处罚】 2013年，梧州市环境保护部门（含岑溪市、苍梧县、藤县及蒙山县环境保护局）共立案查处环境违法案件共24件，其中市本级立案13件，辖区内各县（市）环境保护部门立案11件；已结案22件，罚款总额55.759万元，全年无行政复议或诉讼案发生，2人提出行政处罚听证申请。全年下达责令改正通知书124件，已按要求整改112件。根据自治区环境保护厅信息公开要求，梧州市环境保护局及辖区县（市）环境保护局的行政处罚文书已向社会及在环保网上公开。

【环境宣教】 *“六五”世界环境日纪念活动* 2013年，梧州市环境保护局利用“六五”世界环境日纪念活动的机会，邀请报纸、电台、电视台等新闻媒体宣传报道梧州市环保工作，以及环保法律法规和环保科普知识。

2013年“六五”世界环境日纪念活动期间，梧州市环境保护局在梧州市（含各市/县）范围内开展环境违法案件有奖举报宣传活动，将宣传材料发放到各机关、学校、企业、小区共7500多份。举办了“共建美丽梧州·清洁城乡水源”专题广场文艺晚会，近千名市民观看文艺演出；继续开展环保“进机关、进学校、进企业、进小区、进家庭”的“环保五进”活动，在梧州市机关、学校、企业、小区、家庭内开展互动式的环保宣传教育活动，参加人数达2500多人次。

志鉴编纂 2013年，分别按要求完成《广西环境年鉴》梧州市环境保护部分30个条目、《梧州市年鉴》环境保护部分9个条目的编纂工作任务。

【机构设置】 截至2013年12月31日，梧州市环境保护局二层机构有梧州市环境保护监测站、梧州市环境监察支队、梧州市环保科技中心、梧州进口再生资源加工园区环境保护分局、梧州市污染源自动监控中心、梧州市核与辐射环境管理站、梧州市环境应急与事故调查中心、梧州市机动车排气污染管理中心。

【信息公开与政务信息】 *环境信息公开* 2013年度梧州市环境保护局累计主动及时公开和更新政府信息712条，全文电子化率达100%。其中政策法规发布7条、环评公众参与公示183条、环境监察发布45条、建设项目竣工验收公示37条、环境动态发布120条、环评文件审批信息70条、空气质量日报330条、其他信息68条。

公文办理 2013年，梧州市环境保护局累计办理公文5561份，其中发文1235份，签报2226份，收文2100份。

办公信息化建设 2013年，梧州市环境保护局进一步完善环保信息网，提高政务公开、网上办事和网上互动的效果。建设环境监控指挥中心，整合执法系统、信访系统、在线监测、排污收费系统等系统模块，对环

境空气质量和水环境质量进行全天候监控，对污染点源、面源以及突发性环境事件进行实时化、全方位的监、管、查、控，提升梧州市环境执法监管水平。通过应急指挥系统的信息共享和有效整合，全面提高环境保护管理和应急救援信息化水平，提高梧州市环保应急处理能力，为环保信息共享和指挥联动提供基础保障条件。

人才队伍建设　2013年，梧州市本级环保系统具有高级职称12人，中级职称33人；其中研究生学历7人，本科以上学历98人。

2013年，从一大批大学生中选取4名优秀毕业生充实到市环境保护监测和监察队伍中。结合创建“五个好”和争当“五带头”，开展“监测技能大比武”和“监察岗位练兵”，形成比知识、比干劲、比业务、比效率、比贡献的浓厚氛围。2013年，梧州市环境保护局积极争取中央和自治区环境保护专项补助资金350多万元，弥补市环境保护监测站在有毒有害气体、重金属快速测定等方面的硬件不足，为环保人才的施展提供了良好的平台。组织各类人才参加各级党校、行政院校、环境保护部和自治区环境保护厅等组织的教育培训和专业知识培训，切实增强他们履行岗位职责、服务经济发展、维护环境权益、做好群众工作的本领。同时，加大公开选拔、竞争上岗工作力度。2013年，针对局机关和下属监测站有部分科级干部职数空缺，通过竞争上岗，共有7人走上科级干部岗位。

【表彰和奖励】　梧州市环境监察支队获2013年度广西环境监察工作先进单位称号。

【环境科研项目】　2013年，梧州市环保科研中心完成了《2012年梧州市市区集中式饮用水水源环境状况评估报告》、《梧州市环境保护局关于开展国务院〈关于进一步促进广西经济社会发展的若干意见〉中期评估试点工作情况的报告》、《梧州市“十二五”规划纲要实施评估报告》、《2011年梧州市环境保护及其相关产业基本情况调查》、《梧州市新增饮用水水源地划分》、《梧州市倒水镇饮用水水源地保护区的划分技术报告》，配合自治区完成《广西县级以上饮用水水源地现状调查及保护对策研究梧州市区的情况调查》、《广西梧州市饮用水水源地环境保护规划报告(2008~2020年)》实施情况评估等8个课题。

【政风行风建设】　2013年，梧州市环境保护局坚持“三严三进”。检查督导抓“三严”，即严格各项环保审批，严厉查处环境违法行为，严肃追究环境监督失职责任。上门服务抓“三进”，即进重点园区，进重点企业、进重点社区。

【环境影响评价】　2013年，梧州市环境保护局共受理咨询项目987件，审批项目环评文件624件，其中审批项目环境影响报告书55件，环境影响报告表93件，环境影响登记表476件，涉及投资总额186.609亿元，其中环保投资5.048亿元。建设项目通过竣工环保“三同时”验收229项。

2013年，梧州市列入自治区层面统筹推进重大项目共13个，其中新开工重大项目9个，预备开工重大项目4个。新开工9个重大项目环评文件均通过有审批权限的环保行政主管部门审批。预备开工4个重大项目除梧州山王拖拉机制造有限公司的社学新型农业机械制造项目(因选址有变，须另行选址后再开展环评)和梧州市狮卧山生态旅游开发项目(环评单位正在修改该项目环评文件)外，其余2个项目的环评文件均通过了有审批权限的环保行政主管部门审批。

梧州市环境保护局在2013年开展梧州市东部产业转移园区万秀工业区控制性规划、梧州市红岭北侧物流新城控制性详细规划以及广西鼎立新材料科技产业园控制性规划等环境影响报告书的审查工作。其中，梧州市红岭北侧物流新城控制性详细规划以及广西鼎立新材料科技产业园控制性规划的环境影响报告书已通过梧州市环境保护局组织的审查；梧州市东部产业转移园区万秀工业区控制性规划因工业区规划在分界溪的排污口位于国家水产种质资源保护区范围内，其规划环评审查小组组长提出，在进行排污口对国家水产资源保护区专题论证并通过主管部门审批的前提下，才出具对《报告书》的书面审查意见，因此梧州市东部产业转移园区万秀工业区控制性规划环评的审查工作尚未完成。

【环保专项行动】　2013年，梧州市开展“环境安全年1、2、3、4、5号”环保专项行动，环境风险和安全隐患大排查大整治、大清查大整治，钢铁、陶瓷、混凝土、宝石行业环境污染专项整治，推进梧州市辖藤县大黎矿区环境问题的整治和整改，以及加强饮用水水源地监管工作等一系列专项活动，从严从细排查梧州市范围环境安全隐患问题。

2013年7月初，梧州市环境保护局采取边排查、边整治、边督察的形式开展环境风险隐患大排(清)查大整治行动，先后对沿江重点区域的重污染行业以及国控、市控重点企业进行排查检查。按照“实施拉网式地毯式排查”的要求，对梧州市区内废旧仓库、出租厂房、边远山区等开展全面、彻底的排查，共出动人员860人次，检查企业292家次，对其中存在环境问题的116家企业依法进行查处，并督促整改落实。共对7家企业的环境违法问题进行挂牌督办，对29起环境违法行为进行立案处理。

【排污申报与收费】 梧州市环境保护局按照企业排污申报登记—环境保护部门审核—排污量核定—排污费征收的程序开展排污申报与收费工作。2013 年，梧州市及所辖县（市）共有 441 家企业进行了排污申报登记，其中废水排放企业 127 家、废气排放企业 180 家，固废排放企业 54 家。2013 年全年依法征收企业排污费总额为 1170 万元。

【监察队伍管理】 梧州市环境监察支队为梧州市环境保护局下属参照公务员法管理的副处级事业单位，具有独立法人资格。经批准于 2012 年 10 月增挂“梧州市重点污染源自动监控中心”，实行“一套人马，两块牌子”的管理模式。

2013 年，梧州市环境监察支队共有在职人员 30 人，其中在编人员 16 名，聘用人员 14 名，设置领导职数 2 名（1 正 1 副）；设置综合科和监察科 2 个科室，科级领导职数 2 名。全支队（含聘用人员）大专以上学历占 93.3%。

【监察能力建设】 2013 年，梧州市环境监察支队配套有标准采样设备、水质快速测定仪、酸度计、溶解氧仪、烟气黑度仪、烟气污染物快速测定仪、粉尘快速测定仪、放射性个人剂量报警仪、噪声声级计等应急监测仪器 20 台（套），配备摄像机、照相机、录音设备、卫星定位仪等现场调查设备 10 台（套）。

组织实施梧州市污染源自动监控系统的建设与升级改造、联网运行工作，对相关企业予以技术、信息、资金、政策等全方位的服务，扎实推进新增重点污染物自动监控能力建设工作。截至 2013 年底，梧州市共有 39 家企业的 55 套监控设备（水：46 套，气：9 套）与市监控中心联网，其中 27 家企业的 39 套污染源在线监控设施通过了竣工环保验收，其中废水监控设施 34 套，废气监控设施 5 套。

2013 年 3 月组建梧州市环境应急与事故调查中心。该中心为梧州市环境保护局管理的正科级全额拨款事业单位，设事业编制 3 名。中心的工作职责主要是负责环境污染事故预防和应急处置体系及相关能力的建设，完善应急处置预案，开展日常的应急演练，提高应急响应能力。

【环境信访】 2013 年，梧州市环境信访处理工作结合全年整治违法排污企业保障群众健康环保专项行动和重点行业企业环境风险隐患大排查大整改工作，进一步认真处理群众反映强烈的饮食油烟、噪声扰民和污染水源等问题，继续重点整治中心城区沿街饮食店油烟扰民问题，切实加强中心城区高考、中考期间噪声污染监督管理。“12369”环保举报热线确保 24 小时畅通，信访渠道进一步拓展，随时接受群众反映问题。负责信访处理的梧州市环境监察支队实行夜勤轮值制度，全体人员 24 小时保持手机畅通，争取群众最大满意度。据统计，2013 年梧州市环境保护局共受理信访件 1132 件，已处理 1099 件，处理率为 97%。

【环保大事记】

一月

1 月 25 日，自治区环境保护厅副厅长黎敏带队到梧州市开展环境安全隐患督查。督察组认真听取梧州市环境保护局的环境安全隐患排查工作情况汇报，并对排查工作提出明确要求，一是所有涉及危废的项目都必须经过环评审批；二是 25 家需要进行整改的企业要抓紧整改；三是要重点做好重金属污染防治工作；四是要抓紧做好清洁生产审核工作。

二月

2 月，梧州市人民政府常务会议通过并颁布实施《梧州市城市生物多样性保护规划》。

三月

3 月，梧州市环境应急与事故调查中心组建成立。

六月

6 月 18 日，梧州市人大调研组就全市饮用水安全和水污染防治工作到梧州市环境保护局进行调研。

6 月 20 日，自治区环境保护厅纪检组长梁远略到梧州市环境保护局进行调研，强调要认真学习习近平总书记的讲话，务必要领会精神，提高环保工作积极性；践行“五项承诺”要出效果，树立环境保护部门形象；要严格执法，加强与检察部门的沟通联系，共同预防职务犯罪。

6 月 27 日，自治区环境保护厅环评处处长韦杰宏带队到梧州市环境保护局进行环评工作调研。

七月

7 月 22 日，梧州市委书记刘志勇一行就全市环境保护工作到市环境保护局进行调研。

十二月

12 月 20 日，梧州市委宣讲团成员、市委宣传部副部长黄上进为梧州市环境保护局 100 多名干部群众作了党的十八届三中全会精神专题演讲。

12 月 24~25 日，自治区环境保护厅副厅长黎敏率相关处室负责人，分别深入梧州市、岑溪市、苍梧县环境保护部门开展“接地气、摸实情”能力建设调研活动。

北海市环境保护

【综述】 2013 年，北海市城市环境空气质量保持良好，优良率达 99.5%；地表水南流江和武利江各个断面水质达到《地表水环境质量标准》Ⅲ类标准；集中式饮用水地表水源地湖海运河东岭段、牛尾岭水库和南流江总江口水质达到《地表水环境质量标准》Ⅲ类标准；地下水禾塘水厂、龙潭水厂、营盘水厂、福成水厂、南康水厂和涠洲水厂水质达到《地下水质量标准》Ⅲ类标准；区域环境噪声、交通噪声和功能区噪声处于较好水平。

【机构改革与人事】 2013 年，北海市环境保护局环境监察、监测、辐射与固废监管、信息宣教队伍建设进一步增强。通过公开招考、调入专业技术人才、吸收军转安置的方式，共补充 31 名工作人员充实环境监察、监测、辐射与固废监管、信息宣教干部队伍；重组环境监察支队，根据工作需要合理安排各内设机构人员，环境监管队伍进一步增强。

【清洁生产】 2013 年，北海市共有 16 家企业通过强制性清洁生产审核评估，通过实施清洁生产产生的环境效益有：节水 12317.002 万吨，节电 802.228 万度，节煤 1.587 万吨，削减废水排放量 11550.875 万吨；减少二氧化硫排放量 20.916 吨，削减氨氮排放量 242.35 吨，减少一般固体废物排放量 16.870 万吨，减少危险废物排放量 49.45 吨。

【环境质量】 环境空气质量 按照《环境空气质量标准》(GB3095-1996) 评价，2013 年北海市环境空气质量达到国家一级标准（优）和二级标准（良）的天数共 363 天，其中达到一级标准的有 188 天，达到二级标准的有 175 天；轻微污染 2 天；优良率为 99.5%，较上年下降 0.5 个百分点（上年为 100%）；空气污染指数(API) 范围为 14~110，首要污染物为可吸入颗粒物。二氧化硫年均浓度为 0.017 毫克 / 立方米，二氧化氮年均浓度为 0.013 毫克 / 立方米，均达到国家一级标准。可吸入颗粒物年均浓度为 0.054 毫克 / 立方米，达到国家二级标准。二氧化硫年均值浓度比上年降低 0.001 毫克 / 立方米；二氧化氮年均值和上年持平；可吸入颗粒物年均值比上年上升 0.001 毫克 / 立方米。

北海市市区降水监测点位共 4 个，其中城区 3 个测点，远郊 1 个测点（对照点）。2013 年共采雨样 120 个，采样量 7521.2 毫米(mm)，降水 pH 值范围 4.97~8.65，均值为 5.77，酸雨频率为 5.83%。与上年相比，采雨样个数增加 81 个，酸雨频率上升 5.83 个百分点（上年酸雨率为 0），降水 pH 均值下降 1.08。

水环境质量 地表水 北海市环境监测中心站对南流江的江口大桥、南域、亚桥断面及武利江的东边埇断面共四个区（省）控断面每月进行 1 次例行监测，每月监测 29 项指标。南流江和武利江月断面水质为Ⅲ类，水质良好，与上年相比，水质无明显变化；全年南流江和武利江水质功能断面达标率和 I~Ⅲ类水质比例为 100%，水质状况为优。

饮用水 北海市市区集中式生活饮用水水源为地下水。对市辖区禾塘村、龙潭村、营盘镇、福成镇、南康镇、涠洲镇等 6 个地下水饮用水水源地的禾塘水厂、龙潭水厂、营盘水厂、福成水厂、南康水厂、涠洲水厂的取水口开展每月 1 次常规性监测，监测指标共 23 项。其中 6 月份按照《地下水质量标准》中 39 个项目进行了全分析。集中式地下饮用水水源地水质除 pH 值超过《地下水质量标准》(GB/T14848-93) Ⅲ类标准外，其余指标均达到Ⅲ类标准。pH 值未达标的原因是地质背景值偏低所致，并非环境污染因素影响，按国家要求评价时不按超标计，因此北海市市区集中式饮用水水源地水质达标率仍为 100%。

北海市城市集中式生活饮用水地表水源地包括湖海运河东岭段（在用）、牛尾岭水库（未启用），合浦县集中式生活饮用水地表水源地为南流江总江口。2013 年 1~3 月，城市集中式生活饮用水地表水源地每月开展 1 次常规监测，监测指标共 29 项，从 2013 年 4 月起监测指标增加至 61 项。从 2013 年 4 月起，合浦县集中式生活饮用水地表水源地每季度开展 1 次常规监测，监测指标共 61 项。2013 年 6 月，对 3 个集中式生活饮用水地表水源地开展 1 次全分析，监测指标共 109 项。按单因子评价，2013 年牛尾岭水库、湖海运河东岭段、合浦县南流江总江口各指标年均浓度保持在 I~Ⅲ类标准范围内，水质达标率 100%。按湖库营养状态指数评价，牛尾岭水库为中营养状态。

声环境质量 区域环境噪声 北海市建成区布设 208 个监测网格。2013 年，区域环境噪声由昼间监测变为昼夜连续监测，共监测 416 点次，其中昼夜间各 208 点次，获得监测数据 1664 个。昼间等效声级为 56.0 分贝，符合《环境噪声监测技术规范 / 城市声环境常规监测》(HJ640-2012) 划分的昼间三级标准，与上年相同；夜间等效声级为 44.1 分贝，符合《环境噪声监测技术规范 / 城市声环境常规监测》(HJ640-2012) 划分的夜间二级标准。

城市道路交通噪声 在北海市区主要交通干线上设置 62 个监测点位，监测道路总长度 49.22 公里。2013 年，交通噪声由昼间监测变为昼夜连续监测，共监测 124 点次，其中昼夜间各 62 点次，获得监测数据 496 个，昼间均值为 65.7 分贝，夜间均值为 48.6 分贝，均符合《环境噪声监测技术规范 / 城市声环境常规监测》(HJ640-2012) 划分的昼夜间一级标准。与上年相比，昼间均值上升了 0.5 分贝。

功能区噪声 功能区噪声监测点位共布设 5 个，0 类 ~4 类功能区各 1 个，其中海泰别墅为 0 类功能区，富丽华大酒店为1类功能区，广场东里为2类功能区，淀粉厂为3类功能区，邮电局门口为4类功能区。共监测480点次，昼夜间各240点次，全年各类功能区噪声按4个季度监测，共获得监测数据1920个，除富丽华大酒店2、3季度昼间功能区噪声超标外，其余点位各类功能区昼、夜间达标率均为100%。

【污染物减排】 减排目标　2013年，北海市完成水减排项目30项，目标责任书项目2项，实现化学需氧量(COD)减排3608吨、氨氮减排519.37吨，其中目标责任书项目北海电厂1#、2#机组脱硝工程按期完工并投运。相比2012年，化学需氧量下降8%、氨氮下降19.7%、二氧化硫下降1.89%、氮氧化物下降8.57%。4项主要污染物指标均全部完成计划任务。

减排政策措施　北海市环境保护局认真分析总结上年减排目标完成情况，及早实地调查制定年度减排计划，把任务分解落实到县区和相关单位。

根据节能减排形势及时报告市人民政府，由市人民政府组织召开分析协调会议，共同分析节能减排形势，研究对策措施，形成各部门各司其职、共同推进减排的工作机制。

实行问责制，将污染减排计划完成情况纳入各县区经济社会发展综合评价体系进行考核。对因工作不力、措施不落实、监管不到位，造成减排任务不能完成的县区要追究主要负责人和分管负责人的责任，对完不成减排任务的企业，坚决采取停产整改等制裁措施，并追究相关责任人的责任。对在减排考核中瞒报、谎报情况的县区予以通报批评，并追究直接责任人责任。

建立有效的污染减排激励机制。2013年安排100万元对污染减排做出突出贡献的11家单位进行奖励。进一步落实减排经济政策，对国投北部湾发电有限公司实施火电脱硝工程建设资金补助激励政策和对开展强制性清洁生产企业进行补贴，促进企业减排的积极性；同时对产业政策明确的限制类、淘汰类高耗能、高耗水企业实施惩罚性电价、水价政策。

减排督查与监管　加强企业的日常监管，加强对排污企业治污设施特别是污水处理厂和火电、石化、冶炼等企业脱硫设施的日常监督管理，确保企业稳定达标排放。通过全市26家重点污染源企业的33套在线监测设施对各企业的主要污染物排放进行实时在线监测。在环境监管方面，把污染物总量控制指标作为建设项目环评审批的前置条件，加强总量排放指标审核；开展国控重点监控企业环境统计季度报表的直报工作，进一步确保治污设施减排效益的发挥。

同时，环境保护部、自治区环境保护厅对北海市减排项目进行督查，对发现的问题及时整改，进一步督促企业规范污染治理工作；多部门联手开展减排突击行动，解决工作中存在的困难，督促企业加快减排工作进展，确保完成减排目标任务。

减排重点项目　进一步加大重点工业行业工程减排力度。以淀粉、酒精、制糖、火电、鱼粉生产行业为重点，深化工业治理。2013年全市实施完成6家淀粉企业废水深度治理工程、4家制糖企业实施清洁生产；9月根据半年减排核算核查结果，组织淀粉、制糖、酒精及污水处理厂等13家重点减排企业召开专题减排工作会议，对存在问题进行研究和探讨解决。为确保目标责任项目按计划完成，针对国投北海电厂1#机组的脱硝停机事宜，积极配合企业并协调其他相关部门推进。经过努力，北海电厂1#机组脱销工程按期完工并投运。深入养殖户现场进行实地调查，查找存在问题，积极推动2013年度减排计划内的畜禽养殖项目实施减排治理工程，多次向自治区环境保护厅和市人民政府反映畜禽养殖项目减排工作难以推进的实际情况，主动协调水产畜牧部门开展联合督查工作。

减排专项行动　联合水产畜牧部门对畜禽养殖减排项目进行现场核查，对企业的减排工作进行指导，督促企业完善基础设施及环保设施建设，加快减排工作进度，确保达到国家核查要求；联合发展改革、住房城乡建设、工业和信息化、水产畜牧等部门开展减排突击行动，重点督查减排工作进展缓慢的企业，最终扭转畜禽养殖减排工作难以开展的局面。

【环境影响评价】 规划环评　2013年，北海市环境保护局着力推进规划环境影响评价工作，对北海市2011年以来各工业园区及各部门编制的“一地三域十专项”规划情况进行全面统计、梳理，并对各专项规划需开展环境影响评价的形式提出要求，完成6个规划环评工作。

环北部湾经济区战略环境评价　广西北部湾经济区主要由南宁、北海、钦州、防城港四市和玉林、崇左两市物流中心“4+2”所辖行政区域组成，规划建设有5个功能组团，涉及北海行政区域的有北海组团和铁山港(龙潭)组团。2013年，广西北部湾经济区已完成战略环境评价，为加快北部湾经济区发展提供科学的依据。

建设项目环评　2013年，北海市环境保护局共审批建设项目环评文件148个，其中环境影响报告书21个，环境影响报告表86个，环境影响登记表41个，建设项目环评审批率达到100%。全年无越权、降级、拆分环评等情况发生。

重大项目环评　2013年，北海市环境保护局积极做好重大项目环评审批和跟踪服务工作，主动与重大项目业主对接，主动解决环评文件编制过程中遇到的各种问题，跟踪服务项目环评文件编制及技术评估工作，督促项目业主及环评单位按照环评审批权限报相应的环境保护部门审批；对重大项目开通绿色通道，提高审批效率。北海市2013年被列入自治区层面统筹推进的新开工、预备开工的13个重大项目中，已完成环评审批项目8个。北海市环境保护局定期向自治区环境保护厅汇报北海市重点项目环评工作进展情况，积极协调项目需自治区层面解决的问题，加快推进重大项目建设。

服务窗口管理　2013年，北海市环境保护局政务服务中心环保窗口严格实行首问责任制、限期办结制和责任追究制。进一步优化审批流程，缩短审批时限，提高审批效率。环保服务窗口按要求使用自治区政务服务监察通用软件，服务事项的收件、办理及办结的全过程接受监察部门的监督。行政审批事项的咨询、申请、受理、办结、取件等环节完全在市政务服务中心现场办理，实行“一个窗口对外”，按要求由市政务服务中心统一制作并统一启用“审批专用章”。2013年，环保服务窗口受理行政审批事项560件，办结审批事项536件，按时办结率100%。

环评技术评估　2013年，北海市环评技术评估由北海市博奥环境技术咨询中心组织开展，对编制环境影响报告书的环评文件进行技术评估。北海市环境保护局做到认真贯彻实施《环境影响评价法》，发挥专家在环境影响报告书审查中的技术把关作用。每个环境影响报告书均成立专家评审组，评审组按照国家有关法律法规及环评技术导则要求，对环境影响报告书进行严格的审查，做到在技术评估环节认真组织对每一个评估项目的环评文件质量日常考核打分，形成专家审查意见，为环评审批提供可靠的决策依据。全年共评估环境影响报告书47个。

环评机构监督管理　2013年，在北海市开展环评业务的单位有14家，其中甲级资质单位6家，乙级资质单位8家。为加强对环评机构的管理，提高环评文件编制质量，北海市环境保护局于10月印发《关于进一步加强环境影响评价机构日常监督管理的通知》(北环字〔2013〕404号)，召开环境影响评价机构管理工作会议，组织在北海市从事环评工作的环评机构学习环境保护部、自治区人民政府及自治区环境保护厅有关环境管理的相关文件，宣读2012年和2013年国家环境保护部及自治区环境保护厅对环评机构检查考核的通报情况，并针对环评文件审批过程中环评报告存在的问题，按照国家和自治区要求对北海市辖区范围内环评单位提出了明确管理工作要求。同时，北海市环境保护局在加强环评机构环评质量日常检查的同时，配合自治区环境保护厅对北海市环评文件的抽查和考核工作，对存在问题的环评单位责令整改。

【环境监测】　2013年，北海市环境监测中心站分别对北海的环境空气、降水、地表水、地下水、地表饮用水、声环境、重点污染源进行常规监测，为环境管理和政府相关部门提供大量的数据作为决策参考。

环境空气监测　北海市在市区建设4个环境空气质量自动监测站，分别是市环境保护局、海滩公园、市工业园、牛尾岭水库，实行24小时连续自动监测。污染物监测项目原为二氧化硫、二氧化氮、可吸入颗粒物(PM_{10})，年内新增一氧化碳、臭氧、细颗粒物($PM_{2.5}$)，上报数据约26万个。

$PM_{2.5}$监测　细颗粒物($PM_{2.5}$)于2013年6月开始正式向公众实时发布，上报数据约4万个。

降水监测　酸雨监测点为海滩公园、新市环境保护局、北海工业园3个区控监测点，牛尾岭水库1个国控监测点，逢雨必测，监测项目有pH值、电导率、降水量、硫酸根、硝酸根、氟、氯、铵、钙、镁、钠、钾11项，全年共测降雨水样120个，共获得1320个有效数据。

地表水监测　对北海市的南流江4个断面(10个点位)进行地表水监测，监测频率为每月1次，监测项目有水温、pH值、溶解氧、高锰酸盐指数、化学需氧量、氨氮、总磷、铜、锌等29项，地表水监测共获得有效数据3360个。

地表饮用水监测　对牛尾岭水库、湖海运河东岭段和合浦县总江口3个点位进行地表饮用水监测，监测频率为每月1次，监测项目有水温、pH值、溶解氧、高锰酸盐指数等61项，地表饮用水监测共获得有效数据1708个。

地下水饮用监测　对北海市的禾塘、龙潭、营盘、福成、南康、涠洲水厂进行地下水监测，监测频率为每月1次，监测项目有pH值、总硬度、氯化物、挥发酚、铁、锰等23项，地下水监测共获得有效数据1656个。

声环境监测　对5个点位(海泰别墅为0类功能区，富丽华大酒店为1类功能区，广场东里为2类功能区，淀粉厂为3类功能区，邮电局门口为4类功能区。)分别进行每季度1次的功能区噪声监测，共获得有效数据1920个。对62个点位进行每年1次的交通噪声监测，共获得有效数据496个。对208个点位进行每年1次的区域噪声监测，共获得有效数据1664个。

重点污染源监督性监测　非季节性废水重点污染源企业每季度监测1次，按周期采样，共测4期，监测样品数192个；非季节性废气重点污染源企业监测每季度1次，按周期采样，共测4期，监测烟尘等项目48个。季节性重点污染源企业全年共测27次。污水处理厂每季度1次，监测样品数168个。

【污染防治】　重点领域水污染防治　2013年，北海市继续加强重点领域水污染防治，清理河道、溪流1240多公里，池塘2300多个，整治规范畜禽场所5700多个，拆除高围鱼虾池约8000平方米，填埋鱼虾塘3口（约3100平方米），填封水井16眼，拆除违法建设平房5间（建筑面积约2375平方米），清除龙潭水厂供水走廊范围内林木约4000平方米；完成龙潭水厂5＃、8＃、9＃、10＃深井200米半径范围内的违法建（构）筑物、违法建设的养猪场、开挖建设的鱼虾塘的调查取证工作。

大气污染防治 研究制订了《北海市大气污染防治"十二五"实施方案》、《北海市关于加强重污染天气大气污染防治工作方案》、《北海市大气污染防治行动计划实施细则》，将各项工作目标任务分解到辖区人民政府、相关部门及企业，落实各种大气污染防治措施。加强机动车排气污染管理。开展机动车环保标志核发工作，2家环检试点站已完成检测设备的安装，与北海市在线监控系统进行数据对接。

噪声污染防治 2013年，北海市环境保护局组织编制的《北海市城市环境噪声污染防治管理办法》和《北海市环境噪声达标区管理办法》已由北海市人民政府印发实施。

饮用水水源地保护 2013年，北海市环境保护局结合"美丽广西·清洁乡村""清洁水源"专项活动大力加强农村水污染防治，组织编制《北海市市区乡镇饮用水水源保护区划定方案》并上报北海市人民政府审定；开展饮用水水源地污染源排查和整治工作，年内完成全市159个农村主要饮用水水源地的调查工作，对63个农村主要饮用水水源地进行了清理，进一步保障饮用水安全。

重点行业污染防治 加强淀粉行业的污染防治。2013年北海市已有5家淀粉企业配置厌氧—好氧的污水处理设备，黄浆水重复利用，污染物排放浓度和排放总量显著下降，吨产品废水排放量由2009年的19.66吨下降到8吨，吨产品化学需氧量排放量由2009年的0.1798吨下降到0.1404吨，吨产品氨氮排放量由2009年的0.0065吨下降到0.0011吨，达到淀粉工业水污染物排放标准(GB25461-2010)要求。此外，废水系统产生的沼气还可直接燃烧或用于发电，具有明显的环境效益和经济效益。

加强制糖行业的污染防治，指导广西农垦糖业集团星星制糖有限公司对污水处理设施工程进行优化，形成活性污泥法＋生物接触氧化法。改造后化学需氧量排放浓度由47毫克/升下降到16毫克/升，降低75.6%；氨氮排放浓度由0.665毫克/升下降到0.18毫克/升，降低72.9%，提前达到《广西壮族自治区地方标准(DB45893-2013)—甘蔗制糖工业水污染物排放标准》中"从2014年10月1日起现有企业化学需氧量排放浓度≤80毫克/升"的要求。

加强电厂的污染防治，指导国投北部湾发电有限公司投入11183万元，对一期工程1号、2号机组同时进行脱硝技改，并在2号机组烟气脱硝系统两侧SCR反应器进出口烟道各安装1套烟气在线监测系统。锅炉废气经脱销、除尘、脱硫等处理后，2号机组脱硝系统氮氧化合物(NO_x)去除效率为82.5%~85.6%，氮氧化物、烟尘、二氧化硫、烟气黑度均符合《火电厂大气污染物排放标准》(GB13223-2011)表1标准。脱硝系统进、出口在线监测系统(CEMS)氮氧化物的比对结果均符合《固定污染源烟气排放连续监测技术规范》(HJ/T75-2007)有关考核指标。

【生态保护和建设】 *试点示范创建* 2013年5月，北海市旅游局、北海市环境保护局对申报广西生态旅游示范区的单位进行会审和筛选，拟定"北海金海湾红树林生态旅游区"作为2013年广西生态旅游示范区创建单位。11月，自治区旅游局、环境保护厅联合工作组对北海市金海湾红树林景区申报广西生态旅游区工作进行考核验收。

农村环境综合整治 合浦县廉州镇被列入2013年广西农村环境连片整治示范区，集中对5个村屯进行污水、垃圾整治，分别是马江村、泮塘村、烟楼村、乾江社区、总江社区。该项目获得中央专项资金补助188万元。项目主要是建设两个污水处理设施及购置一批垃圾收运设备用于解决5个村屯污水、垃圾问题。截至2013年底已落实配套资金并开始动工建设。

【核与辐射安全监管】 2013年，北海市共有65家辐射安全许可证持证单位，其中市级环境保护部门审批发放49家，自治区环境保护厅审批发放18家。其中，安保用X射线安检装置使用单位13家，医疗卫生机构32家。放射源共有65枚，其中Ⅲ类放射源1枚，Ⅳ类放射源35枚，Ⅴ类放射源29枚；射线装置111台；乙级非密封放射性物质11个，丙级非密封放射性物质3个。

辐射环境监管 北海市纳入辐射环境监管范围主要涉及医疗卫生机构使用的放射性射线装置和药物、通信移动基站、输变电网项目建设以及部分企业使用放射源装置、广播电视发射设备以及有关军用通信发射系统等。

辐射环境执法处理 2013年，共处理"12369"环保举报热线及网上咨询投诉辐射环境相关事件8起，处理率100%。对于群众反映较强烈的辐射环境投诉事件，及时反馈报告自治区环境保护厅。

核与辐射事故应急管理 2013年，北海市对《北海市辐射事故应急预案(2007年版)》进行修订。

【环境监察】 监察稽查 2013年3月,北海市环境保护局根据自治区环境保护厅《关于开展全区环境监察专项稽查的通知》(桂环发〔2012〕15号)要求,组织市级环境监察人员对合浦县环境监察工作进行稽查,对工业污染源现场环境监察工作以及环境违法案件现场调查取证工作的各项内容逐项稽查,达到了预期效果。

10月18日,自治区环境保护厅对北海市环境监察进行了专项稽查。通过稽查,指出了北海市开展环境监察专项稽查工作中存在的问题,督促县、区环境监察部门积极开展自查自纠工作,规范、完善现场检查各项内容,提高《污染源现场检查记录》的完整性和规范性,提高了环境执法工作质量。

环保专项行动 2013年,北海市环境保护局以解决影响科学发展和损害群众健康的突出环境问题为重点,集中开展以重金属排放企业为重点的清理整治活动,查处废水污染地下水环境违法行为,加强污染减排重点行业监督检查,排查整治医药制造行业企业污染问题环保专项行动。共出动执法人员528人次,检查企业198家次,立案查处环境违法企业7家。挂牌督办案件1家,其中自治区级1家。

环境安全隐患清查整治 2013年,北海市先后组织开展深化环境风险隐患排查暨加强海洋环境保护行动、深化环境安全隐患大排查大整治行动、环境安全隐患大清查大整治行动、铁路沿线环境综合整治行动、银滩西区整治行动、广西"环境安全年1~5号"行动以及整治违法排污企业保障群众健康等多项行动,重点对全市制革、电镀等涉重企业,酒精、废纸造纸、化工、制糖、淀粉、水产品加工、涉危险化学品、饮用水水源地、畜禽养殖以及环境基础设施等重点行业、重点场所展开拉网式、地毯式排查,做到"全覆盖、无缝隙"。共出动人员1200人次,车辆540台次,对全市610家重点企业及618家畜禽养殖场(点)进行了排查,发放调查表格9500余份,下达限期改正通知391份(其中畜禽养殖点319份,工业企业72份);立案查处环境违法案件25件,收缴罚款60.4795万元。取缔、关闭企业13家,清除非法畜禽养殖点279家。

环境执法 2013年,北海市不断加大环境执法力度。一是加强对企业的环境监管。坚持重点污染源至少每月1次、一般污染源每季1次的现场监管机制和例行监察和明察与暗访相结合的监察工作制度。对酒精、淀粉、火电、冶炼等重点排污企业增加监察频次,促进企业增强自律意识、提高现场管理水平。二是严查企业超标排放污染物的环境违法行为。对水产品加工企业超标排放废水污染物、鱼粉加工企业超标排放臭气、新材料企业超标排放粉尘、个别企业偷排工业污水的环境违法行业做到发现一起查处一起。三是严查建筑工地夜间违规施工,坚持利用节假日和夜间开展拉网式巡查。四是开展专项环境整治行动。针对银滩西区存在的众多小规模养猪点污染环境问题,开展银滩西区环境整治行动。开展南流江流域、鲤鱼地水库环境综合整治行动以及龙潭水源地、牛尾岭水库和湖海运河水源地保护区环境综合整治。

排污申报与收费 2013年,北海市按《排污费征收管理条例》要求,将现有在产企业全部纳入申报范畴,敦促企业按时申报,依法缴费。尤其重视对国控重点污染源排污量的审核和排污费的计征工作,按时完成2013年排污申报季报、排污费季报以及2013年度排污申报年报的编制工作,并将国控源排污费征缴情况按时进行网络公告。2013年当年入库金额为583.24万元(含合浦),合计111户。其中重点排污单位当年缴纳入库542.3736万元,建筑噪声缴纳入库37.929万元。

监察队伍管理 2013年,北海市环境监察支队编制由原来的21名增加到30名。环境监察支队内设6个室,环境监察机构进一步完善。环境监察在岗人员由原有的5人增加到19人,环境执法队伍得到充实和加强。

监察能力建设 2013年,北海市环境保护局组织执法人员学习环保法律法规,积极参加上级业务部门组织的培训;配备了执法车辆、取证设备摄像机、照相机、声级计、定位仪、水质快速测定仪等应急监测设备,加强执法装备使用维护培训;加强重点污染源自动监控系统建设,强化现场执法能力。2013年,北海市完成建设新增氨氮自动监控设施11套,与市污染源监控中心联网运行监控点39个。全市国控重点污染源企业自动监控设施联网运转率均达95%以上,自动监测数据有效性审核通过率有极大的提高,全年各季度北海市自动监测数据有效性审核通过率均超过92%。

【环境应急与事故调查】 环境应急管理 北海市从2013年4月开始,要求新、改、扩建项目,所有排污及涉危企事业单位必须制订突发环境事件应急预案报环境保护部门备案,切实做好风险防范工作。制定了《北海市环境安全部门联席会议制度》,建立部门各负其责、密切配合、齐抓共管的环境保护工作机制。

环境应急能力建设 一是加强机构建设,在市环境监察支队成立监控应急中心。二是加强硬件设施的配备。按照标准化建设的要求配备了一批应急监测设备。三是加强环境应急体系建设。制订完善《北海市环境保护局环境应急预案》和相关制度。四是积极开展环境突发事件应急演练,锻炼应急队伍。2013年5月,参加中石化北海炼化公司的原油储罐油泄漏应急事件应急演练；6月底，参加广西中粮生物质能源有限公司酒精泄漏应急演练；7月4日，参加由北海市人民政府组织，市消防、环境保护、水产畜牧、卫生、公安等13个部门联合开展的渔港渔船火灾突发环境事故应急演练；10月，组织开展南流江突发环境事件应急演练；2013年5月、10月配合市安全监管、消防部门妥善处置2家水产品加工点液氨泄漏事件。

【环境宣传教育】 环境宣传　2013年，北海市环境保护局分别在4月22日和6月2日在全市范围内开展环保公众开放宣传日活动。开放内容包括饮用水源和地表水监测，了解空气中主要污染物的自动监测、空气质量标准等，化学需氧量、二氧化硫、氮氧化物、氨氮等重要污染物监测，了解机动车尾气监测，噪声污染及其监测，认识电磁辐射，了解突发环境事件环境应急系统，了解环保科普知识。

6月5日，北海市环境保护局在北部湾广场开展纪念“六五”世界环境日宣传活动。设点开展法律、法规咨询活动，现场受理投诉，宣传环境保护知识。

2013年6月5日，北海市环境保护局在北部湾广场开展纪念“六五”世界环境日宣传活动

2013年6月5日，“六五”世界环境日期间，北海市环境保护局设点开展法律法规咨询，现场受理投诉，宣传环境保护知识

6月5日上午，北海市人民政府在香格里拉大酒店召开2012年北海市环境状况公报新闻发布会。会议由北海市人民政府副秘书长主持，分管副市长作重要讲话，市直有关各委、办、局，各县区人民政府、各园区管委会的领导和10余家市内外新闻媒体参加此次新闻发布会。

6月10日，北海市环境保护局组织人员积极参加在北部湾广场举行的北海市2013年“节能宣传周”“低碳日”活动启动仪式，并向市民普及节能低碳环保知识。在节能宣传周活动中，以动员社会各界参与节能减排为重点，普及节能低碳知识，树立勤俭节约理念。

9月28日，组织相关人员参加2013年北海市“十月科普大行动”启动活动。活动中，接待市民环保咨询60多人次，发放《公民低碳生活36计》、《放射源基本常识》等小手册和环保宣传资料2000份。

2013年，北海市环境保护局在广西环保信息网、《北海日报》、北海电视台、北海电台等新闻媒体上，刊登、播放环保专版及专题片5篇(部)。

中高考期间，为给考生提供一个安静的学习和休息环境，在《北海日报》、北海电视台、北海电台刊登《关于中高考期间控制噪声污染源的通告》。

2013年6月5日，北海市人民政府在香格里拉大酒店召开2012年环境状况公报暨环境空气质量实时发布新闻发布会

2013年6月10日，北海市环境保护局积极参加在北部湾广场举办的“节能宣传周”、“低碳日”活动

2013年6月9日，北海市环境保护局组织有关单位在北部湾广场开展“强化安全基础，推动安全发展”主题安全生产宣传咨询日活动

2013年共报送政务信息100多篇，采用率达80%以上。

按照市委外宣办的要求，北海市环境保护局已于2012年5月16日开通新浪政务微博，2013年每周梳理更新1条微博并发送，宣传环保舆情正能量。

环境教育　2013年7月22日，北海市环境保护局成功举办“维护环境安全，建设美丽北海”演讲比赛活动，全市10个企业代表队参加本次演讲比赛。经过角逐，国投北部湾发电有限公司荣获一等奖；中国石化北海炼化有限责任公司、北海市白水塘生活垃圾处理厂荣获二等奖；北海市保通冷冻食品有限公司、北海诚德镍业有限公司、中海石油（中国）有限公司湛江分公司涠洲终端处理厂荣获三等奖。

2013年7月22日，北海市环境保护局举办“维护环境安全，建设美丽北海”演讲比赛活动

9月10日，北海市环境保护局举办北海市环境污染刑事案件学习培训班。培训班邀请北海市人民检察院领导进行授课，课程的主要内容有：一是对《最高人民法院、最高人民检察院关于办理环境污染刑事案件适用法律若干问题的解释》的解读及案例分析；二是对环境污染刑事案件的移送。全市60多家主要排污企业代表、环保系统执法人员及分管领导约100人参加培训。

2013年9月10日，北海市环境保护局举办北海市环境污染刑事案件学习培训班

【环境信息公开】　2013年，北海市环境保护局信息公开工作坚持“一把手”负总责、分管局领导具体负责的领导机制，成立由局长任组长，其他局领导任副组长，机关各科室、局属各单位主要负责人为成员的市环境保护局政府信息公开领导小组。领导小组办公室主任、副主任分别由分管副局长和信息中心主任担任，主要负责政府信息公开工作的组织、协调和管理。局机关各职能部门和局属单位均明确主要负责人为相关政府信息公开工作的第一责任人，同时确定具体分管负责人和联络员，把责任落实到处室、落实到人头，实现了领导、机构、人员“三到位”。将政府信息公开工作列入局务会议题，定期进行研究和检查督促。为确保信息公开工作正常开展，保障信息时代网络信息安全和充分利用各类新媒体手段，在坚持局办公室统一归口把关的原则下，强化局属信息中心在市局网站信息与市政府公开平台对接初审的职能，不断提升宣教机构在媒体拓展方面的能力，形成上下协调、责任明确、统筹高效的信息公开网络体系。

北海市环境保护局除组织修订《北海市环境保护局政府信息公开指南》、《北海市环境保护局政府信息公开目录》外，重点建立《环境保护政府信息主动公开制度》、《环境保护政府信息依申请公开制度》、《环境保护政府信息公开保密审查制度》等6项制度，建立了规范、高效的信息采集、审核、发布和更新机制。

及时公开环保法律法规政策依据、“创模”工作、环境质量状况、环保行政审批、排污收费、环境行政处罚事项等群众关心、社会关注、与群众利益关系最密切的17个方面重要事项。不断完善信息公开栏目建设，新建了“环境保护重点政府信息公开”专栏，针对环境质量、环境污染投诉处理、环境审批等8大重点政府信息进行专题公开，进一步拓展和深化公开领域。2013年，北海市环境保护局通过网站公开政府信息共455条。

在市政府信息公开系统中的政务咨询互动平台中，2013年已受理建议、投诉、咨询、求助、申请等各类来信来访共计270件。

【办公信息化建设】 2013年，自治区环境保护厅同意将已建成的环境监管与预警信息系统管理平台嫁接到北海市环境保护局使用。

【人大建议和政协提案办理】 2013年，北海市环境保护局主办市政协委员提案3件(第44号、123号、124号)，协办3件(第63号、119号、120号)，分办4件(第34号、42号、62号、122号)。第119号提案还未办结，其余提案均已于2013年7月30日前办结回复。这10件提案内容涉及建设美丽北海，加强餐饮行业污防整治，建立实时监测$PM_{2.5}$数据机制，解决装饰污染等市民关心的焦点问题。

在提案办复、向代表委员完成答复工作后，对建议提案所提问题正在解决或列入计划逐步解决的B类件开展再次办理活动。经过连续承办、不断督办，把部分B类件转化为已解决或基本解决的A类件，提高落实率和满意率。

【党风廉政建设】 2013年，北海市环境保护局组织干部职工学习党的十八大精神，邀请北海市委党校副校长王昌雄给全局干部职工进行党的十八大精神辅导授课；抓好贯彻落实中央“八项规定”和厉行节约反对铺张浪费及廉洁自律工作，将市纪委监察局致全市党员领导干部的公开信印发给全体党员领导干部进行学习；组织全局党员干部传达学习《中共广西壮族自治区纪律检查委员会关于几起典型违纪违法案件的通报》(桂纪通〔2013〕8号)、《中共广西壮族自治区纪律检查委员会印发〈关于毛绍烈严重违纪违法案件查处情况的通报〉的通知》(桂纪通〔2013〕9号)等通报；组织副科以上领导干部收看广西环保系统党风廉政建设工作视频会议；组织全局干部职工观看全国环保系统反腐倡廉警示教育片《绿色警笛》和观看《执政之魂》、《雷锋在1959》、《你是我的兄弟》等电影；举办环境污染刑事案件学习培训班，邀请市检察院反渎职侵权局局长陈思谋给环境保护局副科级以上干部及有关企业代表上环境污染刑事案件培训课。2013年，北海市环境保护局没有发生党员干部违纪违法问题的案件。

抓好环境专项执法监督检查和干部人事权的监督。从局监察室、政策法规宣传科抽调人员组成监督检查组，组织开展对环境监察专项执法情况的监督检查。局纪检监察参与对局机关及局属二层机构13名科级干部调任、试用期满转正的考察监督；参与北海市环境保护局2013年公开招录公务员的监督考察工作，对在考察中发现报考环境监察支队科员职位一名笔试面试总分排名第一的考生存在档案资料作假的情况，及时建议市人社局不予录用。

【政风行风建设】 “纠风·民生”直通车 2013年，北海市环境保护局注重抓好参加“纠风·民生”直通车电视访谈节目和“政风行风热线”上线节目工作。5月24日，组织参加以推动“美丽广西·清洁乡村”深入开展，造福城乡百姓为主题的“纠风·民生”直通车电视访谈节目；6月5日，组织参加2013年“政风行风热线”上线节目。两个节目都取得圆满成功并达到预期效果。

民主评议行风活动 2013年10月24日，北海市环境保护局召开2013年环保系统民主评议政风行风评议大会，邀请市纠风办聘请的政风行风评议员以及市人大代表、市政协委员、服务企业代表等共39人对本局政风行风建设情况开展测评和评议。通过测评，满意率达95%以上。

【环保大事记】

一月

1月3日，北海市环境保护局组织完成编制《北海市城市饮用水水源地环境保护规划(报批稿)》，并上报市人民政府审定。

1月5日，《北海市环境保护局大气污染联防联控改善区域空气质量实施方案》印发实施，进一步加大大气污染防治工作力度。

1月25日，以环境保护部污防司副司长李蕾为组长的六部委调研组一行9人到北海市开展预防和打击“洋垃圾”非法进口调研工作，自治区环境保护厅总工程师陈晓菲、北海市副市长刘宏武、市环境保护局、质监局、公安局、卫生局、工商局和北海海关等部门领导陪同调研。

二月

2月5~6日，北海市环境保护局组织开展“环境安全年1号行动”。市、县环境保护局共分3个检查小组，出动现场检查人员和监测人员共30人次，执法车辆5辆，对全市所有的8家淀粉生产企业和1家酒精生产企业进行突击检查。

三月

3月5日，北海市银海区人民政府牵头组织，市环境保护、水利、国土、规划、公安等部门的300多名执法人员参与，开展联合执法行动，对北海市龙潭地下水水源地一级保护区内的违规建设项目进行强制拆除。

3月22日，北海市环境保护局印发《北海市环境保护局关于加强建设项目环境监察工作的通知》，对全市所有权限内审批的建设项目进行备案登记，从项目开工建设之日起即对项目进行全过程跟踪管理，确保环评提出的各项环保措施得到落实。

四月

4月3日，北海市环境保护局组织开展“北海市2013环境安全年2号行动”，出动现场检查人员和监测人员45人，执法车辆10辆，分成3个现场检查小组对全市淀粉、制糖企业和酒精共13家生产企业进行全面检查。

五月

5月10日，北海市环境保护局与中石化北海炼化有限责任公司举行大型储罐火灾、环保应急处置联合演练。演练历时2小时，以公司10万立方米原油储罐突发火灾并产生原油泄漏为背景，企业应急队伍、环保应急队伍、消防部队官兵共300余人参加。

5月10日，北海市环境保护局组织人员参加了北海市在北部湾广场举办的2013年政务公开日活动，活动主题是"推进政务公开，让权力在阳光下运行"。活动现场共接待、解答群众咨询20人次，发放宣传资料100多份。

5月10日，北海市环境保护局召开"美丽广西·清洁乡村"活动暨"清洁水源"活动动员会，对北海市开展"美丽广西·清洁乡村"活动暨"清洁水源"活动作部署。

5月17日，北海市人民政府印发实施《北海市创建国家环保模范城市规划2013年计划实施方案(修订)》，继续扎实推进创模各项基础工作。

5月20日，北海市环境保护局印发《北海市环保系统开展"美丽广西·清洁乡村"活动实施方案》，明确活动目标、任务和分工，牵头开展北海市"清洁水源"专项活动。

5月24日，北海市环境保护局局长宋毅率相关业务科室负责人，参加以推动"美丽广西·清洁乡村"深入开展、造福城乡百姓为主题的"纠风·民生"直通车电视访谈节目。

六月

6月5日，北海市环境保护局局长宋毅率相关业务科室负责人参加2013年"政风行风热线"上线节目。

6月5日，北海市环境保护局在市北部湾广场开展纪念"六五"世界环境日宣传活动。开展法律、法规咨询活动，现场受理投诉，宣传环境保护知识，发放宣传资料近3000份，接待咨询100人次。

6月5日，北海市人民政府召开《北海市2012年环境状况公报暨环境空气质量实时发布新闻发布会》，发布《北海市2012年环境状况公报》，并通报了环境空气质量实时发布的有关情况。从2013年6月5日起，北海市按照环境空气质量新标准正式向社会实时发布监测数据，比环境保护部要求正式发布的时间提前了半年。

6月24日，北海市环境保护局召开北海市环境监管与预警信息系统建设启动工作会议，全面启动该项工作。自治区环境保护厅信息中心及承担该系统开发的有关人员、北海市环境保护局中层以上干部出席会议。

6月25日，北海市环境保护局会同北海市应急办、安全监管、消防等部门妥善处置一起水产品加工厂的液氨泄漏突发环境事件。经过近两个小时的处置，液氨泄漏得到有效控制，该厂周围的空气环境恢复正常，附近居民生活基本无影响，没有造成周边群众人员及财产损失，也没有造成次生环境污染事故。

七月

7月4日，北海市人民政府组织市环境保护、消防、水产畜牧、卫生、公安等13个部门联合开展渔港渔船火灾突发环境事故应急演练。

7月8~10日，为吸取贺江水污染事件教训，根据自治区强化环境安全工作视频会议精神，北海市各级人民政府和有关部门全面开展环境安全隐患大排查大整治工作，北海市副市长刘宏武带队对北海诚德镍业有限公司等国控重点企业进行全面检查。各县、区人民政府及相关部门制订了本辖区本部门环境安全隐患大排查大整治的工作实施方案，县、区人民政府及各相关部门组织5个检查组对相关企业及重点领域环境安全风险进行了大排查大整治。

7月15日，在北海市召开的第45次市委常委扩大会议上，市委书记王小东、市长周家斌强调，要从外地发生的重大污染事件中汲取教训，在前期大排查的基础上，再次开展强化环境隐患大排查大整治行动。

7月19日，北海市举办"美丽广西·清洁乡村"活动转段集中开工仪式，副市长刘宏武、市环境保护局、市住房城乡建设局、市农业局等"美丽广西·清洁乡村"主要成员单位的分管领导出席开工仪式。

7月31日，北海市环境保护局与北海市水利局、北海市水产畜牧兽医局联合举办北海市"清洁水源"专项活动第六期培训班，北海市相关部门、一县三区人民政府、涠管委及"美丽办"、各乡镇(街道办事处)、全市26个驻乡镇(街道)工作队约100名代表参加培训。

八月

8月28日，北海市环境保护局联合北海市安全监管局组织开展北海市"环境安全年3号行动"。共出动现场检查人员、监测人员和专业摄像人员40人次，执法车辆12辆，分成4个现场检查小组，对全市9家化工石油企业、7家水泥企业、2家制革企业以及1家酒精企业共19家生产企业进行检查。

九月

9月9日，北海市环境保护局组织广西东园生态农业科技有限公司和北海金品东盟百花园科技开发有限公司共2个项目申报2014年生态广西建设引导资金，申报金额共285万元。其中，广西东园生态农业科技有限公司获得55万元项目资金。

9月10日，北海市环境保护局举办北海市环境污染刑事案件学习培训班，邀请北海市人民检察院有关领导就《最高人民法院、最高人民检察院关于办理环境污染刑事案件适用法律若干问题的解释》中的环境污染刑事案件进行解读，并列举相关案例进行分析。全市60多家主要排污企业代表、环保系统执法人员及分管领导约100人参加培训班。

9月10~12日，自治区环境安全第五督察组对北海市开展环境安全隐患大清查大整治行动、环保专项行动及环境安全大检查工作进行督查。对海城区、银海区、铁山港区、合浦县4个区县的17家工矿企业、3家污水处理厂和1家自来水厂进行现场检查。

9月16日，《北海市市区乡镇饮用水水源保护区划分技术报告》通过专家评审。11月，《北海市市区乡镇饮用水水源保护区划定方案》上报市人民政府。

9月26日，"2013中国城市榜——全球网民推荐的中国生态城市"颁奖典礼在北京园博园举行，北海市在全球网民票选出的十大"最中国生态名城"中榜上有名。

9月28日，北海市"十月科普大行动"启动仪式在北部湾广场举行。市环境保护局组织相关人员参加活动。

十月

从10月上旬开始，北海市环境保护局在前期开展环境安全隐患大清查大整治行动的基础上，在全市范围内开展农村饮用水水源地污染源排查与整治工作，积极解决影响群众健康的突出环境问题。

10月15日，北海市召开《北海市城市环境总体规划(2014~2030年)》编制项目启动会，标志着北海市作为全国第一批12个试点单位之一正式开展城市环境总体规划编制试点工作。环境总体规划编制工作由环境保护部环境规划院具体承担。

10月21日，《北海市城市环境噪声污染防治管理办法》和《北海市环境噪声达标区管理办法》由北海市人民政府印发实施。

10月22日，北海市环境保护局组织开展2013年南流江突发环境污染事件应急处置演练(代号为"环境安全年4号行动")。

10月24日，北海市环境保护局召开2013年环保系统民主评议政风行风评议大会，邀请北海市纠风办聘请的政风行风评议员以及市人大代表、市政协委员、企业代表等共39人，对市环境保护局政风行风建设情况进行测评和评议，测评满意率达95%以上。

十一月

11月28~29日，北海市环境保护局、北海市工业和信息化委联合开展"环境安全年5号行动"，对全市制糖、淀粉、酒精等企业的污染防治工作进行突击检查，出动检查人员38人次，执法车辆10台次，分成3个现场检查小组对全市8家淀粉生产企业、4家制糖企业以及1家酒精企业共13家生产企业进行了检查。

防城港市环境保护

【综述】 2013年，防城港市按照"十二五"污染减排任务计划，继续狠抓污染减排工作，圆满完成自治区下达的2013年度减排任务；以生态文明建设为主线，着力推进生态文明示范区和生态市建设，积极开展"美丽家园·清洁乡村"活动；深入开展环境安全年活动，强化环境执法监管，努力解决好损害群众健康的突出环境问题；加强基层环境监管能力建设，提高环境监管水平和能力；开展环境质量监测、国控重点污染源监督性监测、突发性环境污染及纠纷应急监测等各项监测工作。全市环境质量保持稳定，环境空气质量优良率为99.45%；主要河流水质、饮用水源和近岸海域水环境质量状况良好，城市区域声环境质量较好。

【机构改革与人事】 环境保护机构　防城港市环境保护局负责统一组织协调防城港市环境保护、管理、监测、监察工作，内设办公室、综合管理科、核辐射安全管理科等3个科室。直属事业单位有环境监察支队、环境监测站、核与辐射环境监督管理站、环境影响评估中心、固体废物管理中心。2013年有在职在编干部职工56人，其中局机关9人，环境监察支队10人，环境监测站21人，核与辐射环境监督管理站12人，环境影响评估中心4人。党组书记、局长万里滔，党组成员、纪检组组长、调研员黄雄，党组成员、副局长郑里华、唐富顺，党组成员、总工程师郑大雄，调研员许美俗，副调研员周大权。

机构改革与人员编制　2013年，防城港市机构编制委员会《关于设立防城港市固体废物管理中心的批复》(防编发〔2013〕82号)，批准同意设立防城港市固体废物管理中心，机构级别相当于正科级，核定事业编制5名，其中科级领导职数2名；《关于印发防城港市环境监察支队机构设置和人员编制方案的通知》(防编发〔2013〕83号)，核定防城港市环境监察支队事业编制15名，科级领导职数5名，内设环境监察一大队、环境监察二大队，环境应急与事故调查大队等3个机构；《关于成立防城港市机动车排气污染管理中心的批复》(防编发〔2013〕131号)批准同意设立防城港市机动车排气污染管理中心。

人事变动　2013年4月，李先巧任防城港市环境监测站副主任科员，廖琪任防城港市环境监察支队副主任科员，宾泽全挂任防城港市环境科学研究所副所长。

2013年6月，于皓任防城港市环境影响评价中心副主任。

2013年7月，林明滨任港口区环境保护局局长，王德森不再担任港口区环境保护局局长。

2013年11月，黄雄任防城港市环境保护局调研员。

2013年12月，李理任防城港市核与辐射环境监督管理站站长。

【环境质量】 *环境空气质量* 2013年，防城港市环境空气质量达到国家一级标准(优)和二级标准(良)的天数为363天(其中一级环境空气质量标准183天，二级环境空气质量标准180天)，达到三级标准(轻度污染)天数为2天，环境空气质量优良率为99.45%。与2012年相比，环境空气质量保持优良水平。

水环境质量 集中式饮用水水源地水质 2013年防城江木头滩集中式饮用水水源地水质总体保持良好，水质达到《地表水环境质量标准》(GB3838-2002)Ⅱ类标准，达标率为100%；水质与2012年持平，符合集中式饮用水水源地水质目标要求。

地表水环境质量 2013年，防城港市辖区内北仑河狗尾濑水质达到《地表水环境质量标准》(GB3838-2002)Ⅱ类标准，防城江三滩，北仑河民生，明江在妙、路怀共4个监测断面水质达到Ⅲ类水质要求，水环境功能区达标率均为100%，水质与2012年持平。

近岸海域水环境质量 2013年，防城港市近岸海域水环境监测主要在4个功能区设6个监测断面。其中北仑河口海洋自然保护区水质达到《海水水质标准》(GB3097-1997)Ⅰ类标准；金滩旅游度假区、白浪滩水质达到Ⅱ类标准；企沙工业排污区水质达到Ⅳ类标准；防城港港口区、东湾工业用海区水质为劣Ⅳ类，主要超标项目为活性磷酸盐。2013年防城港市近岸海域水环境功能区达标率为66.7%，水质与2012年相比有所下降。

声环境质量 2013年，城市区域环境噪声昼间年均值为54.9分贝，夜间年均值为45.1分贝，声环境质量为较好，昼间平均值比2012年度(54.8分贝)上升0.1分贝，噪声污染程度与2012年度相比基本持平。

城市道路交通噪声昼间平均值为67.9分贝，较2012年上升0.7分贝，夜间平均值为54.9分贝。监测路段超标率为11.11%，较2012年上升5.75个百分点，道路交通声环境质量总体达到国家考核指标要求，属于较好水平。

【污染物减排】 *减排政策措施* 2013年，防城港市制订《2013年度防城港市主要污染物减排计划及实施方案》，按计划组织实施污染减排工作；防城港市人民政府印发《关于印发防城港市“十二五”控制温室气体排放工作方案的通知》(防政办发〔2013〕19号)、《关于印发防城港市节能减排行政过错问责暂行办法的通知》(防政办发〔2013〕22号)及《关于印发防城港市机动车环保检验机构发展实施方案(2013~2015)的通知》(防政办发〔2013〕118号)3个文件，为减排工作保驾护航。

减排督查与监管 2013年，防城港市环境保护局自行或联合市政、水产等相关部门对33个减排项目建设及运行情况进行多次督查，发现问题，及时反馈，限期整改。开展2013年主要污染物总量减排突击行动，采取超常规的办法和强有力的措施，推动污染减排工作完成，2013年主要污染物总量减排突击行动所定任务全部按时完成。

减排工作成效 2013年，防城港市分别实施完成化学需氧量、氨氮、二氧化硫和氮氧化物减排项目31项、31项、8项和4项，二氧化硫、化学需氧量和氨氮排放量分别比2010年减少10.3%、6.2%、12.3%，氮氧化物排放量比2010年增长7.8%，顺利完成2013年度减排目标任务。

减排重点项目 2013年，防城港市全力推进年度减排计划项目建设。25个水污染物减排项目中，防城港宏源浆纸有限公司废水深度处理工程等4个项目已投入运行；全市3个污水处理厂正在推进管网建设，全市新建污水管网27.726千米，完成污水管网投资2288万元；16个农业源项目中，13个项目已配套有基本的污染治理设施并正常运行，其余3个项目正在进行雨污分流等措施整改。6个气减排项目中的4个已建成投入运行，其余2个项目的建设正在全力推进。

清洁生产审核 2013年，防城港市继续开展重点企业清洁生产审核工作。全市列入自治区重点企业清洁生产审核名单的2家企业均已全部开展清洁生产审核工作并通过审核评估。

【生态保护和建设】 *生态文明示范区与生态市建设* 2013年，防城港市把“美丽家园·清洁乡村”工作与生态文明建设、生态市建设有机结合，编制完成《防城港市环境保护局“美丽家园·清洁乡村”活动实施方案》、《全市“清洁水源”、“清洁企业”活动专题方案》及农村环境综合整治指导意见等，指导“美丽家园·清洁乡村”活动开展。开展农村环境基本情况调查，摸清全市农村水体基本情况和农村饮用水水源地基本情况，为清洁水源活动奠定基础，全面推进农村环境保护工作。努力推进生态文明示范创建，全市4个行政村获得自治区级生态示范村命名。

生态农业　2013年，防城港市积极挖掘地方特色产品开发潜力，大力发展生态农业，着力打造一批无公害、绿色、有机农业基地，引导防城港市生态农业健康发展。积极争取生态广西引导资金支持，扶持一批特色生态农业项目，推进防城港市生态产业发展。2013年防城港市获得生态广西引导资金支持项目2个，资金90万元。防城港市天路公司133公顷有机火龙果基地、防城港市峻运畜牧发展有限责任公司特种动物养殖基地龟鳖养殖示范项目通过项目验收。防城港市小八黑生态农业示范基地项目、防城港亿林养殖场生态农业养殖综合开发项目有序推进。

农村环境综合整治　2013年，防城港市紧紧抓住农村环境连片整治示范区建设契机，积极争取上级农村环保专项资金支持，强力推进农村污水、生活垃圾和畜禽养殖废弃物治理，引导发展生态农业，减少农业面源污染，改善农村环境质量。东兴市2012年农村环境连片整治示范项目已完成现场验收。上思县2013年列入农村环境连片整治示范县，获得资金支持2421万元，建设24个行政村的垃圾清运系统和叫安乡垃圾中转站1座；其中集中式生活污水处理设施25套，分散式生活污水处理设施549套，项目建设有序推进，集中式污水处理设施开工率达到100%。全市农村环境综合整治项目库不断更新完善。

【辐射管理】 2013年，防城港市环境保护局制订了《防城港市2013年度辐射安全监督检查实施计划》，组织全市各级环境保护部门对辖区10家重点核技术利用单位进行监督检查，通过企业自查、环境保护部门督促检查和企业落实整改，确保核技术利用单位的核安全。2013年2月，防城港市环境保护局对广西农垦糖业集团昌菱制糖有限公司和广西上上糖业有限公司进行放射源现场检查；3月，对防城港核电工地放射源离场进行了现场检查；7月，向全市所有核技术利用单位下发《关于做好2013年度辐射环境监测工作的通知》，要求核技术利用单位做好年度辐射监测工作。

2013年防城港市环境保护局共接到辐射环境投诉事件4件。接到投诉后及时派出监管执法人员调查取证，将调查结果上报自治区环境保护厅处理，并将处理情况反馈投诉人。4月初，防城港市环境保护局协助市检验检疫局处理1起锆英砂中矿放射性超标事件。

【核与事故应急能力建设】 2013年，防城港市环境保护局派出6人参加自治区环境保护厅在南宁市举办的广西辐射安全监督管理人员培训班，提高辐射管理人员的能力水平。加强核应急能力建设，配合自治区核应急委开展核电厂场外辐射环境监督性监测系统选址工作，核电厂辐射环境监督性监测系统前沿站和10个自动监测子站选址已落实；确定市辐射环境自动监测站的选址，获得上级电磁辐射环境监测设备能力建设资金40万元，1套电磁场辐射分析仪及1辆核应急车辆已到位，其他仪器设备正由自治区统一采购中；根据核应急前沿指挥所和核应急指挥平台的建设要求，对防城港市环境保护局现有监控中心业务用房进行改造，以作为防城港市核应急前沿指挥所暂用场所。

【环境影响评价】 建设项目环评　2013年，防城港市环境保护局完成建设项目环境影响评价工作56项，其中环境影响评价报告书9项，报告表47项。

重大项目环评　2013年防城港市环境保护局为加快金源镍业、金川、沪港、电厂二期等重大项目建设的顺利推进，积极与项目业主沟通，提前介入，主要领导和分管领导多次主动带队与自治区环境保护厅、市人民政府和环评机构对接，为项目的顺利引进和开工建设提供便利，争取时间。经过努力，2013年7月31日电厂二期、2013年6月23日科元新材料有限公司年产20万吨丙烯腈项目、2013年12月31日金源、2013年12月18日沪港获得环境保护部和自治区环境保护厅评批复文件。

规划环评　2013年，防城港市环境保护局组织对本辖区工业园区、产业规划及实施超过5年的规划环评项目等情况进行排查。防城港市县域及以上6个工业园(集中)区和防城港市有色金属行业中长期发展规划、防城港市锰产业中长期发展规划环境影响评价均已完成规划环评的编制工作，并已取得环境保护部门的审查意见。

环评机构监督管理　2013年，防城港市已进行备案登记的环境影响评价单位共19家。

【政务窗口管理】 2013年，防城港市政务服务中心环境保护窗口共受理许可项目151件。其中建设项目环境影响报告书31件，建设项目环境影响报告表79件，建设项目竣工环境保护设施验收项目41件。政务服务中心窗口评议率为100%，满意度为100%，提速率为100%，窗口工作人员荣获市政务服务中心2013年第一季度“服务之星”称号，8月份窗口被评为“优秀窗口”，2013年1月至12月绩效排名都在前十名。

【环境监测】 2013年，防城港市环境监测站共完成492项监测任务，比2012年(471项)增长4.5%，出具各类监测报告492份，共获得监测数据41450个，比2012年(37924个)增长9.3%。其中，完成环境质量现状监测89项，获得监测数据8123个；完成重点污染源监督性监测84项，共获监测数据7465个；完成环评现状监测、施工期监测等委托性监测226项，共获得监测数据

16735 个；完成建设项目竣工验收监测 79 项，获得监测数据 5552 个，完成建设项目竣工环境保护验收监测报告(表)52 项；完成突发性污染事故及纠纷应急监测 14 项，获监测数据 254 个。

环境空气监测 2013 年，防城港市城区共设置港口区沙万、防城镇人民政府、大海花园 3 个环境空气监测点位，采用自动监测系统进行 24 小时连续监测。监测项目有二氧化硫、二氧化氮、可吸入颗粒物。环境空气质量日报天数 365 天，其中优良天数为 363 天，轻度污染 2 天，环境空气质量优良率为 99.45%。

$PM_{2.5}$ 监测 2013 年，防城港市按照国家和自治区要求开展 $PM_{2.5}$ 监测试点工作。制订了《防城港市实施〈环境空气质量标准〉(GB3095-2012) 开展 $PM_{2.5}$ 监测工作方案》。首个 $PM_{2.5}$ 监测站点设在港口区大海花园空气自动站，2013 年 8 月完成仪器安装，11 月通过自治区环境保护厅验收并正式开展 $PM_{2.5}$、臭氧、一氧化碳 3 项环境空气质量新指标的监测，工作进度在全自治区 10 个非重点环保城市中名列前茅。

水环境监测 *降水监测* 2013 年，防城港市共设置 2 个手动监测点，监测频率为逢雨必测，监测项目为降雨量、pH 值、电导率及离子成分。三曲水库降雨自动监测站能自动收集降水，直接分析 pH 值和电导率并完成样品的保存，pH 值和电导率数据可以远程调拨。

地表水环境监测 每月 10 日前对北仑河、防城江和茅岭江、明江等主要河流共 11 个监测断面进行监测。主要河流监测断面水质达到相应的水环境功能区要求。

饮用水源水质监测 按要求定期对防城江木头滩、东兴市狗尾濑、上思县那板水库 3 个饮用水源地进行监测。防城江木头滩饮用水源地每月监测 1 次，每次监测 61 个项目，全年进行 1 次 109 项全分析；东兴北仑河狗尾濑、上思那板水库饮用水源每季度监测 1 次，每次监测 61 个项目，全年进行 1 次 109 项全分析。2013 年防城港市饮用水源水质达标率为 100%。

近岸海域海水环境监测 2013 年，防城港市近岸海域环境监测设置防城港口、北仑河口、天堂滩、金滩浴场等 4 个监测点，每季度各监测 1 次。近岸海域水质达标率为 100%，均达到近岸海域海水环境功能区相应目标要求。

声环境质量监测 开展城市区域环境噪声和道路交通噪声监测，其中环境噪声设 100 个网格点位，交通噪声设 10 条道路共 18 个点位。城区环境噪声及城市道路交通噪声环境质量良好。

重点污染源监督性监测 2013 年防城港市列入国家重点监控企业 19 家，其中，废水企业 8 家，废气企业 7 家，城镇生活污水处理厂 3 家，重金属废水企业 1 家。对辖区内 19 家国控重点污染源企业每季度至少监测 1 次，季节性生产企业每月至少监测 1 次，按时向自治区环境监测中心站报送监测数据及季报、比对季报和年报。配合监察管理部门做好污染源在线监测自动设备数据有效性审核、比对监测工作，共完成污染源在线监测系统比对监测 40 家次。全年共进行重点污染源监督性监测 63 家次，监测完成率为 100%。

【重金属污染防治】 2013 年，防城港市全面落实《重金属污染综合防治“十二五”规划》各项任务，编制完成《防城港市 2013 年度重金属污染综合防治工作实施方案》并通过市人民政府常务会议审议印发实施。

2013 年防城港市获得中央重金属污染防治专项资金 250 万元，新购原子吸收光谱仪、液相-原子荧光测定仪、液相色谱仪、纯水仪等实验室分析、辅助及前处理设备仪器共 16 台(套)；防城港市财政支持 136.2 万，用于建立 ICP-MS、ICP 重金属检测实验室和有机污染物监测实验室，配套样品前处理设备；2013 年下达防城港市自治区本级第二批重金属污染防治专项资金 311 万元(其中防城区 100 万元)，用于重金属监测仪器设备购置。防城港市重金属及有机污染物监测基础能力得到加强。

【环境监察】 *环境安全隐患大排查大整治* 2013 年，防城港市环境监察部门根据《广西壮族自治区人民政府办公厅关于印发全面深入开展环境安全隐患大清查大整治行动方案的通知》(桂政办电〔2013〕111 号)要求，积极督促各县(市、区)人民政府和市直相关职能部门切实履行大清查大整治行动的工作职责，全面清查，依法整治，确保防城港市环境安全。重点对饮用水源地、流域、非法生产单位、重点行业等进行全面深入开展大清查大整治行动。2013 年全市共出动检查人员 1850 人次，排查企业 291 家，排查饮用水水源地及上游地区 7 处，排查重点流域 3 处。共排查出环境安全隐患企业 14 家，截至 2013 年底已有 11 家通过各县(市、区)人民政府组织的整治验收并出具验收合格意见，2 家在开展验收工作，剩余 1 家在完善整治。发现的 34 家无证无照经营企业，各县(市、区)人民政府已责令停止生产或停止经营。

环境安全年行动 2013 年 2 月至 11 月，防城港市环境环境保护部门根据自治区环境保护厅开展“环境安全年”系列行动文件精神，联合安全监管、工业和信息化等部门制订工作方案，组织开展“环境安全年 1、2、3、5 号行动”，对辖区重点行业企业废气、废水污染防治设施运行情况、风险防范、应急等方面的环境安全问题进行突击检查。4 次行动共成立 19 个检查组，出动检查人员 205 人，出动车辆 50 辆，检查企业 60 家。4

次检查无发现重大安全隐患。通过开展"环境安全年"系列行动,有力震慑违法排污企业,最大限度地消除各类环境污染隐患,遏制季节性生产企业环境污染事件易发、多发态势,确保防城港市环境安全。

2013年10月22日,防城港市环境监测人员在野外采集水样

建设项目环境监察 2013年,防城港市对76个企业建设项目开展试生产(运行)环保"三同时"核查,对其中71个污染防治设施完善的建设项目同意其投入试生产(运行),对另外5个建设项目因未完善污染防治设施暂缓批准其投入试生产,并提出了整改要求,从源头上遏制污染的产生,保护生态环境。对在建项目开展现场检查,督促业主执行"三同时"制度,发现环境问题或环境违法行为,及时指出并责令改正。

2013年,自治区环境保护厅对广西金源镍业有限公司防城港镍合金及深加工项目进行环保核查

污染源在线监控管理 2013年,防城港市环境监察部门继续加强对国控重点污染源企业及减排企业的监管和治理,建立和完善科学的污染减排指标检测和考核体系,积极推进主要污染物总量控制和减排工作。一是积极开展企业端在线监测仪的建设,除因停产等原因外,所有排放口均已完成安装并与监控中心联网。二是做好监控设施现场监管,严格按要求开展每季度在线监控设施现场考核工作,并将考核评分结果进行公示,促进设施有效性审核通过率的提高,使自动监控监测数据在环境执法、监管、总量减排等方面发挥应有的作用。三是推进重点源在线监控设施第三方营运,重点源在线监控设施的运行、维护、管理水平有进一步提高。四是通过污染源监控中心上位端平台的数据监控,及时发现异常数据,查找原因,结合现场监察情况,核实问题原因所在,督促企业及时解决问题,并查处在线监控平台企业超标排放问题。

排污收费 2013年,防城港市环境保护局组织召开全市排污申报核定与排污费征收工作会议,组织指导各县(市、区)做好全年的排污申报工作,加强对排污收费基础性工作管理。同时,不断加大征收力度,严格执法、热情服务,并严格按国家要求开展年、季排污申报、核定工作。2013年全市征收排污费1430.6217万元,其中本级征收排污费1038.3438万元。

【环保能力建设】 2013年,防城港市能力建设实现新突破,获得自治区环境保护厅核与辐射能力建设支持费用、配套仪器设备等,其中核与辐射能力建设支持费用为163万元,地方配套33万元。防城港市财政支持300.97万元用于防城港市临时核应急前沿指挥所的建设;拨款50万元用于城区$PM_{2.5}$、臭氧、一氧化氮自动监测项目建设,项目已建成并通过验收;安排136.2万元用于环境应急监测能力建设。聘请技术人员解决人员不足问题,防城港市人民政府从5月起将财政列支补助提高到每年125万元。防城港市环境影响评价中心人员已到位并正式开展业务工作;防城港市编委下文批复成立防城港市固体废物管理中心和机动车排气污染管理中心;防城港市环境监察支队升格为副处级参公事业单位,防城港市环境监测站、核与辐射环境监督管理站已获批准为参照公务员法管理单位。

【环境宣传教育】 *环境宣传* 2013年,防城港市围绕世界环境日主题,发表市长署名文章《全社会行动起来共同建设美丽家园》。开展环保开放日活动,邀请部分人大代表、政协委员、企事业代表等20余人参观防城港市环境空气自动监测站,宣传环保工作。开展街头咨询宣传活动,采取设立咨询点、设立展板、发放宣传资料等形式,向广大市民宣传环保知识,现场发放环保宣传单5000余份。开展宣传进乡村、进企业、进学校活动,以发放资料的形式进行宣传,全市共发放《广西环境违法行为有奖举报工作制度》挂图10000份,《环保知识宣传册》1万余册。开展"改善生态环境,共享绿色家园"为主题的环保专场文艺晚会,市政协主席、市委宣传部部长等市领导和2000多名群众观看节目,进一步提升市民环保意识。在《防城港日报》、防城港电台公开环境质量信息。通过中国移动公司向广大用户发送环保短信5万条,在各村屯的电子平台播放环保宣传标语。积极做好环保工作动态稿件的撰写报送工作，其中《中国环境报》采用2篇，自治区环境保护厅采用30篇，市人民政府采用11篇，《防城港日报》采用12篇，较好地宣传防城港市环境质量及环保工作。在广播电台开设专栏《环保在行动》，向广大民众宣传环保方面的信息及相关政策法规。通过开展一系列环境宣传活动，为全市环保工作顺利开展营造良好的氛围。

2013年5月29日，防城港市举办“改善生态环境，共享绿色家园”环保专场文艺晚会

2013年6月5日，防城港市举行“六五”世界环境日宣传活动。图为环保志愿者向群众发放宣传资料

绿色系列创建活动　2013年，防城港市绿色环保系列创建活动领导小组办公室授予防城港市地税局、防城港市交警支队、钦东高速公路管理大队3家单位防城港市四星级“绿色机关(单位)”称号；授予上思县国税局防城港市三星级“绿色机关(单位)”称号；授予上思县民族中学防城港市“绿色学校(幼儿园)”称号。

【党风廉政建设】 2013年，防城港市环境保护局继续加强党风廉政建设，提高环保队伍依法行政能力。一是抓学习教育，夯思想根基。认真组织学习习近平总书记在十八届中央纪委二次全会上的重要讲话精神和自治区十届纪委四次全会、防城港市五届纪委四次全会精神以及自治区环境保护厅“五项承诺”，邀请防城港市监察局局长姚佩衡专题授课，组织党员干部观看《廉政中国》系列警示片。二是抓作风建设，树良好形象。深入贯彻落实中央八项规定、自治区党委的部署、防城港市改进作风和厉行勤俭节约、反对铺张浪费的30条规定以及自治区环境保护厅“五项承诺”。局领导带头深入基层，召开座谈会、上门走访、明察暗访，虚心听取群众意见和建议。针对群众反映的问题，研究整改措施，跟踪督查整改。防城港市环境保护局专门下发《加强机关作风建设规范办公秩序的通知》，制订10条措施加强机关作风建设，先后3次对局机关和局属单位进行巡查，并书面通报巡查情况，对在岗人员精神状态不好或办公环境不够整洁的现象提出要求，限期整改。与防城港市人民检察院召开加强和改进在全市环境保护系统共同开展预防职务犯罪工作联席会议，联合下发《关于加强和改进在全市环境保护系统共同开展预防职务犯罪工作的意见》，切实加强和规范全市环保系统预防职务犯罪工作。

2013年12月3日，防城港市环境保护局召开传达学习党的十八届三中全会精神会议

【环境信访】 2013年，防城港市环境监察支队实行24小时“12369环保举报热线”值班制度，并制定了《2013年防城港市环境保护局领导接访日制度》公布于市人民政府门户网站，局领导定期接待群众来访，倾听群众呼声、反映群众意愿；对重点信访问题实行局领导包案制度，有效地推动环境信访工作的开展。同时，日常安排专人跟踪网络舆情，发现问题及时派员进行调查核实并处理。加强信息预警预测，保证信访信息渠道畅通，及时准确报送信访信息。2013年市环境监察支队共受理群众举报的环境污染投诉216件，办结216件，办结率达100%。

【获奖与表彰】 2013年，防城港市环境监察支队被评为2013年度广西环境监察市级工作先进单位，东兴市环境监察大队被评为县级先进单位；防城区环境保护局获2013年度广西环保系统政务信息工作先进单位一等奖。

【环保大事记】

一月

1月10日，自治区环境保护厅总工程师陈晓菲和防城港市环境保护局领导一行到东兴市黄竹村检查农村环境连片整治工作。检查组认真检查项目工程质量，要求防城港市环境保护局进一步加强对项目的督查和指导，加快完善项目各项工作，切实把农村环境连片整治工程作为为民办实事工程来抓，把中央惠民政策落到实处。

1月14日，以自治区纪委驻环境保护厅监察室主任李亮光为组长的自治区为民办实事农村环境综合整治项目绩效考评督查组到防城港市开展督查工作。督察组先后到江平镇、东兴镇实地检查防城港市农村环境综合整治工作进展情况，肯定该项工作进展，并希望防城港市进一步强化组织领导，加大整治投入，探索地方经验，加强督查考核，确保实现各项目标任务，为东兴市新农村建设和农村经济社会全面发展做出新的努力。

1月29日，自治区环境保护厅副厅长蹇兴超一行6人到防城港市开展为期2天的环境安全隐患整治专项行动联合督查工作。

二月

2月4日，防城港市环境保护局召开全市环境保护工作会议，会议总结2012年全市环境保护工作，并提出2013年环境保护工作要求。

五月

5月至6月，中电广西防城港电力有限公司利用1#机组调停检修的机会，成功将1#脱硫系统烟气旁路拆除，成为广西区内第一家拆除脱硫烟气旁路的火电厂。

七月

7月19日，环境保护部环境工程评估中心主任助理李天威在自治区环境保护厅副厅长黎敏的陪同下，一行15人前往防城港开展五大区域重点产业发展战略环境评价成果应用情况调研。

八月

8月，防城港电厂二期扩建工程获得环境保护部批复，该工程对及时缓解广西电网的缺电局面、改善电网电源结构和电源布局、增加电网的调峰能力、提高电网运行的可靠性和经济性起到非常重要的作用。

8月28日，防城港市环境保护局、安全监管局共同组织开展"环境安全年3号行动"，针对全市尾矿库和化工行业企业联合开展专项集中检查。

九月

9月2日，防城港市环境保护局召开环境监察专项稽查工作会。会议审议通过《防城港市环境监察专项稽查工作方案》，统一指导全市环境监察稽查工作的开展。

十月

10月11日，自治区环境保护厅副厅长钟兵一行9人到防城港市对广西金川有色金属有限公司40万吨铜冶炼项目试生产进行现场核查。

10月31日，环境保护部卫星环境应用中心主任吴国增一行8人到防城港市开展防城港核电厂应急计划区、自然保护区、近岸海域生态遥感现状调查与动态监测研究的前期调研。

十一月

11月5日，防城港市首个$PM_{2.5}$监测试点——大海花园$PM_{2.5}$自动监测项目及防城江木头滩水质自动站顺利通过自治区环境保护厅专家现场验收，在广西10个非环保重点城市中率先完成$PM_{2.5}$监测试点监测工作。

11月8日，防城港市环境保护局与市人民检察院召开加强和改进在全市环境保护系统共同开展预防职务犯罪工作联席会议，会议宣贯《关于加强和改进在全市环境保护系统共同开展预防职务犯罪工作的意见》，对共同建立预防职务犯罪工作机制、对环保系统落实党风廉政建设和推进反腐败工作具有重要意义。

11月20日，自治区环境保护厅副厅长黎敏一行到防城港市协调解决防城港核电厂场外辐射环境监督性监测系统前沿站建设有关问题。

十二月

12月3日，防城港市环境保护局、港口办联合检查组实地检查防城港务集团有限公司港口码头粉尘污染整治进展情况，并与港务集团有关领导召开港务集团港口码头粉尘污染环境整治工作第一次联席会议。

12月20日，防城港市上思县2013年农村环境连片整治示范项目开工率100%，项目完工率40%，名列全自治区前茅。

钦州市环境保护

【综述】 2013年，钦州市环境保护工作践行环保"五项承诺"，以改善环境质量为目标，以污染减排和环境安全为重点，突出治污减排工作主线，强化重点环境综合整治，加大环境执法力度，着力解决环境热点难点问题，确保达到"环境安全年"的各项目标要求。全年环境质量总体良好，城区环境空气质量日报优良率为98.4%；集中式饮用水水源地水质达标率为100%；地表水断面水质各污染物均值均能达到Ⅲ类水质标准，水质评价为良好，近岸海域海水环境质量大部分符合第二、三类海水水质标准。

2013年1月24日，钦州市环保监测执法业务用房举行落成仪式

2013年1月，钦州市环保监测执法业务用房正式投入使用

【环境质量】 环境空气质量　2013 年，钦州市城区环境空气质量继续保持在《环境空气质量标准》(GB3095-1996) 二级标准内，环境空气综合污染指数为 1.20，比上年略有上升，年度城市首要污染物为可吸入颗粒物。全年环境空气质量日报天数 365 天，空气质量日报优良率为 98.4%，其中空气质量达优的天数为 144 天，达良的天数为 215 天，轻微污染的天数是 6 天，优良率较上年略有下降。日报 API（空气污染指数）范围为 18~122。主要污染物为可吸入颗粒物。年内，全市城区共降雨 54 场，共采集降雨样本 161 个，降雨 pH 年均值为 5.42，共出现 36 个酸雨样本，酸雨频率 22.4%，较上年上升 14.3 个百分点。降雨酸度主要受硫酸根、硝酸根离子的影响。

地表水环境质量　2013 年，钦江的白坟江、青年水闸、横丰、大风江的高塘、茅岭江的茅岭大桥 5 个断面的各污染物年均值均能达到《地表水环境质量标准》(GB3838-2002) 的Ⅲ类水质标准，其中青年水闸断面达到Ⅱ类水质标准。全市年度水质达标率为 100%，年度水环境功能区达标率为 100%。钦江水质评价为优，大风江、茅岭江水质评价为良好。年内全市城区集中式饮用水水源地青年水闸断面的年度总取水量为 3790.5324 万立方米，年度水质达标率为 100%，年度水质评价为优。全年钦州港区集中式饮用水水源地企山水库断面的年度总取水量为 1468.8596 万立方米，年度水质达标率为 100%，年度水质评价为良好。地表水水质与上年持平。

近岸海域环境质量　2013 年，钦州市近岸海域海水环境质量大部分符合第二、三类海水水质标准；劣于第三类海水水质标准的海域主要分布在钦州湾（含茅尾海），且绝大部分已劣于第四类海水水质标准。海水中的主要污染物为无机氮和石油类。

声环境质量　2013 年，钦州市城市区域声环境昼间平均值为 55.2 分贝，比上年上升 0.2 分贝，噪声质量等级为三级，评价为一般；城市区域声环境夜间平均值为 46.4 分贝，噪声质量等级为三级，评价为一般。城市区域昼间、夜间环境噪声声源均以生活噪声源为主要声源，占 90.0%，其次为交通噪声源，占 8.0%，剩余的声源为工业噪声源，仅占 2%。年内全市道路交通声环境昼间平均值为 66.7 分贝，噪声质量等级为一级，评价为好；道路交通声环境夜间平均值为 60.5 分贝，噪声质量等级为三级，评价为一般。

土壤环境质量　2013 年钦州市蔬菜种植基地土壤环境质量例行监测共选取 3 个蔬菜种植基地，选择 14 种重金属污染物和 6 种有机污染物对周边土壤环境污染状况进行评价。结果表明，在 3 个蔬菜种植基地共 15 个点位中，有 3 个点位评价为尚清洁（警戒限），其余 12 个点位均评价为清洁（安全）；从平均值看，3 个蔬菜种植基地均评价为清洁（安全）。

【环境监测】 2013 年，钦州市共取得城区大气自动监测数据 2948 个，降雨常规监测数据 1914 个，地表水常规监测数据 5024 个，区域环境、道路交通噪声常规监测数据 708 个；完成国控重点污染源企业监督性监测 124 家次，取得 11912 个监测数据，完成 31 次环境保护部门指令性、调查等监测，取得 1060 个监测数据，完成 58 个企业的环保验收监测，取得 3288 个监测数据，完成 2 个企业的环境影响评价监测，取得 528 个数据，接受企业 107 家次委托监测，取得 3333 个监测数据，完成 8 个送样监测，取得 59 个监测数据。

为抓好新增项目($PM_{2.5}$)的试点监测准备工作，编写《空气质量自动监测系统标准配置方案》，建设 $PM_{2.5}$ 自动监测站，完成基础建设工作。

【环境科研】 2011~2013 年钦州市环境保护监测站参与《广西滩涂养殖业污染物排放标准》制订的监测和编写工作，年内共取得 282 个监测数据，为标准的制订提供完整准确的数据。

【主要污染物减排】 2013 年，钦州市对列入“十二五”总量减排的重点项目加大监察、监测频次，加强运行情况监管，确保4项主要污染物排放指标全面完成目标任务。年内全市化学需氧量及氮氧化物排放量需分别控制在4.59万吨、2.17万吨以内，维持在2012年排放水平；氨氮排放量控制在4307吨以内，比2012年削减5%；二氧化硫排放量控制在1.82万吨以内，比上年增加0.5%。经环境保护部和自治区环境保护厅核定，年内全市化学需氧量排放总量为4.5万吨，比上年削减1.85%，完成目标任务；氨氮排放总量为4472吨，比上年削减1.35%，未完成目标任务；二氧化硫排放总量为1.73万吨，比上年削减4.47%，已完成目标任务；氮氧化物排放总量为2.3万吨，比上年增加5.75%，未完成目标任务。

【固体废物及危险废物处置】 2013年，钦州市一般工业固体废物种类主要有粉煤灰、冶炼废渣、其他废物、尾矿、污泥、脱硫石膏、炉渣、煤矸石等，产生量103.19万吨，其中综合利用量100.45万吨、处置量1.24万吨、贮存量1.72万吨、倾倒丢弃量0.01万吨，综合利用率为97.34%。年内全市工业危险废物产生量0.14万吨，处置量0.14万吨，处置率为100%。医疗废物产生量1354.462吨，处置量1354.462吨，处置率为100%。

【环境安全年行动】 2013年，钦州市分别于2月、4月、8月、10月、11月开展"环境安全年1~5号行动"，共对23家企业进行突击检查，发现存在环境问题企业9家，对存在问题责令整改。配合自治区环境保护厅开展新合力公司重金属水污染事故应急联合演练，锻炼队伍。结合大清查工作开展钦江饮用水源上游企业和矿山污染调查整治工作检查，对金窝水库、田寮水库污染源进行执法整治，促进水质改善，确保供水安全。对钦北区板城镇谈六村委谈六江沿江流域内9家非法锰矿洗矿点洗矿废水污染问题开展调查和整治，对5家尾矿坝进行了检查，未发现环境安全隐患。

【环境安全隐患清查整治行动】 2013年，钦州市组织

2013年3月11日，钦州市召开2013年全市环境保护工作会议

开展环境安全隐患大清查大整治行动，印发《钦州市全面深入开展环境安全隐患大清查大整治行动方案》，将整治行动纳入党的群众路线教育实践活动中去，明确清查整治工作重点、职责分工、行动步骤和时间安排等工作要求。各县（区）分别组织环境保护、发展改革、公安、工业和信息化、国土资源、水利、安全监管和工商等部门，在辖区开展环境安全隐患大清查大整治行动，重点对重有色金属矿采选冶炼企业、尾矿库及危险化学品企业、其他重点污染企业等进行清查，对钦江、茅岭江、大风江、武思江、南流江、钦州湾等流域区域的环境安全风险企业进行全面彻底的清查，对钦江、金窝水库、灵山县和浦北县集中式饮用水水源保护区的工业和城镇生活排污口、网箱养殖等进行全面清查整治，完成问题整治。大清查行动全市共出动检查人员1176人次，检查企业728家，共排查存在安全隐患问题企业41家，已完成整改36家，整改完成率87.8%；其中关闭清理23家，关闭清理率56%；正在整改4家（浦北县4家，钦州港经济技术开发区1家）。

【环保专项行动】 2013年，钦州市制订《钦州市2013

2013年8月28日，自治区检查组到钦州市广西金桂浆纸业有限公司检查

2013年10月22日，钦州市环境保护局开展"环境应急演练4号行动"

年整治违法排污企业保障群众健康环保专项行动实施方案》，组织开展环保专项行动。全年环保专项行动共出动人员818人次，检查企业347家次，查处存在环境问题企业5家（限期整改4家、停产整改1家），并把全部5家问题企业列为挂牌督办企业（自治区级挂牌督办3家，县级挂牌督办2家）。

【环境安全监管】 2013年，钦州市加强污染环境安全监管工作创新，建立重点污染源综合监控体系和星级管理机制，实施重点污染源综合监管。按照重点污染源四级监控和星级管理机制要求，全面落实环保监管员制度，加强对重点污染源的监控监管，促进企业污染稳定达标排放，及时消除环境污染隐患，确保环境安全。按照环保监管员制度要求，全市44名环保监管员对105家企业实施责任监管。通过环境安全监管方式创新，努力实现对重点污染源的环境安全管理的“三清三到位”的总体目标，即“区域清、职责清、底数清”和“监管到位、服务到位、互通到位”。

【试生产环境监管】 2013年，钦州市做好试生产审查工作，深入项目现场，检查环保设施建设情况，核实环评批复落实情况，全面考察建设项目是否具备试生产的条件，从严批复试生产。对“三同时”执行不到位的问题，及时督促限期整改。对达不到试生产要求的，在未整改到位前不得批准投入试生产；对已批准投入试生产的建设项目，应督促建设单位在规定期限内完成验收；对违规批准试生产的，严肃追究责任。全年市本级共对108个项目试生产进行现场查核，同意73个项目进行试生产，有35个因环保设施落实不到位，不同意其试生产。

【机动车环保标志发放】 2013年，钦州市环境保护局会同市公安局交警支队，继续开展机动车绿色标志发放工作。年内，共发放机动车绿色标志1755枚。

【清洁水源专项行动】 2013年，钦州市成立“美丽钦州·清洁乡村”活动领导小组，制订钦州市《“清洁水源”专项行动方案》和《钦州市“美丽母亲河”·饮用水源环境清理大行动工作方案》，举办“美丽钦州·清洁乡村”活动派驻工作队动员会、培训会、现场会等，向全市“美丽钦州·清洁乡村”各成员单位解读“清洁水源”活动方案，推动全市活动开展。编制《美丽钦州·清洁水源手册》5000本，分发到“美丽钦州·清洁乡村”领导小组各成员单位、县区人民政府、镇人民政府、村委会和驻村工作队员。积极指导挂点镇开展“美丽钦州·清洁乡村”工作，共筹措资金70多万元投入全市项目建设。

【辐射安全监督管理】 2013年，钦州市制订《2013年核与辐射安全检查实施方案》，并印发《钦州市环境保护局2013年核与辐射安全检查实施方案的通知》，对全市16家核技术利用单位进行重点核查；开展安保用X射线装置专项检查活动，完成对全市车站等公共场所使用的X射线装置的数量、地点及履行环保手续情况的调查统计工作，并发放辐射安全许可证6本；共对4件辐射投诉案件进行处理。完成防城港核电厂辐射环境自动监测系统前沿子站工程和市辐射环境自动监测站选址工作。

【排污申报与收费】 2013年，钦州市有排污申报企业625家（市本级178家，灵山231家，浦北216家），其中收费企业544家（市本级132家，灵山县198家，浦北县214家），征收排污费1785万元（市本级1397万元，灵山县146万元，浦北县242万元），发放排污许可证603家（市本级99家，灵山县288家，浦北县216家）。

【环境信访与议案提案】 2013年，钦州市加强环境问题信访工作，加强“12345”市长热线环保问题投诉案件的调查处理和回复。加强“12369”环保举报热线运行管理，按要求时限办结投诉的问题，力求做到“有报必接、违法必查，事事有结果，件件有回音”，妥善解决问题，维护群众环境权益和社会稳定。年内，共处理环境问题纠纷、来信来访投诉案件537件（其中市本级407件，灵山县69件，浦北县61件），查处办结517件（其中市本级388件，灵山县68件，浦北县61件），查处办结率96.3%。未发生重大环境污染事故。全年共办理人大议案9件，政协提案1件，代表、委员满意率100%。

【重点污染源监管】 *国控重点源监管* 2013年，钦州市国控企业共37家，其中废水国控企业27家（包括污水处理厂国控企业5家），废气国控企业9家，重金属国控企业1家。27家废水国控企业中，有2家企业已经关闭，城市污水处理厂5家（钦州市河东污水处理厂、钦州市河西污水处理厂、钦州港工业污水集中处理厂、灵山县城区污水处理厂、广西浦北中环水业有限公司），重金属1家（浦北县铅锌矿有限公司）。年内，共对全市37家废水重点监控企业进行338次减排现场监察检查；对4家废气重点监控企业7台（套）脱硫设备进行84次减排现场监察检查，其他5家废气国控企业没有二氧化硫产生，不做监察。对25家废水企业进行64次监测，达标64次，不达标0次，达标企业25家；对9家废气监测19次，达标19次，不达标0次，达标企业9家。

在线自动监控系统监管 年内结合减排监察工

作，对安装在线自动监控设备的企业进行监督检查，做好现场检查记录，对存在问题提出整改意见，确保自动监控设施正常运行。全市37家国控企业大部分安装了在线监控设备。全年全市52家企业共安装在线监控设施74套，其中废水39套，废气35套。联网71套，未联网3套，验收62套。共对79家次国控企业在线监控数据有效性进行审核，通过79家，通过率100%。

【环境应急】 2013年，钦州市完成《钦州市突发环境事件应急预案》专项预案修编，于2013年7月16日印发实施。环境保护部门应急预案在编制中。根据环境保护部《突发环境事件应急预案管理暂行办法》和自治区环境保护厅《关于进一步加强突发环境事件应急预案管理工作的通知》的要求，拟发《关于进一步加强突发环境事件应急预案管理工作的通知》，全面开展突发环境事件应急预案编制、评估、审查和报备案工作。截至2013年底，市级第一批拟应编制、报备突发环境事件应急预案企业123家（钦州港22家，钦南区62家，钦北区39家）。2013年全市报来环境事件应急预案备案登记42个。

【建设项目环境管理】 2013年，钦州市环境保护局完成建设项目环境影响评价文件审批677份（其中报告书26份，报告表253份，登记表398份），比上年增长13%。建设项目总投资288.09亿元，其中环保投资4.8亿元。预审自治区环境保护厅审批环评文件22份。不予许可或暂缓审批项目环评文件8个。严把项目环保竣工验收关口，全市共对296个建设项目进行验收。指导协助中国石油广西石化公司1000万吨炼油厂项目通过环境保护部环保“三同时”现场验收工作。完成钦州港大榄坪物流加工区总体规划、广西钦州林浆纸产业园总体发展规划环境影响评价工作。钦州市人民政府颁布实施《钦州生态市建设规划(2011~2020)》；钦州市各县（区）《乡镇集中式饮用水水源保护区划分技术报告》及《乡镇集中式饮用水水源保护区划定方案》通过市人民政府审查，并上报自治区人民政府。

【自然生态保护】 2013年，钦州市农村环境连片整治项目示范县为灵山县，项目计划总投资1375万元。灵山县人民政府完成28个示范村和石塘生活垃圾中转站工程的实施方案及其初步设计工作。污水治理工程实施方案通过专家技术评审，实施方案通过钦州市环境保护局批复。截至2013年底，13个污水治理工程均已开工建设，石塘中转站进行施工进场准备，根据合同要求及施工单位的申请，支付工程预付款共212万元。年内，围绕生态文明示范区和生态市建设工作，认真落实《钦州市生态市建设规划(2009~2020)》目标，制定并发布《钦州市级生态村申报及管理规定（试行）》。经自治区环境保护厅审核，全市有18个行政村获得自治区级生态村命名，28个村命名为钦州市市级生态村。

钦州市灵山县新圩镇梯始村污水处理站建成并投入使用

【环境宣传】 2013年，钦州市环境保护局利用“世界环境日”、“地球日”、“法制宣传日”等纪念日，开展形式多样的环保宣传教育活动。利用手机短信平台，在移动公司和联通公司等通信集群网群发手机信息宣传各类环保知识和“美丽钦州·清洁水源”活动。在“学雷锋好榜样，做最美钦州人”活动期间，环保志愿者结合岗位职责，开展环境保护宣传活动，悬挂宣传横额8条，发放宣传单1000多份、小册子200本，进行环保咨询10多项。开展面向学校的环保宣传工作，组织钦州市各学校参加环境保护部宣传教育中心举办的环境小记者项目2013年新闻作品大赛活动，向学校发放各类环保资料，组织师生参加环保公众开放日活动。积极宣传自治区环境保护厅环境违法有奖举报制度，市环境保护局向全市学校、单位、企业、社区、乡镇、村屯发放宣传资料10000多份。在开展“六五”世界环境日系列宣传活动期间，市环境保护局召开环境保护报告会，传播节约能源、资源的思想和绿色经济、绿色消费理论，播放环境事故、环境违法警示片，同时在钦州广

2013年6月5日，钦州市环境保护局举办“六五”世界环境日暨环保公众开放日活动

播电台开展环保政风行风热线在线咨询活动，利用展板、横幅等形式开展环保宣传活动5批次，通过网络、短信等媒介进行环境保护宣传，发送环保短信3万多条。开展"清洁水源"、"保护母亲河"专项整治宣传活动，发放通俗易懂、指导性强的农村环境保护工作宣传手册5000本。

年内，钦州市各级环境保护部门向各大新闻媒体及上级环境保护部门报送政务信息176条，被广西电视台、中国新闻网、人民网、广西新闻网、《中国环境报》、《广西日报》、《钦州日报》、《北部湾晨报》等采用，其中自治区环境保护厅采用68条。

【环保大事记】

一月

1月24日，钦州市环境监测执法业务用房举行落成典礼。自治区环境保护厅副厅长蹇兴超，钦州市环境保护局领导班子，各县区环境保护局领导及市环保系统全体干部职工参加庆典仪式。仪式由钦州市环境保护局党组书记庞才光主持。

二月

2月21日，钦州市浦北县在县党校举办环境安全隐患防治知识培训班，参加培训的有各乡镇书记、镇长、分管副镇长，县直（含直线）各有关单位负责人和分管领导、县环境保护局全体干部职工、60个相关重点企业负责人等130余人。

三月

3月11日，钦州市召开2013年全市环境保护工作会议。会议认真总结2012年全市环保工作所取得的成绩和存在不足，并对钦州市2013年的重点、难点、热点工作作了全面部署。市环境保护局局长符锦成主持会议并作重要讲话。

3月13日，钦州市环境保护局在钦南区广西明利化工有限公司开展磷酸泄漏突发环境事故应急演练，综合检验市环保系统和当地政府以及企业环境应急联合处置突发性污染事故的配合、响应和处置能力，强化环境保护部门与企业的联动与配合，全面掌握环境保护部门在应急处置突发环境事件中的主要职责、程序和要点，进一步提高环境保护部门应急处置突发环境事件的能力。

3月27日，钦州市副市长陆钦华一行到钦州市环境保护局调研。陆钦华听取市环境保护局局长符锦成关于2012年全市环保工作完成情况及2013年环保工作思路的汇报。符锦成就环境质量、污染减排、环境执法、环评审批、应急信访、农村环保及饮用水源七个方面工作的成绩进行回顾。

四月

4月2日，钦州市市长李新元到钦州市港口管理局调研港口营运与港口管理工作，强调要加强港口管理，企业在注重经济效益的同时，特别要加强环境保护，码头要安装溢油报警自动监测监控系统，开展通航安全论证和通航安全评估，防止扬尘污染和油污污染。

4月25日，"美丽广西·清洁乡村"活动在钦州市正式启动，市环境保护局成立"美丽钦州·清洁乡村"活动工作领导小组，由局长符锦成担任组长，并且从生活污水处理、乡村企业污染防治、养殖业污染防治、清理乡村河道水源污染、严格保护乡村饮用水源五个方面制订具体活动实施方案。

五月

5月6日，钦州市召开第一季度全市主要污染物总量减排推进会。副市长陆钦华参加会议，会议由市人民政府办公室副秘书长龙拔斌主持，各县区人民政府（管委）分管领导，市发展改革委、环境保护局等各有关部门领导，中国石油广西石化分公司等企业负责人共65人参加会议。

5月7日，钦州市环境应急与事故调查中心正式挂牌成立，标志着钦州市环境保护局应急管理机构正式建立。

5月22日，以自治区环境保护厅巡视员冯振年为组长的城镇污水生活垃圾处理设施2013年第一次建设运行督察组一行到浦北县进行督查，了解浦北县节能减排工作情况。副县长岑光成及市县住房城乡建设局、环境保护局等单位领导陪同督查。

六月

6月4日，钦州市政协副主席韦全率领钦州市部分政协委员视察钦州市生态环境建设情况。

6月4日，钦州市市长李新元率领市环境保护局、市发展改革委等相关部门领导到自治区环境保护厅走访，就钦州市重大项目环评审批工作等相关环保工作进行座谈交流，自治区环境保护厅厅长檀庆瑞、总工程师陈晓非及相关处室负责人参加座谈。

6月5日，钦州市在市环境保护局召开纪念"六五"世界环境日环境保护形势报告会。同日，钦州市开展"环保公众开放日"活动，此次活动通过对外开放环境保护监测站实验室、环境保护局在线监控系统平台控制室、环境空气自动监测站等重要场所，让公众零距离感受环保、体验环保和了解环保。

6月8日，钦州市召开2013年主要污染物总量减排计划工作会议。

七月

7月4日晚8时38分，钦州市灵山县石塘镇一辆拉运甲醇的槽罐车侧翻入石塘镇瓦廖江内，造成槽罐内部分甲醇及油箱内汽油泄漏入江。接到报告后，钦州市环境保护局、灵山县环境保护局立即启动环境突发事件应急预案。5日3时，受影响河段水质已恢复正常，事故没有造成人员伤亡。

7月26日，钦州市召开2013年上半年全市主要污染物总量减排推进会。副市长陆钦华出席会议并讲话。

八月

8月28日，钦州市环保系统在自治区环境保护厅、自治区安全监管局的统一指挥下与市安全监管部门联合开展"环境安全年3号行动"。旨在进一步建立健全环境保护和安全监管部门联合行动机制，通过开展联合执法，深入排查钦州市尾矿库和沿江沿河化工企业生产安全、环境安全隐患，有效防范、坚决遏制安全生产事故和突发环境事件的发生，维护人民群众生命财产安全和社会稳定。

十月

10月10日，钦州市召开2013年全市主要污染物总量减排暨环境安全隐患大清查大整治推进会，钦州市副市长陆钦华出席会议并作重要讲话。

十二月

12月4日，自治区环境保护厅副厅长粟定成一行到钦州市灵山县检查生态文明示范区建设情况，钦州市副市长陆钦华、市环境保护局、财政局、水利局等相关部门负责人和钦州市灵山县副县长韦大器以及部分乡镇镇长陪同检查并参加反馈会。

贵港市环境保护

【综述】 2013年，贵港市环境保护局紧紧围绕市委、市人民政府"三年目标任务行动计划"和自治区环境保护厅的重要工作部署，认真贯彻执行国家环保政策、法律法规，强化环境监管，严格环境准入制度，积极开展环境监测，扎实推进污染减排及污染防治，大力加强农村环境连片综合整治和生态文明建设，促进贵港市环保事业蓬勃发展，为全市经济社会发展提供了良好的环境支撑。贵港城区全年空气质量保持在国家环境空气质量二级标准；辖区内主要河流监控断面水质达到国家地表水环境质量Ⅲ类以上标准，城镇集中式饮用水水源地得到较好保护。

【环境监测】 *环境空气质量监测* 2013年，贵港市共设置4个区控监测点位监测城区空气环境质量，分别为荷城子站、德智子站、贵城子站和江南子站，其中德智子站为对照点（其点位监测数据不参与统计）。监测点位每日24小时连续自动监测；监测项目包括二氧化硫、二氧化氮、可吸入颗粒物，全年3项监测项目共获监测数据3230个。其中，二氧化硫监测共获数据1084个，二氧化氮监测共获数据1078个，可吸入颗粒物监测共获数据1068个。

降水监测 2013年，贵港市区降水常规监测共设2个监测点位，分别为庆丰一中、贵港市环境监测站。监测项目为pH值、降雨量、硫酸根离子、硝酸根离子、电导率、氟离子、氯离子、铵离子、钙离子、镁离子、钠离子、钾离子共12项指标。监测频次为逢雨必测。降水酸度（pH值）以pH＞5.6作为划分酸雨的界限。全年共获降水监测数据2532个。

地表水水质监测 2013年，贵港市设有1个国控监测断面和3个区控监测断面，分别为浔江桂平河段的石嘴断面（国控），郁江港北区河段的火电厂断面（区控），黔江桂平河段的白额断面（区控），浔江平南县河段的武林渡口断面（区控）。每个断面设左、中、右3个测点，共12个测点。每个月采样1次。河流水质监测项目共计25项，全年共获河流水质监测数据3456个。所有监测断面的年均值符合Ⅲ类水功能区目标要求，与2012年相比，水质无明显变化。

2013年，贵港市环境监测站工作人员在桂平城区浔江段开展水质取样监测

贵港市还对本辖区的1个集中式饮用水水源地进行水质监测，采样点位为龙床井水厂抽水口，设左、中、右3个测点，监测频率为每月监测1次，监测项目28项。评价按《地表水环境质量标准》（GB3838–2002）Ⅲ类水标准执行。2013年共获饮用水水质监测数据1118个，水质达标率为100%。

环境噪声监测 2013年，贵港市环境监测站进行环境噪声监测，主要监测项目有城市道路交通噪声和城市建成区区域环境噪声监测，共获得监测数据1046个。

【环境质量】 *环境空气质量* 2013年，贵港市环境空气API指数为64，指数范围在42~85之间，优良率为93.2%，大气质量级别为二级，首要污染物为可吸入颗粒物。二氧化硫日均浓度范围在0.002~0.056毫克/立方米之间，年日均浓度为0.015毫克/立方米，符合

《环境空气质量标准》(GB3095–1996)中的二级标准，年超标率为 0；二氧化氮日均浓度范围在 0.002~0.086 毫克/立方米之间，年日均浓度为 0.024 毫克/立方米，符合《环境空气质量标准》(GB3095–1996)中的二级标准，年超标率为 0；可吸入颗粒物监测共获数据 1068 个，日均浓度范围在 0.009~0.293 毫克/立方米之间，年日均浓度为 0.079 毫克/立方米，符合《环境空气质量标准》(GB3095–1996)中的二级标准，年超标率为 7.7%。与上年度环境质量相比，二氧化硫年平均浓度下降 0.002 毫克/立方米，二氧化氮年平均浓度上升 0.006 毫克/立方米；可吸入颗粒物年平均浓度上升 0.008 毫克/立方米。全年，贵港市城区空气质量全部达到二级标准，综合污染指数比上年有所升高，空气质量比上年略差。

2013 年贵港市区监测降水 211 场次，降水的 pH 值范围为 4.35~6.81，pH 年均值为 6.05。其中，pH 值小于标准值 5.6 的降水 15 场次，酸雨频率达 7.1%。2013 年贵港市的 pH 年均值(6.05)较上年(6.10)下降 0.05 个 pH 值单位；年酸雨频率(7.1%)较上年(14.0%)下降 6.9 个百分点，表明酸雨污染较上年有所减少。

地表水环境质量 2013 年，贵港市共设置浔江桂平河段的石嘴断面(国控)、郁江港北区河段的火电厂断面(区控)、黔江桂平河段的白额断面(区控)、浔江平南县河段的武林渡口断面(区控)4 个监测断面和龙床井水厂抽水口 1 个集中式饮用水水源地进行地表水环境质量监测。全年，4 个监测断面的年均值均符合Ⅲ类水功能区目标要求，与 2012 年相比，水质无明显变化，饮用水水质达标率为 100%。

声环境质量 *道路交通噪声* 2013 年，贵港市区道路交通昼间噪声平均值为 73.0 分贝，高于国家标准 3.0 分贝，比 2012 年昼间的 70.7 分贝上升 2.3 分贝，属中度污染。

城市建成区区域环境噪声 2013 年贵港市城市建成区区域环境昼间噪声平均值为 58.6 分贝，比 2012 年昼间的 56.9 分贝上升 1.7 分贝，属轻度污染。

【环境监管】 2013 年，贵港市根据自治区环境保护厅的部署，先后 5 次全面深入开展代号为“环境安全年”的环境安全隐患大清查大整治工作。在 5 次行动中，贵港市共出动排查人员 6093 人次，重点排查企业 689 家，发现无证无照违法生产企业 148 家，存在环境安全隐患企业 316 家。对存在环境安全隐患的企业，已责令限期整改 162 家，责令停产整治 41 家，下令关停取缔 113 家，环境安全隐患大清查大整治工作取得显著成效。同年，对 26 家企业、50 个废水、废气排放口安装共计 73 套污染源自动监控设备，对这些企业的排污情况实行 24 小时实时数据监控，并与自治区、国家监控中心联网。同时，在广西率先对重点企业实行视频监控，拟对 32 家企业的排污口、重要环保处理设施等 58 个点位安装视频监控，截至 2013 年底，全市已有 18 家企业、29 个现场监控探头安装完成，并与市环境保护局监控中心联网。此外，为拓宽环境监督管理渠道，打击环境违法行为，市环境保护局继续 24 小时畅通“12369 环保热线”，制定《贵港市环境保护局环境违法行为有奖举报暂行办法》，对举报环境违法行为进行奖励，并对举报人信息严格保密，对环境违法行为形成了环保执法人员严格管理、广大人民群众积极参与监督的良好局面。

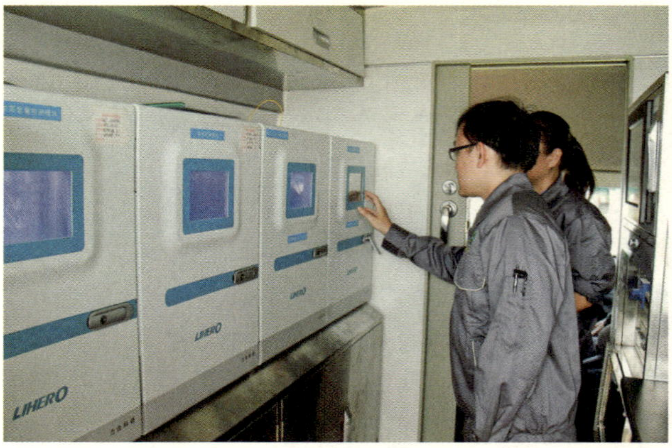

贵港市环境监测站工作人员在应急监测车开展现场监测

【环境执法】 2013 年，贵港市共有 60 多人次参加自治区和本市的业务培训，环境执法队伍的整体素质和执法能力均得到提升。到 2013 年末，环境监察人员大专文化程度以上达 95%，培训率、持证上岗率达 99%。全年共查处群众投诉案件 413 件，查处率达 100%，行政处罚环境违法企业 7 家，有力地打击了企业的环境违法行为。

【污染防治】 2013 年，贵港市环境保护局认真履行环保工作职责，以污染防治、清洁生产、饮用水源保护、建设项目竣工环境保护验收工作为重点，强化环境监督管理，取得了较好成效。

建设项目竣工环保验收 2013 年，贵港市完成建设项目竣工环境保护验收 46 个，其中报告书 1 个，报告表 15 个，登记表项目 30 个。经竣工验收的项目“三同时”执行率和验收合格率均达 100%，主要污染物新增排放量控制在环评审批文件核定的总量控制指标范围之内。

重金属污染防治 2013 年，贵港市环境保护局完成《贵港市 2013 年年度重金属污染防治实施方案》的编制工作，经呈报贵港市人民政府同意实施。贵港市金地矿业有限责任公司清洁生产审核项目和平南县华锌化工有限责任公司落后产能淘汰项目(自行淘汰)2

个重金属污染防治项目被列入实施方案。经过多方共同努力，两个重金属污染防治项目已较好地完成治理任务，年内排放废水中重金属污染物铅、汞、镉、砷分别削减9.906千克、0.065千克、0.57千克、2.08千克。全年全市重金属污染物排放总量保持在2007年排放量的水平，并且略有下降。

贵港市全市重点企业污染源自动监控平台建成并投入使用

饮用水水源污染防治　2013年，贵港市完成乡镇集中式饮用水水源保护区划定工作。截至年底，全市已完成66个乡镇饮用水水源地基础调查工作，三区两县（市）、乡镇饮用水水源保护区划分技术报告已编制完成，并经县（市、区）初审。其中，桂平市、平南县、港南区乡镇饮用水水源保护区划分技术报告已通过市级审查，经修改后呈报自治区环境保护厅。港北区和覃塘区因饮用水源地取水口有较大变动，技术报告需要进行较大修改，因此已调整到2014年初再上报。

持久性有机污染物调查　2013年，根据自治区环境保护厅《关于开展全区2013年持久性有机污染物统计报表制度更新调查工作的通知》（桂环办函〔2013〕145号）要求，贵港市环境保护局组织开展2013年持久性有机污染物统计报表制度更新调查工作。市环境保护局在收集汇总各单位报来的数据包后，组织编写工作报告，并按时呈报自治区环境保护厅，较好地完成全市持久性有机污染物统计报表制度更新调查工作。

危险化学品防治　2013年，为改善大气环境质量，预防油气污染事故发生，根据自治区环境保护厅《关于加强储油库、加油站和油罐车油气污染治理工作的通知》（桂环办函〔2012〕555号）文件要求，贵港市编制完成《贵港市储油库、加油站及油罐车油气污染治理方案》，并按要求呈报自治区环境保护厅。

生产化学品环境情况调查　2013年，根据环境保护部办公厅《关于开展全国生产化学品环境情况调查的通知》（环办〔2012〕129号）和自治区环境保护厅《关于开展全区生产化学品环境情况调查的通知》（桂环函〔2012〕2106号）要求，为严格化学品环境管理，摸清全市生产化学品环境情况以及生产与使用化学品企业底数，贵港市环境保护局成立调查小组开展调查工作，并编制完成《贵港市生产化学品环境情况调查实施方案》，同时组织培训三区两县（市）环境保护局、监察支队、市局监察一大队、监察二大队和部分企业负责该项工作的人员。年内完成调查工作并汇总上报自治区环境保护厅。

【生态环境保护与建设】　农村环境连片整治　2013年，贵港市覃塘区被自治区确定为广西2013年度22个农村环境连片整治示范县区之一，总投资2142万元。其中，中央补助资金1442万元，自治区财政资金409万元，覃塘区财政配套资金291万元，在覃塘区石卡镇和大岭乡的28个行政村，实施农村环境连片整治示范项目建设。该连片整治示范项目建设包括：建设集中式污水处理设施27套，配套管网48.2公里；建设垃圾中转站2座（含配套设备及中型垃圾转运车2辆）；购置微型钩臂式垃圾转运车6辆、可移动垃圾箱286个、人力三轮垃圾收集车159辆。

贵港市石卡镇垌心屯生活污水处理站

"清洁水源"专项活动　2013年，贵港市在全市开展以农村饮用水水源地保护、生活污水治理、畜禽养殖污染治理、乡村水井、水塘、小河流、排水沟、下水道清淤治理和工业污染源治理为重点的"清洁水源"专项活动。截至2013年底，全市已对857个500人以上农村饮用水水源地进行调查。清理农村饮用水水源地715个，清理水体生活垃圾、禽畜尸体4162.9吨，清理污染严重池塘、沟渠淤泥1223处，清理水源地周边畜禽粪堆6584处。关闭乡村污染严重小企业51家，清理、取缔影响水源地各类污染源、排污口133个，设置水源地警示牌262个，设置水源地界桩、围栏116个，建设水源地隔离防护、污染治理设施25套，划定乡镇集中式饮用水水源保护区44个。村庄生活污水、垃圾和畜禽养殖污染得到有效治理，村庄环境明显改善，"清洁水源"专项活动取得初步成效。

【环境保护宣传与教育】　2013年，贵港市围绕全市环保中心工作，以"六五"世界环境日为契机，联合相关部门，充分利用本市报纸、电台、电视台、环保网、市政府网、自治区政府信息公开统一平台及市新世纪广场环保宣传专栏等宣传载体，利用"环境保护生态文明"成果图片展、"全国科技周"、"全国安全生产月"、"全国科普日"、"全国法制宣传日"等活动，大力宣传国家环保政策、环保法律法规、环保工作及相关环保知识。全年共发放宣传手册6000多本、宣传挂图10000多张、宣传资料13000多份，悬挂环保标语69条，出版专栏及板报57块；共向国家级、自治区级和市级报刊报送新闻稿件100多篇，采用29篇；向上级党委、人民政府和环境保护部门报送信息300余条，先后被自治区环境保护厅、市委、市人民政府等采用200多条。通过采取多种形式开展环境保护宣传教育，使环境保护工作更加深入人心，为倡导市民共同关心、支持和积极参与环境保护，促进贵港市经济又好又快发展营造良好的舆论氛围。

2013年6月5日，贵港市环境保护局在市新世纪广场举行"六五"世界环境日暨环保公众开放日宣传活动。图为市民踊跃前往观看环保生态文明图片展

贵港市环境保护局在市新世纪广场设立环保宣传专栏

【环保大记事】

一月

1月31日，贵港市副市长肖明贵到市环境保护局开展环保工作调研。

三月

3月11日，自治区环境保护厅在贵港市召开贵港、玉林、梧州、贺州4市及所辖8县(市、区)环境保护局局长环保工作座谈会，自治区环境保护厅厅长檀庆瑞主持会议并讲话。

3月21日，贵港市召开2013年全市环境保护工作会议。

六月

6月5日，贵港市环境保护局在市新世纪广场开展纪念第42个"六五"世界环境日暨环保公众开放日活动，举办"保护环境　生态文明"摄影图片展、环保知识宣传及现场咨询解答等系列宣传活动，贵港市副市长肖明贵亲临现场指导。

七月

7月19日，环境保护部宣传教育中心公布环境小记者项目2013年新闻作品大赛结果，贵港市西江小学共有7件参赛作品获奖。其中，唐浣莎的《保护环境从我做起》等4件作品获二等奖，黎诗睿的《保护环境始于足下》等3件作品获三等奖。

十月

10月22日，自治区环境保护厅、贵港市环境保护局、来宾市环境保护局共120多人在黔江桂平城区取水口联合举行突发环境事件(镉污染水体)应急处置演练并取得圆满成功。

十一月

11月15日，吴飞任中共贵港市环境保护局党组副书记、贵港市环境保护局局长。

十二月

12月24~26日，自治区环境保护厅纪检组组长梁远略率第六调研组到贵港市及辖区各县(市、区)环境保护局开展基层能力建设情况调研。

玉林市环境保护

【综述】 2013年，玉林市以生态文明建设为主线，以环境安全为目标，按照"13459"工作思路，团结奋进，克服环保工作领域宽、任务重、要求高等困难，各项工作取得了新进展、新成效。境内的九洲江、南流江、北流河等主要江河相应功能区继续保持Ⅲ类水质，跨省界河流九洲江断面水质基本达标交接，玉林城区主要饮用水源苏烟水库继续保持Ⅱ类水质；玉林城区主要区域空气环境质量保持国家二级标准，全年优良空气天数达363天，轻微污染2天；城市功能区声环境质量达到相应标准。

2013年10月30日，玉林市市长苏海棠组织召开九洲江工作座谈会

【机构改革与人事】 编制变动　2013年，玉林市环境保护局行政编制无变动，共19名，后勤服务事业编制2名。玉林市环境监察支队编制无变动，共28名。市环境监测站核定57名。其中，公招3人，选调生1名，内部获提拔副处级干部2名(其中1名为非领导职务)。截至2013年12月31日，玉林市环境保护局共有157人，其中在编人员108人，编外人员49人。

【环境质量】 环境空气质量　2013年，玉林市区环境空气质量为二级。空气中的二氧化硫、二氧化氮、可吸入颗粒物年平均浓度分别为0.053毫克/立方米、0.021毫克/立方米、0.043毫克/立方米，均达到国家二级(一般居住区空气质量)标准水平。全年市区环境空气优良天数共363天，占全年天数的99.5%；轻微污染天数2天，占全年天数的0.5%；无轻度污染以上天气。降水年均pH值为6.09，无酸雨。

水环境质量　2013年，玉林市对境内的南流江、北流江和九洲江3条主要河流5个断面进行监测。按全年监测平均值评价，河流各交接断面年均值达到相应水环境功能目标，达到的断面数占总监测断面数100%。城市集中式饮用水水源地年度水质达标率为100%。

声环境质量　2013年，玉林市城市区域环境噪声平均值为54.7分贝，低于1类区域标准55分贝，属较好水平。城市声源构成仍以社会生活噪声为主，占全市声源构成的64.4%。2013年玉林市城市道路交通噪声平均值为67.4分贝，控制在4类区域昼间标准70分贝范围内。

【环境监测】 环境空气质量监测　2013年，玉林市共有市环境监测站、南江一中、寒山水库3个监测点，每天24小时连续监测(仪器检修、标定等情况除外)，全年日均值有效数据不低于95%。年内，玉林市建成第一个城区环境空气质量($PM_{2.5}$)自动监测站。

噪声环境质量监测　2013年，玉林市在全市开展城市区域声环境质量监测、功能区声环境质量监测和城市道路交通噪声监测。全年城市区域声环境质量和城市道路交通噪声昼间、夜间监测1次。

地表水水质监测　2013年，玉林市对南流江、北流江和九洲江三大主要河流以及清湾江、绣江、杨梅河等重要支流的水质开展监测。共设监测断面11个，共分析水质指标28项(其中7月、12月增加5项，其他月份23项)，监测频率为每月采集1次样品分析。同时，对大埌取水点、苏烟水库和江口水库3个集中式饮用水水源地水质进行监测，共分析水质指标61项；监测频率为每月采集1次样品分析，市级集中式生活饮用水水源地每年6~7月进行1次水质全分析监测，共109项。年内，文车桥临时水质自动监测站、横塘水质自动监测站分别对玉林市地表水水质开展自动监测，监测基本项目5个。

国控重点污染源监测　2013年，玉林市国控重点污染源企业共66家，其中废水由2012年的38家减少到35家，废气由13家减少到10家，污水处理厂7家，重金属企业3家，增加规模化养殖场11家。国控污染源监测与在线监控仪器比对监测做到同步完成。

其他监测　2013年，玉林市进行污染源排污委托监测、环评项目验收监测、环境污染纠纷与现状值监测、应急突发性事故监测与跟踪调查等。全年共获有效监测数据51116个，其中常规监测数据8169个，污染源监督性监测数据15333个。

【专项资金管理】 2013年，玉林市获得上级拨付节能减排资金527.2万元，污染源在线监控设施企业补助652万元，在线监控监察补助43万元，专项资金专项专用。

【预算资金管理】 2013年，玉林市财政预算资金4185.4万元，年终结余1398万元，结余资金为项目资金。年内预算资金收支平衡。

【审计工作】 2013年4月，玉林市物价局、财政局、审计局组成联合审计小组对2013年度收费开展年审工作，圆满完成收费年审任务。

【环保专项资金补助项目申报】 2013年，玉林市专项经费的支持重点有两大类，一是重点支持减排项目专项资金；二是着力安排解决推进节能减排工作专项资金。年内，玉林市环境保护局积极与市发展改革委沟通协调，争取551万元专项资金。

【政府采购】 2013年，玉林市环境保护局政府采购总金额约为1206.64万元，货物类采购1086.88万元，占采购总规模的90.07%，其中1059.49万元为业务用房土建工程施工项目款，余下27.39万元为市环境监测站购置的仪器设施；工程类采购89.77万元，为环保工程施工项目，占采购总规模的7.44%；服务类采购30万元，为市环境监测站业务用房建设监理服务项目，占采购总规模的2.49%。

【建设项目环境管理】 2013年，玉林市对符合环保要求的重大建设项目和扩大内需的投资项目开辟绿色通道。全年共受理建设项目环评审批1391项，相应投资总额240.9亿元，其中报告书33项、报告表472项、登记表886项；市级审批项目205项，相应总投资约111.63亿元，其中报告书20项，报告表89项，登记表96项。市监察局电子监察系统统计显示，2013年玉林市环境保护局窗口按时办结率、一次性告知率和群众满意率均为100%。

【行政处罚】 2013年，玉林市共立案35起，已结案30起，申请法院执行2起，立案35起，均没有提出听证程序。全年全市共下89次决定书，行政处罚总款额94.71万元。

【绿色信贷】 2013年，玉林市环境保护局每月汇总报送1次全市企业违法信息到中国人民银行玉林市支行作为信贷参考，为银行是否对企业的贷款提供依据，通过绿色信贷发放引导企业朝绿色低碳方向发展。

【监察稽查】 2013年，玉林市8个县(市、区)利用相互抽查的方式共对80家污染源现场监察案卷和26家企业行政处罚案卷进行稽查。同时，对当年工业污染源环境监察工作所涉及的11家企业进行逐一检查，检查全部实施现场验证工作。

【环境执法】 2013年，玉林市共出动执法人员2600多人次，出动车辆850多台次，检查企业1303家次，检查建设项目72个，取缔关闭企业、生产线67家(条)，查处违法企业102家，立案35起，申请法院执行2起，发出处罚决定书89份，处罚总款额94.71万元。其中，市本级立案处罚10家，发出处罚决定书8份，处罚金额13万多元。

【环保专项行动】 2013年，玉林市继续开展集中式饮用水水源保护区的专项整治工作。每月对保护区进行1次环境监管现场检查和环境监测，严格禁止保护区范围内新增污染源，确保保护区内无新增排污口和污染隐患，水质多年来一直保持在国家Ⅱ类水质。此外，重点检查南流江、北流江饮用水水源保护区内企业环保审批情况、现状是否与审批情况相符、“三同时”验收情况、污染物排放达标情况，对跨省界九洲江的联防联治工作。

2013年2月28日，玉林市环境保护局局长蔡明（左一）到玉林城区“水缸”苏烟水库检查

【专项执法检查】 2013年，玉林市环境保护局以“环境安全年”为主题共组织开展5次专项行动，重点对淀粉、制浆造纸、制糖、化工、尾矿库、养殖、水洗等存在环境风险隐患的企业及沿江沿岸涉水、涉重企业进行检查。全市共成立73个现场执法组，其中市一级成立14个现场执法组，各县(市、区)成立59个现场执法组；共出动134台执法车辆、454名现场执法人员，共检查115家企业。

2013年11月28日，玉林市召开“环境安全年5号行动”部署会议

2013年11月28日，玉林市开展“环境安全年5号行动”检查现场

【重金属排查整治】 2013 年，玉林市对全市涉及重金属排放企业 23 家进行专项督查。其中，电镀企业 4 家，采选矿企业 8 家，皮革企业 5 家，蓄电池生产企业 5 家，冶炼企业 1 家。对存在的环境安全隐患问题，督促所在辖区环保部门和责任单位进行严肃查处。

【监察能力建设】 2013 年，玉林市环境监察支队通过开展环境监察标准化建设工作，增加部分执法取证设备、办公设备和执法车辆，环境执法设备不断完善。执法人员培训率达 100%，执法人员持证上岗率达 100%。

【排污费申报与收费】 2013 年，玉林市环境保护局共对 5549 家排污企业的排污申报数据进行审核，按季度形成报告上报自治区环境监察总队。2013 年玉林市共征收排污费 1765.8 万元，发放排污许可证 4874 个。

【突发环境事件】 2013 年，玉林市没有发生重特大环境污染事件。

【环境应急管理】 2013 年，玉林市环境保护局成立应急分队，不定期进行训练，设定专用电话，实行 24 小时值班制度，同时加强与安全监管、卫生、消防等部门的联动应急能力。同年 10 月，玉林市编委办发文同意成立玉林市环境应急与事故调查中心，定为相当正科级财政全额拨款事业单位，核定编制 6 人。

2013年9月24日，玉林市环境应急与事故调查中心揭牌

【环境应急演练】 2013 年 10 月 22 日，玉林市在博白县宏宇化工厂举行环境应急演练活动。玉林市、县两级环境保护、消防、卫生等部门共有 100 多人参加此次应急演练。

【环境信访】 2013 年，玉林市共接到各类环境投诉案件 1204 件，其中，环境保护部、自治区环境保护厅、市委、市人民政府、市人大等上级部门转办的环保信访案件 60 件，查办了 60 件，查处率 100%。无集体上邕进京上访事件发生。

【核与辐射安全监管】 核技术应用和电磁辐射设施 截至 2013 年底，玉林市应用放射性同位素的单位有 21 家，其中工业应用 16 家，医疗应用 5 家。工业应用均使用密封放射性同位素，共 28 台 / 套；医疗应用的单位同时使用密封放射性同位素(6 台 / 套）和非密封性放射性同位素(12 套)，以上单位辐射安全许可证均为自治区环境保护厅核发。年内，玉林市移动通讯基站总数 3972 座(包括中国移动公司、中国联通公司和中国电信三大公司)，电视发射接收塔 1 座，中波短波信号发射台若干。广西电网公司在玉林市有 110 千伏高压送变电站 21 座，线路 603.488 千米；220 千伏高压送变电站 11 座，线路 824.978 千米；500 千伏高压送变电站 1 座，线路 226.713 千米。

射线装置 2013 年，玉林市单纯使用Ⅲ类射线装置的单位有 162 家，使用Ⅰ类、Ⅱ类射线装置有 4 家。根据审批权限，单纯使用Ⅲ类射线装置项目的辐射安全许可证由玉林市环境保护局核发，其他放射性项目由自治区环境保护厅核发。

辐射安全管理和监督检查 2013 年，玉林市核技术应用单位积极配合环境保护部门做好各项监督检查和整改工作，核辐射环境执法严格，全年无辐射事故发生，辐射环境质量优良。

核辐射环境执法 2013 年，玉林市现场监督检查 38 家单位，覆盖所有使用放射性同位素的单位，对存在辐射环境安全隐患的 4 家单位下发限期整改通知，督促 6 家单位收贮闲置放射性同位素 6 台 / 套。同时还对 79 个单纯使用Ⅲ类射线装置的核技术应用项目开展竣工环境保护验收。

核辐射环境监测 2013 年，玉林市环境监测站暂未获得辐射检测计量认证，即无辐射环境监测资质，玉林市引入自治区环境保护厅承认的第三方辐射环境检测机构对全市核技术应用项目进行检测。从检测数据看，玉林市 96% 以上的核技术应用项目辐射防护设施合格。

【生态保护和建设】 生态村创建 2013 年，玉林市组织 48 个行政村创建自治区级生态村，组织 80 个行政村创建玉林市级生态村，抽点完成地级市的现场核查验收工作。自治区级生态村的申报全部获得自治区环境保护厅审批通过，并在《广西日报》上公示。

农村环境整治与规划 2013 年，玉林市在玉州区、北流市、陆川县 16 个乡镇、103 个行政村开展农村环境连片整治示范工作，涉及项目 116 个，总投资 9371 万元。计划建设集中式生活污水处理站 91 个，分散式生活污水处理项目 52 个，实施村庄生活垃圾综合处理项目 103 个，建设乡镇垃圾中转站 7 个，购置移动垃圾箱 2788 个，人力垃圾三轮车 1018 辆，大型垃圾转运车 7 辆，勾臂式垃圾收集车 38 辆。年内全部项目已开工建设。年内，玉林市环境保护局组织各县市区编写《2014 年玉林市农村环境连片整治示范项目库建设方案》，计划 2014 年以九洲江流域为重中之重，对覆盖 8 个县市区、35 个乡镇（街道）、319 个行政村开展农村环境连片整治，总投资 3.98 亿元。同时，组织编写《2014~2020 年玉林市农村环境连片整治示范项目规划》，计划对 110 个乡镇（街道）、1372 个行政村进行“全覆盖”整治。

清洁水源　2013 年，玉林市对全市 8 个县（市、区）清洁水源专项活动进行多次专项督查指导。组织开展 500 人以上农村饮用水水源地调查；全市共建立饮用水水源地标志牌 620 个，防护栏 19 处；清理水体生活垃圾、水面漂浮（垃圾）物 2353.5 吨；清理各类河流、水库、沟渠、池塘 2115 条（个）；清理取缔影响饮用水水源地污染源 103 个，排污口 20 个；开展“清洁养殖”，共整治畜禽养殖场 345 家。年内共计完成清洁水源投资 15480 万元。

2013年6月25日，玉林市举办“清洁水源 · 美丽玉林”暨北流垃圾中转站揭幕授车仪式

玉林北流市民乐镇罗政村生活污水处理工程建成运行

生态农业　2013 年，玉林市推进 21 个生态引导项目建设，扶持资金 1240 万元，包括有机种植业项目 13 个，生态特色种植业项目 3 个，畜禽粪便废弃物综合开发利用项目 4 个。其中，兴业县和丰禽业有限公司引进“东园家酒”技术与模式建成的液态生物有机肥与生态黄金桔、生态水稻循环种植示范项目；北流市中澳生猪养殖场建成生物垫 3 万平方米、大型黑膜沼气池 14000 立方米；福昌种猪场建成雨污分流、干湿分离和固粪有机肥开发项目，其粪污处理模式成为全市养殖业粪污生态循环开发与综合利用的新亮点，有效引导种养企业生态、循环、有机、环保发展。

生态建设资金　2013 年，玉林市以“清洁水源”和九洲江流域养殖粪污生态循环开发与综合利用为重点，组织一批种养企业申报 2014 年生态建设引导资金项目，自治区环境保护厅、自治区财政厅安排 10 个引导项目，扶持资金约 600 万元。

【污染物减排】 2013 年，玉林市减排工作取得明显成效，化学需氧量、氨氮、二氧化硫、氮氧化物 4 项主要污染物排放量分别比 2012 年下降 6.2%、下降 0.7%、上升 10.2%、下降 1.1%，完成 2013 年减排目标任务，是全自治区 5 个完成年度任务的地市之一。

减排重点项目　2013 年，玉林市减排计划的重点项目共有 724 项，涉及 345 个养殖场、3 个城镇污水厂、7 个结构减排水泥厂、3 个结构减排纸厂、1 个燃煤锅炉拆除，全部按时完成减排任务。其中，列入《玉林市“十二五”主要污染物总量削减目标责任书》要求 2013 年必须完成的 5 个养殖场项目，已全部完成减排任务。

减排督查与监管　玉林市人民政府和各部门多层次组织减排督查，深入了解掌握养殖场、水泥行业的减排实际情况。市环境保护局落实专人跟踪兴业海螺、北流海螺、陆川华润 3 家水泥企业低氮燃烧和脱硝工程进展，坚持每周一报告制度，并多次到 3 家水泥企业检查工程进度情况。经验收，3 家水泥厂低氮燃烧和脱硝工程均通过环保验收。年内，玉林市环境保护局积极配合自治区人民政府组织开展减排突击行动，监督博白县张上强猪场治污设施完成建设，顺利通过环境保护部核查。

【污染防治】 大气污染防治　2013 年，玉林市环境保护局督促海螺、华润水泥 5 条生产线（属工业大气污染减排项目）建成低氮燃烧和脱硝工程设施。同时加强机动车和新车环保标志发标率的管理，全市共核发机动车环保检验合格标志 18014 枚。

饮用水水源地防治　2013 年，玉林市重点对饮用水水源地、重点流域区域、重点取缔非法生产单位、重点行业企业、重点尾矿库和环保重点能力建设等 6 个方面开展环境安全隐患问题大清查大整治行动，对 1303 家企业进行清查整治。其中检查排查饮用水水源地 390 个，入河排污口 43 个，重点流域养猪场 268 个，工矿企业(含非法企业)583家,尾矿库19座。同时,玉林市完成全市44个乡镇水源地保护区划定工作。对照《全国城市饮用水水源地环境保护规划(2008~2020年)》项目清单,对玉林市19个饮用水水源地实施情况开展中期评估,除1个水源因12月份枯水期水流量、稀释自净能力差致使总磷超标外,其他水源水质均达标。

主要河流防治 2013年,玉林市设立九洲江领导小组办公室(设在玉林市环境保护局),拨出305万元专项资金作为九洲江流域生态建设启动资金。制订《玉林市九洲江流域经济社会发展与环境保护工作总体方案》,对推进九洲江流域水污染防治进行科学指导;《玉林市九洲江流域养殖业发展规划》已委托华南环科所编制;《玉林市九洲江流域水资源保护与水污染防治规划》和《玉林市九洲江流域产业发展规划》已开展编制;市人民政府印发九洲江流域“三污水”(养殖污水、生活污水、工业污水)治理方案,两县均已组织实施。

【持久性有机污染物(POPs)污染防治】 2013年,玉林市开展持久性有机污染物统计报表制度更新调查工作,摸清2012年玉林市持久性有机污染物产生情况,二噁英排放的企业事业单位共31家。按行业分:废弃物焚烧行业15家单位,其中垃圾处理厂2家和医疗废物处置点13个;铁矿石烧结行业1家;炼钢生产行业1家;铸铁生产行业10家;再生有色金属生产行业2家;遗体火化行业2家。全市无含多氯联苯(PCBs)电力设备的使用及其废物贮存单位。

截至2013年底,已经关停淘汰废弃物焚烧装置的有:垃圾处理厂1家,分散式医疗废物焚烧处置点12个,其中列入区规划淘汰的垃圾处理厂1家,分散式医疗废物焚烧处置点1个,分别是北流市生活垃圾处理厂和陆川县宏进医疗废物处置站。

重金属污染防治 制订《2013年玉林市重金属污染防治年度实施方案》、《玉林市2013年度重金属综合防治工作自查报告》等重金属污染防治文件,同时做好2013年度重金属污染综合防治考核相关工作。依法关闭取缔陆川县铅锌矿选矿厂、北流市恒大金属制品厂涉重企业2家。

【危险化学品及危险废品管理】 *危险化学品管理* 2013年,玉林市开展储油库、加油站和油罐车油气污染调查摸底,共有加油站226家,储油库2个,油罐车30辆,为全面治理油气污染打下坚实基础。

生产化学品环境情况自查 根据2013年玉林市化学品调查结果显示,玉林市共有生产化学品企业16家,涉及化学原料和化学制品制造业。其中,北流市3家,玉州区4家,容县3家、陆川县1家、博白县2家、兴业县3家。形成《自查报告》上报自治区环境保护厅。

危险废物管理 2013年,玉林市先后印发《玉林市环保局关于印发玉林市开展危险废物专项整治工作实施方案的通知》(玉市环〔2013〕189号)、《关于开展全市医疗废物集中处置工作联合督查的通知》(玉市环〔2013〕31号)等关于规范化管理危险废物的文件,并开展联合督查行动。10月,玉林市环境保护局对广西玉林市爱民医疗废物处理有限公司定期监督检查,发现焚烧炉耐火砖出现脱落,督促其停炉维修,并启动应急措施,将维修期间的医疗垃圾转移到广西神州立方环保资源有限责任公司和北海市隆中环保有限公司进行处置。据统计,2013年共处理医疗废物1660吨,规范化转移处置工业危险废物420.28吨。

【清洁生产与循环经济】 2013年,玉林市主要做好制革、水泥、化工、冶炼行业清洁生产的审核工作。年内,玉林市已有5家重点企业开展清洁生产审核工作。

【环境影响评价】 *重大项目环评* 2013年,玉林市结合“作风建设年”积极推进重大项目环评报批工作。完成新华联年产50万吨精制镍铁及120万吨精制镍铁深加工项目环评报批,这是玉林市有史以来投资最大的建设项目,总投资100多亿元。为北流市路宝水泥有限公司等量置换落后产能产业升级水泥技改项目、华电龙潭热电联产项目、银亿年产3万吨镍扩综合回收技改等一批重大项目的环评报批和环评前期工作提供保姆式服务。2013年,玉林市列入自治区层面统筹推进的项目共有11项,全部完成环保审批。

规划环评 2013年,玉林市组织完成《博白县三滩产业园总体规划》环境影响报告书审查工作;为自治区、玉林市重大建设项目和扩大内需的投资项目开辟“绿色通道”;对于不符合环境要求的产业,及时协调、调整。2013年玉林市园区规划环评工作基本完成。

环北部湾经济区战略环评 2013年,玉林市积极配合环北部湾经济区战略环境评价工作,为战略环境评价技术支撑单位提供资料保障服务。

建设项目环评 2013年,玉林市坚持从源头强化环境管理,报批的建设项目强调落实新增污染物排放总量指标来源,对技改、扩建项目坚持“以新带老”的污染物减排措施,对落后产能、设备实行“先淘汰、后建设”的结构调整,否则不予受理和审批。全年共审批建设项目环境影响报告书33项,报告表472项,登记表886项,平均办结时限有很大提高。

政务窗口审批 2013年,玉林市环境保护局行政审批办公室不断提高窗口办事效率,全年共受理建设项目环评审批1391项,其中报告书33项、报告表472项、登记表886项,相应投资总额240.9亿元。市级审批项目205项,其中报告书20项,报告表89项,登记

表96项，相应总投资约111.63亿元。玉林市监察局电子监察系统统计显示，2013年市局窗口按时办结率、一次性告知率和群众满意率均为100%。

环评机构监督管理　2013年，玉林市成立玉林市环评技术评估中心，严格环评文件的质量管理，加强环评工作人员的培训，使在玉林境内从事环境影响评价机构及从业人员自觉遵守环境保护部的有关规定，确保建设项目环评文件编制质量和保障项目业主的合法利益。

【环境信息公开与存档】　2013年，玉林市环境保护局积极主动公开政府信息，其中工作动态类信息327条；全年共办理来文3499份，核发公文1512份；完成综合性材料31份；完成档案归档832宗。

【环境宣传教育】　环境宣传　2013年，玉林市环境保护局向各级新闻媒体（含环境保护网站）投稿共360篇，其中，报送自治区环境保护厅信息数126条，被采用65条，报送玉林市政府网站360篇，被采用327篇，《玉林市十措施推进九洲江流域防治》成为全自治区被环境保护部采用的5条信息之一。信息工作取得可喜的成绩，在全自治区环保系统排名第五名，全市政府网站信息发布排名第八名。与玉林师范学院环保志愿者联合开展"六五"世界环境日宣传活动，并组织环委会成员单位、玉州区和玉东区环境保护局共300多人参加。

2013年4月22日，玉林市环境保护局举办首个"环保开放日"活动

2013年6月5日，玉林市环境保护局举办纪念"六五"世界环境日环保宣传和环保服装展示主题活动

环境教育　2013年，玉林市加强环境业务培训，邀请各级专家前来授课，采取多种多样的教学方式，增强培训效果，年内举办各类培训班4期，参加培训人员160多人次。

【志书编纂】　2013年，玉林市环境保护局完成《玉林年鉴·环境保护》、《广西环境年鉴·玉林市环境保护》的编纂工作。

【环保大事记】

一月

1月9日，经专家评审，玉林市通过《玉林市"十二五"循环经济发展规划》。

1月25日，玉林市环境保护局《深度治理畜禽养殖污水整体工艺技术研制》科研项目获2012年度玉林科学技术进步二等奖。

二月

2月16日，玉林市人民政府发文通报表彰"十一五"期间节能减排先进集体和先进个人。

四月

4月22日，玉林市召开2013年全市环保工作会议，分析环保工作面临的形势，研究部署2013年主要工作。

4月22日，玉林市环境保护局举办首个"环保开放日"活动，有20多名公众代表与环保进行"零距离"接触。

五月

5月17日，全自治区第一期地表水自动监测技术培训班在玉林市陆川文车桥地表水自动监测站举办，全自治区各地市环境监测站技术人员共25人参加培训。

六月

6月5日，玉林市"六五"世界环境日在青年广场开展一系列宣传活动。玉林市副市长郑杰忠、市环境保护局局长蔡明、玉林市环境委员会成员单位及玉林师范学院志愿者500多人参加。

6月25日，玉林市在北流市举行"清洁水源"工作推进会暨农村环境连片整治示范项目启用和设备发放仪式。

6月25日，玉林市环保系统组织46人到玉林市环境保护局分会场参加自治区人民检察院、自治区环境保护厅联合召开的广西环保系统预防职务犯罪电视电话联席会议。

6月27日，玉林市市长王凯到九洲江调研，对九洲江的治理工作提出要求。

七月

7月24日，玉林市委书记金湘军在市委常委会议上传达自治区党委书记彭清华在全自治区领导干部会议上关于贺江发生水污染事故的通报精神，并对玉林市开展的环境风险和隐患问题大排查大整治工作作出重要指示。

7 月 24 日，玉林市禽畜粪便综合处置基地项目环境影响评价文件通过环保审批。项目位于福绵管理区新桥镇被霞村，总投资 1.8 亿元。该项目利用先进的生物技术，对畜禽粪便、秸秆、菌剂、中药渣、甘蔗渣、锯末等进行集中无害化处置。项目规模年处置 35 万吨畜禽粪便和 7 万吨有机质废弃物，年产高品质有机肥料 22.5 万吨。

八月

8 月 19 日，玉林市委书记、市人大常委会主任金湘军深入陆川县就九洲江水源地保护工作进行专题调研。

8 月 27 日，玉林市人民政府经济发展研究中心组织专家学者对玉林市的水体污染情况进行专项调研，并提出治理建议。

8 月 27 日，根据自治区环境保护厅和自治区安全监管局的统一部署，玉林市召开会议部署“环境安全年 3 号行动”，对全市尾矿库、沿江沿河化工企业进行联合执法检查。

九月

9 月 24 日，玉林市环境应急与事故调查中心筹备办挂牌，玉林市环境保护局局长蔡明、副局长龚冲仪，市环境监察支队领导和全体人员以及各科室、市环境监测站的负责人参加揭幕仪式。

十月

10 月 12 日，玉林市环境保护局局长蔡明、总工程师吕法寿带领本局污防科、监察支队、环境监测站、环科所等部门负责人，会同陆川、博白两县环境保护局局长，赴湛江市环境保护局对接九洲江流域（鹤地水库）水污染联防联治工作。

10 月 19~20 日，由中华环保基金会、玉林市环境保护局、共青团玉林市委员会、安利（中国）日用品有限公司主办的“安利环保嘉年华”在玉林市文化广场举行，来自全市部分学校、单位、家庭等 6000 人次参加活动。

10 月 28 日，玉林市委书记、市人大常委会主任金湘军率玉林市党政代表团赴广东省湛江市考察，与湛江市委、市人民政府共商九洲江流域（鹤地水库）水资源保护大计，联手推进粤桂两省（区）跨区域生态文明建设。

10 月 30 日，玉林市市长王凯主持召开关于九洲江流域生态建设专题会议。市直有关部门和陆川、博白两县有关领导参加会议。

十一月

11 月 14 日，经玉林市人民政府领导同意，玉林市从发展改革委、工业和信息化委、财政局、国土资源局、环境保护局、住房城乡建设委、水利局、农委、水产畜牧兽医局、移民局、《玉林日报》抽调人员充实玉林市九洲江流域经济社会发展与环境保护工作领导小组办公室。抽调人员要求脱产到办公室工作，办公地址设在玉林市环境保护局，抽调时间从 2013 年 11 月 18 日至 2014 年 12 月 31 日。

十二月

12 月 7~8 日，玉林市市委副书记李常官率调研组深入陆川县、博白县、福绵区、北流市、玉州区视察玉林三大主要河流——九洲江、南流江、北流河。

12 月 23 日，由中国环保产业协会水污染防治委员会秘书长王家廉率领的技术专家调研组一行 8 人，到玉林市调研九洲江的环境综合治理事宜。

百色市环境保护

【综述】 2013 年，百色市环境保护局深入落实自治区环境保护厅“环境安全年”的工作要求，依照新环保法严抓环境安全监察，做好建设项目的规划和环评工作，加强农村环境连片整治，推进生态保护和建设，环境污染防治、核与辐射、污染减排等工作均得到圆满完成。各项环境监测工作正常开展，$PM_{2.5}$ 监测能力建设逐步开展，县级饮用水水源地监测全面铺开，环境监测工作取得优异成绩。百色市环境应急与事故调查中心、环境评价技术中心、机动车污染防治中心 3 个机构成立，完善和提高百色市的环境保护执行力。全年，百色市环境空气质量优良率达 97.3%，水环境质量、声环境质量、辐射环境质量均达到国家标准。

【机构改革与人事】 2013 年，百色市环境监察支队由正科级事业单位升格为相当于副处级事业单位，聘用 11 名环境监察人员。同年，百色市人民政府同意成立百色市环境应急与事故调查中心、环境评价技术中心、机动车污染防治中心 3 个机构，拟落实人员编制 17 名。

【环境规划】 2013 年，百色市重点做好环保“十二五”规划中期评估、动态调整监督检查工作，以及重金属污染防治规划、总量减排年度计划等工作的实施。

【项目资金管理】 预算资金管理　2013 年，百色市本级财政预算拨款总额 1882.62 万元，重点支持环境保护监督与管理、环境监测与信息、环境监察执法、环境保护法规、规划和标准及环境保护宣传等项目。

专项资金项目管理　2013年，百色市完成公篓重金属水质自动监测站项目建设。公篓重金属水质自动监测站属国家规划项目基础能力建设类，总投资320万元(其中中央资金216万元、自治区资金24万元、市级配套80万元)，并于2013年10月完成工程建设和仪器验收工作。完成百色市2013年重金属污染防治专项资金环境监测基础能力建设项目和右江区重金属污染防治环境监测基础能力建设项目，两个项目国家规划项目总投资分别为250万元和70万元。争取到市财政支持180万元建设经费，新建ICP重金属检测实验室，预计2014年5月份完成建设。

环保专项补助资金申报　2013年，百色市有10个项目成功申报生态广西建设引导项目，共获专项支持资金510万，占自治区资金的五分之一。百色市环境保护局组织相关县区对已经开展实施的16个项目进行检查指导，对项目实施情况进行统计上报，针对存在的问题提出明确要求，以确保此类项目建设取得实效。此外，还组织申报生态引导资金项目18个。

【政府采购】　2013年，百色市本级政府采购资金396.76万元，其中实验室维护62.98万元，办公设备采购7.13万元，专用设备采购326.66万元。

【政策与法规】　环保政策　2013年，百色市环境保护局把开展“学用政策”活动作为基层组织建设的重要载体，结合“八项规定”、“深化作风建设提高执行力活动”和扶贫、捐资助学、“美丽百色·清洁乡村”等活动，并以领导挂点、干部驻点的方式，建立健全定点帮扶责任制。年内，共派出7人、2个工作组驻村指导2个乡镇清洁乡村活动，从局办公经费划出5万元推进扶贫工作。同时，组织干部职工捐款2.5万元资助扶贫、助学，较好完成上级赋予的扶贫工作。年内，百色市环境保护局把服务百色生态型铝产业示范基地建设作为环保重点工作来抓。进一步明确环保部门在生态型铝产业示范基地建设中的职责、服务重点及任务。同时，组织生态铝产业示范基地政策措施专题学习，并研究制定推进落实措施。此外，通过邀请专家、会前学法等形式，深入学习依法治国的重大意义，提高本系统领导干部职工的法治意识。

法制建设　2013年，百色市在继续贯彻执行《环境行政处罚办法》、《环境行政处罚主要文书制作指南》、《环境行政处罚听证程序》、《环境行政处罚案卷评查指南》、《环境行政处罚证据指南》和《关于印发有关规范性行政处罚自由裁量权文件的通知》等法律法规及规范性文件的基础上，将《最高人民法院、最高人民检察院关于办理环境污染刑事案件适用法律若干问题的解释》、《中华人民共和国行政强制法》、《畜禽规模养殖污染防治条例》、《城镇排水与污水处理条例》、《粉煤灰综合利用管理办法》等新颁布的法律法规及司法解释作为培训和学习重点，要求做到“知法、懂法、会用法、会执法”；学习贯彻环境保护部《环境监察执法证件管理办法》，全市环境监察执法规范化得到进一步提升。市环境监察支队坚持“建章立制，促进规范，稳步提升，力求实效”的工作思路，逐步健全完善各项规章制度，强化自身能力建设。年内，制定完善《百色市环境监察支队考勤制度》、《百色市环境监察支队会议制度》、《百色市环境监察支队环境区域负责制》、《百色市环境监察支队信访工作制度》、《“12369热线”电话值班制度》、《百色市重点污染源自动监测数据超标事件流转制度》、《百色环境监察支队车辆管理制度》等相关制度并严格执行，明确职责，提升工作效率。

行政处罚　2013年，百色市对7家违法企业下达行政处罚决定书，年内上缴财政罚没款16.4万元。7例环境违法案件分别为：广西百色华侨实业有限责任公司淀粉厂违反法定排污口排放管理制度案、广西田东新特化工有限公司违法排放污染物案、广西田东锦华化学有限公司违法排放污染物案、广西田东盛亚科技有限公司违法排放污染物案、广西那坡河山淀粉有限公司违法存储生产废水案、那坡县金源淀粉有限公司违法排放污染物案、田林县雄达木业有限公司污染物泄漏案。同年，完成对百色华侨实业有限公司淀粉厂部分生产废水违法排放处罚案件的督查。

【环境规划】　2013年，百色市环境保护局探索自然保护区、重要生态功能区、矿产资源开发和流域水环境保护等重点领域建立生态补偿机制的思路和对策。市本级由于受到财力的限制，还没有建立起相应的生态补偿机制，但认真贯彻执行国家及自治区层面相关发展和环保政策，落实好主体功能区划。一方面，抓好相关规划和项目建设的环评审批与验收。从源头上控制生态破坏和环境污染问题，促进产业结构、产业布局的调整与优化，促进经济增长方式的转变；另一方面，加强对生态产业的扶持。

【环境科研与管理】　环境科技管理　2013年，百色市做好项目环评执行标准的审核和管理工作。年内共完成广西华银铝业有限公司氧化铝一期工程续建2#赤泥堆场等22个项目的标准复函工作。同时，编制百色市城区可吸入颗粒物污染成因分析及对策研究科研课题的工作计划，推进广西水利电力建设集团有限公司田东电厂脱硫塔顶烟气细微颗粒收集系统改造项目的提标工作的实施。

清洁生产与循环经济　2013年，百色市确定中信大锰田东新材料有限公司、广西百色市万林糖业有限公司、广西德保华宏糖业有限公司、广西田林红枫淀粉厂、广西东泥股份有限公司、广西百合化工股份有限公司、德保县银丰工贸有限公司、中国石油广西田东石油化工总厂有限公司等8家涉及冶炼业、制糖业、化学原料及化学品制造业企业列入2013年度强制性清洁生产审核的企业名单，并完成列入2012年度强制性清洁生产审核企业的评估工作。这些企业有靖西县华荣锰业有限公司、百色银海发电有限公司、百色华侨实业有限责任公司淀粉厂、华润水泥（田阳）有限公司、那坡县金源淀粉有限公司、那坡县河山淀粉有限公司、广西田阳桂航锰业有限公司、广西百色市德柳锰业有限公司等8家企业。

【环境质量】 环境空气质量　2013年，百色市环境空气有效监测365天，环境空气质量优良天数355天，优良率97.3%。二氧化硫、氮氧化物、可吸入颗粒物年平均值均达到或优于环境空气质量二级标准，平均API指数略大于50，与上年基本持平，主要污染物为PM_{10}。

水环境质量　2013年，百色市全年所监测地表水断面水质均达到或优于Ⅲ类地表水标准，共对16个地表水监测断面开展116次监测，任务完成率达100%，全年水质达标率100%。靖西隘屯跨国界河流断面水质也保持了100%的达标率。2个市级饮用水水源地全年取水3651万立方米，其中达标取水量为3651万立方米，全部达到Ⅱ级标准，达标率为100%。

声环境质量　2013年，百色市新增环境噪声夜间监测，百色市环境监测站共对117个区域噪声、19个交通噪声点位进行监测，平均值分别为：区域噪声昼间54.2分贝，夜间48.2分贝；交通噪声昼间64.7分贝，夜间57.1分贝。区域噪声和交通噪声昼夜噪声平均值均达声环境质量要求。

辐射环境质量　2013年，百色市有辐射自动监测站1个，全年正常运行。5月和10月按照自治区辐射环境监督管理站指示进行大气气溶胶采样监测工作，每次采集样品约1万立方米，送自治区辐射环境监督管理站进行分析。据自治区辐射环境监督管理站数据反馈，百色市全年辐射量处于正常水平。

【污染减排】 减排项目　2013年，百色市列入自治区减排计划项目共92个，其中，化学需氧量减排项目40个，氨氮减排项目40个，二氧化硫减排项目5个，氮氧化物减排项目7个。“十二五”有脱硝任务的火电企业5家、水泥企业4家。列入今年实施的项目计划共5个，其中火电企业1个、水泥企业4个。目前已完成的有4个（火电1个、水泥3个），基本完成的有1个（水泥1个）。列入国家和自治区责任书2013年计划投运减排工程项目有8个，其中列入国家责任书项目有7个，已完成5个，因特殊情况无法实施的有2个（平果中环水业有限公司因平果县污水处理厂中水回用项目目前回用水无使用方向、回用成本高而无法实施；广西百色鑫龙工贸有限责任公司废水深度处理项目，因城市规划，对该厂所在片区实施环境综合整治，该厂需搬迁）。列入自治区责任书项目1个，已完成。

减排效果　2013年，经国家核定，百色市减排项目减排量为：化学需氧量650.9吨、氨氮34.89吨、二氧化硫12911.78吨、氮氧化物1558.54吨。年内，百色市化学需氧量、氨氮、二氧化硫、氮氧化物排放总量分别为45690吨、4197吨、86724吨、47634吨，比2012年分别上升4.4%、上升0.6%、下降11.91%、上升2.28%。

减排督管　2013年，百色市将污染减排项目及国控重点污染源企业均列入日常监察计划。其中，重点监察广西华银铝业有限公司、中国铝业股份有限公司广西分公司、百色市污水处理厂等33家既属污染减排项目又属国控重点污染源企业。结合2013年环保专项行动、“环境安全年1~5号行动”、环境综合执法督查等专项行动，全年累计出动人员820人次，动用污染源自动监控设备396次。同年，对环境保护部2012年度总量减排核查核算提出的15个存在问题企业，其中污水处理厂2个、火电5个、规模化养殖8个，有2家企业被环境保护部予以处罚通知。年内，2家被环境保护部予以处罚通知的企业全部完成整改。同时，抓好火电、水泥行业脱硝等重点工程减排项目建设。一是指导企业做好工程建设实施计划；二是加强对各个企业工作推进情况的跟踪，对进度缓慢或存在思想问题等企业进行约谈；把国家、自治区有关“十二五”火电、水泥行业减排政策和要求函告相关企业，督促其认真贯彻落实国家、自治区政策，做好脱硝工程建设工作。

2013年12月29日，百色市环境保护局副局长陆峰（左四）陪同环境保护部核查组到田东电厂进行减排核查

减排专项行动 2013年，百色市环境保护局联合市水产畜牧兽医局开展总量减排工作现场检查。年内，配合自治区环境保护厅和环境保护部华南督查中心完成半年减排工作核查；配合自治区开展2013年主要污染物总量减排突击行动。

【环境影响评价】 2013年，百色市环境保护局创新审批工作程序，将各类行政许可、行政审批项目办理程序全部在网站公开，行政许可、行政审批结果定期在网上公开。全年共审批建设项目109个，"三同时"验收项目35个，按时办结率100%，群众回访满意率90%。

环评政策与管理 2013年，百色市加强与项目环评机构、上级管理机构的联系，做好跟踪服务，及时推广环评审批政策，提高建设项目环境管理效能，有效推动各级项目的审批进度。年内，百色市推进中国铝业广西分公司自备电厂、百色市工业投资有限公司100万吨铝土矿采选项目等一批重点铝产业项目的环评审批（属自治区层面的环评审批），同时为业主排忧解难，优化、简化审批前置条件，加快属于市本级审批项目的环评审批。为进一步规范和提高全市环评管理力度，成立百色市环境保护技术中心筹备办公室，并完善市本级技术评审专家库。由于国家限制"两高"政策的出台，自治区作出开展环境倒逼机制促进产业转型升级攻坚战的决定，进一步提高项目准入、环境准入门槛，给百色市资源型工业项目的审批落地造成困难。此外，百色市行业、专业规划及园区规划环评滞后，项目选址因自然条件限制困难凸显、用地指标制约等因素，增加百色市建设项目环保审批的难度。

规划环评 2013年，百色市平果工业区管理委员会完成《平果工业区综合工业园控制性详细规划》修编工作，并召开专家技术审查会，百色市环境保护局出具《关于平果工业区综合工业园控制性详细规划修编环境影响报告书的审查意见》（百环管审〔2013〕1号）。年内，百色市右江区工业区管理委员会、田林县工业集中区管理委员会分别完成《百色市右江区禄源工业区总体规划》、《田林县工业集中区潞城旺吉工业片区控制性详细规划》修编工作，两个项目的规划环评报告均召开技术审查会。

建设项目环评 2013年，百色市获得自治区环境保护厅审批的建设项目共6项。其中，广西投资集团银海铝业百色年产15万吨铝水节能改造工程、广西苏源投资股份有限公司煤电铝一体化项目由自治区环境保护技术中心组织召开技术评估会议。同年，市级共审批环境影响报告127项，其中环境影响报告书44项，环境影响报告表82项，环境影响登记表1项；县（区）级共审批环境影响评价文件1465项，其中环境影响报告表276项，环境影响登记表1189项。

重大项目环评 2013年，百色市向环境保护部报送百色水利枢纽二期工程（过闸设施）、百色电厂2个项目环评报告，均未获批。在列入自治区层面推进的重大项目21项中（已有6项在2012年及以前审批），自治区环境保护厅审批2项，百色市环境保护局审批5项。其中，有3项环评已召开技术评估会议。在列入市级层面推进的重大项目中，百色市环境保护局共审批90项。其中，列入百色市生态铝建设项目有7项，包括广西田东锦鑫化工有限公司100万吨化学铝项目、广西泰吉铝业有限公司高性能铝材一体化项目加工工程、百色百矿集团有限公司年产30万吨高性能铝材项目等。

竣工环保验收 2013年，百色市共完成49个项目的竣工环保验收现场核查。其中，需整改完善的项目40个，需完成整改和再核查的项目9个。对未按时申请验收的靖西县生活垃圾无害化处理场等9个项目下达限期验收通知。

【试生产环境管理】 2013年，百色市环境监察支队对27家建设项目进行试生产核查。其中，20家通过试生产核查，7家因环保设施达不到环评要求不予通过，要求其进行整改。年内，百色市环境保护局共完成广西田东泰鑫石油化工有限公司年产2.5万吨甲基叔丁基醚(MTBE)项目等26个项目的试生产批复工作，对尚不具备试生产条件的隆林县隆或金矿年续采处理3万吨矿石项目等3个项目下达限期整改通知。

【政务窗口管理】 2013年，百色市通过调整政务窗口服务队伍，并对审批权限进行梳理下放，将"拆除或者闲置环境保护设施的同意"等3项审批项目全部下放到县级审批，对保留的审批项目全部纳入市政务服务中心，接受电子监察系统监控。同时，缩减审批时限，将环境影响报告书审批时限由原来的30个工作日降至20个工作日，建设项目竣工环境保护验收办结时限由15个工作日降至10个工作日。全年共受理申请174项，全部在规定时限内办结，窗口群众评议满意率为100%。

【环评技术评估】 2013年，百色市环境影响评价技术评估工作仍由百色市环境保护技术中心筹备办公室负责，主要职责是组织专家对环境影响报告书类环评文件进行技术评估。全年共组织专家评估环境影响报告书42本，其中项目类39项，工业园区规划类3项。年内，百色市机构编制委员会批复同意成立百色市环境影响技术评估中心，为市环境保护局管理的财政全额拨款相当正科级事业单位。核定编制4名，其中主任1名、专业技术人员3名。

【环评机构监督管理】 2013年，在百色市开展环评业务的单位共有36家。其中，外埠环评机构35家，本地环评机构1家（百色市环境保护科学研究所）。为加强环境咨询项目的管理，百色市环境保护科学研究所制定《环境评价报告质量及业务考核实施细则》及《环评报告质量审核程序》，所编制的环境影响评价报告均通过环保行政主管部门审批。

【环境监测】 环境空气监测 2013年，百色城区共有3个环境空气自动监测站点位和1个手工采样清洁对照点位，采取自动监测站按日监测，手工监测点按季监测。市城区全年有效监测365天，任务完成率100%，优良天数355天，优良率97.3%，平均API指数略大于50，与2012年基本持平，主要污染物为可吸入颗粒物。

$PM_{2.5}$监测 2013年，国家全面部署空气质量新标准监测工作，但项目资金未能同时到位。为在年内完成项目建设，百色市环境监测站向市财政局预借经费169万元，以市中心血站空气自动监测点位为试点，实施改造、新建，并于2013年11月完成工程建设及仪器安装，进入试运行。

降水监测 2013年，百色城区共设置2个酸雨自动采样点，采取逢雨必测。年内，全市2个点位可采集降雨97场，pH值、电导率监测率为100%，离子组分监测率为92.8%。其中酸雨(pH值≤5.6)42场，酸雨率43.3%，与2012年相比有较大上升。

地表水环境监测 2013年，百色市共有15个地表水监测断面（不含饮用水源点位），其中包括2个国控断面、3个区控河流断面，4个湖库专项监测点、6个市控断面（其中1个断面既属区控断面，也属市控断面）。监测频率采取区控以上断面按月监测，市控断面单月监测，湖库专项监测断面1年监测2次。15个地表水监测断面共开展116次监测，任务完成率100%，全年水质达标率100%。其中，靖西隘屯跨国界断面（国控）继续保持100%的达标率。

饮用水源环境监测 2013年，百色市共2个市级饮用水水源地监测断面，全年取水3651万立方米，全部达到Ⅱ级标准，达标率100%。2013年县级饮用水水源地水质监测工作在全国铺开，百色市共有13个县级在用点位。县级饮用水水源地水质监测按照各自负责本地点位监测或委托监测的原则开展监测工作，百色市环境监测站负责全市监测数据的审核、汇总及上报。年内，全市各县饮用水水源地监测工作基本完成。

声环境监测 2013年，百色市声环境监测采取声点位一年监测1次，并新增夜间监测，由市环境监测站负责监测。全年市区环境噪声平均值分别为：区域噪声昼间54.3分贝，夜间48.2分贝；交通噪声昼间64.7分贝，夜间57.1分贝。其中，区域环境噪声监测点位117个，覆盖面积11.98平方公里。

辐射环境监测 2013年5月和10月，百色市按照自治区辐射环境监督管理站的指示，开展大气气溶胶采样监测工作，每次采集样品约1万立方米，送自治区辐射环境监督管理站进行分析。

重点污染源监督性监测 2013年，百色市国控重点源企业略有调整，共有62家，正常运行60家。年内，百色市环境监测站共开展151次监督性监测（其中部分生产企业生产不正常，在部分季节停产未能监测），监测任务完成率100%。其中，废水类企业排放达标率94%；废气类企业排放达标率87%，主要受到氮氧化物影响；污水处理厂排放达标率76.9%，主要受到细菌指标影响；重金属类多数不外排，各项指标均达标。

【污染防治】 水污染防治 重点流域水污染防治 2013年，百色市根据国家、自治区和市级要求，以右江为主要监测对象，设置了2个国控、4个区控和7个行政交接断面共13个监测断面，达标率100%。全年主要河流、湖库达到地表水Ⅲ类标准，饮用水水源地达到地表水Ⅱ类标准，饮用水水源地稳定保持在100%的达标率。

水环境安全隐患整治专项行动 2013年，百色市开展环境安全隐患整治专项行动，重点对本市沿江企业进行检查，累计出动检查人员近2000人次，检查企业145家、尾矿库、排泥库71座、污水处理厂12家、垃圾填埋场12个、集中式饮用水水源地31个。

大气污染防治 2013年，百色市加大力度开展大气污染防治工作。一是做好全市夏秋两季秸秆禁烧工作，建立禁烧工作责任制，将禁烧任务分解落实到各县（区）、各乡（镇）和村屯，确保在规定时间内不发生焚烧秸秆现象。二是做好全市大气污染源清单编制工作，完成工业污染源、分散燃煤锅炉、扬尘污染源、移动污染源等清单编制工作。三是百色市机构编制委员会同意成立百色市机动车排气污染监管中心。

噪声污染防治 2013年，百色市以“创卫”工作为契机全面开展噪声整治工作。重点检查服装店、数码通讯、建材铝制品加工装修店、药店、KTV、美容美发、糕点饼屋、音像、流动摊点、建筑施工地等行业（场所）。全年市本级噪声投诉47件，工业企业噪声1件，建筑施工噪声27件，社会生活噪声19件，噪声投诉案例办结率100%。期间，开展绿色护考工作，共出动执法车24台次，执法人员88人次，确保高考顺利进行。年内，百色市环境保护局组织6部门执法工作组组成3个监察组，分别于每天上午和晚上轮流对百色市城区主要街道进行巡查和监管，依法严查各类噪声扰民环境违法行为，城区环境噪声污染状况得到明显好转，各类噪音污染投诉呈下降趋势。本市本次噪声监察共出动人员 88 人次,车辆 14 台次。

重金属污染防治　2013 年,根据百色市人民政府《百色市"十二五"重金属污染综合防治实施方案》和《百色市 2013 年度重金属污染综合防治实施方案》文件要求,百色市环境保护局强力推进重金属污染防治工作。一是淘汰落后产能。对相关企业提出强制性技术升级和从严的污染防治要求,对不符合产业政策的涉重企业实行关闭。取缔广西凌云县多金属有限公司年产 1500 吨锑氧粉生产线和年产 1200 吨锑白生产线。二是加快重点工程项目建设。完成百色市右江公篓断面建设投资 320 万元重金属水质自动监测站、市环境监测站投资 252 万重金属监测基础能力建设项目、百色市右江区投资 70 万重金属监测基础能力建设项目等 3 个基础能力建设项目。完成广西德保铜矿有限责任公司尾矿废水有价矿物综合回收日处理 1000 吨选厂建设项目环境保护验收。

【饮用水水源地保护】　2013 年,百色市完成市区全国城市集中式饮用水水源地环境状况评估工作。对市区澄碧河水库水源地、右江东笋水源地和城东水厂、城北水厂、东笋水厂 3 个制水分厂的饮用水源环境状况开展调查,在 2012 年地表水监测数据的基础上补充完善相关指标监测工作。完成《2012 年百色市区集中式饮用水水源环境状况自查报告》,并上报自治区环境保护厅;完成百色市 12 个县区 112 个乡镇 122 个水源地饮用水水源保护区划定方案和技术报告的编制。

【危险废物管理】　2013 年,百色市环境保护局开展危险废物专项整治,组织检查组对右江区、田阳县、田东县、平果县、靖西县、田林县、隆林县 7 个县(区)28 家危险废物产生单位和经营单位的危险废物规范化管理工作进行检查,其中有色金属冶炼企业 5 家,电解金属锰企业 10 家,化工企业 6 家,铝建筑型材企业 2 家;造纸企业 1 家;医疗废物处置单位 1 家;其他企业 3 家,共涉及含铬、汞、砷 、氰废渣及医疗废物等 15 种危险废物。检查结果达标企业 24 家,基本达标企业 3 家,不达标企业 1 家。针对检查中发现的问题,要求企业限期整改。

【危险化学品管理】　2013 年,百色市环境保护局组织开展全市生产化学品环境情况调查工作,共筛选出 14 家调查企业,其中右江区 5 家,田阳县 2 家,田东县 3 家,平果县 3 家,凌云县 1 家。产品总产量为 425487.53 吨 / 年,危险化学品企业 6 家,进入园区企业 7 家,有环境应急预案企业 13 家。产品类别为石油制品、无机基础化学原料、有机化学原料、化学肥料、颜料、环境污染处理专用药剂材料、其他化学制品、化学药品原药。年内,组织各县(区)开展持久性有机污染物(POPs)更新调查工作。

【生态保护和建设】　2013 年,百色市生态建设和保护工作坚持以推进生态文明示范区建设为主线,以推动生态市、县,生态乡镇和生态村建设为重点,较好地完成农村环境连片综合整治项目、生态广西建设引导资金项目建设、"美丽百色 · 清洁乡村"、生态村创建和申报工作等。

试点示范创建　2013 年,百色市环境保护局组织专家组深入创建村屯,指导右江区永乐乡华润希望小镇(村级)、田阳县田州镇东江村、兴城村、田阳县坡洪镇百合村完成创建申报工作。开展"美丽百色 · 清洁乡村" 活动,全市各县区在全面、彻底清理乡村小溪流、池塘、沟渠堆积和水面漂浮的生活垃圾,清理村庄畜禽粪堆,清理污染严重池塘、沟渠的沉积污泥的同时,完成农村饮用水水源现状第一阶段的调查摸底。据初步统计,第一阶段百色市各县区共清理沟渠溪河 1096 条,收集、清运水面垃圾及污泥 2.67 万吨,清理、关闭影响水源水质的排污口 34 处;林业、卫生等部门指导各乡镇(街道)完成改厕改水 3163 户、建设沼气池 581 座,建设厕所三级化粪池 1103 个,对分布在全市 135 个乡镇、1804 个行政村的 12068 个各类分散式饮用水源的水质及环境污染现状进行调查摸底。按照自治区发展改革委、自治区环境保护厅的要求,组织 12 个县区收集整理信息材料编写《美丽广西 · 清洁乡村实施规划材料》;指导 114 个乡镇(不包含县城供水乡镇)完成《集中式饮用水源保护区划定方案》的编制及审查修订工作,初步建立水源水质保护档案,对水质环境安全状况较差,存在卫生安全隐患的各类水源,制订了整改措施和计划,为全面推进 "清洁水源" 第二阶段的各项工作创造有利条件。

生态建设资金　2013 年,百色市共获凌云县、乐业

2013年5月9日，百色市环境保护局总工程师罗志宏（左）接受百色电视台记者关于清洁乡村工作的采访

县、德保县、田林县、西林县等5个国家级和自治区级重点生态功能区域县生态补偿转移支付资金2.2909亿元。乐业、凌云2个国家级重点生态功能区域县和田林、西林、德保3个自治区级重点生态功能县生态环境质量基本保持稳定。同年，百色市共获25个自治区级生态乡镇和生态村命名。

生态广西建设引导资金项目　2013年，自治区环境保护厅组织专家组对百色市5个2011年申报成功并已完成建设计划的生态广西建设引导资金项目进行现场考察(2011年度申报的11个生态广西建设引导资金项目得到自治区的扶持，投入生态引导资金537万)，5个项目均通过环保专项验收。年内，百色市筛选26个基本符合申报条件的项目上报自治区环境保护厅与自治区财政厅审查。

自然保护区建设和管理　2013年，百色市加强对全市19个自然保护区的管理力度，开展专项执法检查。其中，“广西邦亮长臂猿自治区级自然保护区”晋升为“广西邦亮长臂猿国家级自然保护区”。

【农村环境综合整治】 2013年，自治区人民政府下达百色市8个农村环境连片整治项目资金，共1075万元。在百色市环境保护局的监管指导下，8个农村环境连片整治项目均已基本完成建设任务，进入试运行和验收阶段。同时，对2010年以前建成的14个农村环境连片综合整治项目的运行和管理情况进行检查评估。并配合自治区环境保护厅完成2010年建设项目环境成效评估工作，西林县、田东县、田林县等3个农村环境连片综合整治项目通过环保验收。

【核与辐射安全监管】 2013年，百色市辐射工作主要有Ⅲ类射线装置的辐射安全许可证办证工作和辐射安全监管工作，这两项工作均按要求按规范圆满完成。

核技术应用和电磁辐射设施　2013年，百色市共

2013年7月3日，百色市环境保护局局长覃志坚（左二）、书记黄新学（左四）、副局长颜正纯（左五）等一行到田阳县露美片区开展整村综合建设工作调研

发放13家Ⅲ类射线装置辐射安全许可证。

辐射安全监管　2013年，百色市对广西华银铝业有限公司、广西信发铝电有限公司、中国铝业股份有限公司广西分公司、田阳县南华纸业有限公司、广西金荣纸业有限公司、百色市人民医院、右江民族医学院附属医院、田阳县人民医院、田东县人民医院、平果县人民医院10家单位进行辐射安全检查，对检查发现的问题进行通报和网上公示，责令限期整改。

辐射环境执法　2013年，百色市环境保护局妥善处理隆林中学移动基站投诉事件。

【环境监察】 2013年，百色市环境监察支队以规避环境监管失职和改善环境质量为中心，以全面开展环境风险和安全隐患大排查大整治为抓手，进一步加大执法力度、规范执法行为，强化队伍建设，夯实基础性工作，继续开展环保专项行动，严肃查处环境违法案件，全面开展环境监察工作，较好完成各项任务，被自治区环境保护厅评为“全区环境监察先进单位”。

环境执法　2013年，百色市共组织4次环境安全隐患突击检查和1次突发环境事件联合演练行动，出动执法人员506人次，车辆128台，派出检查小组66个，共对86家企业进行突击检查，共发现和排除环境风险隐患108处，对1家问题企业挂牌督办，对3家违法企业进行立案查处。同年，百色市全面深入开展环境安全隐患大清查大整治行动，共出动检查人员2657人次，排查企业、污染源580家(个)。其中重点行业企业133家，包括有色金属(含采选冶炼)企业40家，电解锰企业12家，铁合金企业35家，制糖企业9家，淀粉企业4家，酒精企业2家，造纸企业11家，化工企业20家。沿江沿河的养殖场、洗矿场等其他各类小企业、污染源447家。同时还对43个饮用水源地，72座尾矿库进行检查排查。清查出无证照或手续不完善的企业91家，存在环境安全隐患企业67家。其中责令限期整改132家，停产整治10家，关闭取缔16家，对5起环境违法行为进行立案查处并作出行政处罚，共处罚22.4万元，有效打击环境违法行为，遏制环境突发事件发生，辖区的环境安全得到有效改善。

环境监察稽查　为规范百色市排污费核定、征收工作，2013年市环境监察支队组织执法人员和辖区环境保护部门对5个县(区)水泥行业、中国铝业广西分公司、广西水利电力建设集团有限公司田东电厂2011年度、2012年度排污费进行稽查，追缴欠缴排污费668万元。为进一步规范环境执法工作程序，提高现场执法质量和水平，增强服务经济发展的能力，市环境监察支队于2013年11月份分3个组对田阳县、田东县、靖西县、那坡县、隆林县、西林县环境保护局开展环境监察专项稽查。此次稽查采取交叉稽查的方

式进行，由市环境监察支队牵头，12 个县（区）环境监察主要负责人参加。共核查企业档案 59 家，核查行政处罚立案案卷 6 份，发现问题 86 个，有效地解决县（区）环境监察工作中的实际困难和疑惑，规范环境监察人员的执法行为。

环保专项行动　大排查大整治专项行动　2013 年，百色市将行业企业大排查大整治“再回头”活动、查处污染地下水环境违法行为、污染减排重点行业监督检查、医药制造企业环境污染问题等列为年度环保专项行动。全市共出动人员 2523 人次，受检查企业 1188 家，发现无证照或手续不完善的企业 42 家，限期整改或补办手续 27 家，停产整治 6 家，关闭、取缔 6 家，对 5 家社会影响大和地方人民政府未能及时解决的突出环境问题企业进行挂牌督办，其中市级挂牌督办案件 3 家，自治区级 2 家，对历年 4 家完成整改挂牌督办企业进行摘牌。

环境安全隐患专项整治　2013 年，百色市环境保护局开展“环境安全年 1、2、3、4 号行动”，进一步震慑违法排污企业，共对 72 家企业进行突击检查。针对发现百色融达铜业有限公司等 6 家企业存在问题，下达整改通知，责令企业限期整改。深入开展环境安全隐患整治专项行动，对存在环境问题的企业下达限期整改文书 27 份，纠正 21 起环境违法行为，消除 52 起环境安全隐患，规范 28 家固废堆场，完善 96 套废水治理设施、105 套废气治理设施、87 家企业环境安全管理制度。落实挂牌督办企业环境监察工作，加大污染减排重点行业监管力度。对列入环境保护部督办的田东电厂、中国铝业股份有限公司广西分公司和广西挂牌督办的凌云县多金属有限责任公司和田林县富民糖厂加强指导、落实整改督办。对环境保护部督办的两家企业按程序分别罚款 5 万元，并追缴拖欠排污费，督促凌云县多金属有限责任公司完成整改并申请摘牌，责令富民糖厂不完成整改不准投产。同年，百色市田东、平果两县交界处发生 4.5 级地震，市环境保护局安排田阳、田东、平果三县环境保护局赶赴企业现场，对辖区内的化工、制糖、造纸等行业企业及沿江沿河企业进行震后环境安全排查。经排查，各企业环保应急设施完好，环保治理设施均正常运行，未发现因地震造成的环境安全隐患。本次排查共计出动人员 59 人次，出动车辆 22 台次，检查企业 41 家。

2013年4月3日，百色市环境保护局开展“环境安全年2号行动”，纪检组组长胡景文（左二）率队到企业现场检查

2013年4月3日，在“环境安全年2号行动”中，百色市环境监察支队现场检查企业

排污申报与收费　2013 年，百色市完成市本级 20 家企业排污申报工作，督促企业解缴应缴排污费。全市开征户数 472 户，共征收排污费为 4094.58 万元，其中市本级征收 902.03 万元。对全市水泥、火电行业的排污费征缴情况开展稽查工作，追缴欠缴排污费 668 万元。

监察队伍管理与建设　监察队伍管理　2013 年，百色市环境监察支队为缓解执法人员紧缺状况，面向社会公开招聘 10 名工作人员，并向各个县（区）环境监察队伍公开招考 12 名工作人员。抓好监察业务培训，年内共安排人员 116 人次参加自治区级各相关专业业务知识培训，并组织全市环境监察人员约 100 人举办 1 期环境监察业务培训，邀请自治区环境监察总队领导、专家授课。通过组织参加各种业务培训班，有效地提高全市环境监察人员的综合素质，确保环境监察队伍政治上清、法律上明、业务上精。

监察能力建设　2013 年，百色市环境监察支队以环境监察移动执法项目和环境执法绩效评估为契机，抓好环境监察标准化、规范化、网格化、精细化建设。制定和完善《百色市工业企业环境监察现场记录》、《百色市环境监察支队环境区域负责制》、《百色市环境监察支队信访工作制度》等 8 项制度，进一步规范内部管理和工作程序。年内，百色市环境监察支队升格为相当副处级单位，右江区、田东县、靖西县、那坡县、乐业县等 5 个环境监察大队先后升格为相当副科级单位。

【环境应急】　突发环境事件　2013 年，百色市环境保护局应急出动处理突发事件 5 起，突发环境事件 2 起（1 件属水环境污染事件，1 件属因地震引发的排泥库泄漏事件），交通事故3起。其中，影响较大的是因地震引发的“6.18”平果中铝广西分公司3#排泥库泥浆泄漏事件。百色市在上级部门的指导和相关部门的配合下，较好完成外泄泥浆的处置工作，有效控制了事态。

环境应急管理 2013年，百色市环境保护局按照突发事件危险源普查的工作部署，在辖区内开展全面彻底的地毯式普查活动，共排查企业、污染源526家（个），全面摸清企业危险源的种类、数量及落实突发环境应急预案及相关应急设备设施配套情况，对排查中风险较大的企业逐一建立档案和数据库。定期召开环境风险防范分析会，对辖区环境风险隐患进行分析并制定应对措施。年内，根据《广西壮族自治区环境保护厅2013年突发环境事件应急联合演练方案》工作部署，百色市环境保护局与自治区环境保护厅、靖西县环境保护局三级联动组织实施应急联合演练。此次演练设想在百色市靖西县某公司龙山排泥库发生泥浆泄漏，可能造成跨国界突发环境事件。演练切合实际，实操性强，得到自治区环境保护厅领导和应急专家的充分肯定。

环境应急能力建设 2013年，百色市机构编制委员会同意成立百色市环境应急与事故调查中心。

【对外合作与交流】 2013年，百色市环境保护局参加由环境保护部西南督查中心和华南督查中心组织的桂、滇、黔三省万峰湖的环境保护第三次联席会议，会议总结2012年万峰湖水环境保护合作机制运行情况和第二次联合执法现场检查情况，会商安排2013年万峰湖水环境保护主要工作。年内，为进一步贯彻落实自治区环境保护厅《关于印发2013年度万峰湖水环境保护云南贵州广西联合行动方案的通知》（桂环函〔2013〕1700号），百色市环境保护局组织开展专项执法检查工作，对万峰湖库区及支流内的企业进行重点检查，共检查企业7家，其中有色金属冶炼企业6家，污水处理企业1家。

【政务信息公开】 *环境信息公开* 2013年，百色市环境保护局通过设立网络平台、政务公开专栏，利用政务公开窗口、新闻媒体等方式公开环境信息，全年主动公开政府信息613条，回复网站在线投诉58条，发放公开宣传资料13000份，编制专题板报2期。主动接受社会监督，设立环保举报电话(12369)和群众信箱，确定专人负责管理群众意见的收集、登记、交办、反馈、归档等。市本级共计收到环境信访投诉113件，已办结108件，办结率为96%。对群众反映的问题，都及时予以解决；暂时难以解决的，做好说明解释工作。对投诉举报的问题，及时调查处理。

公文办理 2013年，百色市环境保护局办公室加强对收文、办文、办会工作的管理。一是加强收发文的管理和登记，全年共收文2400份，共发红头文件320份。二是做好文件的阅送，尽量做到当日事当日毕，不拖沓。三是加强办公自动化建设，分别接入百色市市直单位办公网和政府OA网，及时收发处理各级相关文件，并将各类电子文件及时转发局各科（室）、直属各单位、各县（区）环境保护局及相关市直部门，简化办公程序。四是扎实筹办各类会议材料，努力做到会前准备全面，会中分发到位，会后传达到位。

【环境信访】 2013年，百色市环境保护局把信访稳定工作作为事关全局的一项重要工作列入议事日程。年内，全市共受理环境信访641件，办理641件，办理率100%，办结639件，办结率99.6%。其中，市本级环境信访投诉113件，已办理113件，办理率100%；已办结108件，办结率为96%。按污染类型分：涉气46件，占41%；噪声39件，占35%；涉水23件，占20%；其他5件，占4%。其中，市委办转办1件，已办结1件；市督查室转办1件，已办结1件；市人民政府转办3件，已办结3件；市长专线17件，已办结16件；上级环境保护部门转办16件，已办结15件；来电来信62件，已办结60件；网络投诉12件，已办结11件。期间，共拟函66份，汇报答复材料19份。

【人大建议和政协提案办理】 2013年，百色市环境保护局承办2013年百色市三届人大四次会议代表建议共4件，承办2013年百色市政协三届三次会议提案共4件，均提前完成办复。

【党风廉政建设】 2013年，百色市环境保护局抓好党风廉政建设责任制，反腐倡廉工作成效明显。一是抓好廉政教育，筑牢拒腐防变思想。坚持专题教育与经常性教育相结合，年初完善《加强党风廉政建设教育工作制度》，制定下发《2013年党风廉政建设工作要点》，认真组织学习《廉政准则》、《关于改进工作作风、密切联系群众的八项规定》、十八大以来习近平关于廉政建设发表的一系列讲话精神以及自治区、市委的有关文件规定。二是健全惩防体系，防止腐败现象蔓延。建立健全并严格执行领导干部任前廉政谈话、诫勉谈话、述职述廉制度，不断修订完善各项规定，完善干部选拔任用和管理监督机制。三是落实廉政建设责任制。研究制定2013年廉政建设工作要点，党组与各科室、直属单位签订责任状，建立分级负责制，形成齐抓共管工作局面。四是加强风险排查与监督管理。确定环保执法、环评审查、竣工环保验收、污染减排、环保专项经费管理、人事安排公开与考核程序6个重点排查的岗位，突出查找领导岗位、中层岗位、其他岗位3个层面岗位潜在的廉政风险，确保一年来没有发生因违法违纪被立案查处的人和事。

【环境宣传教育】 环境宣传 2013年，百色市环境保护局将自治区环境保护厅组织编印的《广西环境违法行为有奖举报暂行办法》宣传挂图、手册（含 $PM_{2.5}$ 监测知识宣传）下发到各有关单位、各县区进行宣传，共发放10000张挂图、1000份手册。同时，组织各县区环境保护局在各自辖区内选取适宜的开放点，分别于4月22日、6月2日开展环保公众开放宣传日活动。市环境监测站就监测业务、环境空气自动监测子站、地表水自动监测子站中控室、辐射和应急监测等内容进行对外开放宣传，让参观者深入了解饮用水源和地表水监测、空气质量监测、主要污染物监测、噪声监测、应急监测等检测方法，并认识电磁辐射原理。活动日共接待人员56人次，发放宣传单300余份。联合市直、右江区直部门、绿色单位开展"六五"世界环境日广场宣传咨询活动，活动通过发放宣传资料、悬挂环境保护宣传标语条幅、制作环保宣传展板、设立环保热线"12369"现场咨询受理台等方式向周边的市民及广大群众进行宣传。共展出宣传板报43块，接受群众现场咨询1689人次，发放宣传资料16750余份。结合部门职责，积极参与科技活动广场环保宣传、首届政务公开日活动宣传、百色市3·15消费者权益日宣传等活动，开展"美丽百色·清洁乡村"环保专题宣传。加强网站"12369"环保网络投诉平台管理并及时答复，2013年网站投诉与上年相比明显增多，共51件，均进行受理答复。此外，召开高考期间环境噪声控制的专题会议，向考点附近的施工单位及群众发放《关于加强中、高考期间环境噪声控制的通告》宣传册500份，并委托《右江日报》、百色电视台滚动播报，为广大考生营造良好的考试环境。

环境教育 2013年，百色市环境保护局组织绿色

2013年6月2日，百色市环境保护局在市广场开展环保宣传咨询活动。图为百色市环境保护局局长覃志坚（右一）向市领导介绍板报内容

学校参加环境保护部举办的环境小记者项目2013年新闻作品大赛，共报送12幅作品。将自治区环境保护厅组织编撰的《环保学习读本》向市党委、人民政府、人大、政协领导及各有关部门、企业赠阅，共150本。组织环保系统干部职工、相关企业人员到南宁参观首届广西环境文化节展览，观摩全自治区环保摄影展览、环保书画展览和农村环保壁画展览的优秀作品。此外，组织人员参加国家级、自治区级及市本级举办的各项业务培训学习。全年派出4位班子成员参加工业化、城镇化、效能建设、生态建设的培训学习，其中，有3位班子成员参加省级以上组织的环保业务培训。年内，先后组织市县8批骨干近60人次参加自治区环境保护厅举办的环保业务培训学习。市本级共举办4期环境保护各类业务培训班，有12个县区共110人次参加培训。其中，协助环境保护部宣传教育中心在平果县举办《环保部第三期新疆基层民族环保干部考察培训》的现场教学和讲座授课。

【获奖与表彰】 2013年，百色市环境保护局荣获"市级2011年节能减排先进单位二等奖"、"2012年度安全生产工作优秀单位"、"2013年度广西壮族自治区卫生先进单位"等称号，百色市环境保护局直属单位百色市环境监察支队被自治区环境保护厅评为"全区环境监察先进单位"。

【环保大事记】

一月

1月由百色市环境保护局、百色市发展改革委、百色市林业局、百色市水利局组成4个督察组，到百色市12县（区）开展推进生态文明示范区建设督查。督查采取听汇报、查阅材料和实地考察等方式，主要对各县生态文明示范区组织领导机构、工作机构和工作制度的落实情况，生态区建设方案计划的制订与实施情况，生态工业建设情况，生态农林牧渔业工程项目、生态保护与建设及资源保护和利用工作等进展情况进行全面检查，共抽查田林乐里河河堤防护工程、西林县广西桂洁农业开发有限公司柑橘生产基地等50多个项目。

二月

2月19日，百色市副市长陶荣铅、市环境保护局局长覃志坚、市环境监察支队支队长梁健到南宁参加自治区环境保护厅召开的广西华银铝业有限公司整治工作协调会。会上，广西华银铝业有限公司汇报了整改完成情况和待解决的问题。

2月28日，百色市环境保护局召开2013年全市环境保护工作会议，参加人员为市环境保护局全体领导班子、各调研员，市环境监测站、环境监察支队领导班

子、各县区环境保护局局长。会上认真学习党的十八大精神和自治区环境保护工作会议精神，回顾总结2012年工作，研判形势，研究部署2013年工作。

2月28日至3月15日，根据自治区环境保护厅《关于开展小江小河和内河河道污染排查整治的紧急通知》（桂环发〔2013〕7号）文件精神，结合本市“环境安全重点防范月”活动，在全市12县（区）辖区内小江小河和内河河道污染开展排查整治专项行动。

三月

3月11~15日，由百色市环境保护局领导分别带队组成5个督察组，对全市12县（区）环境保护局江河管理情况开展督查。

3月12日，由百色市环境保护局局长覃志坚带队，市环境监察支队会同靖西县环境保护局组成检查小组，对广西华银铝业有限公司龙山排泥库整治情况进行督查。检查组现场查看龙山排泥库整治情况及应急池的施工情况，库底边坡浇筑混凝土，加高尾矿坝，设计开挖容量30万立方米的应急池，整治池边清水沟，1号池和2号池已挖成，应急池周边部分村民已搬迁。

3月12日，自治区环境保护厅副厅长蹇兴超一行8人到百色市环境保护局就“环境安全年”五项制度执行情况开展调研。

四月

4月23~28日，由百色市环境保护局、市环境监察支队、市环境监测站及辖区环境保护局组成联合检查组，对靖西、德保、平果等县（区）的废渣库重点监管企业进行现场检查。

五月

5月22日，南宁市环境监察支队副调研员冯德夫、副支队长裴元庆一行11人到百色市环境监察支队进行交流座谈。环境监察支队支队长梁健、副支队长覃菊鲜、苏春华和有关科室负责人参加座谈会。双方在会上就本单位机构建制、业务工作开展情况、在线监控建设情况、环境应急建设情况、跨流域河流联防联控工作等内容进行深入交流。

七月

7月3日，百色市环境保护局局长覃志坚、党组书记黄新学，副局长颜正纯一行对露美村环境综合整治工作进行检查指导。

7月14日，百色市人民政府召开全面深入开展环境隐患问题大排查大整治专项行动工作会议。会上，市长周异决要求“以铁的决心、铁的手腕”，深入开展环境隐患和安全风险大排查大整治工作，确保全市环境安全。全市12个县（区）人民政府、市直各有关单位主要领导，百色市各重点企业负责人共172人参加会议。

八月

8月1~5日，百色市环境保护局组织各县（区）环境保护局在辖区内重点排查多年反复信访、因环境纠纷引发群体性事件、影响群众饮用水安全等案件，并逐一排查建立详细的工作台账。通过摸底排查，确定环境矛盾纠纷积案两起：第一起是2012年7月右江区龙川镇平乐村1~5组与百色市龙川金矿的矿山纠纷；第二起是隆林县隆林昭硅实业有限公司（中信硅业）生产时产生的废气污染周边环境。

8月28日，百色市环境保护局和市安全监管局联合开展全市尾矿库和化工行业企业安全环保专项集中检查。此次行动重点对全市危、险、病尾矿库、“头顶库”、“三边库”、沿江沿河重点监控化工企业遵守环保和安全生产法律法规、落实生产和环境安全风险隐患防范措施等情况进行检查。

九月

9月9~12日，自治区环境保护厅总工程师陈晓菲带队自治区环境安全大检查督察组，到百色市开展环境安全大检查工作情况督查。

9月16日，百色市环境保护局纪检组长胡景文带队一行3人赴南宁市参加南宁、百色、崇左、贵港、来宾、河池和钦州7城市江河流域突发环境事件合作备忘录签署仪式暨第一次联席会议。会议对近年来左江、右江、清水河、那蒙江跨界污染事件处置进行经验交流，探讨联席会议制度可行性，并在信息通报发布、应急物资信息共享等方面达成一致共识，从而提升各市环境保护部门应对跨流域环境事件的能力和水平。

9月，根据《百色市人民政府关于印发全市环境隐患大排查大整治行动领导分工联系县区方案的通知》精神，百色市副市长赵桂兰带领市安全监管局、环境保护局等相关市直部门，对田阳县开展环境隐患排查整治情况进行认真细致地检查。此次检查主要以听取汇报、查阅资料、现场抽查企业等形式进行。

十月

10月22日，百色市环境保护局在靖西县龙山排泥库开展突发环境事件应急演练，代号为“环境安全年4号行动”。自治区环境应急与事故调查中心、环境监察总队、环境监测中心站，百色市监察局、应急办等有关领导对此次演练进行观摩及作总结性发言，并对百色市环境保护部门的应急处置能力给予高度肯定。

十一月

11月12~14日，环境保护部华南督查中心科长顾亚斌率队到百色市开展环境行政执法后督查，市环境保护局纪检组长胡景文、市环境监察支队副支队长苏春华及相关人员陪同检查。

11月28日，百色市环境保护部门、工业和信息化部门联合对制糖、酒精、淀粉、制浆造纸等行业企业的污染防治工作进行突击检查，行动代号为“环境安全年5号行动”。

十二月

12月4~11日，百色市环境保护局集中力量开展全市环境综合执法督查。此次督查按照“横到底、纵到边、全覆盖”的原则，由市环境监察支队支队长梁健负责统一组织、协调，共分3个小组分别赴右江区等12个县(区)进行检查。重点检查行政执法后督察工作、环境安全隐患大清查大整治工作、环保专项行动的开展情况及重点减排项目现场环境监察工作、敏感信访案件的调处情况等。

贺州市环境保护

【综述】 2013年，贺州市环境保护局紧紧围绕“十二五”规划目标，建立健全污染减排工作机制，着力推进重点领域、重点行业、重点企业污染防治及城镇污水处理厂管网建设，有效推进清洁生产，扎实推进各项减排措施的落实。稳步开展各系列环境宣传教育，应时出台环境规章制度，进一步优化环评程序，能较快速终止贺江突发环境污染事件，环境事故应急能力得到提高。年内，经贺州市机构编制委员会同意，成立贺州市污染源监控中心、贺州市环境保护技术中心、贺州市机动车排气污染防治与减排管理中心、贺州市固体废弃物与危险化学品环境管理中心等机构，进一步健全和完善贺州市环境保护的能力建设。全年，贺州市环境质量状况保持总体良好。

【机构改革与人事】 *人事编制* 2013年，贺州市环境保护局机关行政编制15名，参照公务员法管理事业编制61名，全额拨款事业编制21名，后勤服务人员(控制数)编制8名。在职干部职工131人。其中，高级工程师6人，工程师24人，注册环评工程师5人。年内，贺州市环境保护局选拔任用干部14名，其中竞争上岗正科级领导职务干部9名，副科级领导职务干部5名。全局(含二层机构)共有科级干部38人。

机构调整 2013年，经贺州市机构编制委员会同意，设立贺州市污染源监控中心，在贺州市环境监察支队挂牌；设立贺州市环境保护技术中心、贺州市机动车排气污染防治与减排管理中心，在贺州市环境监测站(贺州市核与辐射环境管理站)挂牌；设立贺州市固体废弃物与危险化学品环境管理中心，为贺州市环境保护局管理的相当正科级全额拨款事业单位；贺州市环境保护科学研究所由贺州市环境监测站挂牌调整为独立设置，为贺州市环境保护局管理的相当正科级全额拨款事业单位。

【规划与投资】 2013年，贺州市环境保护局加强固定资产管理，完成所有财务核算和收支工作，以及各种报表的上报和账务处理，做好内部审计，在编制预算、资金安排做到量入为出，加强项目资金管理，确保专项资金及时拨付和专款专用。按时完成预算统计任务，全年预算资金总数为225万元。

【环保专项补助资金申报】 2013年，贺州市环境保护局获得环境监察能力建设项目移动执法设备项目资金33万元、环境应急与事故调查能力建设项目环境应急及事故调查设备项目资金50万元。建立专项资金项目库，组织申报“重金属污染防治项目”，贺州大锰银鹤电池工业有限公司获得中央重金属污染防治以奖代补资金100万元。

【政策与法规】 *法制建设* 2013年，贺州市建立和完善各项环保规章制度，先后印发《关于印发贺州市环境保护局行政执法立案调查、审理决定、执行三分离制度的通知》(贺环字〔2013〕1号)、《关于印发贺州市环境保护局行政处罚案件集体审理制度的通知》(贺环字〔2013〕2号)、《关于成立贺州市环境保护局行政处罚案件审理委员会的通知》(贺环字〔2013〕3号)、《关于印发贺州市环境保护局环境监察廉政建设监督卡制度的通知》(贺环字〔2013〕4号)、《关于印发贺州市环境保护局环境行政处罚法律文书格式样本的通知》(贺环字〔2013〕5号)、《关于印发贺州市环境保护局规划环境影响评价文件审查工作细则(试行)的通知》(贺环字〔2013〕6号)、《关于印发贺州市环境保护局建设项目环境影响评价文件审批操作规范的通知》(贺环字〔2013〕7号)、《关于印发贺州市环境保护局建设项目竣工环境保护验收审批操作规范的通知》(贺环字〔2013〕8号)、《贺州市环保系统行政处罚、行政许可、行政强制自由裁量权细化意见》等工作制度和细则。

行政处罚 2013年，贺州市环境保护局依法查处各种环境违法案件，全面整治企业存在的环境问题。全年，贺州市环境保护局环境违法行为立案5起，结案5起，处罚金额共262908元。平桂分局环境违法行为立案5起，其中4起下达处罚，1起下发行政处罚事先告知书，结案4起，处罚金额共11万元，下达整改通知53次。

【绿色信贷】 2013年，贺州市环境保护局每月定时汇总贺州市内违法企业、建设项目环评、建设项目竣工环保验收等情况，向当地人民银行征信管理部门通报，并报送自治区环境保护厅，推进绿色信贷工作扎实有效开展。

【环境科技管理】 2013 年，贺州市环境保护科学研究所共完成建设项目环境影响评价项目 95 个，其中编制环境影响评价报告书 6 本，环境影响报告表及技术论证报告 89 本，涉及社会区域、轻工纺织、冶金机电等行业。全年完成环评收入约 390 万元。

【清洁生产与循环经济】 清洁生产审核　2013 年，贺州市共公布 8 家重点企业实施清洁生产审核情况，除重金属国控企业广西平桂飞碟股份有限公司冶炼厂因停产向自治区环境保护厅申请延期外，其余 7 家企业已委托咨询公司实施清洁生产审核。其中，华润水泥（富川）有限公司、广西平桂飞碟股份有限公司钛白粉厂、广西贺州市康宁纸业有限公司、贺州市怀远纸业有限公司等 4 家企业已通过评估，华润水泥（富川）有限公司 1 家企业已通过验收。在已完成评估和验收的企业中，实施清洁生产方案共 72 个，其中无 / 低费方案 62 个，中 / 高费方案 10 个；实施清洁生产方案资金总投入 1200.93 万元。通过实施清洁生产方案取得较好的环境效益和经济效益，主要污染物削减情况：废水 2.7 万吨，化学需氧量 1.512 吨，二氧化硫 27.296 吨，氮氧化物 1.01 吨，烟尘 53.3 吨，粉尘 2.8 吨，一般固体废物 19.7 吨；资源能源节约情况：节电 81.3 万度、节煤 2.737 万吨、节油 113.22 吨，产生经济效益约 1706 万元。

循环经济　2013 年，贺州市循环经济取得良好成效。华润集团在贺州市富川瑶族自治县建成华润循环经济产业示范区，依托华润电力 2×1000MW 超临界燃煤发电机组项目、华润水泥年产 200 万吨新型干法生产线项目和华润雪花啤酒年产 20 万吨生产线项目，实现电厂、水泥厂和啤酒厂不同产业的工业废弃物、污染物的循环利用，达到示范区内工业污染物的低排放或零排放标准，构筑“减量化、再利用、资源化”的循环经济产业体系。年内，富川瑶族自治县获“自治区循环经济示范县”称号。

【环境科研】 2013 年，贺州市环境保护科学研究所承担科研项目有 5 项，包括《贺州市地表水环境污染突发事件预警系统项目》、《环境监测的数据平台建设研究技术项目》、《贺州市重金属污染现状及污染防治对策研究》、《金源稀土高浓度废水治理》、《循环经济价格体系研究》，与河池市环境保护科学研究所开展项目合作 4 项。

【环境质量】 环境空气质量　2013 年，贺州市城区环境空气质量良好。有效监测天数 365 天，优等级天数有 210 天，良好等级天数 155 天，优良率达 100%。城区降雨 pH 均值为 6.42，全年有 4 天 pH 值小于 5.6 的降雨现象出现，酸雨频率 7.84%。其中，二氧化硫、二氧化氮、可吸入颗粒物 3 项监测指标均达到《环境空气质量标准》（GB3095–1996）二级标准。其中，二氧化硫年平均值为 0.021 毫克 / 立方米，比 2012 年上升 5.0%。日均值范围为 0.005~0.035 毫克 / 立方米，日均值达标率为 100%。清洁对照点钟山县回龙镇东凤完小二氧化硫年均值为 0.002 毫克 / 立方米。二氧化氮年平均值为 0.020 毫克 / 立方米，比 2012 年下降 5.0%。日均值范围为 0.003~0.047 毫克 / 立方米，日均值达标率为 100%。清洁对照点钟山县回龙镇东凤完小二氧化氮监测结果年均值为 0.007 毫克 / 立方米。可吸入颗粒物年平均值为 0.051 毫克 / 立方米，比 2012 年上升 13.3%。日均值范围为 0.016~0.137 毫克 / 立方米，日均值达标率为 100%。清洁对照点钟山县回龙镇东凤完小可吸入颗粒物结果年均值为 0.039 毫克 / 立方米。2013 年贺州市环境空气污染物统计结果见表 1、表 2。

表1　2013年贺州市城区环境空气评价点污染物统计结果

单位：毫克/立方米（mg/m^3）

项目	样品数	日均值最大值	日均值最小值	年均值	日均值达标率（%）
二氧化硫	722	0.035	0.005	0.021	100
二氧化氮	615	0.047	0.003	0.020	100
可吸入颗粒物	724	0.135	0.016	0.051	100

表2　2013年贺州市环境空气清洁对照点污染物统计结果

单位：毫克/立方米（mg/m^3）

项目	样品数	日均值最大值	日均值最小值	年均值	日均值达标率（%）
二氧化硫	60	0.005	<0.004	0.002	100
二氧化氮	60	0.011	0.002	0.007	100
可吸入颗粒物	60	0.049	0.031	0.039	100

水环境质量　2013 年，贺州市桂花、贺街、扶隆码头 3 个监测断面的监测结果均符合《地表水环境质量标准》（GB3838–2002）Ⅲ类标准［评价指标为《地表水环境质量标准》（GB3838–2002）表 1 中除水温、总氮、粪大肠菌群以外的 21 项指标］。与 2012 年相比，桂花、贺街、扶隆码头 3 个断面综合污染指数变化幅度分别为 –0.81%、–3.6%、8.3%。市级集中式生活饮用水水源地龟石水库水质符合《地表水环境质量标准》

(GB3838–2002)表1中Ⅲ类标准和表2、表3中标准限值，水质状况良好，达标率为100%，营养状态等级为中营养，只有总氮监测结果年均值为0.96毫克/升，略低于标准限值1.0毫克/升。贺江八步监测结果7月出现铊超标，超标0.2倍，达标率为89%。全年贺州市集中式饮用水水源地达标率为97%。

声环境质量 *区域环境噪声* 2013年，贺州市区域环境噪声昼间均值为54.5分贝，质量等级为较好，与2012年相比上升2.1分贝；夜间均值为43.3分贝，质量等级为较好。区域环境噪声昼间、夜间监测结果年平均值均达到《声环境质量标准》(GB3096–2008)表1中的2类标准。

城市道路交通噪声 2013年，贺州市城区5条道路交通噪声昼间均值为68.2分贝，质量等级为较好，与2012年相比上升3.4分贝。夜间均值为53.0分贝，质量等级为好。昼间、夜间监测结果年平均值均达到《声环境质量标准》(GB3096–2008)表1中的4a类标准。

【污染物减排】 *减排政策措施* 2013年，贺州市节能减排工作领导小组办公室下发《贺州市2013年主要污染物排放总量控制计划的通知》(贺节能减排办〔2013〕4号)，将全市48项总量减排任务分解落实到责任单位和企业，对全市主要污染物总量减排的具体目标、任务、措施、时间作分解落实，将污染减排工作列入各级人民政府、各部门年度考核目标，实行“一票否决”，对工作不得力、不作为，影响工作进度的单位及其主要领导给予通报批评。

减排督查与监管 2013年，贺州市对污染减排项目督查实行一对一监管，要求责任人每月至少到减排企业现场检查1次，并与相应县(区)密切联系，随时掌握减排项目动态，及时反馈沟通相关信息。同时，进一步完善督查考核体制，全年市污染减排现场检查小组到各企业现场检查督导25批次，撰写现场检查报告50余份，扎实有效地推进重点项目的减排跟踪开展。

重点减排项目 *工程减排项目* 2013年，贺州市城镇污水处理设施工程减排项目有贺州市污水处理厂、昭平县城污水处理厂、黄姚污水处理厂、富川县柳家乡柳家社区污水处理项目、富川县莲山镇大深坝村农村环境连片整治示范项目、富川县朝东真秀水村农村环境连片整治示范项目6个项目，合计减排化学需氧量101.75吨，氨氮14.65吨；工业企业水污染减排项目有广西贺达纸业有限责任公司、广西有色金属集团金源稀土股份有限公司、昭平县生活垃圾填埋场3个项目，合计减排化学需氧量2.31吨、氨氮425.69吨；大气工程减排项目有华润贺州电厂1号机组和2号机组。

工业结构减排 2013年，贺州市工业结构减排项目有贺州市贺江木茹淀粉厂，全年减排化学需氧量763吨，氨氮6吨。

农业源规模化减排项目 2013年，贺州市农业源规模化畜禽养殖减排项目共36项，分别是贺州市八步区里松康宁种猪场、八步区莲塘壮大猪场、贺州市莲塘吉安猪场、贺州市莲塘蓬昌养殖场、八步区莲塘华信猪场、贺州市莲塘富新养猪场、贺州市八步区莲塘天绿康养猪场、贺州市桂岭钟欢养猪场、华硕科技种猪场、易华猪场(贺州市莲塘美华猪场)、清池瘦肉型养殖场、长冲猪场、贺州市合宝养殖有限公司、金华猪场、鸳鸯坝猪场、姑婆山丰源种猪场、万胜猪场、邹继光猪场、黄辉猪场、一丹猪场、温庆埠猪场、松华猪场、恒顺猪场、裕华猪场、叶亚土猪场、康顺猪场、钟山县和旺养猪场、廖尚向猪场、昭平县木格乡巧巧养殖场、昭平县北陀镇龙泉养殖场、广东温氏金旺种猪场、杨保森猪场、新华蒋绍旺猪场、福利花岭林景旺猪场、任小斌猪场、黄忠学猪场。全年减排化学需氧量576.54吨，氨氮112.94吨。

【环境影响与评价】 *“绿色通道”环评审批* 2013年，贺州市继续实行环评审批，简化审批程序。截至2013年底，通过绿色通道出具初步环保意见的项目85个，出具项目选址意见33个，加快了投资项目的前期申报工作。

建设项目环评验收 2013年，贺州市共完成3个规划环评审查；完成环评审批项目540个，其中报告书11项，报告表162项，登记表367项，本级审批89个，县(区、管理区)351个；完成项目环保验收47个。

重大项目评价 2013年，完成自治区层面统筹推进重大项目环评审批22项，市级层面重大项目185项，全部完成环评审批。全市87个保障性住房项目全部完成环评审批。

【政务窗口管理】 2013年，贺州市环境保护局政务中心窗口接贺州市环境保护局授权行政审批服务项目11项，全年行政审批项目共受理195件，便民服务办理3772件，均实现100%按时办结，未出现超时办结情况和相关投诉与问责。增加对机动车核发环保绿色标志便民服务，做好审核和备案工作，共核发机动车环保检验合格标志1075枚。

【环评机构监督管理】 2013年，贺州市环境保护局进一步加强对环评工作质量的日常考核工作，对报告书类项目，严格按照《建设项目环境影响评价文件考核细则》要求进行考核评分。

【环境监测】 *环境空气监测* 2013年，贺州市城区空气质量达到《环境空气质量标准》(GB3095–1996)二级标准，有效监测天数 365 天，优等级天数 210 天，良好等级天数 155 天，优良率达到 100%。

$PM_{2.5}$监测　2013 年，按照《关于印发空气质量新标准第二阶段监测实施方案的通知》（环办〔2013〕30 号）要求，贺州市环境监测站使用地方财政配套资金 108 万建成国控环保小区新站房，新站房按照空气质量新标准开展 $PM_{2.5}$ 等六项指标的自动监测。7 月，根据《环境保护厅办公室关于转发空气质量新标准第三阶段监测实施方案的通知》（便函〔2014〕190 号），贺州市国控政协大楼站点需更新改造，这个站房原有的二氧化硫（SO_2）、二氧化氮（NO_2）、PM_{10} 监测仪器需全部更新，并增加 $PM_{2.5}$、一氧化碳（CO）、臭氧（O_3）监测仪器和城市环境摄影系统以及空气质量信息发布平台等环境监测设施。国控环保小区新站房已建设完毕，中标仪器已经到位，按照自治区环境保护厅要求于 2013 年 11 月 30 日前联网发送数据。

降水监测　2013 年，贺州市降雨监测点位环保小区共收集降水样品 51 个，降雨 pH 值均值为 6.42，呈弱酸性，比 2012 年（6.56）下降 0.14 个 pH 单位，降雨 pH 值范围在 4.71~7.60，降雨 pH 最小值出现在第三季度，pH 值最大值为 7.60，出现在第四季度。全年有 4 天 pH 值小于 5.6，酸雨频率 7.84%。与 2012 年相比，全年降水次数下降 1.9%；2012 年无酸雨现象，因此 2013 年酸雨状况呈上升趋势。

地表水环境监测　2013 年，贺州市对贺江和桂江干流进行江河水常规监测，共设贺江扶隆码头、贺江贺街、桂江桂花 3 个监测断面 9 个采样点，每月监测 1 次，监测项目按《地表水环境质量标准》（GB3838-2002）表 1 中 23 项指标（总氮除外）及流量、电导率共 25 项。贺江扶隆码头、贺江贺街、桂江桂花 3 个监测断面的监测结果均符合《地表水环境质量标准》（GB3838-2002）表 1 中Ⅲ类标准限值。

饮用水环境监测　2013 年，贺州市饮用水水源地龟石水库水质符合《地表水环境质量标准》（GB3838-2002）表 1 中Ⅲ类标准和表 2、表 3 中标准限值，水质状况良好，年取水量 1901.51 万吨，达标取水量达到 1901.51 万吨，达标率为 100%。贺江八步年取水量 651.65 万吨，达标取水量 579.06 万吨，达标率为 89%。其中，7 月出现铊超标，超标 0.2 倍。全年贺州市集中式饮用水水源地年总取水量 2553.16 万吨，达标取水量 2480.57 万吨，达标率为 97%。2012 年至 2013 年，龟石水库饮用水水源地水质总体保持稳定，达Ⅲ类水质。

辐射环境监测　2013 年，贺州市辐射监测主要是 X-γ 辐射剂量率，属于电离辐射。年内，申请委托监测的单位共有 1 家，共出具监测报告 1 份。

重点污染源监督性监测　2013 年，贺州市国控重点监控企业有 24 家，其中废水企业 16 家，污水处理厂 5 家，废气企业 3 家。每个季度至少对其进行 1 次监督性监测，共出具国控重点污染源监测报告 53 份，监测完成率 100%。

【污染防治】　重点流域水污染防治　2013 年，贺州市以“清洁江河”行动、环境安全隐患大排查大整治行动为抓手，全面整治重点江河流域水污染。年内，铲除马尾河两岸 101 家无证无照作坊、窝点（小冶炼、小化工、采选矿点、砂场）厂棚，拆除机械设备 365 套，并做好已取缔窝点的复耕复绿及环境美化工作，从根本上解决马尾河流域几十年历史所累积的环境污染、生态破坏、水土流失、河道淤塞等严重问题。同时，对贺江支流西湾河流域大理石加工企业采用“休克疗法”，共停电停产 452 家企业，未完成整改企业一律不予恢复生产。此外，在贺江、桂江分期分批建设 6 个水质监测自动站，截至年底已落实 4 个建设站址。

大气污染防治　2013 年，贺州市对辖区内油气污染排放情况进行彻底调查，摸清有关储油库、加油站和油罐车的基础信息，制订油气污染治理计划。开展新注册机动车环保检验合格标志发放，共核发机动车环保检验合格标志 1075 枚。积极推进贺州市机动车尾气环保检测站建设。

噪声污染防治　2013 年，贺州市贯彻执行噪声污染防治法，加强对工业、建筑、娱乐噪声的监管。

重金属污染防治　2013 年，贺州市开展 2 个重金属重点防治项目。其中，金琪矿业有限责任公司的重金属污染防治综合治理项目获得专项资金 200 万元。年内已完成张公岭尾矿库加固改造、尾矿库尾水处理建设及在线监测的安装。大锰银鹤电池工业有限公司的重金属污染防治综合治理项目获得专项资金 100 万元的支持。

重点行业污染防治　2013 年，贺州市对大理石加工企业、采选矿场、采砂点，造纸、化工、淀粉、食品、重金属等重点行业企业进行排查整治。发现涉重金属、制糖、淀粉、酒精、造纸等 6 类重点行业领域存在严重环境风险隐患的企业有 3 家，存在一般环境风险隐患的企业有 25 家，立案查处 2 家，断电关停企业 1 家，对 41 家企业下达整改通知。

【饮用水水源地保护】　2013 年，贺州市重点推进水源地环境整治。一是对贺州市饮用水水源地龟石水库和八步区饮用水水源地保护区范围排查环境污染隐患，布设采样断面 27 个，在丰、平、枯水期各开展 1 次水质监测，共排查环境污染隐患 30 多个。二是清理取缔八步区水源地保护区内网箱养殖，一级保护区范围内网箱已被全部取缔，并拆除二级保护区内 9 家养殖户 484 平方米网箱。三是打击非法采选矿行为，全市共清理取缔贺江取水口上游周边非法采矿(砂)点59个和非法选矿点41个,查扣16台铲车,取缔民田一带非法采选锰矿窝点。四是做好饮用水水源地标识设立工作,贺江八步水源保护区和龟石水库饮用水保护区共设立23块标志牌,钟山县饮用水保护区设立7块标志牌,富川饮用水保护区设立6块标志牌,昭平饮用水保护区设立10块标志牌。五是完善乡镇集中式饮用水水源保护区划定。完成三县两区所有乡镇集中式饮用水水源保护区划分技术报告市级初审,并上报自治区人民政府审批。六是积极配合推进贺州市路花水库城区备用水源建设,已完成项目前期工作。

【危险废物管理】 2013年,自治区危险废物规范化管理督查考核工作组到贺州市危险废物产生单位进行专项督查,全市达标企业3家,基本达标企业1家。

【危险化学品管理】 2013年,贺州市开展全市危险化学品调查工作,基本摸清辖区内所有化学品生产企业的基础信息,全市生产危险化学品企业共13家。

【模范城市创建】 2013年,贺州市创建"国家森林城市"工作通过国家验收,荣获"国家森林城市"称号。

【生态保护和建设】 *生态村镇建设* 2013年,贺州市生态系列创建工作成效显著。全市共有3个乡镇获自治区级生态乡镇命名,有14个村获自治区级生态村命名,有105个村获市级生态村命名,建成生态文明新农村示范点35个。昭平县、钟山县获"全国生态文明先进县"称号,富川瑶族自治县获"自治区循环经济示范县"称号。

生态建设资金 2013年,贺州市向自治区争取并获得富川县柳家乡下湾村优质高效循环农业示范基地项目建设资金共225万元。

自然保护区建设 2013年,贺州市加强对广西大桂山鳄蜥自然保护区、贺州市姑婆山自然保护区、富川瑶族自治县西岭山自然保护区、八步区滑水冲自然保护区、昭平县七冲自然保护区等5个自然保护区的生态环境保护。年内,广西大桂山鳄蜥自然保护区、昭平县七冲自然保护区通过国务院评定,晋升为国家级自然保护区;龟石水库湿地公园项目通过国家评审。

生态功能区划 2013年,贺州市昭平县列入国家重点生态功能区,获得国家重点生态功能区生态转移支付资金共3123万元,水污染、大气污染防治、固体废物管理农村环境污染治理力度及生态功能破坏等方面均得到加强,极大地促进该县经济社会可持续发展。

【农村环境综合整治】 2013年,贺州市在广西率先开展"清洁城镇乡村,建设美丽贺州"活动,城乡环境卫生面貌有很大改善。

【核与辐射安全监管】 *核技术应用和电磁辐射设施* 2013年,贺州市辖区内使用Ⅰ类放射源1家、Ⅳ类放射源使用有3家、Ⅴ类放射源使用有4家;使用Ⅱ类2家,Ⅲ类射线装置78家,并按照《放射性同位素与射线装置安全和防护条例》做好相应的管理。

辐射安全监管 2013年,贺州市根据自治区环境保护厅《关于印发广西壮族自治区环境保护厅2013年核与辐射安全检查实施方案的通知》(桂环办函〔2013〕1306号)精神,开展以规范许可证管理为核心,以核实环境影响评价文件和"三同时"验收结论落实情况为抓手,全自治区铀矿冶、伴生放射性矿产资源开发利用单位、核技术利用单位辐射安全大检查为重点的专项行动。

【环境监察】 *监察稽查* 2013年,贺州市继续按照自治区环境保护厅《关于开展全区环境监察专项稽查的通知》(桂环发〔2012〕15号)的要求开展专项稽查。同时,要求县(区)环境保护局先期开展自查工作,并采取随机和重点交叉的抽查方式,重点抽查《污染源现场监察记录》和《行政处罚案卷》,发现问题要下达稽查意见,责令限期完成整改,有效改进和规范全市的环境监察的依法行政工作。

环保专项行动 2013年,贺州市全面开展环保专项行动。一是全面排查涉及类金属砷和铅、镉、铬、汞特别是涉及类金属砷和铅等重金属的污染源,重点排查有色金属冶炼、有色金属采选、铅蓄电池、电解、电镀以及含重金属危险废物等重点行业企业。二是全面摸清造纸、淀粉、酒精、制糖企业(包括已取缔、关停的企业)底数和存在的环境隐患,对排查出存在环境风险隐患的16家企业下达整改通知,要求企业停产整改。三是对矿山安全隐患进行排查,对存在问题的16家矿山采选企业下达整改通知。四是对全市燃煤电厂、水泥、污水处理厂进行排查,共下达整改通知书8份。五是对5家存在环境违法行为的企业进行立案查处,其中挂牌督办案件2件。六是开展"回头看"活动。贺州市对2012年大排查大整治中通过验收的44家重点行业企业,严格按照"四个一律"的要求,重新检查整治现场并核实验收材料,重点对2012年未通过验收的5家企业进行重点核查,已完成整改1家,另外已关停取缔4家。同年,市环境监察支队开展环境安全大检查活动,分2个组,共检查企业24家,发现问题31个,下达整改通知书9份(其中现场整改通知书7份)。

环境执法 2013年,贺州市贺江水污染事件发生

后，贺州市环境保护局立即组织环境监察人员对市管企业进行彻底排查，共出动人员 312 人次，排查企业 50 家。其中，无证无照 1 家，存在环境安全隐患 42 家，限期整改 30 家，停产整顿 12 家，立案查处 3 家，关闭 1 家。

2013年1月22日，贺州市副市长闭海东（左二）到市环境保护局调研

2013年3月11日，自治区环境保护厅巡视员梁斌（右二）、副厅长黎敏（左六）到贺州市开展环境安全检查调研

监察队伍管理 2013 年，贺州市建立和完善“贺州市环境行政处罚案件审理制度”、“贺州市环境行政处罚三分离制度”、“随案廉政监督卡制度”等一系列制度，以制度管人，规范环境行政处罚文书的样式，健全环境执法工作长效机制，全面提升依法行政水平和执法效率。

监察能力建设 2013 年，贺州市成立贺州市环境应急与事故调查中心，属正科级全额拨款事业单位，核定编制 6 名，其中主任 1 名，副主任 1 名。

【排污申报与收费】 2013 年，贺州市分解下达排污费征收工作计划，并确定专人开展督察督办工作，按时收集、汇总上报排污申报核定报表和排污费征收报表。年内，贺州市共征收排污费 1305 万元。其中，贺州市本级征收排污费 743 万元，钟山县征收排污费 97 万元，富川县征收排污费 350 万元，昭平县征收排污费 50 万元，八步区征收排污费 65 万元。

【环境应急和事故调查】 突发环境事件 2013 年 7 月 1 日，贺州市贺江部分河段网箱养鱼出现少量死鱼现象，经检测未发现水质异常。7 月 5 日，贺江合面狮段出现较多的死鱼现象，鉴于贺州检测手段和设备有限，请求自治区环境保护厅支援。7 月 6 日凌晨，自治区环境保护厅派出专家组检测发现水质镉、铊超标。污染断面从广西贺江马尾河段河口到广东省封开县约 110 公里，河段不同程度遭受污染，所监测断面污染物浓度范围从 1 倍到 5.6 倍。同日，广西启动Ⅱ级应急响应，并按照泛珠三角区域内地九省（区）应急联动机制要求，广西将这一突发环境事件情况通报广东方面。经组织开展拉网式排查，于 7 月 7 日晚发现位于贺州市平桂管理区黄田镇清面村的汇威选矿厂为此次事件的主要污染源。截至 7 月 20 日，共用 15 天时间解除贺江水污染事件应急响应。为避免类似情况再次发生，贺州市在贺江交界断面扶隆水质自动监测站增加重金属自动监测模块，开展环境清查整治行动，马尾河、西湾河等重点流域水质明显改善。

环境应急管理 2013 年，贺州市环境保护局出动

2013年7月10日，贺州市环境保护局开展马尾河沿岸非法企业整治活动

2013年10月8日，自治区主席陈武（前右二）到贺州市开展环境安全隐患大清查大整治检查工作。图为陈武主席视察马尾河环境状况

32 人参加由龙光高速集团牵头组织的公路运输危化品泄露应急演练；参加在贺州学院西校区体育场局办的“9.18”警报试鸣防空防灾的实战演练，出动车辆 2 台、人员 7 人、环境应急处置设备 4 件。同时，开展“环境安全年 4 号行动”环境突发事件应急监测演练工作。

2013年10月22日，贺州市环境保护局在研究环境监测应急演练的布点图

【对外合作与交流】 2013 年，贺州市环境保护局与河池市环境保护科学研究所开展项目合作 4 项；与玉林市环境保护科学研究所、河池市环境保护科学研究所就环评管理、环评质量管理进行技术交流与沟通。

【信息公开与政务信息】 环境信息公开 2013 年，贺州市环境保护局在各类载体公开政府信息 199 条。其中，在门户网站公布 173 条，自治区政府信息公开统一平台公布 26 条，内容涉及工作动态、人事任免、政策法规、环评审批、环境监测、财政预算决算等。

办公信息化建设 2013 年，贺州市环境保护局重视办公信息自动化建设，做到人手配 1 台电脑，加强信息交流，并逐步向无纸化办公发展，节约了大量资源。

【环境信访】 2013 年，贺州市环境保护局共接到和处理各类信访案件 210 件(含重复件)，其中自治区转办件 31 件，群众来信 42 件，“12369” 电话 136 件，电子邮件 1 件。各类信访案件处理率 100%，办理完结 206 件，全年办理完结率 98%。

【人大建议和政协提案办理】 2013 年，贺州市环境保护局承办 7 个政协提案，其中 2 个承办、5 个协办，并及时答复。

【党的建设和纪检监察】 建立健全党建工作机制 2013 年，贺州市环境保护局党组高度重视精神文明建设工作，作为“一把手”工程摆在突出位置，纳入局党组重要议事日程，并成立领导小组，形成在局党组领导下，党、团、工、青、妇统一步调、统一行动，机关站所上下联动、分工负责，群团紧密协作，全员参与、齐抓共管的创建格局。

创先争优活动 2013 年，贺州市环境保护局积极开展创先争优系列活动。一是以开展贺州市创建文化先进城市为契机，以“国学经典诵读”暨感恩教育活动为载体，组织开展“国学进万家”和感恩教育活动。并利用履职尽责“回头看”活动，举办演讲比赛，轮流宣讲国学心得体会，全力打造一支“能说、会写、善学、勤思”的“全科”型环保干部队伍。二是把“我们的节日”主题活动作为推进社会主义核心价值体系建设的重要抓手，深入开展学习十八大精神、组织开展党员一日捐、“1+X”联创等活动，进一步引导大家弘扬传统文化，喜欢传统文化，过好传统文化。三是以“九大和谐建设”在基层活动为载体，广泛开展“和谐建设在基层活动”。配合开展第四届全国道德模范第二届贺州市道德模范“学国学讲良心做好人”贺州身边好人评选推荐活动，在职干部职工均为心目中的道德模范投票，参与投票率达到 100%。

党风廉政建设 2013 年，贺州市环境保护局狠抓廉政教育。一是把反腐倡廉教育纳入年度培训计划，开展领导上党课、观看廉政教育片等活动，从思想上筑牢抵御拜金主义、利己主义和享乐主义的防线。二是抓好中央“八项规定”以及自治区“两规定一办法”的贯彻落实，切实解决“四风”问题。三是加强制度建设，制定并印发《贺州市环境保护局环境监察廉政建设监督卡制度》、《贺州市环境保护局行政执法立案调查、审理决定、执行三分离制度》、《贺州市环境保护局环境行政处罚文书格式样本》、《贺州市环境保护局建设项目环境影响评价文件审批操作规范》、《贺州市环境保护局建设项目竣工环境保护验收审批操作规范》等制度和文件，推进环境监管工作的规范化、标准化。四是开展权力运行监控机制和廉政风险管理工作，紧扣权力运行，围绕人、财、物、事等关键岗位、重点环节，对每个部门、每个岗位、每个干部的工作职责、法定权限和运行流程进行认真梳理，逐一确认权力行使的依据、界限和责任，分析风险表现的形式，制定有效的监督防范措施。通过全面梳理、严格排查，共查找出廉政风险点 10 个，制定相应防控措施 10 项。

【环境宣传教育】 环境宣传 2013 年，贺州市环境保护局深入开展环保宣传月活动，在贺州市灵峰广场开展“六五”世界环境日、“12.4”法制宣传日活动，精心制作展示贺州市污染减排工作成果和环保法规宣传的展板，发放环保纪念帽、宣传册和环保袋 4000 多份，热心解答群众问题，提高广大人民群众的环境安全意识，取得较好的宣传效果。

环境教育 2013 年，贺州市环境保护局参加在平桂区高中举行的 2014 年贺州市科普进万家活动，发放 300 多份环保宣传资料和环保袋，进一步提高全社会的环保意识和绿色发展理念。

绿色系列创建 2013 年，贺州市环境保护局组织昭平县中学、第四中学参加自治区环境保护厅主办的绿色环保系列创建活动培训班，获培训合格证书。

【志鉴编纂】 2013 年，贺州市环境保护局完成《广西环境年鉴》（2013 卷）贺州市部分的编纂工作；年底完成《贺州年鉴》（2013 卷）环境保护部分的编纂工作。

【环境统计】 2013 年，贺州市环境统计涉及工业重点调查企业 329 个，生活源 1 个，集中式污染治理设施 14 个，农业源 325 个（规模化养殖场），共排放化学需氧量 32603.9192 吨，其中工业源 5138.0252 吨，农业源 10480.047 吨，城镇生活源 16840.98 吨，集中式 144.8670 吨；氨氮共排放 3442.066 吨，其中工业源 341.5120 吨，农业源 1311.4030 吨，城镇生活源 1776.90 吨，集中式 12.251 吨；二氧化硫共排放 11935.1640 吨，其中工业源 11224.1640 吨，城镇生活源 711 吨；氮氧化物共排放 18742.3011 吨，其中工业源 13927.2311 吨，城镇生活源 44 吨，机动车 4771.07 吨。

【环保大事记】

二月

2 月 24~27 日，自治区环境保护厅副厅长黎敏到贺州市开展环境保护工作调研，主要调研贺州市在环保能力建设、项目环评、循环经济建设和污染减排工作的开展情况，并认真听取市环境保护部门负责人、企业领导对环保工作提出的意见和建议。

五月

5 月 8 日，环境保护部总工程师万本太在自治区环境保护厅副厅长黎敏、贺州市人民政府副市长刘国学等领导的陪同下到昭平县开展环境保护工作调研。

七月

7 月 1~20 日，贺州市贺江出现镉、铊超标污染事件，广西启动Ⅱ级应急响应行动，在自治区统一部署下，经过自治区级、贺州市本级等相关部门联合应急，15 天终止Ⅱ级突发环境事件应急响应。

八月

8 月 1 日，为扩大贺江水污染事件的受训面，贺州市委、市人民政府在马尾河老桥头设立警世碑，上面记录了水污染事件始末，警醒世人，永世莫忘。

8 月 4 日，在贺州市同古服务站两货车发生追尾，导致槽罐车（装载 38 吨浓度为 98% 的浓硝酸）发生泄漏引发环境事故。市环境监察支队立即组织协调市环境监测站和钟山县环境保护局开展应急处置工作。由于处置及时，措施得当，监测到位，本次交通事故引发的硝酸泄漏污染范围控制在进入高速路旁排水沟 20 米范围内，未对事故现场大气环境、附近生态环境和饮用水源造成影响。

九月

9 月 17~19 日，国家自然保护区评审委员会委托评审专家在自治区环境保护厅、自治区林业厅相关人员的陪同下，对大桂山鳄蜥自然保护区进行实地考察，客观了解大桂山鳄蜥自然保护区的保护价值和管理现状。

十月

10 月 10~11 日，环境保护部污染减排督察组到贺州进行污染减排督查指导。督察组由环境保护部华南督查中心处长李文禧率领，贺州市副市长夏振林、市环境保护局局长苏业清等人员陪同督查。

十一月

11 月 2 日，贺州市富川瑶族自治县莲山镇吉山村创建自治区级生态村并顺利通过自治区环境保护厅组织的专家组考核验收。

11 月 16~17 日，自治区环境保护厅副厅长钟兵率督察调研组对贺州市推进生态文明示范区建设工作进行调研。贺州市副市长毕海东、市人民政府办、市人民政府督查室、市环境保护局、市林业局等相关领导陪同检查。

11 月 18 日，由环境保护部、工业和信息化部、国土资源部、海关总署联合组成的国家稀土专项整治行动联合检查组到贺州市进行检查。

11 月 26 日，中国环境报社总编辑李松一行在自治区环境保护厅副厅长黎敏陪同下，就基层环保工作、生态文明建设等工作到贺州市进行为期两天的调研。

11 月 30 日至 12 月 1 日，贺州市副市长夏振林带队到市环境保护局就环保工作进行调研。

十二月

12 月 13 日，自治区监察厅副厅长廖坚率自治区检查组对贺州市污水处理设施运营情况进行检查指导。

12 月 31 日，贺州市环境保护局召开全体干部职工会议，认真学习贯彻落实全国环境保护大会暨 2013 年全区环境保护工作会议精神。

河池市环境保护

【综述】 2013 年，河池市环境保护局始终坚持科学发展理念，切实转变发展方式，把经济建设与生态环境建设相结合，不断强化发展举措，积极发展循环经济，下大决心淘汰低效益、高能耗、高排放的落后产能，深化农村生态环境保护和建设，环境保护工作取得良好成效。2013年，全市环境质量总体保持良好，城区空气环境质量优良率达97.5%，二氧化硫、二氧化氮、可吸入颗粒物3项监测指标均达到《环境空气质量标准》(GB3095-1996)二级标准。主要河流7个监测断面平均水质均符合Ⅲ类水质标准，水质达标率100%。城市集中式饮用水水源地下水所监测的23项指标符合《地下水环境质量标准》(GB/T14848-1993)Ⅲ类标准，城区饮用水水质达标率为100%。

【机构设置与人员编制】 2013年，河池市环境保护局机关内设机构共有7个科室，分别为办公室、规划科、法规宣教科、污染防治科、环境影响评价管理科、污染物排放总量控制科、自然生态与农村环境保护科。局机关行政编制16名，其中局长1名，副局长3名，科级领导职数6名；事业编制63名，其中参公13名。实有行政正处级领导1名，副处级领导5名，正处级非领导职务2名，副处级非领导职务2名，正科级领导职务4名，副科级领导职务1名，正科级非领导职务3名，副科级非领导职务2名。局直属单位有5个，均属财政全额拨款事业单位，分别为河池市环境监察支队、河池市环境监测站、河池市环境保护科学研究所和河池市核与辐射环境保护站（“三块牌子，一套人马”）、河池环境应急和固废管理中心。年内，全市共有环境保护机构37个，其中市环境保护局机关1个，二层机构5个，县级环境保护局11个，县级环境监察大队11个，县级环境监测站10个。批准编制（含行政和事业编制）298人，其中市级79人，县级219人，具有高级职称9人，中级职称62人，初级职称63人。

【环境规划】 2013年，河池市环境保护局编制完成《河池市环境保护“十二五”规划》，由河池市人民政府印发实施；组织编制市本级及3个重金属污染防控区重金属污染综合防治2013年度实施方案；配合河池市发展改革委编制完成《广西河池生态环保型有色金属产业示范基地规划2013年实施方案》。

【专项资金项目管理】 2013年，河池市组织专家对东兰县大水面养殖项目、宜州市桑蚕产业废弃物资源化利用生态循环经济建设示范项目、河池桑杆栽培有机云耳生态循环经济建设示范项目和环江县香猪生态养殖示范基地建设项目4个生态广西建设引导资金项目进行现场竣工验收；对宜州市祥贝乡古文村、宜州市屏南乡合寨村、都安县地苏乡大定村、巴马县甲篆乡坡月屯农村环境综合整治项目共4个项目进行现场竣工验收；对广西北山矿业发展有限责任公司井下水处理工程项目、广西华锡集团股份有限公司车河选矿厂选矿废水治理与回用示范项目、河池市南方有色金属集团有限公司铅锑分厂废水处理及循环利用技改项目、广西成源矿冶有限公司重金属污染废水综合治理项目、巴马瑶族自治县百合矿业有限公司第一期1.5万吨/年高钛渣生产线工程（不含年选钛铁矿9万吨选矿工程）项目、南丹县吉朗铟业有限公司重金属废水综合治理资源化项目、南丹县吉朗铟业有限公司重金属废水综合治理资源化项目、河池·南丹工业园区重金属废水处理资源化项目、金城江区虎山重金属污染治理项目、南丹县大厂镇刁江源绿荫塘至丰和洞重金属污染治理工程项目、南丹县南方有色金属有限责任公司硫酸系统净化稀酸砷镉铅锌铜重金属回收项目、广西环江县大环江流域土壤重金属污染治理项目、河池市津泰资源再生有限公司污水深度处理及循环使用工程项目共13个中央重金属污染防治专项资金项目进行现场竣工验收；对广西虎鹰水泥有限公司4000吨日熟料新型干法水泥生产线脱硝技术工程项目1个脱硝减排项目进行现场竣工验收。

【专项补助资金项目申报】 2013年，河池市组织申报中央重金属专项资金、中央江河湖泊生态环境保护专项资金、自治区本级重金属专项资金、自治区节能减排专项资金、生态广西建设引导资金、农村环境连片整治示范专项资金项目共6批次。全年获得各类环保资金补助7446.8万元。其中，中央重金属专项资金1800万元、中央江河湖泊生态环境保护专项资金2200万元、自治区本级重金属专项资金2085万元、自治区节能减排专项资金52.8万元、生态广西建设引导资金295万元、农村环境连片整治示范专项资金390万元、污染源自动监控设施社会化运行补助资金624万元。

【饮用水水源地保护】 2013年，河池市环境保护局组织开展全市乡镇集中式饮用水水源地保护区划分工作，11个县（市、区）的乡镇集中式饮用水水源地保护区划定方案全部通过市人民政府审查，并上报自治区人民政府。

【行政处罚】 2013年，河池市环境保护局办理的行政处罚案件共10件，分别对易多收生物科技公司、宜州东方四路丝绸公司、宜州常乐茧丝公司、环江双宫丝工艺品公司、环江蔗丰肥业公司、河池玉动公司、南丹新南星公司、宜州常乐城西茧丝公司、宜州宏基茧丝公司、大化善源公司等违反环保法律法规的企业进行处罚。其中，执行完毕6件，南丹新南星公司已下发处罚决定尚未执行完毕，大化善源公司的处罚案件经市人民政府行政复议被撤销。同时还追缴俊蒙混凝土公司

2012 年处罚的 20 万元罚款。

【环境质量】 环境空气质量 2013 年，河池市城区空气质量为Ⅱ级，达到国家环境空气保护目标要求。河池市城区二氧化硫、二氧化氮、首要污染物可吸入颗粒物与上年相比分别上升 14.8%、8.7%、1.5%，污染程度有所增加。全年环境空气质量优良天数为 356 天，占总监测天数的 97.5%，与上年比轻微污染天数增加 3 天。全年降水 pH 值范围 5.58~6.82，最低值 5.58 出现在第一季度，季度酸雨率范围 0.0%~24.2%，季度重酸雨率范围 0.0%~12.1%，年酸雨率 9.2%，年重酸雨率为 4.0%，硫酸根离子占阴离子总量的 60.83%，酸雨属硫酸型酸雨。

水环境质量 河流断面水质 2013 年，河池市境内红水河、龙江、刁江、大环江 4 条河流常规监测共布设 7 个断面，枯水期、丰水期、平水期断面水质均达到Ⅲ类水质标准。2013 年河流断面年均水质达标率为 100%。

城市集中式饮用水水源地水质 2013 年，河池市城市集中式饮用水水源地水质达到《地下水质量标准》(GB/T14848-1993) Ⅲ类标准。

湖库水质 2013 年河池市湖库水质达到《地表水环境质量标准》(GB3838-2002) Ⅲ类标准。

声环境质量 区域环境噪声 2013 年，河池市城区区域环境噪声平均值为 49.2 分贝，与 2012 年相比降低 4.6 分贝。声源构成：城区生活噪声占 67.8%，交通噪声占 29.7%。

城市道路交通噪声 2013 年，河池市城市道路交通噪声平均值为 66.6 分贝，与 2012 年持平。

功能区环境噪声 2013 年，河池市 1 类功能区昼、夜间噪声均值范围分别为 36.4~47.1 分贝，2 类功能区昼、夜间噪声均值范围分别为 39.3~56.4 分贝，3 类功能区昼、夜间噪声均值范围分别为 46.9~57.3 分贝，4 类功能区昼、夜间噪声均值范围分别为 40.4~56.0 分贝。各类功能区监测昼、夜间噪声均值都符合《声环境质量标准》(GB3096-2008) 标准 。

【污染减排】 完成减排核查核算 经环境保护部、自治区环境保护厅核查核算，2013 年河池市完成化学需氧量和氨氮减排项目分别为 11 项和 6 项，获认定化学需氧量、氨氮减排量分别为 575.67 吨和 44.59 吨；完成二氧化硫、氮氧化物减排项目分别为 8 项和 7 项，获得认定二氧化硫、氮氧化物减排量分别为 9817.88 吨和 246.93 吨。2013 年全市化学需氧量排放量 37011 吨，比 2012 年减少 3.84%；二氧化硫排放量 49639 吨，比 2012 年减少 12.8%；氮氧化物排放量 11887 吨，比 2012 年减少 6.18%；氨氮排放量 4413 吨。二氧化硫、氮氧化物提前超额完成“十二五”减排目标任务。

污染物减排项目 根据自治区环境保护厅、自治区发展改革委《关于印发 2013 年度主要污染物总量减排计划》(桂环发〔2013〕11 号) 安排，2013 年河池市化学需氧量工程减排项目 18 项，结构减排项目 26 项；氨氮工程减排项目 18 项；二氧化硫工程减排项目 2 项。

取缔中心城区畜禽养殖场点 2013 年，河池市成立河池市中心城区“两违”养殖场(户)整治工作指挥部，对城区畜禽养殖场养殖活动进行整治。全年共取缔养殖场(户)169 个，生猪养殖量 14456 头，其中能繁殖的母猪 1177 头，中猪 9895 头，小猪 3384 头。此外，依据“十二五”主要污染物总量减排核算细则，取缔河池市中心城区养殖场(户)工作所削减的化学需氧量排放量 434 吨、氨氮排放量 21.7 吨。

污染减排监管与督查 2013 年，河池市人民政府办公室下发《关于调整河池市节能减排工作领导小组组成人员的通知》(河政办发〔2013〕141 号)，调整节能减排工作领导小组组成人员。召开河池市污染减排工作领导小组成员单位会议，通报减排工作进展情况和“十二五”污染减排中期评估报告，部署污染减排督查工作，研究解决当前存在问题，责成市住房城乡建设局制定出完善城镇污水收集管网建设具体方案，责成罗城县人民政府制订出罗城县污水处理厂恢复运行的具体方案，责成宜州市人民政府制订出河池市全江化工投资有限责任公司完成化学需氧量、氨氮减排的具体方案。市环境保护局、市水产畜牧兽医局、市财政局联合下发《关于进一步加强畜禽养殖业主要污染物总量减排工作的通知》，为河池市农业减排提供政策依据。同时，为确保完成污染减排约束性目标任务，市人民政府开展主要污染物总量减排突击行动，并配合自治区环境保护厅办公室开展主要污染总量减排计划项目实施情况现场督查工作。年内，河池市人民政府办公室还下发了《关于 2013 年度河池市污染减排工作进展情况预警通报》(河政办电〔2013〕48 号)，指出年度各计划项目存在的问题，并责令限期整改，全力推进污染减排工作。

2013年，河池市委书记黄世勇（中）到市环境保护局检查指导工作

【重金属污染防治】 编制方案 2013年，河池市按照《广西河池市重金属污染综合防治规划》要求编制完成《河池市2013年度重金属污染综合防治工作实施方案》，由市人民政府印发实施；邀请中国节能环保集团、北京建工集团修复公司、广西博世科环境科技公司3个公司，协助金城江、南丹、环江3个重点区县编制重金属污染防治年度实施方案。明确重点县（区）重金属污染防治年度实施方案编制的责任，保证实施方案的可操作性，并经市人民政府审核后统一上报自治区人民政府。

基础环境状况调查 2013年，河池市环境保护局邀请环境保护部环境规划院、中国环境科学研究院、中国科学院地理科学与资源研究所、南开大学、自治区环境保护科学研究院等单位按照国家相关技术规范对全市的土壤、地表水、地下水、废渣等污染因子进行现状摸底调查。此次调查共设置采样点1026个，其中地表水采样断面189个，对7个常规监测点位的全面补充；地下水采样点172个，土壤采样点603个，渣土采样点62个。至2013年底，全市已完成环境基础现状调查工作，并编制完成市本级、11个县（市、区）、刁江流域基础环境质量状况调查报告，已将调查报告上报市人民政府审查。

资源综合利用和循环发展模式 2013年，河池市在初步调查河池市7000多万吨尾渣分布和评估尾渣中重金属价值的基础上，聘请中国国际咨询公司、中国节能环保集团、北京建工集团等国内有实力单位，开展循环经济产业研究和申请国家项目设计。其中，指导华锡集团制定循环经济发展计划，推进整体提升资源开发利用效率；组织南丹地方民营企业，结合绿荫塘、班塘治理项目，开展资源化无害化的企业重组；研究制订金城江静脉产业园区方案；推动南丹县申报自治区级循环经济示范县。同时与中国节能环保集团等企业进行洽谈，对建立河池冶炼危废处置中心建设进行沟通。

专项资金申报 2013年，河池市环境保护局根据自治区环境保护厅办公室《关于申报2014年重金属污染防治专项资金预算项目的通知》（桂环办函〔2013〕368号）和自治区环境保护厅、自治区财政厅《关于印发〈广西壮族自治区重金属污染防治项目管理办法〉的通知》（桂环发〔2013〕20号）的要求，与河池市财政局联合组织涉重企业申报中央和自治区重金属污染防治专项资金，共获24个项目。年内，河池市共获得中央和自治区重金属污染治理专项资金支持项目6个，其中金城江区1个、南丹县3个、环江县1个、罗城县1个，下达资金3500万元。

【固体废物管理】 2013年，河池市开展年度全市城区生活污水处理厂污泥污染防治调查工作，共组织全市25家工业危险废物产生单位和4家工业危险废物经营单位完成年度危险废物申报登记工作。同时，加强对2011年以来在危险废物规范化管理督查考核中不达标的企业进行检查和指导，在年度自治区危险废物规范化管理督查考核中，河池市的抽查合格率达100%。此外，指导河池市津泰再生资源有限公司向自治区环境保护厅申请办理《广西壮族自治区危险废物经营许可证》，使河池市具备处置利用铅锌冶炼浸出渣的经营许可资质，进一步提高河池市的工业危险废物利用处置能力。

【生态环境保护】 清洁乡村 2013年，河池市环境保护局组织开展全市“清洁水源”专项调查和“世界巴马·环保先行”调研活动，对乡镇集中式饮用水水源、行政村（社区）集中式饮用水水源、生活污水收集处理设施建设、生活垃圾收集处理设施情况进行全面摸底调查，摸清饮用水水源地现状和污染状况，积极组织“清洁水源”项目申报，争取上级资金支持。开展城区集中式饮用水水源地保护区风险源调查，推进各县（市、区）乡镇饮用水水源保护区划分工作。编制农村环境连片整治项目库，共有887个村申报入库；同时组织17个村申报创建自治区级生态村，都安县大定村等12个村获得自治区级生态村命名；还组织申报2014年生态广西引导资金项目24个。

2013年，河池市环境保护局开展农村生态建设调研

湖泊保护 2013年，《河池市龙岩滩水库生态环境保护试点项目总体方案》已获自治区人民政府批复同意；财政部、环境保护部已下达龙岩滩水库2013年湖泊生态环境保护专项资金2200万元。龙岩滩水库生态环境保护试点项目从2012年底开始策划，委托北京建工集团等国内有实力的企业提前介入，开展项目调查、设计等前期工作。该项目估算总投资19.245亿元，申请国家专项资金支持，主要将河池市天峨县、东兰县、巴马瑶族自治县、凤山县、大化瑶族自治县等5个县列入生态保护工程范围之内，争取用5年时间，农村、农业面源等主要污染源得到全面控制，形成“在发展中保护，在保护中发展”的新格局，成为“美丽湖泊”

的样板，为良好湖泊的保护提供示范和借鉴。

【清洁生产】 2013年，河池市有17家重点企业开展清洁生产审核评估、验收工作，其中委托中介机构开展清洁生产审核工作的重点企业16家，申请自愿开展审核的企业1家。按开展清洁生产审核工作行业分类：涉重企业13家，水泥制造业2家，白酒生产业1家，化学原料及化学制品制造业1家。完成清洁生产审核评估的重点企业3家，完成清洁生产审核验收的重点企业14家。已通过验收的14家重点企业共产生258个清洁生产方案，其中无／低费方案218个、中／高费方案40个；已实施清洁生产方案的有257个，其中无／低费方案218个、中／高费方案39个。共投入资金约13805.5万元，其中无／低费方案828.08万元、中／高费方案12977.45万元。共减少废水外排量约46.14万吨、化学需氧量12.71吨、氨氮0.08吨，二氧化硫195.02吨、粉尘（烟尘）559.76吨，一般固体废物1523吨；节水219.4万吨、节电4267.8万度、节煤164万吨、节油1.87吨。产生经济效益4975.47万元。

【环境科研】 2013年，河池市环境保护局共完成环评课题117个，其中编制环境影响报告书8本、环境影响报告表109个。

【环境监测】 2013年，河池市环境监测站共报出各类监测数据183001个，其中空气自动监测90106个，拉浪自动监测6300个，河流湖库水质监测6679个，城市集中式饮用水水源地1168个，降雨监测3884个，城区噪声监测2544个，国控重点源监督性监测8641个，委托性监测58763个，重金属污染专项监测2580个，竣工验收监测2200个，污染纠纷仲裁、污染事故调查、突发性污染事故应急监测及预警监测136个。

大气监测　全年共监测365天，其中137天为优，占监测总天数的37.5%，9天为轻微污染，占监测总天数的2.5%。

河流水质监测　2013年主要对红水河、龙江、刁江、大环江4条河流开展例行监测。布设的监测点有红水河的六排、大化断面，龙江的六甲、三江口、杨民断面，刁江的马陇断面，大环江的东江断面7个断面。评价标准执行《地表水环境质量标准》(GB3838-2002) Ⅲ类标准。监测结果显示，六排、大化、六甲、三江口、杨民、马陇、东江7个断面各监测项目年均浓度均符合标准，年均水质均达到优或良好，全年水质达标率为100%。

湖库水质监测　2013年全市设有龙滩库区1个监测点，全年龙滩库区水质监测项目均达到《地表水环境质量标准》(GB3838-2002) Ⅲ类标准，符合集中式生活饮用水水源地水质要求，所监测项目达标率均为100%。

地下水质监测　2013年河池市城区饮用水水源地4个监测点城西水厂、城北水厂、加辽水厂、肯冲水厂的水质达到《地下水质量标准》(GB/T14848-1993) Ⅲ类标准，符合集中式生活饮用水水源地水质要求，所监测项目达标率均为100%。

声环境监测　2013年河池市环境监测站对城市声环境开展监测，城区区域环境噪声平均值为49.2分贝，噪声值处于55分贝以下的区域占城区面积的82.6%，处于55.1~60.0分贝区域占城区面积的17.3%。声源构成：城区生活噪声所占比重最大，占67.8%；其次是交通噪声，占29.7%。与上年相比，区域环境噪声均值下降4.6分贝；城市道路交通噪声平均值为58.6分贝，比上年下降8.0分贝。1类功能区昼、夜间噪声均值范围分别为36.4~47.1分贝，2类功能区昼、夜间噪声均值范围分别为39.3~56.4分贝，3类功能区昼、夜间噪声均值范围分别为46.9~57.3分贝，4类功能区昼、夜间噪声均值范围分别为40.4~56.0分贝。各类功能区监测昼、夜间噪声均值都符合《声环境质量标准》(GB3096-2008)标准。

【环境监察】 2013年，河池市环境保护局下发《关于加强对河池市辖区企业环境监管的通知》，进一步强调属地管理原则，要求各县（市、区）环境保护局负责对辖区内所有排污企业的监管，市环境保护局负责对河池化工集团公司及落户河池市东江工业园区和河池市大任产业园区内企业的监管。

环保专项行动　2013年，河池市环境保护局按照《2013年河池市整治违法排污企业保障群众健康环保专项行动实施方案》（河政办电〔2013〕37号）要求，在全市范围内组织开展环保专项行动。全市共出动环境监察执法人员1850人次，检查企业726家次，立案处罚16件次，有力打击环境违法行为，切实保障人民群众的身体健康。同时，在全市范围内组织开展“环境安全年1号、2号、3号、4号、5号行动”，分组突击检查河化集团公司、广西成源冶炼厂、广西易多收科技有限公司等多家企业，主要检查企业的值守情况、生产台账、污染防治设施运行情况等。在5次行动中，全市共出动人员745人次，车辆146台次（包括应急指挥车、环境监察车、环境监测车含应急监测车），携带应急监测（含试剂）、摄像、照相、录音、通讯、照明等有关仪器设备，对辖区内化工、酒精、淀粉、造纸以及环境风险重点企业等78家企业进行突击环保检查。查出存在环境主要问题的企业有40家，占51.3%，均做好现场笔录，并下发了40份整改通知书。

大排查大整治　重点企业排查　2013年，由环境保护部门牵头，安全监管、住房城乡建设、工业和信息化部门配合，组成专项检查组，再次对河池市重点行业企业进行全面排查整治，对重点行业企业进行拉网式排查，共排查154家涉重、2家铅蓄电池、3家电解锰、11家铁合金、8家制糖、3家淀粉、2家酒精、7家造纸、7家化工石化企业。其中，责成南丹县吉朗铟业有限公司、河池市津泰资源再生有限公司、广西金山铟锗冶金化工有限公司3家企业的铟生产车间停产整改，3家企业已参照清洁生产先进水平对铟冶炼生产线重新进行规划设计，广西金山铟锗冶金化工有限公司已对原有的生产设备进行拆除；共排查出糖厂、淀粉厂、酒精厂存在环境风险隐患6处，大化县酒精厂、环江洛阳淀粉厂没有废水深度处理设施；洛阳淀粉厂尚用氧化塘贮存高浓度的生产废水；环江远丰糖厂滤泥堆放场和博东糖厂的滤泥堆放场不规范，没有防雨淋、防渗漏、防流失等措施。对排查发现的问题，已下文督促指导相关企业进行整改。同时，对南丹县五一矿矿业有限公司、南丹县新南星矿冶有限公司、广西金河矿业股份有限公司拉么锌矿等14家企业进行限期整改，大部分企业已整改完成。关闭取缔96家涉重、1家铅酸蓄电池、4家造纸企业，其中龙泉矿冶总厂铅锑冶炼厂、广西广田冶炼有限公司（南丹县庆年冶化厂）、宇泰选矿厂、环江毛南族自治县川山镇板坝铅锌矿选矿厂、环江毛南族自治县川山镇芳田联营选矿厂等8家企业已全部完成厂房及主要生产设施拆除工作。

尾矿库环境风险排查　2013年，河池市环境保护局组织各县（市、区）环境保护局开展废渣库环境安全隐患排查整治工作，共排查47个尾矿库，其中已恢复生产的企业有14个尾矿库，发现2个尾矿库雨污分流系统不完善，1个尾矿库有外溢隐患；停产企业有8个尾矿库，发现2个尾矿库的安全许可证过期；其余25个尾矿库为关闭企业的尾矿库或已停用尾矿库，排查发现3个尾矿库的安全生产许可证过期，3个尾矿库已填埋。

饮用水水源地环境风险排查　组织各县（市、区）环境保护局，对辖区内集中式饮用水水源地专项执法检查，重点检查一级保护区内是否违法设有排污口、建有与供水设施和保护水源无关的建设项目（同时查清违法建筑物面积）、从事网箱养殖等活动。同时，检查二级保护区内是否违法设有排污口、建有排放污染物的建设项目，网箱养殖是否采取防止水源污染的有效措施。全市共出动人员630人次，排查28个饮用水水源地，取缔13个非法排污口。

环境监察专项稽查　河池市环境监察支队根据河池市污染源分布的情况、大清查大整治工作情况，制订河池市的工作实施方案和2013年稽查计划。主要稽查宜州、罗城、都安、大化等4个县（市），共抽查污染源一厂一档现场监察记录40档、环境行政处罚案件9件。检查发现，环境现场监察记录格式不统一，环境监察记录的内容不全，大多没有记载监察结论，环境行政处罚案件现场调查取证材料不完善，取证过程不规范。

【排污申报与收费】　2013年，河池市环境保护局强化排污费征收管理，全年完成对183家企业的排污申报核定，征收排污费1041.6万元，同比下降5.17%。其中，征收重点排污企业排污费152家，共1035.5万元；征收小型三产行业排污费9家，共6.8万元。

【环境宣传教育】　2013年，河池市环境保护局按照市纪委和市文化广播局的要求，制订2013年行风政风热线上线方案，组织相关科室负责人上线答复听众提出的环境问题。其中，2013年4月5日的现场直播，介绍了环境保护部门的职责、现行的法律法规、办事流程等，并现场解答听众提出的15个环境方面的问题，收到良好效果。按照环境保护部、自治区环境保护厅的要求，围绕“六五”世界环境日活动的主题，组织各县市区做好宣传工作；在“六五”世界环境日当天，市环境保护局到市文化广场及乡镇、企业开展环保宣传活动，总计发放2万多份宣传资料。此外，在《最高人民

2013年，河池市市长何辛幸到罗城县检查指导有色金属企业安全生产工作

2013年“六五”世界环境日活动期间，河池市副市长李云生到学校举办环境保护知识讲座

2013年，河池市环境保护局到基层联系点开展结对帮扶活动

法院、最高人民检察院关于办理环境污染刑事案件适用法律若干问题的解释》公布实施后，河池市环境保护局组成3个宣讲团分别到11个县市区开展宣讲活动，宣讲对象为排污企业、医院、污水处理厂、垃圾填埋场的法人，还有地方人民政府的分管领导及发展改革、工业和信息化、国土资源、安全监管、工商等有关部门的负责人。通过宣讲"两高"解释的污染环境罪入刑标准，有效地震慑企业的环境违法行为。

【环境信访】 2013年，河池市建立健全"12369"环保举报热线值班制度和管理办法，值班工作制度得到进一步落实。年内，全市共接到群众来访96批，人数146人，接到投诉96件，其中环境污染与生态环境破坏类79件，咨询类4件，其他13件，已处理96件，已办结94件；来信62封，投诉62件，其中环境污染与生态环境破坏类52件，其他10件，已处理62件，已办结62件；电话（含"12369"环保举报热线）投诉243次，投诉环境污染事项178件，其中环境污染与生态环境破坏类151件，咨询类15件，其他12件，已处理178件，已办结173件。环境信访做到快速反应、及时处理、服务到位。

【环保大事记】

一月

1月8日，河池市市长何辛幸到河池市环境保护局检查指导工作。何辛幸要求，必须把握机遇，积极争取上级更大的关心和支持，按照市委、市人民政府"五大工程推进年"活动部署要求，全力服务推进河池经济社会发展。

三月

3月28~30日，环境保护部核查组一行6人在自治区环境保护厅总工程师陈晓菲的陪同下，对河池市重金属防控区2012年度重金属污染综合防治工作实施情况进行现场核查。

五月

5月15~19日，广西有色金属集团公司董事长张福利率集团考察调研组到河池市考察调研。考察调研组先后深入金河公司、五吉公司、华锡集团等广西有色金属集团在河池境内所属企业进行实地考察调研，详细了解各企业生产发展情况。

5月26日，《河池生态环保型有色金属产业示范基地规划2013年度实施方案》印发实施。

七月

7月8日，河池市召开全市重金属污染防治工作会议，传达学习全区强化环境安全工作视频会议精神，通报全市50家涉重企业恢复生产情况，研究部署下一阶段工作。市委书记、市人大常委会主任黄世勇要求，要高度重视，狠抓落实，坚决推进涉重环保风险治理工作，确保不发生环保安全事故。市委常委、常务副市长唐标文主持会议。

九月

9月26日，河池市与广西有色集团有限公司在金城江举行座谈会，商讨共同推进河池五吉有限责任公司年产3万吨锑冶炼技改及综合回收利用项目等事宜，着力把河池打造成为广西有色金属深加工基地。广西有色集团有限公司党委书记、董事长张福利，市长何辛幸参加座谈会。

十月

10月8日，自治区人民政府下发《广西壮族自治区人民政府关于〈河池市龙岩滩水库生态环境保护试点项目总体方案〉的批复》（桂政函〔2013〕198号），原则同意《河池市龙岩滩水库生态环境保护试点项目总体方案》。

10月10日，河池市大化瑶族自治县人民政府与北京建工环境修复有限责任公司正式签订《河池市龙岩滩水库生态环境保护试点项目（大化瑶族自治县境内段）生态物业服务特许管理协议》，标志着河池市建立生态环境保护物业管理模式进入实质性操作阶段，为龙岩滩水库涉及的相关县（天峨县、凤山县、东兰、巴马瑶族自治县）开展生态环境保护工作提供良好借鉴和参考，这也是广西区内开展环境保护物业管理工作的首次尝试。

10月13日，在北京召开的2013年环境保护年会——"提速雾霾综合整治 改善空气环境质量"专题论坛会上，河池市巴马瑶族自治县荣获"2013年度全国环境综治优秀示范县"称号。全国荣膺此称号的只有3个县（市、区）。

十一月

11月1日，河池市环境保护局召开全市环境保护局长工作会议，传达全自治区环境安全工作现场会暨自治区环境安全部门联席会议第一次全体会议精神，对2013年以来工作情况进行总结梳理，分析存在的问题，对冲刺最后两个月，确保完成全年任务进行研究部署。

11月12日，河池市人民政府召集节能减排领导小组相关成员单位及相关县市领导召开污染减排工作专题会议，通报环境保护部华南督查中心污染减排工作督查情况及当前存在的生活污水处理设施运行不正常、重点污染减排工程进度缓慢等问题，要求各责任单位按照各自职责分工，采取有力措施，全力推进污染减排工作，确保完成自治区下达的目标任务。

11月12~13日，河池市政协主席刘先明率队深入南丹县和金城江区，开展主题为“河池市有色金属企业面临的市场环境”的专题调研活动。

11月29日，河池市出台《河池市“十二五”大气污染防治实施方案》。

十二月

12月2日，河池市环境保护局印发《河池市重点监控企业污染源自动监测数据有效性审核工作管理办法(暂行)》。

12月8~10日，环境保护部应急指挥中心副主任闫景军率调研督导组到河池市督查金属非金属矿山整顿关闭工作，副市长李克纯汇报相关工作情况。

12月16日，自治区环境保护厅在河池市召开全自治区推动机动车污染减排工作现场会，介绍河池市机动车排气污染防治工作经验，推动全自治区机动车污染减排工作。

来宾市环境保护

【综述】 2013年，来宾市环境保护局以“环境安全年”为全年工作核心，在全市深入开展环境保护工作。环境监测、环境执法、污染防治、生态保护、环境宣传教育等各方面工作取得良好成效，为来宾市经济与社会又好又快发展提供良好的发展环境。全年，来宾市环境质量保持稳定，空气环境质量和水环境质量保持优良，城市声环境质量保持稳定，电磁辐射环境处于正常水平。

2013年3月28日，来宾市召开2013年全市环境保护工作会议

【机构改革与人事】 2013年，来宾市机构编制委员会同意来宾市环境保护局核与辐射安全管理科更名为来宾市环境保护局固体废物与辐射管理科，并对相关科室职责进行调整。同年，来宾市机构编制委员会下文批复同意设立来宾市核与辐射安全监测站，在来宾市环境保护监测站挂牌，实行一套人马的管理模式。经公推差选，来宾市人民政府任命潘武任来宾市环境监察支队支队长、黄俊装任来宾市环境保护监测站站长。年内，来宾市环境保护局及局属二层单位新提拔34名科级干部。截至2013年底，来宾市环境保护局机关人员编制共有19名，环境监察支队人员编制由19人增加至25人，环境保护监测站人员编制由42人增加至50人；完成公推差选处级领导干部2人、科级领导干部1人，来宾市环境保护局机关科级干部竞聘上岗4人、调入人员2人，环境监察支队科级干部竞聘上岗6人、非领导职务任命4人、调入人员2人，环境保护监测站科级干部竞聘上岗14人、非领导职务任命5人。

2013年11月21日，来宾市副市长刘德祥（左一）、来宾市环境保护局局长玉德（右三）陪同自治区环境保护厅厅长檀庆瑞（左二）到来宾市环境监测执法业务用房用地检查指导工作

【环境质量】 2013年，来宾市空气环境质量和水环境质量保持优良，城市声环境质量保持稳定，电磁辐射环境处于正常水平。

环境空气质量 2013年，来宾市区二氧化硫、二氧化氮和可吸入颗粒物浓度分别为0.025毫克/立方米、0.026毫克/立方米和0.056毫克/立方米，达到《环境空气质量标准》(GB3096-1996)二级标准，环境空气质量日报总天数为365天，环境空气污染指数(API)在11~124之间。环境空气质量达到优的天数为179天，占总天数的49.04%；达到良好的天数为183天，占总天数的50.14%；轻微污染3天，占总天数的0.82%。市区降水pH值在4.56~7.18之间，降水pH值均值为5.57，略低于酸雨界限(5.60)，酸雨频率为24.37%。从统计的离子组分看，硫酸根离子浓度占阴离子总量的比例最大，说明来宾市降水酸性主要是受硫氧化物影响，酸雨污染属硫酸型污染。

水环境质量　2013年，来宾市地表水区控断面红水河垒亭、马安、车渡断面，柳江石龙断面和黔江大陆洲断面水质均符合地表水水质保护目标（Ⅲ类）要求；集中式饮用水水源地来宾水厂、磨东水厂、合山水厂、象州水厂、武宣县县城、金秀县公安冲、金秀县金秀河和忻城县鸡叫地下河断面水质均符合Ⅲ类或者Ⅲ类以上，水质达标率为100%，符合城市水质控制目标要求（Ⅲ类）。其中，来宾水厂、磨东水厂和合山水厂断面109项全分析中，所有监测项目均未超过标准限值。

水在城中的来宾市

来宾市忻城乐滩水电站环境秀美，水质优良

声环境质量　2013年，来宾市昼间区域环境噪声年均值为53.9分贝，夜间年均值为45.6分贝，昼间区域环境噪声符合《声环境质量标准》（GB3096-2008）1类标准，夜间区域环境噪声符合2类标准。年内城市交通噪声达标，交通噪声质量等级为好的比例为100%，市区昼间平均交通噪声为65.6分贝，夜间平均交通噪声为53.2分贝，符合《声环境质量标准》（GB3096-2008）4类a标准。

辐射环境质量　2013年，来宾市环境电磁辐射水平总体情况较好。2013年来宾市尚不具备辐射环境监测的能力，根据2013年来宾市移动通信基站天线及变电站等建设项目的验收监测情况，移动通信基站天线周围环境敏感点的电磁辐射水平低于《电磁辐射防护规定》中规定的公众照射导出限值，输变电设施周围环境敏感点工频电场强度和工频磁感应强度均低于相关标准限值要求。

2013年，来宾市环境保护监测站监测人员到广西铁合金有限责任公司开展现场烟气监测

【环境监测】　2013年，来宾市环境保护监测站完成对本辖区内环境空气、降水、地表水、珠江流域水质月报、城市集中式饮用水水源地断面和城市噪声以及国家重点监控企业污染源监督性监测等例行监测工作。在监测工作中，采样方法、监测分析方法按国家颁布的相关技术规范及标准执行。年内，未涉及近岸海域环境监测工作，辐射环境监测能力尚不具备。

环境空气监测　2013年，来宾市区环境空气质量采用环境空气自动监测系统进行连续监测。来宾市环境空气自动监测系统设两个子站，分别位于来宾冶炼厂招待所和来宾二中。7月，来宾二中点位新安装$PM_{2.5}$自动监测系统1套，由于未完成对仪器的验收，本年度$PM_{2.5}$监测工作未能开展。监测项目有可吸入颗粒物（PM_{10}）、二氧化硫（SO_2）和二氧化氮（NO_2）。监测点位情况见表1，各项目监测分析方法及检出限见表2。

表1　2013年来宾市环境空气监测点位基本情况

监测名称	测点代码	测点位置	地理坐标		功能区	控制级别
			东经	北纬		
1#来冶招待所	532	南京路1号	109°12′47″	23°43′15″	一般工业区	二级
2#来宾二中	531	北四路62号	109°13′54″	23°44′13″	商业交通居民混合区	二级

表2　2013年来宾市环境空气质量监测分析方法

监测项目	使用仪器	分析方法	最低检出浓度
二氧化硫	4108型紫外荧光法二氧化硫分析仪	紫外荧光法	0.003毫米/立方米
二氧化氮	2108型化学发光法氮氧化物分析仪	化学发光法	0.002毫米/立方米
可吸入颗粒物	7001型β射线法悬浮颗粒分析仪	β射线法	0.002毫米/立方米

降水监测　2013年，来宾市区降水监测共设2个点位，分别位于市环境保护局和兴宾区人民政府，监测项目有pH值、电导率和离子组分。各监测点基本情况见表3。各项目采样方法、采样频次和分析方法见表4。

表3　2013年来宾市降水监测点位基本情况

监测名称	测点代码	测点位置	地理坐标		功能区	控制级别
			东经	北纬		
1#市环境保护局	534	大桥路190号	109°12′52″	23°43′44″	酸雨控制区	—
2#兴宾区人民政府	533	前卫路	109°13′51″	23°43′52″	酸雨控制区	—

表4　2013年来宾市降水监测分析方法

监测项目	使用仪器	分析方法	最低检出限	监测频次
pH值	手工采样	玻璃电极法	0.01（无量纲）	逢雨采样，逢雨必测
电导率		实验室电导率仪法	—	
$SO4^{2-}$		离子色谱法	0.01毫克/升	雨量充足时，逢雨必测
NO^{3-}			0.010毫克/升	
Cl^{-}		离子色谱法	0.003毫克/升	
F^{-}			0.002毫克/升	
NH^{4+}		纳氏试剂分光光度法	0.02毫克/升	
K^{+}		原子吸收分光光度法	0.01毫克/升	
Na^{+}			0.01毫克/升	
Ca^{2+}			0.02毫克/升	
Mg^{2+}			0.003毫克/升	

地表水环境监测　2013年，来宾市环境保护监测站对红水河垒亭、马安、车渡断面、柳江石龙断面和黔江大陆洲断面5个地表水区控断面水质进行监测。各区控断面基本情况见表5，监测项目及分析方法见表6。

表5　2013年来宾市地表水区控断面基本情况一览表

断面名称	断面代码	位置	地理坐标		断面功能	所属河流	河流代码
			东经	北纬			
垒亭	374	忻城县红渡镇	108°34′41″	23°59′03″	对照	红水河	804001
马安	449	合山马安	108°51′57″	23°42′43″	控制	红水河	804001
车渡	435	红河糖厂车渡	109°23′26″	23°43′07″	控制	红水河	804001
石龙	459	象州县石龙镇	109°31′12″	23°50′03″	控制	柳　江	805101
大陆洲	434	武宣县武宣镇	109°38′21″	23°36′3″	控制	黔　江	805002

表6　2013年来宾市地表水区控断面水质监测项目与分析方法

序号	项　目	分析方法	最低检出限
1	水温	温度计法	0.1℃
2	pH值	玻璃电极法	0.01个pH单位
3	溶解氧	碘量法	0.2毫克/升
4	电导率	便携式电导率仪法	—
5	高锰酸盐指数	酸性高锰酸钾法	0.5毫克/升
6	总氮	碱性过硫酸钾消解紫外分光光度法	0.05毫克/升
7	氨氮	纳氏试剂分光光度法	0.025毫克/升
8	生化需氧量	稀释与接种法	0.5毫克/升
9	化学需氧量	快速密闭催化消解法	2毫克/升
10	总磷	钼酸铵分光光度法	0.010毫克/升
11	氟化物	离子色谱法	0.001毫克/升
12	石油类	红外分光光度法	0.002毫克/升
13	阴离子表面活性剂	亚甲基蓝分光光度法	0.050毫克/升
14	挥发酚	4—氨基安替比林氯仿萃取分光光度法	0.0003毫克/升
15	硫化物	亚甲基蓝分光光度法	0.005毫克/升
16	六价铬	二苯碳酰二肼分光光度法	0.004毫克/升
17	氰化物	异烟酸—巴比妥酸分光光度法	0.001毫克/升
18	硒	原子荧光分光光度法	0.0002毫克/升
19	铅	石墨炉原子吸收分光光度法	0.0010毫克/升
20	汞	原子荧光分光光度法	0.00001毫克/升
21	砷	原子荧光分光光度法	0.0002毫克/升
22	镉	石墨炉原子吸收分光光度法	0.0001毫克/升
23	铜	原子吸收分光光度法	0.01毫克/升
		火焰原子吸收分光光度法	0.05毫克/升
24	锌	原子吸收分光光度法	0.006毫克/升
		火焰原子吸收分光光度法	0.05毫克/升
25	硫酸盐	离子色谱法	0.013毫克/升
26	硝酸盐氮	离子色谱法	0.007毫克/升
27	氯化物	离子色谱法	0.002毫克/升
28	铁	ICP电感耦合等离子发射光谱法	0.03毫克/升
		火焰原子吸收分光光度法	0.03毫克/升
29	锰	ICP电感耦合等离子发射光谱法	0.01毫克/升
		火焰原子吸收分光光度法	0.01毫克/升

饮用水源环境监测　2013年来宾市集中式饮用水水源地断面有来宾水厂、磨东水厂、合山水厂、象州水厂、武宣县县城、金秀县公安冲、金秀县金秀河和忻城县鸡叫地下河断面。各断面基本情况见表7，监测项目及分析方法见表8。

表7　2013年来宾市集中式饮用水水源地断面基本情况一览表

服务区域	水源地名称	监测断面	所属河流	水源地性质	地理坐标	
					东经	北纬
兴宾区	来宾市市区集中式饮用水源地	来宾水厂	红水河	河流地表水	109°13′05″	23°44′08″
兴宾区	来宾市磨东水厂饮用水源地	磨东水厂	红水河	河流地表水	109°8′24″	23°43′53″
合山市	合山市水厂水源地	合山市水厂	红水河	河流地表水	108°51′44″	23°49′24″
象州县	象州水厂水源地	象州水厂	柳　江	河流地表水	109°40′26″	23°57′49″
武宣县	武宣县集中取水水源地	武宣县县城	黔　江	河流地表水	108°51′44″	23°43′53″
金秀县	公安冲取水水源地	金秀县公安冲	金秀河	河流地表水	110°11′20″	24°8′14″
金秀县	金秀河饮用水水源地	金秀县金秀河	金秀河	河流地表水	110°11′46″	24°7′31″
忻城县	忻城水厂水源地	忻城县鸡叫地下河	清水河	地下水	108°38′51″	24°4′38″

表8　2013年来宾市集中式饮用水水源地断面监测项目及分析方法

序号	项　目	分析方法	最低检出限
1	水温	温度计法	0.1℃
2	pH值	玻璃电极法	0.01个pH单位
3	溶解氧	碘量法	0.2毫克/升
4	高锰酸盐指数	酸性高锰酸钾法	0.5毫克/升
5	总氮	碱性过硫酸钾消解紫外分光光度法	0.05毫克/升
6	氨氮	纳氏试剂分光光度法	0.025毫克/升
7	生化需氧量	稀释与接种法	0.5毫克/升
8	化学需氧量	快速密闭催化消解法	2毫克/升
9	总磷	钼酸铵分光光度法	0.010毫克/升
10	氟化物	离子色谱法	0.001毫克/升
11	石油类	红外分光光度法	0.002毫克/升
12	阴离子表面活性剂	亚甲基蓝分光光度法	0.050毫克/升
13	挥发酚	4—氨基安替比林氯仿萃取分光光度法	0.0003毫克/升
14	硫化物	亚甲基蓝分光光度法	0.005毫克/升
15	六价铬	二苯碳酰二肼分光光度法	0.004毫克/升
16	氰化物	异烟酸—巴比妥酸分光光度法	0.001毫克/升
17	硫酸盐	离子色谱法	0.013毫克/升
18	硝酸盐氮	离子色谱法	0.007毫克/升
19	氯化物	离子色谱法	0.002毫克/升
20	硒	原子荧光分光光度法	0.0002毫克/升
21	镉	石墨炉原子吸收分光光度法	0.0001毫克/升
22	铅	石墨炉原子吸收分光光度法	0.0010毫克/升
23	汞	原子荧光分光光度法	0.00001毫克/升
24	砷	原子荧光分光光度法	0.0002毫克/升
25	铜	原子吸收分光光度法	0.01毫克/升
		火焰原子吸收分光光度法	0.05毫克/升
26	锌	原子吸收分光光度法	0.006毫克/升
		火焰原子吸收分光光度法	0.05毫克/升
27	铁	ICP电感耦合等离子发射光谱法	0.03毫克/升
		火焰原子吸收分光光度法	0.03毫克/升

续表

序号	项　目	分析方法	最低检出限
28	锰	ICP电感耦合等离子发射光谱法	0.01毫克/升
		火焰原子吸收分光光度法	0.01毫克/升
29	甲醛	乙酰丙酮光度法	0.05 毫克/升
30	水合肼	对二甲氨基苯甲醛分光光度法	0.005 毫克/升
31	丁基黄原酸	铜试剂亚铜分光光度法	0.002 毫克/升
32	活性氯	N.N-二乙基对苯二胺分光光度法	0.01 毫克/升
33	黄磷	钼锑抗分光光度法	0.0025 毫克/升
34	钼	ICP电感耦合等离子发射光谱法	0.008 毫克/升
35	钴	ICP电感耦合等离子发射光谱法	0.002 毫克/升
36	铍	ICP电感耦合等离子发射光谱法	0.0002 毫克/升
37	硼	姜黄素分光光度法	0.02毫克/升
38	锑	原子荧光分光光度法	0.030毫克/升
39	镍	ICP电感耦合等离子发射光谱法	0.01毫克/升
40	钡	ICP电感耦合等离子发射光谱法	0.001毫克/升
41	钒	ICP电感耦合等离子发射光谱法	0.005毫克/升
42	钛	ICP电感耦合等离子发射光谱法	0.005毫克/升
43	总硬度	EDTA滴定法	5毫克/升

备注：①2013年7月，来宾市环境保护监测站对来宾市集中饮用水水源地断面：来宾水厂和磨东水厂进行了109项全分析，来宾市环境保护监测站监测分析项目为42项，“粪大肠菌群”采样后委托广西柳州钢铁（集团）公司疾病预防控制中心检验，其他66项采样后委托柳州市环境保护监测站分析；②总硬度为忻城县鸡叫地下河水源地监测项目。

各断面监测情况和频次如下：

1. 常规监测

来宾市兴宾区集中式饮用水水源地断面由来宾市环境保护监测站进行监测，其他各县市由其自行委托有资质的单位自行安排监测，监测频次各不相同，监测情况如下：

来宾水厂和磨东水厂断面按《地表水环境质量标准》(GB3838-2002) 表 1、表 2 和表 3 中的 14 项优选项目共 43 项进行监测。来宾水厂每月监测 1 次；磨东水厂(2013 年 2 月通过验收)，从 4 月份起每月进行 1 次监测。

合山水厂断面按《地表水环境质量标准》(GB3838-2002) 表 1、表 2 和表 3 中的 33 项优选项目共 61 项进行监测，二、三、四季度各监测 1 次。

象州水厂、武宣县县城、金秀县公安冲和金秀县金秀河断面按《地表水环境质量标准》(GB3838-2002) 表 1（总氮除外）和表 2 中的项目共 28 项进行监测。

忻城县鸡叫地下河按《地下水质量标准》(GB/T14848-93) 表 1 中 21 优选项目进行，三、四季度各监测 1 次。

2. 全分析监测

2013 年度，来宾市集中式饮用水水源地来宾水厂、磨东水厂和合山水厂断面按《地表水环境质量标准》(GB3838-2002) 中的 109 项进行 1 次监测。

声环境监测　2013 年，来宾市区内声环境共设 104 个区域环境噪声监测点，在第三季度昼夜各监测 1 次；市区内交通干线噪声监测在 11 条道路监测 19 个点位，在第三季度昼夜各监测 1 次。全市监测路段总长度为 22868 米。区域环境噪声统计结果见表 9，暴露在各等效声级下的面积情况见表 10。

表9　2013年来宾市区域环境噪声统计结果

建成区面积（平方千米）	网格覆盖人口数（万人）	功能区	平均值（单位：分贝）							
			L_{Aeq}		$\overline{L_{10}}$		$\overline{L_{50}}$		$\overline{L_{90}}$	
			昼间	夜间	昼间	夜间	昼间	夜间	昼间	夜间
13	45	二类区	53.9	45.6	55.5	46.9	50.0	43.0	46.4	40.9

表10　2013年来宾市暴露在各等效声级下的面积状况表

声级范围（分贝）	35.1~40.0		40.1~45.0		45.1~50.0		50.1~55.0		55.1~60.0	
	昼间	夜间	昼间	夜间	昼间	夜间	昼间	夜间	昼间	夜间
声级覆盖面积（平方千米）	0	0.21	0	8.75	3.42	13.23	10.03	0	8.75	0
占总网格面积（%）	0	0.95	0	39.41	15.41	59.59	45.18	0	39.41	0

重点污染源监督性监测　2013年，来宾市辖区内21家废水、20家废气、6家污水处理厂和6家重金属排污企业被列入国家重点监控企业名单。国控源监测项目按照行业或地方排放标准以及该企业环评报告书的规定来确定监测项目；排放主要污染物为化学需氧量、氨氮、二氧化硫和氮氧化物的常年生产企业监测频次为每季度监测1次；对于季节性生产企业，在其生产期间每月监督性监测1次；涉重金属企业每两个月监督性监测1次。2013年来宾市国控重点污染源监测情况见表11。

表11　2013年来宾市国控重点污染源监测情况表

种类	企业名称	监测日期			
废水1	广西农垦糖业集团红河制糖有限公司	1月15日比	2月2日	3月11日	11月26日比
废水2	广西来宾东糖桂宝有限公司	1月15日比	2月6日	3月11日	11月26日比
废水3	广西来宾东糖迁江有限公司	1月14日比	2月3日	3月13日	11月18日比
废水4	广西来宾东糖凤凰有限公司	1月8日比	2月3日	3月12日	11月25日比
废水5	来宾华锡冶炼有限公司	1月22日比	4月11日比	8月9日比	10月16日比
废水6	广西来宾九龙淀粉有限公司	1月13日比	停产	11月28日比	无法监测
废水7	广西来宾永鑫糖业有限公司	1月21日比	1月21日	3月11日	12月4日比
废水8	广西来宾东糖纸业有限公司	1月22日比	4月15日比	8月7日比	10月30日比
废水9	广西金嗓子药业股份有限公司	1月17日	4月18日	停产	11月21日
废水10	广西来宾东糖石龙有限公司	1月10日比	2月2日	3月12日	11月26日比
废水11	广西博华食品有限公司	1月7日比	2月1日	3月12日	11月25日比
废水12	广西象州红枫科技有限公司	停产	停产	停产	停产
废水13	广西象州联壮化工有限公司	1月28日比	5月9日比	7月17日比	10月31日比
废水14	广西博宣食品有限公司	1月10日比	2月2日	3月11日	11月26日比
废水15	广西农垦糖业集团黔江制糖有限公司	1月9日比	2月2日	3月11日	11月26日比
废水16	广西伟业淀粉有限责任公司	停产	停产	停产	12月11日比
废水17	广西农垦思源酒业有限公司	1月10日比 COD坏	2月2日	停产	12月10日
废水18	武宣县金黔湾食品工业有限责任公司	1月10日比	2月2日	3月11日	12月10日比
废水19	广西金竹源纸业有限公司	新名单 一季度不监测	4月12日	8月7日	11月1日
废水20	广西农垦糖业集团天成纸业有限公司	新名单 一季度不监测	4月15日比	8月7日比	11月30日比
废水21	广西象州龙腾纸业有限责任公司	新名单 一季度不监测	4月11日	7月24日	10月31日
废气1	广西来宾东糖迁江有限公司	1月14日比	2月3日比	11月28日	12月9日
废气2	广西来宾东糖凤凰有限公司	1月8日	2月3日	11月25日	12月10日
废气3	中钢集团广西铁合金有限公司	3月1日比（401-402，403-404）	4月16日比（401-402，403-404）	8月9日比（401-402，403-404）	11月15日比（401-402，403-404）

续表

种类	企业名称		监测日期			
废气4	来宾华锡冶炼有限公司		3月1日	4月2日比	7月16日	10月16日
废气5	广西康密劳铁合金有限公司		市场原因企业全面停产（2012年7月30日起）			
废气6	来宾中科环保电力有限公司		1月21日比（1#）	4月16日比（2#）	7月16日比（1#、2#）	10月12日比（2#）
废气7	广西象州联壮化工有限公司		1月28日比（钡车间）	5月9日（钡和45吨炉）	7月23日比（2#、7#）	10月31日比（2#、7#）
废气8	广西来宾东糖桂宝有限公司		1月15日	停产	11月26日	12月9日
废气9	广西来宾永鑫糖业有限公司		1月21日	停产	停产	12月4日比（1#）
废气10	广西来宾永鑫小平阳糖业有限公司		1月14日	停产	11月26日	12月10日
废气11	广西农垦糖业集团红河制糖有限公司		1月15日比（75t炉和130吨炉）	停产	11月26日比（130吨炉）	12月9日
废气12	忻城南华糖业有限责任公司忻城第二糖厂		1月9日	停产	停产	停产
废气13	忻城南华糖业有限责任公司忻城糖厂		1月16日	停产	停产	12月11日
废气14	广西博华食品有限公司		1月7日	停产	11月25日	12月9日
废气15	广西来宾东糖石龙有限公司		3月12日比	停产	11月25日比	12月9日
废气16	广西博宣食品有限公司		1月9日	停产	11月26日	12月10日
废气17	广西农垦糖业集团黔江制糖有限公司		1月9日	停产	11月26日	12月10日
废气18	广西来宾法资发电有限公司		区站监测			
废气19	广西方元电力股份有限公司来宾电厂					
废气20	大唐桂冠合山发电有限公司					
污水厂1	来宾市水质净化有限公司		2月26日比	4月16日比（出口氨氮重测）	7月30日比（出口氨氮、COD重装未验收）	11月12日比
污水厂2	象州县污水处理厂		2月26日比	4月2日比（COD重装未验）	7月17日比	11月12日比
污水厂3	武宣桂润环境工程有限公司		2月26日比	4月24日比	7月17日比	11月12日比
污水厂4	武宣县仙城城乡建设投资有限责任公司		与武宣桂润环境工程有限公司名单重复			
污水厂5	合山市建合城市开发投资有限责任公司		2月26日比	4月24日比	7月30日比	11月24日比
污水厂6	忻城县污水处理厂		2月26日比	4月24日比	7月30日比	11月12日验收
污水厂7	金秀瑶族自治县新艺污水处理厂		3月26日比	4月24日比	7月30日比	11月12日比
重金属1	广西下田锰矿有限责任公司	废水	1月7日	3月13日、5月3日	7月10日	10月21日、11月15日
		无组织废气	1月7日	3月13日、5月3日	7月10日	10月21日、11月15日
重金属2	来宾华锡冶炼有限公司	废水	1月22日	4月11日、5月16日	7月10日	10月16日、11月8日
		废气	1月22日	4月2日、5月16日	7月15日	10月15日、11月8日
		无组织废气	1月22日	4月2日、5月16日	7月15日	10月15日、11月8日
重金属3	广西忻城县宏图锰业有限责任公司	无组织废气 废水	停产	4月17日、5月14日	8月2日	10月16日、11月14日
重金属4	广西中金岭南矿业有限责任公司	废水	1月9日	3月14日、5月27日	7月25日	9月25日、11月1日
重金属5	广西象州吉东锰业有限公司	市场原因停产				
重金属6	广西忻城县中远矿业有限责任公司	停产整顿				

注：表中含“比”的是本次监测时同时进行在线比对监测。

【规划与投资】 2013年，来宾市环境保护局积极推进预算资金管理、环保专项资金项目管理、环保规划等，较好地完成环保规划建设各项工作。

环境规划 2013年，来宾市环境保护局积极参与来宾市环境规划决策，扎实推进区域环境规划工作。全年完成环境规划评估1项，即来宾市环境保护局“十二五”规划实施中期评估报告。

环境投资 2013年，来宾市完成环保验收项目环保投资9693.8万元；工业企业污染治理投入资金5616.2万元，其中治理废水2731.8万元、治理废气1892.3万元、治理固体废物640.4万元、治理噪声351.7万元。

预算资金管理 2013年，来宾市环境保护局局机关年度部门预算998.63万元，比上年净增508.52万元，增长103.76%。年内，来宾市环境保护局加强资金管理，严格控制“三公”经费支出，提高资金使用效益，2013年“三公”经费支出与上年同期相比缩减35.10%。

【专项资金项目管理】 2013年，来宾市环境保护局积极推进各专项资金项目。一是大力推进农村环境连片整治示范项目，中央投入2256万元，自治区配套640万元，来宾市忻城县、武宣县分别落实配套资金588万元、86万元，推进两县共43个农村环境连片整治项目建设。二是加强生态广西引导资金项目指导及检查，对各县往年实施的生态广西建设引导资金项目的实施情况进行检查，并对检查中发现的问题提出整改措施，督促各项目业主严格按项目管理办法和资金管理办法要求实施项目。其中，对已实施完成的“大瑶山大鲵驯养繁殖与科普示范基地建设项目”和“象州县甘蔗叶废弃物处置示范项目”，按《生态广西建设引导资金补助项目验收管理办法（试行）》进行验收。三是积极开展重金属污染防治（基础能力建设）项目，按自治区环境保护厅的要求，结合本地实际，报送合山市重金属污染监测、应急仪器设备采购方案。

【环保专项补助资金项目申报】 2013年，来宾市环境保护局积极组织申报中央及自治区环保专项补助资金，全年共获得各类环保补助资金4561.8万元，其中农村环境连片整治示范资金2896万元；生态广西建设引导资金135万元；重金属污染防治专项资金133万元；火电和水泥企业脱硫减排工程补助资金1108.8万元；污染源自动监控设施社会化运行补助资金289万元。

【政府采购】 2013年，来宾市环境保护局局机关申请政府采购计划支出7.7万元，实际支出6.8万元，节约资金0.9万元，完成台式电脑、扫描仪、打印机、激光测距仪等一批办公设备的采购。

【政策与法规】 环保政策 2013年，来宾市环境保护局认真贯彻落实各项环保政策，进一步推进生态文明建设。加快雾霾治理推进$PM_{2.5}$监测试点工作，提前完成$PM_{2.5}$监测站点建设。加强对最高人民法院、最高人民检察院发布的《关于办理环境污染刑事案件适用法律若干问题的解释》学习，开展“环境保护安全年1、2、3、4、5号行动”，严厉打击环境犯罪。

法制建设 2013年，来宾市环境保护局进一步建立健全依法行政工作制度，严格执行和落实“查处分离”、“罚缴分离”、“收支两条线”等行政执法各项制度，严格执法程序、规范执法行为，从法制上保证来宾市环境安全排查整治、城区大气环境综合整治、环境综合整治专项行动等行政监督管理工作的正常开展。

行政处罚 2013年，来宾市环境行政处罚案件严格依照《行政处罚法》及《环境行政处罚办法》规定，实行调查取证与决定处罚分开、决定罚款与收缴罚款分离的原则。年内，来宾市环境保护局对大唐桂冠合山发电有限公司、广西来宾东糖纸业有限公司、广西来宾东糖迁江有限公司、广西来宾银海铝业有限责任公司4家企业进行立案查处，4家企业已全部执行并已结案。4起行政处罚案件共罚没款人民币28万元。

行政复议 2013年，来宾市环境保护局严格执行行政处罚裁量权制度，严格按要求在执行行政处罚时，按裁量标准办事。没有因环境执法案件处理不当引起行政复议案件发生。

【环境科研与管理】 环境科研项目 2013年，来宾市完成广西金秀瑶族自治县生态乡镇规划技术报告（10个乡镇）、金秀瑶族自治县乡镇饮用水水源保护区划分技术报告的编制工作。全年完成环境影响报告书19份、完成环境影响报告表57份。完成环境影响报告编制工作的项目主要有来宾市工业区凤凰工业园（第一期）控制性详细规划、广西象州龙腾纸业有限公司二期工程年产纱管纸10万吨和生活用纸5万吨技改项目、广西来宾东糖迁江有限公司10000~15000吨/天扩能技改工程、合山市恒源纸业有限公司年产7万吨高档生活用纸及包装纸技改工程项目等。

环境科技管理 2013年，来宾市环境保护科学研究所选送4名工程技术人员参加环境保护部组织的环境影响评价岗位基础培训，其中1人获得环境评价上岗培训合格证；选送9名工程技术人员参加全国环境评价工程师职业资格考试，其中1人通过考试并获得环评工程师资格证。全年有11人次参加环境保护部环境影响评价工程师职业资格登记管理办公室组织的继续教育培训，选派13名技术人员参加建设项目环境监理培训，其中6人获得环境监理岗位证书。截至2013年底，来宾市环境保护科学研究所共有在岗持证的环境影响评价技术人员 11 名，环境影响评价工程师 10 人。

【清洁生产与循环经济】 2013 年，来宾市环境保护局按照《广西重点企业清洁生产审核评估、验收技术细则》（桂环函〔2010〕949 号）等相关文件要求，组织完成自治区环境保护厅公布的 2012 年度重点企业清洁生产审核评估 7 家，完成验收 1 家。对自治区环境保护厅 2013 年度公布的来宾重点企业，全部落实清洁生产审核咨询机构、主要污染物排放情况公布等基础性工作。

【污染物减排】 *减排政策措施* 2013 年，来宾市完善财政激励政策，加大对污染减排资金的投入力度，多渠道筹措减排资金，加快污染减排重点工程实施和能力建设；深化“以奖代补”、“以奖促治”支持机制，强化财政资金的引导作用；落实经济政策，严格执行脱硫电价政策和城镇污水处理费征收政策，加大差别电价实施力度，对超能耗（电耗）限额标准的企业实行惩罚性电价政策。同时，严格控制新增排放量，实行问责制和月进度报告制度。

减排重点项目 2013 年，来宾市完成化学需氧量、氨氮、二氧化硫和氮氧化物减排量分别为 2760 吨、118.16 吨、1700 吨和 7964 吨。其中，化学需氧量减排要完成 14 个工业企业工程减排项目、1 个城镇污水处理厂管理减排项目和 27 个规模化畜禽养殖工程减排项目，分别实现化学需氧量减排量 2414 吨、22 吨和 324 吨；氨氮减排要完成 14 个工业企业工程减排项目、1 个城镇污水处理厂管理减排项目和 27 个规模化畜禽养殖工程减排项目，分别实现氨氮减排量 84 吨、5.16 吨和 29 吨；二氧化硫减排要完成 1 个火电行业管理减排项目，实现二氧化硫减排量 1700 吨；氮氧化物减排要完成 5 个火电行业工程减排项目，实现氮氧化物减排量 7964 吨。

2013年10月9日，来宾市环境保护局局长玉德（右二）到迁江污水处理厂指导工作

【环境影响评价】 *规划环评* 2013 年，来宾市环境保护局积极参与来宾市规划决策，扎实推进规划环评，全年完成规划环评审查 1 项，即来宾市工业区凤凰工业园（第一期）控制性详细规划环境影响报告书技术审查。

市本级项目环评 2013 年，来宾市市本级审批的建设项目（包括兴宾区）共 261 个，其中环境影响报告书、报告表项目 205 个，环境影响登记表项目 56 个；县（市）级环保审批的建设项目共 533 个，其中环境影响报告表 85 个，环境影响登记表 448 个。

重大项目环评 2013 年，被列为来宾市自治区层面重大项目有：来宾港象州港区猛山作业区一期工程、乐滩老厂房利用改造工程、广西华佳丝绸印染公司丝绸印染项目、来宾绿翔生物科技公司天然植物提取及食品添加剂生产项目、来宾市年交易 500 万吨煤炭交易中心、来宾港武宣作业区二塘物流园一期工程、广西来宾凤凰文化产业园动漫城建设项目、来宾港莆田作业区码头工程、桂中治旱乐滩水库引水灌区二期工程、武宣生物质发电工程 10 项。

环评审批服务 2013 年，来宾市对重大项目及关注民生的项目实行环评动态管理和监控，及时解决项目环评工作过程中发现的问题，对符合国家拉动内需重点投资方向、满足环保准入条件的项目，简化评估，缩短受理审批时间，将环境影响报告书、报告表、登记表限时审批，分别由法定的 60 日、30 日、15 日，缩短到 20 日、12 日、5 日以内。对于未批先建项目及时下发限期补办环评审批手续通知，并督促其补办。结合环保专项行动，有针对性地在建设项目环评、施工期、试运行、正式投产等各个阶段开展环境监督检查，防止项目未批先建、批建不符、污染治理设施未建成、未经验收投入正式生产或以试生产名义长期不验收等违反环评、“三同时”制度违法的行为。

试生产环境管理 2013 年，来宾市环境保护局共接到建设项目试生产申请 64 份，下达试生产批复 58 份。受理项目的备案申请 41 个，完成项目的现场核查 11 个，上报绿色信贷报表 11 份。

竣工环保验收 2013 年，来宾市环境保护局对广西来宾永鑫糖业有限公司能量系统优化工程项目、广西象州庆龙纸业有限责任公司年产 2 万吨中、高档生活用纸建设项目（一期工程）、广西华佳丝绸公司扩建 10 组共 4000 绪自动缫丝机生产线技术改造项目、华润水泥（武宣）有限公司 4500 吨 / 天水泥熟料生产线窑尾烟气技术改造项目等 78 个项目进行环保竣工验收，其中环境影响报告书、报告表类项目 58 个，环境影响登记表类项目 20 个。县（市）级环境保护局共对 48 个建设项目进行环保竣工验收，其中象州县 17 个、武宣县 7 个、忻城县 3 个、金秀县 7 个、合山市 14 个。同

年，来宾市环境保护局协助广西金竹源纸业有限公司年产5万吨漂白蔗浆技改项目等5个项目通过自治区级验收。市本级完成环保验收项目“三同时”执行率为100%，无限期改正验收合格项目。全年完成环保验收项目总投资15.6亿元，其中环保投资0.8203亿元，包括废水、废气、噪声、固体废物及绿化、生态环保投资治理等。

环评技术评估 2013年，来宾市环评技术评估由来宾市兴宾区泓源环保评估服务中心（中介机构）承担，全年共完成报告书评估51个。

环评机构监管 2013年，来宾市环境保护局继续按照《关于加强在来宾市辖区内外埠环评机构管理的通知》（来环管函〔2010〕18号）加强对环评机构监管工作。凡在来宾市从事环评业务的外埠环评机构都必须向来宾市环境保护局申请备案登记；未进行备案登记从事环境影响评价业务，一经发现，将在有关媒体或网站上予以通报。年内，来宾市环境保护局对在来宾市开展环评业务的55个环评机构进行逐一资质检查，并对其环评文件进行日常考核。

【政务服务窗口管理】 2013年，来宾市环境保护局始终把服务“窗口”建设作为加强环境建设、推行和落实政务公开的重要内容来抓。一是对符合国家法律法规、产业政策要求的项目简化审批环节和程序，分简单、一般和特殊三种程序进行办理，对简单程序项目当场办理；二是安排1名责任心强、熟悉业务干部常驻市行政审批中心，充分授予审批权限，必要时增员提高审批效率；三是领导挂帅，集中解决审批问题，并不定期到行政审批中心巡查和现场办公，解决项目审批中遇到的大、特、急审批事项。2013年，来宾市环境保护局政务服务中心窗口办件量360件，办结率100%，无超时办结件，无收取与行政审批事项无关的费用。

【污染防治】 *大气污染防治* 2013年，来宾市完成1个火电行业管理减排项目，实现二氧化硫减排量1700吨；完成5个火电行业工程减排项目，实现氮氧化物减排量7964吨。同年，由来宾市环境保护局牵头，组织住房城乡建设、市政、交通等部门对城区粉尘污染进行整治，取得了明显效果。

噪声污染防治 2013年，来宾市采取一系列的噪声污染防治措施，全力打造安静幽美的宜居环境。一是严格声环境准入；二是强化工业企业噪声污染防治；三是推进社会生活噪声污染防治；四是强化建筑施工噪声污染防治；五是加强交通噪声污染防治；六是积极开展环境噪声监测工作。

重点流域水污染防治 2013年，来宾市严格执行环评审批制度，从源头上控制水体污染源的产生；严格执行排污许可证制度，控制排污单位超总量、浓度向水体排放污染物；定期对重点流域沿岸的重点排污企业进行环境风险大排查，坚决打击环境违法行为；充分利用环保专项资金，大力支持水污染治理项目建设，确保红水河、黔江、清水河等重点流域水环境质量达Ⅲ类水质以上。

饮用水水源地保护 2013年，来宾市按规定分级划定饮用水源保护区，完成了全市6个县市（区）共58个乡镇的饮用水水源保护区划分工作，并在市城区饮用水水源保护区设置了标志警示牌。加快治污工程和环境基础设施建设，提高饮用水水源地保护的硬件水平。同时，开展集中式饮用水水源地专项整治，联合环保、建设、水利、卫生等部门加强饮用水水源地监管，加大饮用水水源地保护力度。

重金属污染治理 来宾市属重金属污染综合防治非重点防控区域，按照自治区环境保护厅的部署，2013年来宾市编制印发了《来宾市2013年度重金属污染综合防治实施方案》，组织开展全市重金属污染综合防治工作。年内，来宾市完成重金属污染防治项目2个，分别为来宾华锡冶炼有限公司粗锡冶炼节能减排改造工程和来宾华锡冶炼有限公司锌高渣处理工程；完成落后产能淘汰关闭项目2个，分别为金秀瑶族自治县冶炼厂淘汰1000吨/年三氧化二砷生产线和广西象州金煜金属材料有限责任公司淘汰3300吨/年铅锑冶炼生产线及20.5吨/年电解银金生产线。

【危险废物管理】 2013年，来宾市共有8家涉危险废物企业，分别为来宾华锡冶炼有限公司、武宣荣隆废渣再生利用金属有限公司、武宣县广集实业有限责任公司、武宣县汇丰实业有限责任公司、广西有色金属集团汇元锰业有限公司、广西来宾银海铝业有限责任公司、来宾中科环保电力有限公司、志光家具（象州）有限公司。年内，8家涉危险废物企业均按照危险废物规范管理工作的要求完成危险废物申报登记。全年，来宾市通过市本级及省级审批的危险废物转移出总量25549.94吨，实际转移出13369.244吨；危险废物转入量1374.5吨，危险废物得到有效安全处置。来宾市共有6家污水处理厂，污水厂产生的污泥参照危险废物管理，全年来宾市污泥产生量5504.5吨，安全处置5504.5吨，没有因为污泥引发环境污染事故。

【生态保护和建设】 *生态建设资金* 2013年，来宾市获得自治区环境保护厅生态广西建设引导资金项目3个（其中象州县1个，忻城县2个），共获得专项建设资金135万元，项目涉及黑木耳、食用菌、养殖—有机肥—沼气—果蔬等方面。

自然保护区建设 2013年，来宾市共有自然保护

区4个，其中国家级1个（金秀大瑶山自然保护区），自治区级3个（红水河来宾段、大乐泥盘纪、金秀老山自然保护区）。自然保护区面积达34376公顷。

主体功能区划　2013年，来宾市兴宾区、合山市被列为自治区层面的重点开发区域，功能定位为建设新兴现代化工业城市、区域性商贸物流基地和富有浓郁地方文化和民族特色的山水园林宜居城市。忻城县和金秀县分别被列为国家和自治区层面的限制开发区（重点生态功能区），功能定位为提供生态产品、保护环境的重要区域，保障国家和地方生态安全的重要屏障，人与自然和谐相处的示范区。象州县和武宣县部分区域被列为限制开发区（农产品主产区），功能定位为全自治区重要的商品粮生产基地，保障农产品供给安全的重要区域，现代农业发展和社会主义新农村建设的示范区；部分区域被列为禁止开发区，功能定位为保护自然文化资源的重要区域，珍稀动植物基因资源保护地，区域生态环境的核心区域。

农村环境综合整治　2013年，来宾市获得自治区环境保护厅农村环境连片整治项目43个（其中忻城县35个、武宣县8个），共获得专项建设资金3624万元。项目覆盖9个乡镇，污水总处理能力达1855吨/天，配备可移动垃圾箱411个、人力垃圾收集车360辆，直接受益人口12.83万。年内，忻城县马泗乡联团村、城关镇板河村、欧洞乡里苗村、古蓬镇东河村、果遂乡龙马村、果遂乡果遂村、象州县寺村镇中团村、合山市北泗乡屯山村、金秀瑶族自治县荣兴社区等10个行政村获得自治区级生态村命名。

2013年6月13日，来宾市环境保护局局长玉德（中）到合山市河里乡马安村贡模屯检查“清洁乡村”开展情况

【核与辐射安全监管】　核安全管理　2013年，来宾市环境保护局共发放使用Ⅲ类射线装置的辐射安全许可证4个，查处涉嫌环境违法的辐射工作单位1家，完成国家核技术利用辐射安全监管系统的录入，配合自治区环境保护厅完成一批移动基站工程级输变电工程验收，并开展来宾市本级输变电工程的验收工作。

核技术应用和电磁辐射设施　2013年，来宾市已获得辐射安全许可证的核技术应用单位109家（录入国家核技术利用监督管理系统信息），其中密封放射源使用单位有18家，Ⅲ类射线装置使用单位有91家；有14个批次移动通讯基站工程，共1099个移动通讯基站办理环境影响评价及审批手续；来宾市110千伏凤凰输变电工程通过环境保护验收。

辐射环境执法　2013年，来宾市加强辐射环境执法工作，查处违法用源医疗机构1家。

【环境监察】　2013年，来宾市围绕“环境安全年”建设，以环境保护监察执法为主线，控制污染排放和污染事故发生为重点，开展“环境安全年1、2、3、4、5号行动”、2013年环境隐患和安全风险大排查大整治、重点行业“回头看”、城市河流型集中式饮用水水源地专项执法检查、环境安全隐患大清查大整治行动、执法后督察等工作。同时，利用污染源在线监控中心平台，加强企业污染超标排放监管，依法处理污染超标事件。

监察稽查　2013年，根据自治区环境保护厅和来宾市环境保护局相关工作要求，来宾市环境监察支队于2013年5月开展行政处罚案卷自查工作，督查武宣县、象州县共4家企业的行政强制措施执法情况，未发现不合法和不规范具体行政行为。

环保专项行动　2013年，按照自治区环境保护厅工作部署，来宾市先后开展“环境安全年1、2、3、4、5号行动”，共出动检查工作人员419人次，出动车辆96辆次。其中“环境安全年1、2号行动”是对全市37家企业进行现场突击检查。在突击检查中，发现7家企业存在环境安全隐患问题，已要求企业落实整改。“环境安全年3号行动”主要是与市安全监管局联合开展全市尾矿库和化工行业企业安全环保专项集中突击检查，行动分市级督察组3个，县级检查组7个，出动人员82人，出动车辆21辆，检查化工和其他类企业15家，尾库矿15座。针对存在的问题，现场全部填写检查表作出整改要求，督促企业务必整改到位。“环境安全年4号行动”暨2013年来宾市、贵港市突发环境事件应急联合演练，共动员和出动应急车辆14辆、大型机动船2艘、小型动力皮划艇1艘、人员100人次，各类应急物资价值6万多元。“环境安全年5号行动”是联合市工业和信息化委对沿江沿河或企业下游涉及饮用水水源地的制糖、酒精、淀粉、制浆造纸等企业开展突击检查，出动车辆18台次、人员82人次，检查制糖企业11家、酒精企业1家，淀粉企业4家、制浆造纸企业3家，发现存在安全隐患企业6家，已要求企业进行整改。

环境执法　大清查大整治　2013年，来宾市环境保护局在全市范围内开展环境安全隐患大清查大整治工作，清查对象主要是辖区内所有可能存在环境安全隐患的区域和排污企业、全市8个重点饮用水水源地及重点行业企业及重点尾矿库等。全市共出动清查人员2020人次，排查企业445家企业、饮用水水源地8个、尾矿库25家，发现有165家企业存在环境安全隐患问题，其中90家为无证无照或证照不全企业。截至2013年底，75家存在问题的企业已落实整改，停产46家，关闭28家，正在整改16家。8个集中式饮用水水源地周边污染防治情况较好，未发现有较大环境安全隐患。在25座尾矿库中，存在环境隐患和安全风险尾矿库12座，已完成整改8座，其余4座已制订了整改方案，并落实人员、资金和期限整改。

集中式饮用水水源地监管　2013年，来宾市环境监察支队对辖区6个县(市、区)开展辖区内城市河流型集中式饮用水水源地环境保护专项执法检查，共检查了8个城市河流型集中式饮用水水源地，基本情况良好。

重点行业"回头看"活动　2013年，来宾市对涉铅、锌、汞、镉、铬和类金属砷排放的重有色金属采选冶炼等重点行业实施"回头看"活动，原2012年发现的有色金属采选等行业企业环境风险隐患问题已基本完成整改。同时，加强对《来宾市环境保护局2013年环境安全责任书》中的17家2013年重点整治企业的整治工作。截至2013年底，已有15家企业完成整治，还有2家未完成整治。

执法后督察　2013年，来宾市环境监察支队将2012年以来辖区内责令停产、停业、关闭的企业和行政处罚案件执行仍未到位的案件与2013年自治区环境保护厅开展的环境安全年行动及环境安全隐患大清查大整治行动相结合，共组织开展4次全市环境行政执法后督察工作。其中，对原环境保护部转办的信访涉事企业金秀县六定矿业公司、金秀县三和选矿厂、金秀县长乐铜矿采选厂、金秀县五金加工厂(小电镀作坊)等6家企业列入2013年环境行政执法后督察重点对象。金秀金龙河矿区自2011年10月已全面停业整顿至2013年底，未发现擅自恢复生产的情况。金秀县六定矿业洗矿厂、金秀县三和选矿厂的厂房、设备均已全部拆除，尾矿库已完全闭库并进行复垦，金秀瑶族自治县长乐铜矿采选厂厂房、设备均已全部拆除，尾矿库已闭库。金秀县五金加工厂已彻底关闭清场。金秀利兴强矿冶有限公司因企业变更业主和经初步验收监测未获通过，截至2013年底，该企业正按环保"三同时"要求进行停产整治。

监察能力建设　来宾市环境监察支队属财政全额拨款参公事业单位，2013年人员编制25人，在编20人，无超编现象。其中硕士学历1人，大学学历11人，大专7人，中专1人，大专学历以上占95%。13人有监察证，持证上岗率为65%。年内，市环境监察支队拥有环境监察车3台，其他设备如监察取证设备、办公装备硬件装备，应急取证设备价值共计70多万，基本均达二级标准化建设的要求。设立应急装备室，所有设备专人专管，职责明确。

【排污申报与收费】　2013年，来宾市环境监察支队继续加大排污费的征收力度，对兴宾区辖区内的造纸、冶金、制糖、三产等行业征收排污费共计1650万元。辖区各(市)县征收排污费情况：合山市570万元，武宣县409万元，象州县122万元，金秀县12万元，忻城县42元。全年全市征收排污费总额2805万元。

【环境应急与事故调查】　环境应急管理　2013年，按照自治区环境保护厅的工作部署，来宾市联合贵港市举行代号为"环境安全年4号行动"突发环境事件应急演练。通过本次演练，进一步加强应对和处置突发环境事件相互配合和协同作战的能力，积累了宝贵的实战经验。

环境应急能力建设　2013年，经来宾市机构编制委员会同意，设立来宾市环境应急与事故调查中心，在来宾市环境监察支队挂牌，不增加人员编制。全年未发生突发环境事件。

【信息公开与政务信息】　环境信息公开　2013年，来宾市环境保护局公开政府信息1050条，公开动态信息357条，办理政府信息公开申请1件，及时将环保工作信息传递给领导和群众。

公文办理　2013年，来宾市环境保护局全年共处理各类公文6000余件，共下发各种通知、函等文件4000余份，保证了政令畅通。

环境信访　2013年，来宾市环境监察支队按照"依法办事、客观公正、及时便民"的原则，做好"12369"环保热线接听、登记、调查、答复工作。全年共排查环境信访案件316件，接待来访92人次，化解308件，化解率为93.2%。其中，领导包办案件156件，落实到责任单位和人员286件；领导干部接访81批次；组织干部下访153批次，出动下访人员612人次；接待来电186件次，已办结180件次，办结率89.2%。

人大建议和政协提案办理　2013年，来宾市环境保护局共承办自治区政协提案1件，市政协提案8件，人大建议2件。主要内容涉及饮用水安全和水资源保护、扶持丝绸印染行业项目、创建生态示范城市、加强乡镇农村垃圾和污水处理工作、公共企业乱鸣喇叭、建立医疗废物处置中心等。年内全部建议、提案按要求会办或答复代表和委员。

【党的建设与纪检监察】 *建立健全党建工作机制* 2013年，来宾市环境保护局按照自治区、市纪委等上级部门开展有关廉政工作的要求，认真贯彻落实党风廉政建设责任制和领导班子述职述廉制，按时按质按量组织召开民主生活会，开展批评与自我批评；同时，不断完善党建工作人财物管理制度，主动接受上下级及群众的监督。

创先争优活动 2013年，来宾市环境保护局深入开展创先争优活动。一是抓好环评审批，服务项目建设。在行政审批、政务公开等方面积极创新，将各项办理时限在原有的基础上，再次实现提速，实现手续齐全立即办、时间紧迫加班办、情况不熟帮助办。二是严格执法，热心服务企业。在企业的环境监管方面，做到既严格执法，又热心服务企业，为他们解决实际困难和问题。三是心系群众，领导干部带头深入基层察民情、访民生、解民忧。2013年，局领导按照“八项规定”的要求，多次率队到帮扶联系点忻城县遂意乡加龙村开展帮扶活动，坚持做到轻车从简，自带伙食费，既不给村民增加负担，又能解决实实在在的问题。年内为加龙村协调争取到资金84.1万元，用于修建和硬化村级道路；无偿争取到桑苗180万亩，做大做强村经济产业。

廉政教育培训 2013年，为进一步提高干部职工的廉政自律意识，来宾市环境保护局建立健全“一把手”上党课活动制度，引导和保障“一把手”讲廉政党课活动制度化和经常化。年内，局长玉德和党组书记陈林分别给全体干部职工讲授题为“以党风廉政建设促进新形势下繁重环保任务的全面完成”和“增强服务意识，提高工作效率”的廉政党课，同时邀请来宾市检察院领导到市委党校以授课形式开展一次全市环保系统预防职务犯罪教育课活动，进一步增强干部职工拒腐防变的能力。另外，还制定来宾市环境保护局机关领导干部廉洁自律制度，每个季度开展1次廉政教育学习会，建立廉政教育长效机制。

党风廉政建设 2013年，来宾市环境保护局按照“谁主管谁负责”的原则，制定下发《2013年来宾市环保系统纪检监察工作要点》、《来宾市环境保护局2013年党风廉政责任制分工实施方案》，细化任务，明确责任，健全和落实党风廉政工作责任制。及时召开全市环保系统工作会议，把党风廉政建设工作与业务工作同部署、同检查、同落实，确保廉政工作与业务工作两手抓，两手都要硬。建立党风廉政工作主要领导亲自抓，分管领导具体抓，纪检组加强组织协调的良好工作机制。

政风行风建设 2013年，来宾市环境保护局积极开展民主评议政风行风工作，对自治区和市行政效能中心转办、督办的案件，认真按照法律法规及时处理，处理率为100%，办结率为100%，群众满意度评议达100%。

【环境宣传教育】 *环境宣传* 2013年，来宾市环境保护局围绕环境保护中心工作，把污染减排、生态来宾建设和维护全市环境保护安全工作作为宣传重点，以“六五”世界环境日、环境宣传月、环保公众开放日、科普活动宣传周等活动为载体，开展形式多样的主题活动。一是4月22日及6月5日，分别举办“来宾市环保公众开放宣传日”活动，部分市人大代表、政协委员、媒体记者及社会公众400余人，参观来宾市污染源监控中心和来宾日报社空气监测点。二是开展“六五”世界环境日和环境宣传月活动系列宣传活动，在闹市区开展环保咨询活动，发放“低碳减排·绿色环保”宣传资料10000余份、悬挂横幅22条、播发公益广告5个、市长发表电视讲话并在《来宾日报》刊发全文、发送“六五”世界环境日手机短信20000条。期间，结合来宾市开展的“美丽来宾·清洁乡村”行动，牵头组织市林业局、市水利局、市政管理局、市国土资源局等单位的环保志愿者共100多人，参加以“清洁家园、清洁城市、清洁水源、爱护母亲河”为主题的清理垃圾环保志愿服务活动。三是利用“学习雷锋精神”三月宣传活动、“科技活动周”、“安全生产宣传月”、“广西十月科普大行动”、“12.4法制宣传日”等宣传活动平台，大力开展各种专题环保宣传活动，发放宣传手册资料5万多份。

环境教育 2013年，来宾市环境保护局加强与上级环境保护部门、市级有关部门的合作，加大系统环保干部职工、企事业单位相关人员的环境教育培训工作。先后派出150多人分30多批次参加由国家和自治区举办的有关污染控制、监督管理、绿色系列创建、环境监察等各种业务培训班。年内，来宾市环境保护局举办两期学习《最高人民法院、最高人民检察院关于办理环境污染刑事案件适用法律若干问题的解释》的专题培训班，共组织全市环保系统和企业相关人员160人参加。

绿色环保系列创建 2013年，来宾市深入开展创绿申报指导，帮助创建单位按照标准做好创绿各项准备工作，至2013年底，完成对市级绿色环保系列创建单位的命名表彰。

【志鉴编纂】 2013年，来宾市完成《广西环境年鉴·来宾市环境保护》（2013年卷）的组稿任务。

【差别化考核】 2013年，来宾市高度重视和关注环境保护工作，自2008年来宾市对金秀瑶族自治县实施差别考核制度以来，不断推进差别化考核范围，先后对石漠化严重的忻城县、急需恢复矿山生态环境资源枯竭型城市的合山市实施差别化考核，逐渐形成经济、社会、环境协调发展的良好氛围。

【获奖与表彰】 2013年2月,来宾市环境保护局荣获“二〇一二年度承办提案先进单位”;同年3月,荣获自治区环境保护厅授予“2012年度全区环保系统政务信息工作先进集体一等奖”;同年4月,荣获来宾市人民政府办公室授予“二〇一二年度全市政府系统政务信息工作先进单位二等奖”。年内,来宾市环境保护局还荣获“创建自治区文明城市工作先进单位”、来宾市2012年度“六个一”工作目标绩效考评一等奖等荣誉;局工作人员黎惠秋荣获2012年度全区环保政务信息上报先进个人一等奖和2012年度来宾市政务信息工作先进个人二等奖。

【环保大事记】

二月

2月5~8日,来宾市环境保护局开展“环境安全年1号行动”,对全市范围内酒精、淀粉、制浆造纸等企业进行突击检查,确保来宾市春节期间环境安全。

2月5日至3月19日,来宾市环境保护局积极组织人员,在全市范围内开展小江小河和内河河道污染排查整治工作。

2月27日,来宾市环境保护局局长玉德率队开展娱乐噪声突击检查行动。

2月28日至3月1日,环境保护部华南督查中心一行2人在自治区环境保护厅固废中心、来宾市环境保护局有关领导的陪同下,到来宾市开展危险废物规范化管理督查考核工作。

2月,来宾市环境保护局开展“2000~2012年区级环保已审批未验收项目清理整治行动”,督促企业加强整治,完成环保验收工作。

三月

3月4~5日,自治区环境保护厅环境安全检查调研组一行5人到来宾市检查调研。

3月7日,来宾市委副书记韦善国、副市长刘德祥率工业和信息化、环境保护部门相关人员到武宣县就该县工业发展相关情况进行调研。

3月26日,来宾市环境保护局局长玉德带领环评管理科、污染控制科、市环境监察支队等科室(单位)负责人,做客来宾市人民广播电台《政风行风热线》直播间,倾听百姓呼声,解答群众问题。

3月28日,来宾市召开全市环保工作会议,部署2013年环保工作。

3月29日,环境保护部和自治区环境保护厅一行5人组成的核查组到来宾市进行国家重金属污染综合防治“十二五”规划重点项目2012年完成情况核查。

四月

4月3日,来宾市环境保护局开展“环境安全年2号行动”,对辖区酒精、淀粉、制糖等季节性生产企业进行突击检查。此次行动该市环保系统共分8个行动小组,出动人员62人,出动车辆15辆,检查企业20家。

五月

5月6日,来宾市环境保护局召开“清洁水源”专项活动动员会,正式启动“清洁水源”专项活动,全力打造美丽来宾。

5月9日,来宾市环境保护局在忻城县召开2013年环保系统党风廉政建设工作会、宣教暨政务信息和政府信息公开工作会议。

5月11~12日,环境保护部华南督查中心和自治区环境保护厅一行3人组成的督察组到来宾市进行2013年上半年主要污染物减排日常督查。

七月

7月3日,环境保护部生态司副司长邱启文一行3人,在自治区环境保护厅副厅长钟兵的陪同下,到来宾市开展农药废包装处置示范项目工作情况调研活动。邱启文副司长一行先后到兴宾区桥巩乡、迁江糖厂实地查看农药废包装回收工作情况,并会同市人民政府及有关部门座谈。会上,来宾市汇报“百万亩蔗区农药废包装回收处理示范项目”工作开展情况及项目实施所取得的成效和下一步工作思路。

八月

8月5日,云南宾川县委、县人民政府考察团一行27人到来宾市考察农药废包装回收处理项目。考察团到兴宾区桥巩乡甘蔗站参观农药废包装回收点,并在桥巩乡人民政府召开座谈会。会上,兴宾区人民政府、桥巩乡人民政府介绍有关情况,广西凯米克农业技术服务有限公司介绍农药废包装工作情况,并现场展演农药废包装回收处置流程。参加座谈会的还有市环境保护局、农业局,兴宾区农业局、兴宾区糖办。

8月29日,来宾市环境保护局副局长陆海波带领来宾市5个县(市)环境保护局局长、监测站副站长及污染控制科工作人员组成考察组到柳州市机动车污染防治监管中心考察学习。

九月

9月9~10日,自治区环境保护厅巡视员冯振年带领法规处和核辐射处一行7人组成的下访组到来宾市开展带案下访活动,协调、指导、化解来宾市兴宾区良江镇中团村民委第三生产队陆国秀反映“高压线铁塔影响花生生长”和合山市蒙先生反映“恒源纸业公司生产污水污染鱼塘没有得到补偿”上访案件。

十月

10月22日,来宾市与贵港市举行突发环境事件应急联合演练,代号为“环境安全年4号行动”。

10月31日,来宾市环境保护局组织举办国家重点监控企业环境统计数据直报系统培训班。参加培训班的有各县(市)环境保护局的分管领导和技术负责人,全市列入国家重点监控企业的分管领导和技术负责人。

十一月

11月4日，来宾市环境保护局组织开展市环境保护监测站、市环境监察支队和市环境保护技术中心中层领导干部竞争上岗竞职演讲和结构化面试活动，将产生污染源在线监控科科长、征收管理科副科长等12个岗位，共计16名科级中层干部。

11月21日，自治区环境保护厅厅长檀庆瑞在环评处处长韦杰宏、办公室副主任伍毅、环境监察总队科长汪剑灵的陪同下，参加来宾市环境保护工作汇报座谈会。来宾市委副书记韦善国、副市长刘德祥、副秘书长方革，来宾市环境保护局、水产畜牧兽医局等领导参加座谈会。檀庆瑞厅长对来宾市的环境保护工作提出建议。

11月26日，以自治区人民政府督查室主任蒙建华为组长，自治区环境保护厅机关党委专职副书记孙克勤、自治区农业生态与资源保护总站副站长李克敌等为成员的督察组，到来宾市忻城县开展生态文明示范区建设督查工作。

十二月

12月10日，来宾市市长杨和荣、政府秘书长兰筱斌到来宾市环境保护局对中心组理论学习进行巡听督学。

崇左市环境保护

【综述】 2013年，崇左市环境保护局以自治区环境保护厅“环境安全年1、2、3、4、5号行动”为抓手，着力推进污染防治和环境影响评价工作，加强生态建设和农村环境保护，严格环境监察，严抓环境执法，健全环境机构设置，壮大环境监察管理队伍和能力，稳步推进核与辐射安全管理工作，加强党风建设，加大环境宣传教育力度。正常开展各项环境监测，全年环境质量保持良好。

2013年3月20日，崇左市召开全市环境保护工作会议

【机构改革与人员编制】 机构设置　崇左市环境保护局为正处级行政单位。设局长1名，副局长2名，总工程师1名(副处长级)。局机关内设办公室、科技标准宣传教育科、污染物排放总量控制科、环境影响评价管理科、自然生态与农村环境保护科、核与辐射安全管理科。直属单位有崇左市环境监察支队(崇左市污染源监控中心)、崇左市环境保护监测站(崇左市辐射环境监测站、崇左市机动车排气污染管理中心)、崇左市环境科学研究所(崇左市环境保护技术中心)和崇左市环境应急与事故调查中心。

机构调整　2013年3月14日，崇左市机构编制委员会批复同意成立崇左市环境应急与事故调查中心，为相当正科级财政全额拨款事业单位。3月19日，崇左市机构编制委员会批复将原在崇左市环境保护监测站挂牌的崇左市污染源监控中心调整为在崇左市环境监察支队挂牌。同日，批复同意独立设置崇左市环境科学研究所，不再挂靠崇左市环境保护监测站，为相当正科级财政全额拨款事业单位。12月5日，崇左市机构编制委员会批复同意成立崇左市环境保护技术中心，在崇左市环境科学研究所挂牌，实行“一套人马，两块牌子”的管理体制。同日，批复同意成立崇左市机动车排气污染管理中心，在崇左市环境保护监测站(崇左市辐射环境监测站)挂牌，实行“一套人马，三块牌子”的管理体制。

人员定编　2013年，崇左市环境保护局机关核定编制23名，其中行政编制21名，后勤服务人员事业编制2名，年末实有21人。市环境监察支队(市污染源监控中心)核定事业编制18名，年末实有16人。市环境保护监测站(市辐射环境监测站、市机动车排气污染管理中心)核定事业编制47名，其中管理人员编制14名，专业技术人员编制29名，后勤服务人员编制4名，年末实有41人。市环境科学研究所(市环境保护技术中心)核定事业编制8名，年末实有4人。市环境应急与事故调查中心核定事业编制6名，其中管理人员编制2名，专业技术人员编制3名，后勤服务人员编制1名，年末实有1人。

人事任免　2013年10月，阮高利任崇左市环境保护局党组副书记、局长；韦家杰任崇左市环境保护局党组书记，免去其崇左市环境保护局局长职务；蒙亚东任崇左市环境保护局副局长、总工程师。

【环境质量】 崇左市在经济快速发展的同时，城市环境质量保持良好，2013年总有效监测天数为365天，其中空气质量达到Ⅰ级(优)的天数为188天，达到Ⅱ级(良)

的天数为 169 天，分别占全年总有效天数的 51.5% 和 46.3%。

环境空气　2013 年，崇左市二氧化硫日均浓度范围在 0.002~0.124 毫克 / 立方米，年均浓度为 0.015 毫克 / 立方米；二氧化氮日均浓度范围在 0.004~0.049 毫克 / 立方米，年均浓度为 0.018 毫克 / 立方米；可吸入颗粒物日均浓度范围在 0.008~0.169 毫克 / 立方米，年均浓度为 0.055 毫克 / 立方米。2013 年崇左市环境空气各项指标均符合《环境空气质量标准》(GB3095–1996) 二级标准要求。

降水　2013 年，崇左市区全年降水总收集 47 场次，全年降雨量为 1220.3 毫米，pH 值范围为 4.70~7.30。全年出现 1 场酸雨，酸雨出现在第三季度 9 月份，酸雨频率为 2.1%；崇左市远郊区全年降水总收集 48 场次，全年降雨量为 997.9 毫米，pH 值范围为 3.77~7.20。全年出现 18 场酸雨，酸雨分别出现在第一季度、第三季度和第四季度，酸雨频率为 37.5%。在降水阴离子中，硫酸根年均浓度明显高于其他阴离子浓度，表明崇左市的酸雨属于硫酸型污染。在降水阳离子中，钙离子年均浓度明显高于其他阳离子浓度。

地表水水质　2013 年崇左市全市河流 10 个监测断面中，有 9 个监测断面水质全部达到或优于《地表水环境质量标准》(GB3838–2002) Ⅲ类标准，只有弄欣 1 个断面水质为Ⅳ类，超标项目为氨氮，弄欣断面为下雷河从百色市进入崇左市的入境断面。2013 年崇左市饮用水水源地崇左市水厂水质达到《地表水环境质量标准》(GB3838–2002) Ⅲ类标准。

噪声　2013 年崇左市区区域环境噪声昼间平均等效声级为 56.0 分贝，全年崇左市区噪声没有出现超标情况。从噪声声源构成情况来看：社会生活噪声以 80.0% 的比重位居第一，是崇左城市区域环境噪声污染的主要原因；交通噪声以 13.0% 居第二位。

2013 年崇左市道路交通噪声昼间平均等效声级为 68.0 分贝，夜间平均等效声级为 53.4 分贝。2013 年崇左市道路交通噪声所有监测路段总长为 12160 米，所有监测路段均达《声环境质量标准》(GB3096–2008) Ⅱ级标准，达标率为 100%。

【污染物减排】 2013 年是实施“十二五”主要污染物总量控制期中考核年，自治区环境保护厅、自治区发展改革委联合印发《关于印发 2013 年度广西主要污染物总量减排计划的通知》，下达给崇左市 4 项主要污染物减排指标计划任务，共 48 个减排项目，其中化学需氧量减排 9978 吨，氨氮减排 604 吨，不安排二氧化硫和氮氧化物减排任务。2013 年崇左市完成下达任务，其中化学需氧量减排 12760.21 吨，氨氮减排 418.17 吨，二氧化硫减排 102.22 吨，氮氧化物减排 81.51 吨。

【环境影响评价】 2013 年，崇左市本级共受理环评审批项目 76 个，其中报告书 14 本、报告表 34 个、登记表 28 个；环保验收项目 39 个，其中报告书 4 本、报告表 24 个、验收登记卡 11 个。

加快重大项目环评审批　2013 年，崇左市为推进重大项目的进展和加大服务力度，对列入自治区统筹推进的重大项目和南崇经济带的建设项目的环评审批时限由原承诺的 15 个、7 个、5 个工作日再次提速到 12 个、5 个、3 个工作日，并增设审批文件“行政审批绿色通道签”，确保文件从拟稿到签发畅通快捷。

加强竣工项目环保验收　2013 年崇左市通过项目试生产核查、竣工环保验收监测、调查等技术手段，以及现场验收、公众参与等管理手段，确保项目污染物达标排放。全年共验收项目 19 个，验收项目总投资约 16.49 亿元，其中环保投资约 0.93 亿元，约占总投资额的 5.63%。

大力推进规划环评　2013 年，崇左市大力推进开发区、工业园区以及重点行业规划环评工作，通过规划环评调整产业结构、淘汰落后生产能力，推进节能减排，支持重点项目建设。针对崇左市部分工业集中区（园区）规划环评审查已经超过 5 年且一些规划进行重大调整或者修订的实际情况，崇左市环境保护局把工业集中区（园区）重新或补充环境影响评价工作作为重点加以推进。

严查环境违法行为　2013 年，崇左市本级共对 7 起环境违法行为进行立案。截至年底，共对 2 起环境违法行为下达行政处罚决定书，处罚金额 146.57 万元；有 5 起经审查撤销立案。

【环境监测】 2013 年，崇左市环境保护局完成全市 69 家国控重点污染源监督性监测，共报出监测数据 14461 个。其中，完成平而关、八角电站、德天等 10 个国控、区控和市控断面水质监测任务；完成城南新区等 3 个监测点位常规环境空气自动监测任务；完成城市区域声环境质量和城市道路交通声环境质量监测任务。完成 37 个建设项目竣工环保验收监测和 3 家重点源企业氨氮自动在线仪验收监测，共报出监测数据 6306 个。同时，分别在崇左市江州区、宁明县和天等县的基本农田进行采样监测，累计报出监测数据 11957 个。此外，对 3 起突发环境事件进行应急监测，共报出监测数据 8625 个，为掌握全市环境质量状况提供科学的数据。

【污染防治】 2013 年，崇左市把中信矿业有限责任公司大新分公司列入本市省级危险废物监管重点源企业；列入市级危险废物监管重点源共 23 家，其中产生重金属危险废物企业 13 家，产生医疗废物企业 10 家。

重点监管对象为6家电解金属锰企业，把含铬废物纳入危险废物规范化管理指标体系中，制定危险废物污染防治和管理规章制度，明确职责，落实专人管理，开展危险废物年度排污申报和管理计划，建立危险废物台账，规范危险废物的管理，编制危险废物应急预案，并于2013年底全部与广西神州立方环境资源有限责任公司签订转移处置合同。

【集中式饮用水源保护】 2013年，崇左市加快推进乡镇集中式饮用水水源地保护区的划分工作。全市7个县(市、区)已全部完成乡镇集中式饮用水水源保护区划分方案和划分技术报告的编制工作，其中6个通过专家审查；1个进行县级审核。

【生态建设】 生态乡（镇）、村建设　2013年，崇左市扎实推进生态乡（镇）、生态村创建工作，地方生态环境、人居环境和生产生活环境不断改善，生态乡（镇）、生态村创建工作成效明显。全市共3个乡镇、8个行政村获得自治区级生态乡镇、生态村命名；129个行政村获得崇左市级生态村命名。

生态建设引导资金　2013年，根据自治区财政厅《关于下达2013年生态广西引导资金的通知》（桂财建〔2013〕36号），崇左市申请获得生态广西引导资金项目3个，共获引导资金140万元，其中大新新农养殖沼液滴溉大棚蔬菜技术示范项目，拨款补助50万元；大新雷平镇共和水库生态有机养殖示范基地，以奖代补50万元；宁明高岭有机茶种植及扩建加工项目，以奖代补40万元。

【农村环境保护】 2013年，崇左市继续推进2011年度获得中央农村环境连片整治的2个示范项目建设(2012年、2013年自治区没有安排崇左市农村环境连片整治示范项目)。其中，凭祥市友谊镇平而村生活污水和垃圾收集处理项目95万元、大新县龙门乡武安村咟沙屯生活污水和垃圾收集处理项目55万元。

【核与辐射安全监管】 核技术利用　2013年，崇左市使用密封放射源的企业共26家，在用放射源100枚，闲置4枚。104枚放射源中有Cs-137放射源99枚，Kr-85放射源2枚，Pu-238放射源2枚，Co-60放射源1枚。在用放射源实际数量与台账辐射情况符合，放射源管理制度完善，安保措施落实情况良好，扶绥县和宁明县辖区内共有4枚闲置的密封放射源未能及时送贮，存在安全隐患。崇左市在用Ⅲ类射线装置的单位共90家，其中医疗单位72家，汽车站7家，海关2家，法院8家，共117台装置，主要用于医院放射科医用诊断检查和出入汽车站、海关、法院等人员的行李包安检。崇左市环境保护局严格落实年度辐射安全监管工作计划，督促核技术应用单位送贮闲置放射源9枚，销毁废旧Ⅲ类射线装置1台，年内未发生放射源丢失、被盗等辐射安全事故。

电磁辐射监管　2013年，崇左市环境保护局加强通讯基站电磁辐射管理及环保投诉调查处理工作，共为中国移动、中国联通、中国电信3家通信集团在崇左市建设的476个通信基站项目环境影响报告书出具9份预审意见，已全部获得自治区环境保护厅批复，同时负责拟申请竣工环保验收基站的现场核查工作，共核查基站75个。此外，崇左市环境保护局先后调查处理了扶绥县龙头桑平路口基站、水产畜牧兽医局基站电磁辐射环保投诉，投诉处理率100%。全年崇左市环境保护局共受理送变电工程环评审批项目10个，均在承诺时限内办结，批复率100%；受理送变电工程项目竣工环境保护验收申请3个，已全部批复。

【环境监察】 2013年，根据自治区环境保护厅办公室《关于开展2013年环境行政执法后督察的通知》（桂环办函〔2013〕559号）精神，崇左市各级环境监察机构认真开展2013年环境行政执法后督察工作，把梳理本辖区内2012年环境行政处罚决定和行政命令的执行情况作为重点，制订督察方案并抓紧实施。在后督察中，对发现拒不执行环境行政处罚决定和行政命令的单位，依法采取强制措施，责令整改。经查，全市列入后督察范围的行政处罚案件共立案10起，结案9起；下达行政命令69个，已执行完毕51个。

【环保专项行动】 环境安全隐患大清查大整治　2013年，根据环境保护部、自治区人民政府、自治区环境保护厅关于开展环境安全隐患大清查大整治、2013年整治违法排污企业保障群众健康环保专项行动和环境安全大检查工作部署，结合实际，崇左市环境保护局牵头组织全市拉网式清查整治集中式饮用水源、尾矿库、重

2013年10月22日，崇左市环境保护局党组书记韦家杰（左三）在突发环境事件应急演练现场指挥

点流域环境安全、重点行业企业环境安全隐患等领域，严厉查处违法企业，消除环境安全隐患。3项行动共出动人员5549人次，排查各行企业1493家次；清查出小洗选矿点、小造纸厂等非法企业19家，取缔关闭19家；发现存在环境安全隐患企业121家；立案查处违法企业3家，共罚款146.5715万元；实施环境违法案件自治区级挂牌督办1个，市级挂牌督办1个。截至年底，完成整改106家，通过验收75家，31家正按程序进行验收，对暂未完成整改的15家已要求限期整改。

“环境安全年”专项行动 2013年，崇左市环境保护局按照自治区环境保护厅“环境安全年”专项行动统一部署，组织全市环保系统先后开展“环境安全年1、2、3、4、5号行动”，5次专项行动共出动执法检查人员327人次，出动车辆73辆次，检查企业116家次，对全市酒精、淀粉、制糖、造纸、化工等企业和尾矿库进行突击检查，对发现问题的企业均责成限期整改。通过深入开展环保专项行动，全市江河水质和饮用水水质均得到保障和改善，环境安全得到明显提升。一是污染事件发生势头得到有效遏制，2013年崇左市发生污染事件2起，与上年同期发生5起相比，下降60%。二是形成对企业的高压管理态势，自觉抵制偷排，加大对环保设施整改，各相关企业共投入整改资金5000多万元，新建或升级改造一批环保设施。三是通过对企业污染物排放情况和水污染防治设施的运行情况及固体废物的处理处置情况进行检查整治，大力推进污染防治工作，促进企业在原料利用、产能提高及污染物减排等方面的进一步改善。四是通过对左江流域及饮用水水源地进行环境清理整治，使饮用水源地安全得到巩固，左江流域水系安全得到明显加强。

2013年12月16日，崇左市环境保护局局长阮高利（左二）在凭祥市丰浩酒精有限公司检查环保工作

【环境执法】 2013年，崇左市环境保护局进一步加大环境监管力度，开展非常规监察，以环保专项行动、环保执法检查等活动为载体，加强对重点减排工程建设和已建成的污染治理设施的日常监管，进一步完善国控重点企业和减排企业监察台账及监察系数档案，做好各种监察系数的记录及报送工作。

饮用水水源地专项执法 根据《自治区环保厅关于印发广西2013年城市河流型集中式饮用水水源地专项执法检查工作方案的通知》（桂环函〔2013〕819号）和自治区环境保护厅“美丽广西·清洁水源”环境监察执法工作方案的要求，崇左市环境保护局对饮用水水源地进行专项开展。对全市处于城市河流型集中式饮用水水源地一级、二级保护区内的排污口、排放污染物的建设项目进行专项执法检查，并配合渔业管理部门对非法网箱鱼养殖开展大清查大整治。2013年9月至年底，共出动100多人次深入30余家污染企业和6个乡镇饮用水水源地进行摸底调查。经排查，11个饮用水水源地均已划定保护区，其中6个饮用水水源保护区内存在排污口、工业企业及畜禽养殖业，其余5个饮用水水源保护区内未发现排污口、网箱养殖、畜禽养殖、旅游项目以及与供水设施和保护水源无关的建设项目。针对存在的问题，崇左市各级环境监察机构积极落实整改措施，一是对位于崇左市城市饮用水水源保护区内的五威水泥有限公司进行限期拆除，停止对保护区内新建工业项目的审批工作，对原有排污项目进行全面排查，对保护区内项目进行搬迁整治；二是对位于龙州县水口河饮用水水源保护区地二级保护区内的龙州瘦肉型猪场实施搬迁，该工作已完成。

严抓“三同时” 为保障经济的长期健康发展，崇左市严格执行环保“三同时”制度。全市共检查建设项目160个，出动检查人员674人次。2013年全市共有25个项目获得同意试生产批复，4个项目获得同意延期试生产批复，11个自治区级审批项目和31个市级审批项目通过自治区环境保护竣工验收。对违反环保“三同时”制度的宁明花山温泉度假村进行立案处罚，处罚金额2万元并已解缴入库。

【排污费征收】 2013年，崇左市共征收开单210户，征收开单940.88万元，已解缴入库排污费953.02万元。其中市本级征收开单14户，已解缴入库289.1511万元，预计全年可征收排污费350万元。

【监察队伍管理】 2013年，崇左市环境保护局为破解环境监察力量薄弱与实现环境监管精细到位的问题，市环境监察支队领导积极参加自治区环境监察总队组织的赴河南省考察环境监察执法工作活动，学习河南省环境监察的先进工作经验，结合崇左市实际情况科学研究，初步建立崇左市环境监察条块结合的管理模式。2013年5月9日，崇左市环境监察支队制订《崇左市环境监察支队辖区（江州区）企业环境监察工作分工方案》，支队全体人员参与现场环境监察工作，并分为3个小组，组长由副支队长担任，副组长由各科室的负责人担任，各组监管企业按片区划分，协管县（市）按行政区域划分。

【环境宣传教育】 2013年，崇左市以各环保主题宣传活动为载体，积极加大环保宣传教育力度。一是围绕“六五”世界环境日开展系列宣传活动，即开展“放养鱼苗，保护左江母亲河，维护左江生态平衡”活动，向左江投放鱼苗10万尾；开展环保知识咨询宣传活动，展出展板40多块，发放宣传资料1500多份，发放环保袋300多个，现场解答群众咨询40人次；二是深入基层、企业、驻村扶贫点开展环境宣教活动，共发放环保宣传手册约2500册、挂图10000张，环保袋2000多个。三是充分利用崇左市主流媒体大力宣传环境保护工作，在《左江日报》上刊发新闻稿件51篇，在崇左电视台播出专题宣传片71部。四是开展两次环保公众开放日活动，接待公众80多人次，进一步增进群众对环保工作的了解。

2013年6月5日，崇左市副市长高新（前）在“放养鱼苗，保护左江母亲河”行动启动仪式上讲话

【党风建设与纪检监察】 2013年，崇左市环境保护局加强党风廉政建设，开展民主评议政风行风和廉政风险防控工作，促进环保队伍作风建设。一是多次组织学习党的十八大精神和“八项规定”，增强广大党员干部反腐倡廉的觉悟。二是开展廉政党课活动，邀请崇左市检察院领导对全局党员干部职工进行廉政与履职教育课，推动崇左市环境保护局党风廉政建设工作不断深入。三是开展警示教育，积极组织全局科级以上干部到崇左市检察院预防职务犯罪警示教育基地参观学习，利用反面典型进行警示教育。此外，崇左市环境保护局还扎实开展“问政工程”，打造“阳光权力”活动，环境影响评价管理科、污染物排放总量控制科和环境监察支队3个科室的科长作为问政工程中“百名科长作风评议”对象，及时进行亮政、施政，并通过电视问政，被干部群众形象称为“冒汗工程”。

【环保大事记】

三月

3月20日，2013年崇左市环境保护工作会议在崇左市人民政府二楼多功能会议厅召开。副市长高新出席会议和讲话，并代表市人民政府与各县（市、区）人民政府签订2013年环保目标责任状。高新强调，要以建设“美丽崇左”为目标，以自治区环境保护厅提出的“五项承诺”为履职诺言，深入开展“环境安全年”活动，继续以污染减排工作为重点，推动环境保护各项工作有效开展，为崇左市“四大建设”、“五个打造”的总体布局提供强有力的环境支撑。

四月

4月22日，崇左市环境保护局首次组织开展环保公众开放宣传日活动，邀请市人大、政协代表，学校师生，媒体记者和企业人员亲身体验环保工作，增进公众对环保工作的了解。

八月

8月，广西南国铜冶炼项目历时两年，在崇左市环境保护局大力协助下，通过环境保护部的环评审批。该项目是崇左市建市以来投资数额最大、首例通过环境保护部审批的工业性项目。

十一月

11月7日，崇左市人大常务委员会召开环境保护工作专题询问会，围绕水污染、工业污染、水源保护等相关工作，首次以询问的方式监督政府工作。市委书记、市人大常委会主任黄克出席会议并强调，要以实际行动抓好专题询问审议意见的落实，确保取得实效。

11月22日，自治区环境保护厅厅长檀庆瑞到崇左市环境保护局调研，就做好崇左市环境保护局2014年的工作作重要指示。檀庆瑞要求，崇左市环境保护局要以党的十八届三中全会精神指导当前和今后一段时期的工作，开展“基层建设年”活动，彻底破解基层能力建设难题，同时保持清醒的认识，丝毫不能松懈，确保崇左市环境安全。

2013年，崇左市环境保护局于2月5日、4月3日、8月28日、10月22日、11月28日分别开展“环境安全年1、2、3、4、5号行动”，并取得实效，全市发生较大以上环境事件总数下降60%，高于全自治区10个百分点。

环保大事记

2013年广西环保大事记

一月

1月1日起，自治区环境保护厅正式启用“环境监管与预警信息系统信访子系统”，实现与环境保护部“全国环境信访信息系统”的无缝连接。

1月7日，柳州市羊角山小学被环境保护部宣传教育中心授予第三批“国际生态学校绿旗荣誉”称号，成为广西首个获此殊荣的学校。

1月7日，自治区环境保护厅荣获“自治区十一届人大四、五次会议代表建议办理工作先进单位”荣誉称号。

1月11日，自治区纠风办对2012年《阳光在线》“十佳上线单位”、“最佳组织单位”及“十佳优秀工作者”进行表彰和颁奖，自治区环境保护厅总得分为125分，在45个单位中位居第六名，荣获2012年“十佳上线单位”。

1月11日，自治区环境保护厅召开2013年全自治区环保系统纪检组长座谈会，传达2012年全国环保系统纪检监察工作会议精神，对2012年广西环保系统党风廉政建设和反腐倡廉工作进行总结，同时部署2013年重点工作。

1月17日，广西环境污染治理设施运营工作会议在南宁召开。各市环境保护局分管领导及相关业务科室代表、广西环境污染设施运营资质持证单位的负责人参加会议。

1月18~19日，根据群众举报，自治区环境监察总队、自治区环境应急与事故调查中心及贵港市环境监察支队等环境执法人员对广西贵港红旗纸业有限公司进行突击检查，发现该公司存在私设暗管、擅自设立排污口直接偷排、未经审批投入生产、总排口超标排放水污染物等环境违法行为，被责令停产并处罚款62万元。

1月28日至2月7日，根据《广西壮族自治区人民政府办公厅关于在部分市开展环境安全隐患整治专项行动的通知》（桂政办电〔2013〕8号）要求，由自治区环境保护厅、自治区工业和信息化委和自治区安全监管局分别牵头组成的3个督察组，对钦州、北海等7个市环境安全隐患整治专项行动开展情况进行督查，确保2013年春节和自治区“两会”期间广西环境安全。

1月29日，广西首个地方污染物排放标准——《广西甘蔗制糖工业水污染物排放标准》（DB45 893－2013）正式发布，填补广西无环保地方标准的空白。该标准由自治区环境保护厅和自治区质监局联合发布，于2013年10月1日起实施。自治区环境保护厅组织自治区环境保护科学研究院负责起草、编制标准，历时两年。该标准对全自治区制糖业水污染物的排放标准做严格规定，颁布实施后，广西不再执行《制糖工业水污染物排放标准》（GB21909－2008）。

1月30日，自治区环境保护厅厅长檀庆瑞主持召开2013年全自治区环境保护工作电视电话会议，以“环境安全年”为主题，以“五项承诺”为履职诺言，总结2012年工作，部署2013年任务。

二月

2月1日，自治区环境保护厅在广西电视台“广西新闻”栏目及《广西日报》等新闻媒体公开曝光2009年以来环保专项行动自治区挂牌督办逾期未结案的16个案件的相关信息，接受公众监督。

2月1日，环境保护部对参与支持“全国重点地区环境与健康专项调查”试点调查工作的单位进行表扬，自治区环境保护厅、自治区卫生厅联合调查小组受到通报表扬。在环境保护部和卫生部联合主持开展的全国重点地区环境与健康专项调查中，广西作为全国8个试点调查地区之一开展调查工作。

2月5日、4月3日、8月28日、10月22日、11月28~29日，广西开展5次“环境安全年行动”，环保系统累计出动工作组700余个，工作人员约5000人次，检查企业1500家次，查处并整治一批环境风险隐患，有力保障广西环境安全。

2月19日，自治区机构编制委员会同意广西壮族自治区北海海洋环境监测中心站更名为广西壮族自治区海洋环境监测中心站；同意广西壮族自治区辐射环境监督管理站增挂广西壮族自治区核与辐射事故应急技术中心牌子；同意广西壮族自治区固体废物管理中心增挂广西壮族自治区危险废物鉴定管理中心牌子。

2月20日，自治区人民政府将2013年农村环境连片整治项目列入自治区人民政府为民办实事工程（桂政办发〔2013〕18号），共筹措资金5.448亿元（其中，中央农村环保专项资金3.5亿元，自治区及地方配套1.948亿元）在22个示范县（市、区）、114个乡镇、564个行政村实施农村生活污水治理和垃圾处理项目。

2月22日，自治区机构编制委员会同意自治区环境保护厅设立核设施安全管理处，同意将核与辐射安全管理处更名为辐射源安全管理处。增核自治区环境保护厅正处级领导职数1名，副处级领导职数1名，增加机关行政编制5名。

2月22日，第三届金花茶国际学术论坛在南宁市召开，防城金花茶国家级自然保护区管理处作为该论坛的承办单位参加开幕式，并就防城港市金花茶资源现状及开发利用对策作发言。

2月26日至3月8日，环境保护部华南督查中心到南宁、柳州、河池、来宾4个市对60家危险废物产生企业和15家危险废物经营单位进行2012年度危险废物规范化管理工作抽查考核。考核合格率为71.6%，略高于全国平均水平，自治区环境保护厅“六措并举”推进危险废物规范化管理工作初见成效。

2月27日至3月15日，由自治区环境保护厅领导带队组成6个调研组，到14个设区市的55个县（市、区）调研各地贯彻落实“五项承诺”和环境安全隐患整改情况，与基层环保干部探讨如何搞好环境安全、推进环境管理转型等工作。

2月28日，自治区环境保护厅获得“区直机关文明单位”称号。

2月，自治区环境保护宣传教育中心荣获环境保护部宣传教育中心授予的2012年“千名青年环境友好使者行动”项目优秀组织单位奖。

三月

3月8日，自治区环境保护厅颁布实施《广西壮族自治区环境保护厅环境违法行为有奖举报暂行办法》。

3月12日，自治区环境保护厅会同自治区财政厅组织申报并审核确定2013年度生态广西建设引导资金支持项目58个，下达资金总额3000万元。

3月21~23日，由澳门特区政府主办的“2013年澳门国际环保合作发展论坛及展览”(2013MIECF)在澳门隆重举行。自治区副主席陈刚率广西政府代表团出席论坛及展览活动。自治区环境保护厅承担此次展览活动的广西组展工作。本届广西展位因整体布局科学、合理，总体设计理念新颖、造型独特，内容主题突出、整体美观、简约，达到环保理念与艺术美感相结合的最佳效果，荣获“环保展台嘉许奖”。

3月22日，自治区环境保护厅召开2013年广西环保系统纪检监察工作视频会议。

3月25~31日，环境保护部第16核查组对广西开展2012年度重金属污染防治核查工作。3月26日，自治区环境保护厅组织自治区重金属污染防治工作领导小组各成员单位、各市及重点县召开广西重金属污染防治工作汇报会，向核查组汇报广西2012年度重金属污染综合防治“十二五”规划实施进展等相关情况。

3月31日，自治区环境保护厅首次开放项目环评文件审批，主动邀请社会各界代表旁听。自治区环境保护厅主动邀请政风行风评议员、人大代表、政协委员、公众及媒体代表参加“北海铁山港西港区7号、8号泊位工程环境影响报告书”建设项目环境影响评价文件评审，受到社会各界好评，主流媒体认为这是一次典型的政府部门以开放促改革的创新做法。

四月

4月2日，自治区海洋环境监测中心站承建的广西近岸海域水质自动监测网络通过自治区科技厅委托北海市科技局组织的科技成果鉴定，专家一致认为广西近岸海域水质自动监测网络运营维护方案和数据质控制度为国内首例。

4月3日，自治区核应急委第一次全体（扩大）会议在南宁召开。自治区党委常委、自治区副主席、自治区核应急委主任林念修，32个成员单位主要负责同志及联络员，自治区核应急办成员出席会议。

4月7日，环境保护部环境工程评估中心在南宁举办第17期建设项目环境监理培训班，广西210余名学员参加培训。这是广西首次举办环境监理培训班，培训班邀请8名专家对环境监理的基础知识、工作程序和各行业的环境监理重点进行讲解。

4月16日，自治区海洋环境监测中心站荣获自治区总工会授予的“广西五一劳动奖状”。

4月18日，自治区环境保护厅党组书记、厅长檀庆瑞带队参加自治区纠风办和FM910广西新闻广播共同主办的《阳光在线·厅长在线》直播节目，认真解答听众提出的热点环保问题，听取公众对环保工作的意见和建议，积极回应广大群众的诉求。

4 月 19 日，环境保护部环境工程评估中心在南宁举办“水利水电工程生态保护国际研讨会”，澳大利亚、加拿大及区内外 100 余名水利水电工程生态保护领域顶级专家参加会议，并现场考察梧州长洲枢纽工程鱼道，环境保护部环评司巡视员牟广丰、评估中心总工程师梁鹏等出席研讨会。

4 月 22 日，自治区环境保护厅首次举办广西环保公众开放宣传日活动，政协代表、政风行风评议员、各界群众共 150 多人零距离接触环境监测设施、环境应急设备和辐射监测设施。

4 月 22 日，自治区环境保护厅与自治区水产畜牧兽医局联合印发《广西壮族自治区畜牧水产养殖业污染防治“十二五”规划》。

4 月 28 日，自治区环境保护厅印发《广西壮族自治区农村环境综合整治“十二五”规划》。

五月

5 月 3 日，广西环保系统“美丽广西·清洁乡村”活动现场会在宾阳县召开。自治区环境保护厅党组书记、厅长檀庆瑞就环保系统如何开展“美丽广西·清洁乡村”活动做了动员和部署，并提出“摸清底数、明确目标、突出重点、通盘考虑、协调力量、典型引路、创新方法、完善机制、指导服务、抓好督导”的“十步法”，用以指导各地开展此项活动。

5 月 10 日，自治区环境保护厅编印《广西农村环保工作手册》，用以指导各级干部群众开展“清洁乡村”活动。

5 月 14~17 日，自治区环境保护厅参加自治区监察厅牵头组织开展的“保护水源·监察行动”。

5 月 15 日，第一批广西院士工作站通过认定，广西“大气污染防治”、“环境科学”、“环境科学与近岸海域环境保护”3 个院士工作站分别落户自治区环境保护厅直属单位自治区环境保护科学研究院、自治区环境监测中心站、自治区海洋环境监测中心站。

5 月 19~25 日，全国科技活动周广西活动期间，自治区环境保护厅创新形式，通过精心策划组织“节能环保科普知识宣传”、开展基地学校手拉手活动、广西“巾帼环境友好使者在行动”活动、开展环保科技公众开放宣传等活动，参与活动和受益的群众及学生超过万人。展出科普展板、各类挂图 100 多块，发放环保宣传资料 4000 多套，知识手册 500 多份，向群众发放奖品 2000 多份。荣获“2013 年全国科技活动周广西活动优秀组织奖”；唐本红、黄志宁被评为“先进个人”；基地学校手拉手活动、广西“巾帼环境友好使者在行动”2 项主题活动荣获“全国科技活动周广西活动优秀项目奖”。

5 月 20~23 日，自治区环境保护厅由厅机关各处室和各直属单位负责人带队，抽派 45 名技术专家组成 14 个技术服务调研组，到 14 个设区市的 25 个县、44 个乡镇、64 个村屯开展“美丽广西·清洁乡村”活动调研，进一步了解“美丽广西·清洁乡村”活动推进情况，指导和推动基层活动开展，共提出 13 条工作建议，得到自治区党委书记彭清华的批示，并得以贯彻落实。

5 月 23 日，自治区环境保护厅发布广西 2013 年度第一批重点企业清洁生产审核名单，将国电南宁发电有限责任公司等 123 家企业列入名单。

5 月 29~30 日，由联合国工业发展组织、环境保护部清洁生产中心主办，自治区环境保护厅承办的“联合国工业发展组织工业园区资源高效利用与清洁生产国际研讨会”在南宁市召开，会议推进了联合国工业发展组织、环境保护部清洁生产中心以广西制糖行业为试点，通过评估当前制糖行业资源及环境问题、生态工业链现状和潜力分析，启动“资源高效利用与清洁生产项目”。

5 月 31 日，自治区环境保护厅阅览室正式开放，馆藏图书 2000 多册，电子杂志 3000 多种，并配备中国知网论文检索平台。

5 月 31 日至 6 月 13 日，自治区环境保护厅举办首届广西环境文化节，文化节系列活动包括广西农村环保壁画设计大赛、环保摄影书画比赛、广西环境好新闻奖评比活动、广西环境状况新闻发布会、广西环保公众开放宣传日、广场纪念活动、获奖作品展等。文化节共收到来自全国各地的参赛作品达 1057 件（幅），评选出获奖作品 241 件，汇编首届广西环境文化节获奖作品集 4000 册。

5 月，根据群众举报，自治区固体废物管理中心、自治区环境监察总队及驻厅监察室对桂林市新安危险废物处置有限公司进行调查，查实该公司非法转让、买卖医疗废物等环境违法行为。根据环境违法行为有奖举报办法，自治区环境保护厅奖励举报人 3000 元，这是该办法实施后兑现的第一笔奖金。

5 月，自治区环境保护厅印发《新闻发言人制度》和《突发环境事件新闻发布应急预案》，用于指导和规范自治区环境保护厅新闻发布工作，促进新闻发布工作的主动性。

5 月至 6 月，自治区环境保护厅组织南宁、柳州、桂林、梧州、北海、钦州、玉林、贵港、防城港 9 个设区市开展固体废物污染防治信息发布工作。

六月

6 月 2 日，自治区环境保护厅印发《自治区环境保护厅“美丽广西·清洁乡村”活动实施方案》。

6月3日，自治区环境保护厅在《广西日报》上发布2012年广西环境状况公报。

6月4日，自治区环境保护厅举行新闻发布会，通报2012年广西环境质量状况，全自治区主要污染物排放总量持续下降，环境质量保持优良。

6月4日，广西大桂山鳄蜥自治区级自然保护区经国务院批准晋升为国家级自然保护区。

6月5日，自治区环境保护厅成立专家咨询委员会。专家由国家环境与发展领域的中国工程院院士、国家重点高校的知名教授、学者和自治区内外知名专家、学者等组成。专家咨询委员会首批专家由孟伟院士、郝吉明院士等22名区内外专家组成，其中区外专家16人，区内专家6人。专家咨询委员会的成立，为环境保护厅的顶层设计、环境保护事业发展计划中长期规划、地方重大环境问题进行咨询、评价分析等方面提供智力支持。

6月6日，自治区环境保护厅联合自治区发展改革委等9部门印发《广西持久性有机污染物(POPs)"十二五"污染防治规划》。

6月13日，广西机动车环保检验管理信息系统通过验收正式使用。该系统具有检测站管理、检测管理、系统管理、环保标志管理、统计分析、WebGIS监控展示子系统、基础业务数据、审核上牌、业务设置、检测管理、数据上传等功能。

6月13日，《广西壮族自治区机动车排气污染防治办法》发布，该办法自2013年8月1日起施行。

6月13日，自治区环境保护厅召开"从严治厅"活动动员大会，厅长檀庆瑞提出要把自治区环境保护厅打造成为"党委政府信任、人民群众满意、污染企业惧怕"的为民务实清廉部门，解决干部队伍中存在的"服从意识差、办事拖拉、责任不严、纪律不强"等突出问题，重点培养干部"查督算写帮"五个能力。

6月17日，自治区环境保护厅会同自治区监察厅、自治区财政厅组织召开河池市重金属污染防治专项资金项目管理工作会议。

6月17日，自治区核应急委印发《自治区核事故应急委员会关于成立自治区核事故应急委员会专家咨询组的通知》(桂核应急委〔2013〕1号)，成立自治区核应急委专家咨询组。

6月18日，自治区人民政府办公厅印发《2013年全区整治违法排污企业保障群众健康环保专项行动实施方案》，成立以自治区党委常委、自治区副主席林念修为组长，自治区环境保护厅、自治区发展改革委等11个部门主要负责人为成员的自治区环保专项行动领导小组，明确以开展广西涉铅、汞、镉、铬和类金属砷排放的重有色金属矿采选冶炼、铅蓄电池、皮革鞣制和电镀等行业企业"回头"活动；查处工矿企业、生活垃圾填埋场、危险废物填埋场及规模化养殖场等污染源污染地下水环境违法问题；开展燃煤电厂和城镇污水处理厂等污染减排重点行业的监督检查；全面排查整治医药行业环境污染问题为工作重点。环保专项行动共分4个阶段，6月为动员部署阶段，7月至8月为检查和整治阶段，9月为督查阶段，10月为总结阶段。

6月20日，自治区环境保护厅印发《广西壮族自治区大气污染防治"十二五"规划》。

6月27日，自治区环境保护厅出台《广西污染源自动监控社会化运行实施细则(试行)》、《广西污染源自动监控工作人员管理办法(试行)》、《广西重金属污染源自动监控在线监测数据应用技术要求(试行)》。

6月28日，自治区环境保护厅印发《广西壮族自治区核与辐射安全和放射性污染防治"十二五"规划》。

6月，环境保护部表彰2011~2013年千名青年环境友好使者"百佳绿色先锋"，广西推荐的使者王琨、李龙达获此殊荣。同时，王琨还荣获此项奖励的"最佳影响力奖"单项奖(全国共8人获奖)。

七月

7月1日，贺州市八步区莲塘镇、步头镇、信都镇的贺江段陆续出现网箱养鱼不明原因死亡情况。5日，自治区环境保护厅接到报告后，迅速组织力量赶赴贺州对贺江水质进行监测分析，发现部分断面镉、铊超标，污染水团已跨出省界进入广东，立即将情况报告自治区党委、政府和环境保护部。自治区党委、自治区人民政府高度重视，彭清华书记、陈武主席迅速作出指示，自治区人民政府立即启动Ⅱ级应急响应，全力开展应急监测，排查污染源，采取科学有效的措施消除污染物。在环境保护部等国家有关部委的具体指导下，在自治区党委、自治区人民政府的坚强领导和统一指挥下，在广东省的大力配合下，经过15天的应急处置，7月20日8时贺江干流镉和铊污染物全线达标，实现自治区党委、自治区人民政府提出的"确保沿江城镇不停水、确保沿江群众饮用水安全、确保西江水质达标"的目标。本次事件为重大突发环境事件。经调查，事件主要污染源为贺江支流马尾河边的贺州市汇威综合选矿厂。该厂非法建设的铟生产项目，无任何废水处理设施，擅自将高浓度的含镉、铊的废水通过溶洞排入地下河，进入马尾河汇入贺江，是造成此次贺江污染事件的主要原因。

7月5日，自治区环境保护厅印发《广西重金属污染综合防治"十二五"规划2013年度实施方案》。

7月5日，自治区环境保护厅召开党的群众路线教育实践活动，厅党组书记、厅长檀庆瑞进行动员部署。自治区教育实践活动第十一督导组组长、自治区直属工委原副书记覃芳平作重要讲话。

7月8日，为汲取贺州水污染事件经验教训，贯彻落实自治区党委书记彭清华、自治区主席陈武的重要指示精神，自治区人民政府办公厅召开广西强化环境安全工作视频会议。

7月9日，自治区环境保护厅与南宁海关联合印发《关于公布广西2013至2014年处置违法进境固体废物企业名单的通知》(桂环函〔2013〕967号)，确定广西固体废物(危险废物)处置中心、广西桂物资源循环产业有限公司等11家企业为广西2013年至2014年处置违法进境固体废物企业，对废旧衣物、废弃电器电子产品等7大类违法进境固体废物实行指定处置，进一步规范违法进境固体废物的无害化处置工作。

7月12日，自治区环境保护厅联合自治区财政厅印发《广西壮族自治区重金属污染防治项目管理办法》。

7月18日，自治区环境保护厅组织召开广西环境功能区划编制工作会议，自治区发展改革委、自治区工业和信息化委、自治区水利厅、自治区林业厅等10个厅局单位代表以及自治区环境保护厅10个相关处室领导参加会议，对广西环境功能区划编制工作进行讨论并提出建议。12月，完成《广西环境功能区划(送审稿)》、《广西环境功能区划研究报告(送审稿)》和《市县环境功能区划编制技术指南(初稿)》。

7月18~20日，环境保护部调研组到广西调研五大区域重点产业发展战略环境评价成果应用情况并召开调研座谈会，了解北部湾经济区战略环评成果在地方战略和规划决策、指导重大项目建设中所发挥的作用，考察北部湾经济区战略环评发挥的成效以及在执行中存在的问题，提出促进北部湾经济区战略环评成果进一步发挥有效作用的对策和建议。

7月22日，自治区环境保护厅印发《广西开展危险废物专项整治工作实施方案》，开展为期一年的危险废物专项整治工作。

7月25日，自治区环境保护厅印发《广西壮族自治区机动车排气检测数据交换规范(试行)》，统一机动车排气污染物检测数据管理，明确检测设备与环保部门检测终端软件的数据交换内容与交换方式，规范数据的正常传输。

7月25日，广西放射性废物库正式投入使用。

7月29日至8月2日，自治区环境保护厅厅长檀庆瑞率队到河池市开展重金属污染综合防治督导检查活动，对50家恢复生产企业和42个重金属专项资金项目(含规划项目)逐一现场检查，并逐一反馈意见，有力督促河池市继续推进重金属污染防治工作。

7月31日至8月1日，自治区环境保护厅在南宁市召开2013年广西主要污染物总量减排监测体系考核工作布置会议，会议讨论《进一步加强全区环境应急监测能力2年规划》，宣讲2013年广西主要污染物总量减排监测体系建设工作实施方案和国家考核的新要求，部署2013年广西主要污染总量减排监测体系考核工作。

八月

8月2日，自治区环境保护厅完成财政部、环境保护部生物多样性保护专项“广西生物多样性相关传统知识纳入自然文化遗产名录保护试点案例研究项目”。

8月5日，自治区人民政府办公厅印发《全面深入开展环境安全隐患大清查大整治行动方案的通知》，组织各市县人民政府开展环境安全隐患大清查大整治行动，为期3个月。

8月8日，自治区检察院和自治区环境保护厅联合印发《关于加强和改进在全区环保系统共同开展预防职务犯罪工作的意见》(桂检会〔2013〕13号)，对推动广西环保系统党风廉政建设和反腐败工作深入开展，增强环保系统与检察机关共同预防职务犯罪工作合力起到积极作用。

8月15日，自治区辐射环境监督管理站以特邀参演单位身份参加南宁市人民政府组织开展的辐射事故应急演习。

8月16日，自治区环境保护厅冯亮亮，自治区辐射环境监督管理站贾牧林、许明发，南宁市环境保护局何其宇，北海市环境保护局姚海波，百色市环境保护局黄礼等6人荣获2012年全国核技术利用、铀矿冶和放射性物品运输辐射安全综合检查专项行动的先进个人。

8月18日，广西·广东合作交流座谈会在南宁举行。中共中央政治局委员、广东省委书记胡春华，广东省省长朱小丹，自治区党委书记、自治区人大常委会主任彭清华，自治区主席陈武出席座谈会。座谈会上，粤桂双方赞同加强生态等领域的全面合作，并提出以跨省区小流域作试点，联手破解污染治理和经济发展之间的矛盾问题。

8月20日，中国原子能科学研究院在广西组织开展环境地表 γ 剂量率监测比对活动，自治区辐射环境监督管理站共携带3台不同类型的X-γ 剂量率监测仪参加全部比对活动。

8月28日，自治区环境保护厅、自治区财政厅代表自治区人民政府与2013年农村环境连片整治示范县(市、区)政府签订农村环境连片整治示范工作目标责任书，明确目标任务，落实责任。

8月29~30日，自治区环境保护厅在南宁市召开2013年环境影响评价工作会议，就深化环保行政审批、重大项目环评审批、竣工环保验收等工作进行交流和部署。自治区环境保护厅厅长檀庆瑞、副厅长黎敏出席会议并对做好项目环评审批提出要求：一是以群众路线搞环评；二是当好参谋搞环评；三是改进作风搞环评；四是优化审批搞环评；五是廉洁自律搞环评。

九月

9月4日，环境保护部副部长李干杰到广西考察临桂县2012年农村环境连片整治示范项目实施情况，自治区副主席蓝天立、自治区环境保护厅厅长檀庆瑞、桂林市副市长周卫陪同考察。

9月4日，中国—东盟环境保护合作中心与自治区环境保护厅在桂林市签署《共同推进中国—东盟环保合作框架工作协议》。

9月4~5日，由环境保护部与广西壮族自治区人民政府主办，东盟秘书处联合主办，中国—东盟环境保护合作中心与广西壮族自治区环境保护厅承办的“中国—东盟环境合作论坛2013：区域绿色发展转型与合作伙伴关系”在桂林市举办。来自东盟秘书处和东盟各成员国有关部门的高级官员，联合国环境规划署、亚洲开发银行等国际合作代表，以及中国环境保护部、商务部等有关部委，广西壮族自治区人民政府及环保部门、地方环境保护机构，国内外专家、学者和企业界代表共计200余人应邀出席论坛。环境保护部副部长李干杰、自治区副主席蓝天立出席论坛并发表重要讲话。东盟国家派出高级别代表团参加论坛，包括柬埔寨环境部国务秘书尹金生、老挝自然资源与环境部副部长阿克·图拉姆、缅甸森林与环境保护部副部长特信等。

9月9~13日，自治区环境保护厅牵头，自治区工业和信息化委、自治区发展改革委等12个部门联合地方环保部门组成14个督察组，对广西环保专项行动、环境安全隐患大清查大整治及环境安全大检查工作开展情况进行督查，对279家排污企业进行实地检查。

9月17日，自治区环境保护厅召开广西主要污染物总量减排工作电视电话会议，总结“十二五”以来污染减排工作情况，分析当前存在的突出问题，全面部署和强化污染减排工作，自治区党委常委、自治区副主席林念修出席会议并讲话。

9月22日，自治区发展改革委批复广西核应急指挥信息支撑平台建设项目可行性研究报告(代项目建议书)。

9月23日，自治区环境保护厅印发《政府及部门环境保护职责录》。

9月25日，自治区环境保护厅党组召开党的群众路线教育实践活动专题民主生活会。该民主生活会真刀真枪开展批评与自我批评的情况被自治区作为先进典型，自治区党委书记彭清华作重要批示，10月10日、10月11日广西卫视、广西资讯频道、《广西日报》分别进行宣传报道。

9月26日，自治区环境保护厅召开2013年第二次新闻发布会，公布广西开展环境安全隐患大清查大整治行动取得的成效，并曝光一批环境违法企业和存在问题的环评机构。

9月27日，自治区机构编制委员会同意设立广西壮族自治区环境信息中心，属正处级全额拨款事业单位，核定编制6名。

9月，自治区环境保护厅主编的2012卷《广西环境年鉴》由广西人民出版社印刷出版。

9月，自治区辐射环境监督管理站完成南宁玉洞放射性废物库区内废放射源至苏圩新库的转移。

十月

10月1日，广西首个地方污染物排放标准——《广西甘蔗制糖工业水污染物排放标准》正式实施，10月14日《中国环境报》第六版整版专题报道并配发评论，认为广西对当地传统产业排放从严要求的做法，值得中西部地区借鉴。

10月17日，环境保护部副部长翟青一行6人到南宁市就广西污染减排工作进行调研。自治区党委常委、自治区副主席林念修会见翟青一行，并就进一步推进广西污染减排工作交换意见。翟青对广西污染减排工作取得的成效予以肯定，环境保护部总量司司长刘炳江在会上通报广西上半年污染物总量减排核查情况。林念修表示，广西将进一步加大污染减排工作力度，确保完成“十二五”减排任务。

10月18日，自治区环境保护厅组织北京大学、中国环境科学研究院等相关专家召开《广西近岸海域水环境质量变化及保护对策研究》技术评审会议。专家一致认为《广西近岸海域水环境质量变化及保护对策研究》科研成果对近岸海域环境管理具有重要支撑作用，达到国内先进水平，同意课题通过技术评审。

10月29日，由自治区人民政府主办，贺州市人民政府、自治区环境保护厅共同承办的广西环境安全工作现场会议暨广西环境安全部门联席会议第一次全体会议在贺州市召开。自治区党委常委、自治区副主席林念修，自治区人民政府相关领导，广西14个设区市政府分管环保工作副市长，重点县区人民政府分管环保工作副县长，自治区环境安全部门联席会议成员单位领导及环保系统部分领导参加会议，会议由自治区环境保护厅厅长檀庆瑞主持。会议现场考察贺州马尾河沿岸非法采选窝点综合整治情况。

10月，自治区环境保护技术中心组织开展广西2013年优秀环评文件（演示文稿暨演讲）比赛评选工作，评选出一等奖1名、二等奖2名、三等奖5名。

十一月

11月5日，自治区环境保护厅联合自治区海洋局、自治区发展改革委、自治区住房和城乡建设厅等部门印发实施《广西近岸海域污染防治规划(2012~2015)》。

11月7日，自治区环境保护厅印发《"美丽广西·清洁乡村""清洁水源"专项活动技术指南（试行）》和《广西农村生活污水处理技术指南（试行）》。

11月11日，自治区环境保护厅与环境保护部环境工程评估中心在北京签署战略合作协议。根据协议，双方将根据广西经济社会发展的实际需要，加强重点建设项目和重大战略决策的环评合作，加强环评领域管理人员、专家、从业人员培训合作和业务骨干的交流学习，加强环评领域科学研究和基础能力建设合作，加强环评领域国际交流合作。

11月15日，自治区人民政府与环境保护部签署《大气污染防治目标责任书》。

11月15日，自治区环境保护厅与自治区科技厅签署《科技促进环境保护合作协议》，双方将围绕广西"十二五"节能减排、生态文明建设的需求，开展污染物减排与管理、水环境污染防治、大气污染防治、近岸海域污染防治与修复、土壤污染防治与修复、重金属污染防治、固体废弃物污染防治、工业污染场地评估与治理修复、生态环境环保与建设、环境与人群健康、突发环境事件应急监测技术体系、广西地方环境保护标准体系等领域的科学技术合作，共同推进科技创新平台、提升广西环境保护科技创新能力。

11月25日至12月1日，自治区环境保护厅对广西58家危险废物产生单位及11家经营单位进行2013年度危险废物规范化管理抽查考核。考核结果表明，58家危险废物产生单位中，43家考核结果达标，11家基本达标，4家不达标，合格率为87.4%；11家危险废物经营单位中，10家考核结果达标，1家基本达标，合格率为97.3%。

11月28日，自治区环境保护厅在桂林市组织召开《广西环江县土壤环境保护和综合治理实施方案》和《广西阳朔县思的村土壤污染综合治理项目可行性研究报告》专家评审会，并通过专家评审。

11月28日，自治区环境保护厅举办公开建设项目环境影响报告书专题审批活动，邀请自治区监察厅、自治区检察院、自治区绩效办、人大代表、行风评议员、媒体记者以及群众代表共19人到现场旁听，主动接受公众监督，推动环保工作走上更加透明、公正、廉洁、高效的轨道。

11月29日，自治区环境保护厅与自治区国土资源厅签订《关于建立地理空间数据共享交换机制框架协议》，双方决定建立长效机制，加强信息化合作与信息共享，充分发挥各自业务范围内的地理空间数据优势，促进国土资源和环境保护事业全面协调可持续发展。

11月，自治区辐射环境监督管理站完成核与辐射应急监测调度平台和快速应急能力的建设，自治区辐射环境监督管理站和8个市的环保机构完成15辆辐射应急监测车辆和仪器设备的招标采购，加强核与辐射环境应急监测能力建设。

11月，为全面掌握广西环境清查整治行动开展情况，自治区党委常委副书记危朝安、自治区常务副主席黄道伟、副主席林念修等带队，对14个市，30多个县环境清查整治行动工作开展情况进行抽查，促进环境清查整治工作深入开展。

十二月

12月12日，自治区环境监测中心站获得"广西壮族自治区科普教育基地"认定，荣获命名。

12月13日，防城港核电厂辐射环境监督性监测系统工程自治区放射性分析实验室、应急移动监测系统项目可行性研究报告获得自治区发展改革委批准。

12月20日，自治区环境保护厅在南宁市召开全自治区污染防治工作会。会议通报2012年度重金属考核情况和2013年度危险废物规范化管理督查考核结果、危险废物专项整治工作进展等情况，研究部署近期污染防治工作（重金属污染防治考核、落实《大气污染防治行动计划》、集中式乡镇饮用水源地保护区划定、机动车污染防治、化学品环境管理工作等）。

12月22~31日，以环境保护部华东督查中心主任高振宁为组长的国家主要污染物总量减排核查组一行12人对广西2013年主要污染物总量减排进行核查，主要对2013年总量减排政策措施制定落实情况、年度减排计划执行情况、重点项目完成情况、"六厂（场）一车"减排重点工程实施情况进行核查。

12月27日，自治区机构编制委员会同意自治区环境保护厅增加核安全总工程师（正处长级）职数1名；同意设立重金属污染防治处，增加3名行政编制。

12月28日，中国环境科学研究院与自治区环境保护厅签署战略合作协议书。

12月30日，广西成立第六届广西壮族自治区自然保护区评审委员会。

12月30日，自治区机构编制委员会同意广西壮族自治区环境保护科学研究院增挂广西壮族自治区环境保护对外合作交流中心牌子，增核全额拨款事业编制4名。

12月31日，环境保护部副部长李干杰对《广西壮族自治区环境保护厅关于“美丽广西·清洁乡村”活动开展情况的报告》作出批示，充分肯定活动取得的明显成效，要求推广广西经验做法，并表示进一步加大支持力度。

12月底，自治区环境保护厅组织开展“接地气、摸实情”基层环境监管能力大调研活动，由厅领导任组长的9个调研组分别深入全自治区14个市和61个县（区）基层一线。通过召开座谈会、个别交换意见等方式，与115名市、县（区）环境保护局局长、100名环境监测站站长、108名环境监察支（大）队长进行多层次交流，实地考察了基层业务用房、水质自动监测站等场所，摸清广西基层环境监管能力现状，形成《广西基层环境监管能力建设情况调研报告》。

12月，自治区环境保护技术中心完成广西环境影响评价审查专家库（2013年增补）公开征集工作。本次征集共收到单位推荐或个人自荐推荐表共88份，经研究，最终确定增补环境影响评价审查专家库入库专家68人，其中，环保系统26人，高校4人，研究院所15人，企业16人，其他单位7人。

12月，《广西壮族自治区核应急预案》编制完成，报自治区人民政府颁布实施。

2013年，广西南宁、柳州、桂林和北海4个环保重点城市已全部完成仪器设备试运行，并对外实时发布$PM_{2.5}$等6项环境空气质量新标准指标及环境空气质量指数(AQI)，所有监测点位都与中国环境监测总站进行联网报送数据，提前1年完成国家要求。其他10个非环保重点城市，均各有1个国控空气自动监测站点完成仪器设备的安装调试，并开展试运行监测，提前两年完成国家要求。

附　录

大气污染防治行动计划

（国发〔2013〕37 号）

大气环境保护事关人民群众根本利益，事关经济持续健康发展，事关全面建成小康社会，事关实现中华民族伟大复兴中国梦。当前，我国大气污染形势严峻，以可吸入颗粒物（PM_{10}）、细颗粒物（$PM_{2.5}$）为特征污染物的区域性大气环境问题日益突出，损害人民群众身体健康，影响社会和谐稳定。随着我国工业化、城镇化的深入推进，能源资源消耗持续增加，大气污染防治压力继续加大。为切实改善空气质量，制定本行动计划。

总体要求：以邓小平理论、“三个代表”重要思想、科学发展观为指导，以保障人民群众身体健康为出发点，大力推进生态文明建设，坚持政府调控与市场调节相结合、全面推进与重点突破相配合、区域协作与属地管理相协调、总量减排与质量改善相同步，形成政府统领、企业施治、市场驱动、公众参与的大气污染防治新机制，实施分区域、分阶段治理，推动产业结构优化、科技创新能力增强、经济增长质量提高，实现环境效益、经济效益与社会效益多赢，为建设美丽中国而奋斗。

奋斗目标：经过五年努力，全国空气质量总体改善，重污染天气较大幅度减少；京津冀、长三角、珠三角等区域空气质量明显好转。力争再用五年或更长时间，逐步消除重污染天气，全国空气质量明显改善。

具体指标：到 2017 年，全国地级及以上城市可吸入颗粒物浓度比 2012 年下降 10% 以上，优良天数逐年提高；京津冀、长三角、珠三角等区域细颗粒物浓度分别下降 25%、20%、15% 左右，其中北京市细颗粒物年均浓度控制在 60 微克 / 立方米左右。

一、加大综合治理力度，减少多污染物排放

（一）加强工业企业大气污染综合治理。全面整治燃煤小锅炉。加快推进集中供热、“煤改气”、“煤改电”工程建设，到 2017 年，除必要保留的以外，地级及以上城市建成区基本淘汰每小时 10 蒸吨及以下的燃煤锅炉，禁止新建每小时 20 蒸吨以下的燃煤锅炉；其他地区原则上不再新建每小时 10 蒸吨以下的燃煤锅炉。在供热供气管网不能覆盖的地区，改用电、新能源或洁净煤，推广应用高效节能环保型锅炉。在化工、造纸、印染、制革、制药等产业集聚区，通过集中建设热电联产机组逐步淘汰分散燃煤锅炉。

加快重点行业脱硫、脱硝、除尘改造工程建设。所有燃煤电厂、钢铁企业的烧结机和球团生产设备、石油炼制企业的催化裂化装置、有色金属冶炼企业都要安装脱硫设施，每小时 20 蒸吨及以上的燃煤锅炉要实施脱硫。除循环流化床锅炉以外的燃煤机组均应安装脱硝设施，新型干法水泥窑要实施低氮燃烧技术改造并安装脱硝设施。燃煤锅炉和工业窑炉现有除尘设施要实施升级改造。

推进挥发性有机物污染治理。在石化、有机化工、表面涂装、包装印刷等行业实施挥发性有机物综合整治，在石化行业开展“泄漏检测与修复”技术改造。限时完成加油站、储油库、油罐车的油气回收治理，在原油成品油码头积极开展油气回收治理。完善涂料、胶粘剂等产品挥发性有机物限值标准，推广使用水性涂料，鼓励生产、销售和使用低毒、低挥发性有机溶剂。

京津冀、长三角、珠三角等区域要于 2015 年底前基本完成燃煤电厂、燃煤锅炉和工业窑炉的污染治理设施建设与改造，完成石化企业有机废气综合治理。

（二）深化面源污染治理。综合整治城市扬尘。加强施工扬尘监管，积极推进绿色施工，建设工程施工现场应全封闭设置围挡墙，严禁敞开式作业，施工现场道路应进行地面硬化。渣土运输车辆应采取密闭措施，并逐步安装卫星定位系统。推行道路机械化清扫等低尘作业方式。大型煤堆、料堆要实现封闭储存或建设防风抑尘设施。推进城市及周边绿化和防风防沙林建设，扩大城市建成区绿地规模。

开展餐饮油烟污染治理。城区餐饮服务经营场所应安装高效油烟净化设施，推广使用高效净化型家用吸油烟机。

（三）强化移动源污染防治。加强城市交通管理。优化城市功能和布局规划，推广智能交通管理，缓解城市交通拥堵。实施公交优先战略，提高公共交通出行比例，加强步行、自行车交通系统建设。根据城市发展规划，合理控制机动车保有量，北京、上海、广州等特大城市要严格限制机动车保有量。通过鼓励绿色出行、增加使用成本等措施，降低机动车使用强度。

提升燃油品质。加快石油炼制企业升级改造，力争在2013年底前，全国供应符合国家第四阶段标准的车用汽油，在2014年底前，全国供应符合国家第四阶段标准的车用柴油，在2015年底前，京津冀、长三角、珠三角等区域内重点城市全面供应符合国家第五阶段标准的车用汽、柴油，在2017年底前，全国供应符合国家第五阶段标准的车用汽、柴油。加强油品质量监督检查，严厉打击非法生产、销售不合格油品行为。

加快淘汰黄标车和老旧车辆。采取划定禁行区域、经济补偿等方式，逐步淘汰黄标车和老旧车辆。到2015年，淘汰2005年底前注册营运的黄标车，基本淘汰京津冀、长三角、珠三角等区域内的500万辆黄标车。到2017年，基本淘汰全国范围的黄标车。

加强机动车环保管理。环保、工业和信息化、质检、工商等部门联合加强新生产车辆环保监管，严厉打击生产、销售环保不达标车辆的违法行为；加强在用机动车年度检验，对不达标车辆不得发放环保合格标志，不得上路行驶。加快柴油车车用尿素供应体系建设。研究缩短公交车、出租车强制报废年限。鼓励出租车每年更换高效尾气净化装置。开展工程机械等非道路移动机械和船舶的污染控制。

加快推进低速汽车升级换代。不断提高低速汽车（三轮汽车、低速货车）节能环保要求，减少污染排放，促进相关产业和产品技术升级换代。自2017年起，新生产的低速货车执行与轻型载货车同等的节能与排放标准。

大力推广新能源汽车。公交、环卫等行业和政府机关要率先使用新能源汽车，采取直接上牌、财政补贴等措施鼓励个人购买。北京、上海、广州等城市每年新增或更新的公交车中新能源和清洁燃料车的比例达到60%以上。

二、调整优化产业结构，推动产业转型升级

（四）严控“两高”行业新增产能。修订高耗能、高污染和资源性行业准入条件，明确资源能源节约和污染物排放等指标。有条件的地区要制定符合当地功能定位、严于国家要求的产业准入目录。严格控制“两高”行业新增产能，新、改、扩建项目要实行产能等量或减量置换。

（五）加快淘汰落后产能。结合产业发展实际和环境质量状况，进一步提高环保、能耗、安全、质量等标准，分区域明确落后产能淘汰任务，倒逼产业转型升级。

按照《部分工业行业淘汰落后生产工艺装备和产品指导目录（2010年本）》、《产业结构调整指导目录（2011年本）（修正）》的要求，采取经济、技术、法律和必要的行政手段，提前一年完成钢铁、水泥、电解铝、平板玻璃等21个重点行业的“十二五”落后产能淘汰任务。2015年再淘汰炼铁1500万吨、炼钢1500万吨、水泥（熟料及粉磨能力）1亿吨、平板玻璃2000万重量箱。对未按期完成淘汰任务的地区，严格控制国家安排的投资项目，暂停对该地区重点行业建设项目办理审批、核准和备案手续。2016年、2017年，各地区要制定范围更宽、标准更高的落后产能淘汰政策，再淘汰一批落后产能。

对布局分散、装备水平低、环保设施差的小型工业企业进行全面排查，制定综合整改方案，实施分类治理。

（六）压缩过剩产能。加大环保、能耗、安全执法处罚力度，建立以节能环保标准促进“两高”行业过剩产能退出的机制。制定财政、土地、金融等扶持政策，支持产能过剩“两高”行业企业退出、转型发展。发挥优强企业对行业发展的主导作用，通过跨地区、跨所有制企业兼并重组，推动过剩产能压缩。严禁核准产能严重过剩行业新增产能项目。

（七）坚决停建产能严重过剩行业违规在建项目。认真清理产能严重过剩行业违规在建项目，对未批先建、边批边建、越权核准的违规项目，尚未开工建设的，不准开工；正在建设的，要停止建设。地方人民政府要加强组织领导和监督检查，坚决遏制产能严重过剩行业盲目扩张。

三、加快企业技术改造，提高科技创新能力

（八）强化科技研发和推广。加强灰霾、臭氧的形成机理、来源解析、迁移规律和监测预警等研究，为污染治理提供科学支撑。加强大气污染与人群健康关系的研究。支持企业技术中心、国家重点实验室、国家工程实验室建设，推进大型大气光化学模拟仓、大型气溶胶模拟仓等科技基础设施建设。

加强脱硫、脱硝、高效除尘、挥发性有机物控制、柴油机（车）排放净化、环境监测，以及新能源汽车、智能电网等方面的技术研发，推进技术成果转化应用。加强大气污染治理先进技术、管理经验等方面的国际交流与合作。

（九）全面推行清洁生产。对钢铁、水泥、化工、石化、有色金属冶炼等重点行业进行清洁生产审核，针对节能减排关键领域和薄弱环节，采用先进适用的技术、工艺和装备，实施清洁生产技术改造；到2017年，重点行业排污强度比2012年下降30%以上。推进非有机溶剂型涂料和农药等产品创新，减少生产和使用过程中挥发性有机物排放。积极开发缓释肥料新品种，减少化肥施用过程中氨的排放。

（十）大力发展循环经济。鼓励产业集聚发展，实施园区循环化改造，推进能源梯级利用、水资源循环利用、废物交换利用、土地节约集约利用，促进企业循环式生产、园区循环式发展、产业循环式组合，构建循环型工业体系。推动水泥、钢铁等工业窑炉、高炉实施废物协同处置。大力发展机电产品再制造，推进资源再生利用产业发展。到2017年，单位工业增加值能耗比2012年降低20%左右，在50%以上的各类国家级园区和30%以上的各类省级园区实施循环化改造，主要有色金属品种以及钢铁的循环再生比重达到40%左右。

（十一）大力培育节能环保产业。着力把大气污染治理的政策要求有效转化为节能环保产业发展的市场需求，促进重大环保技术装备、产品的创新开发与产业化应用。扩大国内消费市场，积极支持新业态、新模式，培育一批具有国际竞争力的大型节能环保企业，大幅增加大气污染治理装备、产品、服务产业产值，有效推动节能环保、新能源等战略性新兴产业发展。鼓励外商投资节能环保产业。

四、加快调整能源结构，增加清洁能源供应

（十二）控制煤炭消费总量。制定国家煤炭消费总量中长期控制目标，实行目标责任管理。到2017年，煤炭占能源消费总量比重降低到65%以下。京津冀、长三角、珠三角等区域力争实现煤炭消费总量负增长，通过逐步提高接受外输电比例、增加天然气供应、加大非化石能源利用强度等措施替代燃煤。

京津冀、长三角、珠三角等区域新建项目禁止配套建设自备燃煤电站。耗煤项目要实行煤炭减量替代。除热电联产外，禁止审批新建燃煤发电项目；现有多台燃煤机组装机容量合计达到30万千瓦以上的，可按照煤炭等量替代的原则建设为大容量燃煤机组。

（十三）加快清洁能源替代利用。加大天然气、煤制天然气、煤层气供应。到2015年，新增天然气干线管输能力1500亿立方米以上，覆盖京津冀、长三角、珠三角等区域。优化天然气使用方式，新增天然气应优先保障居民生活或用于替代燃煤；鼓励发展天然气分布式能源等高效利用项目，限制发展天然气化工项目；有序发展天然气调峰电站，原则上不再新建天然气发电项目。

制定煤制天然气发展规划，在满足最严格的环保要求和保障水资源供应的前提下，加快煤制天然气产业化和规模化步伐。

积极有序发展水电，开发利用地热能、风能、太阳能、生物质能，安全高效发展核电。到2017年，运行核电机组装机容量达到5000万千瓦，非化石能源消费比重提高到13%。

京津冀区域城市建成区、长三角城市群、珠三角区域要加快现有工业企业燃煤设施天然气替代步伐；到2017年，基本完成燃煤锅炉、工业窑炉、自备燃煤电站的天然气替代改造任务。

（十四）推进煤炭清洁利用。提高煤炭洗选比例，新建煤矿应同步建设煤炭洗选设施，现有煤矿要加快建设与改造；到2017年，原煤入选率达到70%以上。禁止进口高灰份、高硫份的劣质煤炭，研究出台煤炭质量管理办法。限制高硫石油焦的进口。

扩大城市高污染燃料禁燃区范围，逐步由城市建成区扩展到近郊。结合城中村、城乡结合部、棚户区改造，通过政策补偿和实施峰谷电价、季节性电价、阶梯电价、调峰电价等措施，逐步推行以天然气或电替代煤炭。鼓励北方农村地区建设洁净煤配送中心，推广使用洁净煤和型煤。

（十五）提高能源使用效率。严格落实节能评估审查制度。新建高耗能项目单位产品（产值）能耗要达到国内先进水平，用能设备达到一级能效标准。京津冀、长三角、珠三角等区域，新建高耗能项目单位产品（产值）能耗要达到国际先进水平。

积极发展绿色建筑，政府投资的公共建筑、保障性住房等要率先执行绿色建筑标准。新建建筑要严格执行强制性节能标准，推广使用太阳能热水系统、地源热泵、空气源热泵、光伏建筑一体化、“热—电—冷”三联供等技术和装备。

推进供热计量改革，加快北方采暖地区既有居住建筑供热计量和节能改造；新建建筑和完成供热计量改造的既有建筑逐步实行供热计量收费。加快热力管网建设与改造。

五、严格节能环保准入，优化产业空间布局

（十六）调整产业布局。按照主体功能区规划要求，合理确定重点产业发展布局、结构和规模，重大项目原则上布局在优化开发区和重点开发区。所有新、改、扩建项目，必须全部进行环境影响评价；未通过环境影响评价审批的，一律不准开工建设；违规建设的，要依法进行处罚。加强产业政策在产业转移过程中的引导与约束作用，严格限制在生态脆弱或环境敏感地区建设“两高”行业项目。加强对各类产业发展规划的环境影响评价。

在东部、中部和西部地区实施差别化的产业政策，对京津冀、长三角、珠三角等区域提出更高的节能环保要求。强化环境监管，严禁落后产能转移。

（十七）强化节能环保指标约束。提高节能环保准入门槛，健全重点行业准入条件，公布符合准入条件的企业名单并实施动态管理。严格实施污染物排放总量控制，将二氧化硫、氮氧化物、烟粉尘和挥发性有机物排放是否符合总量控制要求作为建设项目环境影响评价审批的前置条件。

京津冀、长三角、珠三角区域以及辽宁中部、山东、武汉及其周边、长株潭、成渝、海峡西岸、山西中北部、陕西关中、甘宁、乌鲁木齐城市群等“三区十群”中的47个城市，新建火电、钢铁、石化、水泥、有色、化工等企业以及燃煤锅炉项目要执行大气污染物特别排放限值。各地区可根据环境质量改善的需要，扩大特别排放限值实施的范围。

对未通过能评、环评审查的项目，有关部门不得审批、核准、备案，不得提供土地，不得批准开工建设，不得发放生产许可证、安全生产许可证、排污许可证，金融机构不得提供任何形式的新增授信支持，有关单位不得供电、供水。

（十八）优化空间格局。科学制定并严格实施城市规划，强化城市空间管制要求和绿地控制要求，规范各类产业园区和城市新城、新区设立和布局，禁止随意调整和修改城市规划，形成有利于大气污染物扩散的城市和区域空间格局。研究开展城市环境总体规划试点工作。

结合化解过剩产能、节能减排和企业兼并重组，有序推进位于城市主城区的钢铁、石化、化工、有色金属冶炼、水泥、平板玻璃等重污染企业环保搬迁、改造，到2017年基本完成。

六、发挥市场机制作用，完善环境经济政策

（十九）发挥市场机制调节作用。本着“谁污染、谁负责，多排放、多负担，节能减排得收益、获补偿”的原则，积极推行激励与约束并举的节能减排新机制。

分行业、分地区对水、电等资源类产品制定企业消耗定额。建立企业“领跑者”制度，对能效、排污强度达到更高标准的先进企业给予鼓励。

全面落实“合同能源管理”的财税优惠政策，完善促进环境服务业发展的扶持政策，推行污染治理设施投资、建设、运行一体化特许经营。完善绿色信贷和绿色证券政策，将企业环境信息纳入征信系统。严格限制环境违法企业贷款和上市融资。推进排污权有偿使用和交易试点。

（二十）完善价格税收政策。根据脱硝成本，结合调整销售电价，完善脱硝电价政策。现有火电机组采用新技术进行除尘设施改造的，要给予价格政策支持。实行阶梯式电价。

推进天然气价格形成机制改革，理顺天然气与可替代能源的比价关系。

按照合理补偿成本、优质优价和污染者付费的原则合理确定成品油价格，完善对部分困难群体和公益性行业成品油价格改革补贴政策。

加大排污费征收力度，做到应收尽收。适时提高排污收费标准，将挥发性有机物纳入排污费征收范围。

研究将部分“两高”行业产品纳入消费税征收范围。完善“两高”行业产品出口退税政策和资源综合利用税收政策。积极推进煤炭等资源税从价计征改革。符合税收法律法规规定，使用专用设备或建设环境保护项目的企业以及高新技术企业，可以享受企业所得税优惠。

（二十一）拓宽投融资渠道。深化节能环保投融资体制改革，鼓励民间资本和社会资本进入大气污染防治领域。引导银行业金融机构加大对大气污染防治项目的信贷支持。探索排污权抵押融资模式，拓展节能环保设施融资、租赁业务。

地方人民政府要对涉及民生的“煤改气”项目、黄标车和老旧车辆淘汰、轻型载货车替代低速货车等加大政策支持力度，对重点行业清洁生产示范工程给予引导性资金支持。要将空气质量监测站点建设及其运行和监管经费纳入各级财政预算予以保障。

在环境执法到位、价格机制理顺的基础上，中央财政统筹整合主要污染物减排等专项，设立大气污染防治专项资金，对重点区域按治理成效实施“以奖代补”；中央基本建设投资也要加大对重点区域大气污染防治的支持力度。

七、健全法律法规体系，严格依法监督管理

（二十二）完善法律法规标准。加快大气污染防治法修订步伐，重点健全总量控制、排污许可、应急预警、法律责任等方面的制度，研究增加对恶意排污、造成重大污染危害的企业及其相关负责人追究刑事责任的内容，加大对违法行为的处罚力度。建立健全环境公益诉讼制度。研究起草环境税法草案，加快修改环境保护法，尽快出台机动车污染防治条例和排污许可证管理条例。各地区可结合实际，出台地方性大气污染防治法规、规章。

加快制（修）订重点行业排放标准以及汽车燃料消耗量标准、油品标准、供热计量标准等，完善行业污染防治技术政策和清洁生产评价指标体系。

（二十三）提高环境监管能力。完善国家监察、地方监管、单位负责的环境监管体制，加强对地方人民政府执行环境法律法规和政策的监督。加大环境监测、信息、应急、监察等能力建设力度，达到标准化建设要求。

建设城市站、背景站、区域站统一布局的国家空气质量监测网络，加强监测数据质量管理，客观反映空气质量状况。加强重点污染源在线监控体系建设，推进环境卫星应用。建设国家、省、市三级机动车排污监管平台。到2015年，地级及以上城市全部建成细颗粒物监测点和国家直管的监测点。

（二十四）加大环保执法力度。推进联合执法、区域执法、交叉执法等执法机制创新，明确重点，加大力度，严厉打击环境违法行为。对偷排偷放、屡查屡犯的违法企业，要依法停产关闭。对涉嫌环境犯罪的，要依法追究刑事责任。落实执法责任，对监督缺位、执法不力、徇私枉法等行为，监察机关要依法追究有关部门和人员的责任。

（二十五）实行环境信息公开。国家每月公布空气质量最差的10个城市和最好的10个城市的名单。各省（区、市）要公布本行政区域内地级及以上城市空气质量排名。地级及以上城市要在当地主要媒体及时发布空气质量监测信息。

各级环保部门和企业要主动公开新建项目环境影响评价、企业污染物排放、治污设施运行情况等环境信息，接受社会监督。涉及群众利益的建设项目，应充分听取公众意见。建立重污染行业企业环境信息强制公开制度。

八、建立区域协作机制，统筹区域环境治理

（二十六）建立区域协作机制。建立京津冀、长三角区域大气污染防治协作机制，由区域内省级人民政府和国务院有关部门参加，协调解决区域突出环境问题，组织实施环评会商、联合执法、信息共享、预警应急等大气污染防治措施，通报区域大气污染防治工作进展，研究确定阶段性工作要求、工作重点和主要任务。

（二十七）分解目标任务。国务院与各省（区、市）人民政府签订大气污染防治目标责任书，将目标任务分解落实到地方人民政府和企业。将重点区域的细颗粒物指标、非重点地区的可吸入颗粒物指标作为经济社会发展的约束性指标，构建以环境质量改善为核心的目标责任考核体系。

国务院制定考核办法，每年初对各省（区、市）上年度治理任务完成情况进行考核；2015年进行中期评估，并依据评估情况调整治理任务；2017年对行动计划实施情况进行终期考核。考核和评估结果经国务院同意后，向社会公布，并交由干部主管部门，按照《关于建立促进科学发展的党政领导班子和领导干部考核评价机制的意见》、《地方党政领导班子和领导干部综合考核评价办法（试行）》、《关于开展政府绩效管理试点工作的意见》等规定，作为对领导班子和领导干部综合考核评价的重要依据。

（二十八）实行严格责任追究。对未通过年度考核的，由环保部门会同组织部门、监察机关等部门约谈省级人民政府及其相关部门有关负责人，提出整改意见，予以督促。

对因工作不力、履职缺位等导致未能有效应对重污染天气的，以及干预、伪造监测数据和没有完成年度目标任务的，监察机关要依法依纪追究有关单位和人员的责任，环保部门要对有关地区和企业实施建设项目环评限批，取消国家授予的环境保护荣誉称号。

九、建立监测预警应急体系，妥善应对重污染天气

（二十九）建立监测预警体系。环保部门要加强与气象部门的合作，建立重污染天气监测预警体系。到2014年，京津冀、长三角、珠三角区域要完成区域、省、市级重污染天气监测预警系统建设；其他省（区、市）、副省级市、省会城市于2015年底前完成。要做好重污染天气过程的趋势分析，完善会商研判机制，提高监测预警的准确度，及时发布监测预警信息。

（三十）制定完善应急预案。空气质量未达到规定标准的城市应制定和完善重污染天气应急预案并向社会公布；要落实责任主体，明确应急组织机构及其职责、预警预报及响应程序、应急处置及保障措施等内容，按不同污染等级确定企业限产停产、机动车和扬尘管控、中小学校停课以及可行的气象干预等应对措施。开展重污染天气应急演练。

京津冀、长三角、珠三角等区域要建立健全区域、省、市联动的重污染天气应急响应体系。区域内各省（区、市）的应急预案，应于2013年底前报环境保护部备案。

（三十一）及时采取应急措施。将重污染天气应急响应纳入地方人民政府突发事件应急管理体系，实行政府主要负责人负责制。要依据重污染天气的预警等级，迅速启动应急预案，引导公众做好卫生防护。

十、明确政府企业和社会的责任，动员全民参与环境保护

（三十二）明确地方政府统领责任。地方各级人民政府对本行政区域内的大气环境质量负总责，要根据国家的总体部署及控制目标，制定本地区的实施细则，确定工作重点任务和年度控制指标，完善政策措施，并向社会公开；要不断加大监管力度，确保任务明确、项目清晰、资金保障。

（三十三）加强部门协调联动。各有关部门要密切配合、协调力量、统一行动，形成大气污染防治的强大合力。环境保护部要加强指导、协调和监督，有关部门要制定有利于大气污染防治的投资、财政、税收、金融、价格、贸易、科技等政策，依法做好各自领域的相关工作。

（三十四）强化企业施治。企业是大气污染治理的责任主体，要按照环保规范要求，加强内部管理，增加资金投入，采用先进的生产工艺和治理技术，确保达标排放，甚至达到"零排放"；要自觉履行环境保护的社会责任，接受社会监督。

（三十五）广泛动员社会参与。环境治理，人人有责。要积极开展多种形式的宣传教育，普及大气污染防治的科学知识。加强大气环境管理专业人才培养。倡导文明、节约、绿色的消费方式和生活习惯，引导公众从自身做起、从点滴做起、从身边的小事做起，在全社会树立起"同呼吸、共奋斗"的行为准则，共同改善空气质量。

我国仍然处于社会主义初级阶段，大气污染防治任务繁重艰巨，要坚定信心、综合治理，突出重点、逐步推进，重在落实、务求实效。各地区、各有关部门和企业要按照本行动计划的要求，紧密结合实际，狠抓贯彻落实，确保空气质量改善目标如期实现。

（国务院2013年9月10日印发）

全国生态环境保护"十二五"规划
（环发〔2013〕13号）

为贯彻落实《国民经济和社会发展第十二个五年规划纲要》、《国家环境保护"十二五"规划》和《国务院关于加强环境保护重点工作的意见》，加强我国生态保护工作，维护国家和区域生态安全，提高生态文明建设水平，制定本规划。

一、面临的形势

（一）"十一五"以来工作进展

党中央、国务院一直高度重视生态保护工作，将维护国家生态安全、改善生态环境作为生态文明建设的重要基础。"十一五"以来，各级政府和有关部门采取了一系列保护和综合治理措施，持续加大生态保护力度，生态保护工作取得明显成效，我国生态环境整体恶化态势趋缓，局部地区生态环境呈现改善的势头。

1.区域生态功能保护工作得到加强

国家重点生态功能区保护得到进一步加强。《全国主体功能区规划》、《全国生态功能区划》、《国家重点生态功能保护区规划纲要》和《全国生态脆弱区保护规划纲要》先后颁布实施，加强国家重点生态功能区保护和管理成为我国生态保护的战略任务，甘南黄河水源补给生态功能区等重要生态功能区开展了综合治理。自然生态系统保护与恢复力度不断加大，各类生态系统及生态系统服务功能对气候变化的响应和反馈研究工作全面铺开。

资源开发的生态监管不断加强。国务院颁布实施《规划环境影响评价条例》，相关部门联合印发《关于切实做好全面整顿和规范矿产资源开发秩序工作的通知》、《关于防范尾矿库垮塌引发突发环境事件的通知》和《全国生态旅游发展纲要》等重要文件，加强了矿产资源和旅游资源开发的生态保护和监管。

生态补偿政策实践取得积极进展。环境保护部颁布实施《关于开展生态补偿试点工作的指导意见》，积极参与和推动生态补偿立法。财政部印发《国家重点生态功能区转移支付办法》，2010年，对451个县实施了国家重点生态功能区转移支付。浙江、宁夏、海南、江西等多个省（区）开展省域内的生态补偿政策实践探索。跨省新安江流域水环境补偿试点于2010年底启动。

生态环境监测工作全面启动。逐步开展全国生态环境监测与评价工作，以及太湖、巢湖、滇池及三峡库区的藻类水华监测工作。国家重点生态功能区县域生态环境状况评价工作、河流健康评价体系研究工作以及汶川灾后和玉树震后的生态环境评估、保护和恢复工作先后开展。

2.生物多样性保护全面推进

生物多样性保护工作机制进一步健全。成立中国生物多样性保护国家委员会，完善中国履行《生物多样性公约》工作协调组和生物物种资源保护部际联席会议制度。发布实施《全国生物物种资源保护与利用规划纲要》和《中国生物多样性保护战略与行动计划》，部署今后一个时期的生物多样性保护工作。成功开展2010国际生物多样性年中国活动。生物物种资源保护工作进一步加强。环境保护部联合相关部门开展了全国重点生物物种资源调查，完成了相关物种编目和调查报告，指导31个省（区、市）开展生物多样性评价，生物多样性科研和监测能力得到提升。

生物安全管理进一步完善。建立外来入侵物种防治协作机制，开展外来物种调查和治理除害工作，对黄顶菊、薇甘菊、福寿螺、紫茎泽兰等22种具有重大危害的农业外来入侵种进行了全面普查。联合中科院发布《中国第二批外来入侵物种名单》。在重点地区开展重点转基因作物环境释放及其潜在危害的监测调查，联合国家质检总局制定《进出口环保用微生物菌剂环境安全管理办法》、《环保用微生物菌剂检测规程》等。

国际合作与交流取得成效。积极履行国际公约，提交了多次履约报告，顺利履行了有关国际公约的各项规定义务。积极参与国际谈判和相关规则制定，开展中国—欧盟生物多样性项目(ECBP)等一系列合作项目，加强与相关国际组织和非政府组织在保护政策和技术方面的合作与交流。

3. 自然保护区管理显著加强

自然保护区的布局体系初步建立。“十一五”期间，新建各类自然保护区192处，新建国家级自然保护区76处。到2010年底，我国已经建立2588个自然保护区(不含港澳台地区)，总面积为149.4万平方公里，陆地自然保护区面积约占陆地国土面积的14.9%，其中，国家级自然保护区为319个，面积约93万平方公里。已初步建立了布局较为合理、类型较为齐全的自然保护区体系，85%的陆地生态系统类型、40%的天然湿地、85%的野生动物种群、65%的野生植物群落，以及绝大多数国家重点保护珍稀濒危野生动植物和自然遗迹都在自然保护区内得到了保护。

自然保护区的监督管理进一步完善。国务院办公厅出台了《关于做好自然保护区管理有关工作的通知》，环境保护部制定实施了《关于加强自然保护区调整管理的通知》、《国家级自然保护区规范化建设和管理导则(试行)》等管理规章和技术规范。健全了国家级自然保护区评审工作机制。强化涉及保护区开发建设活动监管，严格自然保护区项目准入，组织开展了国家级自然保护区的联合执法检查和管理评估。

4. 生态示范建设成效显著

生态示范建设蓬勃发展，全国已形成生态示范区、生态建设示范区、生态文明建设试点三个梯次系统推进生态文明建设的工作体系，三个阶段既相互联系，又循序渐进，标准逐级提高。“十一五”以来，分四批命名了362个生态示范区。15个省(区、市)开展了生态省(区、市)建设，1000多个县(市)开展了生态县(市)建设，38个地区获得国家生态县(市、区)命名，15个园区获得国家生态工业示范园命名。53个生态文明建设试点开展了生态文明建设目标模式、推进机制方面的探索。

生态示范建设管理工作不断完善。印发《关于进一步深化生态建设示范区工作的意见》、《关于推进生态文明建设的指导意见》、《关于开展国家生态工业示范园区建设工作的通知》等文件，以及《国家生态建设示范区管理规程》和《国家生态市、生态县(市、区)技术资料审核规范》，修订了《生态省(市、县)建设指标》，开展了生态文明示范区建设指标体系的研究工作。

(二)主要问题

尽管我国生态保护工作取得积极进展，但我国生态环境整体恶化的趋势仍未得到根本遏制。

1. 部分区域重要生态功能不断退化

全球气候变化以及一些地区不合理开发活动，导致部分重要生态功能区森林破坏、湿地萎缩，河湖干涸，水土流失、荒漠化和草原退化严重，部分区域生态功能仍在退化。目前，全国水土流失面积达356万平方公里，年均土壤侵蚀量高达45亿吨。2009年，全国荒漠化土地总面积262.4万平方公里。全国约90%的天然草地存在不同程度的退化。重要生态功能区的生态环境继续恶化，将严重影响我国经济社会可持续发展和国家生态安全。

2. 生物多样性面临严重威胁

我国野生高等植物濒危比例达15%~20%，裸子植物和兰科植物高达40%以上；野生动物濒危程度不断加剧，233种脊椎动物面临灭绝，约44%的野生动物呈数量下降趋势。遗传资源不断丧失和流失，部分珍贵和特有的农作物、林木、花卉、畜、禽、鱼等种质资源流失严重，一些地方传统和稀有品种资源丧失。外来入侵物种严重威胁我国的自然生态系统，初步查明我国有外来入侵物种500种左右，每年造成的经济损失约1200亿元。

自然保护区空间布局和结构不尽合理，部分地区自然保护区覆盖不足，部分自然保护区存在面积、范围、功能分区等不合理现象。开发建设活动对自然保护区的压力加大，部分自然保护区被非法侵占。部分自然保护区核心区、缓冲区原住民较多，对自然保护区的保护效果造成影响。

3. 生态保护监管能力薄弱

生态环境统一监管能力有待提高。生态保护的法律法规和标准规范体系尚需完善，生态环境管理体制不顺，国家重点生态功能区、生物多样性保护优先区、自然保护区的综合管理机制还需建立健全，区域生态保护与资源开发的矛盾仍较为突出。

生态保护能力建设滞后。人员队伍、技术力量薄弱，生态监测技术体系与评价方法、规范标准建设落后，国家重点生态功能区、自然保护区、生物多样性保护优先区的生态监测和评估体系滞后，生态环境监测与评价工作亟待加强。

生态保护投入严重不足，生态保护日常的监督、管理和运行维护费用尚未落实，国家重点生态功能区、自然保护区的管护设施设备建设滞后。生态补偿机制尚需完善。

4. 生态示范建设水平有待提升

一些地方的生态示范建设认识不足，创建工作对各领域的协调发展统筹不够，需更加紧密地与落实科学发展观、“两型”社会建设相结合。部分地区生态保护的意识和认识亟须提高。生态功能综合保护和生态系统综合管理的理念尚需进一步融入经济社会发展大局。生态建设示范区管理尚需进一步完善。

（三）挑战与机遇

未来五年，我国传统的粗放经济增长方式难以快速彻底扭转。随着经济增长和人口增加，资源能源消耗和人为活动干扰对生态环境的压力将不断加大，产业布局和产业结构与生态环境承载力不匹配、不协调的矛盾依然突出，产业转移和资源开发对部分生态脆弱地区可能产生新的生态破坏。人民群众对生态服务的需求不断提高。同时，全球气候变化的不确定性影响愈发明显，生态系统更加脆弱，进一步影响了生态环境对经济社会可持续发展的支撑能力。国际履约压力不断加大，关于增加我国环境保护国际责任的呼声日益增强，履行国际公约的任务将愈发艰巨。

在存在不足和压力的同时，我国生态保护工作也面临着重大的历史机遇。党的十七大提出建设生态文明的战略任务，十八大把生态文明建设放在突出地位，融入经济建设、政治建设、文化建设、社会建设各方面和全过程，成为中国特色社会主义建设“五位一体”总体布局的重要组成部分，为生态保护工作提供了有力的政治保障。《国务院关于加强环境保护工作的意见》、《全国主体功能区规划》、《国民经济和社会发展第十二个五年规划纲要》、《国家环境保护“十二五”规划》、国家第七次环保大会等重要文件、会议确立了保护生态环境，加快建设资源节约型、环境友好型社会，以及促进经济发展与人口、资源、环境相协调的总体思路，为生态保护服务经济社会发展大局以及将生态环境监管贯穿于资源开发和经济发展的全过程和各领域提供了难得的历史机遇。

二、指导思想、原则和目标

（一）指导思想

深入贯彻落实科学发展观，大力推进生态文明建设，以维护国家生态安全、改善生态环境为目标，以严格生态环境监管和环境准入为手段，加强国家重点生态功能区、自然保护区、生物多样性保护优先区的保护和管理，保护和恢复区域主要生态功能，严格监管资源开发活动和生态环境准入，预防人为活动导致新的生态破坏，深化生态示范建设，构筑生态安全屏障，为全面建成小康社会奠定基础。

（二）基本原则

保护优先，预防为主。加强生态环境监管，以生态环境承载力为基础，规范各类资源开发和经济社会活动，防止造成新的人为生态破坏和生物安全问题。同时，要坚持治理与保护、建设与管理并重，使各项生态环境保护措施与建设工程长期发挥作用。

统筹规划，突出重点。与《国民经济和社会发展“十二五”规划》、《全国主体功能区规划》等国家重大发展战略、重大规划相衔接，统筹考虑近远期、城乡间的生态保护需要，突出抓好国家重点生态功能区、自然保护区和生物多样性保护优先区的建设、管理、评估等重点问题。

统一监管，各司其职。充分发挥环保部门在生态保护统一监管的职能，加强与相关部门的协调和衔接，推动相关部门各负其责、齐抓共管，共同推进生态环境保护与建设工作。

政府主导，社会参与。政府相关部门发挥主导作用，通过制定法规标准、保障投入、提高能力，加强重要领域与重点区域的生态保护和监管。建立健全政策和机制，鼓励社会团体和公众参与生态环境保护。

（三）规划目标

到2015年，生态环境监管水平明显提高，重点区域生物多样性下降趋势得到遏制，自然保护区建设和监管水平显著提升，生态示范建设广泛开展，生态文明建设试点取得成效，国家重点生态功能区得到有效保护，生态环境恶化趋势得到初步扭转。

具体工作目标包括：初步建立起以生态环境质量监测与评估为核心的生态监管体系；完成25个国家重点生态功能区的动态评估，初步建立国家重点生态功能区生态环境保护和管理的政策和标准体系；陆地自然保护区面积占陆地国土面积比例稳定在15%左右；90%的国家重点保护物种和典型生态系统类型得到保护，80%以上的就地保护能力不足、野外现存种群量极小的受威胁物种得到有效保护；建成生态县（市、区）不少于50个，生态市不少于10个，力争个别地区基本达到生态文明建设示范区的要求，2~3个跨行政区域建成协同高效的生态文明联动机制，1~2个行业制定实施生态文明建设示范标准；建设50家特色鲜明、成效显著的国家生态工业示范园区。

三、主要任务

（一）全面推进生态文明示范建设

1. 深化生态建设示范区建设和管理

通过生态省、市、县、生态工业园区建设夯实生态文明的建设基础，以生态市、县、生态工业园区建设为重点推动区域生态环境、经济发展和社会进步良性互动。按照四个“80%”的体系要求，做好生态示范建设的细胞工程。

加强分类指导，实行分级管理，推动不同地区有重点地开展生态省、市、县、生态工业园区建设工作。东部发达地区以及工作开展较早的地区继续深化各项工作，加大创建力度。中西部地区以及建设工作尚处于起步阶段的地区加强创建工作的组织和协调，编制并实施生态市、县建设规划，建立工作机制，推动创建工作取得实效。省级和市级环保部门加强对生态市、县、乡镇、村以及生态工业园区建设工作的指导、管理和评估。加强对已获命名生态建设示范区的监督管理，逐步建立健全生态建设示范区动态管理和奖惩机制。

2. 深入开展生态文明建设试点

整合资源，形成合力，开展生态文明建设试点工作。扩大生态文明建设试点范围，已经建成生态市、县的地区，自动成为国家生态文明建设试点；丰富生态文明建设试点类型，逐步开展跨行政区和行业生态文明建设试点，形成行政区、跨区域、多行业相结合的多层次生态文明建设试点体系。

颁布实施生态文明示范区指标体系。试点地区要科学编制生态文明建设规划，要建立规划实施的定期监督检查制度，严格规划建设目标与任务的责任考核，保障建设任务如期完成。（生态省应有80%的市达到生态市的建设标准，生态市应有80%的县达到生态县的建设标准，生态县应有80%的乡镇达到生态乡镇的建设标准；生态乡镇应有80%的行政村达到生态村的建设标准。）

引导典型区域生态文明联动建设试点。在环太湖地区以及长沙大河西先导区开展跨行政区协调联动的生态文明建设，并逐步扩大试点区域。探索跨行政区生态文明建设的协调机制，支持区域联合制定生态文明建设规划。建立区域协调发展的机制，统筹区域产业布局和生态环境保护，统一开展规划环评，促进区域产业互补和错位发展。建立区域生态环境保护协调机制，推动区域生态环保基础设施的共建共享和优势互补。探索建立区域生态补偿机制。建立环境一体化监管体系和环境信息共享机制。

启动重点行业生态文明建设试点，推动生态文明生产方式的形成。研究制定煤炭、建筑、旅游等行业生态文明建设示范标准，建立与相关部门、行业协会共同推进生态文明建设的互动工作机制。推动建设行业生态文明示范基地、生态文明技术中心和生态文明推广中心，开展相关技术、产品、管理的交流以及推广应用。对旅游业、服务业等重点行业推广节水节能低污染或无污染技术及产品，减少环境污染和生态破坏。

3. 开展生态文明水平评估

研究制定生态文明水平评估办法，逐步在全国范围开展省级生态文明水平评估，动态反映一定时期各省、自治区、直辖市，以及副省级城市的生态文明水平。在全国统一评估体系的基础上，推动各省（区、市）深化、细化地方生态文明水平评估方法与标准，建立自上而下、一级评一级的生态文明评估格局，促进形成上下联动、共同推进生态文明建设的局面。

（二）加强生物多样性保护

1. 强化优先区域的监管

实施《中国生物多样性保护战略与行动计划(2011~2030年)》和《全国生物物种资源保护与利用规划纲要(2006~2020年)》，加大生物多样性保护投入，切实将战略与行动计划和规划纲要确定的重点任务和优先项目落到实处。推动各地编制完成和发布省级生物多样性保护战略与行动计划，明确本地区的保护目标、重点任务和优先领域。

明确35个生物多样性保护优先区域的具体范围和保护重点。组织开展优先区域生物多样性调查和评估，查清8~10个优先区域本底状况，分析存在的问题，提出对策措施，初步建立生物多样性监测评估和预警体系。

开展生物多样性保护、恢复和减贫示范。在自然本底状况较好、生物多样性丰富的区域，开展生物多样性保护示范，探索保护与发展双赢模式。在生物多样性重要、生态环境脆弱敏感但已经受到不同程度破坏的区域，开展恢复示范工程，探索社区公众参与的生物多样性恢复模式。在生物多样性丰富的贫困地区，开展减贫示范工程，通过生物多样性的可持续利用，提高发展水平，探索保护、发展和减贫相互促进的管理模式。在人类活动强度较大的、未采取保护措施的重要野生植物遗传资源分布地、重要生物廊道、野生动物迁徙停歇地等敏感区域，研究建立生物多样性保护小区予以保护。“十二五”期间，力争建立30~50个生物多样性保护小区和10~15个生物多样性保护、恢复和减贫示范点。

2. 加强生物物种资源保护与监管

完善生物物种资源出入境制度。编制生物物种资源出境管理名录，严格控制珍稀、濒危、特有以及具有重要生态或经济价值的野生生物物种出境。探索建立生物资源采集、运输、交换等环节的监管制度。加强生物物种资源迁地保护场所的监管。逐步建立生物遗传资源获取和惠益分享制度，加强与遗传资源相关的传统知识调查和整理，逐步实现文献化、数据化。

3. 深化生物安全管理

加强转基因生物、外来入侵物种风险管理。制订转基因生物环境释放环境风险评价导则，科学评估转基因生物对生态环境和生物多样性的潜在风险。建立转基因生物环境释放监管机制，组织开展转基因生物环境释放跟踪监测。开展自然环境中外来物种调查和风险评估，建立数据库，构建监测、预警和防治体系。认真落实《进出口环保用微生物菌剂环境安全管理办法》，出台环保用微生物环境安全评价技术导则，加大进出口环保用微生物的环境安全监管力度。

4. 推动履约和国际合作

积极参加《生物多样性公约》及其议定书的相关会议和谈判，切实维护国家权益。组织开展“联合国生物多样性十年中国行动”。组织开展生物多样性适应气候变化、生物燃料生产、海洋与海岸生物多样性保护、公海保护区、遗传资源获取和惠益分享、转基因生物跨境转移环境影响等国际履约热点问题的跟踪研究，为履约工作提供支撑。加强南北合作和南南合作。

（三）提升自然保护区建设和监管水平

1. 提高管护水平

实施自然保护区规范化建设和管理。进一步理顺自然保护区的管理体制，健全自然保护区的管理机构，加大经费投入。完善分级分类自然保护区规范化建设标准，选择一批国家级自然保护区开展示范建设，完善基础设施，健全管理机构和人员队伍，通过典型示范，全面带动自然保护区提高管护水平。在自然保护区开展原住民自愿、政府鼓励的生计替代示范。

继续开展全国自然保护区基础调查与评价工作。对所有国家级自然保护区的边界范围和功能区划进行确认并向社会公布，推动土地确权。进一步加强自然保护区综合科学考察工作，对前次综合科考已满 10 年的自然保护区，系统开展一次科学考察，到 2015 年，70% 以上的国家级自然保护区和 40% 左右的省级自然保护区按要求完成科学考察。开展保护区数字化工程，制定数字化规范标准，建立全国自然保护区综合管理信息系统。

2. 优化空间布局

积极推进中东部地区自然保护区发展，在继续完善森林生态系统自然保护区布局的同时，将河湖、海洋和草原生态系统及地质遗迹、小种群物种的保护作为新建自然保护区的重点。按照自然地理单元和物种的天然分布对已建自然保护区进行整合，通过建立生态廊道，增强自然保护区间的联通性。探索新建自然保护区的新机制，优化自然保护区空间布局。推动跨界自然保护区建设，加强与周边国家的合作交流。

3. 加强监督管理

完善自然保护区管理评估制度，逐步开展地方自然保护区的管理评估。构建“天地一体化”自然保护区监控体系，对自然保护区内自然生境变化开展生态监测，对开发建设等人类活动及其影响实施严格的监督管理。继续加强对自然保护区执法检查，对自然保护区典型违法违规问题进行通报或挂牌督办。探索建立自然保护区工作考核和责任追究制度。

（四）强化国家及区域生态功能保护

1. 划定生态红线

在重要（点）生态功能区、陆地和海洋生态环境敏感区、脆弱区等区域划定生态红线，会同有关部门共同制定生态红线管制要求，将生态功能保护和恢复任务落实到地块，形成点上开发、面上保护的区域发展空间结构。研究出台生态红线划定技术规范，制定生态红线管理办法。

2. 加强重点生态功能区保护和管理

以重点生态功能区保护和管理为抓手，加强青藏高原生态屏障、黄土高原—川滇生态屏障、东北森林带、北方防沙带和南方丘陵地带以及大江大河重要水系的生态环境保护，推动形成“两屏三带多点”的生态安全战略格局保护与建设，加大对水质良好或生态脆弱湖泊，以及生态敏感区、脆弱区的保护力度，从源头上扭转生态环境恶化趋势。启动和实施 5 个左右国家重点生态功能区的保护和管理试点。

严格区域环境准入，根据不同类型的生态功能保护和管理要求，制定实施更加严格的区域产业环境准入标准，制定发布各类重点生态功能区限制和禁止发展产业名录，提出更严格的生态保护管理规程与要求，提高各类重点生态功能区中城镇化、工业化和资源开发的生态环境保护准入门槛。

严格重点生态功能区的环境影响评价，在区域开发规划、行业发展规划以及建设项目的环境影响评价中强化开发建设活动对区域主要生态功能的影响评估。制定并严格执行建设项目生态保护与恢复治理方案，减少对自然生态系统的干扰，保证生态系统的稳定性和完整性。建立健全关于重点生态功能区环境影响评价的区域限批制度。

加强重点生态功能区生态综合评估。制定国家重点生态功能区生态保护综合调查与评价指标体系，建立区域生态功能综合评估机制，强化对区域生态功能稳定性和提供生态产品能力的评价和考核，定期评估主要生态功能的动态变化。

3. 强化生态监测与评估体系建设

开展全国生态环境十年变化（2000~2010 年）遥感调查与评估。摸清全国生态环境现状，系统获取全国生态环境十年动态变化信息，评估和阐述十年来全国、省域和典型区域的生态系统分布、格局、质量、服务功能等状况及其变化，编制中国生态环境十年变化国家报告。深入分析生态环境变化特征及其胁迫因素，揭示存在的主要生态环境问题，提出我国生态环境保护的对策与建议。推进建立定期开展全国生态环境状况调查评估体制机制。

以十年评估成果为基础，完善我国生态环境监测与评估体系建设。加强生态保护相关领域的基础调查、监测、评估能力建设。健全卫星环境监测体系，整合、建立和完善地面生态系统观测站点，全面构建“天地一体化”的生态环境调查监测评估体系。加强人员培训，壮大专业队伍。全面开展生物多样性、外来有害物种等生态监测。建立国家重点生态功能区生态监测方法和技术体系，开展区域生态系统结构和功能的连续监测和定期评估。

启动全国易灾地区县域生态环境质量评估，开展易灾地区生态环境功能调查评估，全面摸清易灾地区生态环境背景状况，提出洪涝、山洪、泥石流、滑坡、崩塌等山洪地质灾害的生态减灾综合对策，保障易灾地区生态安全。适时启动国家森林公园和国家级风景名胜区生态功能状况评估试点。

4. 开展流域生态健康评估与管理

结合流域规划，编制流域生态健康行动计划，探索建立流域生态健康评价标准和制度，努力推动建立流域生态保护的新理论和新方法，促进经济社会发展与流域生态承载能力相适应，维持健康的流域生态系统。在西部和北方水资源短缺地区，加强限制高耗水产业发展。加强水电开发规划、建设和管理过程中的生态环境监管。建立健全水资源开发的生态补偿机制。

5. 强化资源开发和基础设施建设生态环境监管

严格矿产资源开发生态环境监管。以稀土、煤炭等为突破口强化矿产资源开发生态保护执法检查与评估，严格控制破坏生态系统的开发建设活动。对资源开发活动的生态破坏状况开展系统的调查与评估，制定全面的生态恢复规划和实施方案，监督企业对矿山和取土采石场等资源开发区、次生地质灾害区、大型工程项目施工迹地开展生态恢复。加强生态恢复工程实施进度和成效的检查与监督。加强对矿产开发造成生态破坏的评价和监管，防止突发环境事件发生。

强化旅游资源开发活动的生态保护。加大旅游区环境污染和生态破坏情况的检查力度，做好旅游规划中有关环境影响评价的审查、指导、督促工作，重点加强对重点生态功能区和生态敏感区域旅游开发项目的环境监管。会同相关部门共同推动国家生态旅游示范区建设，完善生态旅游示范区管理办法和配套制度。推动建立健全地方性的规章制度和标准办法，规范旅游开发活动。

四、重点工程

为实现规划目标和落实规划主要任务，“十二五”期间，要实施好生态文明示范建设重点工程、生物多样性保护重点工程、自然保护区管护重点工程和区域生态功能保护重点工程等四大工程。要充分利用市场机制，形成多元化的投入格局，确保工程投资到位。工程投入以地方各级人民政府和企业为主，中央政府区别不同情况给予支持。

专栏:“十二五”生态保护重点工程

生态文明示范建设工程。包括生态市、生态县、生态工业示范园区建设、生态文明建设试点、跨行政区的生态文明连片建设、行业生态文明建设试点、生态文明水平评估等工程。

生物多样性保护重点工程。包括生物多样性保护优先区域调查和评估，生物多样性保护示范区、恢复示范区、减贫示范区建设，生物物种资源保护与监管，遗传资源获取和惠益分享，生物安全管理等工程。

自然保护区管护工程。包括自然保护区规范化建设、国家级自然保护区监控和评估、国家级自然保护区数字化建设、自然保护区布局优化等工程。

生态功能保护工程。包括生态红线划定与管理、国家重点生态功能区保护和管理试点、生态环境地面定位监测站建设、生态环境十年(2001~2010)遥感调查和评估、易灾地区生态综合评估、流域生态健康评估和管理、资源开发生态环境监管等工程。

五、保障措施

(一)完善法规制度

积极推动国家重点生态功能区于自然保护区建设和管理、生物多样性保护等重点领域立法，进一步健全相关法律法规。研究制定生物遗传资源获取和惠益分享管理办法、转基因生物环境释放安全管理办法，外来入侵物种环境管理办法、养殖业应用微生物环境安全管理办法等部门规章。

(二)推动部门协调联动

充分发挥生物多样性保护国家委员会、中国履行《生物多样性公约》工作协调组、生物物种资源保护部际联席会议制度、国家级自然保护区评审委员会等现有的部门合作机制，完善部门协调机制，促进部门间协同联动与信息共享。建立完善生态文明建设的部门协作机制。建立健全相关部门共同参与、分工负责的国家重点生态功能区保护和管理协调机制和绩效考核体系与办法。完善自然保护区建立、调整、评审、评估等工作机制。针对资源开发引起的生态环境保护等问题，联合相关部门建立定期或年度的部门联合执法检查制度。

(三)完善生态保护政策

推动有关部门不断完善国家重点生态功能区转移支付政策，加大对国家重点生态功能区财政转移支付力度，扩大覆盖范围，提高转移支付资金用于生态环境保护的比例，明确受补偿地区和行业的生态保护责任和目标。加大对中西部地区和民族自治地方生态保护的转移支付力度。推动建立自然保护区和生物多样性保护优先区的生态补偿专项资金。参与并推动制定实施生态补偿条例。继续推进流域生态补偿试点工作，支持地方建立流域上下游市场化的生态补偿机制。以《全国主体功能区划》和《全国生态功能区划》为基础，制定差异化的生态保护管理政策。推动重大区域性和行业性发展决策开展战略环境影响评价。

（四）加大生态保护投入

推动加大自然保护区和生物多样性保护投入。推动各级政府把生态保护和监管列入各级财政年度预算并逐步增加投入。完善市场化投融资机制，推动建立国家、地方、企业和社会的多渠道投入的机制。推动制定和实施有利于生态保护和建设的财税政策，鼓励和吸引国内外民间资本投资生态保护。加强与其他国家、国际组织的生态保护合作，健全生物多样性和生态系统服务政府间科学—政策平台(IPBES)，积极引进国外先进的生态保护理念、管理模式、技术和资金，推动我国生态保护工作。

（五）加强科技支撑

加强实施水体污染控制与治理科技重大专项，实现"减负修复"核心关键技术突破。加强重点领域的基础研究和科技攻关，加强对科研院所的科研能力建设支持，优先安排重大生态环境问题与关键技术科研课题。加强国际科技合作与交流。对经实践验证具有较好效果的成熟技术模式，进行推广与应用。推动设立生态保护科技重大专项，重点开展重点生态功能区保护和建设的方法与技术模式、生物多样性与生物安全支撑技术、生态产业发展、生态修复技术、生态系统监测评价等关键技术的研究。开展大型、特大型城市以及城市群的生态保护和生态安全问题的研究。

（六）促进公共参与

深入开展生态环境国情、国策教育，加强面向社会的宣传教育，广泛动员公众参与生态环境保护。发挥新闻媒体的宣传和监督作用，积极宣传生态保护相关方针政策、法律法规。在世界环境日、国际生物多样性日等重要时期，精心组织自然生态保护宣传教育活动。制定并完善生态保护的公共参与政策，鼓励公众参与生态环境保护与监督。充分发挥相关社团组织的桥梁纽带作用，动员社会各方力量共同推进生态保护与建设工作。

（环境保护部 2013 年 1 月 25 日印发）

附表

"十二五"生态保护重点工程

重点工程	工程名称	内 容
生态文明示范区建设重点工程	生态建设示范区	建成生态县（市、区）不少于50个，生态市不少于10个，建设50家国家生态工业示范园区。
	生态文明建设试点	个别地区达到生态文明建设示范区的要求，2~3个区域启动跨区域的生态文明连片创建，启动一批生态文明建设行业试点。
	生态文明水平评估	开展省级行政区和副省级城市的生态文明建设水平评估。
生物多样性保护重点工程	生物多样性保护优先区域调查和评估	查清8~10个优先区域本底状况，开展生物多样性价值评估。
	生物多样性保护示范区建设	建立10~15个生物多样性保护、恢复和减贫示范点和30~50个生物多样性保护小区。
	生物物种资源保护与监管	开展与遗传资源相关的传统知识调查和整理，建立遗传资源获取和惠益分享制度；开展迁地保护场所的监管评估；编制生物物种资源出境管理名录，完善生物物种资源出入境制度。
	生物安全管理	开展重点区域外来入侵物种试点调查，实施转基因生物安全监测与管理，实施养殖业应用微生物环境安全管理工程。
自然保护区管护重点工程	自然保护区规范化建设示范	建设100个具有典型示范意义的国家级自然保护区，对所有国家级自然保护区边界和功能区划进行确认。
	国家级自然保护区监控和评估	建设"天地一体"的自然保护区监控体系，开展各级自然保护区的管理评估。
	国家级自然保护区数字化	建立全国自然保护区综合管理信息系统，开展国家级自然保护区物种资源数据库和自然保护区空间布局数据库的建设。
	自然保护区布局优化	提出自然保护区空间整合方案、生态廊道建设方案，建设1~2个跨国界自然保护区。

续表

重点工程	工程名称	内　容
区域生态功能保护重点工程	划定生态红线	划定生态红线，建立生态红线管理制度。
	国家重点生态功能区保护和管理试点示范	在3~5个国家重点生态功能区开展示范建设，研究建立重点生态功能区保护和管理标准和规范，划定生态红线，完善生态环境保护和管理政策。
	生态环境地面定位监测站建设	依据《全国主体功能区规划》，在重要生态功能区、生态脆弱区和生物多样性丰富区等类型区域，建立生态环境地面定位监测站。按照统一规划、分期建设原则，"十二五"期间，在全国建设10个"生态环境监测分站"，同时采用"一站多点"模式，每个分站设置4个生态环境地面定位监测点。
	全国生态十年（2001~2010）遥感调查和评估	开展近十年来我国生态环境动态变化评估，揭示存在的主要生态环境问题，提出我国生态环境保护的对策与建议。
	全国易灾区生态评估	开展我国易灾地区的县域生态综合评估，提出易灾地区生态保护的对策和建议。
	流域生态健康评估和管理	编制流域生态健康行动计划，探索建立流域生态健康评价标准和制度，并开展流域生态健康评估和管理试点工作。
	资源开发生态环境监管	对资源开发活动的生态破坏状况开展系统的调查与评估，制定全面的生态恢复规划和实施方案；重点加强对重点生态功能区和生态敏感区域旅游开发项目的环境监管，完善生态旅游示范区管理办法和配套制度。

国家环境监管能力建设"十二五"规划

（环发〔2013〕61号）

前　言

环境监管是环境管理的重要组成部分，是实现环境保护目标的重要保障，是推进环境基本公共服务均等化的重要内容。环境监管包括环境监测、监察、预警、应急、信息、评估、统计、科技、宣教等领域。"十一五"期间，环境监管能力建设取得显著成效，环境监测预警体系、环境执法监督体系和环境管理基础设施建设任务基本完成，环境监管水平大幅提升。

"十二五"时期，我国工业化、城镇化进程进一步加快，能源消费总量不断上升，污染物产生量持续增加，经济增长的环境约束日趋突出，环境保护对监管能力提出更高要求。依据《国务院关于加强环境保护重点工作的意见》（国发〔2011〕35号）、《国家环境保护"十二五"规划》（国发〔2011〕42号）和《国务院关于印发"十二五"节能减排综合性工作方案的通知》（国发〔2011〕26号）等文件精神，制定《国家环境监管能力建设"十二五"规划》（以下简称《规划》）。

《规划》从完成"十二五"环境保护重点任务需求出发，以探索环境保护新道路为统领，围绕环境保护"总量控制、质量改善、风险防范、均衡发展"目标要求，提出提升污染源与总量减排监管水平、提高环境质量监测与评估考核能力、加强环境预警与应急能力建设、夯实环境综合监督管理基础等四大任务，实施基础、保障、人才等三大工程，全面提升环境监管能力，为实现"十二五"环境保护目标，建设生态文明提供有力保障。

一、现状、问题与需求

在有关部门和各地的共同努力下，《国家环境监管能力建设"十一五"规划》实施成效显著，"十一五"期间累计完成投资近300亿元，其中中央投资约120亿元。环境监测预警体系初见成效，环境执法监督体系基本建立，环境管理基础设施逐步完善。

（一）"十一五"主要建设成效

环境监管体系基本建立。"十一五"期间，全国初步建成国家和地方环境监测网，形成由国家、省、地（市）和县（区）级环境监测站组成的环境监测体系。成立全国六大区域环保督查中心，形成由国家、省、地（市）和县（区）级环境监察机构组成的环境监察执法体系。环境监测管理、应急管理、核与辐射监管、环境信息、宣传教育等机构基本建立。

专栏 1：环境监管体系建设成效

环境监测监控。形成国控、省控、市控三级环境质量监测网。在全国十大水系布设了759个国控监测断面，在近岸海域布设了301个水质监测点位。形成了由113个环保重点城市661个空气自动监测站点、440个酸雨监测点位和82个沙尘暴监测站组成的环境空气质量监测网。基本建成14个国家空气背景站、31个农村区域站等。全国共建成省、地市级污染源监控中心306个，12665家企业安装了自动监控设备，其中国控重点监控企业8956家。国家核与辐射环境监测网络初步形成。

环境监管机构。全国已建立各级环境监测站2587个。建成环境保护部卫星环境应用中心，31个省级辐射环境监测站。建立各级环境监察机构3157个。部分省市建立专门的环境应急管理机构和统计机构。初步形成国家、省、市三级环境信息技术支撑和管理体系。

环境监管装备水平显著提高。加大对基层环境监测站能力建设的支持力度，重点加强了中西部地区和边境地区的监测能力。国家级水质自动监测站、地表水集中式饮用水源地水质全分析、国家空气背景监测和农村空气监测能力得到加强。环境监察执法车辆及仪器设备配置实现跨越式发展，标准化装备水平显著提高。核与辐射监测仪器设备配置大幅加强，省级放射性废物暂存库及配套实验室基本建成。环境应急装备有效提高，环境监管基础设施和条件明显改善。

专栏 2：环境监管装备配置情况

环境监测。中央财政补助支持1072个县（区）级环境监测站装备标准化建设，占全国县级站总数的52%，其中支持中西部地区县（区）级监测站857个，大大提升了基层环境监测能力。加强地表水集中式饮用水源地水质全分析能力，在七大水系、重点湖库的省界断面、入海口及边境河流上建成150个国家级水质自动监测站。

环境监察。1357个环境监察机构通过标准化验收，其中中西部县（区）级环境监察机构基本实现装备标准化。全国环境监察机构共配备执法车辆10176辆，执法仪器设备64301台套。

核与辐射安全监管。各级辐射监测机构配备了常规辐射监测、应急监测、监督执法取证等仪器设备。在重点区域建设了100个辐射连续自动监测子站。基本完成31个省（区、市）放射性废物暂存库及配套实验室建设。

环境预警应急。2008年，环境一号卫星成功发射，为建立“天—空—地”一体化环境监测、预警、评估、应急指挥提供了重要平台。各级环境应急机构、环境监测站配备了必要的应急指挥装备、监测设备和防护装备等。

环境信息。建成国家、省、市、县四级环境保护专网，基本具备了网络通讯和数据传输能力。建立国家、省两级综合数据库，建成建设项目管理和环境统计等应用系统，环境信息管理支撑能力初步形成。

环境监管基础设施。中国环境监测总站、环境履约中心、卫星环境应用中心业务用房投入使用，部分区域环保督查派出机构及核与辐射安全监督站建成使用。建设和改造了一批环境科研重点实验室。启动基层环保监测和执法业务用房建设项目，中央预算内资金补助支持565个县、市建设业务用房。

环境监管运行保障水平有效提升。环境监测、监察、应急、信息、统计等管理制度逐步完善，环境监管能力建设与运行经费得到基本保障，为加强环境监管、规范监管行为、提高监管效率发挥了重要作用。环境监管队伍建设全面推进，通过开展定期培训、轮训以及专业技能竞赛、应急演练等活动，环保人员技术水平有了较大提高。

专栏 3：环境监管队伍技能水平

“十一五”期间，培训各类环境管理人员16万人次，有效保障了环保事业的快速发展。

环境监测。实施持证上岗考核制度，共发放环境监测人员技术考核合格证56800份，培训监测管理和技术人员约1.4万人次。组织开展了第一届全国环境监测专业技术人员大比武活动，涉及环境监测系统50000

余名干部职工，基层环境监测队伍的技术水平有了较大提高。

环境监察。培训环境监察人员近6.3万人次，基本实现了环境监察人员轮训1次。

环境应急。培训环境应急人员近3000人次，组织开展环境应急演练等活动，环境应急人员管理、技术水平有较大提高。

环境统计与信息。培训各级环境统计人员6000多人次，环境统计与信息人员水平有效提升。

（二）存在的主要问题

虽然“十一五”环境监管能力建设取得显著成效，但环境基础设施薄弱、监管能力滞后、保障条件不足、人才队伍现状与职能任务不相适应等问题依然存在，是困扰和阻碍环保事业发展的基本矛盾。

环境监管总体水平仍然不高。尽管环境监管硬件装备有了较大提高，但环境监测、应急、信息、宣教等标准化建设水平仍然不高。“十一五”重点加强了污染减排监管领域能力建设，但农村和自然生态、核与辐射、预警应急等领域能力建设滞后。环境监管能力仅仅满足基本工作的需要，规范化、精细化、效能化、智能化程度不高，技术体系不健全，科技支撑能力不强。

环境监管制约因素突出。环境监管队伍人员技术水平不高、基础设施（业务用房）缺口较大、运行保障经费不足，与日益繁重的环境监管任务不相适应，成为制约环境监管能力和水平提高的瓶颈因素。

环境监管效率有待提高。环境监测、监察、应急、信息、统计、科技、宣教等领域缺乏有效整合与联动，尚未形成合力，在系统集成、信息共享等方面不能满足协同配合的需要。环境监测、污染源自动监控数据的准确性有待进一步提高，监测监控的成果尚未有效应用到环境管理的各个方面，环境统计数据分析应用不足。环境影响评价技术评估模式单一，评估质量和效率不高。

环境监管均等化存在较大差距。地区之间、城乡之间环境监管能力差异较大，中西部地区和基层环境监管能力依然薄弱。环境监测和信息发布不能完全满足公众的期盼和诉求。

核与辐射安全监管水平亟待提高。核能与核技术利用快速发展的形势对核与辐射安全监管提出严峻挑战，监管手段和方法落后，安全验证能力不强，技术创新与基础能力建设不足，核与辐射环境监测体系不健全，科普教育尚未普及，国际合作与信息公开有待加强。

（三）“十二五”建设需求

“十二五”时期是我国环境保护的关键时期，形势更加严峻，污染减排任务繁重，环境风险防范任务艰巨，环境质量改善难度加大，新时期环境保护工作对监管能力提出更高要求。

污染减排压力继续加大，污染源与总量减排监控能力有待进一步提高。“十二五”期间我国经济社会仍将保持较高的增长速度，污染减排任务压力依然很大。必须进一步提高环境监察、监测、应急等监管装备水平，加强污染源自动监控、信息化管理、环境统计和分析、环境科研、环境影响评价技术评估等能力。重金属、危险废物、危险化学品等有毒有害物质污染防控、生物监测等工作尚处于起步阶段，机动车污染、农村面源污染等减排领域需要纳入监管范围，农村和生态环境监测执法能力需进一步拓展和加强。

环境改善任务更加繁重，环境质量监测与评估考核能力急需提升。改善环境质量是环保工作的出发点和落脚点。为提高环境质量监测水平，需要优化环境质量监测布局和点位，开展细颗粒物（$PM_{2.5}$）、臭氧、一氧化碳（CO）等新增指标的监测；需要加强监测数据的质量控制，保障数据准确可靠；需要完善环境质量评价标准与方法，开展空气、水、土壤、生态环境监测评估，为客观评价环境质量状况提供支撑。

突发环境事件居高不下，环境预警与应急能力亟待加强。“十二五”时期是突发环境事件的高发期，为保障环境安全，需要不断完善环境预警与应急机制，建立环境预警体系，充分发挥物联网、“三网融合”、GIS等技术优势，完善环境预警应急指挥信息平台，加强环境风险与评估支撑能力，提高突发环境事件的应急处置能力。

基础支撑能力薄弱，环境综合监督管理基础仍需加强。未来一段时期，基础设施对环境监管能力的制约将进一步加大，环保监管业务用房、环境保护重点实验室等基础设施建设急需加强。为强化舆论引导，保障公众的环境知情权，树立负责任的大国形象，需要大力提升环境宣教、环境信息、环境履约等基础支撑能力。

核事业高速发展，核与辐射监管能力需要大幅提升。核与辐射安全是核能、核技术利用事业的生命线，是环境安全和公众健康的重要组成部分，“十二五”期间，我国核能核技术利用事业仍将高速发展。核与辐射安全审评、安全监督、监测、应急和反恐等能力需要进一步加强，提高技术研发创新能力与国际合作能力，加强公众宣传和舆论导向。

二、指导思想与建设目标

（一）指导思想

以积极探索环境保护新道路为统领，围绕国家环境保护战略任务，提升污染源与总量减排监管水平，提高环境质量监测与评估考核能力，加强环境预警与应急能力建设，夯实环境综合监督管理基础，推进环境监管基本公共服务均等化，努力实现环境监管能力的现代化、标准化、信息化，为实现"十二五"环境保护目标，建设生态文明提供有力保障。

（二）基本原则

统筹规划，突出重点。加强顶层设计，统筹长远规划与近期目标，兼顾环境监管能力建设的不同领域，明确重点任务，有效提升各领域环境监管水平。

分类指导，均衡发展。推进环境监管基本公共服务均等化，根据不同地区、不同层级环境监管能力建设的差异性，加强分类指导，优化中央本级，保障基层，加大对中西部地区、革命老区、民族地区、边境地区、欠发达地区等的支持力度，实现均衡发展。

强化集成，确保绩效。加强环境监测、监察、应急、信息、评估、统计、科技、宣教等领域建设任务的集成，充分利用现有信息资源，实现资源共享，形成合力，提高监管能力建设质量和效率。

系统配置，协调推进。综合考虑影响环境监管能力提升的制约因素，软硬结合，在加强环境监管硬件装备的同时，提升人才队伍建设、人员专业水平、运行保障等软实力。

（三）规划目标

污染源与总量减排监管能力全面提高。到2015年，全国县级环境监察机构装备达标率达到85%，地市级达到90%，省级达到95%。污染源自动监控、监督性监测、科技支撑和统计能力显著增强。

环境质量监测与评估考核能力显著提升。到2015年，全国县级环境监测站基本设备配置达标率达到90%，地市级站基本实现标准化，省级站全部达标。中央本级环境监测能力显著加强，监督考核能力有效提高。

环境预警与应急能力系统加强。到2015年，地市级环境监测站具备较强的应急监测能力，环境应急管理机构二级达标率达70%以上。省级环境监测站基本具备预警监测能力，环境应急管理机构二级达标率100%。国家、省级辐射环境监测能力达到标准化要求，初步具备相对独立、较为完整的安全分析评价、校核计算和实验验证能力，核与辐射安全监管能力与核事业发展同步提高。

环境综合监督管理基础设施基本完善。建成国家环境规划与工程评估、华北督查中心综合业务用房，建设国家核与辐射安全监管技术研发基地，基本建成区域性核与辐射安全监督站业务用房。地市以上环境信息与宣教机构设备配置达到标准化要求。建成一批市、县环保监管业务用房。

三、主要任务

（一）提升污染源与总量减排监管水平

围绕污染物总量控制要求，完善污染源自动监控网络，提高污染源和总量减排监管标准化、信息化和智能化水平。

加强现场执法装备配置。按照填平补齐的原则，加强全国环境监察机构标准化建设，重点加强中西部市县两级、东部欠发达地区县级环境监察执法能力建设。按照新修订的《全国环境监察标准化建设标准》和《环境监察标准化建设达标验收管理办法》，开展考核验收。提高高寒、地域辽阔等地区的配置标准，鼓励各级环境监察机构根据实际需要增加专项设备的配置。加强区域督查派出机构执法能力和快速反应能力。提高各级环境监察机构排污申报核定工作能力，加强排污费征收管理能力建设。

开展移动执法与专项执法能力建设。建立国家和地方移动执法数据平台，对地市以上及有条件县区环境监察机构配置移动执法终端，推动环保执法规范化、现代化、信息化，提高现场执法效率。对重金属、持久性有机污染物等有毒有害物质重点防控区域的环境监察机构配置必要的专项取证设备。

完善污染源自动监控网络。推进区域督查派出机构和省级污染源监控能力建设，推动国家、省、地市三级自动监控系统联网。在污染源集中地区逐步推进县级监控能力建设。以列入国家重点监控范围的电力、钢铁、水泥、造纸、印染等重点行业企业以及城市污水处理厂为重点，建设运行管理监控平台，加装氨氮、氮氧化物、工业烟粉尘等监控设备。在重点区域开展重金属污染物自动监控，对重金属排放企业安装相关重金属废水废气在线监测仪器设备。完善运行制度，保障运行经费，确保污染源自动监控设施稳定运行。推进自动监控工况试点，适时更新国控污染源自动监控现场端设备，保证正常稳定运行。

强化污染源监督性监测与数据质量控制。开展新增约束性污染物、工业烟粉尘、重金属、二噁英、挥发性有机物、危险化学品等监督性监测能力建设。推动各级环境监测站逐步具备对所辖重点企业排放污染物及典型工业固体废物堆场的监督性监测能力。优化调整重点源监督性监测频次。加强重点监控企业自动监测系统数据有效性审核，调整优化比对监测与有效性审核频次，将自动监控设施稳定运行情况与污染源总量减排核定挂钩，强化污染源自动监控系统连续监测数据的质量控制。加强污染源自动监控数据在总量核算、排污收费申报、环境预警等方面的应用。

提高机动车与农业面源污染监控能力。建立国家级机动车排放检测实验室和油品检测实验室。加强国家、省、地市三级机动车排污监控能力建设，在京津冀、长三角、珠三角等重点区域和城市开展道路交通污染监测。加强规模化畜禽养殖污染减排核查能力，提高村镇环境污染控制技术支撑能力。加强国家排污权交易中心能力建设。

加强环境统计能力建设。启动环境统计标准化建设，鼓励有条件的地方建立专门的环境统计机构。开展基层及企业环境统计专职人员培训，逐步建立持证上岗制度。建立环境统计数据现场核查工作体系，稳定和规范环境统计数据联合会审制度，保障数据真实、可靠。启动重点行业产排污模拟实验室建设，建立产排污系数动态更新体系。建立环境统计分析数据库，提升环境统计对总量减排等重点工作支撑能力。

夯实环境信息能力基础。建设环境信息资源中心，推进地市以上环境信息机构标准化建设，提高环境信息网络传输能力、应用支撑能力、安全保障能力，推动信息资源共享。启动环境信息能力建设二期工程，建设环境保护物联网平台与智慧决策服务平台，提高“十二五”减排约束性指标的监控管理信息化水平，推进物联网在污染减排中的应用。

（二）提高环境质量监测与评估考核能力

以环境质量改善为目标，提高生态环境质量监测与评价能力，完善环境质量监督考核体系。

继续推进环境监测标准化建设。按照填平补齐的原则，全面推进各级环境监测站标准化建设，强化基本和专项监测仪器设备配备，配精省级、配强市级、加强县级，在承担国家监测任务的重点流域、区域补充必要的监测仪器设备。开展环境监测综合数据平台建设，加强基础设施建设，提升国家环境监测管理水平。在重点区域、流域、近岸海域及具有战略意义地区加强环境监测站点建设，提高监测技术装备水平。加强各类国家环境监测与科研技术实验室建设，提高监测科研基础支撑能力。

提高新增指标的监测能力。按照新修订的《环境空气质量标准》要求，分期分批开展空气质量监测能力建设，逐步按照新标准发布城市空气质量。在重金属污染防治重点区域开展相关重金属污染物的环境空气质量监测。开展挥发性有机物、汞等重金属、持久性有机污染物、危险化学品、典型工业固体废物、多环芳烃和羰基类化合物等监测试点。在跨界水体开展水生生物指标和特定污染物等监测，在重点海域开展生物、赤潮、溢油监测。鼓励有条件的地区开展反映区域环境特征的污染物监测。

完善国家环境监测网。优化调整国家环境监测网，加强能力建设，开展跟踪评估工作。在国家环境背景、跨界水体、重点地区等建设自动监测站点，推进近岸海域、湖泊、农村环境、典型工业固体废物堆场监测能力建设，推动物联网在环境质量监测中的应用。

开展生态环境质量监测评价。加强卫星遥感监测和地面监测相结合的国家生态环境监测能力。研制和发射环境卫星后续星，配备无人机等遥感设备，对环境敏感区域、事故易发区等实施监控。开展生物多样性、转基因生物环境释放、外来有害物种等监测、评估，加强国家重点生态功能区生态环境质量监测与评估。加强国家级自然保护区的管护和监测能力建设，提升自然保护区管理水平。加强基础研究，组织开展环境与健康监测试点工作。

实施环境质量监督考核。建立和完善国家环境监测标准样品库，配置环境标准样品分析及专业生产仪器设备，提升标准样品的研究和技术支撑能力。全面加强监测数据质控能力建设，建立省级数据质控实验室和数据质控系统，强化监测技术监管与数据审核。完善环境质量监督考核体系。

（三）加强环境预警与应急能力建设

加强环境预警网络建设与环境应急响应能力建设，提高重金属、危险废物、危险化学品、核与辐射等有毒有害物质污染事件防范水平。

提升环境风险管理能力。组织开展环境风险调查和评估，定期开展环境安全隐患排查。研究制定环境风险识别方法及规范，建立环境风险分级分类标准。开展区域、流域环境风险管理示范项目建设。建立GIS地图体系和环境风险数据库，提高对环境风险的应对能力。加强环境影响评价监管能力建设，启动省级、地市环境影响评价技术评估机构标准化建设。

加强核与辐射安全监管能力建设。配备必要的技术装备，形成相对独立，较为完整的核与辐射安全分析评价、校核计算和实验验证能力，提高核与辐射安全现场监督执法能力。加强全国辐射监测网络建设，完善全国辐射环境质量监测、污染源监督性监测及辐射环境应急监测体系。提高核事故预警、监测、信息、风险评价、决策和指挥能力。加强核应急救援体系建设，建立核与辐射应急响应专业队伍。

提高重金属、危险废物及危险化学品风险防范能力。推进国家和省级固体废物管理机构标准化建设，提高大中城市固体废物管理能力。加强危险废物鉴别和监测能力建设。加强重金属、危险废物、医疗废物、工业固体废物、污泥、电子废弃物等处理处置的监管能力建设。加强国家化学品环境管理能力，规范化学品登记、监控与管理，建设国家优控化学品的环境暴露检测平台，开展区域性重点实验室建设试点，推进省市两级化学品环境风险防控管理能力建设。加强物联网在危险废物和危险化学品运输领域的研发应用，实现对危险废物和危险化学品运输和转移的实时监控。

建设环境预警网络。建设重点区域、流域、近岸海域环境预警体系，加强边境河流、水域、海域环境预警能力建设，开展极端气象条件下大气污染预警体系建设，加强沙尘暴监测系统建设。建立健全环境风险源数据库，研究建立重点城市、区域和流域环境质量评价预测模型，建立水环境安全风险评价预警实验平台和信息分析共享平台，建设突发环境事件预警信息发布系统。以省级环境监测站为重点，配置必要的监测分析设备，提高典型环境问题预警监测能力。在重要环境风险企业或化工园区，配备环境质量应急监控和预警装置，开展重金属、持久性有机物、危险废物、危险化学品、放射性物质、生物毒性等预警监测试点。

加强环境应急响应能力建设。提高区域督查派出机构和省、市级环境应急机构指挥系统、装备等配置能力，配备必要的高性能应急监测设备。按照《全国环保部门环境应急能力建设标准》及《全国环保部门环境应急能力标准化建设达标验收暂行办法》要求，推进环境应急能力标准化建设。推动实施《突发环境事件应急预案管理暂行办法》，建立健全国家、省、市、县四级突发环境事件应急预案，适时开展突发环境事件应急演练。

建立环境应急指挥系统和平台网络。加强环境应急指挥通信系统建设，加快推进环境应急平台综合应用系统的统一开发部署，建立环境应急专家数据库，实现信息共享。建立环境应急专用 VSAT 网络，实现应急状态下与公众固定通信网络和移动通信网络的互联。

加强环境应急技术支撑能力建设。加强环境应急模拟与控制技术能力建设，开展国家级环境风险与损害鉴定评估研究机构及环境污染损害鉴定技术支持机构能力建设，积极推进省级环境污染损害鉴定评估机构建设试点。开发环境污染损害鉴定评估模型与软件，开展环境污染损害鉴定评估信息系统建设，建立环境污染损害鉴定评估机制。

（四）夯实环境综合监督管理基础

加强各级环保基础能力建设。提高环境监管运行保障能力。推进环境综合监督管理基础设施建设。继续开展基层环保监管业务用房建设，适当提高欠发达地区的补助标准。推进各级环境科研与管理、环境规划、环境影响评价等技术支撑体系建设，建设国家环境规划与工程评估、华北督查中心综合业务用房。加强核与辐射安全监管基础能力，建设国家核与辐射安全监管技术研发基地及核与辐射安全监督站业务用房。加强环境监测、应急处置等物资储备能力。

提高环境监管运行保障能力。建立经费保障渠道和机制，按照运行经费定额标准，保障国家与地方环境监管网络运行、设备更新。研究建立核与辐射安全监管及核安全重要岗位人员技术资质管理制度。加强队伍建设，完善培训机制，加强市、县两级特别是中西部地区环境监管人员培训，提升人员素质。培养引进高端人才，定期开展环境专业技能竞赛、应急演练等活动。

加强环境宣教能力建设。完善环境宣传教育机构网络，推进地市级以上环境宣传教育机构标准化建设。加强宣教机构新闻影视能力建设，充分利用现有条件建设环境教育、公众参与信息交流平台，丰富环境宣传教育手段，加强环境舆论引导和监督，完善 12369 环境投诉举报热线。

提高环境信息服务能力。加强环保政府门户网站建设，继续开展网站绩效评估工作，增强网站在线办事和公众互动能力，保障公众的环境知情权。建立环境保护政务公开应用平台，加快建设统一的电子政务内网平台，实现国家电子政务外网平台的互联互通，形成环保政务公开体系。

加强环境履约能力建设。加强国际履约受控物质污染源及转基因生物环境释放监管，提高国际环境公约履约水平。开展中国—东盟环境保护合作中心基础设施建设，推动上海合作组织环保合作平台建设，提高区域环保合作和跨国界纠纷解决能力。加快环保国际合作、跨国界环境纠纷谈判等领域人才培训与队伍建设。

四、重点工程与投资需求

（一）重点工程

为确保完成规划目标和主要任务，重点实施基础、保障、人才等三大工程（附表）。

基础工程包括环境监测、监察、应急、信息、评估、宣教等能力建设和标准化建设、新增主要污染物监管能力建设、环境物联网建设与应用、环境统计能力建设、核与辐射安全监管能力建设、环境科研与管理支撑基础能力建设等项目。

保障工程包括污染源与总量减排监管运行保障、环境监测与评估运行保障、环境预警与应急运行保障、环境管理支撑平台运行保障。

人才工程包括环境监测、监察、应急、信息、评估、宣教、法规、统计、科研、国际履约与国际合作等领域不同层次的人员培训与队伍建设。

（二）投资需求

经测算，实施基础、保障、人才三大工程，规划总投资需求为 400 亿元。其中，基础工程 297 亿元，保障工程 93 亿元，人才工程 10 亿元。

五、保障措施

（一）明确部门职责，推进实施

全面贯彻落实《国务院关于加强环境保护重点工

作的意见》、《国家环境保护“十二五”规划》和《国务院关于印发“十二五”节能减排综合性工作方案的通知》，切实加强组织领导，明确发展改革、财政、环境保护等部门的职责分工，强化监管，全面推进规划实施。统筹国家与地方环境保护规划、各专项规划与本规划的衔接、配套。地方要加强项目前期工作，编制具体项目实施方案，建立并完善项目库，提高项目储备能力。

（二）加大资金投入，提高效益

明确中央与地方事权划分，将环境监管建设和运行费用纳入各级财政预算予以重点保障，确保资金到位。基础工程所需投资主要在各级政府投资、相关环保专项资金中筹措落实。保障工程和人才工程所需投资以各级财政年度预算资金为主。加大对欠发达地区的支持力度。充分发挥市场机制，引导社会资金投入，拓宽融资渠道。加强项目资金监管，实施项目绩效评估，建立考核结果与资金预算安排的联动机制，明确奖惩措施，提高资金使用效益。

（三）加强队伍建设，提升水平

贯彻落实环境保护部等七部门《生态环境保护人才发展中长期规划》，加强环境监管人才队伍建设，实施人才体制机制创新，建设一支数量充足、素质优良、结构优化的环境监管队伍。提高科研院校、企业自主研发能力，以及国产环保仪器设备的研发和制造水平，形成规模化生产能力。积极学习借鉴国外先进经验、技术、理念和管理模式，提高监管能力建设整体水平。

（四）开展规划评估，加强监管

建立健全规划实施定期通报和评估制度，及时掌握规划实施情况，研究分析实施过程中出现的新情况、新问题。加强对环境监管能力建设的监督检查，对规划任务完成较好的地方和单位给予奖励，对规划执行不力的地方和单位给予批评。适时对规划执行情况进行期中和期末评估。

（环境保护部、国家发展改革委、财政部 2013 年 5 月 30 日联合印发）

附表

重点工程

一、基础工程项目

项目名称	项目类别	建设内容
1.标准化填平补齐项目	环境监察执法标准化建设	环境保护部区域督查派出机构按照东部省级标准配置环境监察执法设备。推进各级环境监察机构装备配置达标。重点加强中西部地市、东部欠发达区县级环境监察机构标准化建设。推进辽河保护区环境监察执法能力建设。重点建制镇的环境监察派出机构配备基本执法装备。
	环境监测站标准化建设	推进各级环境监测站标准化建设，重点加强市县级监测站标准化建设。在承担国家监测任务的重点流域、区域及边境地区补充必要的监测仪器设备。加强辽河保护区、三沙市环境监测能力建设。
	环境应急机构装备标准化建设	环境保护部区域督查派出机构、省级、地市级环保部门，加强环境应急指挥系统、交通工具、防护装备、调查取证设备等硬件建设。针对不同地区环境风险差异及突发环境事件类型等因素，有针对性地为地市级环保部门配备应急监测、通讯和防护设备。
	环境信息机构标准化建设	依托环境保护业务专网，在地市级以上环保部门，加强环境信息机构标准化建设。鼓励有条件的县开展环境信息标准化建设。
	环境宣传教育机构标准化建设	开展省级和地市级环境宣传教育机构标准化建设，鼓励有条件的县开展环境宣传教育标准化建设。
	环保监管业务用房建设	按照环境监测、监察、应急、信息、宣教等标准化建设要求，支持1500个左右市、县环保监管业务用房建设。
2.新增主要污染物监管能力建设项目	主要污染物监督性监测能力建设	承担国控污染源监督性监测任务的各级环境监测站，具备对总量减排4项主要污染物、重金属、二噁英、挥发性有机物、危险化学品、机动车尾气等排放源的监督性监测能力。加强规模化畜禽养殖污染减排核查能力，开展监测与评价试点。
	机动车环境监管能力建设	建设国家级机动车实验室和油品检测实验室，具备机动车排放测试培训能力。建设机动车排污数据中心和监控平台。

续表

项目名称	项目类别	建设内容
3.环境物联网建设与应用项目	污染源自动监控建设	完善各级污染源自动监控平台，适时更新自动监控设备。现有国控重点污染源加装氨氮、氮氧化物、工业烟粉尘监控设备，安装运行管理监控平台。对重金属污染防控重点企业安装废水或废气在线监测仪器设备。在重点污水处理厂、30万千瓦以上电厂实施生产过程监控，逐步向其他重点监控企业延伸。
	国家环境质量监测网建设	环境空气监测能力建设。在地级以上城市开展空气质量新标准监测能力建设，具备监测、预警能力。加强区域空气质量联防联控监测。新建西沙空气背景监测站，完善空气背景站监测点位功能。加强中国环境监测总站的细颗粒物比对实验场地建设、手工采样分析设备能力建设，各省环境监测站建设环境监测质控实验室，分期分批开展环境空气质量监测子站和监测总站网络直连。
		水环境监测能力建设。强化重点水域、重要饮用水水源地、国界河流和主要支流入河口水环境预测预警监测能力，新建一批水质自动监测站，优化水环境自动监测系统。强化县级饮用水水源地水质监测能力建设，开展重金属、挥发酚、粪大肠菌群、生物毒性、挥发性有机物和水生生物等监测试点。在重要入海河口、大型湖库和主要江河装备监测船，在主要地表水区域配置监测艇。在江河源头和重点或敏感区域建设监测站点。在部分近岸海域以及重要河口和海湾区域建设水质浮标自动站。
		在集中式饮用水水源地、重点城市等区域开展土壤环境监测。在重点工业园区开展有机污染物监测。在各省会城市建设噪声自动监测示范。建立生态和生物多样性监测分站。
	危险化学品运输车辆跟踪监控	对危险废物、危险化学品运输车辆加装GPS跟踪系统，提高实时跟踪监控能力。
	环保物联网研发应用	建立环境监管物联网平台，提高环保物联网的应用水平。
4.环境信息能力建设项目	环境信息资源中心工程建设	建立国家—省—市三级环境基础数据库和数据中心，逐步形成环境要素齐全、业务覆盖范围广的环境信息资源中心。
	环境信息综合服务平台工程建设	建设环境信息综合服务平台，包括建设环境保护电子政务平台、环境保护综合监管平台、环境信息资源共享服务平台和省市环境管理业务应用平台等。
	环境信息安全体系工程建设	建设环境保护信息安全三级保护体系和涉密信息安全保护体系，建立信息安全监控平台，开展信息安全风险评估、安全测评等，建设环境保护部异地数据灾备平台。
	环境信息能力建设项目（二期）	建设减排应用系统，升级应用支撑平台，扩容、升级软硬件环境，升级、加强原有网络系统，建设统一的安全保障体系，建设系统运行管理体系，推动一期项目成果的地市级应用。
5.环境统计能力建设项目	环境统计机构能力建设	启动环境统计标准化建设，强化环境统计数据采集、汇总和核查能力，开展年度环境统计专项调查和产排污系数动态更新，强化统计数据库管理和分析应用。
	环境统计能力基础建设	建立和完善工业、生活、农业、机动车等重点污染源条码制统计和管理应用系统。完善环境统计数据采集和直报系统、统计信息实时传输系统和统计分析应用系统。
	重点行业生产排污系数模拟实验室建设	根据产业布局特点，依托重点行业集中的省份分别建设钢铁、化工、纺织印染、造纸、焦化、食品、有色金属采选及冶炼、电镀、铅蓄电池等行业产排污系数模拟实验室。

续表

项目名称	项目类别	建设内容
6.环境宣教能力建设项目	全国环保影视编控系统建设	加强环境保护部宣传教育中心信息采集能力和后期制作能力建设，建设媒资及传输系统，完善后期编辑系统。
	全国环境保护影视图文资料库建设	在中国环境报社建设环保影视图文资料库，配置资料应用服务器、资料库管理系统、SAN交换机、磁盘阵列、底片扫描仪等。
	环境教育基地建设	利用现有条件建设环境教育基地，建设环保数字图书馆，加强环保公众参与信息交流平台建设。
7.环境监测与评估能力建设项目	中国环境监测总站能力建设	强化质量控制基地建设，完善环境监测质控、空气背景监测、物理环境监测等重点实验室。建设环境健康与生物／生态重点实验室。建设环境监测综合数据平台，建成高频的数据采集系统、先进的数据存储系统、功能齐全的业务应用系统、及时的数据发布系统和适用的环境预警响应系统。选取有较强实力的省级站、市级站或科研院所，提高环境监测技术培训能力。
	国家环境监测综合能力建设	加强国家环境标准样品研制、环境分析测试技术研究。开展土壤等样品库建设。配置环境标准样品分析仪、环境样品采样与加工仪器设备，以及生态毒性测试仪器设备等。
	环境卫星监测及航空遥感能力建设	研制和发射环境卫星后续星，增加空气污染物、水污染等环境专用载荷。建设卫星运行管理系统、地面系统和环境应用系统。建立无人机环境监测运行体系，逐步形成无人机环境遥感监测运行网络。
	生态系统监控评估建设	开展全国生态状况十年变化评估数据库和应用平台建设。建设易灾地区生态功能评估项目样本库和数据库、矿产资源生态保护数据库。建立全国自然保护区监督管理信息平台，开展外来入侵物种和转基因生物环境安全监控能力建设，建设生物遗传资源（包括种质资源）库示范工程。
8.环境预警应急能力建设项目	环境应急监测能力建设	加强应急监测和应急预警响应系统建设，配备必要的应急设备、应急监测采样车及个人防护装备。配备高性能应急监测车，重点加强省、市环境应急处置能力建设。选择重要环境风险企业或化工园区，配备环境质量应急监控和预警装置。
	环境应急基础能力建设	建设国家级、省级、地市级环境应急平台，建设环境应急指挥调度系统。重点城市加强环境应急救援能力建设，配备应急处置救援装备。强化环境应急物资储备能力，建设环境应急模拟训练场。
	固体废物监管能力建设	推进国家和省级、大中城市固体废物管理机构能力建设，配置现场快速检测仪器、现场取证设备、防护用具等。对危险废物监管重点源开展在线监控设施建设。建设固体废物属性及危险废物鉴别实验室。
	化学品管理能力建设	建设全国性化学品管理中心，具备化学品登记、鉴别、监测、环境风险评价、技术研发、管理、培训等功能。建设国家优控化学品的环境暴露检测与风险评估技术监控平台和化学品综合信息库。建设区域性重点实验室，具备化学品环境风险评估、测试与预防控制能力。加强各省区化学品环境风险防控管理能力，具备化学品环境风险预防和应急管理等功能。

续表

项目名称	项目类别	建设内容
	典型环境问题与预警监测能力	重金属预警监管。对重点区域配备原子荧光分光光度计、石墨炉/火焰原子吸收分光光度计、暗管探测仪等必要的仪器设备。 有机物预警监测。选取有条件的省级或地市级环境监测站配置必要的监测分析设备，开展有机污染物监测能力建设。 环境健康与生物多样性/生态监测能力建设。在生物多样性丰富区域，开展生物多样性监测，初步构建生物多样性监测网络。 湖泊富营养化预警监测。选取部分环境监测站加强湖泊有机物、富营养化监测。 在环保重点城市和重点地区集中式饮用水水源地加强环境预警与应急监测能力建设。
9.核与辐射安全监管能力建设项目	核电厂安全验证能力建设	建设核电厂热工水力试验台架和核电厂构筑物性能验证试验台架，并配备必要的技术手段和装备。
	核安全设备安全性验证能力建设	建设权威的核安全设备独立验证试验中心，具备核安全设备独立试验验证能力。
	核电厂运行安全仿真分析能力建设	建设核电厂事故分析和事故缓解措施验证能力、应急指挥及支持能力、核电厂安全运行规程和事故规程审查的独立分析和验证能力。
	放射性废物安全管理及核设施退役安全验证能力建设	加快放射性废物处理处置技术研发力度；开展针对放射性物品运输容器及货包的鉴定检验工作，对放射性物品运输实施在线监控；开展核设施退役关键技术研发与验证工作。
	辐射环境监测技术能力建设	建设辐射环境应急监测实验室、辐射环境监测实验室、放射性流出物监测实验室、辐射监测校准技术实验室等，为辐射环境监测提供全范围的技术支撑。
	电磁及电离辐射防护研究能力建设	建设电磁及电离辐射防护研究实验室，针对辐射防护工作开展研究大型输变电工作环境影响评价工作开展验证研究。
	核与辐射安全监控与应急响应能力建设	建设环境保护部（国家核安全局）核与辐射事故应急响应技术中心，配置核与辐射事故应急所需的软硬件平台。
	核与辐射安全监管技术研发基地基本建设	建设核与辐射安全中心及华北核与辐射安全监督站综合业务用房，整合核与辐射安全监管重点工程项目。
	国际核与辐射安全联合研究平台建设	建设IAEA—中国核与辐射安全联合研究中心，开展项目合作、人员交流培训、地区核安全信息交流等活动。
	国家、省和地市级三级辐射环境监测体系能力建设	加强国家、省、市三级辐射环境监测能力；加强国家级辐射环境监测技术支持机构能力建设；各省级辐射环境监测达到标准化要求；在地级市各建设自动监测站并配备便携式设备。

续表

项目名称	项目类别	建设内容
	全国辐射环境质量监测国控网点建设	建设辐射环境质量监测国控网大气自动监测站和水体自动监测站。
	国家重点监管的核与辐射设施监督性监测系统建设	建设核电厂及其他核设施外围环境监督性监测系统；在新建核设施建立流出物监测系统。
	省、地市级核与辐射事故应急监测系统建设	包括省级核与辐射应急监测调度平台、快速应急监测系统，地市级快速移动应急监测系统。
	全国辐射环境监测信息汇总及发布系统建设	升级全国辐射环境监测网络系统功能；建立全国辐射环境监测数据库管理系统及相应应用系统。
	核与辐射安全监督站基本建设	支持监督站业务用房建设，配备执法装备，新增各类取样、收集等仪器设备和交通工具。
10.环境科研与管理支撑基础能力建设项目	环境保护部直属单位基础设施建设	建设环境保护部环境规划院、部环境工程评估中心、华北督查中心等单位业务用房和业务信息系统，满足业务工作需要。
	环境污染损害鉴定评估基础能力建设	建设国家环境损害鉴定评估与生态恢复机构和环境污染损害分析测试机构，建设环境污染损害鉴定评估信息网络平台和技术专家信息网络。
	重点实验室和工程技术中心建设	建设环境基准与风险评估国家重点实验室，建设饮用水源地保护、污染场地土壤污染控制与修复、环境规划与政策模拟、环境影响数值模拟、数字环境与模拟预警等重点实验室。加强全国环境保护规划技术支撑能力建设，推进各级环境科研与管理支撑能力建设。
	国家排污权交易中心建设	建设排污交易大厅，建立国家排污交易管理平台、信息发布系统、电子实时交易系统，国家排污权交易中心门户网站，与地方排污交易中心、排污交易所全部实现联网。
	环境影响技术评估能力建设	加强国家和各省及重点城市环境影响评估机构建设，建设国家和地方辅助评估和复核验算系统，推进地方环评基础数据库建设。建设国家、省级专项环境影响评价实验室。
	环境国际公约履约能力建设	加强环境国际公约谈判和履约能力建设，加强环境国际公约履约机构建设。加强生态系统承载力状况变化、濒危珍稀等生物资源监测与评估、遗传生物资源出入境检查点能力建设。
	区域环保合作能力建设	加强中国—东盟等区域双边环保合作能力建设，建设中国—东盟环保产业和技术示范基地、跨国界环境问题研究、区域环境合作支持平台。

二、保障工程项目

项目名称	建设内容
1.污染源与总量减排监管运行保障	补助国家监控中心，6个区域督查派出机构监控中心，省级和地市级监控平台运行维护费用，保障其正常运转。保障承担国控污染源监督性监测工作、机动车环境监管平台、环境统计分析应用平台及模拟实验室、重要核与辐射污染源监督性监测系统、环境保护业务专网系统、污染减排数据库和信息系统、信息安全、建设项目环境影响评价管理系统、环境影响评价基础数据库系统等运行与维护。
2.环境监测与评估运行保障	补助国家环境监测网例行监测运行费，保障国家监测与评估业务运行及综合数据平台等运行，补助环境卫星遥感、无人机航空平台等业务运行。
3.环境预警与应急运行保障	保障核与辐射监管数据平台、核与辐射系统污染源信息系统、辐射环境预警与应急、固体废物管理信息系统、废弃电器电子产品处理管理信息系统、外来入侵物种管理信息系统、环境预警网络、环境风险与损害鉴定评估及实验室等运行维护。
4.环境管理支持平台运行保障	保障国家重点实验室、部级重点实验室、环境规划与政策模拟平台、工程技术中心、区域环保合作支持平台、跨国界环境风险与对策模拟平台等运行维护。

三、人才工程项目

项目名称	建设内容
1.环境监测“三五”人才工程	组织实施环境监测“三五”人才工程，加快培养造就覆盖各监测领域、与国际水平接轨的50名尖端人才、500名一流专家、5000名技术骨干，建立高精尖环境监测人才激励机制。组织举办全国环境监测骨干人员培训，建设全国环境监测培训基地，组织开展第二届全国环境监测技术人员大比武活动。
2.环境监察执法“四六”人才工程	培养60名覆盖生态环境执法各个领域的专家、600名具有坚实监察执法理论基础和培训经验的培训师、6000名具有丰富现场执法经验的监察执法骨干人才、60000名具有熟悉企业生产工艺和环境污染防治技术的企业环境监督员。
3.环境信息“百千万”人才工程	培养100名一流的环境信息专家、1000名技术骨干、10000名技术人员，组成复合型环境信息人才队伍，组织开展地市局长信息化专项培训、信息中心技术人员业务培训，国际技术交流与合作，以及在职继续教育等。
4.环境宣传教育人才队伍建设	培养50名环境宣教领军人物、100名一流的环境宣教专家、500名宣教骨干人才，建设一支懂环保业务、通宣教才能、精协调管理的宣教队伍。
5.国际履约与国际合作人才工程	培养100名业务骨干、1000名专业化人才，涵盖环境国际条约谈判技术支撑、环境政策研究和双多边国际合作等方面，培养造就职业化、专业化、国际化的人才队伍。
6.环境评估人才工程	围绕环境影响评价标准、导则、技术评估方法、后评价方法、后评估和数值模拟研究等环评技术职称领域，吸引和培育100个学术带头人、1000个技术评估专业人才。全面提高技术评估队伍业务素质，建立较为均衡的人才梯队。
7.环境应急、核与辐射、统计、法规等人才队伍建设	利用培训基地和新建的环境应急训练场，组织对各省级、市级、县级环保部门环境应急管理人员和重点企业安全环保人员开展培训，开展应急演练与专业技能竞赛。加强环境统计、法规、核安全等领域人员培训和人才队伍建设，引进专业技术人才。
8.环境科研人才队伍建设	实施科技创新“百人计划”工程，重点培养和支持100名中青年环境科技创新人才。依托重大科研项目，建设重点领域创新团队和创新人才培养示范基地，加大人才引进与培养力度。加强环境规划、法制、评估人才队伍建设与技术交流。提高省、市环保科研机构的人员素质和技术水平。

广西壮族自治区节能减排工作行政过错问责暂行办法

（桂政发〔2013〕28号）

第一条 为进一步强化责任，提高行政效能，促进依法行政，顺利推进我区节能减排工作，确保各项政策措施落实和节能减排目标任务完成，根据《中华人民共和国公务员法》、《行政机关公务员处分条例》、《广西壮族自治区实施〈关于实行党政领导干部问责的暂行规定〉办法》、《广西壮族自治区行政过错责任追究办法》等有关规定，结合我区实际，制定本办法。

第二条 对未完成本地区节能减排五年计划终期目标任务和年度目标任务的市（指设区的市，下同）人民政府，以及对不履行或者不正确履行节能减排工作职责的自治区节能减排工作领导小组成员单位（以下简称成员单位）实施问责，适用本办法。

第三条 问责坚持实事求是、过错责任与过错程度相适应、教育与惩处相结合的原则。

第四条 节能减排工作实行“一把手”责任制，各市人民政府、成员单位的主要负责人是本地区、本部门节能减排工作的第一责任人。

第五条 对节能减排工作责任人的行政过错，由自治区监察厅会同自治区有关部门向自治区人民政府提出行政过错问责建议，经自治区人民政府审定后，按照干部管理权限和有关规定，实施节能减排工作行政过错问责。

第六条 自治区人民政府对各市人民政府完成节能减排五年计划终期目标和年度目标情况进行考评。对因工作不力导致未能完成节能减排年度目标任务的地方，责令该市人民政府作出书面检查，限期整改，并对政府主要负责人和分管负责人进行诫勉谈话；对整改不到位的，追究该市有关责任人员的责任。

对未完成节能减排五年计划终期目标任务的市，给予通报批评；对没有完成节能减排五年计划终期目标任务，影响全区完成节能减排五年计划终期目标的市，根据实际情况对该市人民政府主要负责人和分管负责人实行问责。

第七条 对因工作不力导致本系统、本部门节能减排工作推进滞后，影响全区完成节能减排目标的成员单位，给予通报批评，并限期整改；对部门主要负责人和分管负责人进行诫勉谈话。

第八条 各市人民政府、自治区各职能部门在行政审批工作中，凡违规批准不符合国家产业政策项目的，给予通报批评，并限期整改。情节严重的，视情况问责部门主要负责人和分管负责人，直接责任人，调离工作岗位。

第九条 对各市人民政府和成员单位节能减排考评工作中的瞒报谎报、伪造数据等造假行为，给予通报批评，并限期整改；情节严重的，视情况问责主要负责人和分管负责人；直接责任人，调离工作岗位。

第十条 在节能减排工作中出现重大失误，导致重大责任事故发生，造成严重社会影响的，根据实际情况对该市人民政府、成员单位主要负责人和分管负责人实行问责；将直接责任人调离工作岗位。

第十一条 因节能减排工作不力被国家和自治区通报批评的市人民政府和成员单位，取消当年年度考核评优资格。

因节能减排工作不力被诫勉谈话、责令辞职、免职或者调离工作岗位的市人民政府和成员单位主要负责人、分管负责人、直接责任人，取消其当年年度考核评优资格；被责令辞职或者免职的主要负责人、分管负责人、直接责任人，一年内不得重新担任与其原任职务相当的领导职务，两年内不得提拔。

第十二条 作出过错问责决定前，应充分听取被问责市人民政府和成员单位意见；应听取被问责人的陈述和申辩，并记录在案，对其合理意见应当予以采纳，并视具体情况作出是否实施问责的决定。

第十三条 在节能减排工作中存在失职、渎职行为，构成违纪的，按照有关规定给予相关责任人政纪处分；涉嫌犯罪的，移送司法机关依法处理。

第十四条 各市可参照本办法的规定，对所辖县（区、市）人民政府和市直各部门的节能减排工作目标完成情况实行问责。

第十五条 本办法由自治区监察厅、自治区发展改革委负责解释。

第十六条 本办法自印发之日起施行。2010年6月自治区人民政府印发的《广西壮族自治区对“十一五”节能减排工作行政过错责任人问责办法》同时废止。

（广西壮族自治区人民政府2013年4月23日印发）

广西壮族自治区危险废物经营许可证管理办法

（桂环发〔2013〕41号）

第一章　总　则

第一条 ［目的］为规范我区危险废物收集、贮存和处置经营活动的环境监督管理，依据《中华人民共和国固体废物污染环境防治法》、《危险废物经营许可证管理办法》（国务院第408号令）、《危险废物经营单位记录和报告经营情况指南》（环境保护部2009年第55号）、《危险废物经营单位审查和许可指南》（环境保护部2009年第65号公告）、《国务院关于修改部分行政法规的决定》（国务院第645号令）等法律、法规及环境保护部、卫生部《关于进一步加强危险废物和医疗废物监管工作的意见》等相关规定，制定本办法。

第二条 ［**适用范围**］本办法适用于广西壮族自治区行政区域内各类危险废物（包括医疗废物）收集、贮存、利用、处置活动的经营许可证申请、审批及其相关环境管理行为。危险废物产生单位自行利用、处置危险废物的许可管理不适用本办法。

第三条 ［**分级管理**］危险废物经营许可证实行分级管理，分别由自治区、设区市两级环境保护行政主管部门审批许可及管理。

（一）设区市环境保护局负责审批颁发辖区内医疗废物集中处置单位的危险废物经营许可证。

（二）自治区环境保护厅负责审批颁发除医疗废物集中处置单位之外的危险废物收集、贮存、利用、处置经营许可证和危险废物收集、贮存经营许可证。

第二章 许可证的申请

第四条 ［**申请对象**］从事危险废物收集、贮存、利用、处置活动的单位。

第五条 ［**申请条件与要求**］

（一）申请领取危险废物收集、贮存、利用、处置综合经营许可证的单位，应当具备以下条件：

1. 有合法的环评文件审批与环境保护验收手续；

2. 有3名以上环境工程专业或者相关专业中级以上职称，并有3年以上固体废物污染治理经历的技术人员；

3. 有符合国务院交通主管部门有关危险货物运输安全要求的运输工具；

4. 有符合国家或地方环境保护标准和安全要求的包装工具，中转和临时存放设施、设备以及经验收合格的贮存设施、设备；

5. 有符合国家或者地方环境保护标准和安全要求的处置设施、设备和配套的污染防治设施；

6. 有与所经营的危险废物类别相适应的处置技术和工艺；

7. 有保证危险废物经营安全的规章制度、污染防治措施和事故应急救援措施；

8. 以填埋方式处置危险废物的，应当依法取得填埋场所的土地使用权；

9. 涉及产生重金属污染物的项目应满足重金属污染物总量控制的要求。

（二）申请领取危险废物收集、贮存综合经营许可证的单位，应具备以下条件：

1. 有合法的环评文件审批与环境保护验收手续；

2. 有1名以上环境工程专业或者相关专业中级以上职称，并有1年以上固体废物污染治理经历的技术人员；

3. 有符合国务院交通主管部门有关危险货物运输安全要求的运输工具；

4. 有符合国家或地方环境保护标准和安全要求的包装工具，中转和临时存放设施、设备以及经验收合格的储存设施、设备；

5. 有保证危险废物经营安全的规章制度，污染防治措施和事故应急救援措施。

（三）申请领取危险废物收集、贮存、利用、处置综合经营许可证或危险废物收集、贮存综合经营许可证的单位，应当提交以下材料：

1. 危险废物经营许可证申请书；

2. 环评文件审批与环境保护验收相关证明材料；

3. 环境工程专业或相关专业技术人员资质证明材料；

4. 符合危险货物运输要求的运输工具的证明材料；

5. 有符合国家或者地方环境保护标准和安全要求的包装工具，中转和临时存放设施、设备以及经验收合格的贮存设施、设备的证明材料；

6. 现有设施最近一年内的污染源监测报告；

7. 保证危险废物经营安全的规章制度和污染事故处置应急预案、污染防治措施等证明材料及安全管理制度；

8. 危险废物经营单位突发环境事件应急预案；

9. 所在地设区市人民政府环境保护行政主管部门对上述8项材料进行审查后出具的审查意见。

第六条 ［**换证条件与要求**］

（一）危险废物经营许可证有效期届满，危险废物经营单位拟继续从事危险废物经营活动的，应当于危险废物经营许可证有效期届满30个工作日前向原发证机关提出换证申请。

（二）申请换证项目不符合国家现行产业政策，其工艺和装备属于淘汰类的，原发证机关将不予受理；申请换证项目工艺和装备属于限制类，但符合危险废物经营许可证其他申请条件的，换证时可由原发证机关按照自治区人民政府公布的淘汰落后产能计划，确定其许可证期限。

（三）申请换证的危险废物经营单位应提交以下材料：

1. 换证申请书；

2. 近三年内年审报告及有关材料；

3. 近三年内环境保护监测报告（由有相应资质的监测机构出具）；

4. 原危险废物经营许可证。

第七条 ［申请受理］负责审批危险废物经营许可证的环境保护行政主管部门收到申请材料后对申请是否属于受理范围、材料的完整性等进行书面审查，于5个工作日内做出受理与否的决定。

第八条 ［专家评审］环境保护行政主管部门在受理申请材料之日起10个工作日内组织专家进行材料评审和现场核查，并提出审查意见。专家组应包括技术专家和管理专家，其组成应根据申请单位危险废物处理处置技术、工艺的不同，从专家库中随机选取3~5名相应专业和领域内的专家。

第九条 ［审批决定］环境保护行政主管部门根据审查结果做出是否颁发危险废物经营许可证的决定。对符合条件的，颁发危险废物经营许可证，并予以网上公告；对不符合条件的，书面通知申请单位，并说明理由。

第十条 ［试运行许可］新建危险废物利用处置建设项目开展收集、贮存、利用、处置危险废物活动，应当以该建设项目的试运行批复作为依据，试运行期限最长不超过一年。项目竣工环境保护验收完成后，须办理危险废物经营许可证，方可继续开展收集、贮存、利用、处置危险废物活动。

第十一条 ［有效期限］危险废物综合经营许可证有效期不超过5年；危险废物收集、贮存综合经营许可证与危险废物收集经营许可证有效期不超过3年。

第十二条 ［许可变更］经营单位变更法人名称、法定代表人和住所的，须在工商变更登记之日起15个工作日内，提出变更申请。

有下列情形之一的，危险废物经营单位应当按照《环境影响评价法》相关规定，重新办理项目环评审批手续，并按照原申请程序，重新申请领取危险废物经营许可证：

1. 改变危险废物经营方式的；

2. 增加危险废物类别的；

3. 新建或者改建、扩建原有危险废物经营设施的；

4. 经营危险废物超过原批准年经营规模20%以上的。

第十三条 ［许可注销］危险废物经营单位终止从事收集、贮存、利用、处置危险废物经营活动的，应对经营设施、场所采取污染防治措施，并对未处置的危险废物作出妥善处理。

危险废物经营单位应当在采取前款规定措施之日起20个工作日内向原发证机关提出注销申请。设区市环境保护行政主管部门应对辖区内申请注销经营许可证单位进行现场核查，并将核查意见报广西壮族自治区环境保护厅备案。

第三章 监督与管理

第十四条 ［管理要求］

（一）危险废物经营许可证持证单位每季度至少开展1次污染源自行监测（不具备自行监测能力的，可委托具备相应资质的检测机构进行监测），并将监测结果报当地环保部门备案。

（二）危险废物经营单位应按照《危险废物经营单位记录和报告经营情况指南》（环境保护部2009年第55号公告）要求，建立危险废物经营情况记录簿，并定期向县级以上环境保护行政主管部门报告经营活动情况。

（三）发证机关对危险废物经营许可证持证单位实施年度审查。危险废物经营许可证持证单位应于每年2月底前向原发证机关提交以下材料进行年度审查（危险废物经营许可证发证时间不足6个月的，或有效期不足6个月的，可不参加当年的审查）：

1. 本年度危险废物管理计划；

2. 上年度危险废物经营情况报告；

3. 上年度危险废物申报登记表；

4. 上年度危险废物购销合同或协议；

5. 上年度危险废物转移报批表复印件；

6. 上年度污染源监测报告。

第十五条 ［监督检查］

（一）县级以上环境保护行政主管部门每年应组织对辖区内危险废物综合经营许可证持证单位进行2次以上现场检查。

（二）发证机关应每年组织有关部门对持证单位进行现场检查。

（三）持证单位存在下列情形之一的，由发证机关责令限期整改，逾期未完成整改的，应根据国家《危险废物管理办法》暂扣或吊销危险废物经营许可证：

1. 逾期未提交年审材料的；

2. 首次提交或补交的年审材料不全，逾期（10个工作日）不提交到位的；

3. 年审未通过的；

4. 上年度危险废物规范化管理督查考核不达标或基本达标，未整改到位的。

第十六条 ［禁止事项］禁止无经营许可证或者不按照经营许可证规定从事危险废物收集、贮存、利用、处置经营活动。

禁止将危险废物提供或者委托给无经营许可证的单位从事收集、贮存、利用、处置经营活动。

禁止伪造、变造、转让、转借、租赁危险废物经营许可证。

禁止危险废物收集、贮存、利用、处置经营单位不按照经营许可证规定从事经营活动，将未经利用或处置的危险废物进行再次转移和倒卖。

第四章 附 则

第十七条 ［**法律责任**］违反本办法相关规定的，依照有关法律法规相关规定予以处理和处罚。

第十八条 ［**解释**］本办法由广西壮族自治区环境保护厅负责解释。属设区市人民政府环境保护行政主管部门负责审批颁发危险废物经营许可证的，可参照本办法执行。

第十九条 ［**实施时间**］本办法自发布之日起实施。

（广西壮族自治区环境保护厅2014年1月2日发布）

广西壮族自治区机动车排气污染防治办法

（广西壮族自治区人民政府令 第87号）

第一章 总 则

第一条 为了防治机动车排气污染，保护和改善大气环境，保障公民身体健康，根据《中华人民共和国大气污染防治法》及有关法律、法规，结合本自治区实际，制定本办法。

第二条 本自治区行政区域内由内燃机驱动或者牵引的机动车排气污染防治适用本办法。前款所称机动车不包括铁路机车和拖拉机。

第三条 县级以上人民政府应当制定有利于防治机动车排气污染的经济、技术政策和措施，鼓励、支持和推广使用优质车用燃料和清洁车用能源，改善道路交通状况，控制机动车排气污染物排放总量。

第四条 县级以上人民政府环境保护行政主管部门（以下简称环境保护部门）对本行政区域内的机动车排气污染防治工作实施统一监督管理，并对同级有关行政主管部门的机动车排气污染防治监督管理工作进行协调和指导。

公安、交通运输、质量技术监督、商务、工商等行政主管部门，根据各自职责对机动车排气污染防治工作实施监督管理。

第二章 排气污染预防

第五条 机动车排气污染物排放执行国家规定的机动车排气污染物排放标准。自治区根据机动车排气污染防治的需要，按照国家机动车排气污染物排放标准的规定，实施分阶段的机动车排气污染物排放标准，并向社会公告。

第六条 在用机动车实施环保分类标志管理制度。环保分类标志分为绿色环保检验标志和黄色环保检验标志。机动车经环保检验达到规定排放标准的，环境保护部门核发绿色环保检验标志；达不到规定排放标准但符合制造当时在用机动车污染物排放标准的，核发黄色环保检验标志。

达不到制造当时在用机动车污染物排放标准的机动车，应当进行治理，经复检后达到规定排放标准或者制造当时在用机动车污染物排放标准的，环境保护部门核发相应的环保检验标志。

环境保护部门核发环保分类标志，不得收取费用。环保分类标志的具体管理办法由自治区环境保护部门制订，报自治区人民政府批准后公布实施。

第七条 设区的市人民政府可以根据城市区域大气环境质量状况，在本行政区域内对机动车采取限制城市区域、限制时间行驶的交通管制措施。

采取前款规定的交通管制措施的，设区的市人民政府应当公开征求公众的意见，并在实施30日之前向社会公告。

第八条 机动车燃料质量应当与自治区执行的国家阶段性机动车排气污染物排放标准相匹配。禁止生产、销售不符合规定标准的车用燃料。

第九条 机动车的所有人和使用人应当做好机动车的保养、定期检测和维护，使机动车排气污染物符合规定排放标准，不得拆除、改动在用机动车的排气污染控制装置。

第十条 设区的市人民政府应当根据大气污染防治的需要，采取措施优先发展公共交通事业，鼓励和支持城市公共客运选用清洁能源机动车型，对排气污染物超过规定排放标准的城市公共客运车辆实行更新淘汰。

第十一条 公安机关交通管理部门应当将机动车排气污染物控制指标纳入区外机动车转入登记的审核内容。申请机动车转入本自治区时，所交验的机动车不符合自治区现行机动车排气污染物排放标准的，公安机关交通管理部门不得办理转入登记。

第十二条 从事机动车排气污染超标治理维修业务的企业，应当按照机动车排气污染防治的要求和有关技术规范进行维修，并建立完整的维修档案，对机动车号牌、维修项目及维修情况进行记录。

第三章 排气污染检测

第十三条 在用机动车应当进行机动车排气污染

定期检测,由环境保护部门核发相应的机动车环保分类标志。机动车排气污染定期检测与机动车安全技术定期检验同步进行。检测不合格的,不予核发机动车环保分类标志和安全检验合格标志。

新机动车办理注册登记免予排气污染检测。

机动车环保分类标志由自治区环境保护部门统一制作,机动车的所有人和使用人应当随车放置,不得转让、转借、涂改、伪造、变造,不得使用过期的机动车环保分类标志。

第十四条 从事机动车排气污染定期检测的单位,应当符合下列条件:

(一)具有法人资格,对检测结果独立承担法律责任;

(二)通过自治区级计量认证;

(三)检测设备符合有关标准和规范要求,并具备与环境保护部门联网的条件;

(四)检测场所、检测人员的配置符合有关规范的要求。

自治区环境保护部门应当将符合条件的机动车排气污染检测单位名录向社会公告。

第十五条 从事机动车排气污染定期检测的单位应当遵守下列规定:

(一)按照自治区确定采用的国家排气污染检测方法和排放标准进行检验,并出具真实、准确的检验报告;

(二)定期进行比对试验,开展内部检测线的比对和仪器设备的校准;

(三)不得从事机动车排气污染治理维修业务;

(四)确保计算机网络畅通,数据传输符合有关要求;

(五)接受环境保护部门的监督检查,如实提供有关情况和材料。

第十六条 县级以上环境保护部门可以在道路运输经营等单位的机动车停放地对在用机动车排气污染状况进行监督抽测。

被抽测的单位和个人应当如实反映情况,提供有关资料,不得拒绝、阻挠。

第十七条 环境保护部门会同公安机关交通管理部门可以对在道路上行驶的无环保分类标志或者排放黑烟等可视污染物的机动车的排气污染状况进行排气污染抽测。排气污染抽测不得妨碍道路交通的畅通,检测人员应当向机动车所有人告知检测结果。

第十八条 任何单位和个人均不得强制或者变相强制机动车的所有人到指定的企业进行机动车排气污染维修治理,不得强行推销或者指定购买机动车排气污染治理产品。

第十九条 从事机动车排气污染定期检测的单位,按照自治区价格行政主管部门规定的收费项目和标准收取检测费。

有关行政主管部门按照本办法规定对机动车排气污染进行停放地检测以及道路检测的,不得收取费用。

第四章　监督管理

第二十条 环境保护部门应当会同公安机关交通管理部门建立机动车排气污染监督管理数据库和数据传输网络,对检测数据等信息进行统一管理,为有关行政部门执法提供数据和信息,同时完善机动车排气污染监测制度,定期向社会公布机动车排气污染的监测情况。

第二十一条 任何单位和个人有权向环境保护、公安机关交通管理部门举报机动车排气污染违法行为。

环境保护部门应当会同公安机关交通管理部门建立机动车排气污染违法举报联合处理制度。

环境保护部门可以聘任社会监督员,协助开展对机动车排气污染行为的监督。

第二十二条 在用机动车不符合制造当时的在用机动车污染物排放标准、未取得环保分类标志的机动车,不得上路行驶。

公安机关交通管理部门在道路检查时,可以查验机动车环保分类标志。

第二十三条 交通运输行政主管部门应当将机动车排气污染防治纳入对车辆营运、机动车维修的监督管理内容,加强对机动车维修企业排气污染维修活动的监督管理,并定期向社会公布具备资格的企业名单。

第二十四条 质量技术监督、工商和商务等行政主管部门应当加强车用燃料生产、销售的监督管理,及时查处生产、销售不合格车用燃料等违法行为,并将查处结果向社会公布。

第五章　法律责任

第二十五条 违反本办法第七条的规定,在限制行驶区域或者限制行驶时间上路行驶的机动车,由公安机关交通管理部门处以200元罚款。

第二十六条 违反本办法第九条的规定,机动车的所有人或者使用人拆除、改动机动车排气污染控制装置造成装置失效的,由环境保护部门责令改正,并处以500元以上1000元以下罚款。

第二十七条 违反本办法第十三条规定,机动车未取得或者使用过期的环保分类标志上路行驶的，由公安机关交通管理部门处以 200 元罚款。

违反本办法第十三条规定，伪造、变造或者使用转让、转借、涂改、伪造、变造环保分类标志的，由公安机关交通管理部门予以收缴，并处以 500 元以上 1000 元以下罚款。

第二十八条　机动车排气污染定期检测单位违反本办法第十五条规定的，由县级以上环境保护部门责令限期改正，并处以 1 万元以上 5 万元以下罚款。

第六章　附　则

第二十九条　本办法自 2013 年 8 月 1 日起施行。

（广西壮族自治区人民政府 2013 年 5 月 30 日发布）

广西壮族自治区机动车排气污染检测单位管理办法

（桂环函〔2013〕1146 号）

第一条　为加强机动车排气污染检测单位的监督管理，推进机动车污染防治工作，依据《广西壮族自治区机动车排气污染防治办法》、环境保护部《机动车环保检验机构管理规定》，结合本自治区实际，制定本办法。

第二条　本自治区行政区域内从事机动车排气污染检测单位（以下简称“检测单位”）的监督管理适用本办法。

第三条　自治区环境保护厅对全区检测单位建设进行指导，公布检测单位名单。

设区市环境保护局制定机动车排气污染检测工作方案并组织实施。对辖区内检测单位的资格申请进行核查，实施日常监督管理，受理投诉。

第四条　检测单位必须依法依规开展机动车排气污染定期检验，出具检测报告，实时向自治区和设区市环境保护行政主管部门上传检测数据，并对检测结果承担法律责任。

第五条　拟从事排气污染检测的单位应符合《广西壮族自治区机动车排气污染防治办法》第十四条规定的条件，向设区市环境保护局提出申请，并提交以下材料：

（一）机动车排气污染检测申请书；

（二）工商营业执照复印件；

（三）环评报告表及批复复印件；

（四）计量认证合格证书、检测设备检定证书复印件；

（五）检测工位设置平面示意图；

（六）工作岗位设置及相关职责文件；

（七）《在用机动车排放污染物检测机构技术规范》（以下简称技术规范）规定的材料。

第六条　设区市环境保护局接到申请后组织核查，于 60 个工作日内作出核查结论，并上报自治区环境保护厅，自治区环境保护厅将符合条件的机动车排气污染检测单位名录向社会公告。

第七条　检测单位应当在检测场所张贴检测单位名录公告、检测流程图、检测方法与排放限值，实时显示检测结果，接受公众监督。

第八条　检测单位对检测信息和有关技术资料至少保存 2 年。

第九条　设区市环境保护局应当利用实时上传的检测数据、图像等信息对机动车排气污染检测过程进行监督检查，发现违规操作的，应及时处理。

第十条　设区市环境保护局每季度至少组织开展 1 次检测单位之间的比对实验，对检测数据的可靠性进行检查，经检查确认检测单位的检测数据超过允许误差范围的，应停止其排气污染检测业务并进行整改。自治区环境保护厅不定期组织开展排气污染检测单位的监督抽查，对全区检测单位进行定期考核并公布考核结果。

第十一条　排气污染检测单位应于每年 2 月 15 日前向设区市环境保护局提交上一年度工作报告。环检机构年度工作报告的主要内容包括：机动车环保检验机构基本情况、机动车检测车型及其数量等检测业务开展情况、在用检测设备的变更情况和计量器具检定或较准情况、检验人员培训、考核及变更情况、投诉和异议处理情况、其他应当报告的事项等。

排气污染检测单位在检测中发现同一车型排放超标车辆数超过 10 辆且超标比例高于 5% 的，应填写《排放超标集中车型报告表》，并同时向自治区及设区市环境保护行政主管部门报告。

第十二条　检测单位质量负责人和技术负责人等主要人员、联系方式等信息发生变化的，应向设区市环境保护局提交变更备案材料。

第十三条　检测场地搬迁、检测线数量增加、检测线重大技术改造等条件发生变化的，按本办法第五条规定进行核查。

第十四条　公众有权对机动车排气污染检测过程中遇到的问题或违规行为向设区市环境保护局进行咨询与投诉。

第十五条　本办法自公布之日起施行。

（广西壮族自治区环境保护厅 2013 年 7 月 16 日公布）

广西壮族自治区机动车环保分类标志管理办法

（桂环函〔2013〕2053号）

第一条　为了加强机动车环保分类标志管理，根据《广西壮族自治区机动车排气污染防治办法》，环境保护部《关于印发〈机动车环保检验合格标志管理规定〉的通知》，制定本办法。

第二条　本自治区行政区域内由内燃机驱动或者牵引的机动车（不包括铁路机车和拖拉机）环保分类标志管理，适用本办法。

第三条　本办法所称机动车环保分类标志是机动车排气符合污染物阶段性排放标准限值的凭证，广西机动车排气污染物排放检测方法及排放限值地方标准颁布实施前，执行国家有关标准。

环保分类标志分为绿色环保检验标志和黄色环保检验标志。机动车经环保检验达到规定排放标准的，按下列情况核发环保分类标志：

装用点燃式发动机汽车达到国Ⅰ及以上标准的、装用压燃式发动机汽车达到国Ⅲ及以上标准的，核发绿色环保检验合格标志。

摩托车和轻便摩托车达到国Ⅲ及以上标准的，核发绿色环保检验合格标志。

未达到上述标准的机动车，核发黄色环保检验合格标志。

环保分类标志在车前挡风玻璃右上侧张贴标识。环保分类标志免费发放（检测单位收取的检测费除外）。

第四条　自治区环境保护厅按照环境保护部规定的式样和规格，统一制作环保分类标志，对各设区市环保分类标志核发情况进行指导和监督检查。

设区市环境保护局负责本辖区环保分类标志的核发和管理工作，向社会公告环保分类标志核发地点。环保分类标志印制、核发管理等工作费用由各设区市人民政府纳入财政预算。

第五条　自治区环境保护厅负责建设自治区机动车环保分类标志信息管理系统，各市环境保护局须以该信息管理系统为依托，完善本辖区内机动车排气污染检测、环保分类标志核发和管理等信息网络，使其具备信息录入、自动存储上传核发记录和查询等功能，向同级公安交通管理部门和上级环境保护部门提供相关信息，实现环保分类标志信息化管理。

第六条　设区市环境保护局会同本级公安交通管理部门对环保分类标志核发情况进行不定期分析，对未申领和逾期未换发环保分类标志的机动车，采取适当的方式告知办理。

第七条　环保分类标志核发点应张贴机动车排气污染物检测标准及排放限值、工作流程图等信息，主动接受公众监督。

第八条　新机动车应当在拟注册登记地环保分类标志核发点，凭机动车整车出厂合格证明或者进口机动车进口凭证以及机动车购置发票（已注册登记的新购置机动车凭机动车登记证书）申领环保分类标志。

第九条　在用机动车应当在注册登记地进行机动车排气污染定期检测，符合本办法第三条规定的，凭检测合格报告、机动车行驶证和机动车登记证书，申请相应的环保分类标志。属于国家规定强制报废的机动车不予核发环保分类标志。

在用机动车有以下情形之一的，应进行机动车排气污染检测，并重新申领机动车环保分类标志。

（一）更换发动机；

（二）营运机动车改为非营运或者非营运机动车改为营运；

（三）更换污染物排放控制装置；

（四）依法依规对污染物排放控制装置、燃料使用种类等进行改造。

第十条　从自治区外申请转入本自治区内的机动车应当在拟转入地进行机动车排气污染检测，凭检测合格报告、机动车行驶证等资料，申请环保分类标志。

自治区辖区内已注册登记的机动车所有权发生转移、机动车所有人住所跨城市迁移，办理转移登记或变更登记时，应核对环保分类标志的有效性，并登记机动车环保管理信息。

第十一条　环保分类标志的核发时间和有效期应与安全检验合格标志周期相一致，从安全检验合格标志核发之月起计算，按以下情形核定有效期：

营运载客汽车5年以内的有效期为1年，超过5年的有效期为6个月。

载货汽车和大型、中型非营运载客汽车10年以内的有效期为1年，超过10年的有效期为6个月。

小型、微型非营运载客汽车6年以内的有效期为2年，超过6年的有效期为1年，超过15年的有效期为6个月。

已取得安全检验合格标志再申请环保分类标志的在用车，有效期按与安全检验合格标志周期相一致核定。

环保分类标志有效期满的，应在有效期满前90天内换发。凭本办法第十条规定的材料，申请换发环保分类标志。

第十二条 环保分类标志损坏或者遗失的，机动车所有人或使用人凭机动车行驶证和机动车登记证书，到原核发单位办理补发手续，原核发单位予以补发环保分类标志。

第十三条 本办法由自治区环境保护厅负责解释。

第十四条 本办法自公告之日起施行。

（广西壮族自治区环境保护厅2013年11月5日在《广西日报》公告）

广西壮族自治区环境保护厅环境违法行为有奖举报办法

桂环发〔2014〕18号

第一条 为推进公众参与，强化社会监督，严厉打击危害公共安全及工业项目未批先建等环境违法行为，依据国家环境保护和国家其他法律法规的规定，结合广西实际情况，制定本办法。

第二条 任何单位和个人都有权对广西范围内的环境违法行为进行举报。

第三条 环境违法行为有奖举报范围：

（一）利用渗井、渗坑、天然裂隙、溶洞、暗管、雨水管道、槽车或者国家禁止的其他方式排放工业废水、废液（含放射性废液），以及利用其他规避监管的方式排放污染物的行为。

（二）非法倾倒危险废物、放射性固体废物，将危险废物、放射性固体废物交由无资质的单位和个人贮存和处置以及无证收集、处置危险废物、放射性固体废物的行为；危险废物堆存场所未采取“三防”措施，存在重大环境污染隐患的。

（三）未经环境保护部门批准或备案，非法生产、销售、使用、转让、进口、贮存放射性同位素和射线装置的。

（四）新建、扩建或改建的工业生产项目未依法进行环评审批已开工建设或者项目竣工未进行环保验收即投产的。

第四条 有奖举报途径包括：

（一）电话举报：0771—5312369；

（二）网络举报：http://www.gxepb.gov.cn/gxhd/tsjb/；

（三）电子邮件举报：gxhj2013@163.com；

（四）来信来访举报地址：广西南宁市佛子岭路16号，广西壮族自治区环境监察总队，邮编：530028。

第五条 奖励办法：

（一）举报符合本办法第三条第一、二、三款规定，如属环境严重污染，环境保护部门多次调查却未能查明排污者，举报人能提供准确排污情况及相应证据的，或者及时向环境保护部门提供线索，有效避免特别重大突发环境事件（I级）、重大突发环境事件（II级）发生的，为重大价值线索，奖励人民币20000~30000元；如及时向环境保护部门提供线索，有效避免较大突发环境事件（III级）、一般突发环境事件（IV级）发生的，为较大价值线索，奖励人民币5000~10000元；符合本办法第三条第一、二、三款规定，但不属于重大或较大价值线索条件的为一般价值线索，奖励人民币1000~3000元。

（二）举报本办法第三条第四款规定情形，每起奖励人民币800元。

第六条 获奖条件：

（一）举报的环境违法行为发生在广西范围内；

（二）举报人提供自己的真实姓名、居民身份证号码和联系电话；

（三）举报人提供被举报环境违法行为主体的准确名称、详细地址、基本违法事实以及能够清楚说明违法情况的影像、书面材料（如用于污水偷排而埋设的暗管图）等证据或者重要线索；

（四）举报人提供的证据或线索事先未被环境保护部门掌握；

（五）举报的情况经查证属实。

第七条 举报人所举报企业有多项环境违法行为的，对举报人不累计奖励；同一违法行为被多人（次）举报的，只对第一有效举报人给予奖励；联名举报的，奖金平均分配；同时向自治区、市和县（市、区）环境保护部门举报的，由自治区环境保护厅给予奖励。举报案件被查处后，该违法企业再次出现本办法第三条所列环境违法行为的，可继续举报并获取相应奖励。

第八条 举报人应当自接到领奖通知之日起60日内，携带有效身份证件原件到自治区环境监察总队领取奖励金。无正当理由逾期未领取的，视为自动放弃。

第九条 有奖举报受理、查处和兑奖单位和个人对举报人负有保密义务，不得泄露举报人个人信息。

第十条 环境保护部门工作人员故意透露线索给他人举报以获取奖励的，或在举报受理、查处过程中推诿拖延、通风报信、玩忽职守、徇私舞弊或者泄漏举报人个人信息的，依照有关规定追究责任。

第十一条 举报人虚假、恶意举报，严重扰乱环境管理举报工作程序的，提请有关部门依法追究责任。

第十二条 各级行政机关、执法部门和新闻媒体工作人员，以及环境保护系统工作人员（含聘用人员）或者其直系亲属举报环境违法行为不适用本办法。

第十三条 对不属于本办法奖励范围内的环境违

法举报,按国家和自治区信访规定处理。

第十四条 本办法由环境保护厅负责解释。

第十五条 本办法自2014年4月20日起实施。

(广西壮族自治区环境保护厅2014年4月16日印发)

2013年广西环保工作要点

桂环发〔2013〕4号

2013年工作的总体要求是,认真学习贯彻党的十八大和全国环保工作会议精神,以生态文明建设为统领,以建设美丽广西为目标指向,以环境安全为主题,以五项承诺为履职诺言,结合广西环境保护工作实际,重点抓好以下十项工作:

一、狠抓污染物总量减排,全面完成年度目标任务

今年目标任务是:全区化学需氧量、氨氮和氮氧化物排放量分别比2012年减少1%、1%、1.5%,二氧化硫排放量与2012年持平。

一是编制和实施主要污染物总量减排年度计划。3月份完成年度减排计划编制,经环境保护部技术审查后报自治区人民政府审定印发实施。二是全面推进重点领域和重点行业污染减排。以甘蔗制糖行业提标改造为重点,深化制糖、造纸、淀粉、化工等行业废水治理;落实火电和水泥企业脱硝工程建设激励政策,建成一批火电和水泥行业脱硝工程。三是加强部门联动,开展规模化畜禽养殖业,深入实施城镇污水处理设施配套管网建设和雨污分流系统改造,努力推动机动车尾气污染防治工作,2013年底前,每个设区市至少建成1家机动车环保检验机构。四是强化日常督查和监管。继续做好建设项目主要污染物排放指标核准工作,实行燃煤电厂和城镇污水处理设施运行情况月报制度以及季节性生产企业生产环保核查制度,强化污染减排日常督查。五是要建立主要污染物减排总量预算制度,落实建设项目“以新带老”、“增产减污”和总量削减的环评审批制度,严格控制新增量。六是继续加强减排统计、监测、考核“三大体系”建设,确保完成年度减排任务。七是严格考核,及时向社会公布各地减排目标完成情况。

二、加快重大项目环评审批,服务经济社会发展

一要认真落实《环境影响评价法》和《规划环境影响评价条例》,着重从产业发展开展环境影响评价,从源头上预防产业布局和结构性及累积性的环境风险。二要制订自治区重大项目审批推进工作方案,加强与区直有关部门、市县对接,定期召开座谈会,分析解决问题,提高行政审批效率。三要开展《规划环境影响评价条例》执行情况督查。四要加快竣工建设项目环保验收。五要探索环评审批工作的新举措,深化环评制度改革,创新环评审批机制,合理调整项目审批权限,扩大公众参与和信息公开,强化环评机构动态管理,配合发展改革部门做好项目社会风险评估工作。六要结合北部湾经济区规划实施5周年,开展区域环评回顾性评价。

三、着力推进重金属污染防治项目建设,确保削减任务完成

今年任务是:重点防控区重金属污染物(铅、镉、砷)的排放量比2007年削减9%,汞、铬的排放量以及非重点区域5种重金属排放量与2007年持平。一是制订印发《广西重金属污染防治规划2013年度实施方案》,做到早谋划,早实施,早见效。二是根据《广西壮族自治区重金属污染防治工作机制》,落实地方政府和相关部门的职责,指导河池市开展辖区内重金属污染防治工作,做好迎接国家2012年度考核和2013年中期考核。三是开展对近年来实施的118个重金属专项资金项目,进行专项督办,督促按期完成治理任务。四是加强专项资金管理,全面推进项目实施。五是研究我区重金属总量调剂问题,出台相应管理办法,严格控制新、改(扩)建项目重金属污染物新增量。

四、加强饮用水水源区管理,深化流域污染防治

一是认真落实全国城市饮用水水源地环境保护规划,组织编制饮用水源地环境保护规划实施方案,分解落实任务。二是抓好城市饮用水水源地综合整治工作,督促各市规范设置保护区标识,坚决取缔饮用水水源保护区排污口。三是建立完善城镇饮用水水源地基础环境信息数据库和饮用水水源地地理信息系统,开展集中式饮用水保护区内水质、地下水基础环境调查评估工作。四是强化各级政府各部门保护水资源、防治水污染的责任。五是2013年底前争取完成主要乡镇集中式饮用水水源保护区的划定工作。

五、深入开展环境安全年活动,强化环境执法监管

一要督促2012年环境风险大排查期间问题企业完成整改和验收。二要继续深入开展环保专项行动,重点开展电镀、制革、冶炼、造纸、制糖、酒精和涉重金属化工行业以及减排重点项目的执法检查,加强固体废物与危险化学品环境监管,坚决整治未经批准擅自建设和生产的企业。三要通过挂牌督办、限期治理、行政约谈、媒体曝光以及区域限批、追究行政责任等多种手段,建立健全事前防范、事中查处、事后整改的执法监管体系,提高环境执法的威慑力。四要建立部门横向联动、三级(区、市、县)联查、边界协同、网络核查等多种执法监管方式方法,与公检法以及纪检、金融等部门协调配合，构建联合打击违法违规排污行动的统一战线。五要加强环境应急管理，建立与消防、安监、卫生等职能部门的应急联动机制，组建自治区突发环境事件应急专家队伍，组织开展突发环境污染事件应急演练。六要做好环境信访和维稳工作，抓好网络环境信息预警，对信访件做到快接、快查、快答复，确保件件有着落，案件查处率 100%。七要认真研究改进环境管理转型工作，落实“环境区域负责制度”、“监管员制度”和“每月环境安全分析会”等制度。

六、深入实施农村环境连片整治项目，按时完成为民办实事任务

今年，共安排资金 5.25 亿元(其中中央支持资金 3.5 亿元)，在南宁、桂林、梧州、玉林、贵港、钦州、防城港、来宾等 8 市 19 个县(市、区)约 500 个村(屯)实施环境综合整治示范项目，10 月底全面完成。一是科学编制 2013 年全区农村环境连片整治实施方案，并尽早下达 2013 年项目计划，完善工作推进机制。二是与各示范县(市、区)签订目标责任书，采取更加有力的措施全面完成目标任务。三是抓紧完成 2011、2012 年项目验收和监测评估工作，督促各地健全长效管理机制，确保农村环保设施有效、稳定运行。四是开展三年农村环境连片整治示范工作总结和绩效评估。

七、全力推进生态文明示范区建设，努力建设美丽广西

一是继续做好《关于加大生态文明示范区建设力度，建设美丽广西的意见》文件的起草工作，制订美丽广西和生态文明示范区建设工作方案和年度工作计划，明确年度目标任务。二是组织开展对 2006 年以来全区推进生态广西和生态文明示范区建设指标完成情况进行评估，查找薄弱环节，研究找出对策措施。三是大力推进生态示范创建工作，指导、督促各市、县加快实施生态市、生态县建设规划，推进生态乡镇、生态村建设。四是发挥生态广西建设引导资金作用，支持各地培育发展生态产业，推进清洁生产和循环经济发展。开展近年来生态广西引导资金支持项目检查验收。五是继续抓好生物多样性保护基础工作，完成广西生物多样性保护战略与行动计划编制、评审和报批工作。加强自然保护区的监管。六是做好重点生态功能区财政转移支付县的考评工作。七是加强与环境保护部东盟中心的工作对接，配合做好中国—东盟环保合作论坛相关筹备工作。

八、做好核应急管理工作，保障核与辐射环境安全

一是加快推进防城港核电厂场外辐射环境监督性监测系统和自治区核应急指挥中心信息支撑平台建设，力争年内初步建成，并确保在 2014 年第一季度正式建成并投入运行。二是积极筹备核事故应急演习的各项准备工作，制定核电厂场外方案计划和场外核事故演习脚本。三是组织协调自治区核应急成员单位做好核应急工作。四是做好核与辐射行政许可审批。五是加强放射性同位素与射线装置监督管理，完成全区现有核技术利用单位辐射安全许可证核发工作。六是完成全区废旧金属回收熔炼企业辐射监测系统建设。七是加强核与辐射应急队伍建设，提高快速反应能力。

九、加强环境监测工作，全面提高应急监测能力

一是指导柳州、桂林和北海 3 个环保重点城市开展 $PM_{2.5}$ 等 6 项指标的监测工作，监测数据做到公开透明；督促其他城市以做好试点监测工作为抓手，推进各市、县环境监测站的标准化建设和验收。二是做好各项常规监测和预警工作，制定 $PM_{2.5}$ 空气重污染时段环境应急预案。三是争取国家支持，提升自治区环境监测中心站、自治区海洋环境监测中心站和 1~2 个重点区域市级环境监测站重金属监测能力，支持一批县级环境监测站硬件达到国家要求；年内建设 1~2 个重金属、有毒有害有机污染物自动监测点；完成 1~2 个市级环境监测站和 2~3 个县级环境监测站的验收工作。四是建立健全同有关部门的联动机制，加强突发环境事件应急管理队伍建设，组建自治区环境应急专家队伍，筹建环境应急救援队伍，督促各市做好应急物资的储备，开展突发环境事故的应急演习。

十、以“五项承诺”为载体，加强环保队伍建设

学习贯彻党的十八大精神和全国环保工作会议精神，做到学以致用、用以促学，提高学习效果。加强干部队伍建设，着力解决作风不实、能力不强、对上级指示精神理解不透彻、对下级工作指导不到位的问题。大力开展践行“五项承诺”活动，坚持从严治厅，树立环保新形象，在以为民务实清廉为主题的保持党同群众密切关系主题活动中，结合环保工作实际扎实开展。要加强党风、机关政风和反腐倡廉建设。各级环保部门领导干部要以身作则，率先垂范，为改进工作作风带好头，做出榜样。着力推进各级环保部门机构和编制工作，力争增加机构和人员编制，自治区层面要争取机构和人员编制有新突破。继续推进事业单位改革，按计划完成改革任务。大力抓好办公信息化建设，全面推进政务信息公开工作。

(广西壮族自治区环境保护厅 2013 年 1 月 29 日印发)

广西壮族自治区环境保护厅“五项承诺”

桂环发〔2013〕2 号

为了贯彻落实党的十八大精神和中央、自治区关于改进工作作风密切联系群众的有关规定，树立为民务实清廉环保新形象，现向社会公开承诺。

一、环保审批依法快捷，主动服务发展大局

进一步优化审批程序，规范审批行为，提高审批效率。认真落实首问负责制、服务承诺制、一次性告知制、限期办结制和办事责任制。充分发挥环保优化经济发展的作用。

二、环境监测公开透明，保障公众环境知情权

加强环境预警监测，若遇突发环境事件及时准确发布环境监测信息，每月及时准确发布广西水环境质量状况、城市环境空气质量状况、近岸海域水质状况，每季度发布国控企业监督性监测结果，每年定期发布《广西环境状况公报》。

三、环境执法严格公正，维护群众环境权益

按照法定权限和规范程序严格执法、公正执法、文明执法，坚决打击环境违法行为，发现一起，打击一起，绝不姑息。确保“12369”举报热线24小时畅通，做到群众投诉的每一个问题都有回音，查处的每一个案件都有结果。每年征求一次人大、政协、社会团体和新闻媒体的意见，不定期听取群众的意见。

四、环境质量保持优良，努力建设美丽广西

全力改善全区环境质量，设区市的$PM_{2.5}$等环境空气质量指标力争全国领先，主要河流水质达到Ⅲ类以上标准，近岸海域水质保持良好，辐射环境保持正常值水平，全面完成建设小康社会的环境指标任务。

五、环保队伍阳光履职，坚决做到务实清廉

全面推进政务公开，严格依法行政，加强制度约束，不准干预、插手环保工程项目招投标和建设，不准指定环保咨询服务中介机构，不准在公务活动中收取礼品、礼金、有价证券，不准参加与公务有关的宴请、娱乐、旅游消费等活动，坚决杜绝以权谋私。

（广西壮族自治区环境保护厅2013年1月29日印发）

2013年广西壮族自治区环境统计公报

一、废水

2013年，全区废水排放总量225302.67万吨，其中，工业废水89508.46万吨，城镇生活污水135640.73万吨，集中式治理设施污水153.48万吨。废水中化学需氧量排放总量75.94万吨，其中，工业化学需氧量17.54万吨，农业化学需氧量21.08万吨，城镇生活污水化学需氧量36.93万吨，集中式治理设施化学需氧量0.39万吨。废水中氨氮排放总量8.10万吨，其中，工业氨氮0.72万吨，农业氨氮2.61万吨，城镇生活污水氨氮4.74万吨，集中式治理设施氨氮0.03万吨。

二、废气

2013年，全区二氧化硫排放总量47.20万吨，其中，工业二氧化硫43.80万吨，城镇生活二氧化硫3.40万吨。全区氮氧化物排放总量50.43万吨，其中，工业氮氧化物34.89万吨，城镇生活氮氧化物0.37万吨，机动车氮氧化物15.17万吨。全区烟（粉）尘排放总量28.95万吨，其中，工业烟（粉）尘26.01万吨，城镇生活烟尘1.34万吨，机动车烟尘1.60万吨。

三、固体废弃物

2013年，全区一般工业固体废物产生量7675.64万吨，综合利用量5424.94万吨；处置量1608.50万吨；贮存量1198.23万吨。

全区危险废物产生量96.23万吨，综合利用量79.70万吨；处置量6.72万吨；贮存量14.94万吨。

2013年广西壮族自治区环境统计主要指标

一、废水	
1.废水排放总量（万吨）	225302.67
其中：工业废水排放量（万吨）	89508.46
城镇生活污水排放量（万吨）	135640.73
集中式治理设施污水排放量（万吨）	153.48
2.化学需氧量（COD）排放量（吨）	759383.37
其中：工业废水中COD排放量（吨）	175417.10
农业COD排放量（吨）	210769.61
城镇生活污水中COD排放量（吨）	369299.21
集中式治理设施COD排放量（吨）	3897.45
3.氨氮排放量（吨）	80995.54
其中：工业废水中氨氮排放量（吨）	7220.98

续表

农业氨氮排放量（吨）	26079.34
生活污水中氨氮排放量（吨）	47388.22
集中式治理设施氨氮排放量（吨）	307.00
二、废气	
1.二氧化硫（SO_2）排放量（吨）	471986.80
其中：工业SO_2排放量（吨）	437996.18
城镇生活SO_2排放量（吨）	33948.93
集中式治理设施SO_2排放量（吨）	41.69
2.氮氧化物排放量（吨）	504304.74
其中：工业氮氧化物排放量（吨）	348937.64
城镇生活氮氧化物排放量（吨）	3630.76
机动车氮氧化物排放量（吨）	151653.60
集中式治理设施氮氧化物排放量（吨）	82.74
3.烟（粉）尘排放量（吨）	289473.81
其中：工业烟（粉）尘排放量（吨）	260027.72
城镇生活烟尘排放量（吨）	13378.23
机动车烟尘排放量（吨）	16029.80
集中式治理设施烟尘排放量（吨）	38.06
三、固体废弃物	
（一）一般工业固体废物	
1.一般工业固体废物产生量（万吨）	7675.64
2.一般工业固体废物综合利用量（万吨）	5424.94
其中：综合利用往年贮存量（万吨）	490.70
3.一般工业固体废物处置量（万吨）	1608.50
其中：处置往年贮存量（万吨）	65.70
4.一般工业固体废物贮存量（万吨）	1198.23
5.一般工业固体废物倾倒丢弃量（万吨）	0.37
（二）危险废物	
危险废物产生量（万吨）	96.28
危险废物综合利用量（万吨）	79.67
其中：综合利用往年贮存量（万吨）	2.97
危险废物处置量（万吨）	6.80
其中：处置往年贮存量（万吨）	2.16
危险废物贮存量（万吨）	14.94
危险废物倾倒丢弃量（万吨）	0

2013年广西壮族自治区环境统计年报

一、概述

2013年，全区废水排放总量225302.67万吨，其中，工业废水89508.46万吨，城镇生活污水135640.73万吨，集中式治理设施污水153.48万吨。废水中化学需氧量排放总量75.94万吨，其中，工业化学需氧量17.54万吨，农业化学需氧量21.08万吨，城镇生活污水化学需氧量36.93万吨，集中式治理设施化学需氧量0.39万吨。废水中氨氮排放总量8.10万吨，其中，工业氨氮0.72万吨，农业氨氮2.61万吨，城镇生活污水氨氮4.74万吨，集中式治理设施氨氮0.03万吨。

全区二氧化硫排放总量47.20万吨，其中，工业二氧化硫43.80万吨，城镇生活二氧化硫3.39万吨。全区氮氧化物排放总量50.43万吨，其中，工业氮氧化物34.89万吨，城镇生活氮氧化物0.36万吨，机动车氮氧化物15.17万吨。全区烟(粉)尘排放总量28.95万吨，其中，工业烟(粉)尘26.00万吨，城镇生活烟尘1.34万吨，机动车烟尘1.60万吨。详见表1。

表1　2013年广西壮族自治区主要污染物排放量汇总表

名称	合计	工业源	城镇生活源	集中式治理设施	农业源	机动车
一、废水						
废水（万吨）	225302.67	89508.46	135640.73	153.48	—	—
化学需氧量（吨）	759383.37	175417.10	369299.21	3897.45	210769.61	—
氨氮（吨）	80995.54	7220.98	47388.23	307.00	26079.34	—
石油类（吨）	265.17	261.95	—	3.22	—	—
挥发酚（千克）	12925.03	12813.17	—	111.86	—	—
氰化物（千克）	4885.40	4867.84	—	17.55	—	—
废水砷（千克）	8290.96	8282.93	—	8.02	—	—
废水铅（千克）	6301.88	6257.0978	—	44.78	—	—
废水镉（千克）	1075.88	1066.6102	—	9.28	—	—
废水汞（千克）	429.15	426.31	—	2.84	—	—
废水总铬（千克）	1780.40	1755.45	—	24.95	—	—
二、废气						
二氧化硫（吨）	471986.80	437996.18	33948.93	41.69	—	—
氮氧化物（吨）	504304.74	348937.64	3630.76	82.74	—	151653.60
烟（粉）尘（吨）	289473.81	260027.72	13378.23	38.06	—	16029.80

注:“—”表示该项目未列入环境统计数据库。

二、工业污染源

（一）工业企业基本情况

1. 工业企业

2013年，全区重点调查工业企业3532家。

2. 工业用水量

全区工业用水量1502946.35万吨，其中取水量316204.32万吨，重复用水量1186742.03万吨。

3. 工业煤炭消耗量

全区煤炭消耗量6788.68万吨，其中燃料煤消耗量5489.33万吨。

（二）工业废水

1. 工业废水治理和排放情况

全区工业废水治理设施数为2340套，废水处理设施处理能力1068.59万吨/日，废水处理设施运行费用194088.20万元，废水处理量304910.86万吨，废水排放量89508.46万吨。废水排放量中，排入环境水体85877.40万吨，进入污水处理厂3631.05万吨。

2. 工业废水污染物产生和排放情况

全区工业废水中主要污染物产生量：化学需氧量1222898.40吨，氨氮52719.58吨，石油类4135.37吨，挥发酚1987225.88千克，氰化物33685.48千克，砷129346.19千克，铅86856.04千克，镉73051.66千克，汞2370.49千克，总铬52970.79千克。

全区工业废水中主要污染物排放量：化学需氧量175417.10吨，氨氮7220.98吨，石油类261.95吨，挥发酚12813.17千克，氰化物4867.84千克，砷8282.93千克，铅6257.10千克，镉1066.61千克，汞426.31千克，总铬1755.45千克。

3. 各市废水主要污染物产生和排放情况

化学需氧量产生量最大的城市是南宁市，氨氮产生量最大的城市是河池市；化学需氧量排放量最大的城市是南宁市，氨氮排放量最大的城市是南宁市。详见表2。

表2 2013年广西各市工业废水主要污染物产生和排放情况

单位：吨

名称	废水污染物产生量		废水污染物排放量	
	化学需氧量	氨氮	化学需氧量	氨氮
全区	1222898.40	52719.58	175417. 10	7220.98
南宁市	294505.19	3245.68	23954.00	1298.00
柳州市	109045.93	16091.69	10164.14	1271.07
桂林市	30919.61	931.74	8922.95	517.63
梧州市	29576.19	897.36	9828.44	488.13
北海市	62752.44	1317.74	9013.78	37.00
防城港市	74788.84	544.48	13312.02	171.00
钦州市	59127.37	892.56	7576.19	257.24
贵港市	134227.84	620.24	14188.86	291.20
玉林市	22769.34	495.99	5996.24	260.80
百色市	105666.05	1188.10	17528.78	598.11
贺州市	15765.89	690.30	5138.02	341.51
河池市	69451.39	20949.74	13447.20	851.64
来宾市	123228.47	2586.85	17696.46	406.63
崇左市	91073.84	2267.11	18650.00	431.00

4. 各行业废水主要污染物排放情况

废水中化学需氧量排放量居前五位的行业分别是造纸和纸制品业，农副食品加工业，酒、饮料和精制茶制造业，化学原料和化学制品制造业，有色金属矿采选业，五行业排放量合计占全区工业总量的77.1%。氨氮排放量居前五位的行业分别是化学原料和化学制品制造业，造纸和纸制品业，农副食品加工业，酒、饮料和精制茶制造业，食品制造业，五行业排放量合计占全区工业总量的78.8%。详见表3。

表3 2013年广西主要行业废水主要污染物排放情况

单位：吨

行业名称	化学需氧量排放量	氨氮排放量
煤炭开采和洗选业	148.93	0.56
石油和天然气开采业	0	0
黑色金属矿采选业	38.26	0.71
有色金属矿采选业	6140.90	28.21

续表

行业名称	化学需氧量排放量	氨氮排放量
非金属矿采选业	80.85	1.47
其他采矿业	47.01	0.40
农副食品加工业	43885.23	1025.61
食品制造业	4464.3755	194.44
酒、饮料和精制茶制造业	26952.74	791.77
烟草制品业	5.60	0.60
纺织业	1318.69	62.83
纺织服装、服饰业	982.33	130.71
皮革、毛皮、羽毛及其制品和制鞋业	679.04	72.79
木材加工和木、竹、藤、棕、草制品业	1415.57	23.65
家具制造业	7.33	0.01
造纸和纸制品业	47438.76	1430.39
印刷和记录媒介复制业	43.45	0.61
文教、工美、体育和娱乐用品制造业	5.42	0.01
石油加工、炼焦和核燃料加工业	1037.55	58.98
化学原料和化学制品制造业	10896.24	2247.26
医药制造业	3671.36	80.79
橡胶和塑料制品业	131.50	4.60
非金属矿物制品业	1238.62	44.00
黑色金属冶炼和压延加工业	984.26	39.09
有色金属冶炼和压延加工业	1223.76	32.01
金属制品业	91.93	1.64
通用设备制造业	73.63	5.50
专用设备制造业	103.14	0.02
汽车制造业	357.62	7.55
铁路、船舶、航空航天和其他运输设备制造业	9.78	0.08
电气机械和器材制造业	70.96	0.18
计算机、通信和其他电子设备制造业	113.21	14.30
仪器仪表制造业	19.41	0.19
其他制造业	52.50	0
废弃资源综合利用业	8.18	0.0001
金属制品、机械和设备修理业	56.72	0.05
电力、热力生产和供应业	23.98	1.18
燃气生产和供应业	0	0
其他行业	0.00	0.00

（三）工业废气

1. 工业废气治理和排放情况

全区工业废气治理设施数为6301套，其中脱硫设施数481套，脱硝设施数9套，除尘设施数5446套。全区工业废气排放总量为29051.15亿立方米。

2. 工业废气污染物产生和排放情况

全区工业废气中主要污染物产生量：二氧化硫1691921.20吨，氮氧化物404414.88吨，烟（粉）尘20658217.12吨。

全区工业废气中主要污染物排放量：二氧化硫437996.18吨，氮氧化物348937.64吨，烟（粉）尘260027.72吨。

3. 各市废气主要污染物产生和排放情况

二氧化硫产生量最大的城市是来宾市，氮氧化物产生量最大的城市是柳州市；二氧化硫排放量最大的城市是来宾市，氮氧化物排放量最大的城市是柳州市。详见表4。

表4　2013年广西各市废气主要污染物产生和排放情况

单位：吨

名称	废气污染物产生量		废气污染物排放量	
	二氧化硫	氮氧化物	二氧化硫	氮氧化物
全区	1691921.20	404414.88	437996.18	348937.64
南宁市	126980.36	46936.66	33044.91	34796.56
柳州市	189555.85	51756.30	46716.59	50349.06
桂林市	125569.62	33617.76	36176.31	32016.40
梧州市	13609.68	3877.22	9869.62	3391.22
北海市	40510.84	15549.52	11911.97	14135.90
防城港市	56159.37	20945.08	20245.66	20410.56
钦州市	50948.33	15140.05	16178.66	15137.96
贵港市	64731.92	46892.28	20505.60	46663.18
玉林市	9166.87	17077.70	8643.66	15271.13
百色市	155704.12	43920.44	84093.08	38234.60
贺州市	143764.86	26525.48	11224.16	13927.23
河池市	291862.05	21871.08	47131.50	5199.54
来宾市	411099.60	45899.545000	85054.31	45588.51
崇左市	12257.74	14405.78	7200.15	13815.78

4. 各行业废气主要污染物排放情况

二氧化硫排放量居前五位的行业分别是电力、热力生产和供应业，有色金属冶炼和压延业，非金属矿物制品业，其他制造业，黑色金属冶炼和压延业，五行业排放量合计占全区工业总量的67.9%。氮氧化物排放量居前五位的行业分别是电力、热力生产和供应业，非金属矿物制品业，黑色金属冶炼和压延业，有色金属冶炼和压延业，农副食品加工业，五行业排放量合计占全区工业总量的89.5%。详见表5。

表5　2013年广西主要行业废气主要污染物排放情况

单位：吨

行业名称	二氧化硫排放量	氮氧化物排放量
煤炭开采和洗选业	0	0
石油和天然气开采业	0	0
黑色金属矿采选业	160.34	34.25

续表

行业名称	二氧化硫排放量	氮氧化物排放量
有色金属矿采选业	0	0
非金属矿采选业	163.80	58.97
其他采矿业	49.68	23.00
农副食品加工业	17328.49	14385.29
食品制造业	3277.09	671.95
酒、饮料和精制茶制造业	8886.28	1907.92
烟草制品业	104.69	72.59
纺织业	286.79	239.72
纺织服装、服饰业	400.01	71.30
皮革、毛皮、羽毛及其制品和制鞋业	323.25	42.35
木材加工和木、竹、藤、棕、草制品业	540.97	354.24
家具制造业	2.60	1.54
造纸和纸制品业	24272.48	8140.50
印刷和记录媒介复制业	43.58	11.62
文教、工美、体育和娱乐用品制造业	30.95	0.45
石油加工、炼焦和核燃料加工业	6450.67	1724.35
化学原料和化学制品制造业	27629.00	4419.03
医药制造业	2068.34	437.54
橡胶和塑料制品业	1373.69	281.73
非金属矿物制品业	47707.90	126373.96
黑色金属冶炼和压延加工业	30489.88	26466.08
有色金属冶炼和压延加工业	85919.22	14800.13
金属制品业	691.07	40.46
通用设备制造业	12.47	5.52
专用设备制造业	121.20	67.42
汽车制造业	58.40	86.91
铁路、船舶、航空航天和其他运输设备制造业	0.92	1.18
电气机械和器材制造业	69.70	24.64
计算机、通信和其他电子设备制造业	31.84	16.77
仪器仪表制造业	13.52	1.45
其他制造业	34029.41	6382.65
废弃资源综合利用业	6.68	4.28
金属制品、机械和设备修理业	10.53	5.96
电力、热力生产和供应业	99318.134	130274.16
燃气生产和供应业	20.58	0
其他行业	0	0

（四）工业固体废物

1. 一般工业固体废物

全区一般工业固体废物产生量7675.64万吨，综合利用量5424.94万吨，处置量1608.50万吨，贮存量1198.22万吨，倾倒丢弃量0.38万吨。

2. 危险废物

全区危险废物产生量96.23万吨，综合利用量79.70万吨，处置量6.72万吨，贮存量14.95万吨，倾倒丢弃量0.00万吨。

三、农业污染源

（一）调查范围和调查重点

农业化学需氧量调查范围为水产养殖业和畜禽养殖业，氨氮调查范围为水产养殖业、畜禽养殖业和种植业。畜禽养殖业重点调查范围是规模化养殖场和养殖小区，共计3498家，其中，生猪3267家，奶牛25家，肉牛19家，蛋鸡78家，肉鸡109家。

（二）主要污染物排放情况

全区农业化学需氧量排放量为21.08万吨，其中水产养殖业1.27万吨，畜禽养殖业19.81万吨；氨氮排放量为2.61万吨，其中，水产养殖业0.08万吨，畜禽养殖业1.60万吨，种植业0.93万吨。详见表6。

表6　2013年广西农业源主要污染物排放量情况

单位：吨

区域	化学需氧量排放量			氨氮排放量			
	水产	畜禽	合计	水产	畜禽	种植	合计
全区	12672.09	198097.52	210769.61	778.15	15968.68	9332.52	26079.34
南宁市	3320.20	32791.77	36111.97	158.83	2485.50	1459.14	4103.46
柳州市	419.72	16799.40	17219.12	15.06	1290.37	763.27	2068.70
桂林市	247.65	31858.73	32106.38	12.23	2131.00	1027.69	3170.91
梧州市	362.91	10469.84	10832.75	9.03	741.10	308.77	1058.90
北海市	3009	6531.84	9540.84	159.87	305.67	355.87	821.41
防城港市	1025.34	2627.20	3652.54	46.49	153.00	142.95	342.44
钦州市	1583.11	11797.90	13381.00	143.71	620.32	532.30	1296.33
贵港市	312	20276.16	20588.16	6.67	2233.53	720.23	2960.43
玉林市	926.56	21996.60	22923.16	47.46	2667.66	633.60	3348.73
百色市	648.76	4946.00	5594.76	106.76	350.09	643.36	1100.20
贺州市	53.02	10427.03	10480.05	2.04	973.98	335.38	1311.40
河池市	88.55	3864.43	3952.98	14.82	244. 90	698.18	957.90
来宾市	248.64	10023.21	10271.85	8.62	656.80	839.91	1505.32
崇左市	426.64	13687.39	14114.03	46.57	1114.78	871.87	2033.22

四、城镇生活污染源

（一）用水和污水排放情况

2013年，全区城镇常住人口2115万人，城镇居民生活用水总量164188.076万吨，其中居民家庭用水140357.56万吨，公共服务用水23830.52万吨。城镇生活污水总排放量135640.73万吨。详见表7。

表7　2013年广西城镇居民生活用水和污水排放情况

区域	辖区内城镇常住人口（万人）	生活用水总量（万吨）	生活污水排放量（万吨）
全区	2115	164188.076	135640.727
南宁市	395.24	29653	26695.5
柳州市	229.53	23404.71	21064.24

续表

区域	辖区内城镇常住人口（万人）	生活用水总量（万吨）	生活污水排放量（万吨）
桂林市	215.46	17023.87	14470.29
梧州市	142.03	11249.49	9018.90
北海市	84.49	6537.84	5550
防城港市	47.66	4108.22	2957.30
钦州市	111.66	7906.64	7091.53
贵港市	189.22	12569.88	10705.12
玉林市	249.66	17325.89	8883.38
百色市	110.26	10788	8631
贺州市	80.51	5700.91	5289.51
河池市	109.8	7334.09	6211.94
来宾市	80.52	5702.46	4918.9
崇左市	68.96	4883.06	4153.12

（二）废水主要污染物产生和排放情况

城镇生活化学需氧量产生量为512129.84吨，去除量142830.63吨，排放量369299.21吨；氨氮产生量61240.33吨，去除量13852.03吨，排放量47388.23吨。详见表8。

表8　2013年广西城镇生活废水主要污染物产生和排放情况

单位：吨

区域	化学需氧量产生量	化学需氧量去除量	化学需氧量排放量	氨氮产生量	氨氮去除量	氨氮排放量
全区	512129.84	142830.63	369299.21	61240.33	13852.10	47388.23
南宁市	99296.54	37052.54	62244.00	10066.88	2122.88	7944.00
柳州市	59166.01	26802.61	32363.40	7504.00	2163.23	5340.77
桂林市	48863.00	18997.90	29865.10	6557.60	1866.80	4690.80
梧州市	34379.59	6069.03	28310.56	4311.65	637.08	3674.57
北海市	18968.70	7427.70	11541.00	2217.60	1276.60	941.00
防城港市	10794.71	2044.71	8750.00	1454.95	443.95	1011.00
钦州市	27118.66	3043.13	24075.53	3320.22	402.54	2917.68
贵港市	46273.75	9454.75	36819.00	5732.42	1056.42	4676.00
玉林市	61054.35	16668.12	44386.23	7563.45	1851.78	5711.67
百色市	26237.00	4063.00	22174.00	3208.00	737.30	2470.70
贺州市	17628.98	788.00	16840.98	1874.90	98.00	1776.90
河池市	25248.51	6151.51	19097.00	3017.80	453.80	2564.00
来宾市	19732.47	2098.47	17634.00	2402.26	348.26	2054.00
崇左市	17367.58	2169.17	15198.41	2008.60	393.46	1615.14

（三）能源消费和废气污染物排放情况

城镇居民生活煤炭消费量186.67万吨，天然气消费量11182.01万立方米。城镇生活二氧化硫排放量33948.93吨，氮氧化物排放量3630.76吨，烟尘排放量13378.23吨。详见表9。

表9 2013年广西城镇生活能源消费和废气污染物排放情况

区 域	城镇生活煤炭消费量（万吨）	城镇生活天然气消费量（万立方米）	城镇生活二氧化硫排放量（吨）	城镇生活氮氧化物排放量（吨）	城镇生活烟尘排放量（吨）
全 区	186.67	11182.01	33948.93	3630.76	13378.23
南宁市	51.46	4782	8748	1068	4631.45
柳州市	20.16	768.13	5140.03	409.28	1536.97
桂林市	22.11	1670	4514.67	455.72	221.12
梧州市	11.22	513.54	2289.03	239.67	1010.00
北海市	6.08	2200	1240.32	140.70	395.2
防城港市	2.5	20.56	420	52.67	162.5
钦州市	3.65	0.46	1117	76.7	237.25
贵港市	10.98	0	2248.18	245.76	937.44
玉林市	23.82	414.32	926.97	89.76	1497.74
百色市	15.49	813	2631	331.6	1209.4
贺州市	2.09	0	711	44	188
河池市	13.1	0	2507	262	1048
来宾市	1.35	0	688.68	28.32	130
崇左市	2.664	0	767.06	186.57	173.16

五、机动车污染源

2013 年，全区机动车保有量 10954022 辆，其中载客汽车 2073951 辆，载货汽车 539385 辆，低速载货汽车 45706 辆，摩托车 8294980 辆。全区机动车氮氧化物排放量 15.16 万吨，其中，南宁市和玉林市机动车氮氧化物排放量分别为 4.01 万吨和 2.24 万吨，两者合计占全区总量的 41.2%。详见表 10。

表10 2013年广西机动车保有量和氮氧化物排放情况

区域	保有量（辆）	载客汽车（辆）	载货汽车（辆）	三轮汽车及低速载货汽车（辆）	摩托车（辆）	氮氧化物排放量（万吨）
全区	10954022	2073951	539385	45706	8294980	15.16
南宁市	1810012	631080	115187	3998	1059747	4.01
柳州市	848439	294914	46153	1329	506043	1.19
桂林市	1002687	241552	44655	3448	713032	1.32
梧州市	734734	78139	27284	4536	624775	0.66
北海市	373280	94875	23156	926	254323	0.47
防城港市	274267	52141	14206	1961	205959	0.32
钦州市	786416	72527	31767	2503	679619	0.78
贵港市	923002	93331	35464	3182	791025	0.88
玉林市	1400885	140925	74147	2064	1183749	2.24

续表

区域	保有量（辆）	载客汽车（辆）	载货汽车（辆）	三轮汽车及低速载货汽车（辆）	摩托车（辆）	氮氧化物排放量（万吨）
百色市	700683	95275	42961	8402	554045	0.91
贺州市	470828	55083	16763	1196	397786	0.48
河池市	788139	100354	28973	5886	652926	0.64
来宾市	415324	70257	18473	2709	323885	0.55
崇左市	425326	53498	20196	3566	348066	0.72

六、集中式污染治理设施

（一）基本情况

2013 年，全区集中式污染治理设施共 187 座（个），其中，污水处理厂 117 座，垃圾处理厂（场）53 个，危险废物处置厂 17 个，医疗废物处置（理）厂 7 个。

（二）污水处理厂

全区 117 座污水处理厂设计处理能力合计 382.76 万吨 / 日，实际处理量 102321.00 万吨，其中，生活污水 99946.77 万吨，工业废水 2374.23 万吨。再生水产生量 584.11 万吨，利用量 336.69 万吨。详见表 11。

表11　2013年广西污水处理设施污水处理和再生水利用情况

单位：万吨

区域	实际处理量	其中		再生水利用量
		生活污水	工业废水	
全区	102321.00	99946.77	2374.23	336.69
南宁市	25154.96	24947.52	207.44	2.00
柳州市	18401.86	17531.04	870.82	0
桂林市	12169.62	12110.22	59.40	28.00
梧州市	4596.25	4396.31	199.94	0
北海市	4979.03	4362.18	616.85	29.20
防城港市	2409.03	2409.03	0	36.30
钦州市	3447.94	3383.40	64.54	16.92
贵港市	4712.54	4712.54	0	14.60
玉林市	9090.93	8989.03	101.90	20.20
百色市	5680.97	5680.97	0	172.83
贺州市	2218.59	1990.80	227.79	0
河池市	4804.08	4804.08	0.00	12.00
来宾市	2259.73	2234.18	25.55	4.64
崇左市	2395.47	2395.47	0	0

（三）垃圾处理厂（场）

2013 年，全区 53 个垃圾处理厂（场）处理垃圾合计 383.47 万吨，垃圾渗滤液产生量 161.71 万立方米，实际处理量 142.35 万立方米，排放量 152.54 万立方米。详见表 12。

表12 2013年广西垃圾处理设施垃圾和渗滤液处理情况

区域	处理垃圾量（万吨）	渗滤液（万立方米）		
		产生量	处理量	排放量
全区	383.47	161.71	142.35	152.54
南宁市	101.28	40.61	39.97	40.61
柳州市	40.20	10.43	7.08	7.08
桂林市	50.57	14.09	10.43	14.09
梧州市	14.59	12.22	12.22	12.22
北海市	21.70	3.00	2.80	2.90
防城港市	16.82	6.19	4.09	4.09
钦州市	15.25	7.20	7.20	7.20
贵港市	29.69	10.73	7.61	9.92
玉林市	37.02	14.99	14.71	14.71
百色市	9.20	6.16	5.18	5.18
贺州市	11.31	9.56	7.73	8.22
河池市	17.72	13.68	13.68	13.68
来宾市	4.61	2.74	2.74	2.74
崇左市	13.53	10.10	6.91	9.90

全区垃圾渗滤液化学需氧量产生量11595.01吨，排放量3897.32吨；氨氮产生量1347.87吨，排放量307.00吨。详见表13。

表13 2013年广西垃圾渗滤液主要污染物产生和排放情况

单位：吨

区域	化学需氧量		氨氮	
	产生量	排放量	产生量	排放量
全区	11595.01	3897.32	1347.87	307.00
南宁市	4057.70	541.29	368.04	46.57
柳州市	1043.00	27.16	93.87	2.72
桂林市	933.12	702.39	140.08	58.91
梧州市	1041.67	156.25	93.75	10.41
北海市	56.39	9.37	19.74	0.93
防城港市	186.57	153.24	34.17	12.41
钦州市	45.11	7.63	13.51	0.75
贵港市	95.91	1.98	13.26	0.37
玉林市	938.12	774.71	127.35	58.09
百色市	548.96	392.58	125.68	27.81
贺州市	304.93	144.87	48.89	12.25
河池市	1697.68	513.82	215.99	39.47
来宾市	181.25	26.69	18.30	2.05
崇左市	464.60	445.34	35.24	34.26

（四）危险废物和医疗废物处置（理）厂

全区危险废物处置量38233.88吨，其中，工业危险废物11468.40吨，占30.0%；医疗废物17648.48吨，占46.2%。危险废物综合利用量15177.10吨。

七、环境污染治理投资情况

2013年，全区工业污染防治投资197547.51万元，其中，废水治理70783.05万元，废气治理118897.05万元，固体废物治理540万元，噪声治理276万元，其他7051.41万元。全区共完成环保验收项目5149项，完成环保验收项目环保投资合计641753.30万元。工业废气治理设施运行费用303377.00万元，工业废水治理设施运行费用194088.20万元。详见表14。

表14　2013年广西环境污染治理投资情况

单位：万元

工业污染防治投资	197547.51
其中：废水治理	70783.05
废气治理	118897.05
固体废物治理	540
噪声治理	276
其他	7051.41
完成环保验收项目环保投资	641753.30
工业废气治理设施运行费用	303377.00
工业废水治理设施运行费用	194088.20

2013年广西壮族自治区环境状况公报

综述

2013年，全区环境质量总体良好，但较2012年略有下降。全区环境空气达标天数比例95.8%；39条主要河流72个水质监测断面水质达标率95.8%，城市集中式饮用水水源地水质达标率98.0%；近岸海域水质总体良好；全区环境电离辐射水平保持稳定，电磁辐射水平总体良好；全区城市区域噪声、道路交通噪声、功能区噪声良好。

主要污染物总量减排

状况

2013年广西化学需氧量排放量75.94万吨，比2012年下降2.68%；氨氮排放量8.10万吨，比2012年下降1.90%；二氧化硫排放量47.20万吨，比2012年下降6.38%；氮氧化物排放量50.43万吨，比2012年上升1.21%。氨氮、氮氧化物未能完成年度污染减排目标任务。

措施与行动

完善污染减排工作机制，明确目标责任

2013年自治区人民政府将污染减排指标列入2013年经济社会发展主要目标和年度绩效考核；定期组织召开专题会议和节能减排厅际联席会议研究有关重大事项，制订了2013年度减排计划，出台了《广西壮族自治区节能减排工作行政过错问责暂行办法》，印发了《关于开展2013年主要污染物总量减排突击行动的通知》。

强力推进重点领域行业减排工程建设

一是火电、水泥行业脱硝设施建设有效推进。完成列入年度全区减排计划的10家火电企业15台燃煤机组和20家水泥企业32条水泥生产线脱硝工程建设。列入2014年脱硝计划中的9条水泥生产线，有5条生产线的脱硝设施已在2013年提前建成投运。二是全区14个设区市成立了机动车排气污染监管机构。三是完成规模化畜禽养殖年度减排计划项目。全区共实施完成规模化畜禽养殖污染治理项目938项，76家畜禽养殖场获得农业部和自治区标准化示范场资格。四是完成挂牌督办企业（行业）整改工作。五是开展制糖行业清洁生产。六是发布了广西首个地方环保标准《甘蔗制糖工业水污染物排放标准》。七是完成火电企业脱硫设施烟气旁路取消计划工作。

淘汰落后产能，加快结构调整

全年完成淘汰落后水泥产能452万吨、铁合金产能13.4万吨、造纸产能14.15万吨、铅冶炼产能2.4万吨、钒冶炼产能0.1万吨，全面完成广西工业行业淘汰落后产能年度目标任务。

强化环境监管，提升达标排放水平

一是严格控制污染物新增量，把污染物总量控制指标作为建设项目环评审批的前置条件，对新建、技改、扩建的“两高”项目坚持“等量置换”。二是严格环境监管，完成所有746家国控企业的监督性监测，完成全区自动监测设备比对监测工作，对819家重点污染源企业的1110个进、排放口的污染物实现实时在线监测。完成371个废水排放口和275个烟气排放口的新增氨氮和氮氧化物自动监控设施建设，建设完成率为93%。2013年全区国控重点源工业废水综合达标率为99%、工业废气综合达标率为98%，均比2012年有所提高。

落实资金政策，加大扶持力度

中央、自治区本级、各市县分别安排3.5亿元、1.05亿元、0.898亿元资金用于全区农村环境连片整治；安排和整合多部门资金共5亿元用于全区污水生活垃圾处理设施建设；自治区及市县财政分别安排资金5280万元和3520万元用于全区火电和水泥企业脱硝减排工程补助；对已通过脱硝设施竣工环保验收的火电燃煤发电机组执行每千瓦时0.01元的脱硝电价补贴政策，继续落实脱硫电价政策，并调整了全区污水处理收费标准。

进行约谈后进，推动措施到位

2013年11月6日，受自治区人民政府委托，自治区环境保护厅对火电企业脱硝设施建设进展缓慢的4个市分管市领导和6家火电企业主要负责人进行了约谈；12月13日，自治区环境保护厅对机动车尾气监管机构建设进展缓慢的5个市的建设环评项目暂停受理，有力推进了相关市减排工作的落实。

重金属污染防治

状况

2013年，14个设区市40个城市集中式饮用水水源地、17个地表水国控断面及11个重点区域水环境监测断面5项重点重金属指标（铅、汞、镉、铬和类金属砷）达标率均为100%。3个重点防控区（南丹县、环江县、金城江区）监测的环境空气三项重金属指标（铅、镉、类金属砷）达标。

措施与行动

领导重视，强力推进

自治区编委于2013年12月27日批准自治区环境保护厅增设重金属污染防治处，加强重金属污染防治工作。2013年底，14位自治区主要领导带队到14个市开展以重金属污染防治工作为重点的环境隐患大清查大整治和生产安全督查，推进环境风险隐患企业清查整治。

部门协作，形成合力

自治区人民政府印发《广西重金属污染防治工作领导小组工作机制》，重金属污染防治工作形成了政府统一领导、部门协作的良好局面。自治区环境保护厅印发《广西壮族自治区重金属污染防治项目管理办法》，规范了项目资金管理。自治区财政厅逐年增加资金预算，由2011年的2000万元增加至2013年的7650万元。自治区工业和信息化委分解下达年度任务，与各市签订责任书，落实淘汰落后产能任务，淘汰铅冶炼2.4万吨、钒冶炼0.1万吨。

重视考核，督促整改

自治区环境保护厅约谈2012年度全区重金属污染防治规划项目完成率不高的南宁市、桂林市、河池市、隆安县、南丹县等5市6县人民政府及相关企业负责人，责令广西凤凰银业公司等6家公司限期完成规划项目验收工作。针对非重点防控区重金属排放量未完成控制目标的问题，会同自治区统计局采取措施核实及时纠正部分企业涉重产品产量虚报问题。

编制方案，明确责任

各市、重点防控县（区）严格按照环境保护部《重金属污染综合防治“十二五”规划年度实施方案编制指南（试行）》要求制订辖区年度实施方案。全区年度工作方案由自治区人民政府印发，重点落实了国家年度考核目标，对3个重点防控区重金属排放量、区域环境质量、规划重点项目完成率、环境管理及风险防范等方面，设置了定量化、约束性工作目标。

淡水资源

状况

河流

2013年广西主要河流水质总体良好，大部分河流满足水环境功能区目标要求。其中：69个断面水质符合《地表水环境质量标准》（GB3838-2002）的Ⅲ类标准，达到相应水环境功能目标要求，水质达标率为95.8%，较2012年（97.2%）下降了1.4个百分点。

珠江水系的红水河、刁江、黔江、浔江、西江、黄华河、杨梅河、北流江、都柳江、融江、洛清江、龙江、大环江、柳江、漓江、桂江、难滩河、归春河、黑水河、水口河、平而河、明江、左江、剥隘河、右江、邕江、郁江、贺江，长江水系的湘江、资江，独流入海水系的北仑河、南流江、武利江、钦江、防城江、茅岭江、大风江，年均水质均符合Ⅲ类标准，河流水质为“优良”；珠江水系的下雷河和独流入海水系的九洲江年均河流水质不符合Ⅲ类标准，均为“轻度污染”。

水库

2013年对平龙水库、武思江水库、达开水库、六陈水库、青狮潭水库、澄碧河水库、天生桥水库、平班水库、大王滩水库、西津水库、龙滩水库、岩滩水库、土桥水库、百色水库、那板水库、凤亭河水库、屯六水库、龟石水库、苏烟水库和小江水库共20座水库开展水质监测。结果表明：15座水库水质达Ⅲ类标准，5个水库水质为Ⅳ～Ⅴ类，主要超标项目为总磷。水库营养化状态评价显示，除西津水库为轻度富营养状态外，其他19

个水库均为中营养状态。

城市地下水环境

2013年，全区共设地下水监测点452个，地下水监测面积7277平方公里。

2013年全区地下水质量以优良、良好级别为主，地下水水质污染以点状污染为主，局部存在有小范围的面状污染。与2012年相比，全区地下水水质变化不大。

城市饮用水水源

2013年，14个设区市40个在用城市集中式饮用水水源地开展监测，其中地表水源地33个，地下水源地7个。水质达标率为98.0%，比2012年下降0.7个百分点。14个设区市的集中式饮用水水源地水质达标率，除南宁(96.1%)、贵港(91.9%)、玉林(96.4%)、贺州(97.2%)外，其余10个设区市均为100%。

措施与行动

加强生活、农业污水治理

全年安排和整合资金5亿元用于全区生活污水垃圾处理设施建设，进一步调整了全区污水处理收费标准；加强规模化畜禽养殖污水治理，完成规模化畜禽养殖污染治理项目938项，降低直排入河和面源污染的废水排放。

加大工业污水排放监管力度

严格工业污染源监控。严厉查处违法排污行为，加大环境隐患整改力度。完成国控企业的监督性监测；新增建设371个氨氮废水排放口的自动监控设施，进一步确保污染源自动监控设施的正常运行；完成挂牌督办企业(行业)整改工作；开展制糖行业清洁生产。集中对酒精、制糖、淀粉、造纸、化工等行业1481家企业进行突击检查，2013年全区国控重点源工业废水综合达标率为99%。

城市污水处理能力进一步加强

2013年，全区年污水处理能力达10.4亿吨，比2012年增长3.9%，削减化学需氧量14万吨，新增污水处理厂4座，新增处理能力22.5万吨/日，新增污水管网498公里。污水处理率实现了75%的设定目标。

淘汰落后产能，推进结构调整

完成了造纸、铅冶炼、钒冶炼等落后产能的淘汰任务，降低了工业废水排放。

继续开展龙江河常态监测

2012年2月29日至2013年12月31日开展了龙江河常态监测，监测结果表明水质稳定达标。

加强城市地下水保护

2013年通过控制地下水抽水量及布井密度，基本控制海水入侵(北海市海城区)。针对城市城区地下水开采向郊区转移的情况，出台政策法规。完成了广西地下水基础环境状况调查，以柳州市洛维地下水为试点进行了环境状况调查和评估，并针对性地提出了建议措施。

继续推进备用水源建设

2013年，全区继续推进备用水源建设。柳州市开工建设11个备用水源，9个已建成，形成30.6万立方米/日的应急供水能力。桂林市、钦州市、贺州市、来宾市均开展了备用水源建设的前期工作。

海洋环境

状况

近岸海域

2013年广西近岸海域海水质量总体“良好”，44个监测站位中，达《海水水质标准》(GB3097－1997)一类、二类海水比例为81.8%，同比下降4.6个百分点；劣四类海水比例为9.1%，同比上升2.3个百分点；海水环境功能区达标率为88.6%，同比下降2.3个百分点。

海洋沉积物

2013年，对广西近岸海域44个站位开展了海洋沉积物监测。监测结果显示，近岸海域沉积物质量状况总体优良，各监测指标含量符合第一类海洋沉积物质量标准的站位比例均为100%。

措施与行动

加快污水处理厂及配套管网建设，推进污水处理厂脱氮除磷技术改造

加快工业园区以及沿江、沿海乡镇污水处理厂建设，加强配套管网建设；针对污水处理厂出现总磷超标现象，逐步推进现有污水处理厂脱氮除磷技术改造，完善在线监测系统，逐步增加总氮、总磷监控考核指标。

做好污染减排工作，推进海域污染物总量控制

根据红坎污水处理厂排污区、铁山港工业排污区、钦州港临海工业排污区、企沙工业排污区等的环境容量评估结果，逐步将氮、磷、化学需氧量、石油类等重点污染物的控制任务分解到沿海三市，建立目标责任制，大力推进重点海域污染物排海总量控制。

加快建设广西海洋环境监控与预警系统

建立入海河流主要污染物水质模型和预测模型，分析入海河流污染物的排放特征，特别是非点源排放状况和水产养殖排放频率估算，掌握非点源污染物的动态变化情况，逐步实现广西北部湾海域环境质量的实时监控和预警。

海洋生态保护的措施与行动

为了保护海洋生态环境，修复海岸和海岛，遏制滨海湿地恶化，自治区先后启动了北海银滩综合整治项目、涠洲岛整治修复及保护项目。

大气环境

状况

城市环境空气质量

全区14个设区市环境空气质量(评价指标为二氧

化硫、二氧化氮、可吸入颗粒物(PM_{10}))均达到《环境空气质量标准》(GB3095-1996)二级标准,达标城市比例连续两年达到100%。

14个设区市环境空气质量达标天数比例为95.8%,比2012年下降3.0个百分点。

14个设区市二氧化硫年平均浓度范围为0.010~0.049毫克/立方米,城市年平均浓度0.025毫克/立方米,比2012年(0.024毫克/立方米)上升4.2%。14个设区市二氧化硫年平均浓度均达到或优于二级标准(0.06毫克/立方米)。

14个设区市二氧化氮年平均浓度范围为0.013~0.038毫克/立方米,年平均浓度为0.024毫克/立方米,比2012年(0.022毫克/立方米)上升9.1%。14个设区市二氧化氮年平均浓度均达到或优于二级标准(0.08毫克/立方米)。

14个设区市可吸入颗粒物年平均浓度范围为0.043~0.090毫克/立方米,城市年平均浓度均值为0.062毫克/立方米,比2012年(0.057毫克/立方米)上升8.8%。14个设区市可吸入颗粒物(PM_{10})年平均浓度均达到或优于二级标准(0.10毫克/立方米)。

南宁、柳州、桂林、北海市环境空气质量(评价指标为二氧化硫、二氧化氮、可吸入颗粒物(PM_{10})、一氧化碳、臭氧、细颗粒物($PM_{2.5}$)6项)均未达到《环境空气质量标准》(GB3095－2012)二级标准。

南宁、柳州、桂林、北海环境空气质量优良天数比例分别为74.8%、62.2%、64.1%、66.2%。

南宁、桂林细颗粒物年均值分别为57微克/立方米、66微克/立方米,未达到二级标准(35微克/立方米);一氧化碳24小时平均第95百分位数分别为1.7毫克/立方米、2.1毫克/立方米,达到或优于二级标准(4毫克/立方米);臭氧日最大8小时滑动平均值第90百分位数分别为124微克/立方米、147微克/立方米,达到或优于二级标准(160微克/立方米)。

酸雨

2013年城市酸雨污染平均水平略轻于2012年。设区城市降水酸度pH年均值范围为4.92(崇左)~6.09(南宁、玉林),平均值为5.50,较2012年(5.32)有所好转;酸雨频率范围为0(玉林)~56.3%(桂林),年平均酸雨频率为17.9%,比2012年(23.9%)降低6.0个百分点。

措施与行动

落实资金政策,加大资金投入

全区共投入减排资金8800万元用于2013年火电和水泥企业脱硝减排工程补助。

开展机动车污染防治,推进氮氧化物减排

发布了《广西壮族自治区机动车排气污染防治办法》(广西壮族自治区人民政府令第87号)及一系列机动车排气管理等地方法规及规章。全区14个设区城市成立了机动车排气污染监管机构,建立了广西机动车环保检验管理信息系统。

提高城市园林绿化率

2013年全区新增建成区绿化覆盖面积、绿地面积分别为4341.12公顷和4073.04公顷,建成区绿化覆盖率、绿地率为34.69%和29.95%,较2012年分别提高了0.54%和0.66%。新增公园绿地面积374.55公顷,人均公园绿地面积10.06平方米。新增公园面积304.46公顷,新增公园11个,达到348个。

调整城市能源结构

2013年城市燃气普及率为87.15%,较2012年提高0.38个百分点;使用管道天然气的县较2012年增加7个。天然气、人工煤气和液化石油气供应量分别为22541.06万立方米、4533.48万立方米和452196.7吨,分别占燃气总供应量的27.1%、2.3%、70.5%(按热值折算为天然气)。天然气供气量较2012年上升31.2%,液化石油气供气量下降7.6%。

声环境

状况

区域声环境

14个设区城市区域昼间声环境质量"较好"的城市占57.1%,"一般"的城市占42.9%,无"较差"和"差"的城市。与2012年相比,区域声环境质量"较好"的城市下降14.3个百分点,"一般"的城市上升14.3个百分点。

道路交通声环境

14个设区城市64.3%的城市道路交通声环境质量为"好",28.6%的为"较好",7.1%的为"一般"。与2012年相比,全区城市道路交通声环境质量"好"的城市下降14.3个百分点,"较好"的上升14.3个百分点,"一般"的持平。

城市功能区噪声

开展监测的5个城市各类功能区监测点位全年昼间达标111点次,占昼间监测点次的95.7%;夜间达标83点次,占夜间监测点次的71.6%。南宁、柳州、桂林和北海4个环境保护重点城市各类功能区昼间达标率为95.0%,夜间达标率为67.0%。各类功能区昼间达标率高于夜间,0类功能区达标率高于其他类功能区。

措施与行动

以城市环境综合整治为载体,突出预防为主、源头控制,进一步规范噪声污染防治工作。大力整治城市环境噪声,加强对建筑施工噪声和社会生活噪声的污染防治;完善城市功能区规划,同时实行城区道路敏感路段机动车禁鸣,严格执行功能区噪声达标管理制度,及时查处噪声环境违法行为,切实解决群众关心的环境噪声污染问题。

固体废物

状况

2013年，全区工业固体废物产生量为7733.94万吨，比上年下降3.8%。工业固体废物综合利用量4990.19万吨，处置量1528.86万吨，贮存量1214.48万吨，排放量为0.41万吨，与2012年持平。

2013年，全区危险废物产生量100.69万吨/年，处置量为91.62万吨/年，贮存量为9.07万吨/年。

2013年，全区污水处理厂污泥产生总量为24.80万吨，污泥处置率为99.9%。其中40.6%的污水处理厂采用安全填埋方式处置污泥，41.6%的污水处理厂采用制肥方式处置污泥，其余污水处理厂采用焚烧和用作建材原料等处置方式。

2013年，全区生活垃圾无害化处理场日均实际处理垃圾12684吨，累计年处理垃圾约462万吨，生活垃圾无害化处理率75.0%，实现了70%的设定目标。

措施与行动

推进危险废物处置项目建设

2013年，广西危险废物处置中心（含南宁市医疗废物处置）和柳州、玉林、钦州、梧州、百色、北海、河池、桂林、防城港、来宾10个设区市医疗废物处置中心项目均已建成，形成4.12万吨/年的危险废物处理能力和63吨/日的医疗废物处理能力。

提升危险废物处置能力

2013年，全区共有危险废物持证经营单位23家，已形成了75.81万吨/年的危险废物利用处置能力（包括年40万吨含油污水处置能力）。

加强固体废物管理机构建设

2013年，全区已有北海、河池、桂林、防城港、贺州5市以及河池市金城江区、南丹县2个重点县（区）成立了固体废物管理中心（站），基层监管能力得到加强。

加强服务指导，强化进口废物环境管理

一是加强服务指导，进口废物“圈区管理”工作有序推进。组织开展废五金类废物加工利用企业认定工作，全区22家企业通过认定。二是强化日常监管。对全区获得固体废物进口许可证的33家进口废物加工利用企业进行了258次现场检查。三是印发了《处置违法进境固体废物企业管理办法》，确定了11家企业为广西2013~2014年处置违法进境固体废物企业。

规范废弃电器电子产品环境管理

广西桂物资源循环产业有限公司是广西第一家取得废弃电器电子产品拆解处理资格许可证的企业，仅第二至第三季度，公司共申请废弃电器电子产品处理基金补贴22.2417万元。梧州市废弃电器电子产品拆解处理项目正在建设当中。

继续推进生活垃圾无害化处理设施建设

全区已建成生活垃圾无害化处理场79座，实际投入运营的垃圾项目有75个，总垃圾处理能力达到15078吨/日。

辐射环境

状况

2013年，全区辐射环境质量总体良好，与2012年持平。

陆地γ辐射空气吸收剂量率

广西辖区共有辐射环境自动监测站4个，分别为南宁市2个、百色市1个、桂林市1个。2013年，4个自动监测站的连续γ辐射空气吸收剂量率（未扣除宇宙射线响应值）监测范围值为62.6~112.5纳戈瑞/小时，平均值为73.9纳戈瑞/小时。

2013年全区瞬时陆地环境γ辐射空气吸收剂量率（扣除宇宙射线的响应值）范围值为31.3~235.9纳戈瑞/小时，平均值为76.3纳戈瑞/小时，与2012年监测值相比，无明显变化，处于正常水平范围。

空气中放射性核素浓度

全区4个自动监测站空气中气溶胶总α放射性活度浓度0.0150~0.0818贝克/立方米、总β放射性活度浓度0.265~1.12贝克/立方米；大气沉降物总α放射性活度浓度0.231~0.295贝克/平方米天、总β放射性活度浓度0.662~0.852贝克/平方米天，均为环境正常水平。

水体中放射性核素浓度

境内珠江水系和长江水系主要河流断面水体中铀、钍、镭-226、钾-40、总α、总β、锶-90、铯-137放射性核素浓度均为环境正常水平。

广西北海北部湾近岸海域海水中各放射性核素活度浓度监测结果与历年相比，无明显变化，人工放射性核素锶-90、铯-137活度浓度均在《海水水质标准》(GB 3097-1997)规定的限值内。

土壤中的放射性核素含量

全区土壤中铀-238、钍-232、镭-226、钾-40、锶-90、铯-137放射性核素含量，与1986年广西环境天然放射性水平调查结果为同一水平，属正常范围。

措施与行动

开展辐射安全监督检查，规范核技术利用活动

组织开展了全区铀矿冶、伴生放射性矿产利用单位、核技术利用单位、废旧金属回收熔炼企业、输变电及广电通信企业辐射安全检查；指导核技术利用单位延续和换发《辐射安全许可证》；进一步强化核技术利用单位自身辐射安全管理。

加强闲置废弃放射源的收贮工作

完成异地扩建南宁市苏圩镇苏保村放射性废物库，并取得环境保护部核发的《辐射安全许可证》。广

西放射性废物库全年对38家核技术利用单位的93枚（含医用Ⅰ类源2枚）废旧放射源实施了收贮。

自然生态

状况

生态环境质量

2012年，广西14个设区市的生态环境状况指数范围为68.0~91.4，全区生态环境状况均在良以上；其中，防城港、梧州、贺州、玉林、桂林、柳州、钦州、北海、来宾和贵港等10个设区市的生态环境状况达到优。广西89个县级评价单元的生态环境状况指数范围为59.7~89.2，均为优良级，其中，有32个县市(2011年为25个县)的生态环境状况达到了优的水平，占比36%。与2011年相比，2012年广西生态环境质量总体状况上升了0.77个指数，生态环境状况有所改善。

生物多样性

广西是中国野生动植物分布最多的省区之一，种类数量居全国第三位。已知野生脊椎动物1906种，其中国家Ⅰ级重点保护25种，Ⅱ级保护147种；已发现和命名的野生高等植物9494种，其中国家Ⅰ级重点保护22种(类)、Ⅱ级重点保护64种(类)；物种特有成分高，仅分布于广西的陆生野生脊椎动物18种，陆生野生植物848种。

水生脊椎动物共818种，属国家Ⅰ级重点保护野生动物有中华鲟、鼋、中华白海豚、儒艮4种；属国家Ⅱ级重点保护野生动物有大鲵、细痣疣螈、三线闭壳龟等26种。

自然保护区

2013年，广西大桂山鳄蜥、邦亮长臂猿、恩城及元宝山自然保护区经国务院批复晋升为国家级自然保护区，广西春秀、青龙山县级自然保护区合并升级为自治区级自然保护区。截至2013年底，全区已建立各类自然保护区77个，其中，国家级自然保护区21个，自治区级自然保护区47个，市级自然保护区3个，县级自然保护区6个，自然保护区总面积为1.38万平方公里，约占全区国土面积的5.83%。已建有5个水产种质资源保护区，其中国家级3个、省级2个，总面积3919.5公顷。

生态公益林

全区公益林面积544.7万公顷，占全区林地面积的34.3%，占全区土地总面积的23.0%。

2013年广西征用、占用公益林地面积212公顷。共采伐公益林面积1921公顷。

森林资源

2013年全区森林面积14687347.6公顷，较2012年增长103648.3公顷。按常住人口算，2012年、2013年人均森林面积均为0.3公顷，人均森林面积无变化。2013年全区森林覆盖率为61.84%，比2012年上升0.44个百分点。

森林灾害

2013年，广西林业有害生物仍呈高发多发态势，部分病虫害危害程度偏重，局部有灾害。全区发生并造成较严重的林业有害生物共59种，发生总面积359413.33公顷，发生率为2.96%，与2012年持平，成灾面积3133.33公顷，成灾率为0.26‰，控制在4.5‰以下。

措施与行动

颁布实施广西生物多样性保护战略与行动计划

编制完成《广西生物多样性保护战略与行动计划研究报告》，并形成《广西生物多样性保护战略与行动计划(2013~2030年)》，经自治区人民政府常务会议审议通过并正式印发实施。

加强生物多样性就地保护工作

加快现有自然保护区的边界勘定，优化保护区边界和功能；加大投入，提高保护区的保护管理能力。以小种群物种保护为重点，在保护空缺地区新建自然保护区、自然保护小区。完善管理体制，着力协调保护区建设与当地居民生产生活的关系，推动社区共管、共同发展，提高保护区的管理有效性。

继续加强极度濒危野生动植物的拯救保护

继续推进白头叶猴、东黑冠长臂猿、德保苏铁、海南风吹楠和凹脉金花茶等极度濒危野生动植物的拯救保护工作，开展了极小种群野生植物广西火桐野外回归定植工作，开展了极度濒危野生动物黑叶猴的野外回归前期准备工作。

实施森林质量提升行动

加强良种壮苗繁育和森林抚育工作，培育乡土树种、珍贵树种、花化树种、彩化树种等苗木10亿株以上，提高森林经营水平，大力培育大径材和珍贵树种，努力提高单位面积森林蓄积量和生长量。开展花化彩化美化广西大行动，在各主要交通干线两旁、旅游风景区、重要村屯、重要城镇，种植适宜本地的花化彩化树种。实施公益林提质增效项目，在严格保护好现有公益林的基础上，对生态功能低下的纯林、疏残林，采取抽针补阔、抽阔补珍、间针保阔等措施，逐步改造成复层、异龄、多树种、多色彩的森林。

开展生态修复行动

推进纯林改造工作，提高森林生态系统的生态服务功能。启动新一轮退耕还林，在对第一轮退耕还林工程形成的1000多万亩森林加强抚育管护和改造的基础上，对生态脆弱区的坡耕地继续开展退耕还林、荒山造林和封山育林。在珠江流域防护林工程中，采取恢复自然植被、封山育林和人工改造等综合措施，提高混交林比例，优化防护林体系结构，构建西江千里绿色走廊。在沿海防护林工程中，从浅海水域向内陆地区建设红树林等沿海纵深防护林体系，打造北部湾绿色生态屏障。开展石漠化治理克难攻关，努力修复荒漠生态系统，进一步改善石漠化地区生态环境，提高农民的生活水平。

广西生态环境十年(2000~2010年)变化遥感调查与评估工作取得新进展

完成了野外样点和小样区调查、野外核查结果与土地覆盖产品数据检查工作，广西生态环境十年变化遥感调查的野外样点和小样区上报数据质量等级被评为“优秀”级别，通过了中期评估。

开展广西沿海地区海岸带生态红线划定试点工作

作为全国生态红线划定试点省区，启动了沿海地区海岸带生态红线划定试点工作，开展了沿海地区海岸带生态红线划定资料收集、调研及划定工作。

启动生态旅游示范区创建工作

自治区旅游局、自治区环境保护厅联合制定了《广西生态旅游示范区管理规程》，启动广西生态旅游示范区创建工作。完成了对姑婆山森林公园申报国家级生态旅游示范区的初审、青秀山等6个旅游景区申报自治区生态旅游示范区的审查和评定工作。2013年，姑婆山森林公园获评为首批国家级生态旅游示范区，柳州市大龙潭景区、贺州十八水原生态景区、贵港龙潭国家森林公园、北海金海湾红树林生态旅游区、钦州八寨沟旅游区、南宁青秀山风景名胜区获评为首批自治区级生态旅游示范区。

土地和农村环境保护

状况

土地

全区土地总面积2376.29万公顷。耕地、园地、林地、草地等利用情况与2012年相比变化不大。

耕地

全区耕地总面积442.52万公顷，比2012年增加1.10万公顷。比《全国土地利用总体规划(2006土地利用总年)》确定的广西2010年耕地保有量目标421.33万公顷多21.19万公顷，比自治区下达的2013年耕地保有量目标424.64万公顷多17.88万公顷。

农村环境

2013年4月，自治区党委、自治区人民政府决定在全区范围内开展“美丽广西·清洁乡村”活动，把清洁乡村活动与新农村建设、生态文明示范区建设、乡风文明建设、城乡风貌改造、农村绿化美化水平提升、乡村基础设施建设等紧密结合，通过集中整治，全区各地乡村的脏、乱、差状况得到了初步治理，农村环境点、线、面得到全面提升，乡村环境卫生和面貌明显改观。

生态创建

2013年，全区创建命名17个自治区级生态乡镇、203个自治区级生态村。截至2013年底，全区有21个镇获得国家级生态乡镇命名，43个乡镇获得自治区级生态乡镇命名，373个村获得自治区级生态村命名。

石漠化

全区岩溶土地面积833万公顷，占全区土地总面积35.1%，涉及10个市77个县(市、区)，与2012年持平，其中，石漠化土地面积193万公顷，占岩溶土地面积的23.2%，潜在石漠化土地面积227万公顷，占27.2%，非石漠化土地面积413万公顷，占49.6%。在现有石漠化土地面积中，轻度27万公顷，占14.0%，中度57万公顷，占29.6%，重度100万公顷，占51.9%，极重度8.7万公顷，占4.5%。

水土流失

全区水土流失面积为505.36万公顷，占全区土地总面积21.35%。按侵蚀强度分，轻度226.33万公顷，中度143.95万公顷，强烈73.71万公顷，极强烈48.04万公顷，剧烈13.33万公顷。

措施与行动

土地复垦、整治成效

采取土地整治重大工程、整县推进土地整治、农民自发整治耕地等多种模式有效推进土地整治工程。2013年，完成年度高标准基本农田建设任务346.77万亩。

严守耕地红线

开展年度耕地责任目标考核自查及对设区市耕地责任目标落实情况检查工作，确保完成年度耕地保护任务。建立新增耕地数据底库，并对其进行清理和评估，确保新增耕地真实有效。

加大土地整治力度

重点抓好230个今年自治区结合扶贫开发、兴边富民、整县推进土地整治项目的前期工作，着力推进277个在建项目建设，组织开展土地整治项目年中检查，全面掌握全区土地整治项目建设情况和存在问题，提出整改措施和时限，促进了土地整治项目建设进度。

严格落实耕地占补平衡制度，加强占用耕地的审批管理

加大补充耕地的确认工作力度，全区共确认新增耕地36432.4412公顷；建设用地审查报批严格执行耕地“占一补一”和“先补后占”的耕地占补平衡制度，把落实补充耕地作为建设项目通过预审的必备条件。完成建设项目用地占用耕地审查9759.1468公顷，全部实现了占补平衡。

加强课题研究，创新耕地保护机制

完成《广西耕地保护机制研究》、《关于完善征地补偿机制的研究》、《农民自发组织小块并大块土地整治模式研究》、《广西高标准基本农田建设标准研究》等课题，为进一步完善耕地保护管理体系、改进管理手段和完善政策措施提供决策依据。

大力开展“美丽广西·清洁乡村”活动

2013年4月，广西壮族自治区党委、自治区人民政府作出了开展“美丽广西·清洁乡村”活动的决定，以开展“清洁家园、清洁水源、清洁田园”为三大任务，力争通过两年的集中整治，八年的持续努力，改变农村“脏、乱、差”面貌。自治区成立了“美丽广西·清洁乡村”活动领导小组，自治区党委书记彭清华亲任组长，自治区主席陈武任第一副组长，党、政、军领导率队分片督导，全区共派出驻村工作队2.4万个，下派8万多名机关干部进村入户。在区域上，以城乡结合部、旅游景区、大村大镇和边远村屯为重点区域，突出沿江、沿河、沿海、沿路环境治理；在技术上，通过编印《“清洁家园”、“清洁水源”、“清洁田园”专项活动实施方案》、《广西农村环保工作手册》、《广西农村生活垃圾处理技术指引》、《广西农村生活污水处理技术指南（试行）》、《“清洁田园”的“十大工程”和“十大技术”》等技术资料，为各地活动开展提供参考。通过活动，集中力量改善农村基础设施，共改造或硬化乡镇村屯道路1537万平方米，新建乡镇村屯垃圾中转站3351个、垃圾池17.1万个，配备农村垃圾收集箱21.37万个、垃圾桶264.46万个，配备垃圾清运车24.47万辆；统一规划建设畜禽养殖场、小区3903个，建设粪污集中处理和资源化利用设施34871座；156个乡镇建设生活污水收集处理设施，已建成和运行的村屯集中式污水处理设施1319座。

结合“美丽广西·清洁乡村”活动，深入开展农村环境连片整治示范工作。2013年继续以漓江流域、桂东南西江流域、桂中红水河流域、北部湾沿海地区为重点，投资5.448亿元，在564个村实施以治理生活污水和生活垃圾为主要内容的农村环境连片整治示范项目，并将其纳入自治区人民政府为民办实事重点任务之一。

加大石漠化综合治理工程投资

中央、自治区、市县对石漠化综合治理工程投入分别达到45500万元、4206万元、1576万元。

气候与自然灾害

状况

气候

2013年，广西各地年平均气温17.5~23.5℃，全区年平均气温21.1℃，比常年偏高0.4℃，比2012年高0.5℃；各地年降水量841.2~3387.5毫米，全区平均年降水量1694.8毫米，较常年偏多1成，比2012年多25.4毫米。各地年日照时数1213.0~2135.2小时，全区平均年日照时数1540.4小时，较常年偏多21.3小时，比2012年多275.3小时。

气象灾害

2013年年内主要气象灾害有热带气旋、暴雨洪涝、局地强对流、低温雨雪霜（冰）冻、干旱等，共有9个热带气旋影响广西，较常年偏多5个，影响个数为1974年以来最多。全年因气象灾害共造成农作物受灾面积69.5万公顷，绝收面积2.0万公顷，受灾人口764万人次，死亡88人，失踪6人，直接经济损失62.4亿元。与2012年相比，农作物受灾面积增多12万公顷，死亡人数增多35人，受灾人口减少80.1万人，直接经济损失增多16.7亿元。

地质灾害

2013年广西共发生地质灾害481起。造成35人死亡、28人受伤，直接经济损失2917.52万元。与2012年相比，地质灾害次数增加85起，死亡人数增加24人，受伤人数减少5人，直接经济损失减少7126.42万元。

措施与行动

气象防灾减灾和服务成效显著

2013年自治区气象局共启动气象应急响应11次；各级气象部门发布各类决策服务材料、预警和预警信号分别为8155期、6496次，手机预警短信接收人数达5.4亿人次。全年开展飞机增雨作业15架次，作业飞行38小时；开展火箭人工增雨防雹作业380次，发射火箭弹1214枚。

气象灾害防御体系不断完善

自治区及所有市县政府均出台了气象灾害专项应急预案，成立了气象灾害应急指挥部；部分市县出台了气象灾害防御规划，开展了气象灾害应急准备认证工作。部门合作力度继续加大，建立了气象灾害预警服务厅际联络员制度。

气象服务能力不断提升

初步建立“绿色通道”长效机制，提高“绿色通道”全网发布速度，突发公共事件预警信息发布系统与自治区人民政府应急指挥平台和8个厅局实现互联互通。基层预警信息发布和接收能力进一步增强，建成了2.78万人的气象信息员队伍和1158个气象信息服务站。

开展地质灾害排查巡查

2013年，各地出动地质灾害排查巡查4967组，人数14177人，排查巡查地质灾害点和易发村屯14405个；出动技术人员903人次，编写突发地质灾害调查报告301份。2013年，全区12029个地质灾害隐患点均没有发生人员伤亡事件。

做好预警系统建设和监测预警与应急处置

全年发布地质灾害预警预报157天次；全年各地为避免地质灾害，共组织人员转移637次，转移避让19339人；全区成功预报地质灾害9起，避免人员伤亡1012人，避免直接经济损失265万元。

防灾宣传培训与应急演练

全区共发放地质灾害防治专刊5万份，地质灾害防治手册2万份，地质灾害防治宣传挂图一套4张共3000套。年内各地共开展对地质灾害避险防范培训

149 场。

开展地质灾害防治高标准“十有县”建设

组织开展了全区地质灾害防治高标准“十有县”的建设工作,2013 年 11 个县(区)达到地质灾害防治高标准“十有县”建设标准。

专栏

“美丽广西·清洁乡村”活动

2013 年 4 月,自治区党委、自治区人民政府决定在全区范围内开展“美丽广西·清洁乡村”活动,以实际行动践行党的十八大提出的“建设美丽中国”的战略决策,力争通过两年的集中整治,8 年的持续努力,基本改变农村“脏、乱、差”现象,实现清洁环境、美化乡村、培育新风、造福群众的目标。活动开展以来,各地各部门高度重视,精心组织,扎实推进“清洁家园、清洁水源、清洁田园”三大专项活动,掀起了一场纵向到底、横向到边的“乡村大扫除”、“沟渠大清理”、“田间大清捡”、“污染大排除”、“堆放大整理”乡村环境卫生综合整治全民大行动,从镇乡到村屯、从田间到河沟、从公路到村道,到处活跃着清洁乡村的各族干部群众。经过半年多的集中整治,全区城乡居民生活环境明显改善,一幅美丽壮乡新画卷展现在世人面前。活动得到了中共中央政治局常委、国务院总理李克强的充分肯定,得到了中共中央政治局委员、中央书记处书记、中宣部部长刘奇葆的高度评价,得到了中央群众路线教育实践活动第二督导组的称赞和认可。在 10 月召开的全国改善农村人居环境工作会议上,广西还被指定为 8 个经验交流省份之一。

环境安全隐患大清查大整治工作情况

全区各级各部门围绕重点水源地、重点区域流域、无证无照违法生产企业、重点行业企业、重点尾矿库和重点环境能力建设等六方面内容,认真开展环境清查整治行动。至 2013 年年底,全区各级各部门共出动 72771 人次,排查企业 14468 家,发现存在环境安全隐患的企业 3472 家,其中 1902 家已完成整治;发现无证无照企业 2064 家,已完成整改 1169 家;清查尾矿库 599 个,发现 469 处存在环境安全隐患,已有 336 处完成整改。通过本次行动,全面整治了企业的环境违法行为,有效消除了一批环境安全隐患。

签订大气污染防治目标责任书

按照国务院《大气污染防治行动计划》有关要求,确保实现空气质量改善目标,2013 年 11 月,自治区人民政府与环境保护部签订了《大气污染防治目标责任书》,《责任书》指出,广西壮族自治区人民政府对本行政区空气质量负总责,应加强组织领导,采取有效措施,确保实现以下目标:2017 年,空气质量有所改善,优良天数逐年提高;可吸入颗粒物浓度比 2012 年下降 5% 以上。

环境安全得到加强

鉴于全区环境安全的严峻形势,自治区环境保护厅以“环境安全年”为主题,建立环境安全联席会议机制,与各市环境保护局签订目标责任书,实行“环境区域负责制”、“环保监管员制度”、“环境举报奖励制度”、“定期研判环境安全形势制度”、“环境风险基础课题研究制度”等五项制度。举全区环保系统之力,先后开展五次“环境安全年行动”,突击检查全区各地 1062 家酒精、淀粉、制糖、制浆造纸、沿江沿河化工等企业和 181 座尾矿库,现场发现存在不同程度的环境隐患问题或者违法行为的企业 301 家、尾矿库 67 座,并责成企业落实整改。公开曝光 2009 年以来自治区人民政府挂牌督办逾期未结案的突出环境违法案件 16 起,督促企业整改到位。依法严肃查处贵港红旗纸业有限公司等一批环境违法企业。2013 年全区发生突发环境事件总数下降 25%,发生较大以上环境事件总数下降 50%。

2013 年整治违法排污企业保障群众健康环保专项行动

2013 年 6 月,自治区人民政府组织全区各市、县在全区开展“整治违法排污企业保障群众健康环保专项行动”。一是开展涉重金属等重点行业企业环境安全隐患大排查大整治“再回头”监督检查;二是查处污染地下水环境违法问题;三是开展电力企业、城镇污水处理厂、工业园区污水处理厂等污染减排重点行业监督检查;四是排查医药制造行业环境安全隐患和环境问题;五是检查挂牌督办案件整改落实情况。至 2013 年 10 月底,全区各级各部门共出动执法人员 43826 人次,检查企业 12980 家次,查处环境违法案件 98 件;对 47 家环境违法企业实施经济处罚,共处罚款 222 万元;挂牌督办环境违法案件 52 件,经过督办,大部分挂牌督办问题已经得到较好解决;自治区环保专项行动领导小组办公室共编发简报 10 期。

建设项目环境管理情况

2013 年,全区建设项目环评审批 14703 项;全区各级环境保护部门退回、不予审批或暂缓审批的建设项目环评文件共 270 个。通过建设项目竣工环境保护验收 5024 项;全区各级环境保护部门退回、不予验收或暂缓验收的建设项目竣工环境保护验收文件共 117 个。

2013 年,自治区本级完成非辐射建设项目竣工环境保护验收 126 项,项目环保投入合计 293379.6 万元,其中生态影响类项目环保投资合计 98228.8 万元,城市基础设施项目环保投资合计 4319.8 万元,工业企业项目环保投入合计 190831 万元,与 2012 年相比均有所下降。

环境宣传教育

2013 年,自治区环境保护厅紧紧围绕“环境安全年”主题,就“五项承诺”、“环境安全”、“公众开放”等

16 个专题进行全面和深度报道，全年在区内外主流媒体刊播环境新闻 530 多篇，在《中国环境报》、《广西日报》刊登 9 个专版，制作完成《广西龙江河镉污染事件警示录》等 18 部电视专题片，为全区环境保护工作营造良好的舆论氛围和社会环境。

举办首届广西环境文化节和首次举办环保公众开放宣传日。通过开展环保摄影书画和农村环保壁画设计大赛、环境好新闻评比等系列环境文化宣传以及上万名群众到环保部门“零距离”接触环保设施的活动，让群众既全面了解广西环境文化建设发展历程和重要成果，又体验了环保工作。

自治区环境保护厅印发《新闻发言人制度》和《突发环境事件新闻发布应急预案》，建立和完善突发环境事件舆论引导和新闻发布工作机制。及时向社会和公众发布广西环境质量状况和环保工作情况，曝光环境违法企业。

全年举办各类环保业务培训 32 期，培训 4000 多人次。重新修订绿色环保系列创建活动管理办法和评估标准，进一步完善绿色环保系列创建活动的管理机制，确保创建活动顺利有序推进。

环境空气 $PM_{2.5}$ 监测快速建设

广西高度重视空气质量监测和发布工作，积极部署 $PM_{2.5}$ 监测网络建设，分析和应对空气污染，将 $PM_{2.5}$ 监测能力建设纳入政府绩效考核体系，加强对各相关部门、各市建设工作的督办。全区 4 个环保重点城市南宁、柳州、桂林和北海市已全部完成仪器设备安装调试和试运行，并正式对外实时发布 $PM_{2.5}$ 等 6 项空气质量新标准指标及环境质量评价 AQI 指数，所有监测点位都与中国环境监测总站进行联网并报送实时数据，比国家要求提前一年完成。其他 10 个非环保重点城市，各有 1 个国控空气自动监测站点完成仪器设备的安装调试，目前正在开展试运行监测，提前完成国家建设任务。

环境污染事故及纠纷的调处、群众来信来访的处理

2013 年，全区共发生突发环境事件 16 起。其中，按事件等级分，重大突发环境事件 1 起，较大突发环境事件 1 起，一般突发环境事件 14 起；按事故诱因统计，因安全生产事故引发的环境事件 4 起，因交通事故引发的环境事件 3 起，因违法排污引发的环境事件 4 起，其他因素引发的突发环境事件 5 起。按环境要素区分，水污染事件 15 起，大气污染事件 1 起。

2013 年，全区共发生各类环境污染纠纷 1965 起，与去年同期相比增加了 427 起，处理了 1917 起，处理率为 98%，其中结案 1720 起，结案率为 90%。

2013 年，全区共受理各类环境信访共 29601 件，与去年同期相比增加 5365 件，处理了 29535 件，处理率为 99.7%，其中当年结案 28994 件，结案率为 98%。

贺江水污染事件

2013 年 7 月初，贺州市八步区莲塘镇、步头镇、信都镇的贺江段陆续出现网箱养鱼不明原因死亡情况。5 日经检测发现水质存在镉、铊超标情况，自治区人民政府启动Ⅱ级应急响应，全力开展应急监测，排查污染源，采取科学有效的措施消除污染物，经过 15 天的应急处置，7 月 20 日 8 时贺江干流镉和铊污染物全线达标，实现了自治区党委、自治区人民政府提出的“确保沿江城镇不停水、确保沿江群众饮用水安全、确保西江水质达标”的目标。

环境违法行为有奖举报情况

2013 年 3 月 8 日颁布实施《广西壮族自治区环境保护厅环境违法行为有奖举报暂行办法》，接到电话及网络举报信息近 1100 件(次)，自治区环境保护厅直接调查处理有效投诉 15 件。其中，水污染投诉 10 件，固废污染投诉 4 件，大气污染投诉 1 件；3 件举报信息查实并已兑现奖金 1.5 万元。

广西壮族自治区环境保护厅 2013 年政府信息公开工作年度报告

根据《中华人民共和国政府信息公开条例》(以下简称《条例》)、《环境信息公开办法(试行)》(以下简称《公开办法》)及《广西壮族自治区人民政府信息公开工作年度报告制度(试行)》(桂政办发〔2009〕180 号)等有关规定，编制本报告。

一、2013 年度环境保护厅政府信息公开工作基本情况

我厅深入学习贯彻党的十八大精神，认真贯彻党中央、国务院和自治区党委、政府关于政府信息公开的有关文件精神，不断完善政府信息公开制度，加强政府信息公开体系建设，加大政府信息主动公开力度，提高依申请公开政府信息办理质量，政府信息公开工作开展总体情况良好。

(一)政府信息公开工作机构和人员设置情况

我厅认真贯彻执行《公开条例》，及时成立了由厅主要领导为组长，厅分管领导为副组长，厅机关和直属单位主要负责人为成员的政府信息公开领导小组，下设办公室负责本厅政府信息公开的日常工作。各处室和直属单位的主要负责人为本处室(单位)的第一责任人，每个处室(单位)指定一名工作人员作为政府信息公开工作联络员，负责本处室(单位)政府信息公开的具体工作。每年还根据人员变动情况适时进行调整，工作机构和人员设置不断得到加强。

（二）建立健全政府信息公开工作制度情况

我厅高度重视政府信息公开工作制度建设，2008年逐步建立了一套涵盖政府信息公开保密审查、主动公开、依申请公开、澄清虚假或不完整环境信息、监督检查等工作制度。为适应政府信息公开工作不断发展的需要，我厅于2010年10月，对有关工作制度进行了补充、修改和完善。2011年根据《中共中央办公厅 国务院办公厅印发〈关于深化政务公开加强政务服务的意见〉的通知》（中办发〔2011〕22号）、2013年根据《国务院办公厅关于进一步加强政府信息公开回应社会关切提升政府公信力的意见》（国办发〔2013〕100号）等有关规定，进一步完善了我厅有关工作制度。

（三）政府信息公开目录、公开指南的编制、更新情况

我厅按要求编制并公开了政府信息公开目录和政府信息公开办事指南。2012年和2013年，根据国务院办公厅印发的《年度政府信息公开重点工作安排》明确的有关环境保护信息公开重点内容，我厅主动、及时地对门户网站的公开目录进行更新和调整。

（四）政府信息公开载体的建设、运行情况

我厅政府信息公开载体主要有自治区政府信息公开统一平台、厅门户网站，并适时通过广播、电视、报刊等媒体进行公开。通过加强对网站等主要公开载体的建设，政府信息公开渠道更加丰富、通畅，厅门户网站的政府信息公开目录实现了按业务主题、文件体裁和内设机构三种方式分类和显示；在门户网站开通了“网上办事大厅”，提供了建设项目环境影响评价文件审批、竣工验收、危险废物经营许可证核发等20多项业务网上在线审批结果查询和部分审批项目在线申报服务，方便了公众查阅信息；在厅门户网站开设了领导信箱、在线咨询、投诉举报、民意征集、在线访谈等栏目，进一步畅通了我厅与社会、公众和企业之间的信息互动渠道。落实专人维护厅门户网站和信息发布工作，网站运行安全稳定。

二、围绕国家和自治区中心工作推进政府信息公开情况

紧紧围绕自治区党委、自治区人民政府中心工作，我厅把推进重大项目环评审批、主要污染物减排、流域区域污染防治、农村环境连片整治、生态文明建设等作为主动公开的重点内容，及时公开工作推进进度信息和社会关注的热点难点问题信息，并拓展群众参与和知晓渠道，努力提升公共服务水平。

按照国务院办公厅、环境保护部办公厅和自治区人民政府办公厅有关2013年政府信息公开重点工作要求，我厅着重加大了环境保护信息的公开力度。主要通过政府网站、各新闻媒体及时向社会公布环境质量监测、环评审批、污染防治信息和污染物减排等相关政策、项目建设计划、项目落实情况等信息，切实保障公众的知情权、参与权和监督权，广泛接受社会和群众的监督，努力推行阳光行政。

三、主动公开政府信息情况

2013年，我厅全年通过厅门户网站主动公开政府信息2711条，其中：发布文件323份、公众参与的公示公告和许可项目受理、办结信息899条、工作动态信息825条；全年在中央媒体及《中国环境报》公开信息109条，在广西电视台、广西日报等媒体公开信息154条；全年召开新闻发布会2次；全年主动向自治区政务服务中心、档案馆、公共图书馆等信息查阅场所各提供主动公开文件信息210份；全年无澄清虚假信息和不完整信息事项。

四、依申请公开政府信息情况

2013年，我厅共受理政府信息公开申请26件，经审查同意完全公开11件，同意部分公开10件，信息不存在3件，不予公开2件。

五、政府信息公开的收费及减免情况

由于我厅受理的依申请公开的信息数量较少，为方便群众，全年未收取检索、复制、邮寄等成本费用，对相关信息公开一律给予免费，无涉及收费及减免情况。

六、政府信息公开申请行政复议、提起行政诉讼的情况

全年没有发生针对我厅政府信息公开问题的举报、投诉、行政复议和行政诉讼等事项。

七、主要问题和改进措施

（一）主要问题

政府信息公开的内容还不够全面；个别信息公开还不够及时；政府信息公开的配套制度有待进一步完善。

（二）改进措施

2014年将重点做好以下几方面工作：一是继续加大政府信息工作的宣传教育力度，进一步提高做好政府信息公开工作的自觉性。二是加强政府信息公开工作业务培训，努力提高人员队伍的素质。三是进一步拓宽公开范围，提高信息公开的及时性，切实保障公众的知情权。

2013年广西自治区级生态乡镇、生态村名单

一、自治区级生态乡镇（17个）

南宁市（3个）

1. 南宁市上林县西燕镇

2. 南宁市上林县镇圩瑶族乡
3. 南宁市上林县明亮镇
桂林市(8 个)
1. 桂林市阳朔县高田镇
2. 桂林市阳朔县金宝乡
3. 桂林市阳朔县普益乡
4. 桂林市阳朔县杨堤乡
5. 桂林市灵川县灵田镇
6. 桂林市灵川县大圩镇
7. 桂林市临桂县两江镇
8. 桂林市临桂县四塘镇
贺州市(3 个)
1. 贺州市昭平县昭平镇
2. 贺州市昭平县走马乡
3. 贺州市昭平县黄姚镇
崇左市(3 个)
1. 崇左市扶绥县渠黎镇
2. 崇左市扶绥县东门镇
3. 崇左市龙州县上龙乡

二、自治区级生态村(203 个)

南宁市(19 个)
1. 南宁市武鸣县城厢镇大皇后村
2. 南宁市武鸣县罗波镇凤林村
3. 南宁市武鸣县两江镇英俊村
4. 南宁市武鸣县双桥镇杨李村
5. 南宁市武鸣县太平镇林渌村
6. 南宁市马山县百龙滩镇勉圩村
7. 南宁市马山县古零镇乔老村
8. 南宁市隆安县那桐镇龙江村
9. 南宁市隆安县南圩镇百朝社区
10. 南宁市横县横州镇长江村
11. 南宁市横县平马镇五权村
12. 南宁市宾阳县王灵镇王灵社区
13. 南宁市西乡塘区石埠办永安村
14. 南宁市西乡塘区金陵镇居联村
15. 南宁市良庆区那马镇莲山村
16. 南宁市良庆区大塘镇南荣村
17. 南宁市兴宁区昆仑镇八塘村
18. 南宁市青秀区刘圩镇团黄村
19. 南宁市邕宁区蒲庙镇联团村
柳州市(40 个)
1. 柳州市柳江县里雍镇广实村
2. 柳州市柳江县百朋镇怀洪村
3. 柳州市柳江县三都镇工农村
4. 柳州市柳城县大埔镇南村
5. 柳州市柳城县凤山镇对河村
6. 柳州市柳城县冲脉镇冲恩村
7. 柳州市柳城县冲脉镇冲脉村
8. 柳州市柳城县沙埔镇碑田村
9. 柳州市鹿寨县寨沙镇六往村
10. 柳州市鹿寨县黄冕乡幽兰村
11. 柳州市鹿寨县中渡镇大兆村
12. 柳州市鹿寨县寨沙镇龙江村
13. 柳州市鹿寨县中渡镇长盛村
14. 柳州市融水苗族自治县融水镇新国村
15. 柳州市融水苗族自治县融水镇古鼎村
16. 柳州市融水苗族自治县四荣乡保合村
17. 柳州市融水苗族自治县安太乡培秀村
18. 柳州市融水苗族自治县安太乡小桑村
19. 柳州市融水苗族自治县永乐乡兴隆村
20. 柳州市融水苗族自治县洞头乡高安村
21. 柳州市融安县大将镇东潭村
22. 柳州市融安县雅瑶乡章口村
23. 柳州市融安县沙子乡三睦村
24. 柳州市融安县大坡乡岗伟村
25. 柳州市融安县浮石镇隘口村
26. 柳州市融安县浮石镇鹭鹚洲村
27. 柳州市融安县长安镇大洲村
28. 柳州市三江侗族自治县丹洲镇丹洲村
29. 柳州市三江侗族自治县丹洲镇东风村
30. 柳州市三江侗族自治县林溪乡冠洞村
31. 柳州市三江侗族自治县林溪乡高友村
32. 柳州市三江侗族自治县林溪乡弄团村
33. 柳州市三江侗族自治县八江乡布央村
34. 柳州市三江侗族自治县同乐乡寨大村
35. 柳州市三江侗族自治县高基乡冲干村
36. 柳州市三江侗族自治县高基乡江口村
37. 柳州市三江侗族自治县老堡乡漾口村
38. 柳州市三江侗族自治县古宜镇光辉村
39. 柳州市三江侗族自治县洋溪乡洋溪村
40. 柳州市三江侗族自治县富禄乡富禄村
桂林市(24 个)
1. 桂林市永福县永福镇渔洞村
2. 桂林市永福县罗绵镇星草村
3. 桂林市永福县百寿镇朝阳村
4. 桂林市全州县龙水镇同安村
5. 桂林市全州县绍水镇沿河村
6. 桂林市全州县庙头镇歌陂村
7. 桂林市全州县永岁乡滕家湾村
8. 桂林市全州县大西江镇炎井村
9. 桂林市阳朔县葡萄镇杨梅岭村
10. 桂林市阳朔县福利镇双桥村
11. 桂林市兴安县严关镇仙桥村
12. 桂林市兴安县界首镇兴田村

13. 桂林市兴安县白石乡鳌头村
14. 桂林市平乐县平乐镇月城村
15. 桂林市平乐县张家镇老鸦村
16. 桂林市平乐县青龙乡郡塘村
17. 桂林市平乐县张家镇榕津村
18. 桂林市平乐县桥亭乡桥亭村
19. 桂林市平乐县平乐镇金山村
20. 桂林市恭城县莲花镇门等村
21. 桂林市恭城瑶族自治县恭城镇化育村
22. 桂林市恭城瑶族自治县平安乡巨塘村
23. 桂林市灌阳县新街镇龙中村
24. 桂林市临桂县两江镇河沙村

防城港市(4个)

1. 防城港市防城区那梭镇那钦村
2. 防城港市防城区华石镇旱塘村
3. 防城港市港口区企沙镇山新村
4. 防城港市上思县叫安乡平江村

钦州市(18个)

1. 钦州市钦南区那丽镇土地田村
2. 钦州市钦北区那蒙镇屯周村
3. 钦州市灵山县佛子镇佛子村
4. 钦州市灵山县佛子镇元眼村
5. 钦州市灵山县旧州镇民主村
6. 钦州市灵山县灵城镇前进村
7. 钦州市灵山县平山镇高塘村
8. 钦州市灵山县平山镇汉垌村
9. 钦州市灵山县平山镇灵家村
10. 钦州市灵山县平山镇山村
11. 钦州市灵山县平山镇夏塘村
12. 钦州市灵山县平山镇新庄村
13. 钦州市灵山县太平镇永安村
14. 钦州市灵山县烟墩镇邓塘村
15. 钦州市浦北县北通镇旱田村
16. 钦州市浦北县北通镇楠垌村
17. 钦州市浦北县白石水镇双龙村
18. 钦州市浦北县白石水镇良田村

玉林市(29个)

1. 玉林市玉州区城北街道高山村
2. 玉林市玉州区名山街道五里桥社区
3. 玉林市玉州区玉城街道西就社区
4. 玉林市玉州区大塘镇大双村
5. 玉林市玉州区仁厚镇仁厚村
6. 玉林市玉州区仁东镇大路村
7. 玉林市北流市民乐镇石垌村
8. 玉林市北流市民乐镇会众村
9. 玉林市北流市民乐镇茶垌村
10. 玉林市北流市白马镇金头村
11. 玉林市北流市北流镇甘村
12. 玉林市北流市山围镇塘头村
13. 玉林市北流市山围镇李村
14. 玉林市北流市山围镇丰垌村
15. 玉林市北流市新圩镇梧村
16. 玉林市北流市六靖镇龙湾村
17. 玉林市容县容州镇千秋村
18. 玉林市容县浪水镇泗河村
19. 玉林市容县容西镇祖立村
20. 玉林市容县石寨镇石寨村
21. 玉林市陆川县古城镇清耳村
22. 玉林市陆川县良田镇良田村
23. 玉林市陆川县沙湖乡新街村
24. 玉林市兴业县太平山镇陈村
25. 玉林市兴业县葵阳镇四新村
26. 玉林市兴业县石南镇富阳村
27. 玉林市玉东新区茂林镇金谷社区
28. 玉林市玉东新区茂林镇陂耀社区
29. 玉林市玉东新区茂林镇鹿塘村

百色市(25个)

1. 百色市乐业县新化镇磨里村
2. 百色市乐业县甘田镇四合村
3. 百色市乐业县雅长乡尾沟村
4. 百色市乐业县同乐镇央林村
5. 百色市乐业县新化镇谐里村
6. 百色市凌云县朝里乡六作村
7. 百色市凌云县加尤镇央里村
8. 百色市凌云县泗城镇陇雅村
9. 百色市凌云县下甲乡彩架村
10. 百色市凌云县下甲乡平怀村
11. 百色市凌云县逻楼镇布林村
12. 百色市田阳县百育镇四那村
13. 百色市田阳县百育镇七联村
14. 百色市田阳县那满镇新立村
15. 百色市右江区阳圩镇六丰村
16. 百色市右江区阳圩镇平圩村
17. 百色市右江区永乐乡南乐村
18. 百色市德保县城关镇西读村
19. 百色市隆林各族自治县沙梨乡母施村
20. 百色市田东县祥周镇祥周村
21. 百色市田东县平马镇四平村
22. 百色市西林县八达镇红星村
23. 百色市西林县普合乡新丰村
24. 百色市田林县乐里镇新建村
25. 百色市田林县潞城瑶族乡旺吉村

贺州市(14个)

1. 贺州市昭平县昭平镇龙坪村

2. 贺州市昭平县文竹镇桂花村
3. 贺州市昭平县黄姚镇黄姚街
4. 贺州市昭平县樟木林乡潮江村
5. 贺州市钟山县公安镇荷塘村
6. 贺州市富川瑶族自治县莲山镇罗山村
7. 贺州市富川瑶族自治县富阳镇铁耕村
8. 贺州市富川瑶族自治县葛坡镇深坡村
9. 贺州市富川瑶族自治县白沙镇檠田村
10. 贺州市平桂管理区鹅塘镇芦岗村
11. 贺州市八步区莲塘镇仁冲村
12. 贺州市八步区莲塘镇美仪村
13. 贺州市八步区贺街镇西南村
14. 贺州市钟山县同古镇同古村

河池市(12 个)

1. 河池市都安瑶族自治县地苏镇大定村
2. 河池市巴马瑶族自治县甲篆乡百马村
3. 河池市巴马瑶族自治县巴马镇城东社区
4. 河池市罗城仫佬族自治县小长安镇罗东村
5. 河池市南丹县芒场镇巴平村
6. 河池市金城江区河池镇河池社区
7. 河池市天峨县六排镇云榜村
8. 河池市天峨县六排镇都隆村
9. 河池市大化瑶族自治县古河乡古河村
10. 河池市大化瑶族自治县百马乡科优村
11. 河池市大化瑶族自治县都阳镇都阳村
12. 河池市东兰县武篆镇东里村

来宾市(10 个)

1. 来宾市忻城县马泗乡联团村
2. 来宾市忻城县城关镇板河村
3. 来宾市忻城县欧洞乡里苗村
4. 来宾市忻城县果遂乡龙马村
5. 来宾市忻城县果遂乡果遂村
6. 来宾市忻城县果遂乡北丹村
7. 来宾市忻城县古蓬镇东河村
8. 来宾市象州县寺村镇中团村
9. 来宾市合山市北泗乡屯山村
10. 来宾市金秀瑶族自治县金秀镇荣兴社区

崇左市(8 个)

1. 崇左市扶绥县东门镇旧城村
2. 崇左市大新县宝圩乡景阳村
3. 崇左市天等县上映乡桃永村
4. 崇左市江州区罗白乡罗白社区
5. 崇左市凭祥上石镇练江村
6. 崇左市龙州县彬桥乡安镇村
7. 崇左市龙州县水口镇埂宜村
8. 崇左市宁明县亭亮乡院景村

2013 年广西自然保护区统计表

国家级自然保护区

自然保护区名称	自然保护区位置	总面积（公顷）	主要保护对象	始建时间（年、月）	现级别批准时间（年、月）
大明山自然保护区	武鸣县、马山县、上林县、宾阳县	16994	常绿阔叶林、水源涵养林及自然景观	1981.08	2002.06
元宝山自然保护区	融水苗族自治县	4159	元宝山冷杉、珍稀动物及水源涵养林	1982.06	2013.12
花坪自然保护区	龙胜各族自治县、临桂县	17400	银杉及典型常绿阔叶林生态系统	1961.11	1978
猫儿山自然保护区	兴安县、资源县	17008.5	典型常绿阔叶林生态系统、水源涵养林	1976.05	2003.01
千家洞自然保护区	灌阳县	12231	水源涵养林及野生动植物	1982.06	2006
合浦营盘港—英罗港儒艮国家级自然保护区	合浦县	35000	儒艮及海洋生态系统	1986.04	1992.10
山口红树林自然保护区	合浦县	8000	红树林生态系统	1990.09	1990.09

续表

自然保护区名称	自然保护区位置	总面积（公顷）	主要保护对象	始建时间（年、月）	现级别批准时间（年、月）
北仑河口自然保护区	防城港市防城区	3000	红树林生态系统	1990.03	2000.04
防城金花茶自然保护区	防城港市防城区	9195.1	金花茶及森林生态系统	1986.04	1994.04
十万大山自然保护区	上思县、防城区、钦州市	58277.1	水源涵养林	1982.06	2003.06
九万山自然保护区	融水、罗城、环江3个自治县	25212.8	水源涵养林	1982.06	2005
木论自然保护区	环江毛南族自治县	8969	中亚热带石灰岩常绿阔叶混交林生态系统	1991	1998.08
岑王老山自然保护区	田林县、凌云县	18994	季风常绿阔叶林	1982.06	2005
广西邦亮东部黑冠长臂猿自然保护区	靖西县	6530	东部黑冠长臂猿及北热带岩溶山地季雨林生态系统	2009.07	2013.12
金钟山黑颈长尾雉自然保护区	隆林各族自治县	20924.4	鸟类及其生境	1982	2007.06
大桂山鳄蜥自然保护区	贺州市八步区	3780	鳄蜥及其生境	2005.04	2013.07
雅长兰科植物自然保护区	乐业县	22062	兰科植物及其生态系统	2005.04	2009.09
大瑶山自然保护区	金秀瑶族自治县	24907.2	水源林及瑶山鳄蜥、银杉	1982.06	2000.04
弄岗自然保护区	龙州县、宁明县	10080	亚热带石灰岩季雨林、白头叶猴、黑叶猴	1978	1980
崇左白头叶猴自然保护区	崇左市江州区、扶绥县	35148	白头叶猴、黑叶猴、猕猴	1979	2005.03
恩城自然保护区	大新县	25819.6	黑叶猴、猕猴等珍稀动物	1982.06	2013.12

自治区级自然保护区

自然保护区名称	自然保护区位置	总面积（公顷）	主要保护对象	始建时间（年、月）	现级别批准时间（年、月）
广西弄拉自然保护区	马山县	8481	南亚热带岩溶森林生态系统	2008.06	2008.06
三十六弄—陇均自然保护区	武鸣县	12822	苏铁、林麝等珍稀动植物	2004.11	2004.11
龙虎山自然保护区	隆安县	2255.7	广西猕猴、珍贵药用植物及自然景观	1980.11	1991.01
上林龙山自然保护区	上林县	10749	常绿阔叶林、典型山地森林生态系统	2003.11	2003.11
横县六景泥盆系地质自然保护区	横县	5	泥盆系地质剖面	1983.01	1983.01

续表

自然保护区名称	自然保护区位置	总面积（公顷）	主要保护对象	始建时间（年、月）	现级别批准时间（年、月）
泗涧山大鲵自然保护区	融水苗族自治县	10384	大鲵及其生境	2004.10	2004.10
广西拉沟鸟类自然保护区	鹿寨县	11500	白颈长尾雉为主的野生雉类及亚热带原生性常绿阔叶林	1982.06	2011.08
南边村国际泥盆——石炭系界线副层型剖面自然保护区	桂林市	25	泥盆—石炭系地质剖面	1989.01	1989.01
青狮潭自然保护区	灵川县	47362.4	青狮潭水库水源林	1982.06	1982.06
海洋山自然保护区	全州、灌阳、恭城、灵川、阳朔、兴安等县	90400	水源涵养林	1982.06	1982.06
五福宝顶自然保护区	全州县	8567	水源涵养林	1982.06	1982.06
架桥岭自然保护区	永福县、荔浦县、阳朔县	67000	水源涵养林	1982.06	1982.06
寿城自然保护区	永福县、临桂县	75900	水源涵养林	1982.06	1982.06
建新鸟类自然保护区	龙胜各族自治县	4860	迁徙候鸟	1982.06	1982.06
银竹老山自然保护区	资源县	28670	资源冷杉、珍稀动物	1982.06	1982.06
银殿山自然保护区	恭城瑶族自治县	48000	水源涵养林及野生动植物	1982.06	1982.06
古修自然保护区	蒙山县	8546	野生动植物	1982.06	2007.01
涠洲岛鸟类自然保护区	北海市	2600	各种候鸟和旅鸟	1982.06	1982.06
茅尾海红树林自然保护区	钦州市	2784	红树林生态系统	2005.01	2005.01
大平山自然保护区	桂平市	1867	水源林、桫椤、瑶山鳄蜥	1982.06	1982.06
博白县那林自然保护区	博白县	19890	野生动植物及其生境	1982.06	1982.06
北流大风门泥盆系	北流市	8	泥盆系地质剖面	1983.01	1983.01
天堂山自然保护区	容县	2817	森林生态系统及水源涵养林	2008.06	2008.06
大容山自然保护区	玉林市玉州区、北流市、兴业县	18198.5	森林生态系统及水源涵养林	2009.12	2009.12
滑水冲自然保护区	贺州市	9929	水源林、野生动物	1982.06	1982.06
姑婆山自然保护区	贺州市	6550	水源涵养林	1982.06	1982.06
昭平七冲自然保护区	昭平县	14336.3	常绿阔叶林、典型山地森林生态系统	1982.06	1982.06
西岭山自然保护区	富川瑶族自治县	17560	水源涵养林及野生动植物	1982.06	2008.03

续表

自然保护区名称	自然保护区位置	总面积（公顷）	主要保护对象	始建时间（年、月）	现级别批准时间（年、月）
罗富泥盆系剖面自然保护区	南丹县	12	泥盆系地质剖面	1983.01	1983.01
三匹虎自然保护区	南丹县、天峨县	3105	水源涵养林及珍稀动植物	1982.06	1982.06
龙滩自然保护区	天峨县	42848.4	猕猴及水源涵养林	1982.06	2002.11
大王岭自然保护区	百色市	55010	水源涵养林	1982.06	1982.06
黄连山-兴旺自然保护区	德保县	21035.5	水源涵养林	1982.06	1982.06
靖西底定自然保护区	靖西县	4907.04	水源涵养林及野生动植物	1986.01	2002.02
老虎跳自然保护区	那坡县	27008	水源涵养林及野生动植物	1982.06	2004.10
凌云泗水河自然保护区	凌云县	20950	水源涵养林	1982.06	1982.06
王子山雉类自然保护区	西林县	32209	雉类及栖息地、南亚热带森林生态系统	1982.06	2005.05
那佐苏铁自然保护区	西林县	12458	水源涵养林及野生动植物	1982.06	1982.06
大哄豹自然保护区	隆林各族自治县	2035	岩溶森林生态系统及黑叶猴等珍稀动物	2005.04	2005.04
广西凌云洞穴鱼类自然保护区	凌云县	684	珍稀洞穴水生生物及水域生态环境	2008.04	2008.04
红水河来宾段珍稀鱼类自然保护区	来宾市	582	珍稀鱼类及其栖息地、产卵场	2005.09	2005.09
大乐泥盘纪剖面自然保护区	象州县	12	泥盆系地质剖面	1983.01	1983.01
金秀老山自然保护区	金秀瑶族自治县	8875	南亚热带常绿阔叶林及珍稀动植物	2007.01	2007.01
左江佛耳丽蚌自然保护区	崇左市江州区、龙州县	417.4	佛耳丽蚌等淡水贝类及其栖息地	2005.09	2005.09
西大明山自然保护区	崇左市江州区、扶绥县、大新县、隆安县	60100	水源涵养林	1982.06	1982.06
下雷自然保护区	大新县	27185	水源涵养林及猕猴	1982.06	1982.06
广西青龙山自然保护区	龙州县	16778.6	北热带石灰岩季雨林生态系统和黑叶猴、蚬木、苏铁等珍稀濒危野生动植物及其生境	1982.06	2013.04

2010~2012年广西环境好新闻获奖作品

一等奖

1.《广西着力建设生态文明示范区(配评论员文章:我们需要什么样的政绩观)》
刘蔚 徐琦 梁雅丽《中国环境报》

2.《碧水蓝天 大美广西》
陈江《广西日报》

3.《南宁检测出极微量人工放射性核素碘-131对人体和环境无任何影响》
马炳新 赖秋宇 韦善康《广西电视台》

4.《决战龙江河 阻击镉污染》
卢华厚 黄碧峰 韦林东《河池电视台》

二等奖

1.《超!紧!悬!——全区城镇污水处理设施建设进入试水运行倒计时》
董文锋《广西日报》

2.《还大自然斑斓色彩》
昌苗苗《中国环境报》

3.《玉林的水何时能清?》
肖世艳《南国早报》

4.《"绿色王国"里的"环保密码"》
邹江《玉林日报》

5.《钦州:大工业和白海豚的共存之道》
黄河林 陆吉锋 黎典《钦州电视台》

6.《"白头叶猴之乡"崛起一个"首府后花园"》
覃山 苏文超《广西广播电台》

7.《记者调查:直面$PM_{2.5}$(上、下)》
黄瑾 王洪程《柳州电视台》

8.《漓江源上的痴心守护者》
杨俊英 郑苏《桂林广播电台》

三等奖

1.《广西镉污染调查:"挥泪斩官"能否告别污染》
王刚《中国新闻社》

2.《广西书记:决不让群众喝上一滴镉污染物超标的水》
周群 杨强 林洁《中国新闻社》

3.《来宾回收农药废包装》
陈湘静 梁雅丽《中国环境报》

4.《广西阻击龙江河镉污染:宜州龙江河发生镉污染高峰值离柳州取水口120公里》
满熠《广西电视台》

5.《记者走基层:"保护生态就是保护漓江"——探访兴安华江漓江源头的守护者》
何征宇 李晨 钟琪《桂林电视台》

6.《记者调查:保护中华白海豚生存环境钦州在行动》
蒋洪波 穰宁《钦州电视台》

7.《广西落实科学发展观全力打造碧水蓝天生态美》
黄东华 韦薇《广西广播电台》

8.《广西推广普及农村卡通壁画》
陈芸 裴文鹏《广西广播电视台》

9.《我区首个环保公众开放宣传日活动受青睐150名市民亲身体验环保科技》
李新雄 陈芸 李春桦《广西日报》

10.《有了"放心水" 更盼"喝得起"》
王春楠《南国早报》

11.《广西"水"安全》
熊春艳《当代广西》

12.《潘文石:大美崇左延长了我的科学生命》
农彩云 梁莉《左江日报》

13.《象州:环保助推经济发展》
陈坤 杨智东 潘佐广《广西日报》

14.《职责》
梁国强《梧州日报》

15.《立法呵护"生命的摇篮"》
黄世钊《广西法制日报》

16.《崇左40个在建项目停建被环评》
胡浩平 彭威《广西日报》

17.《环江毛南族自治县修复重金属污染》
朱冰 梁家鸿 唐杰《广西电视台》

18.《同饮一江水 共护友谊河》
陈全斌 黄世能《崇左电视台》

19.《红木产业与"绿色存折"》
郭伟亮 李小玲 唐燕《广西广播电台》

20.《心存绿意,用心描绘绿地图》
罗赟《南宁广播电台》

优秀奖

1.《漓江风景区:生态保护和旅游发展的和谐之路》
黄浩铭 吕海峰《新华社广西分社》

2.《消除隐患 守住底线》
梁雅丽 昌苗苗 韦夏妮《中国环境报》

3.《广西:削减$PM_{2.5}$ 加大机动车尾气治理》
马炳新 谈圳 董祖敬《广西电视台》

4.《南宁:让绿城更绿 给美丽加分》
朱冰 彭峰 唐杰《广西电视台》

5.《山清水秀环境美 处处都是好地方》

卢炳剑　李晶《柳州电视台》
6.《柳江河水质自动监测网络启动运行》
黄志坚　吕辉《柳州广播电视台》
7.《阳朔:农村壁画扮靓新农村》
何征宇　李淑英《桂林电视台》
8.《北海:努力构建环境友好型社会》
庞福林　余永波　朱丽丽　苏安民《北海电视台》
9.《河池:以"壮士断臂"的决心推动有色金属产业转型升级》
卢华厚　谭壮满《河池电视台》
10.《居民悬赏百万邀请领导下河　只为整治垃圾排水沟》
胡戎　刘璐《广西人民广播电台》
11.《绿色南宁　环保生活》
曾宇佳　唐佳　梁泰　唐梦云《广西广播电台》
12.《漓江上的"洗脸人"》
刘筝　郑苏《桂林广播电台》
13.《一年共享365天好空气》
吴小琳　张进《北海人民广播电台》
14.《从"野人"到百万富翁——陈成和他的陆川猪》
潘冬　何玉燕　胡加宁《玉林广播电台》
15.《山清水秀生态美——十六大以来广西生态文明建设成就巡礼》
李新雄《广西日报》
16.《南宁,绿色发展惠泽民生》
冯梓剑《南宁日报》
17.《我市开始发布 $PM_{2.5}$ 监测数据》
孔德芳　陈跃文《柳州日报》
18.《又见鹭鸟翩翩舞》
梁月红《防城港日报》
19.《环保,把理念变成产业》
禤繁《玉林日报》
20.《建设生态文明　实现绿色增长》
陈本阁　黄鼎军　张晓芬《中国改革报》
21.《马蜂"抱团进城"　柳州添"幸福烦恼"》
陈刚《南国早报》
22.《柳州市正式发布 $PM_{2.5}$ 监测数据　亮出"家丑"邀公众一起关注环保》
黄显巧《南国早报》
23.《GPS保护极小种群野生植全国领先》
罗妮《广西法制日报》
24.《觉醒——来自江州区左州镇广何村排汝屯的环保报告》
罗吉华《左江日报》
25.《崇左:践行"阳光效能"服务重大项目》
李新雄　胡浩平　雷煜《广西日报》
26.《为生态工业园做好后盾——贵港在制度审批各环节促进工业园区生态化发展》
许小文　昌苗苗《中国环境报》
27.《"千年瓷都"的美丽窑变》
唐群峰　谢夷珊《广西日报》
28.《一家三代　数万候鸟的守护者》
庞献《玉林晚报》
29.《"锰都"治污　水碧天蓝》
熊春艳　韦善康《当代广西》
30.《废旧商品回收利用让绿色回收深入人心》
罗妍《南宁广播电台》

2010~2012年广西环保摄影比赛获奖作品

特等奖

《晨曦鹭影》　梁　斌(环保厅)

一等奖

《蛙趣》　陈晓菲(环保厅)
《清晨出航》　韦　鸿(南宁市)
《晨雾沐山乡》　磨现芳(南丹县)

二等奖

《喀斯特之美》　谢　钊(环保厅)
《北流市污水处理厂》　黎　波(北流市)
《滋润大地》　黄大将(贵港市)
《绿色家园》　黄忠新(大新县)
《绵绵春意》　王　坚(南宁市)
《山湖秀色》　周　尉(田阳县)

三等奖

《鹭舞》(组图)　梁　斌(环保厅)
《荷影》(组图)　梁　斌(环保厅)
《龙脊春晖》　梁　斌(环保厅)
《海上人家》　陈晓菲(环保厅)
《相思湖》　胡永东(环保厅)
《鹭》　宋家刚(贵港市)
《丰收的拼图》　韦　敏(平果县)
《花儿开鸟儿欢》　张艺军(邕宁区)
《检测手机辐射》　孔晓梦(环保厅)
《绿野鹭影》　黄层波(田阳县)
《荷塘新城——平南黄屋屯新农村》
吴爱玲(平南县)
《梦幻茶山》　黄仲松(凌云县)
《温馨一家》　林　艺(贵港市)
《雾里凌云》　黄仲松(凌云县)

《环保从娃娃抓起》 韦 鸿(南宁市)
《旧家电终结场》 周少南(南宁市)
《春光侣途》 农建进(邕宁区)
《朝气的环保使者》 计韦杰(环保厅)
《冬》 梁庆文(钟山县)
《公众参观环境监测车》 孔晓梦(环保厅)
《给漓江洗脸 为母亲河美容》 李铁英(桂林市)
《舞动和谐》 潘久辉(桂林市)
《其乐融融》 梁齐鹏(崇左市)
《野外监测》 胡 滨(贵港市)
《新的征程》 唐 杰(环保厅)
《环保应急演练》 高 江(桂林市)
《重任》 梁 冠(桂平市)
《壮乡新气象》 区用诚(南宁市)
《劳作归来》 莫 冰(忻城县)
《企业污水处理站》 阙衍双(北流市)

优秀奖

《家园》 陈晓菲(环保厅)
《和谐》 陈晓菲(环保厅)
《三娘湾》 胡永东(环保厅)
《耕耘》 陈伟刚(南宁市)
《古榕树下》 宋家刚(贵港市)
《金秋时节》 磨瑛津(邕宁区)
《环卫之花》 王国强(平果县)
《雾锁新村》 莫增幸(平果县)
《迎春》 许 鑫(平果县)
《邕江之桥》 谭桂梅(南宁市)
《湖泊美容师》 党运风(南宁市)
《赶早市》 黎远伟(钟山县)
《雨后金花带芳娇》 梁裕庆(南宁市)
《老妇与牛》 苏凯荣(玉林市)
《田园交响曲》 黎远伟(钟山县)
《严查镉污染》 唐 杰(环保厅)
《炎炎夏日争凉爽》 黄宪南(容 县)
《旧州晨曦》 黄 忠(邕宁区)
《春上龙脊》 邓启光(环保厅)
《滩涂晨韵》 曹文辉(邕宁区)
《春之律动》 黄继增(邕宁区)
《一泓清幽》 黄宪南(容 县)
《朝晖》 莫立强(平果县)
《车间的早晨》 周军伊(南丹县)
《蝶变》 秦建宁(崇左市)
《东湖清淤 造福百姓》 林幸儿(贵港市)
《东兰美丽乡村》 朱永亮(南宁市)
《环保从娃娃抓起》 韦 鸿(南宁市)
《监测》 周军伊(南丹县)
《绿色消费 人人参与》 郭子华(环保厅)
《美丽小区》 刘达斌(贵港市)
《沐晖》 马邦译(南宁市)
《农村污水处理站》 阙衍双(北流市)
《情感交流》 顾湛琦(环保厅)
《现代炼油厂》 李烈霭(南宁市)
《春耕》 周金鹏(田东县)
《山清水秀田园美》 覃莲蒂(南宁市)
《世外桃源》 江威颖(南宁市)
《漓江秋色》 唐霞英(桂林市)
《桃花盛开》 黎日怀(柳州市)
《无烟工厂》 区用诚(南宁市)
《希望的田野》 刘 炜(灌阳县)
《雾锁龙城》 邓启光(环保厅)
《安平和倒影》 叶永亮(大新县)
《指导》 王 东(玉林市)
《生态家园》 李耀光(桂林市)

2010~2012 年广西农村环保壁画设计大赛获奖作品

一等奖

《垃圾回收》 杨 洋(广西南宁)

二等奖

《垃圾分类回收》 刘 钰(广西南宁)
《农村面源污染防治》 滕毅华(广西南宁)
《家畜污染防治再利用》 黄丽玲(广西南宁)

三等奖

《保护水源地》 王文娟(广西南宁)
《保护水资源》 谭 迪(广西南宁)
《生态环境》 刘 钰(广西南宁)
《垃圾分类》 谢文婷(广西南宁)
《保护环境》 杨曦傲(福建厦门)
《垃圾管理》 兰 静(四川美院)

优秀奖

《污水净化》 黄培晟(广西南宁)
《“环”要有你》 李 莉(广西师大)
《请保护水源地》 范 东(四川宜宾)
《吞噬》 刘志永(天津宁河)
《沼池利用》 兰 静(四川美院)
《垃圾处理三步》 马恒超(江苏美协)
《引“狼”入室》 苏学兵(山东德州)
《重点保护》 苏学兵(山东德州)
《化箭为篱》 马恒超(江苏美协)
《污水处理》 刘 钰(广西南宁)

2010~2012 年广西环保书画比赛获奖作品(书法类)

一等奖

《广西胜境》 罗燕柳(江西都昌)
《苏东坡诗新城道中》 苏文中(钦州市)
《白日登山》 李鹏飞(河南郑州)
《古人论书》 韦华琳(钦州市)

二等奖

《环保感赋》 杨文强(阳朔县)
《自作环保诗一首》 唐 明(桂林市)
《古诗一首》 刘晓燕(河南郑州)
《广西生态赞》 陈 维(江西景德镇)
《金刚经》 韦洪河(钦州市)
《人与自然》 王英超(黑龙江省)

三等奖

《八桂赋》 王堂兵(四川雅安)
《古诗一首》 杨嘉寿(邕宁区)
《冯玉祥诗一首》 吕 健(永福县)
《唐寅诗题溪山叠翠》 莫桂成(桂林市)
《古诗二首》 黄世辉(桂林市)
《国策兴环保 民心尚自然》 詹贤信(广州市)
《章草条幅》 崔建礼(甘肃合水)
《颂环卫工人》 黎长林(天等县)
《淮上喜会梁州故人》 韦 佳(鹿寨县)
《尊重自然·生态广西》 孙 鹏(陕西省)
《环保靠你我他》 杜思吾(江西东乡)
《隶书条幅》 唐源茂(湖南怀化)
《李白将进酒》 黄子昆(邕宁区)
《草堂+志选禄》 韩志伟(钦州市)
《唐李商隐诗》 陈志雄(广东东莞)
《别林斯基语录》 冯卫良(北京市)
《环保文章二篇》 邓德通(贺州市)
《王维山居秋暝》 许其杰(钦州市)
《坚持生态立区建设美丽广西》 盘显锋(广东茂名)
《城娇村美》 刘瑞华(河北沧州)
《古人论书二首》 薛敏灵(福建漳浦)
《撒金对联一副》 刘 奇(北京市)
《吴均与宋元思书》 黄世辉(桂林市)
《美丽中国》 许 德(天等县)
《楼树映水间》 陈乐贤(南宁市)
《清秋携手夕阳》 王英超(黑龙江嫩江)
《文章 2 幅》 李春雨(河南郑州)
《书法选抄》 魏丽娟(河南郑州)
《"低碳排放高效节能"龙门对》 钟和昌(北海市)
《美丽广西》 王庆国(南宁市)

2010~2012 年广西环保书画比赛获奖作品(绘画类)

一等奖

《让天更蓝 树更绿》 张 培(上海市)
《乐园》 黄伟群(南宁市)

二等奖

《大鱼小鱼游来了》 钟帛禹(南宁市)
《可爱的太阳宝宝》 黄楚云 宋保锜(南宁市)
《溪韵芳尘》 董桃平(云南省)
《绿色家园》 惠子娟(南宁市)
《绿色馨园》 石永君(辽宁省)
《金色笑靥》 贝 军(广东省)
《日丽》 鲁 敏(钦州市)

三等奖

《满城春意》 吴健斌(广东省)
《扬清激法》 门焕新(福建省)
《城市美容师》 罗绍料(贵港市)
《春到》 姚成林(安徽省)
《流水人家》 孙 彬(柳州市)
《长啸一声山谷应 举头回顾天地惊》 张俊平(福建省)
《鸣秋》 余传伟(钦州市)
《秋实》 冯 涛(钦州市)
《秋声》 倪 鑫(钦州市)
《花语》 黎国彪(钦州市)
《青山下的家园》 陈猷昌(北海市)
《钦州八寨沟秋风图》 闭宗庭(钦州市)
《水清清小鱼游》 黎鸿积(钦州市)
《脏了我一人 清洁千万家》 韦建澄(南宁市)
《山野城乡留靓影》 蒋宏水(南宁市)
《家》 黄贝尔(大化县)
《世外桃源》 樊俐君(南宁市)
《山清水秀·美丽广西》 农睿洁(南宁市)
《山清水秀·美丽南宁》 李富豪(南宁市)
《山青水美》 马文静(南宁市)
《幸福生活》 黄秋荣(南宁市)
《昆虫的世界》 蔡 彬(大化县)

《绿城》	梁宁佑(南宁市)
《低碳之屋》	吴晓萍(南宁市)
《环保家园》	雷嘉杏(南宁市)
《新篇章》	李 心(南宁市)
《尾气让太阳哭泣》	黄永先(南宁市)
《低碳环保》	卢 莲(南宁市)
《清清邕江赛龙舟》	施高龙(南宁市)
《海底世界》	韦翔予(南宁市)

2013年广西国民经济和社会发展统计公报

2013年,面对极为错综复杂的经济形势,全区各地各部门全面贯彻落实党的十八大精神和中央、自治区各项决策部署,坚持稳中求进的工作总基调,以提高经济增长质量和效益为中心,统筹稳增长、调结构、促改革、惠民生,全区经济呈现总体平稳、稳中提质、稳中向好的发展态势,各项社会事业取得新进展。

一、综合

初步核算,全年全区生产总值[2](GDP)14378.00亿元,比上年增长10.2%。其中,第一产业增加值2343.57亿元,增长4.3%;第二产业增加值6863.04亿元,增长11.9%;第三产业增加值5171.39亿元,增长10.2%。第一、二、三产业增加值占地区生产总值的比重分别为16.3%、47.7%和36.0%,对经济增长的贡献率分别为6.6%、59.0%和34.4%。按常住人口计算,人均地区生产总值30588元。

图1 2008~2013年生产总值及其增长速度

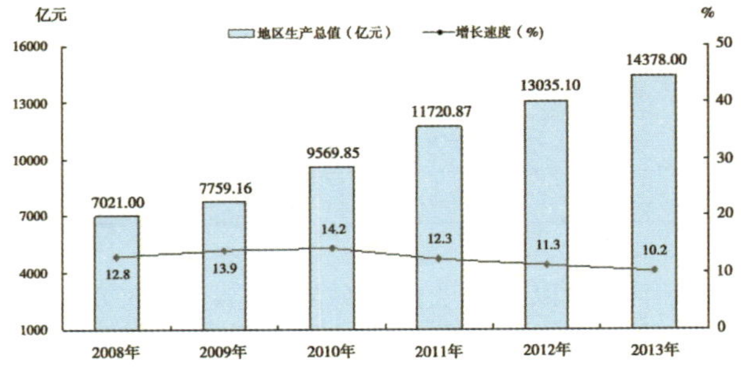

全年居民消费价格比上年上涨2.2%,其中食品价格上涨3.8%。工业生产者出厂价格下降1.8%。工业生产者购进价格下降1.1%。农产品生产者价格上涨2.5%。农业生产资料价格下降0.1%。固定资产投资价格上涨0.1%。

城镇新增就业51.05万人,比上年减少3万人,下降5.55%。年末城镇登记失业率3.3%,比上年末下降0.11个百分点。

图2 2013年居民消费价格月度涨跌幅度

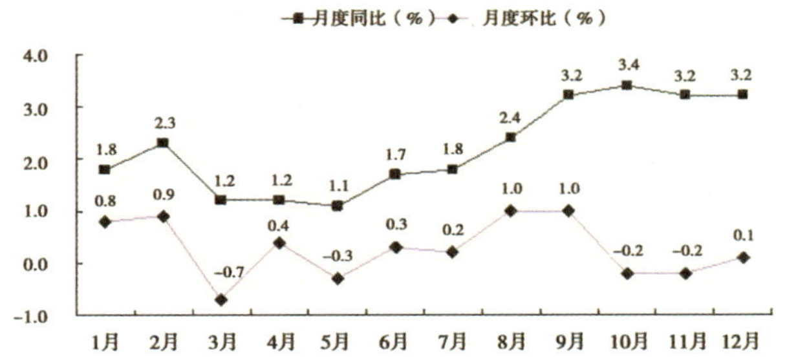

表1 2013年居民消费价格比上年涨跌幅度

单位:%

指 标	广西	城市	农村
居民消费价格	2.2	2.1	2.4
食 品	3.8	4.1	3.3
其中:粮食	1.4	1.2	1.7
肉禽及其制品	2.4	3.1	1.2
油脂	1.5	1.4	1.5
鲜蛋	8.0	8.3	7.3
鲜菜	8.0	7.7	8.7
鲜瓜果	9.1	10.5	6.2
烟 酒	-0.2	-0.3	0.1
衣 着	2.3	2.0	2.7
家庭设备用品及维修服务	1.1	0.8	1.6
医疗保健和个人用品	0.7	0.2	1.6
交通和通信	-0.1	-0.3	0.2
娱乐教育文化用品及服务	0.8	0.5	1.5
居 住	2.7	2.4	3.5

全年财政收入2000.51亿元,比上年增长10.5%。公共财政预算收入1316.84亿元,增长12.9%,其中,税收收入875.00亿元,增长14.8%。公共财政预算支出3192.26亿元,增长6.9%。

图3 2008~2013年财政收入及其增长速度

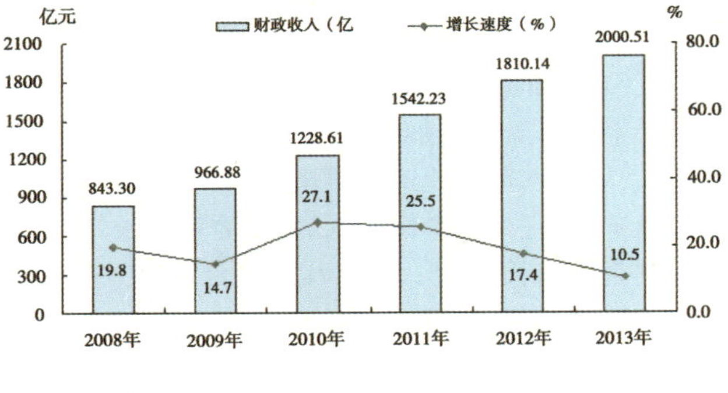

二、农业

全年粮食种植面积3076.0千公顷,比上年增加6.9千公顷;油料种植面积222.0千公顷,增加8.9千公顷;

甘蔗种植面积1125.1千公顷，减少2.9千公顷；蔬菜种植面积1092.7千公顷，增加17.3千公顷；木薯种植面积228.0千公顷，减少3.3千公顷；果园面积1039.5千公顷，增加42.2千公顷；桑园面积186.2千公顷，增加11.1千公顷。

全年粮食产量1521.8万吨，比上年增长2.5%；油料产量57.21万吨，增长6.1%；甘蔗产量8104.26万吨，增长3.5%；蔬菜产量（含食用菌）2435.62万吨，增长3.3%；园林水果产量1122.63万吨，增长8.9%。

表2　2013年广西主要农产品产量及其增长速度

单位：万吨

产品名称	产量	比上年增长%
粮　食	1521.8	2.5
其中：稻　谷	1156.2	1.2
其中：早　稻	555.2	1.9
晚　稻	508.0	-0.3
玉　米	266.0	6.1
大　豆	13.5	-11.7
油　料	57.21	6.1
其中：花　生	54.10	5.9
甘　蔗	8104.26	3.5
蔬　菜（含菌类）	2435.62	3.5
烤　烟	3.11	15.0
木　薯	182.75	0.8
园林水果	1122.63	8.9
茶　叶	5.39	9.2

年末生猪存栏2471.5万头，比上年增长0.2%。全年生猪出栏3456.7万头，比上年增长3.4%。猪牛羊禽肉类总产量414.2万吨，增长2.1%。其中，猪肉产量261.3万吨，增长3.5%；牛肉产量14.3万吨，增长3.4%；羊肉产量3.2万吨，下降0.2%；禽肉产量135.3万吨，下降0.5%。牛奶产量9.6万吨，增长2.1%。蚕茧产量32.34万吨，增长2.5%。水产品产量319.06万吨，增长5.1%，其中海水产品产量170.71万吨，增长3.8%。松脂产量59.00万吨，增长5.9%。

三、工业和建筑业

全年全部工业增加值5749.65亿元，比上年增长11.4%。规模以上工业增加值增长12.9%。在规模以上工业中，国有企业增长7.1%，集体企业增长16.2%，股份制企业增长12.7%，外商及港澳台商投资企业增长16.1%，其他经济类型企业增长15.3%。轻工业增长11.7%，重工业增长13.5%。

全年规模以上工业中，农副食品加工业增加值比上年增长12.9%；通用设备制造业增长9.0%；专用设备制造业增长6.3%；电气机械及器材制造业增长17.3%；汽车制造业增长9.8%；非金属矿物制品业增长13.5%；化学原料及化学制品制造业增长10.8%；有色金属冶炼及压延加工业增长10.8%；黑色金属冶炼及压延加工业增长19.7%；电力、热力生产和供应业增长5.0%；石油加工、炼焦及核燃料加工业下降6.3%。

图4　2013年规模以上工业增加值增速（累计同比，%）

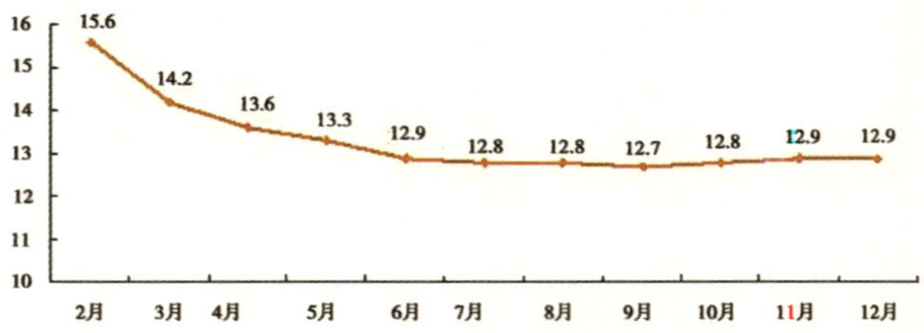

表3　2013年广西规模以上工业主要产品产量及其增长速度

产品名称	单　位	产　量	比上年增长%
成品糖	万吨	1010.88	17.3
发酵酒精	千升	80.90	14.3
卷　烟	万箱	153.70	2.0
机制纸及纸板	万吨	372.29	13.4
发电量	亿千瓦小时	1199.07	7.0
其中：火电	亿千瓦小时	769.19	18.8
水电	亿千瓦小时	427.89	-9.2
粗　钢	万吨	2220.12	33.8
钢　材	万吨	2790.65	30.7
十种有色金属	万吨	123.65	11.5
其中：电解铝	万吨	65.88	0.4
氧化铝	万吨	727.99	8.3
水　泥	万吨	10707.48	9.5
硫　酸	万吨	281.04	5.9
烧　碱	万吨	43.4	-3.3
化　肥（折100%）	万吨	105.21	5.9
发动机	万千瓦	16730.11	19.1
汽　车	万辆	186.91	11.7
小型拖拉机	万台	22.49	-3.6

全年规模以上工业经济效益综合指数338.69，比上年提高14.53点；主营业务收入16726亿元，增长15.1%；利税总额1720.78亿元，增长15.9%，其中利润总额874.0亿元，增长14.3%。

分行业看，农副食品加工业实现利润102.28亿元，比上年下降1.9%；汽车制造业实现利润79.48亿元，增长16.3%；非金属矿物制品业实现利润113.36亿元，增长32.3%；电力热力行业实现利润46.17亿元，增长18.3%；专用设备制造业实现利润21.16亿元，下降9.6%；有色金属冶炼及压延加工业利润亏损3.59亿元，

表4 2013年广西规模以上工业企业利润总额及其增长速度

单位：亿元

指　标	利润总额	比上年增长%
规模以上工业企业	874.0	14.3
其中：国有控股企业	165.64	28.2
其中：大中型企业	536.35	20.7
其中：国有企业	28.6	396.4
集体企业	15.03	32.4
股份合作企业	5.48	30.1
股份制企业	507.69	5.2
外商及港澳台投资企业	214.83	23.1
其他经济类型企业	102.39	19.0
其中：轻工业	324.31	2.9
重工业	549.69	22.4

由上年盈利转亏损；化学原料及化学制品制造业实现利润56.72亿元，增长16.2%；黑色金属冶炼业实现利润51.97亿元，增长104.5%。

全年全社会建筑业增加值1113.39亿元，比上年增长15.1%。全区具有资质等级的总承包和专业承包建筑业企业实现利润38.38亿元，比上年增长12.0%；上缴税金67.85亿元，增长11.2%。

四、固定资产投资

全年全社会固定资产投资[3]11907.67亿元，比上年增长21.4%，扣除价格因素，实际增长21.3%。其中，固定资产投资（不含农户）11383.93亿元，比上年增长21.8%；农户投资523.74亿元，增长13.0%。

在固定资产投资（不含农户）中，分管理渠道看，基本建设投资4501.24亿元，比上年增长17.8%；更新改造投资4319.06亿元，增长30.0%；房地产开发投资1614.63亿元，增长3.8%。分投资主体看，国有投资3852.15亿元，比上年增长11.2%；非国有投资7531.78亿元，增长28.1%，其中民间投资7244.86亿元，增长25.7%。分产业看，第一产业投资461.75亿元，比上年增长35.5%；第二产业投资4819.76亿元，增长25.9%，其中工业投资4778.80亿元，增长25.7%；第三产业投

图5 2013年固定资产投资（不含农户）增速（累计同比，%）

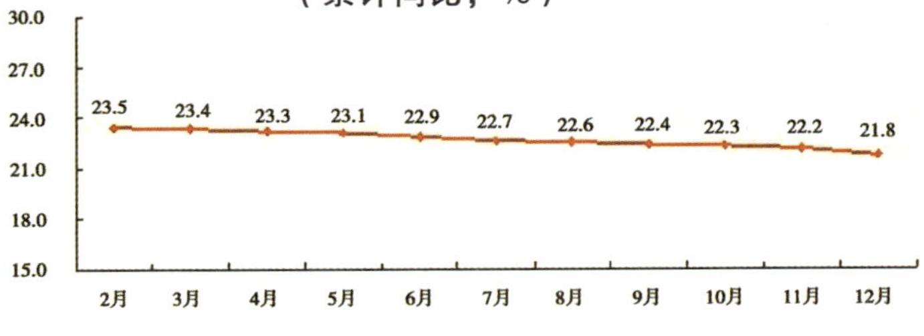

表5 2013年广西分行业固定资产投资（不含农户）及其增长速度

单位：亿元

行　业	投资额	比上年增长%
总　计	11383.93	21.8
农、林、牧、渔业	461.75	35.5
采矿业	343.70	13.4
制造业	3885.52	27.1
其中：农副食品加工业	270.29	31.4
造纸和纸制品业	112.20	6.3
石油加工、炼焦及核燃料加工业	84.15	81.2
化学原料和化学制品制造业	229.06	17.6
非金属矿物制品业	600.33	25.8
黑色金属冶炼和压延加工业	183.26	18.0
有色金属冶炼和压延加工业	172.82	-2.4
金属制品业	138.61	37.6
通用设备制造业	125.66	16.8
专用设备制造业	174.58	44.1
交通运输设备制造业	262.43	21.3
电气机械和器材制造业	134.49	17.5
计算机、通信和其他电子设备制造业	100.11	18.9
电力、燃气及水生产和供应业	549.59	24.2
其中：电力、热力的生产和供应业	347.01	9.7
建筑业	40.97	53.2
批发和零售业	379.65	42.7
交通运输、仓储和邮政业	1098.73	23.0
住宿和餐饮业	232.55	47.9
信息传输、软件和信息技术服务业	110.54	13.4
金融业	39.14	73.2
房地产业[4]	2079.58	9.7
租赁和商务服务业	151.46	14.2
科学研究和技术服务业	50.28	42.2
水利、环境和公共设施管理业	1237.88	28.6
居民服务、修理和其他服务业	51.73	23.2
教育	250.95	44.9
卫生和社会工作	116.56	36.4
文化、体育和娱乐业	127.71	22.7
公共管理、社会保障和社会组织	175.66	47.1
国际组织	—	—

资 6102.42 亿元，增长 17.9%。

全年房地产开发投资 1614.63 亿元，比上年增长 3.8%。其中，住宅投资 1166.61 亿元，增长 9.1%；办公楼投资 51.67 亿元，增长 27.7%；商业营业用房投资 174.88 亿元，增长 8.2%。商品房施工面积 16040.17 万平方米，增长 6.8%，其中住宅 12419.68 万平方米，增长 4.8%。商品房竣工面积 1712.68 万平方米，下降 26.6%，其中住宅 1385.37 万平方米，下降 29.2%。商品房销售面积 2995.58 万平方米，增长 8.6%，其中住宅 2765.15 万平方米，增长 8.6%。

全年新开工建设城镇保障性安居工程住房 15.14 万套（户），基本建成城镇保障性安居工程住房 12.90 万套。

表6　2013年广西房地产开发和销售主要指标完成情况及其增长速度

指　标	单　位	绝对数	比上年增长%
投资额	亿元	1614.63	3.8
其中：住宅	亿元	1166.61	9.1
其中：90平方米及以下	亿元	357.88	10.9
房屋施工面积	万平方米	16040.17	6.8
其中：住宅	万平方米	12419.68	4.8
房屋新开工面积	万平方米	3715.67	-0.7
其中：住宅	万平方米	2901.93	-0.3
房屋竣工面积	万平方米	1712.68	-26.6
其中：住宅	万平方米	1385.37	-29.2
商品房销售面积	万平方米	2995.58	8.6
其中：住宅	万平方米	2765.15	8.6
本年资金来源	亿元	2155.24	7.4
其中：国内贷款	亿元	324.35	22.9
其中：个人按揭贷款	亿元	333.82	-1.6
本年购置土地面积	万平方米	431.96	-20.3
土地成交价款	亿元	113.78	12.8

全年新增公路里程 3478 公里，公路总里程达 111384 公里，其中高速公路里程 3305 公里，比上年新增 422 公里。全年新增港口泊位货物综合通过能力 655 万吨，港口泊位货物综合通过能力达 24753 万吨，其中沿海港口泊位货物综合通过能力 16251 万吨。

五、国内贸易

全年社会消费品零售总额 5083.08 亿元，比上年增长 13.6%，扣除价格因素，实际增长 12.25%。按经营地统计，城镇消费品零售额 4481.03 亿元，增长 13.5%；乡村消费品零售额 602.05 亿元，增长 14.4%。

在限额以上企业商品零售额中，汽车类零售额比上年增长 17.4%，家用电器和音像器材类增长 8.9%，通讯器材类增长 1.9%，体育娱乐用品类增长 10.9%，文化办公用品类增长 5.6%，家具类增长 24.6%，建筑及装潢材料类下降 1.2%，日用品类增长 8.6%，粮油、食品、饮料、烟酒类增长 17.3%，服装、鞋帽、针纺织品类增长 5.7%，化妆品类增长 17.8%，金银珠宝类增长 41.6%。

图6　2013年社会消费品零售总额增速（累计同比，%）

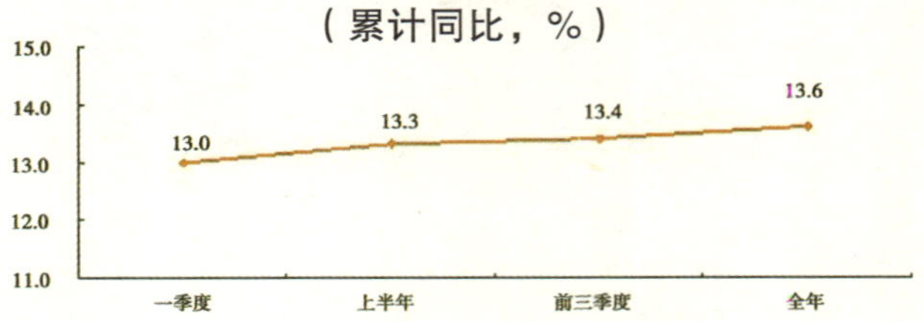

六、对外经济

全年货物进出口总额 328.37 亿美元，比上年增长 11.4%。其中，货物出口 186.95 亿美元，比上年增长 20.9%；货物进口 141.42 亿美元，增长 0.9%。进出口差额（出口减进口）45.53 亿美元。从出口企业性质看，国有企业出口 23.86 亿美元，比上年下降 0.5%；外商投资企业出口 36.68 亿美元，增长 3.5%；民营企业出口 126.42 亿美元，增长 32.7%。

全年批准项目合同外资额（商务部口径，下同）

表7　2013年广西货物进出口总额及其增长速度

单位：亿美元

指　标	绝对数	比上年增长%
货物进出口总额	328.37	11.4
其中：一般贸易	149.11	3.0
其中：货物出口额	186.95	20.9
其中：一般贸易	50.04	-0.1
来料加工	5.01	25.5
进料加工	24.16	-2.9
边境小额贸易	104.72	44.5
货物进口额	141.42	0.9

图7　2008~2013年货物进出口总额及其增长速度

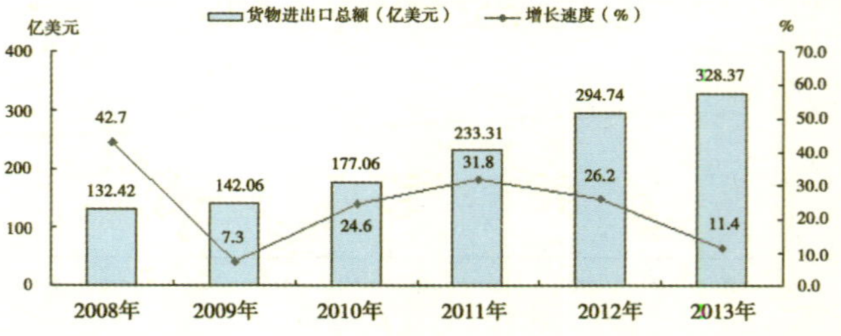

表8　2013年广西对主要国家和地区货物进出口总额及其增长速度

单位：亿美元

国家和地区	货物出口额	比上年增长%	货物进口额	比上年增长%
亚洲	152.99	26.9	57.22	19.1
其中：东盟	125.84	34.8	33.31	22.8
其中：越南	114.34	38.2	12.63	-13.3
其中：中国香港	16.36	4.2	12.60	133.8
日本	3.26	-7.8	2.23	-32.6
韩国	1.70	3.9	2.18	5.6
非洲	3.68	4.8	8.00	-30.3
欧洲	10.13	3.9	14.89	-9.7
其中：欧盟	7.46	-4.0	10.13	-8.1
拉丁美洲	4.72	13.3	24.19	-27.0
北美洲	12.89	-8.2	21.56	5.4
其中：美国	11.85	-9.5	12.93	17.6
大洋洲	2.54	-2.5	15.56	47.1

21.58亿美元，比上年增长136.6%；外商直接投资额7.00亿美元，下降6.5%。

全年对外承包工程和劳务合作完成营业额8.30亿美元，比上年增长10.5%。

七、交通、邮电和旅游

全年交通运输、仓储和邮政业增加值677.77亿元，比上年增长5.2%。

表9　2013年广西旅客、货物运输量及其增长速度

指　标	单　位	绝对数	比上年增长%
旅客运输总量	万人	97780	6.7
旅客运输周转量	亿人公里	1126.83	7.5
货物运输总量	万吨	179795	11.4
货物运输周转量	亿吨公里	4320.13	5.1

全年港口完成货物吞吐量2.93亿吨，比上年增长8.9%，其中外贸货物吞吐量1.17亿吨，增长9.9%。港口集装箱吞吐量156.23万标准箱，增长22.9%。

2013年末全区汽车保有量279.81万辆，比上年末增长21.1%，其中轿车126.90万辆，增长25.6%。年末个人汽车保有量226.29万辆，增长25.2%。

全年完成邮电业务总量392.8亿元，比上年增长7.2%。其中，邮政业务总量29.57亿元，增长22.5%；电信业务总量363.3亿元，增长6.1%。全年局用交换机（含接入网设备）总容量1829万门。年末固定电话用户达到546万户。其中，城市电话用户355万户，农村电话用户192万户。新增移动电话用户402万户，年末达到3286万户。年末全区固定及移动电话用户总数达到3832万户，比上年末增加348万户。电话普及率达到81.2部/百人。

全年入境过夜游客391.54万人次，比上年增长11.8%；国际旅游（外汇）收入15.47亿美元，增长21.0%。接待国内旅客24263.92万人次，增长16.8%，国内旅游收入1961.32亿元，增长24.2%。旅游总收入2057.14亿元，增长23.9%。

八、金融

全年金融业增加值706.91亿元，比上年增长21.9%。

年末金融机构本外币各项存款余额18400.48亿元，比年初增加2425.07亿元，其中人民币各项存款余额18267.25亿元，增加2402.58亿元。年末金融机构本外币各项贷款余额14081.01亿元，比年初增加1711.37亿元，其中人民币各项贷款余额13653.38亿元，增加1697.87亿元。

表10　2013年广西金融机构本外币存贷款余额及其增长速度

单位：亿元

指　标	年末数	比上年末增长%
各项存款余额	18400.48	15.2
其中：单位存款	8384.29	12.3
个人存款	9532.48	18.5
各项贷款余额	14081.01	14.0
其中：短期贷款	4273.14	23.2
中长期贷款	9486.51	11.1

图8　2008~2013年个人存款及其增长速度

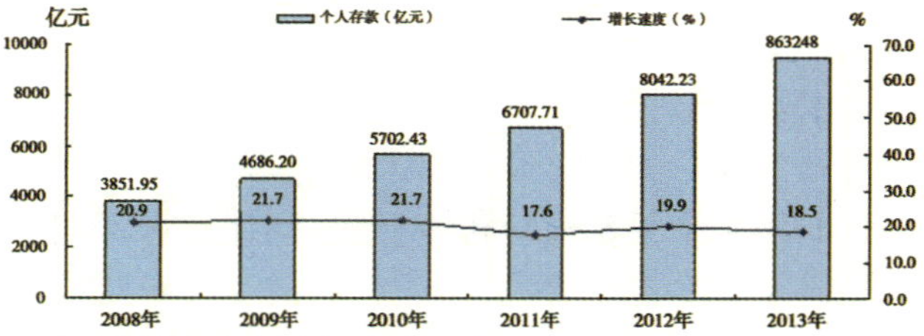

注：根据中国人民银行南宁中心支行报表指标调查。2008–2010年为城乡居民储蓄存款。2011–2013年为个人存款

年末上市公司（A股）数量30家，市价总值1367.25亿元，比上年末增长7.3%。

全年保险公司原保险保费收入275.47亿元，比上年增长15.6%。其中，财产险业务原保险保费收入112.15亿元，增长21.6%；寿险业务原保险保费收入135.42亿元，增长9.0%；健康险和意外险业务原保险保费收入27.9亿元，增长28.3%。支付各类赔款及给付90.94亿元，增长22.3%。其中，财产险业务赔款54.72亿元，增长17.7%；寿险业务给付28.95亿元，增长29.2%；健康险和意外险业务赔款及给付7.26亿元,增长32.3%。

九、教育和科学技术

全年研究生教育招生0.88万人,在校研究生2.41万人,毕业生0.75万人。普通高等教育招生20.50万人,在校生66.21万人,毕业生17.12万人。各类中等职业教育(含技工)招生34.68万人,在校生92.61万人,毕业生31.41万人。普通高中招生29.77万人,在校生81.89万人,毕业生24.19万人。普通初中招生68.86万人,在校生195.08万人,毕业生64.02万人。普通小学招生75.29万人,在校生426.26万人,毕业生70.06万人。特殊教育招生0.21万人,在校生1.29万人,毕业生0.12万人。幼儿园在园幼儿181.7万人。

表11　2013年广西各类教育发展情况

单位:万人

指　标	招生人数	在校生人数	毕业生人数
研究生	0.88	2.41	0.75
普通高等教育	20.50	66.21	17.12
中等职业教育	34.68	92.61	31.41
普通高中	29.77	81.89	24.19
普通初中	68.86	195.08	64.02
普通小学	75.29	426.26	70.06
特殊教育	0.21	1.29	0.12

全年自治区安排科学研究与技术开发计划项目[5]1879项,资助经费5亿元。其中,技术研究与开发经费33100万元;科技成果转化资金9900万元;自然科学基金6500万元;自治区主席科技资金500万元。取得省部级以上登记科技成果716项,其中,应用技术成果648项;软科学研究成果9项;基础理论成果59项。全年获广西科技进步奖项目154项,其中,特别贡献奖1项;自然科学奖21项;技术发明奖11项;科学技术进步奖121项。全年专利申请量23249件,同比增长70.9%,其中发明专利申请量14380件,同比增长121.0%。全年授权专利7884件,同比增长33.6%,其中授权发明专利1295件,同比增长43.7%。2013年末全区拥有发明专利3692件,每万人口发明专利拥有量为0.79件,同比增长42.9%。全年共签订技术合同693项,技术合同成交金额7.34亿元。

年末全区共有产品检测实验室(指全区获得省级实验室资质认定的检验检测实验室)785个,国家级质检中心10个,自治区级质检中心27个。全区现有产品质量、体系认证机构5个,累计完成产品认证企业个数(有效期内)771个。全区共有法定计量技术机构87个,全年强制检定计量器具96.06万台(件)。累计制、修订地方标准965个,有效期内广西名牌产品数228个,地理标志保护产品38个。全区共有地震台站130个,地震监测台网7个。全年全区各级气象台共发布气象预警信号5935次,全年自治区气象台发布预警171次。全区共有海洋观测站5个。

十、文化、卫生和体育

年末全区共有县级以上公共图书馆112个,文化馆123个,博物馆81个,国有艺术表演团体16个,娱乐场所4152个,互联网上网服务营业场所(网吧)4786个。年末全区共有37个项目列入国家级非物质文化遗产名录,349个项目列入自治区级非物质文化遗产名录。文化产业示范(试验)园区和产业示范基地51个。按机构分,年末全区共有广播电台8座,电视台7座,广播电视台83座。有线广播电视用户623.44万户,有线数字电视用户370.73万户。年末广播综合人口覆盖率为96.2%;电视综合人口覆盖率为98%。全年制作电视剧87集。出版各类报纸7.01亿份,各类期刊0.46亿册,图书2.90亿册。年末全区共有档案馆125个,已开放各类档案81万卷又162万件。

年末全区共有医疗卫生机构(含村卫生室)33047个,其中,医院476个,乡镇卫生院1279个,社区卫生服务中心261个,诊所(卫生所、医务室)8641个,村卫生室21852个,疾病预防控制中心109个,卫生监督所(中心)110个,妇幼保健院(所、站)104个。卫生技术人员23.83万人,其中执业医师和执业助理医师8.20万人,注册护士9.42万人。医疗卫生机构床位18.72万张,其中医院11.84万张,乡镇卫生院5.55万张。全年全区甲乙丙类法定报告传染病40.82万例,报告发病率871.82/10万,报告死亡率6.71/10万。

全年运动员在世界三大赛中获金银铜牌6枚,其中金牌3枚,铜牌3枚。有1人创1项全国纪录。

十一、人口、人民生活和社会保障

年末全区总人口5282万人,比上年末增加42万人。年末常住人口[6]4719万人,比上年末增加37万人,其中城镇人口2115万人。全年出生人口75万人,出生率14.28‰;死亡人口33万人,死亡率6.35‰;自然增长率7.93‰。

表12　2013年常住人口及其主要构成

单位:万人

指　标	年末数	比重%
全区常住人口	4719	
其中:城镇	2115	44.81
乡村	2604	55.19
其中:男性	2447	51.85
女性	2272	48.15
其中:0–14岁	1018	21.57
15–64岁	3245	68.77
65岁及以上	456	9.66

全年农村居民人均纯收入6791元，比上年名义增长13.0%，扣除价格因素实际增长10.4%；农村居民人均纯收入中位数[7]为6213元，增长12.7%。城镇居民人均可支配收入23305元，比上年名义增长9.7%，扣除价格因素实际增长7.3%；城镇居民人均可支配收入中位数为21286元，增长6.8%。

农民人均生活消费支出5206元，比上年增长6.7%。其中，食品类支出2085元，减少0.1%；衣着类支出171元，增长9.3%；家庭设备用品及服务类支出281元，增长2.4%；医疗保健类支出413元，增长7.7%；交通和通讯类支出516元，增长14.0%；娱乐教育文化用品及服务类支出276元，增长28.9%；居住类支出1360元，增长13.3%；其他商品和服务类支出104元，减少5.8%。城镇居民人均消费性支出15418元，增长8.2%。其中，食品类支出5841元，增长5.2%；衣着类支出1016元，减少11.4%；家庭设备用品及服务类支出1086元，减少3.5%；医疗保健类支出776元，减少12.1%；交通和通讯类支出2565元，增长22.8%；娱乐教育文化用品及服务类支出2084元，增长28.2%；居住类支出1663元，增长20.7%；杂项商品和服务类支出387元，减少13.0%。

农村居民家庭食品消费支出占消费总支出的比重（即恩格尔系数）为40.0%，城镇为37.9%。

表13 2008~2013年广西城乡居民生活改善情况

指标 \ 年份	2008	2009	2010	2011	2012	2013
城镇居民人均可支配收入（元）	14146	15451	17064	18854	21243	23305
农村居民人均纯收入（元）	3690	3980	4543	5231	6008	6791
城镇居民家庭恩格尔系数（%）	42.4	39.9	38.1	39.5	39.0	37.9
农村居民家庭恩格尔系数（%）	53.4	48.7	48.5	43.8	42.8	40.0

农村居民人均居住住房面积36.8平方米，比上年增加0.8平方米，增长2.3%。城镇居民人均住房建筑面积39.8平方米，比上年增加0.1平方米，增长0.2%。

年末全区参加城镇职工基本养老保险人数538.37万人，比上年末增加25.72万人。其中，参保职工365.77万人，参保离退休人员172.6万人。参加城镇基本医疗保险的人数1030.98万人，增加19.46万人。其中，参加城镇职工基本医疗保险人数466.62万人，参加城镇居民基本医疗保险人数564.36万人。参加城镇基本医疗保险的农民工26.58万人，减少0.71万人。参加失业保险的人数252.26万人，增加8.88万人。参加工伤保险的人数325.62万人，增加13.23万人。参加生育保险的人数270.24万人，增加1.53万人。年末全区共有111个县（市、区）开展了新型农村合作医疗试点工作，新型农村合作医疗参合率98.9%；新型农村合作医疗基金支出总额为148.43亿元，受益人数5524.57万人。列入国家新型农村社会养老保险试点地区参保人数1640.47万人。年末领取失业保险金人数为5.64万人。

年末全区共有收养性社会服务机构1482个，床位5.57万张，收养救助各类人员3.91万人。全区孤儿收养数20941人，其中集中供养孤儿2506人，社会散居孤儿18435人。儿童收养登记1279件，其中涉外收养181件。各类社区服务机构（含五保村）7496个，其中，社区服务中心83个，社区服务站507个。年末49.46万城镇居民得到政府最低生活保障，比上年末减少3.91万人；345.9万农村居民得到政府最低生活保障，增加7.3万人；29.47万农村居民得到政府五保救济，减少0.1万人。全年救助城市医疗困难群众6.04万人次，救助农村医疗困难群众38.32万人次；资助25.09万城镇困难群众参加城镇医疗保险，资助238.17万农村困难群众参加新型农村合作医疗。在残疾人群体中，纳入城镇最低生活保障范围的有6.97万人，纳入农村最低生活保障范围的有39.36万人，纳入五保供养的有5.87万人。

十二、资源、环境和安全生产

全年全区国有建设用地供应总量2.28万公顷，比上年下降25%。其中，工矿仓储用地0.41万公顷，下降4.7%；住宅用地0.26万公顷，增长18.2%；基础设施等其他用地1.61万公顷，下降32.6%。

全年水资源总量2059亿立方米。全年平均降水量1696毫米。年末全区39座大型水库蓄水总量235.4亿立方米，比上年末减少11.8亿立方米。全年总用水量303.8亿立方米，比上年增长0.2%。其中，生活用水增长1.1%，工业用水下降1.3%，农业用水增长0.7%，生态补水下降14.3%。万元地区生产总值用水量[8]211立方米。万元工业增加值用水量88立方米。人均用水量646立方米。

全年完成造林面积32.7万公顷，其中人工造林13.5万公顷。全区已获批准的国家级生态示范区25个。全区建成自然保护区达到77个，其中国家级自然保护区21个。自然保护区面积138.2万公顷。森林覆盖率61.8%。活立木蓄积量6.6亿立方米。森林蓄积量6.3亿立方米。新增水土流失治理面积512.1平方公里。截至年底，已确权集体林地面积为1326.7万公顷，其中发放林权证的面积为1280万公顷。

全年平均气温为 21.1℃,共有 9 个热带气旋直接影响广西。

初步核算,万元地区生产总值能源消耗[9]比上年下降 3.16%。规模以上万元工业增加值综合能源消耗比上年下降 3.76%。

153 个水质监测断面中,Ⅰ~Ⅲ类水质断面比例占 93.5%,劣Ⅴ类水质断面比例占 1.3%。

在监测的 14 个城市中,空气质量均达到二级以上(含二级)标准。在监测的 14 个城市中,城市区域声环境质量较好的有 8 个,占 57.1%,轻度污染的有 6 个,占 42.9%。

年末城市污水处理厂日处理能力达 382.8 万立方米,比上年末增长 3.1%;城市污水处理率达到 85.97%,提高 0.88 个百分点。建成区绿地率达到 29.81%,提高 0.52 个百分点。

全年各类生产安全事故共死亡 2734 人,比上年下降 0.3%。亿元地区生产总值生产安全事故死亡人数为 0.19 人,下降 9.5%;工矿商贸企业生产安全事故死亡人数为 364 人,下降 0.5%;道路交通万车死亡人数为 2.15 人,下降 6.1%;煤矿百万吨死亡人数为 2.30 人。

注释:

[1]本公报中 2013 年数据均为初步统计数。部分数据因四舍五入的原因,存在与分项合计不等的情况。

[2]地区生产总值、各产业增加值绝对数按现价计算,增长速度按不变价格计算。

[3]全社会固定资产投资包括固定资产投资(不含农户)和农户固定资产投资,从 2013 年开始,固定资产投资(不含农户)统计的起点标准从计划总投资 50 万元提高到 500 万元,因此 2013 年全社会固定资产投资绝对数与 2012 年不可比,但增速是按可比口径计算的。

[4]房地产业投资除房地产开发投资外,还包括建设单位自建房屋以及物业管理、中介服务和其他房地产投资。

[5]“科学研究与技术开发计划项目”包括“资助经费”中所有类别对应的项目数,统计口径较 2012 年扩大。

[6]常住人口指在广西居住半年以上的人口,以及户口在广西、外出广西不满半年或在境外工作学习的人口。

[7]人均收入中位数是指将所有调查户按人均收入水平从低到高顺序排列,处于最中间位置的调查户的人均收入。

[8]万元地区生产总值用水量、万元工业增加值用水量按现价计算。

[9]万元地区生产总值能耗和规模以上万元工业增加值能耗增速按 2010 年不变价格计算。

资料来源:本公报中城镇新增就业、登记失业率、社会保障数据来自自治区人力资源和社会保障厅;财政数据来自自治区财政厅;物价、城乡居民收入和支出、恩格尔系数、部分农业数据来自国家统计局广西调查总队;进出口数据来自南宁海关;外商直接投资、对外承包工程和劳务合作等数据来自自治区商务厅;金融数据来自中国人民银行南宁中心支行;保险数据来自中国保险监督委员会广西监管局;旅游数据来自自治区旅游局;公路里程,港口数据来自自治区交通运输厅;旅客、货物运输量和周转量数据来自自治区交通运输厅、南宁铁路局和广西机场集团;汽车保有量数据来自自治区交警总队;邮政业务数据来自自治区邮政管理局;电信业务数据来自自治区通信管理局;教育数据来自自治区教育厅;安排科技计划课题、专利数据、技术合同等数据来自自治区科技厅;质量检验、标准制定修订数据来自自治区质量技术监督局;地震数据来自自治区地震局;艺术表演团体、博物馆、公共图书馆、文化馆、娱乐场所、互联网上网服务营业场所(网吧)、非物质文化遗产、文化产业示范(试验)园区和产业示范基地数据来自自治区文化厅;广播电视数据来自自治区广播电影电视局;报纸、期刊、图书数据来自自治区新闻出版局;档案数据来自自治区档案局;卫生、新农合数据来自自治区卫生厅;体育数据来自自治区体育局;社会服务、孤儿情况、低保和五保供养数据来自自治区民政厅;残疾人数据来自自治区残疾人联合会;安全生产数据来自自治区安全生产监督管理局;交通事故数据来自自治区公安厅;气象预警、平均气温、登陆台风数据来自自治区气象局;国有建设用地供应数据来自自治区国土资源厅;水资源,新增水土流失治理面积数据来自自治区水利厅;林业数据来自自治区林业厅;自然保护区、环境监测数据来自自治区环境保护厅;城市污水处理、建成区绿地覆盖率来自自治区住房和城乡建设厅;其他数据均来自自治区统计局。

索　引

说　明

一、本索引是《广西环境年鉴·2014》的内容分析索引。正文(包括条目、文献、图片、表格等)中凡具独立检索意义的完整资料,均可以通过本索引进行检索。

二、索引按汉语拼音字母升序(同音字按声调)排列。类目、分目作索引款目用黑体字排印,其余款目用宋体字排印。表格、图片在其款目后分别注明"表""图"。

三、索引款目后的数字表示内容所在的页码,数字后的拉丁字母(a、b)表示内容所在栏别(即版面的1、2栏)。

四、空两格起排的款目为上一主题的"附见"。同一主题的"参见"只标明页码。内容有交叉的款目,为便于检索可在本索引中重复出现。

五、阿拉伯数字、拉丁字母开头的款目排在索引末尾。

B

C

D

E

F

G

H

J

K

L

M

N

P

Q

R

S

T

W

X

Y

Z